Dietmar Hansch

Erfolgsprinzip Persönlichkeit

Mit 33 Abbildungen und 2 Tabellen

Dr. med. Dietmar Hansch
Klinik Wollmarshöhe
Wollmarshofen 14
88285 Bodnegg
www.wollmarshoehe.de

ISBN-10 3-540-28465-6 Springer Medizin Verlag Heidelberg
ISBN-13 978-3-540-28465-9 Springer Medizin Verlag Heidelberg

Bibliografische Information der Deutschen Bibliothek
Die Deutsche Bibliothek verzeichnet diese Publikation in der Deutschen Nationalbibliografie;
detaillierte bibliografische Daten sind im Internet über http://dnb.ddb.de abrufbar.

Springer Medizin Verlag.
Ein Unternehmen von Springer Science+Business Media
springer.de

© Springer Medizin Verlag Heidelberg 2006
Printed in Germany

Planung: Dr. Svenja Wahl
Projektmanagement: Joachim Coch
Copy-Editing: Daniela Böhle, Berlin
Design: deblik, Berlin
SPIN 11364238
Satz: Fotosatz-Service Köhler GmbH, Würzburg
Druck: Stürtz GmbH, Würzburg

Gedruckt auf säurefreiem Papier   2126 – 5 4 3 2 1 0

*In Dankbarkeit und Liebe meinen Eltern
Johanna und Wolfgang Hansch gewidmet.*

Vorwort

Ah – Sie lassen sich von etwas dickeren Büchern nicht abschrecken. Offenbar fühlen Sie sich nicht ganz so gehetzt wie viele andere Zeitgenossen – auf der Jagd nach Erfolg, Glück, Lust, Reichtum oder Gesundheit.

Das ist gut so. Denn zumeist bleibt diese Jagd erfolglos. Nur drei von zehn Deutschen sind glücklich mit ihrem Leben; in vielen westlichen Ländern ist die Krankheit Depression auf dem Vormarsch. Es ist eben nicht getan mit sieben oder dreizehn »ganz einfachen« Ratschlägen oder mit ein paar esoterischen Praktiken.

Erfolg, Glück und Gesundheit sind sehr komplexe Phänomene, die aus Ihrer Persönlichkeit als Ganzes erwachsen (oder auch nicht). Sie können Ihre Chancen auf Erfolg, Glück und Gesundheit nur dann durchgreifend und nachhaltig steigern, wenn Sie einen Weg finden, Ihre Gesamtpersönlichkeit systematisch und tiefgreifend zu entwickeln.

Hierbei möchte ich Ihnen mit meinem Buch umfassend Hilfestellung leisten.

Der erste Schritt ist ein gründliches Verstehen: Wie arbeitet der kreative Mechanismus der Evolution, der das menschliche Gehirn geschaffen hat? Wie sind Aufbau und Funktion der Psyche vor diesem Hintergrund zu sehen? Wie und aus welchen Kraftquellen heraus entwickelt sich die Persönlichkeit? Was ist das Geheimnis ihrer Kreativität und ihres Charismas?

Aus diesem komplexen Kontext heraus gilt es dann im zweiten Schritt, mentale Werkzeuge und förderliche Lebenseinstellungen zu entwickeln.

Diese Tools dienen zum einen der inneren Befreiung: Sie sollen es uns ermöglichen, jederzeit und weitestgehend innere Spannungen zu lösen. Dann können sich die Wahrnehmungs- und Handlungspotenziale unseres Selbst immer optimal entfalten.

Zum anderen ist es Aufgabe dieser mentalen Tools, das innere Wachstum zu fördern: Sie sollen uns befähigen, jederzeit optimale Bedingungen für die Weiterentwicklung der Potenziale unseres Selbst zu schaffen.

Der dritte Schritt schließlich besteht in einer systematischen Veränderung des Alltagsverhaltens: Die Anwendung der mentalen Werkzeuge und Lebenseinstellungen ist zu trainieren. Dazu passende Verhaltensmuster müssen eingeübt werden. Das Selbst sollte mehr oder bessere Nahrung für sein Wachstum erhalten.

Der breite Verständnishintergrund, den das vorliegende Buch bietet, ist gerade für diesen dritten Schritt eine Voraussetzung. Nur aus tiefem und wirklichem Verstehen erwachsen Überzeugungen. Und nur aus Überzeugungen entspringt die Kraft für Taten. Wenn Sie sich wirklich in Richtung Ihrer Ziele verändern und entwickeln wollen, müssen Sie etwas tun – systematisch, in realistischen Schritten, über Monate und Jahre.

Klingt das nicht sehr anstrengend? Nun, am Anfang wird der hier empfohlene profunde Weg zu Erfolg und Glück über manche Strecke auch einmal Kraft kosten – no pain, no gain. Der Nachttisch ist nicht der rechte Platz für das vorliegende Buch. Auf längere Sicht jedoch führt dieser Weg zum genauen Gegenteil: Gleich einem Wellenreiter werden Sie lernen, sich mit immer weniger bewusstem Krafteinsatz von den Eigenenergien des Seins an ihr Ziel tragen zu lassen.

Zu oberflächlich aufgesetzten Verhaltensänderungen muss man sich immer wieder mit seinem bewussten Ich zwingen. Das ist anstrengend, wenig überzeugend und wegen häufiger Rückfälle frustrierend.

Die hier empfohlene komplexe Veränderungsstrategie zielt jedoch darauf ab, tiefere Schichten der Persönlichkeit zu erreichen. Die neuen Inhalte werden verinnerlicht, d. h. in die Potenziale Ihres Selbst eingeformt, die sich größtenteils ohne Bewusstseinsbeteiligung entfalten. Je näher Sie dem Ziel der persönlichen Meisterschaft kommen, desto öfter werden Sie spontan, intuitiv und mühelos im Sinne Ihrer neuen Lebensmaximen reagieren und handeln. Immer öfter wird es Ihnen möglich, ichvergessen im Fluss eines gelingenden Tuns aufzugehen. Sie werden lernen, meisterlich auf den Wellen des Seins zu surfen. Diesen psychischen Zustand hat der amerikanische Psychologe Mihaly Csikszentmihalyi als »Flow« bezeichnet. Flow, so fand er heraus, ist das Geheimnis des Glücks.

Persönlichkeitsentwicklung ist eine der wichtigsten Aufgaben unserer Zeit. Immer schneller veralten Spezialkompetenzen, immer weitgehender werden sie von Computern übernommen. Was für uns Menschen bleibt und gleichzeitig an Bedeutung zunimmt, sind die Aufgaben des Generalisten: soziale Kompetenz, Teamfähigkeit und Führungsqualitäten, das Prognostizieren komplexer Entwicklungsprozesse, das intuitive Entscheiden vielschichtiger Probleme unter Zeitdruck – in einem Wort: Komplexitätsmanagement. All dies sind aber ganzheitliche Eigenschaften bzw. Leistungen hochkomplexer und gut integrierter Persönlichkeiten. Immer weniger ist (Selbst-)Management eine Frage der Technik, immer mehr wird es zu einer Aufgabe der Gesamtpersönlichkeit.

Im Hintergrund des Buches steht das interdisziplinäre Theoriefundament der Psychosynergetik, das ich in den letzten 20 Jahren in Zusammenarbeit mit anderen entwickelt habe. Hier werden Elemente aus unterschiedlichen Wissenschaftsdisziplinen, etwa der Evolutionspsychologie, der Gestaltpsychologie, den Neurowissenschaften und der Synergetik zu einem ganzheitlichen Rahmenkonzept vereint. Das Ziel besteht darin, die für Selbstmanagement, Coaching und Psychotherapie wichtigen Zusammenhänge zwischen Denken, Verhalten und Fühlen zu erfassen. Übrigens hat Synergetik nichts mit Esoterik zu tun. Es handelt sich hierbei um die »Lehre vom Zusammenwirken«, die von dem bedeutenden deutschen Physiker und Systemwissenschaftler Hermann Haken begründet wurde. Die Synergetik erforscht Evolution, Selbstorganisation und Selbstregulation sog. komplexer dynamischer Systeme, zu denen auch unser Gehirn gehört.

Für die Praxis macht dieser neue theoretische Hintergrund Folgendes möglich: Sichtung des menschlichen Wissens- und Erfahrungsschatzes und Auswahl derjenigen Methoden der Selbstveränderung, die wissenschaftlich begründbar und wirksam sind – hierbei erweist sich insbesondere der Buddhismus als eine Fundgrube; Neuformulierung dieser Methoden im Rahmen eines modernen wissenschaftlichen Weltbildes; und: ganzheitliche Integration zu mental gut handhabbaren Modellen und aufeinander abgestimmten Werkzeugen. Der Begriff Psychosynergetik steht also nicht nur für eine

Theorie, sondern auch für ein Methodensystem der psychischen Veränderung (Psychosynergetik®).

Die Psychosynergetik ist ein Teil jener von den amerikanischen Psychologen Martin Seligman und Mihaly Csikszentmihalyi initiierten noch jungen Bewegung der Positiven Psychologie. Über viele Jahrzehnte hat sich die akademische Psychologie v. a. mit der Erforschung der menschlichen Leiden, Schwächen und Defekte befasst. Diese erfolgreiche Arbeit war und ist sehr verdienstvoll. Immer klarer wird aber heute, dass sich Leiden nicht nur durch Reparatur des Defekts heilen lässt, sondern auch dadurch, dass man den Defekt quasi ausgleicht oder aufwiegt durch die Entwicklung des Positiven und Gesunden. Entsprechend hat Seligman seine Zunft dazu aufgerufen, sich nun auch der Erforschung der Stärken und Talente des Menschen zuzuwenden. Nicht nur die Frage, wie man von −10 auf −3 der Befindlichkeitsskala kommt, ist ein legitimes Thema der Wissenschaft, sondern auch, wie man von +3 auf +10 gelangt. Und damit sind wir wieder bei einer wichtigen Zielstellung des vorliegenden Buchs.

Wie ist dieses Buch vor dem Hintergrund der übrigen Literatur zur Psychosynergetik einzuordnen? Es ist konzipiert als ein gründliches und umfassendes »Selbstmanagement-Lehrbuch für Anspruchsvolle«. Der Schwerpunkt liegt eher auf der Praxis als auf der Theorie – entsprechend wurden nur die wichtigsten wissenschaftlichen Quellen aufgeführt. Die Grundbegriffe der Synergetik sind im Glossar z. T. ausführlicher erläutert als im Haupttext. Der stärker am wissenschaftlichen Detail interessierte Leser sei auf die weiterführende Literatur verwiesen (speziell Hansch 1997). Insbesondere die Themen Synergetik, Selbstorganisationstheorie des Gehirns und Grundlagen der Erkenntnistheorie sind in meinem Buch »Evolution und Lebenskunst« sehr viel ausführlicher dargestellt (Hansch 2004). Für den Umgang mit psychischen Problemen wie Angsterkrankungen oder Depressionen gibt es die »Erste Hilfe für die Psyche« (Hansch 2003).

Dietmar Hansch
Friedrichshafen, Januar 2006

Inhaltsverzeichnis

Einführung

Zur Einführung eine fiktive Geschichte …

Während Robert Gehring in eher genießerischem Fahrstil ins Wochenende glitt, ließ er noch einmal das eben stattgefundene Gespräch Revue passieren. Obwohl es sich dabei um eine durchaus verletzende Auseinandersetzung gehandelt hatte, war er eigentlich eher guter Stimmung. Und als ihm dies bewusst wurde, steigerte sich sein Wohlbefinden gleich noch ein wenig.

Robert ist Vertriebsleiter bei einem größeren Geräthersteller. Sein Bereichsleiter Franz Lechner hatte ihn zum Rapport bestellt. Es war ein neues Produkt auf den Markt gebracht worden und nun gab es die ersten Quartalszahlen: Der Absatz war nicht existenzbedrohend schlecht, lag aber deutlich unter den Erwartungen. Franz hatte ihm deshalb eine Reihe unsachlicher und ungerechtfertigter Vorwürfe gemacht. Wieder einmal hatte er auf eine herabsetzende Weise den Chef herausgekehrt. Und das, obwohl sie sich lange kannten und in der Zeit des gemeinsamen Studiums durchaus als Freunde hätten gelten können. Im Studium war Robert der Bessere gewesen und hatte Franz oft aus der Klemme geholfen. Immer schon hatte Franz eine leichte Tendenz gehabt, im Zweifel Schein und Karriere den Vorzug vor Sein und Kompetenz zu geben. Vor einigen Jahren dann hatte er Robert auf der Karriereleiter überholt und war nun dessen Vorgesetzter.

Robert wird »verletzt«

Natürlich: Wie bei allen Angriffen dieser Art empfand Robert im ersten Moment wieder einen Stich im Bauch und eine leichte Beklemmung in der Brust. Dann wollte Wut aufsteigen – sie kam aber nicht weit. Er schaffte es in den letzten Jahren immer besser, negative Gefühle schon im Moment ihres Entstehens so einzugrenzen, dass Flexibilität und Souveränität in Denken und Verhalten gewahrt blieben – einschließlich der Fähigkeit, eigene Positionen in Frage zu stellen und ggf. zu korrigieren.

Früher war das anders gewesen. Nach Verletzungen war er oft in eine sich selbst verstärkende Gedanken-Gefühls-Spirale hineingeraten, die die Angst steigerte und Gedanken einer zunehmenden Selbstabwertung erzeugte. Oder aber er hatte sich in eine Spirale der Wut hineingesteigert, die sich dann über Tage mit kaum verminderter Vehemenz in ihm drehen konnte.

Negative Gefühle eingrenzen

Wie war es ihm gelungen, mehr Kontrolle über diese Prozesse zu gewinnen?

Schon immer hatte sich Robert für Psychologie interessiert. Er beobachtete die Vorgänge in seinem Inneren und versuchte systematisch, sie positiv zu beeinflussen. Die Aneignung von Wissen aus verschiedenen Bereichen, auch aus der »Weisheitsliteratur«, hatte ihm dabei große Dienste erwiesen. Eine fundamentale Erkenntnis war, dass beim Menschen Gefühle nicht als automatische Reaktion auf Umweltereignisse entstehen, sondern sehr stark von dazwischengeschalteten gedanklichen Interpretationen beeinflusst werden. Er hatte daraufhin den gedanklichen Nährboden seiner negativen Gefühle untersucht und systematisch Komplexe von »Gegengedanken« entwickelt. Teil seines Anti-Angst-Systems war z. B. ein Worst-case-Szenario. Er hatte sehr genau durchdacht, was geschehen würde, falls er einmal seinen Job verlor. Er wusste, dass dies keine wirkliche Katastrophe wäre und auch einige positive Aspekte und Chancen mit sich brächte. Teil seines Anti-Wut-Systems war es, den »Gegner« in einem größeren Kontext zu sehen: Jeder Mensch erwächst aus einer Fülle von Umständen, über die er keine Kontrolle hat bzw. an denen er unschuldig ist

(Gene, Erziehung); Menschen, die anderen Böses zufügen, leiden oft selbst oder sind »außer sich«, weil sie gerade unter Druck stehen; niemand ist durch und durch schlecht – jeder hat auch seine guten Seiten. All dies galt natürlich auch für Franz: Wegen der Absatzzahlen gab es Ärger mit dem Vorstand und nach oben hin hatte er sich noch immer schützend vor seine Leute gestellt. Dem Neid – z. B. auf den Karrieresprung von Franz – versuchte er u. a. mit dem »Prinzip der Fülle« zu begegnen, von dem er in den Büchern von Covey gelesen hatte: Man muss davon ausgehen, dass genug für alle da ist. Man sollte anderen Menschen Glück wünschen und sich über ihre Erfolge mitfreuen. Er hatte gründlich verstanden, dass alle anderen Wege immer tiefer hinabführen in eine selbstbeheizte Hölle von Vergleich, Enttäuschung, Argwohn und Missgunst.

Gegengedanken

All diese Anti-Leid-Systeme hatte er wiederholt von unterschiedlichen Seiten beleuchtet, sehr gründlich durchdacht und immer weiter ausgebaut. Inzwischen waren diese Gedanken so verinnerlicht und eingebahnt, dass er sie gar nicht mehr explizit durchformulieren musste – es genügte eine Art »inneres Antippen«, um sie zur Wirkung zu bringen. Wie Robert diese Wirkung erlebt, lässt sich gar nicht so leicht beschreiben. Es entstand ein schwaches aber durchdringendes positives Gefühl, wodurch das negative Geschehen in einem umfassenderen Richtig- oder Gutsein aufgehoben wurde – ganz so, wie eine Dissonanz aufgeht im stimmigen Ganzen eines Musikwerkes.

Die positive Aufhebung negativer Gefühle

Tatsächlich hatte Robert das Empfinden, dass von stimmigen Gedankenzügen ähnlich schwache gefühlsmäßige Wohlklänge ausgingen wie von Klaviersaiten. Je mehr Saiten ein Gedankensystem hatte und je stimmiger sie vernetzt waren, desto reiner und intensiver war der Gefühlston, der aus ihnen erwuchs, wenn man sie innerlich anschlug. Und so konnte er durch das Aktivieren seiner Anti-Leid-Systeme positive Gefühlstöne erzeugen, die die Töne des Leids ausglichen, überstimmten und aushaltbar machten.

In dem Streit mit Franz ebenso wie auch sonst wandte Robert die folgende Technik an: Sobald er bemerkte, dass negative Empfindungen und Spannungen aufkamen, ging er innerlich auf Distanz zur Situation. Er löste sich aus der engen Perspektive des »Nahkampfs« und erklomm quasi seinen »inneren Feldherrenhügel«. Von hier aus maß er dann das Problem an seinen Zielen und Prinzipien, aktivierte bestimmte Lebenshaltungen oder eben jene Anti-Leid-Gedanken. Oft war dies noch mit einigen expliziten anpassenden Gedankenschritten verbunden. Mit zunehmender Übung und Erfahrung aber lagen für immer mehr potenzielle Problemsituationen immer differenziertere innere Werkzeuge in seinem Kern bereit, so dass es eben nur noch jenes intuitiven Antippens bedurfte. Er erlebte dies, als wenn er etwas wie »seine Mitte« aktivierte, verbunden mit einer sofortigen und durchgreifenden Wesensverwandlung: Entspannung, gelassen-flexibles Verhalten, mehr Wohlbefinden. Diese Technik hatte er inzwischen zu einer Art innerem Reflex eingeübt, der immer öfter die sich selbst verstärkenden Teufelskreise negativer Emotionen schon im Keim ersticken konnte.

Der innere Feldherrenhügel

Eine Zeitlang hatte er angenommen – so hatte er jedenfalls einige buddhistische Schriften verstanden –, dass es gelingen könnte, negative Gefühle ganz auszumerzen. Trotz langen Bemühens hatte er damit keinen Erfolg. Ein direktes Ankämpfen gegen negative Gefühle verstärkte sie nur noch. Gewissermaßen ärgerte er sich darüber, das er Ärger empfand, was den Gesamtärger noch weiter steigerte.

Probleme sind Wachstumschancen

Dann las er Bücher über Evolutionspsychologie. Er konnte nun die faszinierenden Hintergründe seiner negativen Emotionen verstehen. Er erfuhr etwas über ihren positiven Sinn im Evolutionsgeschehen und über die ihnen zugrunde liegenden festen Verdrahtungen in seinem Gehirn. Dies half ihm sehr, diese Gefühle zu akzeptieren und als natürliche Facetten in sein Selbst zu integrieren. Ihm gefiel in diesem Zusammenhang der Begriff »Wachstumsschmerz«: Ohne diese schmerzlichen Empfindungen hätte er sich wohl nie auf seinen Weg der persönlichen Meisterschaft gemacht. Übrigens erkannte er darin ein allgemeineres Prinzip: einen Widerstand nicht als etwas Negatives zu sehen, sondern als eine Herausforderung und Lernaufgabe. Dies hatte sich als eine Art goldene Regel entpuppt, die in fast allen Situationen half, mit Schwierigkeiten besser umzugehen. Und es gab noch mehr solcher goldenen Regeln. Tatsächlich hatte er das Gefühl, sich immer näher an ein Set solcher goldener Regeln heranzutasten, das es ihm erlaubt, seine inneren Segel stets so einzurichten, dass sein Wachstum optimal vorankam.

Ein systemisches Weltbild

Über die Jahre hatte sich dabei regelrecht sein Weltbild verändert bis hin zu ganz grundlegenden Wert- und Sinnfragen. Früher waren seine Vorstellungen stark von den mechanistischen Konzepten der westlichen reduktionistischen Wissenschaft geprägt gewesen (die ja für einfache Lebensbereiche wie Technik und Maschinenbau nach wie vor richtig und nützlich waren). In Bezug auf komplexe Realitäten im biologischen, psychischen oder sozialen Bereich aber war dieses Denken sachlich unangemessen und für die Psyche schädlich. Durch die Förderung eines Schwarz-weiß-Denkens und eines übervereinfachten und übermäßigen Wertens und Urteilens konnte es zu psychischen Spannungen bis hin zu Krankheiten beitragen. Durch seine intensive Beschäftigung mit Evolutionsbiologie und modernen Systemlehren hatte er zu einem organismisch-systemischen Weltbild gefunden, in das er auch Elemente des östlichen Denkens aufnehmen konnte. Er lernte zu sehen, dass sich die scheinbar unveränderlichen und getrennten Dinge unserer Wirklichkeit in ständiger Entwicklung und Wechselwirkung befinden. Er begann in Grautönen zu denken und nur noch relative und weiche Wertungen in Abhängigkeit von einem sinnvoll gewählten Kontext zu treffen. Der vermeintlich schlechte Kompromiss, so erkannte er, war die Weisheit der Evolution.

Dialektisches Denken

Auf dieser Grundlage war ihm ein elastisches, dialektisches Denken möglich, das nicht starr auf objektive Wahrheit und äußere Prinzipien zielte, sondern flexibel den Kontext wechselte, um den Nutzen in Bezug auf die ihm wichtigen inneren Werte zu maximieren. All dies hatte überhaupt nichts mit gefühlskalter Intellektualität zu tun – es war ein geschmeidiger innerer Tanz, der der Seele wohltat. Nehmen wir das Beispiel der Quartalszahlen. Früher hätte ihm diese Situation Stress oder sogar Angst gemacht. Er hatte damals zu sehr lineare Modelle und Metaphern verinnerlicht, u. a. ein Wachstum in geraden, stetig aufsteigenden Linien: Nach sechs Monaten verkauft man genau das Doppelte von dem, was man in drei Monaten verkauft hat. Heute wusste er, dass sich Wachstum in komplexen Systemen nichtlinear vollzieht, d. h. in Kurven: Man konnte nach sechs Monaten durchaus das zehn- oder zwanzigfache des Quartalergebnisses verkaufen. Er wusste, dass die Produkte seiner Firma gut waren. Er hatte in seine Gesamtvertriebsstrategie bewusst eine Reihe von Synergie- und Multiplikationsfaktoren eingebaut, die mit Verzögerung, dann aber immer stärker zum Tragen kommen würden. Die Hoffnung auf einen überproportional wachsenden Absatz war also realistisch und begründet. Deshalb sah er mit Ruhe und Gelassenheit in die Zukunft. Sollte doch einmal Spannung aufkommen, half ihm die Metapher vom chinesischen Bambus: In den ersten vier Jahren nach der Pflanzung wächst dieser fast ausschließlich unter der Erde. Im fünften Jahr aber schießt er bis zu 30 Meter in die Höhe.

Diese Weiterentwicklung seines Weltbilds hatte dreierlei zur Folge: Zum Ersten erweiterte und vertiefte sich sein Verstehen der Dinge in seiner Umwelt und der Prozesse in seinem Inneren. Vor allem sein Wissen über Evolution, Selbstorganisation und Systeme machte überall wiederkehrende und verbindende Grundmuster sichtbar. Dies führte zu einer starken Ausweitung seiner Interessen und seiner Fähigkeit, mögliche Entwicklungen auch in Sachgebieten abzuschätzen, mit denen er sich nicht im Detail beschäftigt hatte.

Zum Zweiten: Was er sich auf diese Weise verstehend angeeignet hatte, das überzog sich mit dem warmen Schimmer positiver Gefühle. In Bezug auf Menschen und Lebewesen erlebte er das als eine Art allumfassendes Mitgefühl, ja als Liebe. Aber auch in Bezug auf die unbelebten Dinge gab es diese Gefühle. Konnte man sie auch hier Liebe nennen? War das die »Liebe zum Sein«, von der er bei Abraham Maslow gelesen hatte?

Die Liebe zum Sein

Insgesamt wurde er gelassener, gütiger und toleranter gegenüber anderen Menschen und ihren Eigenheiten (die er früher Fehler genannt hatte). Aber auch in Bezug auf sich selbst entwickelte er eine reifere, gewährendere und bedingungslosere Form der Liebe. Gleichzeitig schärften sich aber auch einige wenige Grundwerte heraus, die sich immer fester in ihn einwurzelten und zu denen er in Auseinandersetzungen stehen konnte wie der sprichwörtliche Fels in der Brandung.

Die dritte Folge war, dass er sich als Teil eines Ganzen verstehen lernte – als einen sehr kleinen Teil eines sehr großen Ganzen. Er erkannte die Abhängigkeiten seiner körperlichen Existenz und die Grenzen der Einflussmöglichkeiten seines Handelns. Dies half ihm, Gefühle der Dankbarkeit, ja sogar der Demut und Ehrfurcht zu entwickeln. Er nahm sich selbst weniger wichtig und die größere Sache, zu der er beitrug, immer wichtiger. Weil er es für einen Frevel hielt, eine Möglichkeit zum Lachen ungenutzt vorbeiziehen zu lassen, konnte er nun auch ungenierter eigene Missgeschicke der öffentlichen Heiterkeit preisgeben. Nichts war befreiender, als die Gefängnismauern eines falschen Images unter Lachsalven zum Einsturz zu bringen.

Die Sache ist wichtiger als das Ego

Gleichzeitig gelang es ihm besser, sich um der Sache willen zurückzunehmen – seine Einschätzungen von Problemen oder Konflikten wurden immer weniger verzerrt durch fragwürdige persönliche Motive wie Eitelkeit, Machtstreben, Rechthaberei etc. Das machte ihn vertrauenswürdig und verschaffte ihm gewachsene Führungsautorität bei seinen Mitarbeitern.

Er hatte den Eindruck, dass sich – quasi als die andere Seite der Liebe zum Sein – ein Gefühl der unbedingten Geborgenheit in dieser Welt entwickelte. Dies hatte durchaus eine spirituelle Dimension, es entzog allen Ängsten den Boden. Es hieß immer, ein solches Urvertrauen entwickele sich in der Kindheit durch eine unbedingte Elternliebe. Dies mochte ein wichtiger erster Beitrag sein, aber ganz sicher nicht der einzige. Wenn er an all die Ängste, Unsi-

Urvertrauen durch innere Arbeit

cherheiten und Blockierungen dachte, die ihn als Jugendlichen geplagt hatten! All dies zeigte sich heute nur noch in Spuren. Offenbar konnte man dieses Urvertrauen auch noch im Erwachsenenalter erwerben – durch eine intensive und zielgerichtete innere Arbeit. Im Gegensatz zum Fernen Osten existiert eine solche Kultur der inneren Arbeit im Westen allerdings kaum.

All dies ging Robert auf seiner Fahrt ins Wochenende wieder durch den Kopf. Und es erfüllte ihn mit einer tiefen Zufriedenheit. Er hatte das Gefühl, einen inneren Schatz zusammenzutragen, den er nicht verlieren konnte und der das Wichtigste bot, was er für seine Lebenszufriedenheit brauchte. Dies machte ihn immer unabhängiger von äußeren Bedingungen, von materiellem Besitz etwa oder von dem Urteil anderer, es schenkte ihm wahrhafte innere Freiheit.

… und ein paar erklärende Worte dazu

Unser Einführungsbeispiel ist natürlich etwas vereinfacht und idealisiert. Um so besser lässt es einige wichtige Aspekte von persönlicher Meisterschaft (»personal mastery«) deutlich werden. Ihre beiden Hauptmomente nenne ich »innere Freiheit« (bzw. »innere Befreiung«) und »inneres Wachstum«. Wahre Freiheit erwerben heißt, ein flexibles Management innerer Haltungen einzuüben, das es einem erlaubt, jederzeit psychische Spannungen abzubauen, um Gelassenheit und Wohlbefinden herbeizuführen. Dabei können bestimmte innere Werkzeuge hilfreich sein, wie eben jene Anti-Leid-Gedanken oder die »goldenen Regeln«. Inneres Wachstum steht für den zielgerichteten Erwerb und die sinnvolle Integration von neuem Wissen und neuen Kompetenzen.

Innere Freiheit und inneres Wachstum fördern sich wechselseitig

Diese beiden Hauptmomente verstärken sich wechselseitig. Zum einen schafft innere Freiheit optimale Bedingungen für inneres Wachstum: Entspannt und gut gelaunt ist man am kreativsten, leistungsfähigsten und lernt am besten. Andererseits führt dieses Wachstum dazu, dass die Werkzeuge der inneren Befreiung immer wirksamer greifen. Je komplexer und besser abgestimmt beispielsweise die Anti-Leid-Gedankensysteme sind, desto wirksamer können die aus ihnen erwachsenden positiven Empfindungen negative Gefühle übertönen.

Starke Negativgefühle durch sekundäre Aufhebung dämpfen

Diesen zentralen Vorgang werden wir übrigens als »sekundäre Aufhebung« bezeichnen – einfach deshalb, weil die positiven Stimmigkeitsgefühle, die aus gut abgestimmten Gedankensystemen entstehen, »sekundäre Emotionen« heißen. Im Gegensatz dazu nennen wir die im Beispiel erwähnten starken Negativgefühle wie Angst, Neid oder Wut »primäre Emotionen«.

Der große Kreis des Wachstums

Weil die wechselseitig förderliche Synergie zwischen Freiheit und Wachstum so wichtig ist, wollen wir ihr einen eigenen Namen geben: wir werden sie als »großen Kreis des Wachstums« bezeichnen.

Alle kurzfristig einsetzbaren inneren Techniken und Werkzeuge können immer nur eine sehr beschränkte Wirkung haben, sofern sie nicht in eine darauf abgestimmte langfristige Strategie des Wachstums eingebunden sind. Wenn dies aber geschieht, dann werden sie tatsächlich zu einem wahrhaften inneren Schatz, dessen Mehrung, Reinigung und Pflege aus meiner Sicht eine der lohnendsten Aufgaben des Menschen ist.

Die Potenziale des Selbst befreien

Genau das ist das Kernanliegen dieses Buches. Wir wollen uns soweit wie möglich jenem »Set goldener Regeln« annähern, von dem bei Robert die Rede war. Wir hatten gesagt, dass diese goldenen Regeln uns zu innerer Freiheit verhelfen und die Bedingungen für inneres Wachstum optimieren. Im Detail hat dies dann eine Reihe weiterer sehr bedeutsamer positiver Konsequenzen. So kommt es im entspannten Zustand zu einer »Deblockierung« unseres Selbst: Wir sind sehr viel sensibler für eine Vielzahl auch schwacher Signale und unser Spontanverhalten entfaltet sich sehr viel unverkrampfter. All unsere bewussten und unbewussten, erworbenen und angeborenen Potenziale können auf diese Weise mit optimaler Synergie zusammenspielen, was unsere Erfolgschancen drastisch erhöht. Insbesondere für Führungskräfte, die in hochkomplexen Situationen sehr schnell entscheiden müssen, ist es von großer Bedeutung, solche Zustände der entspannten Offenheit bzw. Konzentration auch in Drucksituationen aufrechterhalten zu können.

Damit nicht genug: Synergie ist nur ein anderes Wort für Kohärenz. Eine hohe innere Kohärenz bzw. das damit verbundene hohe Kohärenzgefühl wurden von der modernen psychosomatischen Medizin als die wichtigste psychische Bedingung identifiziert, die unsere Chancen auf psychische und körperliche Gesundheit erhöht. Damit wären die von uns gesuchten inneren Werkzeuge gleichzeitig die wichtigsten psychischen Gesundheitsfaktoren.

Synergie und Kohärenz als Gesundheitsfaktoren

Wenn es also nicht einen einzigen Generalschlüssel für Glück, Erfolg und Gesundheit gibt, so scheint es immerhin möglich zu sein, so etwas wie einen goldenen Schlüsselbund zusammenzustellen. Mit ihm können wir uns Zugang zu unseren wichtigsten Wünschen verschaffen. Und auch wenn der Erwerb ausreichender Meisterschaft im Umgang mit diesen inneren Werkzeugen zumindest einige Jahre Mühe und Übung erfordert, so ist das unter dem Strich doch eine sehr hoffnungsfrohe Botschaft.

Aus unserem Beispiel wird auch erkennbar, in welche Richtung unsere nächsten Schritte gehen müssen. Zunächst gilt es, wichtige Aspekte der Natur des Seins zu ergründen. Wie gelingt es komplexen Systemen, auf hochkreative Weise immer wieder neue und immer kompliziertere Strukturen hervorzubringen, bis hin zum menschlichen Gehirn? Wie funktionieren Gehirn und Psyche? Zumindest die für den Umgang mit uns selbst wichtigen Zusammenhänge zwischen Denken, Verhalten und Fühlen müssen wir verstehen lernen.

1 Ursprung und Funktion der Psyche

1.1   Grundlagen: Evolution, Gehirn und Erkenntnis

1.1.1   Synergetik – die Lehre vom Zusammenwirken

Die Selbstorganisation synergetischer Strukturen

Den Wellen des Seins auf den Grund gehen

Im Vorwort sind einige großsprecherisch klingende Worte gefallen: Leben im Flow; Surfen auf den Wellen des Seins u. Ä. Ist das nur Poesie oder lässt sich das konkreter mit Leben füllen?

Zunächst gilt es, in unserer Lebenswelt einige sehr verschiedene Typen grundlegender Sachverhalte zu unterscheiden. Da haben wir als erstes die einfachen **festen Strukturen** wie Stein, Glas oder Metall (im weiteren Sinne auch Holz oder Knochen). Die Moleküle dieser Stoffe sind über ihre starken Anziehungskräfte so fest miteinander verbunden, dass sich nichts mehr bewegt. Für viele unserer Zwecke ist das sehr praktisch, ansonsten aber ist es recht langweilig. Nur wenig aufregender sind jene Strukturen, die wir als **instruierte Strukturen** bezeichnen könnten: Hier bewegt sich eine Menge, aber auf eine exakt vorausbestimmte, erzwungene Weise. Beispiele wären die mechanischen Vorgänge in einer Maschine, die Muster der Stromflüsse in einem Computer oder in den Beinen russischer Gardesoldaten, die im Stechschritt marschieren.

Feste und instruierte Strukturen

Am spannendsten sind jene Sachverhalte, bei denen sich aus einem freien Spiel der Kräfte heraus Strukturen bilden, und zwar oft völlig neuartige, nie zuvor gesehene Muster. Tatsächlich sind die oben genannten Wellen gute Beispiele für diese sog. **synergetischen Strukturen**.

Wellen sind synergetische Strukturen

Wellen sind dynamische Formbildungen, die milliardenmal größer sind als die Flüssigkeitsmoleküle, die an ihrem Aufbau beteiligt sind. Jedes dieser vielen Wassermoleküle ist in seiner Bewegungsfähigkeit doch völlig frei, keines von ihnen unterliegt mechanischen Zwangskräften wie die Teile in einer Maschine oder einem erkennbaren äußeren Taktgeber wie die zur Musik marschierenden Soldaten. Wie kommt dieses ganzheitliche Bewegungsmuster der Moleküle zustande, wie erfolgt die Koordination ihres hochgradig kohärenten, aufeinander abgestimmten Verhaltens? Im Detail hat jede Welle eine andere, neue Form – kann man hier von Kreativität sprechen? Was ist das Wesen dieser elementaren Kreativität der Materie? Können wir dieses Potenzial auch auf bewussten Ebenen nutzen lernen? Zugleich ähneln sich die Wellen in ihren Grundformen – gibt es also Gesetze, die unter ähnlichen Rahmenbedingungen immer wieder ähnliche Muster erzeugen?

Diese und andere Fragen wurden in den letzten 30 Jahren mit wachsendem Erfolg wissenschaftlich untersucht. Die spontane Bildung von synergetischen Strukturen in sog. komplexen dynamischen Systemen wird als **Selbstorganisation** bezeichnet. Tatsächlich erwies sich die synergetische Selbstorganisation als das universelle kreative Prinzip in der Natur.

Synergetik – die Lehre vom Zusammenwirken

Die Prinzipien und Gesetzmäßigkeiten, nach denen sie abläuft, werden von der **Synergetik**, der Lehre vom Zusammenwirken, erforscht und mathematisch beschrieben. Diese Gesetze des Zusammenwirkens haben universelle Gültigkeit, unabhängig davon, welcher Art die Elemente sind, die in ein freies Spiel der Kräfte eintreten, unabhängig davon also, ob es sich um Moleküle, Zellen oder Menschen handelt.

Wie wir noch im Einzelnen sehen werden, gehört ein Großteil der komplexen dynamischen Prozesse in unserem Körper und unserer sozialen Umwelt zum Typ der synergetischen Strukturen: vom biochemischen Reaktionsnetzwerk in unseren Zellen über die funktionellen Strukturbildungen in unserem Gehirn bis hin zu sozialen Modewellen und zur Dynamik der Aktienmärkte.

Viele komplexe Prozesse in unserem Körper und unserer Umwelt sind synergetische Strukturen

Grundwissen über synergetische Strukturen ist deshalb von essentieller Bedeutung: Wir brauchen es, um das Wesen der Vorgänge in unserem Körper und unserer Psyche wirklich zu erfassen. Und wir können eine Intuition entwickeln für Gruppendynamik und komplexe soziale Entwicklungen, die uns dabei hilft, unsere oft vergleichsweise geringen Kräfte effektiver einzusetzen: sich mit dem Strom treiben lassen, wenn das System stabil ist, aber alle Energie im entscheidenden Moment und an der entscheidenden Stelle bündeln, wenn das System instabil und veränderbar wird. Für ein solches Verhalten ist die Metapher vom Surfen auf den Wellen des Seins durchaus zutreffend.

Die Synergetik wurde Ende der 60er-Jahre von dem bedeutenden deutschen Physiker Hermann Haken begründet und und wird seitdem in internationaler Kooperation weiterentwickelt. »Springer Series in Synergetics« umfasst inzwischen an die 90 Bände. Besonders in den traditionell ganzheitlicher und synthetischer denkenden Kulturen des Ostens – v. a. in China, Japan und Russland – wird die Synergetik derzeit intensiv wissenschaftlich rezipiert.

Wir können hier nur einige für unser Anliegen besonders wichtige Prinzipien der Selbstorganisation verkürzt besprechen, um zumindest ein grobes, qualitativ-begriffliches Verständnis zu vermitteln (vgl. auch das Glossar). Schon dies ist aber eine gute und weit reichende Grundlage. Auch ohne die Sprache der Mathematik zu beherrschen, können Sie dieses Grundverständnis noch deutlich vertiefen, wenn Sie die empfohlene populärwissenschaftliche Literatur konsultieren (Haken 1995; Haken u. Haken-Krell 1997). Ich rate Ihnen sehr dazu, weil ich davon überzeugt bin, dass dieses Wissen für das Begreifen unserer immer komplexer werdenden Lebenswelt sehr wichtig ist, nicht weniger wichtig als Goethes Faust oder die Dramen von Shakespeare.

Grundwissen über Selbstorganisation ist für den Alltag wichtig

Dem wissenschaftlich wenig interessierten Leser, der nicht gerade Sachbücher über Gehirnforschung unter dem Kopfkissen liegen hat, sei gesagt: Vielleicht kommt auf den folgenden Seiten an der einen oder anderen Stelle das Gefühl bei Ihnen auf, etwas nicht vollständig zu verstehen. Lesen Sie mit ein wenig Mut zur Lücke darüber hinweg – es wird das Verständnis der übrigen Buchteile nicht wesentlich beeinträchtigen. Nach wenigen Seiten Grundlagentheorie rücken dann schnell wieder psychologische und lebenspraktische Fragen in den Mittelpunkt.

Lassen Sie uns mit einem Beispiel aus Ihrem näheren Erfahrungsbereich beginnen, ehe wir dann noch einmal präzisierend zu den Wellen zurückkehren. Stellen Sie sich vor, Robert Gehring habe mit einer 15-köpfigen Arbeitsgruppe eine wichtige Entscheidung bezüglich neuer Vertriebsstrategien im nächsten Jahr zu treffen. Sagen wir, die Diskussionen im Vorfeld waren auf eine Entscheidung A zugelaufen, die nun auch gleich ins Gespräch gebracht wird. Einige Minuten lang geht es um Einzelheiten der hierfür zu treffenden Maßnahmen. Doch dann bringt ein Kollege ein bisher nicht beachtetes, schlagendes Argument ins Spiel, das die Entscheidung A offensichtlich ad ab-

Roberts Arbeitsgruppe sucht die Lösung – ein Beispiel für soziale Selbstorganisation

surdum führt. Eine Zeitlang wogen nun die Vorschläge, Meinungen, Argumente und Gegenargumente hin und her.

Einer der Vorschläge – Entscheidung B – wird öfter genannt und sammelt immer mehr Argumente für sich. Es zeigt sich, dass es noch eine Variation von B gibt: Entscheidung C. Diese unterscheidet sich nur in Nebensächlichkeiten, die Geschmackssache sind, von B. Sachlich ist C genauso gut wie B. Nach einigen Minuten der Unschlüssigkeit macht Robert einen kleinen Witz gegen C und der Zug fährt weiter in Richtung B. Langsam entsteht ein richtiger Druck in Richtung B: So werden nun vage Argumente, die vorher schon für A hatten herhalten müssen, als Argumente für B umgedeutet. In immer mehr Einzelheiten wird B nun festgezurrt. Auf Querulanten unter den Kollegen, die immer etwas zu mosern haben, wird zunehmend barsch reagiert. Immer stärker tragen nun auch eigentlich sachfremde Momente zu diesem Druck bei: Es ist spät geworden und viele drängen auf eine Entscheidung, weil sie nach Hause wollen.

Nun, das Zustandekommen der Entscheidung B ist tatsächlich ein Ergebnis sozialer Selbstorganisation: In keinem der beteiligten 16 Köpfe war diese Lösung schon vor der Zusammenkunft vorbereitet. Sie ist tatsächlich als ein überindividuelles Produkt aus ihrem freien Zusammenspiel erwachsen – oder emergiert, wie man in der Selbstorganisationstheorie in diesem Kontext sagt. Die Lösung B ist zwar das Produkt menschlichen Handelns, aber sie ist nicht der Absicht eines Einzelnen entsprungen.

Natürlich gibt es für den Verlauf solcher Gruppenprozesse eine unüberschaubare Fülle von Möglichkeiten. Aber unser idealisiertes Beispiel macht einige zentrale Prozessmomente deutlich, die immer wirksam sind, sofern der Raum für soziale Selbstorganisation offen ist. (Letzteres ist natürlich nicht immer der Fall: Wäre Robert ein autokratischer Führer, hätte er vielleicht die Variante A von Anfang an imperativ durchgedrückt. Unsere synergetische Gruppe würde dann im Sinne der marschierenden Soldaten auf das Niveau einer instruierten Struktur zurückfallen.)

So gibt es immer mehr oder weniger stabile Phasen, in denen allenfalls stärkste Einwirkungen eine Veränderung verursachen. Und es gibt instabile Phasen, in denen schon minimale Interventionen zu riesigen Effekten führen können. Immer werden bestimmte Konstrukte aus einer mehr oder weniger starken Zufallsvariation ausgewählt – Plan B in unserem Beispiel. Diese Größen erfahren dann eine nichtlineare Selbstverstärkung – je klarer sich Plan B durchsetzte, desto mehr Energie wurde mobilisiert, ihn noch besser abzustützen und auszufeilen. Dann schwingen sich diese Größen immer mehr zu Ordnungsfaktoren des Gesamtprozesses auf (Fachbegriff: Ordner, ▶ unten), die schließlich einen regelrechten Druck auf das Gesamtsystem ausüben, sich in ihrem Sinne zu verhalten (Fachbegriff: Versklavung).

Doch lassen Sie uns all dies an einem sehr viel einfacheren physikalischen Modell genauer besprechen, an dem sich all diese Phänomene quasi in Reinkultur zeigen – und damit sind wir wieder bei unseren Flüssigkeitsmolekülen, die sich zu Wellen formieren. Ich finde es faszinierend, dass dies nach den gleichen Prinzipien abläuft wie die eben beschriebene soziale Entscheidungsfindung.

Tatsächlich gehören Strömungsdynamiken in Flüssigkeiten zu den am besten studierten Modellen der synergetischen Selbstorganisation.

Es entsteht ein Gruppendruck

Universelle Grundprinzipien

Selbstorganisation in Reinkultur: Strömungsdynamiken

Nehmen wir als Beispiel die sog. **Bénard-Konvektion**, die in  Abb. 1.1 gezeigt ist. Ausgangssituation ist eine Flüssigkeitsschicht in einer Glasschale, die sich zunächst im langweiligen Ruhezustand A befindet. Sobald wir aber beginnen, die Schale mit einem Feuerzeug von unten zu erwärmen, kommt Leben auf, und Zustand A wird allmählich instabil. Die erwärmten unteren Flüssigkeitsteile dehnen sich aus, werden dadurch relativ leichter und streben nach oben, während die relativ schwereren weil kühleren oberen Flüssigkeitsteile nach unten streben. Zunächst kommt es dadurch zu einem wachsenden Hin und Her von Zufallsbewegungen innerhalb der Flüssigkeit, die als **Fluktuationen** bezeichnet werden.

Die wachsende Temperaturdifferenz zwischen oben und unten konfrontiert unser Team von Flüssigkeitsmolekülen quasi mit einer physikalischen Aufgabe: durch Organisation eines optimalen Wärmetransportes für einen Ausgleich dieses Temperaturunterschiedes zu sorgen. Jede der immer heftiger werdenden Fluktuationen kann als Vorschlag für ein bestimmtes ganzheitliches Bewegungsmuster der gesamten Flüssigkeitsschicht gesehen werden, das die anstehende Aufgabe mehr oder weniger gut löst. Durch bestimmte physikalische Prozesse wird nun das am besten Geeignete der konkurrierenden Muster **nichtlinear verstärkt** (weil man das als eine Art Selektion betrachten kann, wurde in diesem Zusammenhang auch von »molekularem Darwinismus« gesprochen).

Das ausgewählte Muster breitet sich immer mehr aus und zwingt schließlich allen Bereichen der Flüssigkeit seinen Bewegungsmodus auf. Resultat ist ein neuer stabiler Zustand B: Alle Flüssigkeitsmoleküle wirken optimal zusammen bei einer ganzheitlichen Bewegung der Flüssigkeitsschicht, die Wärmeenergie von unten nach oben transportiert.  Abbildung1.1 zeigt ein Bei-

Die Bénard-Konvektion als Standardbeispiel für synergetische Strukturen

Zufallsfluktuationen

Selektion und nichtlineare Verstärkung

◨ **Abb. 1.1.** Die Bénard-Konvektion: Die Flüssigkeitsschicht in einer Glasschale wird von unten erwärmt. Durch synergetische Selbstorganisation bilden sich hexagonale Strömungsmuster aus, die Wärme von unten nach oben transportieren. (Mit freundlicher Genehmigung von H. Haken)

spiel, bei dem Flüssigkeitsrollen in Form eines Bienenwabenmusters angeordnet sind: In der Wabenmitte steigt warme Flüssigkeit auf, an den Rändern sinkt abgekühlte Flüssigkeit nach unten. Übrigens gibt es auch hier einen sachlich äquivalenten Zustand C, bei dem sich die Flüssigkeitsrollen einfach anders herum drehen. Ob es zu links- oder rechtsherum drehenden Rollen kommt, entscheidet der Zufall per Fluktuation.

Aus einem freien Spiel der Kräfte entsteht ein ganzheitliches Bewegungsmuster

Und wie schon im Falle unserer sozialen Entscheidungsfindung gilt auch hier: Dieses hexagonale Muster ist tatsächlich aus sich selbst heraus entstanden, aus einer eigenen Dynamik, aus einer Art freiem Spiel der Kräfte. Nirgendwo spielten mechanische Zwangsvorrichtungen wie Führungsschienen oder Prägestempel eine Rolle, nirgendwo gab es eine vorgefertigte Blaupause oder ein Computerprogramm.

> ❗ **Tatsächlich ist Materie schon auf ganz elementarer Ebene zu schöpferischer Selbststrukturierung fähig, entsprechend den Gesetzen des Zusammenwirkens, wie sie von der Synergetik beschrieben werden.**

Auch hier wirkt das erstarkende Muster B als Ordner für das Gesamtsystem, das immer größere Bereiche der Flüssigkeitsschicht dazu zwingt, sich in seinem Sinne zu verhalten. Wie ◘ Abb. 1.2 zeigt, etabliert sich dabei zwischen der Ebene der Einzelelemente und der Ebene der ganzheitlichen Muster eine

Kreiskausalität: Der emergierende Ordner wirkt versklavend auf die Elemente zurück

Kreiskausalität. Der Ordner erwächst dabei aus dem Zusammenwirken der Einzelelemente. Wir sprechen hier von Emergenz: Es entsteht etwas Neues, das mehr ist, als die Summe der Teile. Wenn der Ordner eine bestimmte Stärke erreicht hat, wirkt er ordnend auf die Elemente zurück: Hier ist nun von Konsensualisierung oder auch – politisch unkorrekt, aber eindrücklich – von Versklavung die Rede. (Wissenschaftlich korrekt entspricht dem Ordner eine bestimmte physikalische Größe, der sog. Ordnungsparameter. In unserem Fall ist dies die Amplitude der Senkrechtgeschwindigkeit der Flüssigkeitsmoleküle.)

Das Stabilitätsverhalten synergetischer Strukturen erläutert man gern am mathematischen Modell der sog. Potenziallandschaft. Der Systemzustand wird dabei durch eine Kugel symbolisiert, die durch eine Landschaft rollt. ◘ Abb. 1.3a zeigt unser Bénard-System im stabilen Ruhezustand A. Aufgrund innerer Reibung klingen hier alle Zufallsbewegungen innerhalb der Flüssig-

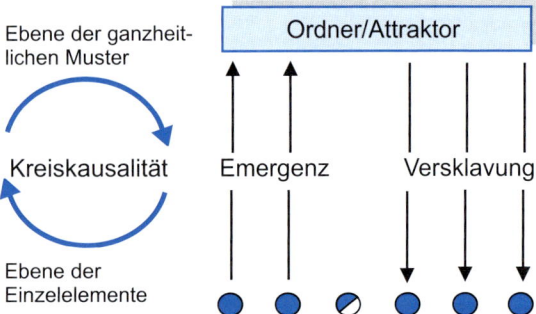

◘ **Abb. 1.2.** Grundprinzipien der synergetischen Selbstorganisation: Durch Fluktuationen auf der Ebene der Einzelelemente emergiert ein Ordner, der dann wieder versklavend auf die Einzelelemente zurückwirkt im Sinne der Formierung eines ganzheitlichen Musters (Kreiskausalität). Das synergetische Muster wird dabei durch einen sog. Attraktor stabilisiert

keit schnell wieder auf Null ab. Analog kommt unsere Kugel nach allen zufälligen Anstößen schnell wieder am tiefsten Punkt der Mulde zur Ruhe. Die Erwärmung der Glasschale führt nun zu einer allmählichen Verformung der Landschaft im Sinne von ◘ Abb. 1.3b. Die Position der Kugel auf Punkt A wird nun zunehmend instabil. Wird sie jetzt Zufallsstößen ausgesetzt, rollt sie in Richtung eines der beiden neuen nun möglichen stabilen Zustände B oder C.

Diese Mulden in der Landschaft möglicher Systemzustände werden als **Attraktoren** bezeichnet. Gerät die Kugel über den Rand einer solchen Attraktormulde, wird das System in den entsprechenden Systemzustand hineingezogen, d. h. die Kugel rollt unweigerlich an den tiefsten Muldenpunkt. Je tiefer die Mulde und je näher die Kugel diesem Zentralpunkt ist, desto stabiler ist das synergetische Muster gegenüber äußeren und inneren Störungen. Wann immer die Kugel durch eine Störung ausgelenkt wird, entsteht sofort eine starke Kraft, die sie in das Zentrum des Attraktors zurückführt. Attraktoren wirken also wie Magnetfelder, die ein bestimmtes synergetisches Muster stabil halten, und zwar auf eine sehr flexible und elastische Weise.

Attraktoren sind Mulden in der Potenziallandschaft, die stabilen Zuständen entsprechen

In der Regel gibt es für ein dynamisches System mehrere Attraktoren, die alternativ oder einer nach dem anderen angelaufen werden können in Abhängigkeit von den Randbedingungen und dem Zufall. Bestimmte Randbedingungen haben einen besonders großen Einfluss – sie heißen **Kontrollparameter**. In unserem Beispiel ist dies die Intensität der Wärmezufuhr von unten. Wenn wir die Wärmezufuhr steigern, wird auch das Wabenmuster wieder instabil und gemäß den oben besprochenen Abläufen von Fluktuation, Selektion und Selbstverstärkung bildet sich eine neue dynamische Struktur aus, z. B. ein Streifenmuster, das aus parallel nebeneinander liegenden Flüssigkeitsrollen besteht. Das System springt also in einen anderen Attraktor, wobei (wie besprochen) zwischen zwei gleichwertigen Attraktoren eine Zufallsaus-

Der Kontrollparameter

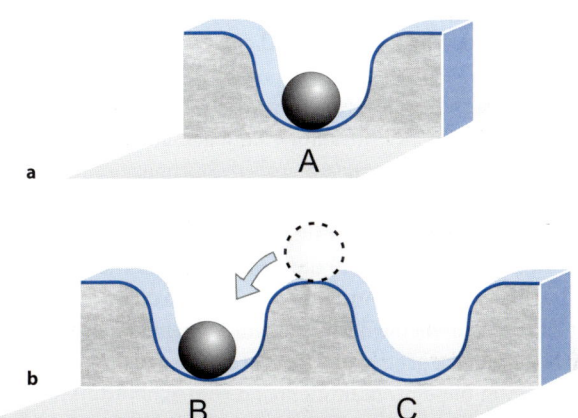

◘ **Abb. 1.3 a,b.** Veranschaulichung von Attraktoren durch Mulden in einer Landschaft möglicher Systemzustände, wobei der Platz der Kugel für den Systemzustand steht. **a** Stabiler Systemzustand *A*. **b** Die Landschaft verformt sich derart, dass Zustand *A* instabil wird und sich Attraktormulden für zwei neue, gleichwertige stabile Zustände bilden. Durch Zufallsentscheid per Fluktuation gerät das System in den Attraktor des Zustandes *B*. Ruht die Kugel im Zentrum einer Attraktormulde, ist das System am stabilsten, d. h. das ganzheitliche Muster ist am widerstandsfähigsten gegenüber Störungen

wahl getroffen wird: Im einen Falle drehen sich die Rollen rechtsherum im anderen linksherum.

Jedem Ordner entspricht ein Attraktor

Bei alledem gibt es eine Entsprechung zwischen Ordnern und Attraktoren – anschaulich könnte man sagen: Jeder Ordner führt das System in einen zugehörigen Attraktor.

Eigenschaften synergetischer Strukturen

Lassen Sie uns nun noch einige wichtige Eigenschaften synergetischer Strukturen am einfachen und transparenten Beispiel der Bénard-Konvektion genauer besprechen. Grundsätzlich finden wir alle diese Eigenschaften auch bei komplexeren synergetischen Systemen wie unserem Einführungsbeispiel der sozialen Entscheidungsfindung. Ich überlasse es Ihnen als Beobachtungs- und Denksportaufgabe, diese Eigenschaften bei Kommunikationsprozessen ähnlicher Art zu identifizieren.

Eigensinn – synergetische Strukturen lassen sich nichts aufprägen

Synergetische Strukturen sind eigensinnig: Ihre Entwicklung folgt einer inneren Eigengesetzlichkeit, die sich von außen nichts vorschreiben lässt. Außenbedingungen wie der Kontrollparameter können die Strukturbildung nur indirekt beeinflussen, nicht aber sie in irgendeinem Sinne spezifisch prägen. In zirkulär geschlossenen Prozessen reproduziert sich die Struktur unaufhörlich selbst. Die Bedingungen dieser inneren Kohärenz oder Synergie müssen ständig erhalten bleiben, anderenfalls bricht die Struktur zusammen, fast könnte man sagen, sie stirbt. Deshalb gibt es für synergetische Strukturen Grenzen ihrer Anpassungsfähigkeit an Veränderungen der Außenbedingungen.

Selbstregulationsvermögen und Anpassungsfähigkeit

Innerhalb dieser Grenzen allerdings sind sie auf eine hochflexible Weise anpassungsfähig. Die Attraktoren ermöglichen eine Art Selbstregulation: Tritt eine Störung ein, wird das System sozusagen aus dem Zentrum des Attraktors herausgedrückt. Sobald die Störung entfällt, wird das System durch den Attraktor wieder in den stabilsten Bereich zurückgezogen und die ursprüngliche Struktur regeneriert sich wieder. Wenn wir etwa einen Teil der Bienenwaben in ◘ Abb. 1.1 verrührten, würde sich nach kurzer Zeit das alte Muster wieder aufbauen. Es wäre nicht falsch, hier von einer Art Selbstheilung zu sprechen.

Wichtig ist die Unterscheidung zwischen stabilen und instabilen Phasen. Ist das System im Zentrum eines Attraktors, kann die synergetische Struktur sehr widerstandsfähig auch in Bezug auf gröbere Störungen sein. In den in-

Sensibilität in instabilen Phasen

stabilen Phasen aber wird das System hochsensibel gegenüber selbst schwächsten Außeneinwirkungen. So könnten minimale Erschütterungen des Labortischs durch ein vorbeifahrendes Auto die Entscheidung treffen, ob das System wie oben beschrieben in den Attraktor mit den linksdrehenden oder den Attraktor mit den rechtsdrehenden Rollen springt. Kleine Ursachen können sich so im Laufe der Zeit zu großen Wirkungen aufschaukeln. In der Chaos-

Kleine Ursache – große Wirkung: der Schmetterlingseffekt

theorie spricht man in diesem Zusammenhang vom **Schmetterlingseffekt**: So könnte es vom Flügelschlag eines Schmetterlings auf Sumatra abhängen, welche Großwetterlage sich in Europa einstellt – auch unser Klimasystem ist seinem Wesen nach eine synergetische Struktur.

Selbstoptimierung

In gewissem Sinne verfügen synergetische Strukturen über eine Fähigkeit der Selbstoptimierung. Setzt man ihnen geeignete Rahmenbedingungen, sorgen Ordner bzw. Attraktoren aus sich heraus dafür, dass die innere Harmonie einen hohen Wert erreicht. Grad und Güte des Zusammenwirkens aller Elemente sind im Zentrum des Attraktors am größten. Entsprechend wäre hier auch die potenzielle Arbeitsleistung maximal: Unsere Flüssigkeitsrollen könnten ein nanotechnisches Kraftwerk antreiben und würden im Auge des Attraktors den meisten Strom erzeugen.

❗ Dieser Gütegrad des Zusammenwirkens wird in der Psychosynergetik als **Synergität** bezeichnet. Entsprechend können dynamische Funktionsabläufe mehr oder weniger synerg oder – beim Auftreten von Störungen – dyssynerg sein.

Synergität – der Gütegrad des Zusammenwirkens

Interessant ist dabei die Tatsache, dass synerge Prozesse oft mit besonders symmetrischen, geschlossenen und ausgewogenen Strukturen verbunden sind, die wir als hochgradig prägnant oder gar ästhetisch schön erleben.

Es zeigt sich, dass komplexe Entwicklungsprozesse offenbar nicht linear und kontinuierlich aufbauend verlaufen, sondern nichtlinear und in qualitativen Sprüngen. Wenn beim Wechsel des Attraktors ein Muster zusammenbricht und ein neues entsteht, spricht man in der Synergetik von Phasenübergang oder Phasensprung, in der populären Literatur auch von Ordnungsübergang oder Ordnungssprung. Den Treibsatz solcher Ordnungssprünge bilden selbstverstärkende positive Rückkoppelungen.

Sprunghafte Ordnungswechsel

Die Universalität der synergetischen Selbstorganisation

So viel zu einigen zentralen Charakteristika von Selbstorganisationsprozessen und synergetischen Strukturen. Entscheidend ist, dass es sich hierbei um Muster handelt, die auf allen Ebenen der Realität wiederkehren, ganz so, wie das Atommodell dem Planetensystem ähnelt oder der Zweig dem Baum als Ganzem. In der Chaostheorie spricht man in diesem Zusammenhang von Selbstähnlichkeit. ◘ Abbildung 1.4 macht dies noch einmal sinnfällig: Unabhängig von der Art des materiellen Substrates formieren sich unter ähnlichen Rahmenbedingungen nach den gleichen synergetischen Gesetzen ähnliche Strukturen. Wenn ich oben zur Beschreibung unserer Flüssigkeitsrollen in der Glasschale Begriffe herangezogen habe, die an Leben und Geist gemahnen, so beruht dies ebensowenig auf oberflächlichen Analogien wie unsere Bezugsetzung zwischen molekularer und sozialer Entscheidungsfindung. Vielmehr entspricht es dem selbstähnlichen Wesen unseres Universums.

Selbstähnlichkeit: Die Grundmuster kehren immer wieder

Wie die synergetische Selbstorganisation im menschlichen Körper und in seinem Gehirn in Erscheinung tritt, werden wir in den nächsten Kapiteln gesondert behandeln. Im Folgenden möchte ich Ihnen anhand einiger prägnanter Beispiele umreißen, wie uns das besprochene Systemwissen auch beim Verständnis von Phänomenen unserer Alltagswelt behilflich sein kann.

Beginnen wir doch gleich mit jenem letztgenannten Treibsatz der Ordnungssprünge, den positiven Rückkoppelungen.

Solche überall in der Natur weit verbreiteten Prozesse der zirkulären Selbstverstärkung sind zweischneidig. Einerseits sind sie die Voraussetzung von Kreativität und Entwicklung. Andererseits bergen sie den Keim der Zerstörung in sich, sofern sie aus dem Ruder laufen oder an der falschen Stelle in Gang kommen. Nehmen wir nur einmal das Wachstum einer Sanddüne in der Wüste. Irgendwo mag ein Stein liegen, der den Wind so abbremst, dass der mitgeführte Sand auszufallen beginnt. Je mehr Sand sich aber aufhäuft, desto stärker wird die Bremswirkung, so dass immer schneller immer mehr

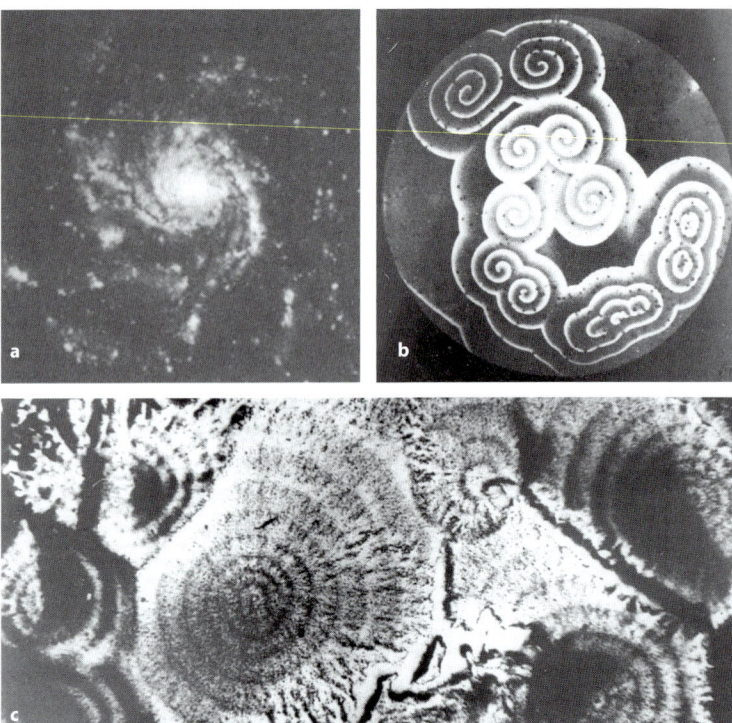

■ **Abb. 1.4 a–c.** Die Selbstähnlichkeit unseres Universums: Spiralbildungen in einem physikalischen System (**a** kosmischer Spiralnebel), einem chemischen System (**b** Belousov-Zhabotinsky-Reaktion) und einem biologischen System (**c** Zusammenlagerung eines Schleimpilzes aus einzelnen Zellen). (Mit freundlicher Genehmigung von H. Haken)

Sand ausfällt und die Düne immer größer wird. Und dann kommt irgendwann der Punkt, an dem die Düne unter ihrer eigenen Last zusammenrutscht.

Kreativität und Zerstörung durch zirkuläre Selbstverstärkung

Im psychischen Bereich sind selbstverstärkende Prozesse nicht nur eine wichtige Grundlage der menschlichen Kreativität, sondern auch Ausgangspunkt einer Vielzahl von Teufelskreisen. Im inneren Dialog von Robert war das ja schon kurz angeklungen und wir werden darauf noch ausführlicher zu sprechen kommen.

In Wirtschaft und Wissenschaft führen positive Rückkoppelungen einerseits zur Konzentration der Mittel, was hier und dort dann entscheidende Durchbrüche ermöglicht (dass Schwerpunktförderung mehr bringt als Gießkannenprinzip, wie im Zusammenhang mit dem Aufbau Ost wiederentdeckt, ist eine systemwissenschaftliche Selbstverständlichkeit).

Andererseits entstehen erhebliche Ungerechtigkeiten, die des systematischen Ausgleichs bedürfen: der vielzitierte Wissenschaftler wird immer öfter zitiert – immer weniger wegen seiner Leistung und immer mehr, weil scheinbar alle es tun. Der Reiche wird immer reicher, nicht weil er mehr leistet als andere, sondern weil das Geld sich über den Zinseszins immer schneller aus sich selbst fortzeugt. Diese sozialen Grundmechanismen waren schon den Autoren der Bibel bekannt: »Denn wer da hat, dem wird gegeben, dass der die

Fülle habe; wer aber nicht hat, dem wird auch das genommen, was er hat« – so Matthäus im Neuen Testament. Für unseren Zusammenhang ist besonders wichtig: Die Ungerechtigkeiten dieser Welt haben auch verborgene Systemzwänge zur Ursache, sie gehen nicht ausschließlich auf individuelle menschliche Schwäche oder Bosheit zurück.

In ähnlicher Weise sind auch an anderen komplexen sozialen Fehlentwicklungen grundsätzlich und immer Systemzwänge mitbeteiligt. Wenn beispielsweise in Deutschland immer mehr Arbeitsplätze abgebaut bzw. ins Ausland verlagert werden, so liegt das ganz sicher nicht in erster Linie an der Gier oder »Vaterlandslosigkeit« der Manager, wie immer mal wieder von der Politik behauptet wird. Die Hauptursache liegt in den emergenten Systemzwängen des globalisierenden Kapitalismus: Internationale Finanzinvestoren konkurrieren um das Geld der Anleger und müssen in immer kürzerer Zeit immer höhere Renditen erwirtschaften. Dies können sie nur, wenn sie ihr Geld in Unternehmen investieren, die maximale Gewinne in minimaler Zeit einfahren oder indem sie an der Börse unterbewertete Unternehmen aufkaufen, um sie nach Restrukturierungsmaßnahmen wieder zu verkaufen. Die Manager der Unternehmen müssen um das Geld der internationalen Fonds konkurrieren und sich vor feindlichen Übernahmen schützen. Das können sie nur, indem sie kurzfristig die Gewinne maximieren, um den Börsenwert zu steigern. Und ein Beitrag hierzu ist die Senkung der Lohnkosten. So sind alle Beteiligten Getriebene der Systemzwänge, die sich aus den Spielregeln des internationalen Kapitalismus ergeben. Dabei hatten bzw. haben diese Spielregeln auch ihre positive Seite: Von der durch sie erzwungenen Produktivitätssteigerung profitieren letztlich alle.

Der Matthäus-Effekt

Das Problem ist der Matthäus-Effekt: Bedingt durch positive Rückkoppelungen beginnt das System aus dem Ruder zu laufen, verbunden mit der Gefahr der Selbstzerstörung. Die globale Finanzwirtschaft wird immer mächtiger und damit verstärkt sich gleichzeitig der von ihr ausgehende Versklavungsdruck. Dadurch werden die Spielräume der Manager für lokales, nachhaltiges und sozial verantwortliches Denken und Handeln immer kleiner. Appelle an die Moralität des Einzelnen helfen in dieser Situation wenig. Sie verstellen eher den Blick für den sehr schwierigen aber letztlich einzig möglichen Weg: internationale Absprachen über eine Veränderung der Spielregeln des globalen (Finanz–)Wirtschaftens.

Viel Negatives erwächst aus Systemzwängen

Ähnliches gilt etwa für die Frage, warum die planwirtschaftlich organisierten realsozialistischen Staaten in sich zusammengebrochen sind. Immer noch wird vielerorts spekuliert, ob nicht die Reparatur dieses oder jenes peripheren Konstruktionsfehlers ein Überleben hätte ermöglichen können. Die Antwort ist ein entschiedenes Nein. Wir wissen heute, dass das Wechselspiel von selbstorganisierter Variation und Selektion der ultimative und universelle kreative Mechanismus in der Natur ist. Auf der Ebene der Gesellschaft manifestiert sich dies in Form von Markt und Demokratie. Eine Gesellschaft, die gerade diese Quellen der Neuerung bewusst und gezielt stilllegt, begeht kollektiven Suizid. Sie muss infolge von Stagnation und Erstarrung zugrunde gehen, und dies mit durchaus naturgesetzlicher Unentrinnbarkeit.

Warum Planwirtschaft nicht funktioniert

Apropos Markt – wie kann es eigentlich sein, dass sich offenbar in manchen Bereichen technisch schlechtere Produkte gegenüber besseren durchsetzen konnten, etwa bei den Videorecordern das VHS-System gegenüber dem Beta-

Doch auch der Markt ist nicht perfekt

System? Nun, VHS hatte einen gewissen zeitlichen Vorsprung, so dass die Prozesse einer selbstverstärkenden Ausbreitung und Stabilisierung in Gang kommen konnten, bevor Beta in Konkurrenz trat. Sind Produkte oder Theorien erst einmal fest in einem Attraktor »eingerastet«, wie der Ökonom Brian Arthur vom Santa-Fé-Institute in New Mexico dies formuliert, können sich potenzielle Konkurrenten nicht mehr so einfach im Selbstlauf durchsetzen.

Versklavung durch Moden

Und last but not least: Außerordentlich verbreitet sind Phänomene, die auf den Versklavungseffekt zurückgehen. Hierher gehören Modeströmungen aller Art: Bekleidungsmoden, Zeitgeistströmungen, Paradigmen in den Geistes- und Sozialwissenschaften, Trends im Wirtschaftsleben etc. Je verbreiteter eine derartige Mode bereits ist, desto größer wird der Konformitätsdruck, der auf noch resistente Individuen oder Organisationen ausgeübt wird. So erklärt sich eine Vielfalt von sozialen Phänomenen – etwa die von E. Noelle-Neumann beschriebene Schweigespirale: Die politische Entscheidungsbildung des Einzelnen wird konsensualisierend beeinflusst von der »herrschenden« öffentlichen Meinung.

Mehr im Kleinen begegnet uns das Phänomen der Gruppendynamik. Da unser Einführungsbeispiel diesem Bereich entstammt, mag hier abschließend ein kleiner Witz genügen: Ein eben verstorbener Ölunternehmer bittet an der Himmelspforte um Aufnahme. Doch Petrus muss ihm bedeuten, dass derzeit kein Platz frei sei bei ihm. Unser Ölunternehmer linst durch den Torspalt und sieht, wie sich eine Gruppe ehemaliger Kollegen aus der Ölbranche auf den Wolken lümmelt. He Leute, flüstert er schnell durch die Pforte, neueste Nachricht: Ölfunde in der Hölle! Alles springt auf und rennt in Richtung Hölle. Der verdutzte Petrus freut sich, unserem Ölunternehmer nun doch einen Platz anbieten zu können. Doch dieser tritt von einem Fuß auf den anderen und blickt seinen entschwindenden Kollegen nach. Vielleicht ist ja doch was dran an dem Gerücht! ruft er plötzlich und eilt hinterdrein.

1.1.2 Evolution auf allen Ebenen – von den Molekülen bis zum Gehirn

Unser Universum als Verschachtelung von Evolutionsprozessen

Das Wechselspiel zwischen synergetischen und festen Strukturen

Wie aber wird aus Selbstorganisation nun Evolution? Dies geschieht durch Mechanismen der Speicherung von Ordnung, Struktur und Information. Die Ergebnisse der synergetischen Selbstorganisation müssen irgendwie festgehalten, eingefroren werden, um dann zum Ausgangspunkt neuer Selbstorganisationsprozesse werden zu können. Auf diese Weise kommt es zum kumulativen Aufbau immer komplexerer Strukturen. Cum grano salis lässt sich dieses Grundprinzip an der Entstehung eines Flusses verdeutlichen: Die kreative synergetische Dynamik des fließenden Wassers löst die Aufgabe, den kürzesten Weg zum Meer zu finden. Die so erzeugte Information wird nun dadurch gespeichert, dass sich das Wasser ein Bett in den festen Strukturen des Bodens gräbt. Trocknet der Fluss zwischenzeitlich aus, muss er die Aufgabe nun nicht immer wieder aufs Neue lösen – er kann der Erinnerungsspur seines Bettes folgen.

Die biologische Evolution

Bei der biologischen Evolution (Phylogenese) gräbt sich nun der Fluss der Populationsdynamik (die unterschiedlichen Fortpflanzungsraten der Individuen und Arten) sein Bett in die festen Speicherstrukturen der DNS: Zufällige Fluktuationen in sehr frühen Entwicklungsphasen (u. a. Mutationen) führen zu mehr oder weniger großen Unterschieden zwischen den Individuen. Treten diese Individuen nun in Wechselwirkung mit der Umwelt, mit ihren Artgenossen und mit Lebewesen anderer Arten, resultieren unterschiedliche Fortpflanzungsraten. Kurz und gut: Die wehrhaftesten, klügsten, widerstandsfähigsten und attraktivsten Individuen zeugen die meisten Nachkommen. Deren Gene reichern sich im Genbestand der Art (dem Flussbett) an und ihre Neukombination bei der Paarung bildet dann wieder den Ausgangspunkt für die nächste Fortpflanzungsrunde. Manchmal springt das System dabei in einen neuen Attraktor – dann ist eine neue Art entstanden. Übrigens grübeln bis heute viele Biologen darüber nach, wie es zu diesen merkwürdigen Sprüngen in der Evolutionsgeschichte kommt. Hier zeigt sich wieder, wie notwendig und fruchtbar ein interdisziplinärer systemtheoretischer Hintergrund für die Wissenschaften ist.

Es kann hier nur kurz darauf hingewiesen werden, dass sich auch die Individualentwicklung (Morphogenese und Ontogenese) nach dem selben Schema als eigenständiger Evolutionsprozess darstellen lässt.

Ein zentraler Teil dessen ist die Psychogenese. Die aus der selbstorganisierten synergetischen Wechselwirkung zwischen den Nervenzellen hervorgehenden Strukturen von Psyche und Verhalten werden dann eingefroren im Muster der festen Verbindungsstrukturen zwischen den Nervenzellen, d. h. in der Matrix der Übertragungsstärken vieler Milliarden Synapsen.

Dies überlagert schließlich noch die Kulturevolution: Ideen, Technologien und Theorien entstehen und werden weiterentwickelt durch die synergetische Wechselwirkung zwischen vielen Millionen Gehirnen. Die Ergebnisse dieser sozialen Selbstorganisation werden aussedimentiert in den gegenständlichen Produkten der menschlichen Arbeit, insbesondere in Büchern, Filmen, CDs etc. Da sich auch Ideen und Konzepte in Analogie zu den Genen von Gehirn zu Gehirn fortpflanzen können, bezeichnet man sie in diesem Zusammenhang auch als **Meme**.

Meme als Vererbungseinheiten der psychokulturellen Evolution

Der moderne Evolutionsbegriff beschränkt sich also nicht auf die klassische Darwinsche Evolution der Arten. Vielmehr müssen wir unser Universum als eine hochkomplexe Verschachtelung von synergetischen Strukturen und von ihnen aussedimentierten festen (Speicher-)Strukturen begreifen. Ineinander gelagerte und miteinander wechselwirkende Selbstorganisations- und Evolutionsprozesse laufen dabei in immer kleineren Raum-Zeit-Bereichen ab, bis hin zu den psychoneuralen Strukturbildungen im Gehirn, die sich mit fast explosionsartiger Geschwindigkeit entfalten.

Das Universum als Verschachtelung synergetischer und fester Strukturen

Nach dem Prinzip der Hierarchie bauen Strukturen dabei Schritt für Schritt neue Superstrukturen auf: Atome, Moleküle, Biomoleküle, Organellen, Zellen, Organe, Organsysteme, Organismen, Arten, Familien, Organisationen, Staaten. Arthur Koestler hat in Bezug auf diese hierarchischen Einheiten den Begriff **Holon** geprägt: Nach innen gesehen sind sie Ganzheiten, nach außen gesehen Teile. Entsprechend müssen sie ständig die Balance halten zwischen zwei zumeist gegenläufigen Bedürfnissen: Einerseits haben sie ihre innere Kohärenz und Synergität zu wahren, andererseits müssen sie sich in ihr Obersystem integrieren und seinen Funktionserfordernissen anpassen. Diesen Grundwiderspruch hatten wir schon im vorigen Abschnitt im Zusam-

Holone im Konflikt zwischen Authentizität und Anpassung

menhang mit der Bénard-Konvektion erörtert. Und auch wir Menschen müssen ihn fast täglich neu aussöhnen: Auf die innere Stimme hören oder auf die des Vorgesetzten.

Betrachten wir nun den menschlichen Körper genauer. Vereinfachend können wir sagen, dass Zell- und Organellenwände als feste Strukturen gelten, die komplex vernetzte Ordnung der intrazellulären biochemischen Reaktionen hingegen ist eine synergetische Struktur. Der Formaufbau der Organe ist eine feste Struktur, die Funktionsabläufe der Organe aber gehören zu den synergetischen Strukturen: die Erregungswellen der Nerven oder Muskeln, die Strömungs- und Diffusionsmuster von Körperflüssigkeiten und Hormonen, die ebenenübergreifenden, koordinierenden Synchronisationsmuster der vielfältigen Biorhythmen (»multioszillatorische Funktionsordnung«).

Wie wir gleich noch ausführlicher sehen werden, gehören auch die Strukturen unseres bewussten psychischen Erlebens zu den synergetischen Strukturen: Sie werden getragen von elektrochemischen Strukturen in Form von Synchronisationsmustern innerhalb großer Nervenzellverbände.

Körper und Gehirn als Verschachtelung synergetischer und fester Strukturen

Auf der körperlichen Ebene kommt v. a. das Autoregulations- und Selbstoptimierungspotenzial der synergetischen Strukturen und ihrer Attraktoren zum Einsatz. Ständige kleinere oder größere innere oder äußere Störungen erzwingen permanente Anpassungsleistungen. (Gelegentlich ist auch Kreativität gefragt. So springen die sich aus diffundierenden Wachstumshormonen selbstorganisierenden morphogenetischen Felder im Falle von schweren Verletzungen in neue Attraktoren, um eine halbwegs passable Defektheilung zu ermöglichen.) Auf der psychischen Ebene hingegen steht v. a. die Ausbeutung des kreativen Potenzials synergetischer Strukturen im Vordergrund: In Wahrnehmung, Denken und Verhalten kommt es ständig zur Bildung neuartiger Strukturen.

Anders als Stein oder Metall unterliegen aber auch die festen Strukturen unseres Körpers durch ihr Eingebundensein in die synergetischen Netzwerke des Stoffwechsels einem langsamen aber stetigen stofflichen Umsatz: Nach einigen Jahren hat unser Körper seine Substanz vollständig ausgetauscht.

Sie sind nichts als ein Wellenmuster

Unsere Identität ist also nicht substanzieller Art. Die einzigen Substanzen, die Sie auch schon vor 10 Jahren in sich trugen, sind Ihre Zahnplomben (und auch das nur, wenn Sie einen wirklich guten Zahnarzt haben). Vielmehr ist unsere Identität die eines synergetischen Musters, das auf dem Zeitpfeil entlangläuft wie eine Welle. Wir sind Evolution, durch und durch Evolution, nichts als Evolution.

Selbstorganisation und Evolution im Gehirn

In vielen Lehrbüchern über die Psyche oder das Gehirn kann man auch heute noch Sätze lesen wie: Das Gehirn ist ein informationsverarbeitendes System ähnlich einem Computer. Verhalten wird von Programmen gesteuert, die entweder angeboren sind oder durch Lernen erworben wurden. Diese Vorstellung ist grundfalsch. Computer und andere Maschinen können immer nur identische Normprodukte unter künstlichen Standardbedingungen produzieren. Zudem handelt es sich um instruierte Strukturen, die immer einen Instrukteur voraussetzen.

Das Gehirn arbeitet nicht mit starren Computerprogrammen

Doch wie verhält es sich demgegenüber mit den Strukturen unseres Verhaltens? Bei Lichte besehen, ist jede psychische Strukturbildung unikal, d. h.

einzigartig: Sie können einen Gegenstand nicht zweimal auf genau dieselbe Weise wahrnehmen – immer sind Dinge wie die Perspektive, die Helligkeit oder Ihre Körperhaltung mehr oder weniger verschieden. Auch wenn es Ihnen so vorkommt, dass sie bei Routineaufgaben dieselbe Bewegung wiederholen – im Detail sieht doch jeder Bewegungsvollzug ein wenig anders aus. Und auch einen Gedanken können Sie nicht mehrmals auf exakt dieselbe Weise denken: Immer werden dabei andere Assoziationen angeregt. Diese extreme Flexibilität wird durch die sich ständig verändernden Umgebungsbedingungen des Verhaltens erzwungen. Mit Standardprogrammen könnte ein Computer hier gar nichts anfangen. Vielmehr müsste er jeden Verhaltensakt in Echtzeit neu berechnen. Dies würde eine gigantische Rechenleistung erfordern, zu der auch moderne Hochleistungscomputer nicht in der Lage sind. Von einem Roboter, der behände eine Geröllhalde hinabspringt wie jede Bergziege es kann, im Halbschlaf noch und mit spielerischer Eleganz, wagen inzwischen auch unsere kühnsten Computerpioniere kaum mehr zu träumen.

> **Jeder Verhaltensakt ist einzigartig und hochflexibel**

Und woher stammt das Verhalten nun – sind Vererbung und Lernen wirklich seine einzigen und eigentlichen Quellen? Betrachten wir dazu einen ebenso einfachen wie kruden Versuch, von dem der bedeutende deutsche Verhaltensphysiologe Erich von Holst schon vor Jahrzehnten berichtete.

> **v. Holsts Tausendfuß-Experiment**

◘ Abbildung 1.5a zeigt einen intakten Tausendfuß (Lithobius) beim Lauf. Nun werden dem armen Tier Beinpaare amputiert. Wenn man ihm dabei z. B.

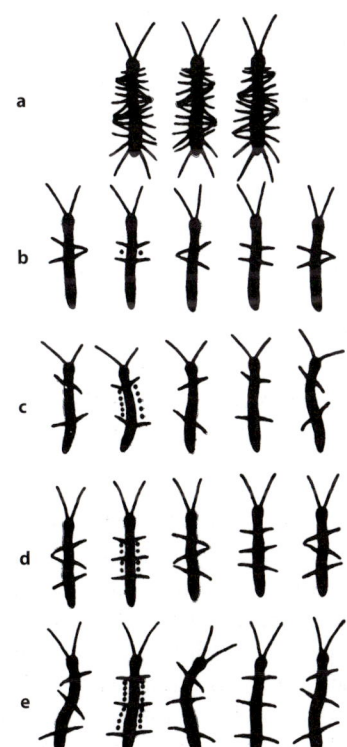

◘ **Abb. 1.5 a–e.** Koordinationsmuster eines Tausendfuß (Lithobius): **a** intaktes Tier; **b–e** nach Amputation von Beinen. Die Punkte im je zweiten Bild der Reihen zeigen die Anzahl der dazwischenliegenden Segmente an. (Aus: Holst 1969)

drei Beinpaare belässt, dann springt sein Koordinationsmuster unmittelbar in den Modus um, der in ◘ Abb. 1.5d gezeigt wird. Der Tausendfuß läuft nun auf genau dieselbe Weise, wie es die Insekten tun, die von Natur aus über drei Beinpaare verfügen. Verbleiben ihm lediglich zwei Beinpaare, dann läuft er wie eine Eidechse oder ein trabendes Pferd im Kreuzgang (◘ Abb. 1.5c). Wie die ◘ Abb. 1.5b und e zeigen, ist es dabei gleichgültig, wie viele Segmente zwischen den verbleibenden Beinpaaren liegen.

Wo um alles in der Welt kommen denn nun diese sprungartig auftretenden neuen Koordinationsmuster her? Gelernt sind sie nicht – weder wäre Lithobius dazu fähig, noch hatte er Zeit und Gelegenheit dazu. Angeboren aber können sie auch nicht sein. Das Nervensystem von Lithobius ist längst nicht komplex genug, um für jedes der in astronomisch hoher Zahl möglichen Schädigungsmuster ein eigenes fest verdrahtetes Notfallmotorprogramm bereit zu halten. Was geht hier vor?

Verhaltensmuster sind synergetische Strukturen

Nun, der Bewegungsablauf ist eben kein von einem Programm determinierter, fest verdrahteter mechanischer Vorgang, sondern eine hochflexible und selbstorganisationsfähige synergetische Struktur. Durch die Amputationen ändern sich Randbedingungen und Kontrollparameter und das System springt in den nächstgeeigneten Attraktor (nicht anders, als unsere Bénard-Konvektion vom Wabenmuster ins Rollenmuster umspringt, wenn man die Temperatur erhöht). Übrigens: In der artübergreifenden Übereinstimmung der Koordinationsmuster zeigt sich in Analogie zu ◘ Abb. 1.4 wieder die Universalität synergetischer Strukturbildungsprinzipien.

Verhalten ist weder angeboren noch gelernt, es ist emergent

❗ **Wir können damit sagen, Verhalten ist weder angeboren noch gelernt: Es ist emergent. Es formt sich durch Selbstorganisation immer wieder neu zwischen den aktuell und konkret vorliegenden Randbedingungen, die einerseits von Umwelt und Verhaltensaufgabe und andererseits von Körper, Nervensystem und Gehirn gebildet werden. Die synergetische Verhaltensstruktur sucht sich den geeignetsten Attraktor und ist durch die elastische Attraktorregulierung immer optimal angepasst.**

Es muss nichts parallel zum Verhalten auf einer Steuerungsebene berechnet werden. Nervenzellen rechnen ebenso wenig wie Darmzellen. Synergetische Verhaltensstrukturen sind in sich elastisch, ähnlich wie Ihr Hosengummi. Auch Ihr Hosengummi muss nichts berechnen, wenn er sich Ihrem wechselnden Leibesumfang anpasst. Gehirne sind keine Computer, sie sind natürliche komplexe Systeme, in denen Selbstorganisation und Evolution stattfinden.

Dass die Grundprinzipien der synergetischen Strukturbildung auch auf komplexeren Ebenen der menschlichen Psyche Gültigkeit besitzen, sollen die folgenden beiden Beispiele zeigen. Wenn Sie auf ◘ Abb. 1.6a schauen, werden Sie zunächst ein unruhiges Wabern bemerken. Plötzlich aber spüren Sie, wie sich Ihre Wahrnehmung auf eine größere oder kleinere Rosettenfigur ausdehnt. Durch Fluktuationen testet Ihr Sehsystem verschiedene Kombinationen der vorliegenden Wahrnehmungselemente aus. Passen zwei, drei Elemente zusammen, emergiert ein Ordner, der dann weitere geeignete Elemente versklavend in Ihre Wahrnehmung einbezieht, so dass Sie schließlich eine ganze Rosette sehen. Allerdings gibt es eben viele gleich gute Rosettenattraktoren, Keiner von ihnen kann sich dauerhaft durchsetzen und Ihr

Synergetische Selbstorganisation im Sehsystem

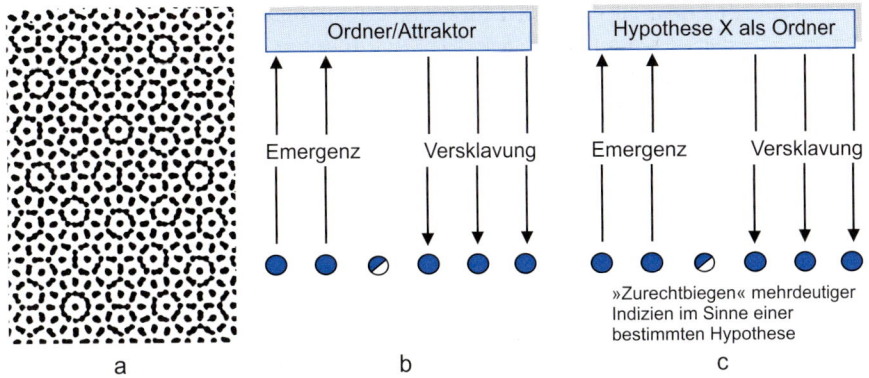

Abb. 1.6 a–c. Synergetische Strukturbildung bei höheren psychoneuralen Prozessen. **a** in der Wahrnehmung, **c** im Denken. **b** zeigt noch einmal das Grundschema der synergetischen Selbstorganisation. Weitere Erläuterungen im Text. (Teilabbildung a mit freundlicher Genehmigung von M. Stadler)

Sehsystem bleibt verzweifelt auf der Suche nach der vermeintlich besten Interpretation.

Die gleiche Dynamik zeigt sich auch auf der Ebene komplexerer Erkenntnisprozesse. Stellen Sie sich vor, ein Kriminalkommissar kommt an einen Tatort (**Abb. 1.6c**). Er ist zunächst mit einer verwirrenden Fülle von Einzelelementen konfrontiert: Da gibt es harte, eindeutige Fakten, aber auch mehrdeutige Hinweise. Die eher vage Beschreibung eines Zeugen könnte zu dem Verdächtigen X passen, aber ebenso gut auch zu Y. Durch Gedankenfluktuationen kombiniert er dann die Elemente auf je unterschiedliche Weise. Passt irgendwo etwas zusammen, emergiert Hypothese 1. Sie fungiert als Ordner für die anderen Elemente und versucht, sich diese einzuverleiben und dabei soweit wie möglich in ihrem Sinne zurechtzubiegen: Nach einigem (suggestiven) Nachfragen ist es wohl tatsächlich Herr X, den der Zeuge gesehen hat, und nicht Herr Y. (Wenn man nur gleich»richtig« gefragt hätte!) Vielleicht passt dann aber auch noch etwas an einer anderen Stelle zusammen und es emergiert Hypothese 2 und später vielleicht auch noch Hypothese 3 oder 4.

Im Vergleich zu den Laufmustern des Tausendfußes sind Vorgänge wie diese natürlich sehr viel komplexer. Zum Ersten spielen hier die Themen Vererbung und Lernen eine zentrale Rolle. Wie können wir das in unser Bild integrieren? Nun, Vererbung und Lernen führen zu Veränderungen an den festen Speicherstrukturen des Gehirns, die bestimmte Verhaltensattraktoren für wiederkehrende Problemsituationen vorformen bzw. verstärken (es bilden bzw. vertiefen sich entsprechende Attraktormulden in der Landschaft der möglichen zerebralen Funktionszustände). Tritt dann eine dieser Problemsituationen ein, setzt sich in der Konkurrenz der richtige schon vorgeformte Attraktor sehr viel schneller durch und zieht die Verhaltensevolution von Anfang an in die richtige Richtung (d. h. die Kugel fängt sich am ehesten in den großen und tiefen Mulden).

Während das Gedankensystem des jungen Kommissars, der als erster am Tatort ist, noch zwischen den Attraktoren der Hypothesen 1 bis 4 hin und herspringt, hat der alte, bräsige Hauptkommissar durch seine jahrzehntelan-

Synergetische Selbstorganisation bei Denkprozessen

Bei Vererbung und Lernen werden nicht Verhaltensmuster gespeichert, sondern die entsprechenden Attraktoren

ge Erfahrung einen Blick für typische Tatortkonstellationen. Er kommt spät, aber er sieht und siegt: Sein Denken wird sofort in den Attraktor von Hypothese 3 gezogen und nach einigen perfiden Fangfragen gesteht Herr Y.

> ❗ **Was beim Lernen ins Gehirn eingespeichert wird, sind also nicht im Detail festgelegte Verhaltensweisen, sondern günstige Verhaltensneigungen (in Form von Attraktoren).**

Das konkrete Verhalten mit seinen Details kristallisiert sich immer erst im Moment der Begegnung mit der konkreten Problemsituation heraus. Es ist das synergetischen Verhaltensstrukturen innewohnende Selbstregulations- und Selbstoptimierungsvermögen, das dann die Feineinpassung besorgt.

Synergetische Selbstorganisation im Bewegungssystem und die Illusion von der Willenskontrolle

Zum Zweiten: Möglicherweise sehen Sie seit geraumer Zeit einen Widerspruch zwischen der von Ihnen empfundenen Illusion eines freien Willens und dem hier vorgestellten Konzept der Selbstorganisation. Sind wir nicht dazu in der Lage, z. B. unsere motorische Koordination direkt mit dem Willen zu steuern? Dann darf ich Sie zu dem folgenden kleinen Experiment einladen: Halten Sie die Zeigefinger gestreckt nach vorn und bewegen Sie sie parallel hin und her, wie in ◘ Abb. 1.7a gezeigt. Wenn Sie dies ein wenig geübt haben, versuchen Sie mit Ihrer Bewegung immer schneller zu werden. Sie kommen dann unweigerlich an einen Punkt, an dem Sie das parallele Koordinationsmuster nicht mehr aufrechterhalten können. Ohne dass Sie es wollten oder auch nur wüssten, warum, wechseln Sie in ein antiparalleles Bewegungsmuster, wie es ◘ Abb. 1.7b zeigt. Vor dem erarbeiteten Hintergrund können wir das nur so interpretieren: Ihr Wille wirkt wie ein Kontrollparameter auf Ihr motorisches System. In Jahren und Jahrzehnten motorischen Lernens haben wir mitbekommen, in welche Richtung wir mit unserem Willen »drücken« müssen, um bestimmte Koordinationsmuster zu erzeugen. Dass dies aber nur die indirekte Kontrolle einer eigensinnigen synergetischen Struktur ist, merken wir erst, wenn wir einmal ungewöhnlich stark in eine ungewöhnliche Richtung »drücken«. Dann kann es passieren, dass das System plötzlich in einen uns unbekannten Attraktor springt. Übrigens: Auch bei derartigen Ordnungssprüngen motorischer Koordinationsmuster lassen sich kurz vor dem Wechsel die charakteristischen Fluktuationen im Experiment nachweisen.

Auch Erleuchtungen entspringen der synergetischen Selbstorganisation

So ähnlich verfahren wir ja auch, wenn wir eine Lösungsidee für ein Problem suchen. Wir strengen uns an, drücken oder zerren das Problemfeld innerlich mal in diese, mal in jene Richtung. Und wenn wir Glück haben, springt unser Denksystem entsprechend der beschriebenen synergetischen Dynamik in einen anderen Attraktor: Wir sehen die Dinge auf einmal anders und in veränderten Beziehungen zueinander. Die fehlende direkte Willenskontrolle über den kreativen Prozess drückt sich dann in Begriffen wie Eingebung, Einfall oder gar Erleuchtung aus.

Das Gehirn als Ensemble von Oszillatoren

Noch ein Wort zu den neuronalen Prozessen im Gehirn, von denen die motorischen Koordinationsstrukturen wie auch die psychischen Strukturen in Wahrnehmung und Denken getragen werden. In diesem Bereich hochflexibler und schneller Strukturbildungen arbeitet das Gehirn nicht wie ein elektrisches Schaltnetz oder ein Computerchip, bei denen die Funktionsstrukturen in Stromflüssen bestehen, die sich in festgelegten elektrischen Leitern bewegen. Vielmehr fungieren die Nervenzellen oder ganze Gruppen von ihnen als Oszillatoren (»Schwingelemente«), die sich mit einer bestimmten

◘ **Abb. 1.7 a,b**. Zwei unterschiedliche Muster der Fingerbewegung: **a** parallel und **b** anti-parallel

Frequenz entladen und durch die Nervenfasern und ihre synaptischen Verbindungen gekoppelt sind. Derartige »Ensembles nichtlinear gekoppelter Oszillatoren«, wie dies in der Wissenschaft heißt, sind in hohem Maße zur synergetischen Selbstorganisation befähigt.

Um das Ganze in ein grobes Bild zu fassen: Stellen Sie sich vor, ein riesiger Parkplatz sei völlig mit Autos zugestellt. Es wird Nacht und nun schalten alle Autos ihre Warnblinkanlagen ein. Der Parkplatz entspricht dabei Ihrer Hirnrinde und jedes Auto mit seinen vier Blinkern steht für eine Gruppe von Nervenzellen, die sich synchron entladen. Die Myriaden von Blinklichtern können nun alle im Gleichtakt blinken oder völlig chaotisch durcheinander – und zwischen diesen beiden Extremen kann unser Parkplatz Blinkmuster

Bewusste psychische Inhalte werden von neuronalen Blinkmustern getragen, denen bestimmte Attraktoren entsprechen

unterschiedlichen Ordnungsgrades in astronomisch hoher Zahl zeigen. Mal bleiben diese Muster über längere Zeit stabil, mal wechseln sie in schneller Folge aufeinander. Jedes dieser Muster erzeugt ein bestimmtes Verhalten: einen Bewegungsablauf, einen Gedankengang oder ein Ensemble von Wahrnehmungen. Und jedem dieser Muster entspricht ein mehr oder weniger starker Attraktor (d. h. eine mehr oder weniger tiefe Mulde in der Landschaft möglicher Systemzustände). Die substanzielle Basis dieser Attraktoren besteht in Muster und Stärke der synaptischen Verbindungen zwischen den Nervenzellen (dies ist in unserer vereinfachenden Parkplatzmetapher leider nicht enthalten).

Lernen formt neue Attraktormulden für geeignete Verhaltensweisen in die Landschaft möglicher zerebraler Funktionszustände

Bei Lernprozessen wird nun die synergetische Selbstorganisation neuer Verhaltens- bzw. Blinkmuster angestoßen. Erweist sich ein bestimmtes Verhaltensmuster als nützlich und geeignet, dann werden die ihm zugrunde liegenden synaptischen Verbindungen verstärkt und es entsteht eine neue Attraktormulde, die sich mit dem weiteren Üben immer mehr vertieft. Damit wachsen Auftretenswahrscheinlichkeit und Stabilität des zugehörigen Verhaltens. Denn wenn das Gehirn zu Aktivität erwacht und die Kugel auf der Landschaft seiner möglichen Funktionszustände herumrollt, wird diese Kugel natürlich von den größten und tiefsten Mulden am stärksten angezogen und festgehalten. Im umgekehrten Prozess werden die Attraktormulden ungeeigneter Verhaltensweisen allmählich geglättet; Das entsprechende Verhaltensmuster wird vergessen bzw. verlernt.

Auf das mit all dem eng zusammenhängende Leib-Seele-Problem können wir hier nicht weiter eingehen – bei speziellem Interesse finden Sie ausführliche Erörterungen in der wissenschaftlichen Literatur (insbes. Hansch 1996).

Nach diesem vielleicht etwas anstrengenden Schnellaufstieg auf die Höhen der Selbstorganisationstheorie des Gehirns haben wir nun das letzte Basislager vor dem Gipfel erreicht. Dieser Gipfel trägt den furchtbaren Namen »evolutionär-konstruktivistische Erkenntnistheorie«. Nach dieser letzten Aufstiegsanstrengung können wir das Land der Erkenntnis überblicken. Und, was das Wichtigste ist, wir können seine Grenzen sehen. Von da an geht's… nein, nicht wirklich bergab. Auf einem Kamm in angenehmer Höhe werden wir langsam in jenen aufregenden Kontinent hinüberwandern, der den Namen »Gefühl« trägt.

1.1.3   Erkenntnisse über das Erkennen

Das Alltagsleben vermittelt in Sachen Erkenntnis Auffassungen, die einfach und sehr überzeugend wirken: Wir sehen uns in eine Außenwelt gestellt, die wir mit unseren Sinnesorganen erkennen können. Natürlich fördert die Evolution die Verbesserung der Sinnesorgane und wir Menschen, der Gipfelpunkt der Evolution, können die Außenwelt nahezu vollständig erkennen, zumindest seit der Erfindung von Mikroskop und Teleskop. Es ist ein Leichtes, unsere Erkenntnisse mit anderen Menschen zu teilen. Unsere Auffassungen werden über die Sprache zu ihnen transportiert und wenn wir uns klar genug ausdrücken, dann kommt bei unserem Gegenüber auch genau das an, was wir meinen. Anderenfalls, soviel ist klar, hätten wir einen Schwachkopf vor uns, oder einen Bösewicht.

Die Illusion eines Austausches von Bedeutungen bezüglich einer objektiven Realität

Nun, diese naiven Alltagsanmutungen sind zu großen Teilen falsch. Hinter diese täuschenden Kulissen zu blicken, ist ein richtiges intellektuelles Abenteuer, es ist von hoher Bedeutung für ein gelingendes Selbstmanagement und es kann weitreichende positive Konsequenzen haben bis hin zu dem, was wir Religiosität oder Spiritualität nennen. Sie sollten deshalb diese letzte Gipfelanstrengung nicht scheuen. Zumeist bedarf es einer längerfristigen geistigen Auseinandersetzung mit diesen Fragen, bis die neuen Perspektiven so verinnerlicht sind, dass sich im Alltag nicht wieder die alte, gewohnte Sichtweise einstellt. Es könnte sich deshalb lohnen, die weiterführende Literatur zu den Themen evolutionäre Erkenntnistheorie und (radikaler) Konstruktivismus zu lesen (Lorenz 1977; Vollmer 1994; Maturana u. Varela 1987).

Kaum etwas ist wichtiger, als diese Illusion zu durchschauen

Zum ersten dieser Themen: Sicher können präzise Erkenntnisfunktionen dem evolutiven Überleben dienlich sein. Aber das gilt nur unter bestimmten Umständen und bis zu einem gewissen Grad. Bakterien und Insekten etwa sind, was Überlebenszeit der Art und Gesamtzahl der Individuen betrifft, weit erfolgreicher als wir Menschen. Adler haben im Vergleich zu uns weitaus schärfere Augen und Hunde viel feinere Nasen. Darüber hinaus wissen wir, dass wir für bestimmte Aspekte der Realität keine Sinnesorgane haben, z. B. für radioaktive Strahlung. Es kann gut sein, dass die Realität eine Fülle weiterer Eigenschaften besitzt, die uns unzugänglich sind, von denen wir nichts ahnen. Wir können nicht einmal sicher sein, ob die Realität nicht mehr Dimensionen hat als drei. Mathematisch kann man da allerlei interessante Spielchen treiben.

Evolutionäre Erkenntnistheorie

Unsere Sinnesorgane dienen dem Überleben und nicht der absoluten Erkenntnis

Stellen Sie sich vor, zweidimensionale Lebewesen, z. B. bewegungsfähige Tintenkleckse, bewohnten die Oberfläche einer riesigen Kugel. Aus der Perspektive der Kleckse wäre ihre zweidimensionale Welt unendlich, sie würde ihren gesamten Vorstellungsraum ausfüllen. Es wäre für unsere Kleckswesen völlig undenkbar, dass über ihre Welt hinaus noch irgendetwas anderes existieren könnte.

Nun, vielleicht sind wir dreidimensionale Lebewesen auf einer dreidimensionalen Kugel, die in eine 3-plus-x-dimensionale Welt eingebettet ist. Wir können uns das nicht vorstellen, aber mathematisch ist so etwas ohne weiteres schlüssig konstruierbar.

Wir können davon ausgehen, dass bestimmte Eckdaten der von den Sinnesorganen ins Gehirn transportierten Strukturen in irgendeinem Sinne übereinstimmen mit irgendwelchen überlebenswichtigen Aspekten der Realität. Wie präzise aber diese Übereinstimmung ist und wie viel Prozent der Dimensionen und Eigenschaften der Realität uns zugänglich sind, wissen wir nicht. Wir wissen es wirklich nicht und es gibt auch prinzipiell keine Möglichkeit, das herauszufinden. Wir können aus der beschränkten Welt unserer Sinne nicht ausbrechen, um einen Vergleich mit der vollständigen Realität herzustellen. Wenn dies einem fiktiven, allwissende Wesen möglich wäre – vielleicht würde es feststellen, das wir 60% der Welt erfassen, vielleicht sind es aber auch nur 10% oder 0,5%. Vielleicht leben wir in einer vergleichsweise winzigen und wenig aufregenden Nische eines unvorstellbar komplexen Universums und der Allwissende würde auf uns ähnlich mitleidig herabblicken, wie wir auf das Bakterium in unserer Regentonne.

Wahrscheinlich sind uns viele Eigenschaften und Dimensionen der äußeren Realität unzugänglich

Zum zweiten Thema, zum Konstruktivismus: Wenn uns die Sinnesorgane also nur so etwas wie überlebenswichtige Eckkonturen der Realität ver-

Konstruktivismus

mitteln, wie entsteht dann der Reichtum unserer subjektiven Innenwelt? Nun, indem das Gehirn die Lücken konstruktiv ausfüllt, sie quasi ausmalt, so wie wir als Kinder die Strichfiguren unserer Malhefte mit Farbstiften füllten. Apropos Farben – tatsächlich beginnt die Konstruktion schon dort. Physikalisch gesehen entspricht ja den Farbwechseln im Spektrum des Regenbogens ein Frequenzkontinuum elektromagnetischer Wellen. Das Gehirn konstruiert also aus allmählichen quantitativen Veränderungen deutliche qualitative Unterschiede. Der konstruktive Prozess setzt sich fort bei den Inhalten unserer Wahrnehmung. Ein Beispiel hatte uns schon ◘ Abb. 1.6a gegeben: Die schwarzen Punkte sind die von den Sinnesorganen gelieferten Eckdaten. Aber für sich genommen ist diese Punktwolke ohne Sinn und Bedeutung. Erst das Gehirn konstruiert die Bedeutung nach bestimmten Kriterien wie Nähe, gemeinsame Linien- oder Kurvenbildung u. Ä. Genau genommen müssten wir sagen: Es macht Vorschläge für mögliche Bedeutungen, es startet Interpretationsversuche, es bildet Hypothesen. Schon auf ganz elementaren Ebenen ist die Welt vieldeutig, es gibt nicht die eine, objektive oder gar wahre Bedeutung.

Schon Wahrnehmungen und ihre Bedeutung sind Konstrukte des Gehirns

Über diese Ebene konstruierter Wahrnehmungen konstruieren wir dann in Schichten immer abstrakter werdende Begriffe, die in unterschiedlicher Form zu Aussagen, Konzepten, Modellen, Theorien etc. organisiert werden. Auf der Ebene der Wahrnehmungen ist die konstruktive Freiheit noch relativ stark durch die Randbedingungen der Sinnesreize beschränkt: In ◘ Abb. 1.6a können wir große oder kleine Rosetten an unterschiedlicher Stelle sehen, aber keine Bäume oder Häuser. Je höher wir ins Reich der abstrakten Begriffe aufsteigen, desto indirekter werden diese Beschränkungen, desto mehr wächst die konstruktive Freiheit. Denken Sie nur daran, wie viele Theorien es über die menschliche Psyche gibt – fast so viele wie Wissenschaftler, die sich damit beschäftigen.

Bei abstrakten Theorien ist die konstruktive Freiheit besonders groß

Diese Sichtweise wird auch von neurobiologischen Befunden gestützt. Mehr als 95% aller Nervenzellen sind sog. Interneurone. Diese Interneurone sind zwischen zwei andere Nervenzellen geschaltet und haben keinen direkten Kontakt zur Außenwelt. Nur weniger als 5% unserer Nervenzellen empfangen also über die Sinnesorgane Impulse aus der Außenwelt. Das Gehirn unterhält sich quasi überwiegend mit sich selbst. ◘ Abbildung 1.8 zeigt, wie sich dies für das besonders gut untersuchte Sehsystem konkret darstellt.

Neurobiologie: Das Gehirn spricht überwiegend mit sich selbst

Wenn wir all dies in ein Bild fassen wollten, könnte das wie folgt aussehen: Stellen wir uns vor, unser erkennendes Ich sei ein kleiner Kobold, der unentrinnbar in einer Milchglaskugel lebt. Im Innern dieser Kugel sind von der Außenwelt nur die ganz wichtigen Grobkonturen zu erkennen. (Das entspricht den Eckdaten, die uns die Sinnesorgane liefern. Das Innere der Milchglaskugel steht also für die subjektive Wirklichkeit, die uns Sinne und Gehirn konstruieren). Ein gütiges Schicksal hat unserem Kobold Buntpapier und eine Schere verschafft. Vor lauter Langeweile ist er auf ein Spiel verfallen: Er schneidet aus dem Buntpapier Figuren derart aus, dass er sie möglichst passend zwischen die Konturen auf die Kugelinnenseite kleben kann. Er verfolgt dabei zwei Ziele: Zum einen sollen sich die Puzzleteile gut an die Konturen der Realität anformen, zum anderen sollen sie aber auch untereinander lückenlos zueinander passen und dabei ein schönes Muster ergeben. (Diese Puzzlesteine stehen für die von uns bewusst konstruierten Bausteine unserer begrifflichen Erkenntnis, für Konzepte, Modelle und Theorien.)

Der Kobold in der Milchglaskugel

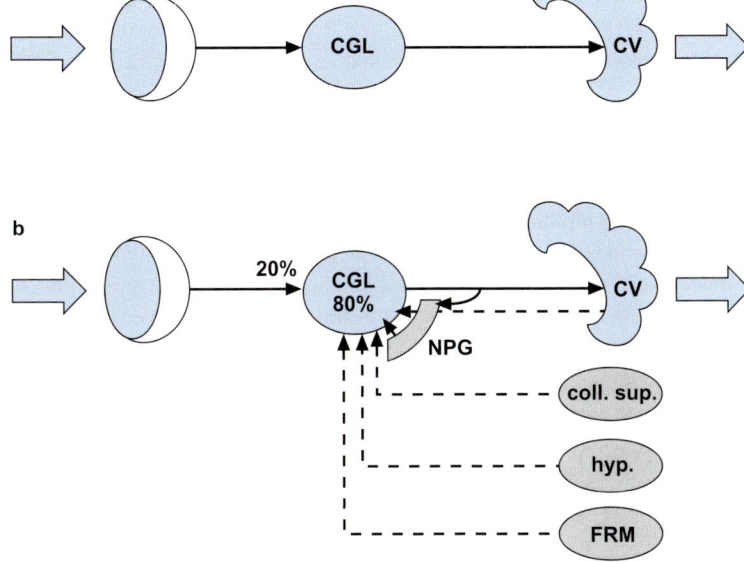

□ **Abb. 1.8 a,b.** Informationsverarbeitung im Sehsystem. **a** Früher ging man von einer seri-
ellen Informationsverarbeitung aus: Vom Auge laufen die Signale in einer Richtung über die
Umschaltstation Corpus geniculatum laterale (CGL) bis zur Sehrinde (CV) durch. **b** zeigt die
aktuelle Sichtweise: Die Signale, die die Sehrinde erhält, stammen nur zu einem geringen
Teil von der Netzhaut des Auges; schon die von der ersten Umschaltstation (dem CGL) kommenden Signale rekrutieren sich zu 80% aus anderen Zentren des Gehirns. Neben abbil-
denden Anteilen enthalten unsere visuellen Wahrnehmungen also überwiegend konstruktive Anteile. (Aus Varela 1990, S. 74)

In diesem Bild deutet sich auch an, wie wir vor dem inzwischen erarbeiteten Hintergrund Wahrheit definieren könnten. Es dürfte klar geworden
sein: Eine absolute Wahrheit im Sinne einer vollständigen Übereinstimmung
von Erkenntnis und Realität kann es nicht geben. Und selbst wenn es sie gäbe,
wir hätten keine Möglichkeit ihr Vorliegen festzustellen, weil uns die Realität
als solche nicht zugänglich ist.

> ❶ Die einzige Wahrheit, die wir uns erarbeiten können, ist eine relative
> Wahrheit im Sinne von Hypothesen, die mehr oder weniger plausibel,
> logisch stimmig und praktisch nützlich sind.

Zur Feststellung dieser relativen Wahrheit gibt es kein einzelnes und absolutes
Kriterium. Die relative Gültigkeit jedes komplexeren Erkenntnisproduktes
wird zumeist im Lichte dreier Kriterien abgeschätzt werden müssen:

Die drei Kriterien relativer Wahrheit

1. Korrespondenz: Übereinstimmung mit den uns zugänglichen Sinnesdaten.

Korrespondenz

2. Konsistenz: Freiheit von logischen Widersprüchen, innere Stimmigkeit
und – man höre und staune – Schönheit. Wie wir noch sehen werden, haben

Konsistenz

ästhetische Empfindungen tatsächlich eine wichtige Leitfunktion beim kreativen Denken; wir nennen sie hier Intuitionen.

Nützlichkeit

3. Nützlichkeit: erfolgreiche Nutzbarkeit zur Lösung innerer oder äußerer Probleme.

Natürlich werden diese drei Kriterien in Abhängigkeit von der Art des Erkenntnisproduktes jeweils ein unterschiedliches Gewicht haben. Bei der Beurteilung einer physikalischen Theorie stünden sicher die Kriterien 1 und 2 im Vordergrund, bei der Bewertung eines psychotherapeutischen Konzeptes hingegen die Kriterien 2 und 3. Und hätten wir ein neues Arzneimittel zu prüfen, würden wir uns in erster Linie auf Kriterium 3 stützen, nach dem Motto: Was heilt, ist wahr.

Aus allem bisher Erarbeiteten ergeben sich für die Thematik dieses Buches die folgenden wichtigen Konsequenzen:

Evolution ist kreativ und lässt sich nicht vorausberechnen

A. Kreativität ist nicht die alleinige Domäne des Menschen, seines Gehirns oder gar nur seines bewussten Ich. Vielmehr sind wir hineingewoben in ein Universum, das auf allen seinen Ebenen schöpferisch ist. Die Welt mit ihren scheinbar unveränderlichen Dingen ist aus sich heraus in einem permanenten Wandel, der von den Kräften der Selbstorganisation getrieben wird. Er folgt nur in wenig komplexen Teilbereichen, unter besonderen Bedingungen und angenähert deterministischen mechanischen Gesetzen. Nur hier sind Veränderungen über relativ weite Strecken mit den Mitteln der Mathematik vorausberechenbar. Komplexe biologische, psychische oder soziale Prozesse hingegen unterliegen den Prinzipien der synergetischen Selbstorganisation und Evolution. Wie wir schon bei der Besprechung der relativ einfachen Bénard-Konvektion gesehen hatten, spielen hier immer Fluktuationen und Zufälle eine Rolle. Die Evolution komplexer dynamischer Systeme ist deshalb prinzipiell nicht vorausberechenbar. Allenfalls lassen sich für kurze Zeiträume Wahrscheinlichkeitsprognosen treffen, nach Art der Wettervorhersage.

Komplexe Entwicklungen verlaufen oft sprunghaft und auch positive Überraschungen sind dabei möglich

Aufgrund von selbstverstärkenden Effekten bewegt sich die Evolution in Ordnungssprüngen voran. Wir müssen und dürfen deshalb immer auf Überraschungen gefasst sein: auf negative, aber – und das möchte ich entgegen dem allgemeinen Trend besonders betonen – auch auf positive. Diesen Sachverhalten wird das alte mechanistische Denken abendländischer Tradition nicht gerecht. Wir müssen uns Denkmuster aneignen, die in der Literatur bekannt sind unter Bezeichnungen wie »dialektisches Denken«, »systemisches Denken« oder »vernetztes Denken«. Hierauf werden wir noch gesondert eingehen.

Letzte Welterklärungen kann man weder beweisen noch widerlegen

B. Es spricht alles dafür, dass unserem Erkenntnisvermögen Grenzen gesetzt sind, die aus prinzipiellen Gründen unüberwindlich sind. Auf letzte Fragen wie: Warum gibt es überhaupt etwas und nicht einfach nichts? wird die Wissenschaft niemals antworten können. Es bleibt dabei: Ein Blick hinter das Milchglas ist uns prinzipiell nicht möglich. Damit ist klar, dass man Konzepte wie Gott oder die buddhistische Folge der Wiedergeburten nicht in einem direkten Sinne beweisen kann (entsprechend dem Korrespondenzkriterium 1). Gleichzeitig gilt aber auch: Es lässt sich ebenso wenig beweisen, dass diese

Versuche einer letzten Welterklärung falsch sind. Der reduktionistisch-empiristische Positivismus des Westens, demzufolge nur das existiert, was man sehen, wiegen und zählen kann, er ist auch nur eine Art von Religion, die den Götzen Wissenschaft verabsolutiert und anbetet.

Wenn der Hirnforscher bei der Untersuchung des Gehirns etwas wie Geist, Seele oder Bewusstsein nicht findet, heißt das nicht zwingend, dass diese Phänomene keine materiellen Entsprechungen haben. Das, was der Hirnforscher untersucht, ist ein ja nur jenes unvollständige Gehirn, das ihm von seinen Sinnesorganen und seinem eigenen Gehirn in seine subjektive Wirklichkeit hinein konstruiert wird. Ein reales, vollständiges Gehirn ist ihm nirgendwo als Untersuchungsgegenstand zugänglich. Niemand kann ausschließen, dass sich mit Seele oder Bewusstsein irgendwelche vielleicht feldähnliche Phänomene verbinden, für die wir weder Sinnesorgane noch Messgeräte haben. Niemand weiß, was wirklich geschieht, wenn wir sterben. So gesehen wäre das Sterben nachgerade das größte und aufregendste Abenteuer, das diese Welt für uns Menschen bereithält; der Tod wäre der letzte Kick im wahrsten Sinne des Wortes.

> **Was nach dem Tod mit unserer Seele geschieht, können wir aus prinzipiellen Gründen nicht wissen**

Wie kann man in dieser Situation verfahren? Nun, wir sollten uns bewusst machen, dass sich Wahrheit nicht nur nach dem positivistischen Kriterium 1 bestimmt. Ist für die jenseitigen Fragen Kriterium 1 nicht anwendbar, dann entscheiden wir eben konsequent nach den Kriterien 2 und 3. Es herrscht hier absolute konstruktive Freiheit, jeder kann sich das zurechtlegen, womit er am besten leben kann. Wahr ist, was am stimmigsten und schönsten, was am wohltuendsten und am nützlichsten ist. Und für die meisten Menschen ist dies eben der Glaube an eine positive Macht als Urgrund der Welt und an ein Leben nach dem Tod.

Im Grunde handelt es sich hierbei um so etwas wie einen indirekten Gottesbeweis, denn Studien zeigen, dass religiöse Menschen glücklicher, erfolgreicher und gesünder sind als nichtreligiöse. Und was heilt, ist wahr. Anders kann man Wahrheit in diesem Bereich nicht sinnvoll definieren.

> **In Bezug auf letzte Fragen ist wahr, womit sich am besten leben lässt**

Aus dieser Sicht schließen sich Wissenschaft und Religiosität nicht aus, vielmehr ergänzen sie sich.

> **Wissenschaft und Religiosität ergänzen sich**

Wissenschaft befasst sich mit dem, was in der Milchglaskugel stattfindet. Religion versucht uns das Leben mit dem zu erleichtern, was sich hinter dem Milchglas zutragen könnte. In einem modernen evolutionistischen Weltbild hätte beides seinen Platz und seine Funktion. Freilich wäre es seitens der Religionen an der Zeit, einige Dogmen aufzugeben, die sich auf Dinge in der Milchglaskugel beziehen und modernen wissenschaftlichen Erkenntnissen klar zuwider laufen. Beispielhaft ist hier die Haltung des Dalai Lama, der seit Jahren Gespräche mit westlichen Wissenschaftlern führt, um den Tibetischen Buddhismus zu erneuern. Und auf Seiten der Wissenschaft wäre es an der Zeit, bescheidener zu werden, einzuräumen, dass es prinzipielle Grenzen des Erkennens gibt und dass die Welt größer ist als das erkennbare Innere der Milchglaskugel.

Streng genommen, hätten wir die Aufgabe, eine moderne synthetische Religion zu konstruieren, die mit den Erkenntnissen der Wissenschaft verträglich ist und die produktivsten Momente der historischen Religionen vereint. Jener Religionsentwurf wäre der»wahre«, unter dem Mensch und Gesellschaft am besten gediehen und am gesündesten blieben. Als einen wich-

> **Konstruktivistische Theologie**

tigen Schritt in eine solche Richtung kann man vielleicht die Bemühungen des schweizerischen Theologen Hans Küng um ein Weltethos ansehen, das die allen Religionen gemeinsamen ethischen Werte zusammenzuführen versucht.

C. Wir hatten festgestellt, dass synergetische Strukturen sich in geschlossenen Kreisprozessen immer wieder selbst aufbauen und dabei der Eigenlogik innerer Gesetze der Kohärenzerhaltung folgen. Diesem »Eigensinn«, so hatten wir gesagt, lässt sich nichts von außen aufprägen. Wenn dies schon für die einfache Bénard-Konvektion gilt, so ist es ein ganz zentrales Charakteristikum des Menschen, seines Verhaltens und der Entwicklung seiner Erkenntnisstrukturen. Auch die Sphäre der Erkenntnisstrukturen eines jeden von uns ist ein zyklisch in sich abgeschlossenes System, in dem sich alle Elemente wechselseitig aufbauen, stützen und definieren und sich dabei möglichst gut aufeinander abstimmen. In zirkulären Prozessen passen wir unsere Theorien unserer Erfahrung an, aber auch die Wahrnehmungen unseren Theorien: Man sieht, was man weiß, hat schon Goethe gesagt. Experimente haben gezeigt, dass Wahrnehmungen durch starke Erwartungen regelrecht verzerrt werden können (auch das ist wieder ein synergetischer Versklavungseffekt).

Die subjektiven Wirklichkeiten der Menschen sind z. T. sehr verschieden voneinander

Die meisten, wenn nicht alle von uns führen einen ständigen inneren Dialog mit dem Ziel, Widersprüche auszuräumen und innere Abstimmungen vorzunehmen, kurz, die Kohärenz und Synergität unserer Innenwelt zu steigern. Dadurch wird die Attraktorstärke der Eigenlogik unserer Innenwelt immer größer. Unsere Individualität nimmt zu, unser Eigensinn wächst. Jeder konstruiert seine eigene innere Welt in Abhängigkeit von seinen individuellen Bedürfnissen und bisherigen Erfahrungen, in Abhängigkeit von der Spezifik seines Vorwissens, seiner Ausbildung und den Eigenarten seines Denkens. Und je weiter dieser Individualisierungsprozess fortschreitet, desto unterschiedlicher werden die Eigenwelten der Menschen. Vom Schmetterlingseffekt wissen wir, dass kleine zufällige Anfangsunterschiede sich zu dramatischen Konsequenzen auswachsen können.

Zwischen den subjektiven Wirklichkeiten der Menschen ist ein Austausch von Bedeutung nicht möglich

❗ **Unsere Innenwelt ist, wie das in der Wissenschaft heißt, semantisch abgeschlossen. Sie kann also mit der Außenwelt keine Bedeutung austauschen, Bedeutung wird immer im Inneren erzeugt und den Außendingen zugewiesen.**

Die bekannte Kippfigur »Alte Frau–Junge Frau« (◘ Abb. 1.9) macht das noch einmal deutlich. Bedeutung klebt nicht wie ein Abziehbild als irgend etwas Objektives auf den Dingen. Vielmehr sind reale Dinge und Situationen immer mehrdeutig und werden von jedem Interaktionspartner aus sich heraus mit je individueller Bedeutung ausgeleuchtet.

Wichtig ist: das gilt auch für die Sprache. Wenn jemand von seinem am Fenster stehenden Partner den Ausruf »Die Bank brennt!« hört, könnte ein Geldinstitut gemeint sein oder die Parkbank, die vielleicht von marodierenden Jugendlichen angesteckt wurde. Die Bedeutung wird aus dem inneren Kontext so zugewiesen, dass die Stimmigkeit am größten ist: Man weiß ja, ob man im Bankenviertel oder am Rande des Stadtparkes wohnt und entsprechend einfach wäre die Entscheidung in diesem Fall. ◘ Abbildung 1.10 macht dieses Prinzip noch einmal auf eindrückliche Weise grafisch deutlich.

◻ Abb. 1.9. Ein klassisches Kippbild: Wahrnehmungsreizen an sich haftet keine objektive Bedeutung an. Vielmehr sind zwei unterschiedliche Interpretationen möglich: Alte Frau oder junge Frau. In ähnlicher Weise lassen die meisten komplexen Lebenssituationen zwei oder mehrere Sichtweisen zu. Hilfestellung: während man die Alte von seitlich-vorn anblickt, sieht man die Junge von seitlich hinten. Dabei ergeben sich folgende Korrespondenzen: was bei der Alten das Kinn, ist bei der Jungen das Dekolleté, und weiter: Mund und Halsband; Nase und Unterkiefer; Auge und Ohr. (Boring 1930)

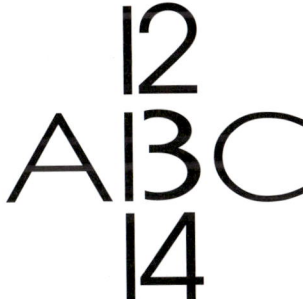

◻ Abb. 1.10. Auch die Bedeutung von Symbolen ist nicht objektiv. Sie wird vom Betrachter kontextabhängig zugewiesen: Im horizontalen Kontext erkennt man ein B – im senkrechten Kontext eine 13

Sehr viel schwieriger wird das im Umgang mit abstrakteren und komplexeren Begriffen. Man muss sich nur einmal eine dieser Talkshows ansehen, in der Politiker, Wissenschaftler, »Betroffene« und die unvermeidlichen Schauspieler über Themen von mehr oder weniger großem Allgemeininteresse debattieren. Wenn hier Worte wie Wachstumsförderung, Nachhaltigkeit oder soziale Gerechtigkeit fallen, werden diese Begriffe von allen Beteiligten mit unterschiedlichen Inhalten gefüllt, und dies ganz sicher mit dramatischen Abweichungen. Über weite Strecken missversteht man sich und redet aneinander vorbei, oft ohne es zu bemerken. In unser aller Alltag ist es nicht anders.

Auch Sprache transportiert keine Bedeutung – sie regt nur zur inneren Bedeutungserzeugung an

Missverständnisse sind die Regel und nicht die Ausnahme

Können sich unter den hier geschilderten Voraussetzungen zwei Menschen überhaupt verstehen? Nun, theoretisch läge ein wirkliches, ideales Verstehen dann und nur dann vor, wenn bei zwei Menschen durch Kommunikation parallele Erkenntnisprozesse angestoßen werden, die den gleichen Verlauf im gleichen Wissenskontext nehmen. Voraussetzung dafür wäre, dass die Erkenntnissysteme beider Menschen genau gleich aufgebaut sind: Die gleichen Wissens- und Erfahrungselemente müssten auf genau die gleiche Weise miteinander vernetzt sein, Bedürfnisse, Wünsche und Gefühle müssten genau gleich sein etc. Wir wissen, dass diese Voraussetzungen niemals und nirgendwo vollständig gegeben sind.

> ❗ **Auch die aufwändigste Kommunikation kann uns also allenfalls ein punktuelles, ein angenähertes, ein praktisch ausreichendes Verstehen ermöglichen. Dies wird umso besser gelingen, je ähnlicher sich die Kommunikanten sind.**

Je größer die Ähnlichkeit, desto besser das Verstehen

Gleiches Geschlecht, gleiches Alter, gleicher soziokultureller Hintergrund, gleicher Beruf, gleiche Interessen oder sogar ein längeres Zusammenarbeiten oder -leben – all dies verbessert die Voraussetzungen für gegenseitiges Verstehen.

Aus meiner Sicht ist es wirklich von zentraler Bedeutung, das hier Besprochene zu verstehen, zu durchdenken und immer im Hinterkopf zu behalten. Denn: Die Illusionen, die sich uns im Alltag aufdrängen, sind übermächtig. So wie ich die Welt sehe, so ist sie – wie sollte es anders sein? Und wenn die Welt so ist, wie ich sie sehe, dann müssen doch auch die anderen sie so sehen. Ich habe zwei Beine, zwei Arme, einen Kopf usw., und auch die anderen haben zwei Beine, zwei Arme, einen Kopf usw. – offensichtlich sind die anderen genau wie ich (was freilich nicht stimmt, wenn man sich die Mühe macht, das Detail zu betrachten). Wenn ich etwas für schön, gut, gerecht oder richtig halte, dann sind diese Einsichten und Gefühle doch so klar, ergreifend, tiefgehend und überzeugend. Wenn die Welt so ist, wie ich sie sehe, und wenn die anderen genau so sind, wie ich bin, dann sollten doch ihre Einschätzungen und Bewertungen die gleichen sein. Und wenn dies einmal nicht so ist, liegt bei dem anderen ein Irrtum vor, den man sicher leicht korrigieren kann. Geht das nicht, dann ist der andere dumm, denkfaul oder böswillig. Anders kann es doch gar nicht sein.

Es ist wichtig, innerlich immer wieder gegen diese und ähnliche andrängende Illusionen vorzugehen.

Sich der Vielfalt möglicher Perspektiven immer bewusst bleiben

Vor dem Hintergrund des hier Erarbeiteten müssen wir die Denkfigur verinnerlichen, dass es eine große Vielfalt von Perspektiven auf die Welt gibt und dass Menschen in ihren Sichtweisen, Bedürfnissen und Lebensentwürfen so unterschiedlich sind wie die Blumen auf einer bunten Wiese. Wir sollten das weniger als Ärgernis sehen lernen, sondern als Chance und Bereicherung. Eine Chance auch nach innen gewendet. Wir sollten unseren eigenen oft zu Dogmen erstarrten Meinungen darüber wie die Dinge sind und sein sollen auf die Spur kommen. Kaum eine dieser Meinungen ist wirklich ein unabänderliches Newtonsches Gesetz. Wenn man sich den Wandel selbst der als wissenschaftlich bewiesen geltenden Auffassungen über die Jahrhunderte anschaut, kann einem schwindelig werden. Lassen Sie uns ein elastisches, dialektisches Denken trainieren für einen flexiblen Perspektivenwechsel, seien wir unkonventionell und kreativ im Abschneiden alter Zöpfe.

Oft stehen wir uns mit einengenden Konzepten selbst im Weg; unser Universum ist meist reicher, kreativer und ermöglichender, als wir es uns vorstellen können. Die Hummel habe, so sagten die Wissenschaftler, genau 0,7 cm² Flügelfläche und ein Gewicht von 1,2 g. Bei diesem Verhältnis, so errechneten sie, sei es nach den Gesetzen der Aerodynamik völlig unmöglich, zu fliegen. Nur gut, dass die Hummel das nicht weiß. Sie fliegt einfach trotzdem.

Sich von ungünstigen Perspektiven nicht einengen lassen

1.2   Die Bausteine der Psyche

1.2.1   Das *Ich*

Lassen Sie uns den Tausendfuß aus dem vorigen Kapitel nochmals für ein Gedankenexperiment nutzen, das nun eher scherzhaft denn schmerzhaft ist. Stellen Sie sich vor, wie er sich in eleganten Windungen durch den Wald schlängelt und zufällig auf eine Spiegelscherbe trifft. Erstmals im Leben mit seinem Abbild konfrontiert, erschrickt er über die Vielzahl seiner Beine und fragt sich, mit welchem Bein er wohl beim Loslaufen beginnen müsse. Doch er findet keine Antwort auf diese Frage und ist seither unfähig zu laufen.

Der Tausendfuß und der Spiegel: Hyperreflexion kann blockieren

Mit ein wenig Aufmerksamkeit können wir dieses Tausendfuß-Phänomen auch im menschlichen Alltagsverhalten beobachten.

Erst vor kurzem machte ich eine Bahnreise. Kaum die Lektüre meines Buches unterbrechend, holte ich ein selten benutztes Handy aus der Tasche und gab nebenbei den Pin-Code ein, um mit einem kurzen Seitenblick einmal die Batterieladung zu prüfen. Einige Zeit später wollte ich wegen einer langen Zugverspätung am Zielort anrufen. Entsprechend der gewachsenen Wichtigkeit wandte ich mich meinem inzwischen wieder ausgeschalteten Handy nun mit voller Aufmerksamkeit zu – und stellte fest, dass ich den Pin-Code auf einmal nicht mehr wusste. Aber ich hatte ihn doch eben noch quasi automatisiert eingegeben! Aufgeregt tippte ich dann einfach drauflos: dreimal falsch – Karte gesperrt.

Das Tausendfuß-Syndrom im Alltag

Offenbar kann die automatisierte oder besser selbstorganisierte Entfaltung von Verhaltensprozessen durch ein Zuviel an bewusster Aufmerksamkeit oder ihre falsche Fokussierung gestört oder gar blockiert werden. Dies spielt eine große Rolle bei Drucksituationen im Alltag – denken Sie nur an Präsentationen oder Prüfungen.

Jederzeit die richtige Balance herstellen zu können zwischen direkter Verhaltenssteuerung durch bewusste Aufmerksamkeit und indirekter Steuerung durch Loslassen, um der Selbstorganisation gut eingeübten Verhaltens Raum zu geben – das ist ein ganz zentrales Thema persönlicher Meisterschaft (▶ Kap. 4). Um mit den dabei auftretenden Problemen umgehen zu können, brauchen wir zunächst geeignete Begriffe. Offenbar betrifft die erste und wichtigste Unterscheidung, die wir in unserer Psyche vorzunehmen haben, die begriffliche Trennung ihres bewussten Teils von allen unbewusst und selbstorganisiert arbeitenden Bereichen des Gehirns.

Beginnen wir mit dem bewussten Bereich der Psyche – was finden wir hier vor? Zunächst einmal treffen wir auf die von unseren äußeren und inneren Sinnesorganen und den konstruktiven Mechanismen unseres Gehirns produzierten **Wahrnehmungen** und **Empfindungen**. Unter Verlust sehr vieler Details können wir uns hieran auch erinnern und solche inneren Schemata in der Phantasie verändern oder neu kombinieren.

Die Inhalte des Bewusstseins

Dann haben wir da den ständigen Fluss der inneren Rede – das **begriffliche Denken**. Insbesondere, wenn wir versuchen, denkerisches Neuland zu betreten, geht dem begrifflichen Denken eine Art **bildhaftes Denken** voraus bzw. es läuft ein solches Denken parallel, das mit der inneren Ahnung räumlicher Strukturen verbunden ist. Bekannt wurde das Beispiel des deutschen Chemikers August v. Kekulé, dem das Bild einer sich in den Schwanz beißenden Schlange einfiel, bevor er die Ringstruktur des Benzols postulieren konnte. Und schließlich gibt es neben all diesen relativ gut strukturierten und umgrenzten Phänomenen noch diffus-verschwimmende, alles durchdringende und z. T. im Körper lokalisierte Vorgänge, die wir **Gefühle** (bzw. **Emotionen**) und Stimmungen nennen.

Der Fokus des Bewusstseins

All dies spiegelt sich in unserem Bewusstsein. Unser Bewusstsein verfügt über so etwas wie einen **Fokus der Aufmerksamkeit**. Er kann eng und scharf gestellt sein wie bei einem Tennisspieler, der sich so stark auf den Ball in der Hand des abschlagenden Gegners konzentriert, dass er für lange Augenblicke die Spielunterbrechung durch den Punktrichter nicht bemerkt. Und er kann weit gestellt sein wie bei jener Frau am Meer, die mit halb geschlossenen Augen die Luft einsaugt, um ein möglichst breites Spektrum an Sinnesempfindungen unverlierbar in sich aufzunehmen. Dieser enge oder weite Bewusstseinsfokus kann auf der Wahrnehmung der Außenwelt ruhen, wie eben beschrieben, oder auf Wahrnehmungen und Empfindungen, die aus der Innenwelt kommen: Wir können uns auf Empfindungen konzentrieren, die im Körper entstehen, wir können auf unsere Bewegungen achten und versuchen, sie bewusst zu steuern, wir können unsere Gefühle beobachten und bis zu einem gewissen Grad versuchen, unser Denken bewusst zu kontrollieren. Und wir können über diese vielen Aspekte unserer Innenwelt auch begrifflich nachdenken, sie bewerten, Erinnerungen bilden oder Konzepte und Theorien formulieren.

Ich = wertendes und veränderndes Bewusstsein

In diesem Prozess einer fokussierten Selbstreflexion konstituieren sich unser **Ich-Empfinden** und unser **Selbstbild**. Je stärker ein selbstbezüglich fokussiertes Bewusstsein auf Kontrolle, Bewertung und Steuerung des äußeren oder inneren Verhaltens abzielt, desto ichhafter ist es. Alle hochgradig ichhaften Formen des Bewusstseins wollen wir kurz als *Ich* bezeichnen. Immer wenn der Begriff Ich in dieser eben festgelegten Bedeutung benutzt wird, setzen wir ihn kursiv.

> ❗ Das *Ich* ist jene Form, die unser Bewusstsein annimmt, wenn es um die Bewertung, Kontrolle und Veränderung des eigenen Verhaltens geht.

1.2.2 Das *Selbst* und wie es mit dem *Ich* zusammenarbeitet

Der unbewusste Bereich von Psyche und Gehirn

Nun zum unbewussten Bereich von Psyche und Gehirn. Auch wenn er unbewusst ist, wissen wir doch, dass dieser Bereich existiert, dass wir mehr sind als nur der »Lichtkegel des Bewusstseins«. Die aufsteigenden Ideen, Erinnerungen, Phantasien und Gefühle müssen ja irgendwo herkommen, sie haben offenbar ihren Ursprung außerhalb des Bewusstseins. Manchmal stehen wir sogar in sehr direktem Kontakt mit diesem Unbewussten; wir ringen um die Erinnerung an einen Namen oder einen Begriff. Einen Zipfel haben wir in der Hand: Vielleicht wissen wir den ersten Buchstaben oder die Melodie des Wortes. Nicht selten entsteht hieraus ein quälendes inneres Tauziehen mit dem Unbewussten, ehe wir uns im Vollbesitz des gesuchten Lautmusters sehen.

Was sind die wichtigsten Bestandteile dieses unbewussten Bereichs? Zunächst einmal die Speicherstrukturen unseres **Gedächtnisses**: die Speicher für unser begriffliches Wissen, etwa ein auswendig gelerntes Gedicht, für situatives Wissen wie z. B. biographische Erinnerungen, aber auch die Speicher für unsere Kompetenzen – von der Fähigkeit, Fahrrad zu fahren, bis zum selbstsicher-souveränen Abwickeln einer Präsentation. Wie wir noch aus dem vorigen Abschnitt wissen, besteht die Grundlage dieses Gedächtnisses aus gelernten Verhaltensattraktoren.

Gelernte Potenziale: Gedächtnis für Wissen und Kompetenzen

Dann gibt es auch eine Vielzahl angeborener Verhaltensattraktoren (denen sich dann immer noch gelernte Veränderungen aufformen können), von einfachen vorgebahnten Reflexen bis hin zu komplexen Reaktionen in sozialen Auslösesituationen. Diese Attraktoren sind Bestandteil angeborener Module, mit denen uns die Evolution vorbereitet hat zur Lösung der Standardaufgaben unserer Vorfahren: Nahrungssuche, Paarung und Jungenaufzucht, Erkämpfen einer hohen sozialen Rangposition etc. Wir werden diese Module als **primäre Antriebe** bezeichnen und im übernächsten Abschnitt ausführlich besprechen.

Angeborene Potenziale: Primäre Antriebe

Schließlich gibt es noch angeborene Module, in denen bestimmte Attraktoren für die Regulation der lebenswichtigen Körperprozesse durch das vegetative Nervensystem festgelegt sind, z. B. für die Blutdruckregulation.

Das gewaltige kreative **Potenzial zur Selbstorganisation** sollte noch einmal betont werden, das allen funktionellen synergetischen Strukturen des Gehirns (und auch des Körpers) innewohnt. Dieses Potenzial wird wirksam bei der Selbstregulierung funktioneller Störungen, bei der Selbstheilung struktureller Defekte, aber auch beim kreativen Spontanverhalten in Lebenssituationen, die einen hohen Neuigkeitswert für uns haben. Schon unser Tausendfuß kann, wenn es nicht anders geht, aus dem Stand heraus laufen wie eine Eidechse – zumindest, wenn er nicht allzulange darüber nachdenkt . Wir sollten dieses Wissen um das kreative Spontanpotenzial unseres Unbewussten immer wach halten, es kann eine wichtige Stütze unseres Selbstvertrauens werden.

Natürliche Potenziale: die kreative psycho- neurale Selbstorganisation

Da die Selbstorganisation hier eine so zentrale Rolle spielt, wollen wir dieses Unbewusste einfach als *Selbst* bezeichnen. Wieder gilt: Wenn das Wort Selbst im hier definierten speziellen Sinne gebraucht wird, setzen wir es kursiv. Also kurz: Alles, was gerade im Fokus eines wertenden und intendiert verändernden Bewusstseins liegt, ist das *Ich*, alles Übrige das *Selbst* (die unbewussten Bereiche von Psyche und Gehirn und im weiteren Sinn auch unser Körper).

Selbst = unbewusste Bereiche von Psyche und Gehirn

Um Missverständnissen vorzubeugen, sei aber noch ergänzt: Oft ist das *Selbst* nicht vollständig unbewusst, sondern hat gewissermaßen eine bewusste Oberflächenschicht. Es gibt Situationen, in denen Verhaltensabläufe sich ohne Willensanstrengung selbstorganisiert entfalten und dabei von einem Bewusstsein begleitet werden, das alles Geschehen einfach nur annimmt, ohne es zu bewerten oder verändern zu wollen. Diese hochgradig *selbst-nahen*, nicht*ich*haften Bewusstseinsformen finden wir beim sog. achtsamen Handeln sowie in den Zuständen von Unio contemplativa und Unio activa (Flow), auf die später noch ausführlicher eingegangen wird (▶ insbes. Abschn. 1.3.5). Damit können wir diese zentralen Begriffe *Ich* und *Selbst* noch einmal zusammenfassend so definieren:

> ❶ *Ich:* **wertend-intendierendes Bewusstsein**
> *Selbst:* **alle Potenziale von Psyche, Gehirn und Körper, die sich unbewusst entfalten (oder von einem nicht wertenden, nicht intendierenden Bewusstsein begleitet werden, das einfach nur annimmt, was ist)**

Wie lässt sich die Verhaltensregulation nun im Lichte der Konzepte *Ich* und *Selbst* beschreiben?

Das Fenster des Bewusstseins ist nur schmal

Zunächst ist die Feststellung von zentraler Bedeutung, dass die Bandbreite oder Kanalkapazität unseres Bewusstseinsfokus sehr begrenzt ist. Wir können nur mit sehr wenigen Dingen – maximal etwa sieben – gleichzeitig bewusst umgehen. Die Bandbreite des Bewusstseins beträgt also nur wenige bit/s. Demgegenüber nimmt das Gehirn aber mehrere Millionen bit/s durch die Sinnesorgane auf. Sein Output über das Vegetativum in den Körper hinein und über Skelettmuskulatur, Mimik und Sprache hinaus wird sogar auf mehrere Milliarden bit/s geschätzt. Uns wird also nur ein Bruchteil des Informationsstroms bewusst, in den wir ständig eingebunden sind. Während der übergroße Anteil der Verhaltensselbstorganisation also vom *Selbst* geleistet wird, ist das *Ich* lediglich dazu in der Lage, einige wenige Schlüsselparameter zu kontrollieren (❏ Abb. 1.11b).

Hochkomplexe Tätigkeiten müssen selbstorganisiert ablaufen

Nicht in diesen Dimensionen, aber noch deutlich genug, wird dies auch in der Alltagserfahrung spürbar. Stellen Sie sich vor, Sie machten einen alpinen Skiabfahrtslauf. Die dabei in sehr schneller Folge ausgeführten, komplexen Ganzkörperbewegungen können Sie nicht im Einzelnen bewusst kontrollieren und steuern. Sie können lediglich einige **Schlüsselvariablen** in den Blick nehmen: mit ausreichender Vorausschau den richtigen Kurs wählen, Gewicht mehr nach vorn verlagern, sich auf den Druck des jeweils einen Fußes nach außen konzentrieren o. Ä. Bei jeder Tätigkeit gibt es derartige Schlüsselvariablen – man könnte von **mentalen Ordnern** sprechen, von de-

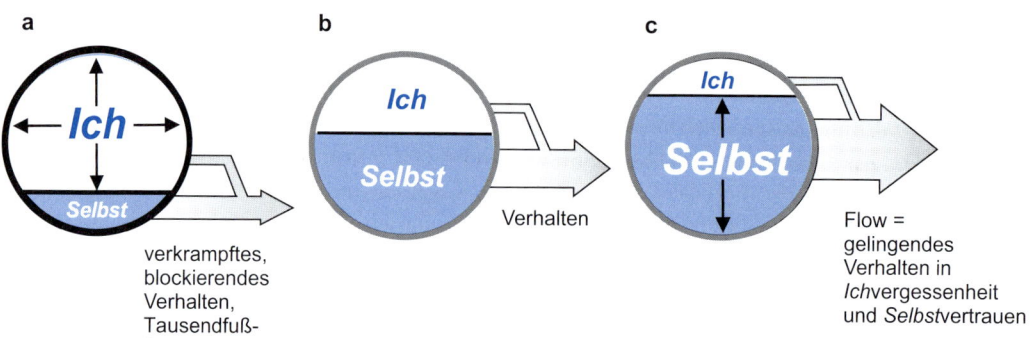

a verkrampftes, blockierendes Verhalten, Tausendfuß-Syndrom

b Verhalten

c Flow = gelingendes Verhalten in *Ich*vergessenheit und *Selbst*vertrauen

❏ **Abb. 1.11a–c.** Normale und gestörte Verhaltensregulation: **a** blockierendes Verhalten im Stress; **b** durchschnittliche Verhaltensregulation; **c** meisterliches Verhalten im Flow

nen große Teile des komplexen Tätigkeitsprozesses abhängig sind. Die Tätigkeit muss so gut eingeübt werden, dass sie weitestgehend selbstorganisiert ablaufen kann und Sie sich auf möglichst wenige oder sogar nur auf eine dieser Schlüsselvariablen konzentrieren können. Der meisterliche Skifahrer kann seine Aufmerksamkeit voll der Wahl des richtigen Kurses widmen.

Vielleicht noch ein zweites Beispiel: das Halten eines Vortrages. Wenn Sie einigermaßen flüssig sprechen wollen, können Sie sich den richtigen Inhalt und die passenden Worte nicht erst während des Vortrages bewusst zurechtlegen. Wenn man flüssig vorträgt, formt sich die Rede mehr oder weniger selbstorganisiert (es sei denn, man liest ab oder hat etwas auswendig gelernt). Das setzt aber zum einen voraus, dass Sie möglichst sicher im Stoff stehen und das Gesamtgebiet, um das es geht, souverän beherrschen. Zum anderen müssen Sie sich im Vorfeld sehr genau überlegen, welche Inhalte Sie vermitteln wollen und welche nicht. Weiter ist es hilfreich, sich für entscheidende Punkte griffige Formulierungen, Beispiele, Bilder und Metaphern zurechtzulegen. Keinesfalls aber sollte man seinen Vortrag vollständig in allen Formulierungen ausarbeiten und auswendig lernen oder ablesen. Die endgültige Form darf sich erst unter Herrschaft des mentalen Ordners »Zuhörerreaktion« selbstorganisieren – nur dann wird es eine wirklich passende Form sein, nur dann kann der Vortrag meisterlich gelingen. Während des Vortrages sollte man seine Botschaft im Hinterkopf aktivieren und mit seiner Aufmerksamkeit voll in Kontakt mit den Zuhörern gehen. Wenn die oben genannten Voraussetzungen gegeben sind, formt sich die Rede nun auf die bestmögliche Weise von allein: Nicht ich spreche, sondern es, das *Selbst*.

Mit ◘ Abb. 1.11 wird versucht, diese Zusammenhänge noch einmal zusammenzufassen und symbolisch zu verdeutlichen. In ◘ Abb. 1.11b ist ein durchschnittlicher, »normaler« Funktionszustand der Psyche gezeigt, wie wir ihn beim Lösen von Alltagsproblemen antreffen oder auch beim schrittweisen Einüben komplexer Verhaltensweisen – etwa in der Skischule oder beim Proben eines Vortrags. Der Hauptteil des Verhaltensoutputs entspringt dem *Selbst*. Gleichwohl nimmt das *Ich* einen vergleichsweise kleinen aber doch deutlichen Raum ein. Wir brauchen es für den langsamen, schrittweise tastenden, bewusst-überlegten Aufbau neuer Verhaltensstrukturen. Ein Teil der Aufmerksamkeit ist dabei immer selbstbezüglich nach innen gerichtet. Das *Ich* beobachtet, bewertet und korrigiert Aspekte des eigenen Verhaltens.

Ein Teil der engen Kanalbreite des Bewusstseins ist damit durch den Kurzschluss der Selbstbezüglichkeit blockiert und steht nicht zur Verfügung für die Einpassung des Verhaltens in die äußere Problemsituation. Deshalb entfaltet sich das Verhalten relativ langsam und stockt gelegentlich: man hält im Probevortrag immer wieder inne, um noch einmal nachzudenken und manche Passagen in anderer Formulierung zu wiederholen. Man übt auf dem »Idiotenhügel« in langsamer, vorsichtiger Fahrt einen bestimmten Skischwung.

Die Evolution neuer Verhaltensstrukturen vollzieht sich also im Wechselspiel von *Ich* und *Selbst*: Das *Selbst* produziert auf unbewussten Ebenen per Selbstorganisation immer neue Varianten von Verhaltensbausteinen. Das *Ich* nimmt die bewusste Selektion vor und leitet den Zusammenbau immer komplexerer Verhaltensmuster. Nebenbei: Wie es für alle Selbstorganisations- und Evolutionsprozesse typisch ist, vollzieht sich auch das Lernen in Ordnungs-

Das *Selbst* als Hauptquell des Verhaltens

Das *Selbst* macht Vorschläge und das *Ich* wählt aus

Sprunghafte Lernfort-schritte

sprüngen. Hier haben die»gestuften Lernkurven« ihren Ursprung, über die sich Generationen von Psychologen die Köpfe zerbrochen haben. Wir grübeln lange fruchtlos herum oder haben beim Sport oder Musizieren länger das Gefühl, nicht voranzukommen, und dann plötzlich fällt der Groschen: Eine Einsicht klärt das Problemfeld oder unsere Performance erreicht ein neues, höheres Niveau. Sollten Sie wieder einmal auf einem solchen Plateau einer Ihrer Lernkurven dem Verzweifeln nahe sein, rufen Sie sich das hier Besprochene ins Gedächtnis, die berechtigte Hoffnung auf das nächste »Wunder der Emergenz« kann Ihnen helfen durchzuhalten.

Die *ichlose Selbst*be-stimmtheit des Meisters

Nach einem solchen Ordnungssprung sind neue komplexe Verhaltensabäufe oft noch ein wenig instabil und störanfällig. Durch Üben werden die entsprechenden Attraktoren dann aber tiefer eingeschliffen und das Muster kann sich weiter stabilisieren. Das *Ich* wird nun immer weniger gebraucht und kann sich zurückziehen – ◘ Abb. 1.11c. Ja, mehr noch, ein zu *ich*haftes Bewusstsein würde meisterlich eingeübtes Verhalten sogar stören. Das Management des Komplexen ist eine Sache des *Selbst* – insbesondere im Zusammenhang mit dem Flow-Konzept werden wir hierauf noch ausführlich eingehen.

** Ich-Überblähung und Stressblockade**

Gefahr droht, wenn Probleme sich als schwer lösbar erweisen. Dann hat das *Ich* eine spontane Tendenz, sich auszudehnen – ◘ Abb. 1.11a. Das *Ich* verstärkt seine Bemühungen, das Problem durch übermäßige Selbstbeobachtung und Kontrolle (**Hyperreflexion**) sowie durch verstärkte Steuerungsimpulse (**Hyperintention**) doch noch in den Griff zu bekommen. Die nach außen gewandte bzw. für die sachliche Seite des Problems verfügbare Aufmerksamkeit wird hierdurch reduziert. Verstärkt wird dies durch das Ausklinken der Stressreaktion – sie führt über den **Tunnelblick-Effekt** zur Fixierung der restlichen Außenaufmerksamkeit auf die oberflächlich bedrohlichen Aspekte der Problemsituation und erzeugt negative Emotionen wie Angst, Ärger oder Wut.

Teufelskreise schließen sich

Die sich steigernde innere Anspannung blockiert nun immer mehr Funktionen des *Selbst*. Zunehmende Abkapselung, wachsender Innendruck und Blockade des *Selbst* führen zur Abnahme des effektiven Verhaltens-Output, die Chancen auf Erfolg sinken, es entstehen Folgeprobleme. Und schon hat sich ein selbstverstärkender Prozess im Sinne eines Teufelskreises etabliert.

1.2.3 Emotionen, Fremdzweck- und Selbstzweck-motivationen

Fehlende Willenskont-rolle über die Gefühle

Nun ist es aber höchste Zeit, jenen Bereich des seelischen Erlebens in den Blick zu nehmen, der die meisten Menschen am brennendsten interessiert: die Gefühle und Motivationen. Warum ist das wohl so? Zum einen ist positive emotionale Energie der Treibstoff, den wir zum Handeln brauchen, der innere Lohn, nach dem wir alle streben, dessen Fülle wesentlich zu dem beiträgt, was wir Glück nennen. Zum anderen sind gerade die Emotionen unserer direkten Willenskontrolle entzogen. Innerhalb weiter Grenzen können wir denken und tun, was wir wollen – aber fühlen, was wir wollen, können wir nicht: Wenn jemand unglücklich oder gar depressiv ist, wird der Willensvorsatz, ab sofort einfach wieder glücklich zu sein, kaum eine Wirkung haben.

Und auch wenn das unbequem ist – es ist gut so. Positive Emotionen sind in der Evolution als subjektiver Lohn für ein Verhalten entstanden, das objektiv dem Überleben von Individuum oder Art dient. Wäre uns dieser Lohn unter Umgehung des Verhaltens im Kurzschluss zugänglich, wären die Folgen katastrophal. Wenn man Versuchstieren die Möglichkeit gibt, über implantierte Elektroden das Lustzentrum ihres Gehirns per Hebeldruck selbst zu stimulieren, dann tun sie das ohne Unterlass und vergessen darüber Nahrungsaufnahme und Körperpflege, um letztlich zugrunde zu gehen. Einen ähnlich kurzgeschlossenen Weg zu positiven Emotionen bieten Rauschgifte – das Endresultat ist leider oft dasselbe.

Es bleibt also dabei: Wir müssen die komplizierte Aufgabe lösen, die uns die Evolution gestellt hat: Wie haben wir unser Verhalten in unserer komplexen Lebenswelt zu organisieren, um eine möglichst positive Gefühlsbilanz zu erreichen? Welche gesetzmäßigen Zusammenhänge zwischen Denken, Verhalten und Fühlen lassen sich zur Lösung dieser Aufgabe erkennen und nutzen? Wenn wir vom nächsten Abschnitt an den Aufbau des *Selbst* und des *Ich* besprechen, werden wir uns v. a. auf diese Aspekte konzentrieren.

Die Gefühle indirekt über Denken und Verhalten beeinflussen

Lassen Sie uns zur Einführung einige in diesem Zusammenhang ganz zentrale Begriffe und Konzepte skizzieren. Neben der Energetisierung, d. h. dem Antreiben von Verhalten, haben Emotionen auch die Aufgabe, Verhalten auszurichten. Positive Emotionen lenken uns auf etwas hin – etwa auf energiereiche Nahrung oder einen attraktiven Partner. Negative Emotionen lassen uns von Gefahren auf Abstand gehen – vom Rand einer tiefen Schlucht oder von verdorbener Nahrung. In dieser verhaltensausrichtenden Funktion sind Emotionen Teil dessen, was man als **Motivationen** bezeichnet: Motivation gleich Emotion plus Handlungsrichtung. So ist Hunger Teil einer Annäherungsmotivation an Nahrung oder Furcht Teil einer Vermeidungsmotivation z. B. gegenüber einem gefährlichen Tier.

Motivation = Emotion + Handlungsrichtung

Emotionen wie die hier angesprochenen – Appetit bzw. Hunger, sexuelles Begehren, Furcht bzw. Angst oder Ekel – bezeichnen wir als primäre Emotionen. Sie entspringen den bereits kurz erwähnten primären Antrieben, die unser Verhalten in Bezug auf die grundlegenden Erfordernisse des Überlebens regulieren. Mit großer Sicherheit finden sich diese in ähnlicher Form schon bei unseren tierlichen Vorfahren, insbesondere bei den Menschenaffen. Primäre Emotionen können im Erleben sehr große Intensitäten erreichen. Sie sind inhaltlich festgelegt, werden durch spezifische, überwiegend genetisch vorbestimmte Schlüsselreize ausgelöst und haben eine unverwechselbare »innere Farbe«. So wird sexuelles Begehren nur durch ganz bestimmte Geschlechtsmerkmale geweckt und fühlt sich ganz anders an als Hunger oder Furcht.

Primäre Emotionen regulieren die angeborenen Grundbedürfnisse

Bei unseren tierlichen Vorfahren sind Reiz und Reaktion (Emotion plus entsprechendes Verhalten) noch sehr eng miteinander verknüpft – zumeist folgen sie mehr oder weniger reflexartig unmittelbar aufeinander. Auf dem Entwicklungsweg zum Menschen hat sich dies grundlegend geändert: Zwischen Reiz und Reaktion ist ein mehr oder weniger großer Spalt entstanden, in den sich der »Baum des Denkens« eingenistet hat.

> ❗ Mit den Mitteln des Denkens und des Willens haben wir die Möglichkeit, spontane Reaktionen abzufangen, sie zu unterdrücken oder zu verändern.

Die Modifikation primärer Emotionen durch das Denken

So ist es möglich, primäre Gefühle abzuschwächen oder zu unterdrücken: Im Wissen, sicher angeseilt zu sein, reduziert sich die Angst vor dem Abgrund. Und wenn wir vielleicht das Aufschießen der Wut nicht immer verhindern können, so gelingt es uns fast immer, den Impuls zum blinden Zuschlagen zu stoppen. Aber auch den Lockungen von Positivgefühlen müssen wir nicht sklavisch folgen, im Gegensatz zum Tier, das bei Hunger sogleich seine Zähne in die verfügbare Beute schlägt und bei Sättigung unmittelbar seinem Ruhebedürfnis nachgibt.

Die Lücke zwischen Reiz und Reaktion befähigt uns zum **Gratifikationsaufschub**: Wir können auf unmittelbaren Lustgewinn zeitweilig verzichten, wenn wir erkennen, dass bestimmte vermittelnde Handlungen einen späteren aber größeren Lustgewinn versprechen. Unsere steinzeitlichen Vorfahren bauten Jagdgeräte, weil sie sich hiervon das Erjagen größerer Beutetiere erhofften, wir nehmen die Mühen eines Studiums auf uns, weil uns dies auf lange Sicht ein höheres Einkommen verheißt.

Lustverzicht bringt Vorteile: der Marshmallow-Test

Dieses Vermögen zum Gratifikationsaufschub, die Fähigkeit, sich kurzfristig Unbequemes selbst aufzuerlegen um eines längerfristigen Gewinns willen ist zweifellos einer der ganz zentralen kultur- und persönlichkeitsschöpferischen Mechanismen. Und ganz sicher beruht das Kräfteverhältnis zwischen der versklavenden Macht emotionaler Impulse und den Regulierungsmöglichkeiten des Verstandes auch auf genetischen Dispositionen. Hierauf verweisen etwa die Experimente zum Marshmallow-Test, die von dem Psychologen Walter Mischel in den 60er-Jahren mit amerikanischen Vorschulkindern durchgeführt wurden. Der Versuchsleiter legte den Vierjährigen ein Bonbon hin und teilte ihnen mit, dass er jetzt eine Viertelstunde weggehe, um etwas zu erledigen. All die Kinder, die es schaffen würden, ihr Bonbon liegen zu lassen und nicht zu essen, bekämen nach seiner Rückkehr ein zweites Bonbon. Die Kinder aber, die schwach würden und ihr Bonbon zuvor gegessen hätten, würden kein zweites Bonbon bekommen. Zirka zwei Drittel der Kinder bestanden die Probe, die anderen erlagen der Versuchung des schnellen Genusses. 12 bis 14 Jahre später zeigten sich dann sehr signifikante Unterschiede zwischen diesen beiden Gruppen: Die Testsieger waren leistungsfähiger, selbstbewusster, erfolgreicher, frustrationstoleranter und psychisch stabiler. Bei den Testverlierern zeigte sich eher das Gegenteil: sie waren in vieler Hinsicht neurotischer und psychisch störanfälliger; sie waren weniger leistungsfähig und erfolgreich.

Trotz mehr oder weniger ausgeprägter genetischer Disposition gilt aber ganz sicher auch: Es gibt einen Spielraum für Erziehung und Lernen, den wir ausschöpfen können, wenn wir uns der Bedeutung von Gratifikationsaufschub, Selbstdisziplin und langfristigem Verfolgen von Zielen für ein gelingendes Leben bewusst sind und diese Dinge in Verbindung mit anderen Selbstmanagementtechniken nach Kräften üben. Je breiter der primäre Spalt zwischen Reiz und Reaktion, desto leichter kann sich der Baum des Denkens hier einwurzeln, wenn er dann aber gut gegossen und gedüngt wird, kann er durch kräftiges Wachstum die Kluft nun seinerseits weiter aufpressen.

1. Die Willenshandlung

Damit können wir zwei von drei Stufen der Motiviertheit beschreiben: Die erste Stufe der geringsten Motiviertheit ist die **Willenshandlung**. Man zwingt sich per Willensanstrengung zu einem bestimmten Verhalten, zu dem man überhaupt keine Lust hat oder das einem gar Widerwillen bereitet. Man muss das Rad nicht immer wieder neu erfinden, halten wir uns deshalb an das Standardbeispiel für diese Situationen: das alljährliche Ausfertigen der Steuererklärung. Man weiß, dass man es irgendwann machen muss, dass man einfach nicht drum herum kommt.

Die zweite Stufe der Motiviertheit nennen wir **Fremdzweckmotivation** (oder fachlich: **extrinsische Motivation**). Hier ist das Verhalten auf einen emotionalen Lohn ausgerichtet, der in der Vorstellung bereits präsent ist und energetisierende Vorfreude vermittelt. Vielleicht fehlt in diesem Jahr der Steuerrückerstattungsbetrag noch zum Kauf eines neuen Sportwagens – sobald das Geld auf dem Konto ist, kann gekauft werden. Wenn man hinter den endlosen Rechnungen und Formularen immer schon das neue Auto imaginiert, fällt das Summieren und Ausfüllen weniger schwer oder gelingt sogar mit einem gewissen Schwung. Allerdings: inhaltlich und wesensmäßig haben Steuererklärung und Autokauf nichts miteinander zu tun. Das Motiv liegt außerhalb der unmittelbaren Tätigkeit und ist ihr fremd – deshalb: Fremdzweckmotivation. Viele unserer Alltagstätigkeiten sind fremdzweckmotiviert und die meisten beginnen als solche. Wir lernen Mathe um der hübschen Lehrerin zu imponieren, wir üben Klavier, um das Lob der Eltern zu gewinnen, wir lenken uns eine quälende Viertelstunde ab, um ein zweites Bonbon zu bekommen, wir ackern uns durch die Steuerformulare, um den Sportwagen zu kaufen, der uns dann bewundernde Blicke wegen unseres hohen sozialen Ranges beschert. Der emotionale Lohn für Fremdzweckmotivationen entspringt zumeist den noch im Einzelnen zu besprechenden primären Antrieben (also z. B. dem Nahrungsantrieb im Falle des Marshmallow-Test).

Zum Glück ist das aber noch nicht die letzte Stufe der Motiviertheit. Sonst wäre unser Leben ziemlich freudlos, die meisten unserer Tätigkeiten würden wir lustlos abarbeiten, um vergleichsweise seltener Momente des materiellen oder sozialen Konsums willen, die positive primäre Emotionen freisetzen.

Bisweilen, und künftig hoffentlich immer öfter, ereignet sich das Folgende.

Je häufiger wir eine bestimmte, hinreichend komplexe Tätigkeit ausführen, je länger und besser wir sie einüben, je meisterlicher wir sie schließlich beherrschen, desto passgenauer greifen alle beteiligten Prozessmomente ineinander. Und wenn hinreichend viele Prozessmomente mit hinreichender Güte zusammenwirken, wenn der Tätigkeitsprozess also eine hohe Synergität (vgl. ▶ Abschn. 1.1.1) aufweist, wird er von positiven Stimmigkeitsgefühlen begleitet. Hieraus kann eine regelrechte motorische oder mentale Funktionslust entstehen, die uns dazu bringt, die betreffende Tätigkeit immer wieder auszuführen, und zwar nun um ihrer selbst willen. Tanzen, Skifahren, Klavierüben, Mathe, Schach oder Philosophie – all das kann zum Selbstzweck werden, wenn wir uns diese Dinge mit hinreichender Komplexität und Meisterschaft angeeignet haben. Selbst die Steuererklärung kann irgendwann ein diebisches Vergnügen bereiten, wenn man sich tief genug ins Steuerrecht eingefuchst hat und das ganze wie ein Schachspiel gegen den Finanzminister erlebt.

2. Die Fremdzweckmotivation

Synergität: Funktionslust bei meisterlich beherrschten Tätigkeiten

❗ **Die hierbei entstehenden Stimmigkeits- oder Unstimmigkeitsgefühle bilden die zweite große Gruppe von Emotionen, die sekundären Emotionen. Im Gegensatz zu den primären Emotionen, bewerten sie nicht Objekt- oder Zustandseigenschaften, sondern Prozesseigenschaften: Sie bewerten alle im Hier und Jetzt ablaufenden psychischen Prozesse auf ihre Synergität.**

Sekundäre Emotionen: Stimmigkeits- oder Unstimmigkeitsgefühle bei Tätigkeitsprozessen

Im Vergleich zu primären Emotionen sind sekundäre Emotionen weniger intensiv, sie können gleichwohl aber als sehr ergreifend erlebt werden. Empfindungen der Funktionslust, ästhetisches Erleben, Intuitionen in Begleitung kreativer Denkprozesse, Gewissensbisse – Empfindungen dieser Art gehören zu den sekundären Emotionen. Obwohl im Erleben auch vom Tätigkeitsgegenstand geprägt, fühlen sie sich doch auf einer bestimmten Ebene auch ähnlich an im Sinne einer allgemeinen inneren Stimmigkeit oder Unstimmigkeit.

3. Die Selbstzweck-motivation

Wie schon angeklungen, entstehen aus sekundären Emotionen **Selbstzweckmotivationen** (fachlich: **intrinsische Motivationen**). Damit sind wir auf der höchsten Stufe der Motiviertheit: Wir tun die Dinge um ihrer selbst willen, weil sie den emotionalen Lohn in sich selbst tragen. Wir tanzen, spielen Klavier oder schreiben ein philosophisches Traktat, weil uns das aus sich heraus Freude macht, wir würden es auch dann tun, wenn es keinerlei Aussicht auf Geld oder soziale Anerkennung gäbe. Darüber hinaus macht es Sinn, in diesem Zusammenhang von **sekundären Antrieben** zu sprechen: Als sekundäre Antriebe bezeichnen wir jene Gedächtnisstrukturen, in denen Wissen und Kompetenzen zum Tanz, Klavierspiel oder Philosophieren gespeichert sind. Im Gegensatz zu primären Antrieben sind sekundäre Antriebe nicht angeboren, sondern entwickeln sich durch Lernen und Übung.

Selbstzweckmotivationen sind ein Schlüssel zu Erfolg, Glück und Gesundheit

Das Geheimnis der intrinsischen Motivation, der Selbstzweckmotivation zu lüften, ist ein Schlüsselmoment für unser gemeinsames Vorhaben. Wenn es uns gelänge, möglichst viele Willenshandlungen und Fremdzweckmotivationen in Selbstzweckmotivationen zu verwandeln, dann wären wir unseren Zielen sehr nahe. Wir würden dann fast alles, was wir tun, mit Freude tun. Was man mit Freude, ja mit Leidenschaft tut, hat große Chancen auf Erfolg. Freude und Erfolg bescheren uns Glück. Und all das zusammen fördert unsere psychosomatische Gesundheit. Gesund ist, was man mit Freude macht. Nach der Besprechung der primären Antriebe werden wir diesen Faden wieder aufgreifen.

1.2.4 Primäre Antriebe und primäre Emotionen

Evolutionspsychologie

Nicht nur der Körper wird von der Evolution entsprechend bestimmter Anpassungsnotwendigkeiten geformt, sondern auch die primären Formen des Verhaltens – dieser Gedanke führte den berühmten österreichischen Verhaltensforscher Konrad Lorenz zur Begründung der Verhaltensbiologie. Heute wird dieser Ansatz v. a. von der **Evolutionspsychologie** weiter ausgebaut, die schwerpunktmäßig in den USA beheimatet ist. Danach wurden die angeborenen Grundlagen unseres Verhaltens in den nach hunderttausenden von Jahren zu bemessenden Zeiträumen geformt, in denen unsere Menschenaffen- und Steinzeitvorfahren der Selektion durch ihre damalige Umwelt unterworfen waren. Entsprechend sollten unsere primären Antriebe auf eine optimale Lösung der Standardprobleme der Steinzeit ausgelegt sein.

Im Vergleich hierzu hat freilich die rasante kulturelle Evolution der letzten Jahrhunderte unsere Lebenssituation radikal verändert. Die vor 30.000 Jahren sinnvollen Verhaltensneigungen sind heute oft kontraproduktiv. Ein Teil dieses Problems ist: Auf ihrer biologischen Ebene ist Evolution ohne Moral. Sie fördert in letzter Konsequenz Verhaltensneigungen, die zur größtmöglichen Anzahl von Nachkommen führen und damit zur größtmöglichen Verbreitung jener Gene, die die entsprechenden Verhaltensattraktoren kodieren. Man hat in diesem Zusammenhang von einem »Genegoismus« gesprochen. Und wie wir gleich sehen werden, wirken einige unserer primären Verhaltensneigungen tatsächlich egoistisch und asozial, gemessen an Normen und Moralempfindungen, die Produkt der kulturellen Evolution sind.

Das Prinzip des Genegoismus

Hierzu ist zweierlei zu sagen. Zum ersten: Schon auf der primären Ebene gibt es auch Verhaltenstendenzen, die in Richtung Altruismus wirken. In Abhängigkeit von der charakterlichen Veranlagung liegen diese gegenläufigen Verhaltensneigungen bei jedem Menschen in einem unterschiedlichen Kräfteverhältnis vor. Auch wenn es das Tier im Menschen gibt – nur sehr selten wird es wirklich zu einer Bestie.

Aber auch altruistische Tendenzen sind angeboren

Zum zweiten: im Unterschied zum Tier sind wir Menschen unseren primären Verhaltensimpulsen nicht wie Sklaven ausgeliefert. Nur noch selten gehen sie mit uns durch, etwa, wenn jemand im heftigen Streit wutschnaubend zuschlägt.

> ❗ In aller Regel sind primäre Verhaltensimpulse bei uns Menschen nur ein Faktor im Prozess der Verhaltensformung, der mit anderen Faktoren zu einem Kompromiss verrechnet wird.

Die wichtigsten dieser anderen Faktoren sind bewusste Willensimpulse und sekundäre Emotionen, die z. B. für verinnerlichte kulturelle Normen und Werte stehen (auf Letzteres wird im nächsten Abschnitt eingegangen).

Kulturelle Werte können das Verhalten prägen

So kann jemand, der abnehmen will, mit seinem Willen dem Hunger widerstehen. Bei einem politischen Aktivisten können Überzeugungen so stark sekundär-emotional verinnerlicht sein, dass sie im Hungerstreik sogar seinen Überlebensinstinkt aufwiegen. Kurzum: Der Mensch ist sehr wohl dazu in der Lage, sich zum Meister über seine angeborene Natur aufzuschwingen. Die vielleicht manchmal schwachen primären Anlagen für Altruismus können durch einen sekundären Altruismus erheblich verstärkt und verhaltensbestimmend ausgebaut werden.

Von der persönlichen Verantwortung hierfür kann man niemanden entbinden; aus dem Vorhandensein bestimmter genetisch geprägter Verhaltensneigungen kann keine Entschuldigung oder Rechtfertigung für ein Verhalten abgeleitet werden, das andere Menschen schädigt.

Die persönliche Verantwortung

Gleichzeitig gilt aber auch: Wenn wir Empfindungen wie Neid, Missgunst, Schadenfreude etc. in uns wahrnehmen, müssen wir uns nicht als schlechte Menschen fühlen. Diese Regungen gehören zu unserer Natur. Die meisten Menschen kennen diese Empfindungen, ob sie es nun zugeben oder nicht. Ob wir gute oder schlechte Menschen sind, entscheidet sich erst an der Frage, wie wir mit diesen unschönen Regungen umgehen.

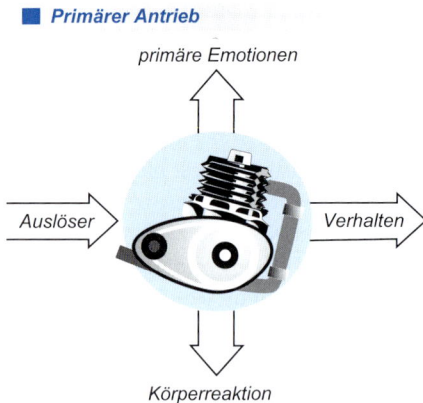

■ *Primärer Antrieb*

primäre Emotionen

Auslöser   *Verhalten*

Körperreaktion

🔹 **Abb. 1.12.** Symbolisierung primärer Antriebe durch einen Motor: primäre Antriebe sind angeborene Zentren im Gehirn, die die grundlegenden, überlebensnotwendigen Verhaltensweisen aktivieren. Sie werden durch bestimmte Auslöser gestartet und erzeugen primäre Emotionen (bzw. Bedürfnisse und Motivationen), ein bedürfnisbefriedigendes Verhalten und alle dazu nötigen körperlichen Prozesse

Betrachten wir nun einmal Aufbau und Funktion eines primären Antriebs genauer, wie er in 🔹 Abb. 1.12 in Form eines Motors schematisiert ist. Gestartet werden primäre Antriebe durch angeborene Auslöser. Das können bestimmte Schlüsselreize in der Wahrnehmung sein, z. B. bestimmte Körpermerkmale für den Sexualantrieb, bestimmte soziale Auslösekonstellationen, z. B. hartnäckiger Widerstand für die Aggressionsbereitschaft, oder innere Auslöser, etwa ein abfallender Blutzuckerspiegel für den Ernährungsantrieb. Der Antrieb erzeugt dann dreierlei. Zum ersten primäre Emotionen wie sexuelles Verlangen, Hunger oder Wut. Diese gehen als einer von mehreren Faktoren in die Verhaltensformung ein und versuchen dann zum zweiten ein Verhalten durchzusetzen, das der Befriedigung des entsprechenden primären Bedarfs dient: Geschlechtsverkehr, Nahrungsaufnahme, den Widerstand mit Gewalt brechen. Dies wird drittens gefördert und erleichtert durch entsprechende **Körperreaktionen**: Erektion, vermehrte Speichelsekretion oder Anstieg von Blutdruck und Muskelspannung.

Aufbau und Funktion primärer Antriebe

Bei vielen Antrieben führen innere Auslöser zu einer periodischen Erhöhung der Antriebsspannung von innen heraus. In unseren Beispielen betrifft das den Nahrungs- und den Sexualantrieb. Andere Antriebe werden nur durch äußere Reize gestartet. Liegen diese nicht vor, könnten sie im Prinzip über Jahre ohne Aktivierung bleiben. Wo dies wichtig ist, um Missverständnisse zu vermeiden, werden wir dann nicht von Antrieb sprechen, sondern von einer Bereitschaft – deshalb: Aggressionsbereitschaft.

Bei manchen Antrieben ändert sich dies im Verlauf des Lebens. So wird aus dem von innen heraus spontanaktiven Neugierantrieb des Kindes immer mehr eine Neugierbereitschaft beim Erwachsenen, die im Alter in eine Neophobie umschlagen kann: Das Kind sucht das Neue, der Erwachsene interessiert sich für das Neue, wenn es ihm begegnet, und der Alte fürchtet das Neue. Biologisch gesehen ist dies auch sinnvoll: Während das Kind lernen muss, sollte der Alte unnötige Risiken vermeiden. Wieder gilt aber: Die individuellen Unterschiede sind groß und es gibt auch eine Neugier, die von sekundären

Antrieben ausgeht. Wenn wir es richtig angehen, kann unsere intellektuelle Aktivität und Neugier bis ins hohe Alter erhalten bleiben.

Lassen Sie uns nun die in unserem Zusammenhang wichtigsten primären Antriebe im Detail besprechen.

Verhaltensbereich Selbsterhaltung
Ernährungsantrieb

Über primäre Emotionen wie **Appetit, Hunger** und **Durst** werden wir dazu gebracht, Nahrung und Flüssigkeit zu uns zu nehmen. Dabei schmecken uns die Nahrungsmittelbestandteile am besten, die am energiereichsten sind: Zucker und Fett.

Während der gesamten evolutionsgeschichtlichen Zeitspanne, in der sich unser Ernährungsantrieb entwickelt hat, herrschte durchschnittlich ein Mangel an Nahrungsmitteln. Der konstante Nahrungsmittelüberschuss, den wir heute in einigen Teilen der Welt zu verzeichnen haben, ist ein Produkt der jüngsten Kulturgeschichte. Unter Mangelbedingungen hat die folgende Verhaltenstendenz Anpassungswert: Iss soviel Du kannst, wenn Nahrungsmittel verfügbar sind, und lege Energiereserven in Form von Fettpolstern an. Es kommt der Tag, an dem Du diese Fettreserven zum Überleben brauchst. Eine spezielle Instinktbremse gegen »Überfressen« einzubauen, macht unter Mangelbedingungen keinen Sinn. Als mechanische Notbremse bleibt immerhin das maximale Füllungsvolumen des Magens. Unter den Überflussbedingungen der hochentwickelten Kulturnationen freilich wird dies zur Fehlanpassung: Große Teile der Bevölkerung dieser Länder sind übergewichtig mit schwerwiegenden Folgen für Gesundheit und Sozialkassen.

Eine angeborene Tendenz zur Überernährung

Weitere ganz grundlegende primäre Antriebe sind der Atemantrieb, der Thermoregulationsantrieb und der Schmerzvermeidungsantrieb. Das Selbstmanagement in diesen Bereichen ist trivial und wir müssen darauf nicht weiter eingehen.

Ruhe- und Schlafantrieb

Sofern keine anderweitigen Antriebsspannungen bestehen und auf irgendein bedarfsstillendes Verhalten drängen, überkommt viele Erwachsene ein schwer abzuweisendes Ruhebedürfnis. Wenn alle primären Bedürfnisse gestillt sind, würde jede weitere Aktivität Energieverschwendung und unnötiges Risiko bedeuten. So war es jedenfalls zur Zeit der Jäger und Sammler.

Heute freilich kommt man schnell in den Ruf, ein bequemer Langweiler zu sein, wenn man nicht rastlos aktiv ist, um Hobbys und kulturgeprägten Zusatzbedürfnissen zu frönen. Damit ließe sich notfalls leben. Richtig problematisch wird es aber für den, der auch beruflich eine sitzende Tätigkeit ausübt und nun überhaupt nicht mehr zu körperlicher Aktivität gezwungen ist. Bewegungsmangel gilt als wichtiger Risikofaktor für Herz-Kreislauf-Erkrankungen und fördert Übergewicht.

Bewegungsmangel

Insbesondere nachts muss es für unsere Vorfahren unproduktiv und gefährlich gewesen sein, durchs Gelände zu streifen. So nutzte die Evolution diese Zeit, um Regenerationsarbeiten am Gehirn erledigen zu lassen, die bei Ausschaltung der normalen Funktionen effektiver oder überhaupt erst ausführbar sind – am laufenden Motor schmiert sich's nun mal schlecht. Der Nachtschlaf wurde erfunden und mit ihm die Primärempfindung **Müdigkeit**.

Was da im Einzelnen repariert und geschmiert wird, wissen wir nicht. Sicher ist nur, dass alle Tiere, denen man Schlaf entzieht, schwere Funktionsstörungen entwickeln.

Hygiene- und Ekelantrieb

Gefühlsmäßige Mikrobiologie

Die primäre Empfindung des Hautjuckens, Kratzverhalten, das instinktive Schlagen nach Insekten auf der Haut und andere Aktivitäten der Fellpflege dienen dem Schutz vor Parasiten, die von unserer Körpersubstanz zehren und Krankheiten übertragen könnten. Tiere, die der Möglichkeit der Fellpflege benommen sind, werden sehr rasch von Flöhen, Wanzen, Läusen oder Milben befallen, verlieren an Gewicht und werden krank. In abgestufter Intensität vermeiden wir Kontakt, insbesondere Mundkontakt, mit potenziell gefährlichen Substanzen. Ausgelöst wird dieses Verhalten durch die primäre Emotion des Ekels. Ekel wird von allen Menschen dieser Welt empfunden und verbindet sich mit einem typischen Gesichtsausdruck, der in allen Kulturen verstanden wird. Ekel ist gefühlsmäßige Mikrobiologie: Vor verdorbenen Tierteilen und Tierausscheidungen ekeln wir uns zum Beispiel stärker als vor verdorbenen Pflanzenteilen. Tierteile enthalten oft Gifte und sind ein idealer Nährboden für Parasiten und Krankheitserreger. Interessanterweise sind wir darauf programmiert, auch die geringste Berührung zu vermeiden: Schon die Übertragung weniger Erreger kann schlimme Folgen haben, da diese in der Lage sind, sich schnell zu vermehren. Im gesteigerten Falle werden die Körperreaktionen Übelkeit und Erbrechen ausgelöst, um evtl. aufgenommene Schadstoffe wieder auszuscheiden.

Territorial- und Schutzantriebe

Warum Hang- und Wasserlagen die teuersten Immobilien sind

Es liegt auf der Hand, dass der Landschaftstyp, in dem man sich ansiedelt, erheblichen Einfluss auf die Überlebenschancen hat. In einer Wüste oder Halbwüste gibt es wenig Nahrung und kaum Orientierungspunkte – dichter Wald ist voller Hinterhalt. Eine locker bewachsene, wasserreiche Savannenlandschaft hingegen scheint optimal: genügend Nahrung, ausreichender Überblick zum Entdecken herannahender Feinde, viele charakteristische Landschaftsformationen, die Orientierung gewährleisten. Lagerplätze oder Heimstätten liegen am besten auf einer Anhöhe mit einer schützenden Felswand im Rücken und einem Gewässer davor, gleichsam als natürlicher Festungsgraben. Diejenigen unter unseren Vorfahren, die sich von solchen Plätzen angezogen fühlten, sollten mehr Nachkommen gehabt haben, so dass sich die Gene für einen solchen Ortsinstinkt ausbreiten und durchsetzen konnten.

Auch in Weltgegenden, wo Sicherheitsaspekte keine Rolle mehr spielen, finden die Menschen Plätze der oben genannten Charakteristik am schönsten und angenehmsten. Ohne Zwang baut kaum jemand sein Eigenheim in die Wüste oder in den dichten Wald. Hanglagen oder Wasserlagen gehören hingegen überall in der Welt zu den teuersten Immobilien. Auf den ersten Blick könnte dies ziemlich nebensächlich erscheinen, aber dem ist nicht so. Man hat z. B. in Untersuchungen nachweisen können, dass sich bei Patienten Wundheilung und Genesung deutlich beschleunigen, wenn deren Krankenzimmer Ausblick auf oben genannten Landschaftstyp bieten.

Neugier- und Explorationsantrieb

Es ist für jedes Lebewesen von hohem Überlebenswert, möglichst gut mit den örtlichen und dinglichen Gegebenheiten seiner Lebensumgebung vertraut zu sein. Deshalb hat sich ein Antrieb für Erkundungsverhalten entwickelt, der durch alle Abweichungen von den gewohnten Mustern der Wahrnehmung aktiviert wird. Hier ein Beispiel aus der Feder des Verhaltensforschers Konrad Lorenz (Lorenz 1977, S. 187): »Ein junger Kolkrabe z. B., dem man einen ihm völlig unbekannten Gegenstand von geeigneter Größe bietet, reagiert zunächst mit den Verhaltensweisen, mit denen ein erfahrener Altvogel auf ein Raubtier ›hasst‹. Er nähert sich vorsichtig, seitlich hüpfend und bringt schließlich einen gewaltigen Schnabelhieb an, um dann sofort zu fliehen. … Reagiert das Objekt nicht mit Verfolgung – wie ein größeres Raubtier es täte – , so geht der Rabe seinerseits zum Angriff über, etwa so, wie er es im Ernstfalle einer ziemlich wehrhaften Beute gegenüber täte. … Erweist sich das Objekt als ›bereits tot‹, so beginnt der Vogel es mittels aller hierzu verfügbaren Instinktbewegungen zu zerkleinern, wobei er es gleichzeitig auf Essbarkeit untersucht. Schließlich versteckt er die Stücke. Zu einem späteren Zeitpunkt, wenn das Objekt völlig indifferent geworden ist, benützt er dessen Bruchstücke gelegentlich, um andere, nunmehr interessantere Dinge darunter zu verbergen oder um auf größeren Stücken zu sitzen.«

Die Kinder von Menschenaffen und Menschen zeigen ein vergleichbares Verhalten bei der Aneignung ihrer Umwelt. Bei uns verbindet sich dies mit der primären Emotion der Neugier. Während Kinder und Jugendliche noch regelrecht auf die Suche nach neuen Reizen gehen, lässt die Aktivität des Explorationsantriebs im Alter deutlich nach. Außerdem finden sich auch immer weniger Auslöser – irgendwann gibt es eben »nichts Neues mehr unter der Sonne«. Während man im reizhungrigen Jugendalter in dieser Situation mit Langeweile, Überdruss oder sogar mit kompensatorischem Risikoverhalten reagiert, wird das Gewohnte und Vertraute im Alter eher als angenehm und erwünscht empfunden.

Die Umwelt lernend erkunden

Fluchtantrieb (auch Angstantrieb)

Neben dem Explorationsverhalten demonstriert unser Kolkrabe zwei weitere grundlegende Verhaltensweisen: Flucht bzw. Angriff. Zunächst zum Thema Flucht und Angst: Völlig unbekannte Situationen sowie bekannt gefährliche Situationen erzeugen die primäre Emotion der Angst (bzw. Furcht) und die Bereitschaft zur Flucht.

Für wichtige und typische Gefahrensituationen, denen unsere Vorfahren in ihrer damaligen Umwelt ausgesetzt waren, liegen in unserem Angstantrieb mehr oder weniger grobe Auslöseschemata bereit: Dunkelheit, große Höhen, tiefes Wasser, Unwetter, Feuer, große fleischfressende Tiere, Schlangen, Insekten, feindlich gestimmte Artgenossen, Blut, drohendes Eingesperrtwerden ohne Fluchtweg, sich allein weit von zu Hause entfernen sowie übermäßige Kontrolle durch andere Menschen (wer zu viele Blicke auf sich zieht, schlägt wohl aus der Norm und riskiert das Ausgestoßenwerden aus der vorzeitlichen Lebensgemeinschaft). Dabei ist die individuelle Sensitivität für die einzelnen Situationen unterschiedlich. Außerdem werden die Auslöseschemata durch Erfahrung differenziert und ausgemalt: Durch den Biss eines Pitbulls wird die allgemeine leichte Furcht vor Hunden zu einer pani-

Angeborene Angstauslöser

schen Angst speziell vor Pitbulls und Hunden, die ähnlich aussehen (Konditionierungslernen).

Aufs Ganze gesehen hilft uns diese urzeitgemäße Gefahrenvorsorge heute in der Mehrzahl unserer Problemsituationen nicht weiter: Giftschlangen sind auf den Straßen unserer Großstädte selten geworden. Was man hingegen antrifft, sind Autoschlangen – und hier wäre eine instinktive Angst vor hohen Geschwindigkeiten viel zweckdienlicher.

Unfunktionale Angst durch Teufelskreise

Wird der Angstantrieb von der gedanklichen Ebene her aktiviert, etwa weil nach einem Arbeitsplatzverlust eine existentielle Bedrohung wahrgenommen wird, kann es leicht passieren, dass die alten, stammesgeschichtlich erworbenen Angstthemen durchschlagen und auf einmal in den oben genannten Situationen mit Angst reagiert wird. Pfropfen sich dem nun noch die Teufelskreise der Angst auf, können Angsterkrankungen, die sog. Phobien entstehen (Näheres hierzu in meinem Buch »Erste Hilfe für die Psyche«). So ist es möglich, dass ein existentiell verunsicherter Mensch plötzlich eine Flugangst entwickelt, ohne zuvor Horrorbilder von einem Flugzeugabsturz im Fernsehen gesehen zu haben. Es werden in diesem Falle nicht die individuellen Lernerfahrungen, sondern die Lernerfahrungen der Art reaktiviert. So erklärt sich auch, dass die Phobien thematisch immer um die oben genannten Situationen kreisen: Es gibt Schlangen- und Spinnenphobien, niemals aber gibt es Phobien, die sich auf Blumen oder Zahnbürsten beziehen.

Aggressionsbereitschaft

Um Missverständnissen vorzubeugen, sprechen wir hier von einer Bereitschaft und nicht von einem Antrieb. Es gibt keine sicheren Hinweise darauf, dass sich dieser primäre Antrieb in ähnlicher Weise spontan auflädt wie etwa der Sexualantrieb, so dass in regelmäßigen Abständen aufgestaute Aggressionen abreagiert werden müssten. Beim Erwachsenen ist Aggressionsverhalten überwiegend an Auslöser gebunden. Dabei wird in der Regel zwischen einem innerartlichen Aggressionsverhalten und einem zwischenartlichen Aggressionsverhalten unterschieden. Die innerartliche Aggression, die sich gegen Artgenossen – in unserem Falle also gegen andere Menschen –

Zwischenartliche Aggression

richtet, werden wir beim Thema »Sozialverhalten« besprechen. Die zwischenartliche Aggression wendet sich gegen Lebewesen anderer Arten, bisweilen auch gegen Dinge. Ganz allgemein formuliert, wird Aggression ausgelöst durch Widerstände oder Hindernisse beim Verfolgen unserer Ziele bzw. bei der Befriedigung unserer Bedürfnisse. Das Spektrum konkreter Auslöser reicht dabei von einem nicht funktionierenden Schloss über den PC im Dauerabsturz bis zu einer Hundeattacke. Es kommen die primären Emotionen Ärger, Wut oder sogar Hass auf, wir zeigen ein charakteristisches Drohverhalten und schließlich Gewalttätigkeit. In Bezug auf Schloss und Hund kann das Verhalten dabei noch als angepasst gelten: Manchen eingerosteten Schlüssel bekommt man mit roher Gewalt doch noch gedreht und mancher Hund lässt sich von einem geworfenen Knüppel verjagen. Beim PC allerdings beginnt die Anpassung bereits zu versagen: Gewalt führt allenfalls zu Mehrkosten. Wie stark Aggression dabei im Sozialverhalten verwurzelt ist, sehen Sie an den personifizierenden Schimpfkanonaden, die wir in solchen Situationen an das unbelebte Gerät zu richten pflegen – der Anstand

Ärger und Wut bei Handlungshindernissen

verbietet jedes beispielgebende Zitat.

Aggressives Verhalten ist dabei im Normalfall an Auslöser gebunden. Sicher können kleine Anlässe bisweilen große Ausbrüche provozieren – dies ist dann aber zumeist Kulminationspunkt einer längeren Folge von Zielvereitelungen und Bedürfnisfrustrationen. Lediglich bei Jugendlichen scheint es in nennenswertem Umfang auch spontan zu aggressivem Verhalten zu kommen. Am naheliegendsten ist die oben bereits angedeutete Erklärung: Jugendliche haben einen größeren Hunger nach Reiz und Erregung verbunden mit dem evolutiv sinnvollen Drang, die Umwelt und sich selbst zu erkunden, sich auszuprobieren und zu beweisen. Bieten Umwelt und Gesellschaft dazu keine geeigneten Möglichkeiten, kommt es zur Abreaktion in unterschiedlichen Formen des Risikoverhaltens: von Autorennen bis hin zu verschiedensten aggressiven Handlungen – man denke etwa an die Ausschreitungen der Hooligans im Umfeld von Fußballspielen.

Sowohl der Fluchtantrieb als auch das Aggressionsverhalten aktivieren eine Palette von Körperreaktionen, die den Organismus auf muskuläre Leistungen vorbereiten, u. a. Beschleunigung von Puls und Atmung, Erhöhung von Blutdruck und Muskelspannung. Dies ist die sog. Stressreaktion, die wir in ▶ Abschnitt 1.3.5 besprechen werden.

Die Stressreaktion

Verhaltensbereich Sozialverhalten
Innerartliche Aggressionsbereitschaft

Es liegt nahe, gleich die Besprechung des Aggressionsverhaltens gegen Artgenossen anzuschließen, in unserem Falle also das gegen andere Menschen. Innerartliche Aggression ist im Tierreich verbreitet und wird beim Konkurrieren um sozialen Rang, materielle Ressourcen sowie attraktive Sexualpartner eingesetzt. Als Auslöser kommen in Frage: nichtakzeptiertes Dominanzgebaren seitens anderer Personen (z. B. angestarrt werden, Weisungen erteilt bekommen), Angriffe auf die eigene Person oder auf andere schutzwürdige Personen (Verwandte, Freunde, Kinder, Frauen), Wegnahme von als Eigentum betrachteten Gegenständen oder Territorien, Betrugsversuche bei auf gleichwertigen Austausch ausgerichteten sozialen Aktivitäten (Handel, Hilfeleistungen), Eifersucht. Die Aggression kann dabei im Dienste einer Abwehr laufender Aktivitäten der oben genannten Art stehen oder aber Vergeltung für zurückliegendes Verhalten sein.

Auslöser

Insbesondere bei Tieren mit tödlichen Waffen wie Reißzähnen oder Hörnern haben sich dabei spezielle Formen von Turnierkämpfen durchgesetzt, bei denen diese Waffen in einer Weise eingesetzt werden, dass der gegnerische Artgenosse nicht oder zumindest nicht tödlich verletzt wird. Zudem haben sich aggressionsstoppende Unterwerfungsgesten entwickelt, mit denen der Unterlegene die Dominanz des Siegers anerkennt. Auch beim Menschen gibt es ritualisiertes Drohgebaren, das sich über alle Kulturen hinweg gleicht, u. a. eine charakteristische Mimik mit Drohstarren und Freilegen der Zähne, Versuche, die Körperumrisse zu vergrößern (Aufrichten, Haare aufstellen, Arme abspreizen), Absenken der Stimme, was einen großvolumigen Brustkorb suggeriert, bedrohlichen Lärmen (mit dem Fuß aufstampfen, mit Gegenständen werfen, mit einem Knüppel um sich schlagen). Als Unterwerfungsgesten werden auch von uns Menschen verstanden: sich klein machen vom Absenken des Kopfes bis zum Sich-zu-den-Füßen-Werfen, den Blick senken, kindliches Verhalten zeigen (Stimme heben, weinen).

Drohgebärden und Unterwerfungsgesten

Leider gibt es beim Menschen auch Formen innerartlicher Aggression, bei denen diese aggressionshemmenden Mechanismen auf verschiedene Weise systematisch außer Kraft gesetzt werden: den Krieg. Diese komplexe und schwierige Thematik können wir hier nicht umfassend diskutieren – sie wird für unser Selbstmanagement hoffentlich auch niemals Bedeutung gewinnen.

Kurz erwähnt sei lediglich das Folgende: Fälle vernichtender innerartlicher Aggression sind bereits bei Schimpansen beschrieben worden. Es gibt sowohl den gemeinschaftlichen Mord an Gruppenmitgliedern als auch die Ausrottung ganzer Gruppen durch andere Gruppen. Auch bei den heute noch vorzufindenden Naturvölkern sind Kriege und mörderische Raubzüge alles andere als Ausnahmeerscheinungen. Die lange Zeit verbreitete Vorstellung vom »edlen Wilden«, der in gesellschaftlicher Harmonie und im Einklang mit der Natur lebt – sie ist eine romantische Illusion und gilt unter Völkerkundlern heute als widerlegt. Zweifellos wird die Entstehung kriegsbegünstigender Bedingungen und die Auslösung von Kriegen heute von den Gesetzlichkeiten der sozialen Evolution bestimmt – die primären **Verhaltensmöglichkeiten** hierzu sind aber auf immer Teil unseres biologischen Erbes. Wenn man das versteht und akzeptiert, wird man jene Frage nicht mehr stellen, die man so oft im Zusammenhang mit individuellen oder kollektiven Gräueltaten der jüngeren Geschichte hört: Wie konnte derartiges dem Schoße eines kulturell so hochstehenden Volkes entkriechen? Wir können unser biologisches Erbe nicht abschütteln, und wenn genügend penetrante Auslösebedingungen entsprechend lang wirksam sind, besteht immer die Gefahr, dass archaische Verhaltensmuster durchbrechen. Das heißt natürlich nicht, dass Kriege naturgegeben und unvermeidlich sind. Wir können und müssen ausreichende Erziehungsanstrengungen unternehmen, um die primären Aggressionspotenziale durch möglichst starke kulturell geprägte Antriebskräfte aufzuwiegen. Und wir müssen lernen, die gesellschaftliche Evolution so zu steuern, dass gewaltbegünstigende Bedingungen möglichst nicht entstehen.

All dies gilt in vollem Umfang auch für die **Xenophobiebereitschaft** – eine vornehme Umschreibung für die Neigung des Menschen, unter bestimmten Bedingungen fremdenfeindlich zu reagieren. Ihrem Inhalt nach ist Fremdenfeindlichkeit interpretierbar als eine normangleichende innerartliche Aggression. Bei vielen sozial lebenden Tierarten werden Gruppenmitglieder ausgestoßen, die sich auf irgendeine Weise befremdlich benehmen. So beschreibt die bekannte Schimpansenforscherin J. van Lawick-Goodall, wie durch Kinderlähmung behinderte Schimpansen, die zuvor hochgeschätzte Gruppenmitglieder waren, nach ihrer Erkrankung von den ehemaligen Gefährten angegriffen wurden. Dies dient zum einen dem Schutz vor Infektionen. Das unangenehme Berührtsein, das auch tolerante Menschen im Angesicht von Geschwüren, Entstellungen oder Behinderungen nicht immer unterdrücken können, hat hier seinen Ursprung.

Zum anderen dient es dem Erhalt von Gruppennormen. Menschengruppen entwickeln ein Wir-Gefühl und haben die Tendenz, sich von anderen durch die Entwicklung kultureller Besonderheiten abzugrenzen – Trachten, Bräuche, Abzeichen oder die farbigen Schals der Fußballfangemeinden sind Beispiele hierfür. Parallel dazu geht die Entwicklung mehr oder weniger gruppenspezifischer Verhaltensnormen, die ein gegenseitiges Verstehen und ef-

Die biologischen Wurzeln des Krieges

Auch Fremdenfeindlichkeit hat biologische Mitursachen

fektives gemeinschaftliches Handeln erleichtern oder erst möglich machen. Gruppenmitglieder, die hiervon abweichen, werden nach einem in allen Kulturen gleichen Stufenschema diszipliniert: Zunächst wird gehänselt, ausgelacht und nachgeäfft, dann wird geklatscht und getratscht, schließlich wird der Betreffende geschnitten und gemobbt, zu guter Letzt wird er u. U. gewaltsam aus der Gemeinschaft ausgestoßen.

In Bedrohungssituationen sowie unter Bedingungen der Ressourcenknappheit kommt es zu einer Verstärkung dieser Intoleranz gegen das Abweichende und Fremde – eine sichtlich angepasste Reaktion, denn genau in diesen Situationen ist kohärentes Gruppenverhalten überlebenswichtig. Zumindest war das so zu Zeiten unserer Jäger-und-Sammler-Vorfahren. Die Pufferkapazitäten moderner Großgesellschaften für die Aufnahme des Fremden sind natürlich deutlich größer, so dass die alten xenophobischen Reaktionsmuster in vielen Zusammenhängen unangemessen und störend sind oder bei Verstoß gegen grundlegende ethische Normen gar unmenschlich-kriminellen Charakter gewinnen. Darüber hinaus werden diese biologisch überkommenen Reaktionsbereitschaften von Demagogen gern als Anknüpfungspunkt zur Legitimation und Durchsetzung inhumaner Ideologien missbraucht. Hier sind wieder die Themen Bildung, Erziehung und humane Gestaltung sozialer Evolutionsprozesse angesprochen.

Krieg und Fremdenfeindlichkeit können überwunden werden

Antriebskomplex Rang – Erfolg – Autonomie – Macht – Kontrolle

Wir kommen nun zu einem Komplex primärer Bestrebungen, die im Sinne einer wechselseitigen Förderung eng miteinander zusammen hängen und deshalb gemeinsam besprochen werden sollen. Im Zentrum steht dabei sicher das Streben nach einer hohen sozialen Rangposition verbunden mit möglichst hohem gesellschaftlichen Ansehen und Einfluss.

Rangordnungen bilden sich bei allen sozial lebenden Tieren. Sprichwörtlich geworden ist die Hackordnung: Bringt man Hühner zu einer Schar zusammen, kämpfen diese zunächst reihum miteinander und merken sich ihren Platz in der dabei entstehenden Rangfolge. Fortan wird jeder Ranghöheren ausgewichen und jede Rangniedere wird gehackt, wenn sie nicht Platz macht. Aus vielen populären Fernsehsendungen bekannt ist auch das lärmende Imponiergehabe der Schimpansenmännchen beim Kampf um sozialen Rang: Da wird mit riesigen belaubten Baumzweigen um sich geschlagen oder ein Haufen leerer Fässer scheppernd vor sich her getrieben.

Die Hackordnung bei den Hühnern

Das Streben nach sozialem Rang ist deshalb so stark ausgeprägt, weil es kaum ein besseres Mittel gibt, die Ausbreitung der eigenen Gene sicherzustellen. Eine hohe Rangposition verschafft einen besseren Zugang zu materiellen und anderen Ressourcen verbunden mit günstigen Entwicklungsbedingungen für den Nachwuchs. Hoher sozialer Rang und alles, was sich damit verbindet, schafft aber v. a. einen besseren Zugang zu attraktiven Sexualpartnern. Nicht nur, dass die Machtposition den Einsatz repressiver Mittel erlaubt – wie wir noch besprechen werden, fühlen sich die Weibchen von selbst zu Männchen mit Macht und Besitz hingezogen. Überall im Tierreich haben ranghohe Männchen mehr Sexualkontakte und mehr Nachkommen. Und auch bei uns Menschen gilt dies zumindest in der Tendenz. So gab etwa der marokkanische Kaiser Mulai Ismail der Blutrünstige an, 888 Kinder gezeugt zu haben. Sobald eine seiner 500 Haremsfrauen das Alter von 30 überschritt,

Hoher sozialer Rang maximiert die Möglichkeiten der Genverbreitung

wurde sie durch eine Jüngere ersetzt. Zumindest hinsichtlich der Nachkommenzahl treten heutige große und kleine Herrscher deutlich kürzer: Die modernen Methoden der Schwangerschaftsverhütung erlauben es ihnen, ihre Gene auszutricksen.

Natürlich kommen auch in unserer Gesellschaft noch die archaischen Formen des Imponierens, Drohens und der innerartlichen Aggression zum Einsatz, um die Rangposition auszubauen und die Gunst schöner Frauen zu erlangen. Man muss nur einmal beobachten, wie sich das Verhalten der Männer wandelt, wenn etwa eine hübsche junge Praktikantin dem Team zugeteilt wird. Insbesondere die Gegenwart von Frauen katalysiert heftigste Gewaltausbrüche zwischen Männern aus scheinbar nichtigen Anlässen: kleine Rempeleien, ein vermeintlich drohender oder anzüglicher Blick, verbale Beleidigungen oder was dafür gehalten wird. Was hier in Wirklichkeit auf dem Spiel steht, ist der Ruf: Ist man einer »mit dem man es ja machen kann«, oder ist man einer »mit dem nicht gut Kirschen essen ist«, sobald man seine Interessen verletzt. Über diese primären Verhaltensweisen hinaus wird nicht selten ein Großteil auch der kulturerworbenen Fähigkeiten in den Dienst des sozialen Aufstiegs gestellt: Für nicht wenige Menschen, insbesondere männlichen Geschlechts, ist das Karrieremachen das bestimmende Lebensmotiv.

Karriere als Lebensthema

Stolz auf Statussymbole

Die Vorteile eines hohen sozialen Rangs werden natürlich um so wirksamer, je besser dieser nach außen erkennbar ist. Schwer zugängliche Gegenstände werden deshalb in den Dienst von Statussymbolen genommen: teure Kleidung, Schmuck, wertvolle Uhren und Autos oder Zugang zu exklusiven Orten oder Events. Das Ausleben hohen sozialen Ranges wird begleitet von primären Emotionen wie eitlem **Stolz**, freudiger Genugtuung, Selbstsicherheit und Unabhängigkeit.

Schadenfreude und Neid

Ist man selbst in der Phase des Aufstiegs, hat man das Bestreben, gute Beziehungen zu möglichst hochrangigen Personen zu unterhalten und dies auch viele Menschen wissen zu lassen. Die Reichen und Mächtigen können einem direkt dabei behilflich sein, die eigene Position auszubauen: Allein mit ihnen in Verbindung gebracht zu werden, erhöht schon den eigenen Rang in den Augen der anderen. Diese Tendenz, »nach oben zu kratzen«, wird sinnvoll ergänzt durch die Tendenz, »nach unten zu treten«. Bekannte, die beim Aufstieg nicht mithalten können oder deren Situation sich durch Schicksalsschläge plötzlich verschlechtert, geraten auf wundersame Weise recht schnell in Vergessenheit. Und – wir müssen all dies hier schonungslos ansprechen – auch das Phänomen der **Schadenfreude** hat hier seinen Ursprung. Wenn andere scheitern und Schaden nehmen, verbessert sich dadurch natürlich relativ gesehen unsere eigene Position. Und weil dies gut ist für unsere Gene, pflanzten sie uns dafür klammheimliche Freude ins Herz. Gehen Freunde und Bekannte hingegen auf die Überholspur und ziehen an uns vorbei, entsteht **Neid**, der zu verstärkten eigenen Aufstiegsbemühungen motiviert.

Sobald der Zenit des sozialen Aufstiegs erreicht ist, beginnen sich die primären Verhaltensimpulse in der Regel anders auszurichten: Es wird nun verstärkt Hilfs- und Schutzverhalten für Rangniedere und Schwache gezeigt. Übrigens: Entsprechungen gibt es schon bei Schimpansen und in Kindergartengruppen – es handelt sich tatsächlich um angeborene Verhaltensdispositionen, die als solche weder dem sozialen Lernen noch einem rationalen Kalkül entspringen.

Das Streben nach hohem sozialem Rang steht in wechselseitiger Förderung mit dem Streben nach Erfolg und Autonomie. Wer über hohe Kompetenzen verfügt, wird oft Erfolg haben: Handlungsziel und Handlungsresultat passen ineinander und dies löst die primäre Emotion **Freude** aus. Von der Freude zum Stolz ist es nur ein kleiner Schritt: Zu der Freude über das Gelingen der Handlung gesellt sich die Freude darüber, dass man selbst es ist, dem die Handlung gelang. Wem aber immer mehr immer besser gelingt, der wird immer unabhängiger von der Hilfe anderer und kann immer öfter anderen Unterstützung geben. Dies vermindert die Bereitschaft, sich unterzuordnen. Es weckt den Wunsch nach Autonomie und sozialem Aufstieg und schafft gleichzeitig wichtige Voraussetzungen dafür. Und je weiter man aufsteigt, desto bessere Möglichkeiten hat man andersherum, sich Bedingungen für sein Handeln zu organisieren, die Erfolg begünstigen – man gewinnt an Kontrolle.

> **Erfolg und Autonomie**

> **Freude über Zielerreichung**

Mit Aufstieg und Erfolg ist oft die Ansammlung von Besitz verbunden. Vermutlich gibt es aber keinen eigenständigen primären Antrieb, der auf **Besitzerwerb** gerichtet ist. Dieser ergibt sich wohl eher als Summe und Konsequenz des Wirkens verschiedener Antriebe: Der Ernährungsantrieb dringt auf Bevorratung von Nahrungsmitteln. Der Territorialantrieb drängt auf die dauerhafte Besetzung eines Territoriums, weil dies Orientierungsvorteile schafft, Vertrautheit und Sicherheit spendet. Für den Rangantrieb lässt sich Besitz als Statussymbol, Attraktion für Sexualpartner und Machtmittel instrumentalisieren. Das Antriebssystem»Fürsorgeverhalten« dringt auf Ressourcenbildung für die Nachkommen. Über den noch zu besprechenden reziproken Altruismus lässt sich Besitz schließlich gegen alles eintauschen, was das Herz begehrt.

> **Besitzstreben**

Antriebskomplex Unterordnung – Abhängigkeit bei Misserfolg

Ganz anders stellt sich die Situation für jene Individuen dar, die infolge von Behinderung, mangelnder Begabung oder schlechter elterlicher Unterstützung keine Chance haben, in der Konkurrenz um eine hohe soziale Rangposition mitzuhalten und einen Misserfolg nach dem anderen erleben. Eine dauerhaft auf aussichtslosen Kampf gepolte Verhaltensstrategie dürfte am Ende zur Selbstzerstörung führen und wäre keine gute Anpassung. Besser wäre es, einen Platz im unteren Bereich der gesellschaftlichen Hierarchie zu akzeptieren, sich unterzuorden und den Höherrangigen zu dienen. Dies führt allerdings zu einer Einbuße an direkten Fortpflanzungsmöglichkeiten: Ranghohe verwehren den Zugang zu Fortpflanzungspartnern, die Attraktivität für potenzielle Fortpflanzungspartner ist geringer, die Ressourcen für den Nachwuchs fallen schmaler aus. Im Tierreich findet man in solchen Situationen das Phänomen der »psychischen Kastration«: Der Fortpflanzungstrieb erlischt, was die dienende Existenz erleichtert.

> **Dienen als Überlebensstrategie der Schwachen**

Durch den Mechanismus der Verwandtenselektion fördert ein Dienstleistungsverhalten an Verwandten zudem auf indirekte Weise auch die Ausbreitung der eigenen Gene, denn jedes Lebewesen teilt ja einen bestimmten Prozentsatz der eigenen Gene mit seinen Verwandten. Wir werden darauf im Zusammenhang mit dem Verwandtenaltruismus noch einmal zurückkommen.

Eine Kette von Misserfolgen und sozialen Erniedrigungen wird primäre Empfindungen der **Angst**, **Selbstunsicherheit** und **Bindungsbedürftigkeit** erzeugen und ein Schutz und Unterstützung heischendes Auf-andere-Zuge-hen auslösen, das durch Momente von Kindlichkeit, Ehrerbietung bis hin zu Liebedienerei und Unterwürfigkeit gekennzeichnet ist. Werden Schutz und Unterstützung gewährt, entstehen Empfindungen wie **Dankbarkeit, Ehrfurcht** und **Geborgenheit**.

Eine Vielzahl psychologischer Experimente hat gezeigt, wie stark die Neigung des Menschen ist, sich Autoritäten unterzuordnen, und wie leicht es ist, durch autoritäres Verhalten auch inhumanes Verhalten auszulösen.

Hilfsbereitschaft (Altruismus)

Ich hoffe, Sie haben den Glauben an das Gute inzwischen nicht gänzlich verloren. Es fällt unseren egoistischen Genen tatsächlich schwer, im menschlichen Sinne Gutes zu stiften. Einem anderen zu helfen, verursacht zunächst nichts als Kosten und scheint damit die Verbreitungschancen der eigenen Gene zu verschlechtern. Gene, die zu einem solchen Verhalten anregen, sollten also eigentlich aus dem Genbestand ausgelesen werden, weil ihre aufopferungsvollen Träger weniger Nachkommen durchbringen. Glücklicherweise gibt es zwei Bedingungen, unter denen diese kalte Logik nicht greift: Die eine heißt Verwandtenselektion, die andere Reziprozität.

Bedingung 1: Verwandtenselektion

Das Prinzip der **Verwandtenselektion** beruht auf der Tatsache, dass Tiere und Menschen den Bestand ihrer Gene in abgestuftem Grade mit ihren Verwandten teilen: Eltern und Kinder sowie Geschwister untereinander teilen 50% ihrer Gene, Großeltern und Enkel sowie Halbgeschwister untereinander teilen 25% der Gene, Cousins haben 12,5% ihrer Gene gemeinsam usw. Man kann also die Verbreitung der eigenen Gene fördern, indem man sie in möglichst viele Nachkommen hineinkopiert – aber auch dadurch, dass man Verwandten hilft, denn auch diese tragen einen Teil der eigenen Gene als Kopien und verbreiten diese bei ihrer Fortpflanzung weiter.

Hilfsbereitschaft entsprechend Verwandtschaftsgrad

Damit werden altruistische Verhaltensformen zur Ausbreitung kommen, die sich auf Verwandte richten und so angelegt sind, dass ihr genetischer Gesamtnutzen die genetischen Kosten des Altruisten übersteigt. Sehr schön illustriert dies eine Anekdote über den britischen Biologen J. Haldane, einem der Wegbereiter der Theorie vom Verwandtenaltruismus. Als dieser einmal gefragt wurde, ob er bereit sei, sein Leben für seinen Bruder zu opfern, soll er (scherzhaft?) geantwortet haben: für einen nicht, wohl aber für drei Brüder oder auch für neun Cousins. Diese exakte Antwort entspringt natürlich einer rationalen Berechnung, zu der erst der Mensch fähig ist. In Wirklichkeit geht es hier um eine auch bei Tieren zu findende **instinktive** Hilfsbereitschaft für Verwandte, deren Instinktstärke in etwa so abgestuft ist, dass die oben genannte Bilanz eingehalten wird. Tatsächlich findet man diese Verhaltenstendenzen auch beim Menschen, was schon der Volksmund weiß – hier ein Sprichwort aus Somalia:»Ich und Somalia gegen die Welt; ich und mein Clan gegen Somalia; ich und meine Familie gegen den Clan; ich und mein Bruder gegen die Familie; ich gegen meinen Bruder.« Je näher die Verwandtschaft, desto größer der Zusammenhalt und die wechselseitige Unterstützung. Ein derart archaisch geprägtes Sozialverhalten widerspricht den ethischen Maßstäben moderner Gesellschaften und sein Durchschlagen wird unter Negativbezeichnungen wie»Vetternwirtschaft« (Nepotismus) geächtet und oft auch sanktioniert.

Die andere Bedingung, unter der sich Hilfsbereitschaft evolutiv durchsetzen konnte, ist **Reziprozität (Gegenseitigkeit)** nach dem Prinzip»Wie du mir so ich dir«. Aus diesem reziproken Altruismus können alle Beteiligten großen Gewinn ziehen, der nicht selten die eigenen Kosten deutlich übersteigt. Sollten Sie ein wenig empfindlich sein und gerade gegessen haben, überspringen Sie am besten diesen Absatz: Er handelt von den schauerlichen Tischsitten der Vampire (gemeint ist die real existierende Fledermausart). Man könnte glauben, dass diese Blutsauger geradezu ein Symbol für den rücksichtslosesten Genegoismus abgeben. Tatsächlich bilden sie eines der am besten untersuchten Beispiele für wahrhafte blutsbrüderliche Freundschaft, das wir aus dem Tierreich kennen. Vampire haben es schwer, nächtens eine ordentliche Blutmahlzeit zu erhaschen. Haben sie aber Glück und finden ein Opfer, dann pumpen sie erheblich mehr Blut in sich hinein, als für den Eigenbedarf nötig wäre. Am Morgen treffen dann proppenvolle Vampire auf Artgenossen, die Pech hatten und u. U. dem Verhungern nahe sind. Die erfolgreichen Jäger würgen nun Blut aus ihrem Magen hervor, um die Pechvögel damit zu füttern. Genaue Untersuchungen haben ergeben, dass diese Nothilfe einerseits zwischen Verwandten erfolgt, aber auch zwischen Freunden, die sich tatsächlich individuell kennen und in einer Tradition der wechselseitigen Hilfe stehen. Verirrte und deshalb unbekannte Vampire kommen in aller Regel nicht in den Genuss solcher Hilfsleistungen. Bei alledem sind die Kosten für den Gebenden sehr gering – dem Nutznießer dagegen wird womöglich das Leben gerettet.

Dies ist das Surplus-Prinzip, das allem Handel zugrunde liegt, auch und gerade bei uns Menschen, unter denen der reziproke Altruismus zu einer ungeahnten Blüte gelangt ist. Um das Prinzip des reziproken Altruismus evolutiv stabil zu halten, ist ein kompliziertes System wechselseitig verschränkter psychologischer Mechanismen erforderlich, das hier nur verkürzt dargestellt werden kann. Um die Bedürftigkeit eines Artgenossen zu erkennen und hilfsbereit auf ihn zugehen zu können, muss man zur Empfindung von **Zuneigung** und **Mitgefühl** fähig sein. Ein positives Empfinden nach geleisteter Hilfe gibt ersten Lohn: Man spricht vom sog.»Helpers high«. Sodann ist Reziprozität instinktiv als Wert und Tauschkriterium festzuschreiben und ein Einschätzungsvermögen für die Gleichwertigkeit von Leistungen zu entwickeln. Mit Sicherheit tragen die in diesem Zusammenhang entstandenen Gefühle zu dem bei, was wir **Gerechtigkeitsempfinden** nennen. Auf Seiten des Empfängers bedarf es instinktiver Impulse, die die Rückzahlung der Leistungen stimulieren: Daraus hat sich die biologische Basis für Empfindungen entwickelt, die wir mit Begriffen wie **Dankbarkeit, Schuldgefühl** oder Gewissen verbinden. Der hierdurch vermittelte Zwang zur Reziprozität ist offenbar so stark, dass er bei Naturvölkern regelrecht als Waffe zum Einsatz kommen kann. Der sog. Potlatsch der Kwakiutl von der Nordwestküste Nordamerikas ist das klassische Beispiel hierfür. Häuptlinge laden andere ein, um sie durch übermäßige Großzügigkeit zu beschämen und unter Druck zu setzen. Unter Absingen prahlerischer Lieder werden Geschenke im Übermaß verteilt und vor den Augen der Gäste wertvolle Güter vernichtet: Hochwertige Kupferplatten landen im Meer oder kostbare Öle im Feuer. Um ihr Gesicht zu wahren, sind die Gäste dann gezwungen, bei einer Gegeneinladung noch größeren Aufwand zu treiben.

Bedingung 2: Reziprozität

Wie du mir, so ich dir

Mitgefühl

Gerechtigkeitsempfinden

Dankbarkeit und Schuldgefühl

Weitere primär-emotionale Impulse, die zur Regulation des reziproken Altruismus entstanden sind bzw. in diese Regulation einbezogen werden, drücken sich u. a. in Empfindungen wie Scham, Wut und Aggression, Vertrauen und Misstrauen aus oder durch Impulse, sich heuchlerisch oder betrügerisch zu verhalten.

Kulturell geprägter, sekundärer Altruismus

Sie sehen also, der primäre, biologisch verankerte Altruismus bezieht sich entweder auf Verwandte, oder er ist ziemlich berechnend. Eine weitergehend selbstlose Hilfe für fremde Menschen ohne Hoffnung auf Gegenleistung ist deshalb ein vergleichsweise seltenes Phänomen – es beruht auf den kulturell geprägten, sekundären Antrieben, die im nächsten Abschnitt behandelt werden.

Nachahmungs- und Spielantrieb

In einer engen Beziehung zum schon besprochenen Explorationsverhalten stehen das Nachahmen und das Spielen – nur dass dies in Wechselwirkung mit Artgenossen erfolgt und somit in die Rubrik des Sozialverhaltens gehört. Auch Zielstellung und Anpassungswert sind ähnlich gelagert: Förderung des Lernens, insbesondere das Beherrschenlernen des eigenen Körpers und seiner motorischen Möglichkeiten beim Spiel. Nachahmen und Spiel werden vor allem bei Vögeln – und nicht nur bei Papageien – sowie bei den Säugetieren beobachtet: Im Begriff des »Nachäffens« ist dies sogar sprichwörtlich geworden. Von ausschlaggebender Bedeutung sind diese Momente aber für das Lernen des Menschenkindes: Insbesondere der Spracherwerb wäre ohne den nimmermüden Drang zur Nachahmung nicht vorstellbar.

Verhaltensbereich Fortpflanzung und Fürsorge
Antriebskomplex Fürsorgeverhalten

Unter Fürsorgeverhalten soll hier jene Form des Verwandtenaltruismus verstanden werden, der sich auf die gegenseitige Hilfe, aber auch auf die Konflikte innerhalb der Kernfamilie bezieht: in erster Linie natürlich die Sorge der Eltern für die Kinder, aber auch das Wechselspiel der Eltern und Geschwister untereinander. All diese sozialen Interaktionen gibt es schon im Tierreich, insbesondere bei den Menschenaffen, so dass auch dieser Verhaltensbereich wieder zu einem großen Teil von primären Verhaltensimpulsen reguliert oder mitreguliert wird. Aufgrund des unterschiedlichen Verwandschaftsgrades der Familienmitglieder resultieren aus Sicht der »egoistischen Gene« sowohl gemeinsame Interessen als auch Interessenunterschiede. Es ist faszinierend zu sehen, wie sich aus diesen genetischen Kosten-Nutzen-Überlegungen nicht nur die Formen des liebevollen Sich-Umsorgens, sondern auch typische familiäre Konfliktkonstellationen ableiten lassen. Auf diese komplexen Fragen kann hier aber nicht weiter eingegangen werden.

Antriebskomplex Sexual- und Partnerschaftsverhalten

Viele Menschen wachsen in dem Glauben an die große romantische Liebe auf. Wir finden den Partner, der »wie für uns geschaffen« ist, und einem überschwänglichen Glück bis ans Ende unserer Tage steht nichts mehr im Wege. Leider gelingt dies nur in seltenen Fällen. In vielen Beziehungen geht es anders zu. Partnerschaftskonflikte sind die Regel, nicht die Ausnahme. Natürlich gibt es dafür Ursachen auf vielen Ebenen. Aber eine wichtige Verursachungsebene sind die zum Teil unterschiedlichen genetischen Interessen, die sich für Mann und Frau aus ihrer Natur ergeben, was zu teilweise unverträglichen primären Verhaltenstendenzen führt.

Gerade zu diesem Thema hat die Evolutionspsychologie viel Material zusammengetragen: Befunde aus der Tierwelt, evolutionstheoretische Überlegungen und eine Vielzahl von Studien in menschlichen Kulturen aller Kontinente (Buss 1994). Dabei hat sich ein Gesamtbild ergeben, das einen recht stimmigen Eindruck macht und sich mit meinen Beobachtungen und Erfahrungen weitgehend deckt. Dies gilt freilich nur, wenn man diese Aussagen in den relativierenden Kontext der Psychosynergetik stellt, in dem die sekundäre Aufhebung primärer Verhaltensneigungen durch verinnerlichte kulturelle Werte eine zentrale Rolle spielt. Diese Ergänzung der jetzt darzustellenden primär-biologischen Ebene von Partnerschaft durch die sekundär-kulturelle Ebene erfolgt in ▶ Abschnitt 4.5.2.

Hauptquelle allen Übels ist die sehr unterschiedliche Höhe der Investitionen, zu denen der Fortpflanzungsmechanismus Männer und Frauen zwingt. Während der Mann nur eines von vielen Millionen seiner Spermien beisteuern muss, obliegt es der Frau, das Kind auszutragen und zumindest in den ersten Jahren aufzuziehen. Der Mann hat damit im Prinzip die Möglichkeit, eine riesige Zahl von Kindern zu zeugen, die Zahl möglicher Nachkommen für die Frau ist dagegen sehr beschränkt. Aus der Perspektive des egoistischen Gens ergeben sich daraus unterschiedliche Optimalstrategien für das Partnerschaftsverhalten von Mann und Frau.

Zu welchem Verhalten sollten die Gene den Mann via primäre Emotionen drängen, um eine maximale Verbreitung zu erfahren? Die eine Strategie wäre es, alle Energie dahinein zu legen, eine möglichst große Zahl von Frauen mit minimalem Aufwand zu befruchten und sich um Aufzucht und Versorgung der Kinder nicht weiter zu kümmern. Allerdings hätten unter den rauhen Lebensbedingungen unserer Vorfahren die meisten Kinder ohne männlichen Beschützer wohl nicht überleben können. Der Kompromiss lautet: Dauerbindung mit sorgender Vaterschaft aber starker Neigung zu Seitensprüngen. So sollten Männer also einerseits primäre Bindungs- und Fürsorgeimpulse haben, andererseits aber auch einen starken Sexualtrieb, der immer wieder nach neuen Reizen verlangt.

Letzteres wird nach dem 30. Präsidenten der USA als »Coolidge-Effekt« bezeichnet – offenbar ist es nicht erst seit der Clinton-Lewinsky-Affäre üblich, Probleme der menschlichen Sexualität am Beispiel der amerikanischen Präsidenten zu exemplifizieren. Die zugrunde liegende Anekdote möchte ich Ihnen nicht vorenthalten: Präsident Calvin Coolidge und seine Frau besichtigten eine Regierungsfarm, wobei es das Protokoll aus irgendwelchen Gründen wollte, dass beide getrennt durch die Anlagen geführt wurden. Als Mrs. Coolidge die Hühnerställe gezeigt wurden, fragte sie, ob der Hahn mehr als einmal täglich kopuliere. »Dutzende Male« antwortete der Führer.»Sagen Sie dies bitte dem Präsidenten«, bat daraufhin Mrs. Coolidge. Als der Präsident wenig später durch die Hühnerställe ging und er über das Treiben des Hahns aufgeklärt wurde, fragte er: »Jedesmal dieselbe Henne?« »Oh nein, Mr. President, jedes Mal eine andere!« »Sagen Sie dies meiner Frau«, bat der Präsident.

Welches Partnerinnensuchbild (im Sinne eines primären Auslöseschemas) sollten die Gene den Männern dabei mit auf den Weg gegeben haben?

Unterschiedliche genetische Interessen von Mann und Frau

Die Evolutionspsychologie hat Recht – bedarf aber der Ergänzung

Die Frau trägt die Hauptlast bei der Fortpflanzung

Beim Mann: Dauerbindung mit Neigung zu Seitensprüngen

Immer ein sicherer Lacherfolg: die Coolidge-Story

Männer suchen nach Fruchtbarkeitsindikatoren

Nun, es dient natürlich der Genausbreitung, wenn sich Männer von Merkmalen hoher Fruchtbarkeit bei ihren potenziellen Partnerinnen angezogen fühlen. In erster Linie sind das Jugend und Gesundheit, wofür auch die meisten Attribute weiblicher Schönheit als Indikatoren fungieren. So sprechen etwa symmetrische Körper- und Gesichtsformen für eine ungestörte Entwicklung und lange glänzende Haare verweisen auf eine lange Vorperiode von Gesundheit und guter Ernährung. Gleiches gilt für dasjenige weibliche Geschlechtsmerkmal, das von Männern über alle Kulturen hinweg ohne Variation bevorzugt wird: ein bestimmtes Größenverhältnis von Taillen- und Hüftumfang. Man hat herausgefunden, dass diejenige Hormonkonstellation, die diese besonders anziehende »Wespentaille« formt, gleichzeitig zu besonders hoher Fruchtbarkeit führt.

Mamas baby, papas maybe – die Wurzel der Eifersucht

Ein spezielles Problem ist es für den Mann, dass er nicht mit letzter Sicherheit weiß, ob er auch wirklich der Vater jener Kinder ist, die seine Frau zur Welt bringt: »Mamas baby, papas maybe«, wie die Angelsachsen es so schön formulieren. Wenn ein Mann seine Ressourcen in die Aufzucht eines fremden Kindes investierte, wäre das für die Kosten-Nutzen-Bilanz seiner Gene fatal. Der folgerichtig zu erwartende Abwehrmechanismus hiergegen ist die männliche Eifersucht, die sich ganz besonders auf die sexuelle Untreue der Frau richtet. Männliche Eifersucht ist weltweit eines der häufigsten Motive für Männergewalt und Mord. In dieses Bild passt, dass Männer an potenziellen Dauerpartnerinnen wenn nicht Jungfräulichkeit, so doch Zeichen sexueller Zurückhaltung sehr schätzen. Für den Seitensprung übrigens gilt dies gerade nicht: Hier werden eher »flittchenhafte« Züge bei potenziellen Partnerinnen gewünscht, weil das geringe Werbungskosten erwarten lässt. In der Wissenschaft ist in diesem Zusammenhang von der »Madonna-Hure-Dichotomie« die Rede.

Wie stellt sich all dies nun aus der genetischen Perspektive der Frau dar? Aufgrund der hohen Zwangsinvestitionen und der begrenzten Nachkommenzahl ist jedes einzelne Kind für die Frau von enormem genetischen Wert. Entsprechend beobachtet man im Tierreich, dass Muttertiere »wie Löwen« für ihre Jungen kämpfen und auch bei uns Menschen ist die Mutterliebe sprichwörtlich geworden. Die Frau kann ihre Genausbreitung maximieren, indem sie versucht, ihren Nachkommen optimale Überlebens- und Entwicklungsbedingungen zu verschaffen. Dies hat natürlich einen Einfluss auf das Partnerschaftsverhalten, denn Schutz, Hilfe und Ressourcen der Väter und Männer sind hierbei ganz wichtige Faktoren. Welches primäre Partnersuchbild ist vor diesem Hintergrund zu erwarten? In Übereinstimmung mit der Theorie hat sich gezeigt: Frauen wünschen sich von ihrem Partner in erster Linie materielle Absicherung, das heißt möglichst große wirtschaftliche Ressourcen.

Diamants are girls best friends – die Story vom Graurückenwürger

Dieses Motiv ist als Grundlage der weiblichen Partnerwahl im Tierreich weit verbreitet. Aus Gründen der Parität sei auch hier eine Geschichte gestattet: Nehmen wir als Beispiel den Graurückenwürger, einen Vogel, der in den Wüsten Israels lebt. Zu Beginn der Brutperiode legen die Männchen Vorratslager an mit allerlei essbaren oder sonstwie brauchbaren Dingen, etwa Schnecken, Federn oder Stofffetzen, wobei bis zu 120 Positionen zusammen kommen. Nachdem sich die Weibchen einen Überblick verschafft haben, erwählen sie jene Männchen, die die größten Warenlager vorzuweisen haben. Und was glauben Sie, was passiert, wenn man einem glücklichen Reichen Teile seines Trödels fortnimmt und diesen in die leeren Hallen irgendeines armen Schluckers stopft? Prompt und ungeniert folgt das Weibchen dem Lockruf des Goldes und wechselt zu dem neureichen Männchen: »diamants are girls best friends«.

Bei uns Menschen scheint es ähnliche Verhaltensimpulse zu geben. Seit Jahrzehnten unverändert zeigen kulturübergreifende Studien, dass Frauen den ökonomischen Ressourcen ihrer Partner einen deutlich höheren Stellenwert zuweisen als das Männer im umgekehrten Falle tun. Es ist ein starker Hinweis auf angeborene Verhaltensdispositionen, dass dies offenbar unabhängig von den Macht- und Besitzverhältnissen gilt: Frauen mit hohen Gehältern, Hochschulabschluss und angesehenen Berufen bewerten Reichtum bei einem Ehemann noch höher als weniger gut situierte Frauen. Und auch in den wenigen Kulturen, in denen Frauen reicher und mächtiger sind als die Männer – etwa bei den Bakweri in Kamerun – geben die Frauen den wohlhabenden Männern den Vorzug. Im Unterschied dazu schätzen arme Männer Reichtum oder Erwerbskraft bei einer potenziellen Ehefrau nicht höher ein als wohlhabendere Männer.

Frauen ist der Wohlstand des Partners wichtiger als Männern

Weiterhin finden Frauen an potenziellen Partnern attraktiv, was deren Fähigkeit erhöht, auf Ressourcen zuzugreifen und Schutz zu spenden bzw. was all dies für die Zukunft erwarten lässt: hoher sozialer Rang, Intelligenz, Ehrgeiz, Fleiß, aber auch Körpergröße und Körperkraft. Dabei darf der Mann durchaus etwas älter sein: Die weltweit durchschnittliche Altersdifferenz der Paare liegt bei drei Jahren. Ältere Männer sind nicht nur wohlhabender, sie sind auch reifer, emotional stabiler und zuverlässiger als jüngere Männer und dies sind weitere von den Frauen hoch geschätzte Qualitäten. Die äußerliche Attraktivität des Partners wird von Frauen zwar gewünscht, hat aber einen deutlich geringeren Stellenwert als umgekehrt bei den Männern.

Frauen suchen aber auch emotionale Reife und Stabilität

Aus genetischer Perspektive liegt die größte Gefahr für die Frau darin, des Schutzes und der Ressourcen ihres Mannes verlustig zu gehen, was zu Zeiten unserer Vorfahren die Überlebenschancen ihrer Kinder drastisch verringert hätte. Entsprechend haben Frauen einen immerwährenden Bedarf nach Beziehungsbestätigungen: vom verbalen Ich-liebe-Dich über viele Formen des liebevollen Sich-Kümmerns bis zu kleinen (und natürlich auch großen) Geschenken. Auch die weibliche Eifersucht bezieht sich in der Tendenz stärker auf die emotionale als auf die sexuelle Untreue.

Wenn auch in geringerem Maße als Männer, so sind doch auch Frauen für Seitensprünge offen. Anders als bei den eher »allzeit bereiten« Männern wächst die Neigung der Frauen zum Gelegenheitskontakt besonders dann, wenn die Dauerbeziehung in der Krise ist. Offenbar steht hier nicht selten der Impuls im Hintergrund, einen dauerhaften Partnerwechsel zu initiieren.

Bei alledem hat offenbar jedes der Geschlechter ein instinktives Wissen darum, welche Eigenschaften vom anderen Geschlecht geschätzt werden und welche nicht. Man kann nun eine Vielzahl von Verhaltensstrategien beobachten, mit denen versucht wird, die gewünschten Eigenschaften an der eigenen Person zu betonen oder sogar nur vorzutäuschen und gleichzeitig Rivalen diesbezüglich in ein schlechtes Licht zu rücken: plumpe Prahlereien oder subtile Hochstapeleien bei den Männern, umfangreiche Verschönerungsprozeduren bei den Frauen, das Streuen abwertender Gerüchte bezüglich der Konkurrenten und anderes mehr.

Hochstapler und Schaufensterpüppchen

Verliebt, verrückt, verheiratet

Hat man dann einen Partner ins Auge gefasst, kann es passieren, dass die primäre Verliebtheitsreaktion zupackt. Ist dieser Partner adäquat, wie es in den Anzeigenspalten immer so schön heißt – auf Evolutionsdeutsch: hat er auf dem Partnermarkt in etwa den gleichen Marktwert –, kann es sein, dass auch bei ihm der Verliebtheitsantrieb anspringt. Es kommt nun, vermittelt über Hormonausschüttungen im Gehirn, zu Verzerrungen der Wahrnehmung und Verhaltensänderungen, die darauf gerichtet sind, für eine bestimmte Zeitspanne eine ideale Passung vorzugaukeln: Vorzüge des Partners werden überhöht, Schwächen ausgeblendet oder positiv umgedeutet, man schwört, dem Partner bis ans Ende der Zeit all das zu geben, was er begehrt, und verhält sich eine Zeitlang auch wirklich so. In der Regel besteht die Frau auf einer mehr oder weniger langen Phase des Kennenlernens und Prüfens, in der sie sich sexuell zurückhaltend gibt. Sie kann in dieser Zeit Ernsthaftigkeit, Ehrlichkeit und Großzügigkeit des Bewerbers testen, signalisiert einen hohen eigenen Markwert, steigert über die abgeforderten Werbeinvestitionen ihren Wert noch weiter und kommt zugleich verborgenen Wünschen des Mannes entgegen, indem sie Treuefähigkeit signalisiert. Schließlich ereignen sich all die bekannten Dinge, in deren Ergebnis man zusammenlebt, heiratet und Kinder bekommt.

Partnerschaftskonflikte

Mit zunehmender Dauer der Partnerschaft normalisiert sich dann die zerebrale Hormonverteilung, die Wahrnehmung wird realistischer, nichtpartnerbezogene Motivationen treten wieder stärker in den Vordergrund und die Fronten des alten Investitionskonflikts der Geschlechter brechen langsam wieder auf. Bei den Männern wächst die Neigung, ihre Ressourcen in den Dienst noch weiterer Ziele zu stellen, etwa Geld in eine Geliebte zu investieren, was durch den oben geschilderten Coolidge-Effekt befördert wird, dem beruflichen Aufstieg mehr Zeit zu widmen, karriereförderliche Kontakte stärker zu pflegen usw. Die Männer werden nun immer schweigsamer und zurückhaltender in Bezug auf ihre Gefühle und Probleme, was von ihren stärker auf Beziehung und Kommunikation orientierten Frauen immer lautstärker beklagt wird. Im Gegenzug schimpfen die Männer über ihre Frauen, die immer nur reden wollen und sie materiell »an den Bettelstab« bringen. Hinzu kommt, dass ungerechterweise die Entwicklung des primären Wertes auf dem Partnermarkt bei beiden Geschlechtern unterschiedlich verläuft: Während der alternde, aber sozioökonomisch erfolgreiche Mann immer besser in das Suchbild der jüngeren Frauen hineinwächst, fällt die alternde Frau aus dem primären Sucher vieler Männer heraus. Die Beziehung gerät nun ernsthaft in Gefahr, sofern es den Partnern nicht gelingt, diese Konflikte der primär-biologischen Ebene auf höheren Persönlichkeitsebenen auszugleichen und aufzuheben.

Abschließend sei noch einmal betont: Die oben genannten Verhaltensweisen sind nicht im Sinne von Verhaltensautomatismen beim Einzelindividuum zu verstehen.

> ❶ Die hier gemachten Aussagen zum geschlechtsspezifischen Verhalten sind statistischer Natur; sie verweisen lediglich auf graduelle Unterschiede: Männer bzw. Frauen werden sich nur in der Tendenz so verhalten.

Diese Unterschiede werden bewirkt durch Instinktimpulse, die in Form primärer Emotionen als **ein** Faktor in den komplexen Prozess der Verhaltensformung eingehen. Weitere Faktoren sind aus Einsichten erwachsende Willensimpulse und sekundäre Emotionen, die kulturbestimmten sekundären Motivationen entspringen.

Je stärker wir Menschen geistig-kulturell entwickelt und gebildet sind, desto mehr verlieren die hier dargestellten primär-biologischen Unterschiede an relativem Gewicht und desto eher werden Konsens und Harmonie zwischen den Geschlechtern möglich. Ein wichtiges Moment hierbei ist es, die biologischen Realitäten zu kennen und unverkrampft zu akzeptieren.

Der Mensch ist nicht Sklave seiner Instinkte

1.2.5 Synergität, sekundäre Antriebe und sekundäre Emotionen

Synergität und sekundäre Emotionen

Wie besprochen, ermöglichen die primären Antriebe in komplexen menschlichen Verhaltenszusammenhängen lediglich den Aufbau von Fremdzweckmotivationen: Man tut etwas um eines späteren primären Lohns willen. Man arbeitet nur, um Geld zu verdienen, die Arbeit selbst aber macht keine Freude. Glücklicherweise ist das nicht immer so. Es gibt auch Tätigkeiten, die wir um ihrer selbst willen ausführen. Viele Arbeiten, insbesondere kreative Tätigkeiten in Handwerk, Wissenschaft und Kunst, machen aus sich heraus Freude. Sie sind selbstzweckmotiviert: Man würde sie in gewissem Umfang auch dann tun, wenn man keinen äußeren Lohn dafür erhielte.

Selbstzweckmotivationen als Schlüssel zu Erfolg, Glück und Gesundheit

> ❗ Wie bereits erwähnt, ist das Geheimnis dieser intrinsischen Motivationen eine der zentralen Fragen der Psychologie: Hier liegt der Schlüssel zu Erfolg, Glück und Gesundheit. Lassen Sie uns dieser wichtigen Spur nun folgen!

Betrachten Sie einmal ◻ Abb. 1.13 Stellen Sie sich vor, die Teilfiguren lägen frei beweglich vor Ihnen auf dem Tisch. Was würden Sie tun? Wahrscheinlich würden Sie spontan versuchen, passende Teile jeweils zu einem Ganzen zu vereinigen. Zumindest in psychologischen Untersuchungen mit Kindern hat

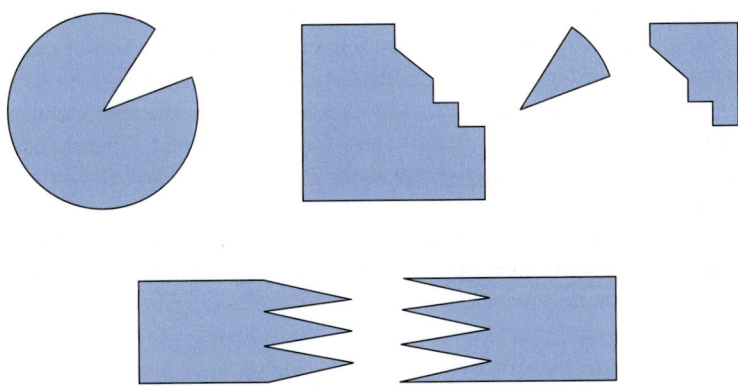

◻ **Abb. 1.13.** Bedürfnis nach guten Passungen und Ganzheit: Kinder legen im Experiment spontan die in der Abbildung gezeigten Teilfiguren so zusammen, dass geschlossene Ganzheiten entstehen. Auch wir Erwachsenen haben positive Stimmigkeitsempfindungen bei guten Passungen, die übergeordnete, ganzheitliche Strukturen aufbauen

Das innere Ohr für gute Passungen

sich regelmäßig ein solches Verhalten gezeigt. Und in dem Moment, in dem sich je zwei Figuren passgenau zu einem Ganzen vereinigen, würden Sie wahrscheinlich ein zumindest schwaches Gefühl der Befriedigung und Stimmigkeit empfinden. Wir haben offenbar ein inneres Ohr für die Güte solcher Passungen: Schlechte Passung macht Unstimmigkeitsempfindungen, gute Passung erzeugt Stimmigkeitsempfindungen. Da wir ganz allgemein nach positiven Gefühlen streben, ergibt sich daraus eine Art Drang, ein Bedürfnis, genaue Passungen herzustellen – Passungen zwischen Teilen, die beim Aufbau eines übergeordneten Ganzen zusammenwirken.

Gute Koordination, musikalische und gedankliche Konsonanz

Dies gilt für alle Formen menschlicher Tätigkeit: Bei Bewegungen müssen viele Muskelfasern, Muskeln, Nerven- und Sinneszellen am Aufbau komplexer ganzheitlicher Bewegungen passgenau zusammenwirken (»gute Koordination«). Je besser dies gelingt, desto mehr Freude macht die Bewegung und desto widerstandsfähiger ist sie gegen Störungen. In der Wahrnehmung z. B. von Musik bauen in einem stufenweisen Prozess Töne Akkorde, Akkorde Melodien und Melodien komplexere Themen auf. Je besser dabei das Zusammenwirken aller Elemente ist, als desto schöner und harmonischer wird die Musik empfunden (und desto länger bleibt sie auch als Ohrwurm im Gedächtnis stabil). Beim Denken ist es nicht anders: Einfache Begriffe bauen komplexere Begriffe und Konzepte auf, diese wieder Theorien usw. Je besser die Passungen aller Elemente, je größer ihre logische Folgerichtigkeit und Stimmigkeit (»kognitive Konsonanz« in der Fachsprache), als desto angenehmer und harmonischer wird das Denken erlebt. Eine Fülle von Hinweisen spricht dafür, dass es tatsächlich einen Zusammenhang zwischen Schönheit und Wahrheit gibt. Diese Stimmigkeits- und Unstimmigkeitsgefühle hatten wir als sekundäre Emotionen bezeichnet. Im Gegensatz zu den primären Emotionen bewerten sie nicht statische Objekt- oder Zustandseigenschaften, sondern Prozesseigenschaften.

Je mehr gute Passungen, desto intensiver das Stimmigkeitsempfinden

Je mehr gute Passungen beim Aufbau einer Tätigkeit zusammenwirken, je komplexer der Tätigkeitsprozess also wird, desto intensiver ist das Stimmigkeitsempfinden. Sehr schön sieht man das z. B. in den Diskotheken: Gut koordinierte Bewegungen an sich machen Freude, deshalb tanzen die Leute. Kommt aber noch passende Musik dazu, ist die Freude noch größer. Wie kann man noch mehr gute Passungen erzeugen, damit der Spaß noch intensiver wird? Zum Beispiel, indem man passende Lichtrhythmen dazutut – und schon wurde die Light-show erfunden.

Synergität = Anzahl und Güte der Passungen

Für diese Güte des Zusammenwirkens hatten wir in ▶ Abschnitt 1.1.1 den Begriff **Synergität** eingeführt; Störungen innerhalb synerger Tätigkeitsprozesse bezeichnen wir als Dyssynergitäten:

> 🛈 **Ein Tätigkeitsprozess ist umso synerger, je größer die Anzahl und die Güte der daran beteiligten Passungen ist. In der Sprache der Synergetik: Je mehr Teilmomente ein Tätigkeitsprozess zu einem Ganzen integriert und je mehr die beteiligten Teilprozesse im Zentrum ihrer Attraktoren ablaufen, desto größer die Synergität. Je größer die Synergität, desto intensiver ist das mit der Tätigkeit verbundene Stimmigkeitsgefühl. Und umgekehrt: Je größer die durch eine Störung destruierte Synergität, desto größer die Dyssynergität und desto intensiver das resultierende Unstimmigkeitsgefühl.**

So wird ein neu entdeckter Rechenfehler in der Steuererklärung einen Physikprofessor sehr viel weniger schmerzen als ein Rechenfehler in einer hochkomplexen und bisher als stimmig erlebten Theorie, an der er jahrelang gearbeitet hat.

Alle Tätigkeitsprozesse, die das System der sekundären Emotionen nicht ansprechen, weil sie zu wenig komplex sind oder weil sie vom Ablauf her zu monoton oder zu »zerrissen« sind, bezeichnen wir als **asynerg**. Ein Beispiel wäre das Addieren von Quittungsbeträgen für die Steuererklärung.

Wenn wir ein Empfinden für die Synergität von Tätigkeitsprozessen haben, muss es im Gehirn auch ein entsprechendes Funktionsmodul dafür geben. Wir wollen dieses innere Ohr für Prozessharmonien als **Synergieohr** bezeichnen. ◘ Abbildung 1.14 fasst das Besprochene noch einmal zusammen.

Dieses Synergieohr ist die Grundlage für die folgenden wichtigen Phänomene unseres psychischen Erlebens: die Entstehung von Selbstzweckmotivationen in Verbindung mit sekundären Antrieben, unser Schönheitsempfinden und die Entstehung von Musik und Kunst sowie intuitive Empfindungen, die komplexe Denk- und Entscheidungsprozesse in die richtige Richtung lenken.

Im Sinne der Evolutionpsychologie wäre die Frage interessant, wo der evolutive Ursprung dieses Synergieohrs liegt. Mit größter Wahrscheinlichkeit ist es im Zusammenhang mit dem **willkürmotorischen Lernen** entstanden. Bei unseren weit entfernten Vorfahren, die in gleichförmigen Lebensräumen

Sekundäre Emotionen bewerten die Synergität von Tätigkeitsprozessen

Das Synergieohr

Selbstzweckmotivationen, Schönheitsempfinden und Intuition

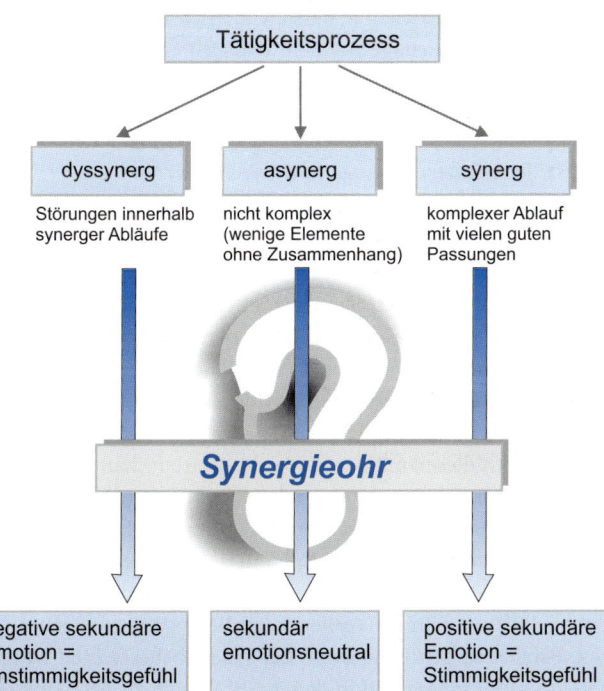

◘ **Abb. 1.14.** Synergitätsbewertung und sekundäre Emotionen: Das Synergieohr bewertet Prozesse der inneren und äußeren Tätigkeit auf ihre Synergität und erzeugt sekundäre Emotionen in Form von Stimmigkeits- und Unstimmigkeitsempfindungen

wie dem Meer oder der Steppe lebten, konnten die Muster der Fortbewegung über angeborene Attraktoren weitervererbt werden. Auf dem Weg hin zum Affen, der sich greifhandkletternd durch die Baumkronen schwingt, mussten diese Erbkoordinationen immer weitergehend aufgebrochen werden zugunsten einer freien Verfügbarkeit und flexiblen Kombinierbarkeit durch die Instanzen einer Willkürmotorik. Da nicht mehr angeboren, müssen die Attraktoren für schnelle und komplexe Bewegungen nun freilich durch Lernen und Übung erworben werden. Deshalb vollführen viele höhere Tiere in ihrer Jugendphase eine Fülle nimmermüder Bewegungsspiele. Hierfür aber war der Einbau eines inneren Antreibers und Lehrmeisters nötig, der mit Funktionslust zum Spiel animiert und gekonnte Bewegungen belohnt. Eine solche Instanz wurde zuerst von Konrad Lorenz postuliert und als »perfection reinforcing mechanism« bezeichnet. Hieraus hat sich unser Synergieohr entwickelt, das nun nicht nur motorische Prozesse auf Synergität bewertet, sondern auch Tätigkeitsprozesse in Wahrnehmung und Denken.

Die motorische Funktionslust als evolutionärer Ursprung der mentalen Funktionslust

Wir sind also sensibel für Musik- und Gedankenmelodien, weil wir sensibel sind für Bewegungsharmonien. Und wir mussten sensibel werden für Bewegungsharmonien, weil man sich auf harmonische Weise effizienter fortbewegen kann als auf dysharmonische.

Diese Zusammenhänge hat wohl schon Konrad Lorenz geahnt, denn er beschließt sein 1978 erschienenes Buches »Vergleichende Verhaltensforschung« mit folgenden Worten: »Man könnte sich vorstellen, dass die Funktionslust, von ihrer teleonomen (d. h. zweckbezogenen) Leistung befreit, als selbstständiger Faktor in das große Spiel eintritt, in dem nichts festliegt außer den Spielregeln. Es wäre denkbar, dass die menschliche Kunst ihre Fähigkeit zum Erschaffen von Niedagewesenem dadurch erlangt hat, dass sich ihr stärkster Antrieb, die Funktionslust, aus den Banden ihrer teleonomen Bestimmtheit befreit hat.«

Sekundäre Antriebe

Aus dem Prinzip der Synergitätsbewertung durch das Synergieohr erwächst nun ein Drang, gut gekonnte Tätigkeitsabläufe noch besser einzuüben und v. a., die Gesamtkomplexität des Tätigkeitsprozesses durch Integration neuer Tätigkeitsinhalte zu steigern. Dies beginnt bei dem Jongleur, der immer mehr Bälle in sein Spiel nimmt, und reicht bis zu dem Wissenschaftler, der versucht, unter einem bestimmten theoretischen Prinzip immer neue Bereiche der Wirklichkeit zu subsumieren (bis hin zur sprichwörtlichen Weltformel).

Natürlich muss diesen mit zunehmender Meisterschaft beherrschten Tätigkeiten und ihren sich ausweitenden hochgeordneten Inhalten eine materielle Basis im Gedächnis entsprechen. In ▶ Abschnitt 1.1.2 hatten wir gesehen, dass beim Lernen neue Attraktoren in die Speicherstrukturen des Gehirns eingeformt werden. Diese vermögen das entsprechende Verhalten jeweils hochflexibel und an die vorliegenden Bedingungen angepasst neu zu erzeugen. Parallel zu dem Wachstum der synerg beherrschten Tätigkeitsinhalte verläuft nun die Integration dieser Attraktoren zu Attraktorsystemen, die sich immer komplexer hierarchisch verschachteln. So bilden sich in den mehr oder weniger locker geordneten Gedächtnisbereichen des *Selbst* Inseln hoher und höchster Ordnung heraus, die immer weiter wachsen.

Hat eine solche Ordnungsinsel im *Selbst* eine bestimmte Schwellengröße überschritten, kann aus ihr ein eigenständig wahrnehmbares Bedürfnis entstehen, die in ihr gespeicherte Tätigkeit auszuüben und zu vervollkommnen (d. h. ihre Synergität zu steigern). Man möchte die damit verbundenen intensiven Stimmigkeitsgefühle wieder erleben und nach Möglichkeit noch steigern. Wir sprechen dann von der Entstehung eines **sekundären Antriebs.**

> ❗ Als sekundäre Antriebe bezeichnen wir jene Gedächtnisbereiche, in denen die Erzeugungsbedingungen für hochsynerge Tätigkeiten in Form von Attraktorsystemen gespeichert sind.

Lassen Sie uns sekundäre Antriebe durch einen Notenschlüssel symbolisieren, der zeigt: Hier wurde durch eine hochgradig eingeübte Tätigkeit eine bestimmte harmonische Ordnung geschaffen (vgl. ◘ Abb. 1.15).

Die Ein- und Ausgangsgrößen sind im Prinzip dieselben wie bei den primären Antrieben (vgl. ◘ Abb. 1.12). Alle Wahrnehmungen, Gedanken oder erinnerten Vorstellungen, die mit der harmonischen Tätigkeit zusammenhängen, können als **Auslöser** des Antriebs fungieren. Es resultieren **Körperreaktionen**, auf die wir hier nicht eingehen wollen, **sekundäre Emotionen** (Stimmigkeits- oder Unstimmigkeitsgefühle) und ein **Verhalten**, das auf das Ausüben der Tätigkeit drängt und ihre Synergität zu steigern sucht. Ein meisterlicher Hobbypianist z. B. könnte durch den Anblick eines Klaviers oder eines Bildes seines Lieblingskomponisten Lust auf das Klavierspiel bekommen. Es entstehen vorwegnehmende positive Emotionen, die sich noch verstärken, wenn er dann wirklich am Klavier sitzt und spielt. Das Tun zielt zum einen darauf, das Spiel weiter zu perfektionieren, zum anderen, die Tätigkeit auszuweiten und z. B. weitere, noch anspruchsvollere Stücke des Lieblingskomponisten spielen zu lernen.

Sekundäre Antriebe = Gedächtnisbereiche, die hochsynerge Tätigkeiten speichern

Aufbau und Funktion eines sekundären Antriebs

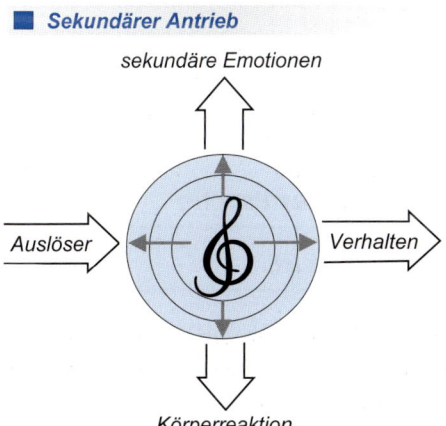

◘ **Abb. 1.15.** Symbolisierung eines sekundären Antriebs: Aus sekundären Antrieben erwächst das Bedürfnis, bestimmte meisterlich eingeübte Tätigkeiten immer wieder ausüben und erweitern zu wollen. Sie bilden sich im Prozess des Lernens; ihre materielle Grundlage sind jene Gedächtnisbezirke im *Selbst*, in denen diese besonders synergen Tätigkeitsinhalte gespeichert sind. Alles, was mit der gekonnten Tätigkeit zusammenhängt, kann den Antrieb auslösen. Neben dem entsprechenden Verhalten entstehen sekundäre Emotionen (Stimmigkeits- bzw. Unstimmigkeitsgefühle) und körperliche Reaktionen

Sekundäre Antriebe erzeugen Wachstumsbedürfnisse

Wir haben es hier wieder mit einem der besprochenen selbstverstärkenden Prozesse zu tun. Je höher die Synergität einer Tätigkeit ist, desto stärker der Antrieb, die Synergität weiter zu steigern. Sekundäre Bedürfnisse sind deshalb **Wachstumsbedürfnisse**, symbolisiert durch die nach außen weisenden Pfeile in ◘ Abb. 1.15.

Alle hinreichend komplexen und entwicklungsfähigen Tätigkeitsinhalte können in sekundäre Antriebe umgewandelt werden: Sport, Tanz, Handwerk und Technik, Künste in jeder Form, anspruchsvolle Hobbys wie Schachspiel oder Modellbau, die Wissenschaften aller Art, gleich ob professionell oder laienmäßig betrieben, und schließlich anspruchsvollere berufliche Tätigkeiten jeder Couleur, in die vorgenannte Inhalte in unterschiedlichem Mischverhältnis eingehen.

Das Synergieohr als Brücke zwischen Natur und Kultur

Dies ist der Prozess der persönlichen Aneignung des Wissens- und Erfahrungsschatzes, den die Menschheit im Laufe ihrer Kulturentwicklung angesammelt hat. Das Synergieohr bildet die motivationale Brücke zwischen Natur und Kultur. Es ist aus biologischen Anpassungszwängen heraus in der Naturgeschichte entstanden. Aber seine Bewertungsfunktion bezieht sich auf ganz grundlegende inhaltsneutrale Prozesseigenschaften (die Synergität), so dass sich ihnen später auch kulturell gewordene Inhalte aufmodulieren können. Nur so wird verständlich, wieso ein menschliches Gehirn mit selbstzweckhafter Besessenheit Mathematik betreiben kann, obwohl es zur Zeit seiner Entstehung die Mathematik noch gar nicht gab. Während man die primären Antriebe als die Überlebensmaschinen der Gene bezeichnet hat, können wir in den sekundären Antrieben die Überlebensmaschinen der Meme sehen, der Vererbungseinheiten der kulturellen Evolution.

Aber hier berühren wir schon Fragen eher grundlagentheoretischer Art, die Sie bei Interesse in der weiterführenden Literatur erörtert finden.

Sekundäre Antriebe als Speicher von Freude und Kompetenz sind unbegrenzt entwickelbar

🛈 Im Gegensatz zu den primären Antrieben sind sekundäre Antriebe in Zahl und Umfang individuell in sehr weiten Grenzen entwickelbar. Sie bilden eine geeignete motivationale Basis für ein sinnerfülltes, gelingendes Leben: Zum einen sind sie Quelle unserer »höheren« Freuden und Genüsse, zum anderen Speicher unserer komplexeren Fähigkeiten und Kompetenzen.

1.3   Der Bauplan der Psyche

1.3.1 Der Aufbau des *Ich*

Das Vernunftauge kontrolliert lokale Passungen

Es ist nun an der Zeit, die besprochenen Module zusammenzufügen, um eine ganzheitlichere Vorstellung vom Psychischen zu gewinnen (vgl. ◘ Abb. 1.16). Beginnen wir beim *Ich*. Das *Ich* setzt sich aus drei »Organen« zusammen. Das erste wollen wir als **Vernunftauge** bezeichnen und durch ein Auge symbolisieren. Zum einen wird dadurch deutlich, dass hier die reflektierende Vernunft und das »Licht des Bewusstseins« ihren Sitz haben. Zum anderen werden wir daran erinnert, dass, wie besprochen, dieser Lichtkegel durch ein ziemlich schmales Bewusstseinsfenster fällt: So, wie wir uns nur ganz weniger Dinge gleichzeitig bewusst sein können, vermag auch das Auge zu einem bestimmten Zeitpunkt immer nur auf einige wenige Gegenstände scharf zu

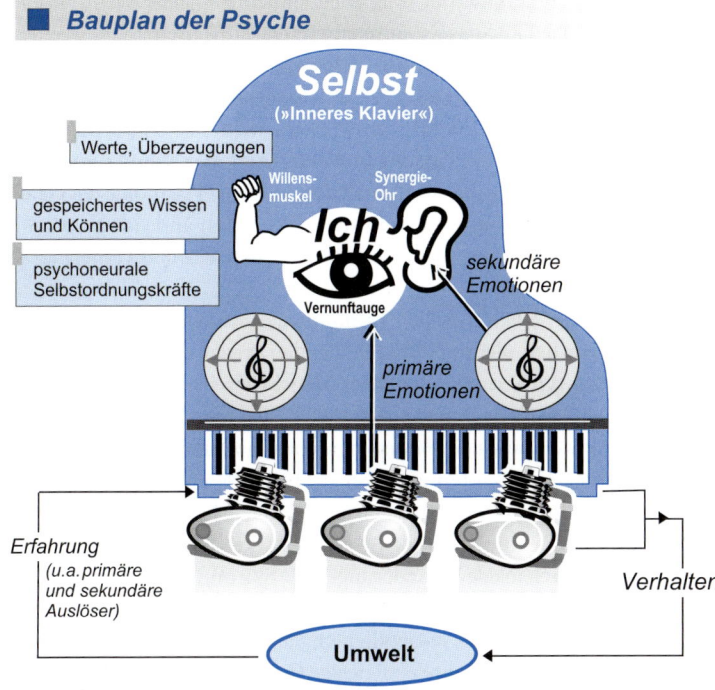

Bauplan der Psyche

Selbst
(»Inneres Klavier«)

Werte, Überzeugungen

gespeichertes Wissen
und Können

psychoneurale
Selbstordnungskräfte

Willens-
muskel

Synergie-
Ohr

Ich

sekundäre
Emotionen

Vernunftauge

primäre
Emotionen

Erfahrung
(u. a. primäre
und sekundäre
Auslöser)

Verhalten

Umwelt

◧ **Abb. 1.16.** Der Bauplan der Psyche: Das *Ich* besteht aus dem Vernunftauge, dem Synergieohr und dem Arm des Willens. Das *Selbst* wird gebildet vom primären System (die primären Antriebe und alle damit zusammenhängenden primär-biologischen Hirnfunktionen) und dem sekundären System (die höheren Hirnfunktionen, das Gedächtnis und die darin gespeicherten kulturellen Inhalte samt der sekundären Antriebe). Während das *Ich* der Sitz des auf Bewertung und Veränderung zielenden Bewusstseins ist, beherbergt das *Selbst* u. a. die unbewussten psychoneuralen Selbstordnungskräfte des Gehirns. In die bewussten Verhaltensentscheidungen gehen drei wesentliche Größen ein: Vernunftkriterien, primäre Emotionen und sekundäre Emotionen. Hinsichtlich der dabei gemachten Erfahrungen spricht das primäre System v. a. auf angeborene Auslöser an, während für das sekundäre System gelernte Auslöser sekundärer Antriebe sowie die Synergität der ablaufenden Tätigkeitsprozesse (Anzahl und Güte der Passungen) entscheidend sind. Der Grad an harmonischer Passung aller Elemente des *Selbst* lässt sich durchaus mit der Gestimmtheit eines Klaviers vergleichen – deshalb die Metapher vom »inneren Klavier«

fokussieren. Aufgabe des Vernunftauges ist deshalb die Herstellung und Kontrolle **lokaler Passungen**: Habe ich die Finger auf den richtigen Tasten? Ist meine Fußstellung richtig? Stimmt diese Zahlenangabe? Ist hier ein logischer Widerspruch? Insbesondere das Vernunft-Auge bewirkt das, was wir hochgradige *Ich*haftigkeit des Bewusstseins genannt hatten: Es fokussiert das Bewusstsein und ist oft selbstbezüglich mit einer punktuellen Kontrolle, Bewertung und Steuerung des eigenen Verhaltens beschäftigt.

Das zweite »Organ« des *Ich* ist das bereits besprochene **Synergieohr**. Es empfängt die aus dem *Selbst* kommenden Stimmigkeits- oder Unstimmigkeitsgefühle. Im Gegensatz zum Auge wird das Gehör aber nicht lokal fokussiert: Wir können den gesamten Raum um uns herum akustisch kontrollieren. In ähnlicher Weise deckt das Synergieohr immer große Teile des *Selbst* ab. Es bewertet alle zum jeweiligen Zeitpunkt aktiven Bereiche des *Selbst*

Das Synergieohr erfasst die Harmonie des Ganzen

hinsichtlich der Synergität der dort ablaufenden Prozesse. Wenn all diese Prozesse eine hohe Güte des Zusammenwirkens aufweisen, sagt es dem *Ich*: Es ist alles in Ordnung, du kannst dich entspannt dem Harmonieerleben hingeben. Gibt es Störungen oder ist das Zusammenwirken allgemein nicht ausreichend, sagt es dem *Ich*: Da stimmt etwas nicht, bitte suche die Störungen und stelle die lokalen Passungen wieder her! Wir können sagen, das Synergieohr hat die Aufgabe, die **globale Passung**, die Harmonie des Ganzen zu überwachen. Wenn Sie das Vernunftauge schließen und sich ganz auf Ihr Synergieohr konzentrieren, weitet sich Ihr Bewusstsein und verliert an *Ich*-haftigkeit.

Komplexe Tätigkeiten können nur durch Zusammenarbeit von Vernunftauge und Synergieohr gelingen

Die Zusammenarbeit zwischen Vernunftauge und Synergieohr ist notwendig, weil die Ganzheit aller im *Selbst* ablaufenden Prozesse so umfangreich und komplex ist, dass das Vernunftauge allein sie nicht in seinem engen Blick behalten könnte. Denken Sie nochmals an Ihre letzte Skiabfahrt. Solange alles perfekt läuft, geben Sie sich ganz dem Bewegungsgenuss hin, und Ihr *Ich* löst sich fast auf im Harmonieerleben. Kommt es aber zu Dysharmonien, fokussiert sich das *Ich* wieder und fragt: Muss ich stärker in die Knie gehen? Sollte ich die Skier mehr zusammen nehmen oder den Bergski stärker belasten? Sie versuchen dann bewusst, durch lokale Veränderungen die Störung zu beseitigen.

Nicht weniger wichtig ist dieses Zusammenwirken für komplexe Denkprozesse. Ein Bild mag dies verdeutlichen: Stellen Sie sich vor, unser *Ich* sei ein Handwerker, der über Jahre eine riesige Gerüstkonstruktion aus metallenen Gedankenstreben zusammenschraubt. Zur Prüfung, ob das Ganze eine gute Konstruktion ist und ob auch wirklich alle Schraubverbindungen fest sind, hat er zwei Möglichkeiten: Er könnte alle Schraubverbindungen einzeln mit Augen und Händen durchprüfen. Freilich wäre das ein immenser Aufwand, es würde viel zu lange dauern und gäbe keinen Aufschluss über die Tragfähigkeit der Gesamtkonstruktion. Deshalb ersinnt er ein zweites, ergänzendes Verfahren. Er schlägt mit einem Hammer gegen die Konstruktion, so dass große Teile davon zu schwingen beginnen. Dann hält er sein Ohr an die Stangen. Allmählich lernt er, die dabei entstehenden mehr oder weniger reinen Töne als Antworten auf seine ganzheitsbezogenen Fragen zu interpretieren. So kann er nun immer recht schnell prüfen, wie gut das Ganze in Schuss ist und ob die neu eingebauten Streben die Integration der Gesamtkonstruktion fördern oder nicht. In ▶ Abschnitt 1.3.4 werden wir diese wichtige Kooperation zwischen Vernunftauge und Synergieohr stärker im Detail betrachten. Hier sollte v. a. deutlich werden, in welchem Sinne die metaphorische Bezugnahme auf Auge und Ohr zu verstehen ist.

Der Willensmuskel

Schließlich könnten wir als drittes und letztes Organ des *Ich* den »**Arm des Willens**« definieren. Sein mehr oder weniger starker »Willensmuskel« ermöglicht es uns, gemäß bewusstem Vorsatz Dinge zu bewegen – entweder mentale Strukturen im inneren Handeln oder materielle Dinge im äußeren Verhalten.

1.3.2 **Der Aufbau des *Selbst***

Das primäre System: die primären Antriebe

Lassen Sie uns nun den Aufbau des *Selbst* noch einmal präzisieren. Im Bereich von Gehirn und Psyche besteht es aus zwei wichtigen Teilsystemen: Ganz zuunterst haben wir das System der primären Antriebe. Treten bestimmte

Auslösesituationen ein, werden die Antriebe aktiviert und erzeugen primäre Emotionen, die dazugehörigen Körperreaktionen und entsprechende primäre Verhaltenstendenzen.

Über diesem weitgehend angeborenen **primären System** erhebt sich nun der zweite Teil des *Selbst*, das **sekundäre System**. Wie besprochen, ist das *Selbst* der Sitz von psychoneuralen Selbstordnungskräften. Es entstehen hier neuartige Verhaltensstrukturen. Das *Ich* kann passende Strukturen auswählen, durch gezieltes Üben verstärken und ihre Attraktoren dem *Selbst* einprägen, unpassende Strukturen aber abschwächen und löschen. Das *Selbst* ist also kreativ und lernfähig, es besitzt ein Gedächtnis.

In den sich hier einformenden Attraktorsystemen sind die Erzeugungsbedingungen aller im Laufe unseres Lebens erworbenen biographischen und theoretischen Wissensbausteine und praktischen Fertigkeiten gespeichert. Meisterlich eingeübtes Verhalten kann hier mit explosionsartiger Geschwindigkeit starten und fast ohne eine *Ich*-Beteiligung abschnurren. Unter ähnlichen Außenbedingungen werden sich diese selbstorganisierten Verhaltensmuster ähneln. Ändert sich aber der Kontext, ist Ihr *Selbst* fähig, spontan neue Verhaltensstrukturen zu kreieren. Schon fünfmal haben Sie den Vortrag nun gehalten und immer wieder ungefähr das Gleiche gesagt. Beim sechsten Mal aber bringt Sie ein penetranter Nachfrager immer wieder auf ein anderes Gleis und Ihr *Selbst* erzeugt auf einmal in Teilen einen anderen Vortrag. Erst im Nachhinein haben Sie die Zeit, mit Ihrem *Ich* Punkt für Punkt nachzuprüfen, was Sie da eigentlich gesagt haben: Vieles wird Ihnen gefallen, vielleicht ist sogar eine geniale neue Idee dabei, manches werden Sie verwerfen. Zumeist tragen jene Bereiche, in denen komplexes, meisterlich beherrschtes Verhalten gespeichert ist, den Charakter sekundärer Antriebe.

Nicht alles, was wir uns an Wissen aneignen, steht direkt mit äußeren Tätigkeiten im Zusammenhang. Wir nehmen auch Dinge auf wie Werte, Normen oder weltanschaulich-philosophische Konzepte: Man soll Menschen helfen, die in Not sind. Du bist als Mensch nur dann etwas wert und wirst geliebt, wenn du immer und überall eine perfekte hohe Leistung bringst. Der Mensch ist von Natur aus schlecht, alles Positive muss man ihm mit Zwang abringen und unter ständiger Kontrolle halten etc.

Oder aber wir erzeugen derartige Wertesysteme selbstständig durch begrifflich-abstrahierende Verarbeitung unseres konkreteren Wissensbesitzes und unserer Erfahrungen. Überhaupt sind die meisten von uns ja in einem permanenten inneren Dialog mit sich selbst. Was geschieht hier? Warum tun wir das? Im Grunde versuchen wir dabei, unsere innere Harmonie und Kohärenz so weit wie möglich zu steigern, wir versuchen, die Gesamtsynergität unserer geistigen Strukturen zu verbessern. Wir trachten, innere Widersprüche auszuräumen, unsere Anschauungen und Werte zu begründen und besser abzustützen, unser Verhalten noch besser zu rechtfertigen, und all das läuft letztlich darauf hinaus, Zahl und Güte der inneren Passungen zu erhöhen.

Wie ◻ Abb. 1.16 deutlich zu machen versucht, können wir unser *Selbst* in mancher Hinsicht mit einem Klavier vergleichen. Anstelle von Wissensbausteinen stellen wir uns nun Klaviersaiten vor, deren gute Passung darin besteht, harmonisch aufeinander abgestimmt zu sein. Unser *Selbst* (genauer gesagt: das sekundäre System) wäre dann so etwas wie ein **inneres Klavier** mit

Das sekundäre System: Selbstorganisationspotenzial und sekundäre Antriebe

Die Verinnerlichung von kulturellen Werten

Das *Ich* als innerer Klavierstimmer

Abermillionen von Saiten. Und unser *Ich* könnten wir als eine Art inneren Klavierstimmer betrachten, der nacheinander einzelne Saiten anschlägt, mit dem Synergieohr nach dem harmonischen Klang des Ganzen spürt und dann mit dem Vernunftauge die Saiten besser justiert. In dieser Sicht wären unsere Selbstgespräche so etwas wie ein Probeklimpern unseres inneren Klavierstimmers.

Ziel dieser permanenten Selbstabstimmung ist es zum einen – ja, formulieren wir es ruhig so, die Stimmung zu verbessern. Tatsächlich passt der Begriff »Stimmung« sehr gut zu unserer Klavieranalogie: Je nach Ihrer konkreten Lebenssituation sind unterschiedliche Bereiche Ihres *Selbst* aktiv. Sind überwiegend synerge Bereiche aktiv, sind Sie guter Stimmung, sind dyssynerge Bereiche aktiv, haben Sie schlechte Stimmung. Normalerweise versuchen wir im Selbstgespräch, diese Dyssynergitäten zu vermindern, was unsere Stimmung hebt.

Der Kernantrieb als Kraftwerk der Persönlichkeit

Auf lange Sicht resultiert daraus zum anderen eine Stärkung der Persönlichkeit. Werte, Lebensmaximen, philosophische oder religiöse Anschauungen – all dies wird immer differenzierter und synerger verwoben in die anwachsende Basis des sonstigen Wissens und der sonstigen Erfahrungen. Dadurch werden diese Werte mit sekundärer emotionaler Energie aufgeladen: Handeln wir ihnen entsprechend, fühlen wir uns stimmig und wohl; handeln wir ihnen zuwider, empfinden wir die Unstimmigkeitsgefühle des **schlechten Gewissens**. Werte und Lebensmaximen werden also verinnerlicht, sie werden zu Überzeugungen, die zu Taten treiben. Je stärker Werte und Lebensmaximen verinnerlicht und zu einem stimmigen Gesamtsystem integriert sind, desto überzeugender können wir auch für sie eintreten, desto mehr wachsen Ausstrahlung und Charisma unserer Persönlichkeit. Wenn Werte und Lebensmaximen tief verinnerlicht sind, wenn also die entsprechenden Speicherstrukturen des *Selbst* eine hohe Synergität aufweisen, kann man natürlich auch hier von einem sekundären Antrieb sprechen, von einer Art **Kernantrieb**, der das Kraftwerk der Persönlichkeit bildet.

Warum psychische Veränderung oft so langwierig ist

Unsere Klaviermetapher macht auch noch einmal deutlich, warum durchgreifende psychische Veränderung ein Prozess ist, der Zeit, Geduld und Selbstdisziplin braucht. Grundsätzliche Einsichten in die Notwendigkeit von Verhaltensänderungen sind schnell gewonnen: das Rauchen aufgeben, regelmäßig Sport treiben, sich bei Kritik nicht mehr so verletzt fühlen, Unterstellte mit mehr Respekt und Freundlichkeit behandeln etc. Aber eine solche Einzeleinsicht entspricht eben dem Neustimmen lediglich einer Einzelsaite im inneren Klavier, sein Grundton bleibt davon unberührt. Um Motivationskräfte für eine Verhaltensänderung zu erzeugen oder auf Reize spontan mit anderen Gefühlstönen zu reagieren, bedarf es einer grundlegenden Umstimmung des inneren Klaviers unter Einschluss vielleicht Tausender von Saiten. Hierzu muss der innere Klavierstimmer zumindest über Monate, wenn nicht über einige Jahre gezielt und kontinuierlich tätig werden. Dies kann mit vielem verbunden sein: Achtsamkeit gegenüber eingeschliffenen Denkgewohnheiten und Veränderung bestimmter Denkmuster; wiederholtes gründliches Nachdenken über bestimmte Themen; eine andere »geistige Ernährung«(d. h. einer Änderung der Lesegewohnheiten und Lesethemen); Meditationen sowie Verhaltensänderungen im Alltag in kleinen realistischen Schritten.

1.3.3   Drei Seelen wohnen, ach, in unserer Brust: die sekundäre Aufhebung

Was läuft nun in unserer Psyche ab, wenn wir mit einer bestimmten Umweltgegebenheit konfrontiert werden oder Gedanken und Vorstellungen aus dem Unbewussten aufsteigen? Prinzipiell ist eine Reaktion auf drei Ebenen möglich:

1. Es können **primäre Antriebe** ausgelöst werden, was durch die entsprechenden primären Emotionen spürbar wird. Vom Grundtenor her werden auf diese Weise die Erfahrungen der Art während der Stammesgeschichte (Phylogenese) in die Verhaltensentscheidung eingebracht. In unseren heutigen Lebenszusammenhängen erfahren wir dies oft durch das Drängen unseres»inneren Schweinehundes«.

    Primäre Emotionen als Stimme der Stammesgeschichte

2. Es können **sekundäre Antriebe** ausgelöst werden, die entsprechende sekundäre Emotionen aufklingen lassen. Dies bringt dem Synergieohr die verdichteten Erfahrungen der Individualgeschichte (Ontogenese) zu Gehör. Die Stimme des Gewissens wäre ein häufiges und typisches Beispiel hierfür.

    Sekundäre Emotionen als Stimme der Individualgeschichte

3. Schließlich deutet das Vernunftauge die **»Zeichen der Vernunft«** bezüglich der konkret gegebenen Handlungssituation im Hier und Jetzt (Aktualgenese) und erzeugt mehr oder weniger starke Willensimpulse.

    Die Vernunft und die Forderungen des Hier und Jetzt

Die Kräfte dieser drei Ebenen können unterschiedlich stark sein und in unterschiedliche Richtungen weisen. Aus dem dabei entstehenden Kräfteparallelogramm ergibt sich letztlich die Handlungsrichtung als Kompromiss.

Ein Beispiel. Aus der Biographie des jungen Charles Darwin wird die folgende Geschichte berichtet: Schon sehr früh war bei Darwin das Interesse für die Natur und die Biologie erwacht. Er legte eine umfangreiche Insektensammlung an und versuchte, sie nach einem sinnvollen System zu ordnen. Bei einem Streifzug durch den Wald entdeckte er eines Tages unter der Borke eines Baumes drei große dicke Käfer, die ihm in seiner Sammlung noch fehlten. Leider musste er feststellen, dass seine beiden Hosentaschen Löcher hatten. Wie konnte er seine drei Käfer in dieser Situation einigermaßen wohlbehalten nach Hause bringen? Nun, zwei nahm er in die Hände und den dritten steckte er sich in den Mund.

Charles Darwin und die fetten Käfer

Natürlich wissen wir nicht genau, was sich in der Psyche von Charles Darwin damals abgespielt hat. Aber wie sähe vor dem Hintergrund des Erarbeiteten ein optimales Entscheidungsprozedere aus? Zuerst mag auf der Vernunftebene die Idee entstanden sein, dass das Problem nur in der beschriebenen Weise unter Zuhilfenahme des Mundes gelöst werden kann. Dann mag der primäre Ekelantrieb angesprungen sein, um eine gegenläufige Verhaltenstendenz zu erzeugen. Vielleicht ist auf der primären Ebene auch noch der Rangantrieb gestartet und hätte vorweggenommenen Stolz spürbar gemacht. Die komplettierte Sammlung würde Darwin bei seinen Freunden erheblichen Prestigegewinn einbringen – ein klares Pro also für das avisierte Verhalten. Ein ebenso klares Pro kommt von der sekundären Ebene. Der schon sehr komplexe sekundäre Antrieb, der seine Leidenschaft für die Biologie und das Insektensammeln umfasst, erzeugt einen überstarken Drang, die Studienobjekte unversehrt heimzubringen.

Nehmen wir einmal an, Darwin wäre ein geschulter Psychosynergetiker. In diesem Fall würde der ideale Umgang mit diesem inneren Konflikt so aussehen: Aufgrund seiner hohen Selbstmanagementkompetenz, die ein vertieftes Wissen über die eigene Psyche umfasst, kann Darwin mit seinem Vernunftauge diese inneren Regungen erkennen, verstehen und richtig bewerten. Er weiß, Ekel ist in der Stammesgeschichte entstanden, um uns vor giftigem und infektiösem Material zu schützen. Da viele Insekten über Giftwaffen verfügen, wurden die Insekten mit in die angeborenen Auslöser für Ekel einbezogen. Darwin weiß, dass diese primitiven angeborenen Erkenntnismechanismen nur sehr unscharf arbeiten und oft überverallgemeinern. Auf der höheren sekundären Ebene seines biologischen Fachwissens ist ihm klar, dass die speziellen Käfer, die er gefangen hat, ungiftig sind. In der gegebenen konkreten Situation wäre es also vernünftig und gut, den Ekel sekundär aufzuheben, ihn von der höheren Ebene aus abzumildern, positiv zu überstimmen, unwirksam zu machen. Hierzu kann die maximale Aktivierung seines sekundären Biologieantriebs beitragen: Darwin malt sich aus, welchen Stellenwert die Käfer in seiner Sammlung haben würden. Das ganze sehr komplexe und harmonische Gedankensystem beginnt daraufhin innerlich zu schwingen und erzeugt vorwegnehmende positive sekundäre Gefühle. Auch der Rangantrieb kann helfen. Stolz ist ein sehr zweischneidiges primäres Gefühl. In vielen Verhaltenszusammenhängen ist es hinderlich oder sogar für den Betreffenden und die Gemeinschaft schädlich. In der konkreten Situation aber zieht der vorweggenommene Stolz in die richtige Richtung und darf bewusst aktiviert und eingespannt werden (wenn die Freunde dann später zu Besuch sind, muss man ihn freilich wieder bewusst durch Gegengedanken abmildern). Schließlich sucht Darwin noch in seinem inneren Werkzeugkasten nach einer speziellen Anti-Ekel-Gedankenfigur, und wird fündig: Er macht sich klar, dass die Käfer auch nur aus Eiweißen, Fetten und Kohlenhydraten aufgebaut sind, also aus genau denselben Substanzen, aus denen sowohl er selbst als auch die Nahrungsmittel bestehen, die er täglich zu sich nimmt. Sie sind lediglich zu anderen Formen zusammengesetzt, was nichts an ihrer Harmlosigkeit ändert. Er versucht also nicht Insekten zu sehen, sondern Ansammlungen harmloser Eiweißmoleküle. Diese Deutung wird von gut verinnerlichtem und komplexem Wissen getragen und ist entsprechend sekundär emotional wirksam. Der Ekel verschwindet fast vollständig und es bedarf schließlich nur noch eines kurzen Willensimpulses der Selbstüberwindung, um das beschriebene Verhalten auszuführen.

Als geübter Psychosynergetiker muss Darwin all dies natürlich nicht mehr so explizit durchexerzieren, wie wir es hier aus pädagogischen Gründen getan haben – all dies vollzieht sich sehr schnell in einem geschmeidigen Tanz innerer Haltungen, der nicht mehr vollständig bewusst ablaufen muss, um die gewünschten emotionalen Effekte zu erzielen.

Die sekundäre Aufhebung

Unser Beispiel macht deutlich, was wir unter sekundärer Aufhebung verstehen, in Anlehnung an das Konzept der »**dialektischen Aufhebung**« nach Hegel. Vereinfacht gesagt: Ein Sachverhalt wird auf einer höheren Entwicklungsstufe dialektisch aufgehoben, indem seine brauchbaren Seiten bewahrt und integriert, seine unbrauchbaren Seiten aber negiert werden. Im engeren Sinne meint das Konzept der sekundären Aufhebung die Aufhebung des primären Systems im sekundären System. Hierzu sollten wir unsere angeborene

Natur möglichst gut kennen (also: weiterführende Literatur über Evolutions-psychologie lesen!):

❗ **Primäre Gefühls- und Verhaltensimpulse, die wir von der sekundären Ebene aus als sinnvoll und nützlich erkennen, sollten wir freigeben. Primäre Impulse, die als schädlich für uns selbst bzw. andere erkannt werden, sollten unterdrückt bzw. so früh und so weitgehend wie möglich gestoppt werden.**

Es gilt, im Laufe des Lebens in ausreichendem Maße die sekundären Gegen-kräfte aufzubauen, die dies ermöglichen. Neben Wissen und Einsicht sind dies Achtsamkeit, Willensstärke und v. a. sekundäre Antriebe und die von ihnen erzeugten sekundären Emotionen.

Wie stark diese sekundären Kräfte werden können, macht der folgende Fall deutlich, den ich sehr berührend finde. Er wurde vor einiger Zeit im Magazin der Süddeutschen Zeitung berichtet und trug sich zur Zeit des Zwei-ten Weltkrieges im belagerten Leningrad zu. Im Wawilow-Institut war die bedeutendste Genbank der Erde aufgebaut worden: tonnenweise lagerten seltene Getreide, Früchte, Kartoffeln, Nüsse usw. in den Kellern. Trotz der schlimmsten Hungersnot rührten die Wissenschaftler diesen in ihrer Obhut befindlichen »Schatz der Evolution« nicht an. Dimitri Iwanow, der Leiter der Reissammlung, so wird berichtet, ist darüber verhungert. Offenbar können kulturelle Werte und Ideale so stark sekundär verinnerlicht werden, dass sie die allerstärksten primären Kräfte, kurz gesagt, den Überlebensinstinkt zu übertrumpfen vermögen.

Im weiteren Sinne geht die sekundäre Aufhebung im Konzept der inneren Freiheit auf. Idealtypisches Ziel ist es hier, unseren psychischen Apparat in einem Zustand zu halten, in dem er jederzeit sicherstellen kann, dass alle Entscheidungs- und Verhaltensprozesse optimal die Erreichung unserer wichtigen Lebensziele fördern. Und hierzu gehört in aller Regel, dass die höchstentwickelten psychischen Ebenen den Lebensprozess unter Kontrolle behalten, zumindest indirekt und aus dem Hintergrund heraus. All dies wer-den wir in den Folgekapiteln noch ausführlich untersuchen.

Ein berührendes Beispiel für die Kraft der Kultur

1.3.4 Schönheitsempfinden und Intuition – Handeln und Entscheiden in komplexen Situationen

Weil das Bewusstseinsfenster so eng ist, kann eine Tätigkeit zu einem be-stimmten Zeitpunkt immer nur entweder vom Vernunftauge oder vom Syn-ergieohr reguliert werden: Entweder man konzentriert sich bewusst auf ein Detail, oder man versucht, die Harmonie des Ganzen zu erspüren – beides zugleich geht nicht (oder ist zumindest sehr schwierig und nur eingeschränkt möglich). Entweder Sie konzentrieren sich beim Tanzen auf das korrekte Setzen der Schritte oder Sie verlieren sich im Genuss des Bewegungsflusses. Beim Hören von Musik oder beim Nachdenken über eine wissenschaftliche Theorie ist es nicht anders. Allerdings können wir zwischen beiden Regula-tionsformen sehr schnell umschalten. Dabei gibt es zwei voneinander zu un-terscheidende Tätigkeitseinstellungen: Steht das Erreichen bestimmter klar definierter Ziele im Vordergrund, hat das Vernunftauge die Führung und das

Intuition und prag-matische Tätigkeits-einstellung

Synergieohr leistet ihm Hilfsdienste – dies ist die **pragmatische Tätigkeitseinstellung**. Die sekundären Emotionen, die in diesem Zusammenhang entstehen, erleben wir beispielsweise als Intuitionen.

Schönheitsempfinden und ästhetische Tätigkeitseinstellung

Natürlich kann man bei einer Tätigkeit auch das Ziel verfolgen, das Harmonieempfinden um seiner selbst willen zu maximieren und zu genießen: Dann hat das Synergieohr die Führung inne und das Vernunftauge leistet Hilfsdienste – wir sprechen nun von einer **ästhetischen Tätigkeitseinstellung**. In diesem Zusammenhang nehmen wir sekundäre Emotionen als Schönheitsempfindungen wahr.

Wichtig ist, dass dies nicht nur beim Schaffen oder Genießen von Kunst eine Rolle spielt:

🛑 **Grundsätzlich verfügt jede Tätigkeit neben der pragmatischen auch über eine ästhetische Seite.**

Nehmen wir als Beispiel das Abstempeln von Briefen bei der Post: Früher geschah dies mit einem Stempelhammer. In pragmatischer Haltung würde man dabei darauf achten, immer genau die richtige Stelle zu treffen. In ästhetischer Haltung könnte man beispielsweise versuchen, dem Hammerschlag einen bestimmten musikalischen Rhythmus aufzumodulieren. Der eine oder andere Stempel würde dabei vielleicht etwas daneben gehen – aber was macht das schon, wenn man sich dabei fühlt wie ein Schlagzeuger.

Diese genießerisch-ästhetische Einstellung nimmt in unserer von der protestantischen Arbeitsethik geprägten Kultur leider nicht den Platz ein, der ihr gebührt. Wir leben nicht, um zu arbeiten, wir arbeiten, um zu leben. Der letzte diesseits erkennbare Sinn des Lebens ist die Verbreitung sich selbst genießenden Bewusstseins in Raum und Zeit (wobei hier freilich neben den primär-sinnlichen Genüssen v. a. die sekundär-geistigen Genüsse gemeint sind). Jede noch so kleine Alltagstätigkeit birgt ein Genusspotenzial – es wäre geradezu verrückt, diese Potenziale nicht zu nutzen.

Das beginnt beim einfachen Gehen. Zumeist hetzen wir in pragmatischer Einstellung auf dem schnellsten Wege an unser Ziel. Unsere Konzentration ruht nicht auf unseren Bewegungen, sondern ist schon beim Ziel und den dort zu erwartenden Schwierigkeiten. Wir sollten öfter einmal mit Achtsamkeit in ästhetischer Einstellung gehen: bewusst darauf achten, einem flüssig-eleganten Bewegungsablauf Raum zu geben und die aufklingenden Harmonieempfindungen genießen, die Achtsamkeit vielleicht noch ausdehnen und die Schönheit der Umgebung in sich aufnehmen. Sie kommen dann zentrierter und besser gestimmt an Ihr Ziel und werden etwaige Schwierigkeiten wahrscheinlich auch besser meistern – spontan, sozusagen aus dem Bauch heraus.

Ästhetische Achtsamkeit im Alltag

Es setzt sich fort über die lästigen, vermeintlich unfruchtbaren und immer wiederkehrenden Erhaltungstätigkeiten im Alltag wie Schuheputzen, Abwaschen oder Bügeln. Auch hier kann uns eine ästhetische Haltung in einen Zustand inneren Fließens versetzen, den man sehr genießen kann. Hierzu der Musiker Peter Bastian (Nørretranders 1994, S. 382): »Ich erlebe es, dass sich dieser Zustand in meiner alltäglichen Wirklichkeit einstellt. Beim Abwaschen! Plötzlich geht alles wie im Ballett, die Teller hören auf zu klirren, die Spülbürste zeichnet unendlich befriedigende Arabesken auf das Porzellan, wie geheime Zeichen, die ich unmittelbar verstehe.«

Und es endet bei den anspruchsvollsten Tätigkeiten überhaupt – bei der Formulierung wissenschaftlicher Theorien etwa. Auch in der Wissenschaft ist das Schönheitsempfinden weit öfter eine entscheidende Triebkraft als offiziell zugegeben wird. So äußerte sich der Physiknobelpreisträger Paul Dirac über das Wirken Einsteins wie folgt:»Als Einstein daran arbeitete, seine Theorie der Gravitation zu konstruieren, da versuchte er nicht, irgendwelchen Beobachtungsergebnissen Rechnung zu tragen. Nichts könnte weiter von der Wahrheit entfernt sein. Sein Verfahren bestand ausschließlich darin, nach einer schönen Theorie zu suchen.« Dieses Zitat stammt aus dem Büchlein»Das Schöne und das Biest« von Ernst Peter Fischer, in dem sich viele weitere Belege für die Bedeutung des Ästhetischen in den Wissenschaften finden. Wie die Erfahrung zeigt und sich theoretisch begründen lässt, sind schöne Theorien mit größerer Wahrscheinlichkeit richtig und wahr, als hässliche.

Schönheitsempfinden in der Wissenschaft

Und das eben hängt damit zusammen, dass quasi die Rückseite des Schönheitsempfindens Intuition heißt. In zielgerichteter, pragmatischer Tätigkeitseinstellung unter Leitung des Vernunftauges dient das Synergieohr als notwendige Orientierungshilfe im Komplexen.

Die Welt, in der wir leben, ist unerhört komplex, und auch die Komplexität unserer unmittelbaren sozialen Umwelt wächst ständig. Entsprechend nimmt auch die Komplexität der Modelle, die wir von dieser Welt in unseren Köpfen wachsen lassen, immer mehr zu. Dies betrifft das Denkgebäude der modernen Physik ebenso wie die Modelle, die ein Vorstandsvorsitzender vom globalen Wirtschaftssystem und seinem dort hinein integrieren Unternehmen in sich trägt.

Unsere Lebenswelt und unsere mentalen Modelle werden immer komplexer

Auf sich allein gestellt, hätte es das Vernunftauge mit seinem engen Bewusstseinsfokus sehr schwer, sich in diesen hochkomplexen Wissensstrukturen zurecht zu finden. Man kann sich das leicht an der Konstruktion unseres realen Auges und seines Gesichtsfeldes klar machen. Aufgrund der geringen Kanalbreite unseres Bewusstseins ist es nicht möglich, das gesamte Gesichtsfeld strukturell hoch aufzulösen. Müssten wir mit einem in allen Bereichen gleichermaßen hochauflösenden Gesichtsfeld leben, könnte dies wahrscheinlich kaum größer sein als unsere Handfläche bei ausgestrecktem Arm (das entspricht etwa einer zugeklebten Brille mit einem Guckloch von 5 mm Durchmesser). Unter diesen Umständen wäre es sehr mühsam und langwierig, sich durch unbekanntes Gelände zu bewegen. Die Natur hat es klüger eingerichtet. Sie hat die verfügbare Kanalkapazität aufgespalten auf zwei Systeme mit unterschiedlichem Auflösungsgrad. Das zentrale Gesichtsfeld mit hohem Auflösungsvermögen wurde verkleinert auf die Größe der Daumenkuppe bei ausgestrecktem Arm. Die verbleibende Kanalkapazität wurde verteilt auf die große Fläche des peripheren Gesichtsfeldes, allerdings unter deutlichem Verlust an Auflöseschärfe. Die Kombination beider Systeme aber erlaubt eine hinreichende Orientierung in komplexen Situationen: Das periphere Gesichtsfeld leistet eine grobe Orientierungshilfe für eine sinnvolle Blickführung und erlaubt die Einordnung des im Fokus befindlichen Teils ins Ganze.

Wie zentrales und peripheres Gesichtsfeld zusammenarbeiten

In ähnlicher Weise wirken Vernunftauge und Synergieohr bei der Konstruktion und Veränderung komplexer mentaler Modelle zusammen. Das Vernunftauge probiert lokale Veränderungen, das Synergieohr meldet die Auswirkungen auf das Ganze (das zu umfangreich ist, um als Ganzes gleich-

Genauso arbeiten Vernunftauge und Synergieohr zusammen

zeitig bewusst gemacht werden zu können). So werden sekundäre Emotionen zu Intuitionen, die anzeigen, in welche Richtung die Veränderungen gehen müssen, um z. B. eine prägnantere Integration einer Theorie oder die stimmigste Gesamtlösung für eine Unternehmensumstrukturierung zu erreichen. Albert Einstein formulierte es folgendermaßen: »Während all dieser Jahre hatte ich ein Richtungsgefühl, das Gefühl, gerade auf etwas Bestimmtes zuzugehen. Es ist natürlich sehr schwer, dieses Gefühl in Worten auszudrücken, aber es war ganz entschieden der Fall, und klar unterscheidbar von der Art der späteren Überlegungen über die rationale Form der Lösung.«

Die emotionale Lösung   Löst eine lokale Probeumstrukturierung durch das *Ich* im *Selbst* einen größeren Ordnungssprung aus, der die Gesamtsynergität des mentalen Modellkomplexes erheblich steigert, kommt es zu einem sogenannten **Aha-Erlebnis**. Es zeigt an, dass mit großer Wahrscheinlichkeit eine Problemlösung gefunden wurde. Bei komplexen Problemen dauert es danach oft noch recht lange, ehe das Vernunftauge im Detail erkennt, worin die Lösung besteht, und nachgerechnet hat, ob sie im Einzelnen durchführbar ist und trägt. Psychologische Studien haben gezeigt: diese **emotionale Lösung** ist recht zuverlässig und geht der eigentlichen rationalen Lösung zeitlich voran.

Dies hilft auch, wenn zur Komplexität noch der Zeitdruck kommt. Ob sich unsere Kriminalkommissare in der Hitze des Gefechtes zwischen den Hypothesen eins bis vier entscheiden müssen, der Notarzt zwischen drei möglichen Diagnosen, der Politiker vor der Sommerpause zwischen zwei Reformkonzepten oder der Unternehmenslenker unter Verhandlungsdruck zwischen zwei Fusionsplänen – derartige Entscheidungen müssen oft ganz oder in Teilen gefühlsmäßig, aus dem Bauch heraus getroffen werden. Das Vernunftauge lässt dabei die mentalen Modelle versuchsweise in die Ordnung **»Bauchentscheidungen«** der verschiedenen Alternativen umspringen, das Synergieohr bewertet die **in komplexen** dabei entstehende Gesamtsynergität im *Selbst*. Wir entscheiden uns dann für **Situationen** jene Variante, bei der wir das intensivste Stimmigkeitsgefühl empfinden.

> ❗ Werden Sie sensibel für die Stimme Ihres Synergieohrs, lernen Sie einen bewussten Umgang mit ihm, trainieren Sie es, indem Sie oft bewusst in eine ästhetische Tätigkeitseinstellung umschalten (Studien zeigen, dass das Erlernen eines Musikinstrumentes den IQ verbessert) und entwickeln Sie nach Möglichkeit an Ihren Arbeitsbereich angepasste Spezialtechniken, um die Kraft Ihrer Intuition besser zu nutzen.

Meine Methode des   Für Letzteres noch ein naheliegendes eigenes Beispiel: Wenn ich Texte wie **Korrekturlesens** den vorliegenden geschrieben habe, kombiniere ich ganz bewusst zwei verschiedene Verfahren des Korrekturlesens, die sich ergänzen und von denen jedes unverzichbar ist. Die erste Korrekturlektüre erfolgt in pragmatischer Haltung: Ich lese den Text langsam mit dem Vernunftauge Wort für Wort. Sind die Fakten vollständig und korrekt? Gibt es logische Widersprüche? Ist die Gedankenführung klar, eindeutig und zwingend? Die zweite Lektüre erfolgt dann in ästhetischer Haltung. Hierbei kneife ich das Vernunftauge gewissermaßen zu und konzentriere mich voll auf das Synergieohr. Oft verwende ich hierzu einen gesonderten Ausdruck mit möglichst viel Text pro Seite (einzeilig und kleinstmögliche Schrift). Nun überfliege ich den Text möglichst schnell, immer nur einige Wortgruppen pro Absatz erfassend. Ziel ist es, von den Erinnerungsspuren des Textes im *Selbst* möglichst viele gleichzeitig zu aktivieren. Ich habe dann das Gefühl, dass die Textstruktur als Ganze innerlich zu schwingen beginnt. So kann ich am deutlichsten spüren, ob der Text als Ganzes prägnant ist und wie aus einem Guss. Dieses Spüren nach der Eleganz von Gedankenführungen ist ein rein ästhetischer Vorgang und wird vom Synergieohr vermittelt.

Ein solches Wechselspiel zwischen Vernunftauge und Synergieohr hilft bei der Bewältigung von Entscheidungssituationen, die im Kern die Entwicklung und Veränderung komplexer mentaler Modelle betreffen. Sind konfliktäre soziale Beziehungen zentraler Teil des Problems, bedarf es weiterer Momente für intuitives Entscheiden und spontanes Handeln. Wir müssen dann eine innere Haltung einnehmen, die wir als entspannte Offenheit bezeichnen werden: Vernunftauge zukneifen, Bewusstsein weiten, Sinne schärfen, Gefühlsohren öffnen. So sind wir am empfindlichsten auch für schwache, insbesondere zwischenmenschliche primäre Signale und alle Potenziale unseres *Selbst* können frei zusammenspielen bei der Problembewältigung. Voraussetzung für die nötige Entspanntheit ist ein hoher Grad an innerer Freiheit – und dies ist das Thema des übernächsten Kapitels.

1.3.5 Stressmanagement im Dreieck des Bewusstseins

Lassen Sie uns nun besprechen, was man »grundlegende Funktionszustände« der Psyche nennen könnte, und die Gelegenheit nutzen, um auf die Themen Stress und Stressbewältigung einzugehen. In Fortsetzung des Konzeptes von ◘ Abb. 1.11 ordnet ◘ Abb. 1.17 diese Grundzustände in Form eines Dreiecks an. Beginnen wir in der unteren rechten Ecke.

Veränderung: konzentrierte Reflexion (Separatio reflexiva)

Diese psychische Grundstellung ist uns Westlern sicher die Vertrauteste. Es gibt ein Problem, d. h. eine Ist-Soll-Diskrepanz. Wir gehen die Problemlösung an, indem wir am »Ist« der äußeren Wirklichkeit etwas zu ändern versuchen. Wie bezüglich des Schemas in ◘ Abb. 1.11b bereits besprochen, entspringt der Hauptteil des Verhaltens dem *Selbst*. Aber es bedarf auch eines nicht geringen *ich*haften Bewusstseinsanteils, der teilweise selbstbezüglich von einer Metaebene aus reflektierend wertet und verändert. All dies gelingt – ausreichend Wissen und Kompetenzen vorausgesetzt – am besten in einem Zustand, den wir als »konzentrierte Reflexion« bezeichnen wollen. Auch wenn unser Bewusstsein nicht vollständig vom Gegenstand absorbiert ist wie im Flow, so arbeiten wir doch mit einer hochgradigen Konzentration: Unser Aufmerksamkeitsfokus weicht nicht aus dem näheren Umfeld unseres Arbeitsthemas. Dabei versuchen wir, auf einem mittleren Erregungsniveau zu verbleiben. Wie Studien gezeigt haben, ist in diesem Bereich die Problemlösungseffizienz am größten. Sowohl eine zu geringe Aktivierung (Müdigkeit) als auch eine zu hohe Erregung (Stressblockade) schränken unser Leistungsvermögen ein (man spricht von einer umgekehrt u-förmigen Beziehung zwischen Aktivierung und Leistung).

Was sich hier im Einzelnen abspielt, ist derart vielfältig, dass wir an dieser Stelle allenfalls sehr abstrakt so etwas wie einen allgemeinen Problemlösungs-

Effektives Lösen von Problemen: *Ich* und *Selbst* arbeiten optimal zusammen

Problemlösungsalgorithmus

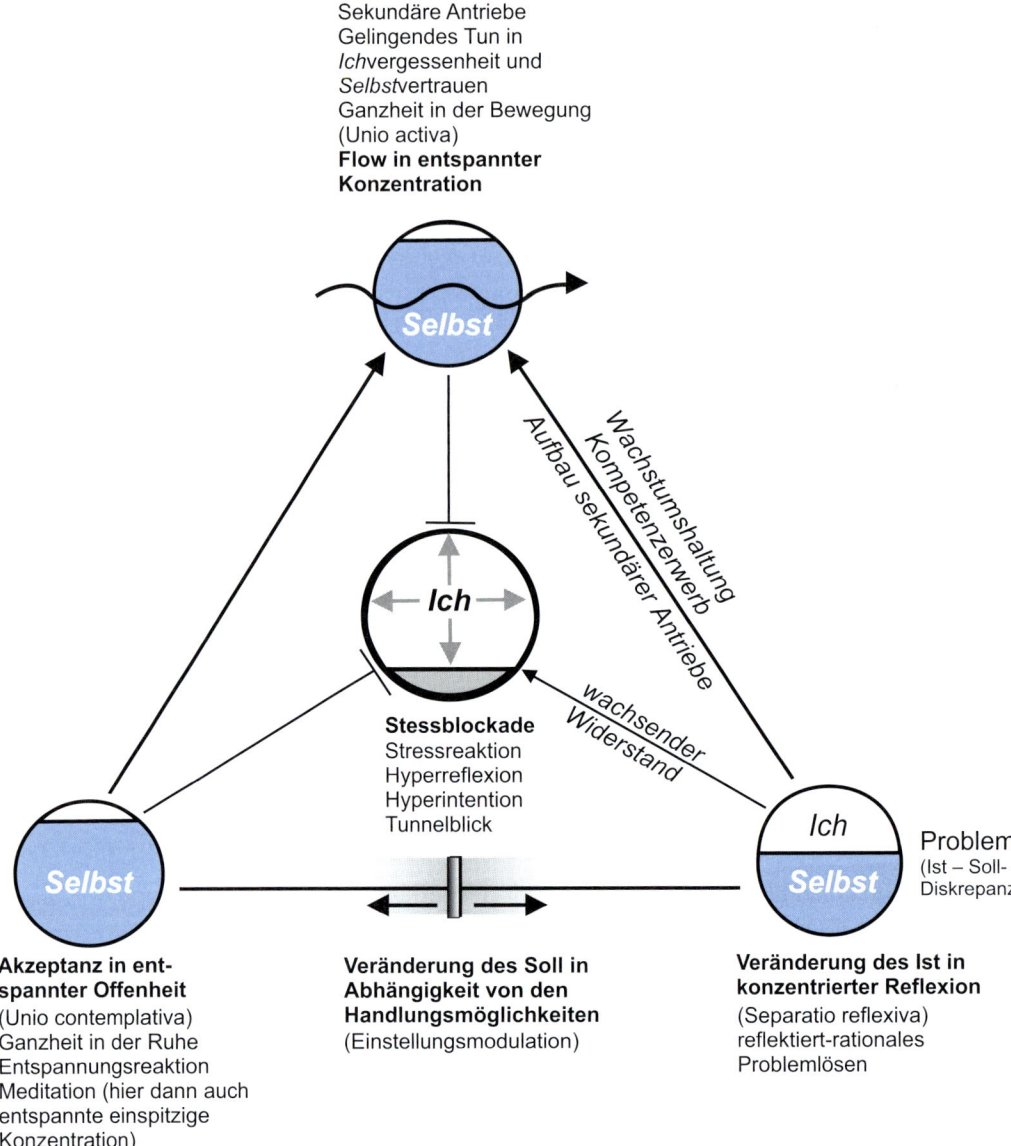

Sekundäre Antriebe
Gelingendes Tun in
*Ich*vergessenheit und
*Selbst*vertrauen
Ganzheit in der Bewegung
(Unio activa)
**Flow in entspannter
Konzentration**

Selbst

Wachstumshaltung
Kompetenzenwerb
Aufbau sekundärer Antriebe

Ich

wachsender
Widerstand

Stessblockade
Stressreaktion
Hyperreflexion
Hyperintention
Tunnelblick

Ich

Selbst

Selbst

Problem
(Ist – Soll-
Diskrepanz)

**Akzeptanz in ent-
spannter Offenheit**
(Unio contemplativa)
Ganzheit in der Ruhe
Entspannungsreaktion
Meditation (hier dann auch
entspannte einspitzige
Konzentration)
primäres Genießen
(u.a. soziale Beziehungen)

**Veränderung des Soll in
Abhängigkeit von den
Handlungsmöglichkeiten**
(Einstellungsmodulation)

**Veränderung des Ist in
konzentrierter Reflexion**
(Separatio reflexiva)
reflektiert-rationales
Problemlösen

🔲 **Abb. 1.17.** Das Dreieck des Bewusstseins: Gezeigt werden die Grundzustände des Bewusstseins in ihren Wechselbeziehungen. Der Flow-Zustand an der Spitze des Dreiecks entsteht aus der Zusammenführung der beiden Basiszustände, aus der Kombination also von Ganzheit und Veränderung. Während der auf Veränderung gerichtete Zustand leicht zu Stress führen kann,
wirken die Zustände von Akzeptanz und Flow dem Stress entgegen

algorithmus besprechen könnten: Problemdefinition, kreative Suche nach
Lösungsmöglichkeiten, Auswahl der geeigneten Lösung, Realisierung, Bilanzierung, Korrektur. Wenig komplexe, z. B. formale Probleme können dabei
allein mit dem Vernunftauge gelöst werden, komplexe Probleme in Konfrontation mit Unschärfe und Unbestimmtheit erfordern, wie im vorigen Abschnitt besprochen, ein Zusammenwirken von Vernunftauge und Synergieohr.

Wir wollen dies nicht weiter ausbuchstabieren – Sie beherrschen das,
wenn nicht explizit, so doch implizit. Die eigentlichen Schwierigkeiten tun
sich ja immer erst im Konkreten auf, wenn Wissen und Kompetenzen für eine
Veränderung des Ist nicht ausreichen, oder aber wir uns mit real unabänderlichen Tatsachen konfrontiert sehen.

Stressreaktion und Stressblockade

Zeigen sich Probleme in der oben genannten Weise als unlösbar, gibt es zwei
Wege: der erste geht in Richtung Stress. Die Evolution hat gewissermaßen
versucht, uns so gut es ging auf Problembewältigungen vorzubereiten. Das
war allerdings nur in Bezug auf jene Problemtypen möglich, denen unsere
Art während der meisten Zeit ihrer Evolutionsgeschichte ausgesetzt war.
Diese steinzeitlichen Standardprobleme bestanden überwiegend in realen
materiellen Bedrohungen, denen in letzter Konsequenz durch körperliche
Aktivität begegnet werden musste – kurz gesagt, durch Kampf oder Flucht.
Entsprechend sind die Körperreaktionen, die mit den dazugehörigen primären Antrieben (Aggressionsbereitschaft bzw. Angstantrieb) verbunden sind,
darauf ausgelegt, uns auf große muskuläre Anstrengungen vorzubereiten.

Steinzeit: Kampf oder Flucht

In erster Linie müssen hierfür Atmung und Kreislauf angekurbelt werden,
um die Muskeln mit Brennmaterial und Sauerstoff zur Energieerzeugung zu
versorgen. Wir bekommen Empfindungen der Luftknappheit und der Enge
im Brustkorb, was uns zu tiefem und schnellem Atmen anhält; das Herz beginnt zu jagen, der Blutdruck steigt und die Muskelspannung erhöht sich. Der
Gehalt des Blutes an Zucker, Fetten und Gerinnungsstoffen steigt. Andere
Organsysteme werden in ihrer Leistung heruntergeregelt, weil ihre Funktion
in der unmittelbaren Notsituation nicht gebraucht wird. Dies betrifft das
Verdauungssystem: Mundtrockenheit, Blähungen, oder auch der Drang,
Darm und Blase zu entleeren, können die Folge sein. Der Sexualantrieb wird
verständlicherweise gedämpft, aber auch das Immunsystem: mit Fieber
kämpft oder flieht es sich nicht gut – für die Beseitigung der Wundbakterien,
bei der das Fieber hilft, ist noch Zeit in der schutzgebenden Höhle.

Körperliche Aktivierung

Auf der psychischen Ebene empfinden wir natürlich die von den oben
genannten Antrieben erzeugten primären Emotionen: Ärger und Wut im
einen Fall oder Angst bzw. Furcht im anderen. ◘ Abbildung 1.18 gibt noch
einmal einen Überblick über diese **Stressreaktion**.

Wut oder Angst

Einerseits entsteht die Tendenz einer Konzentration und Einengung auf
die gefährlichen Auslöser, was wir im ausgeprägten Falle als den sog. **Tunnelblick** erleben. Andererseits maximiert das *Ich* seine Bemühungen, das Problem mit den Mitteln einer reflektierten Veränderung und Selbstveränderung
zu lösen: **Hyperreflexion** und **Hyperintention** hatten wir das bei der Besprechung von ◘ Abb. 1.11a genannt. Infolge der besagten Enge des Bewusstseinskanals sind komplexe Verhaltensprobleme aber durch bewusste Kon-

*Tunnelblick und
Tausendfuß-Syndrom*

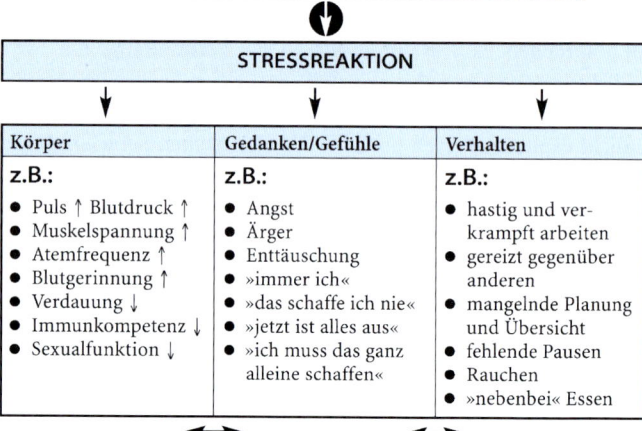

┌───┐
│   **STRESSOR**   │
│ Zusätzlich zu Ihrer vielen Arbeit bekommen Sie vom Chef   │
│ eine neue Aufgabe zugeteilt mit der Bemerkung, dass er   │
│ dafür einen fähigen Mitarbeiter brauche.   │
└───┘

Körper	Gedanken/Gefühle	Verhalten
z.B.:	**z.B.:**	**z.B.:**
● Puls ↑ Blutdruck ↑ ● Muskelspannung ↑ ● Atemfrequenz ↑ ● Blutgerinnung ↑ ● Verdauung ↓ ● Immunkompetenz ↓ ● Sexualfunktion ↓	● Angst ● Ärger ● Enttäuschung ● »immer ich« ● »das schaffe ich nie« ● »jetzt ist alles aus« ● »ich muss das ganz alleine schaffen«	● hastig und ver- krampft arbeiten ● gereizt gegenüber anderen ● mangelnde Planung und Übersicht ● fehlende Pausen ● Rauchen ● »nebenbei« Essen

☐ Abb. 1.18. Die Stressreaktion an einem fiktiven Beispiel aus der Arbeitswelt. (Aus Kaluza 1996, S. 15)

trolle nicht beherrschbar – es kommt zu Blockaden im **Tausendfuß-Syndrom.**

In der Konsequenz verlieren wir den Überblick, unser Verhalten wird immer hektischer und verkrampfter, die nicht durch körperliche Aktivität abgebaute Energie staut sich auf einem immer höheren Erregungslevel.

Wachsender Problemdruck im *Ich* blockiert das *Selbst*

Diese steinzeitlichen primären Problemlösehilfen bieten uns für die Bewältigung der überwiegend geistig zu lösenden Probleme der Jetztzeit ersichtlich keine Unterstützung – ja mehr noch, sie sind in hohem Maße kontraproduktiv. Entsprechend nehmen wir wahr, wie die Wirksamkeit unseres Handelns abnimmt. Der Problemdruck wächst weiter und wir steigern uns noch mehr in den Stress hinein, so dass Teufelskreise in Gang kommen, in denen sich z. B. katastrophisierende Gedanken und negative Gefühle wechselseitig verstärken. In der Folge steigen Erregung und Innendruck immer weiter. In der Logik unserer Abbildung können wir uns vorstellen, dass sich das *Ich* immer weiter aufbläht und dabei das *Selbst* zunehmend erdrückt: Immer mehr seiner Wahrnehmungs- und Verhaltenspotenziale blockieren.

❶ Während akuter, kurzfristiger Stress lediglich Befinden und Leistungsfähigkeit beeinträchtigt, wirkt sich Dauerstress auch negativ auf unsere Gesundheit aus.

Körperliche und psychische Erkrankungen bei Dauerstress

Da die mobilisierte Energie nicht mehr körperlich abgebaut wird, können Bluthochdruck und Verengungen der Blutgefäße (Arterienverkalkung) entstehen, mit allen potenziell tödlichen Folgeerkrankungen vom Herzinfarkt bis zum Schlaganfall. Um Frust zu kompensieren und sich ein falsches Entspannungsgefühl zu verschaffen, neigen nun viele Menschen zu ungesunden Verhaltensweisen: hoher Konsum von Tabletten, Alkohol und Drogen oder übermäßiges Essen. Oft resultiert daraus Übergewicht, was dann zum sog.

metabolischen Syndrom führen kann: Der Gehalt des Blutes an Zucker, Fett und Harnsäure steigt (Diabetes mellitus, Fettstoffwechselstörung, Gicht). In Verbindung mit dem Bluthochdruck werden hierdurch die Schäden an den Blutgefäßen und die genannten Herz-Kreislauf-Erkrankungen erheblich verschlimmert.

Darüber hinaus kann es bei chronischem Stress zu funktionellen Störungen vieler Organsysteme kommen sowie zu einer erhöhten Infektanfälligkeit. Aber auch psychische Probleme werden durch Dauerüberlastung gefördert – das durch den Tunneleffekt eingeengte Denken verfängt sich leicht in den Teufelskreisen negativistischen Grübelns und erzeugt auf diese Weise Angststörungen oder Depressionen (ausführlicher in Hansch 2003).

Die Anpassungsfähigkeit an Herausforderungen ist dabei individuell unterschiedlich. Aber auch für die Belastbarsten gibt es eine Grenze, bei der die Dekompensation beginnt und in eine Abwärtsspirale führt. Oft beginnt das damit, dass Befindlichkeiten wie die folgenden an Häufigkeit, Dauer und Intensität zunehmen: Anspannung und Gereiztheit, Lustlosigkeit, Ausgelaugtsein, häufige Niedergeschlagenheit, Konzentrations- und Schlafstörungen.

Frühsymptome des Burnout-Syndroms

Dies also ist der eine Weg, der uns bei unlösbaren äußeren Problemen offen steht. Doch wie gesagt, es gibt noch einen zweiten Weg: den in Richtung Akzeptanz.

Akzeptanz: entspannte Offenheit (Unio contemplativa)

Lässt sich der Ist-Zustand nicht ändern oder wären die Kosten dafür zu hoch, kann man eine Passung zum Soll herstellen und Stress vermeiden, indem man seine Soll-Vorstellungen verändert. Realistisch gesehen ist der Vormittagszug nicht mehr zu erreichen? Dann ist es besser, den Fuß vom Gas zu nehmen, anzurufen und umzudisponieren. Trotz aller Maßnahmen ist der Schmerz in der Achillessehne nicht wegzubekommen? Dann ist es besser, den Traum vom Marathonsieg zu begraben und auf Radfahren oder Schwimmen umzustellen.

In Bezug auf komplexere Lebensthemen ist eine solche Einstellungsmodulation, die auf den Abbau von Stressspannungen zielt, das Thema des Kapitels 2 »Innere Freiheit«. Ein solches flexibles Umschalten zwischen Veränderungsbemühung und positiver Annahme in Abhängigkeit von den jeweiligen konkreten Handlungsmöglichkeiten ist sicher ein ganz zentrales Moment von Lebenskunst. In ◘ Abb. 1.17 soll dies durch den Schieberegler symbolisiert werden. Im Grunde ist dies ja nichts anderes, als schon in folgendem bekannten Gebet zum Ausdruck kommt, das dem Theologen R. Niebuhr zugeschrieben wird: »Gott, gewähre mir die Gelassenheit, die Dinge zu akzeptieren, die ich nicht ändern kann, den Mut, die Dinge zu ändern, die ich ändern kann, und die Weisheit, den Unterschied zu erkennen.«

Was man nicht ändern kann, muss man akzeptieren

Es ist wichtig, die Fähigkeit zu besitzen, den Veränderungs-Akzeptanz-Regler von Zeit zu Zeit auch einmal vollständig an den Pol »Akzeptanz« zu schieben, um wirkliche Entspannung zu ermöglichen: Alles ist jetzt gut, wie es ist, ich muss nichts verändern und nichts erstreben. Man kann sich dann unverkrampft des bloßen Seins erfreuen und den Moment genießen. Gern gehen wir in diesen Zuständen in primären Genüssen auf: beim Sonnenbad am Strand oder wenn der Edelhappen den Gaumen hinabgleitet.

Man kann aber auch noch weiter gehen: Das *Ich* ist ein Instrument der Veränderung. Wenn man alles akzeptiert, braucht man das *Ich* nicht mehr. Am besten, man beschäftigt es mit Routineaufgaben: die Atemzüge zählen, stereotype Formeln aufsagen oder eine einfache innere Vorstellung wie die einer Kugel aufrechterhalten, während man seinen Körper in eine entspannte Ruheposition bringt. Die ungestörten Kräfte des *Selbst* können sich nun frei entfalten und ein harmonisches inneres Gleichgewicht einstellen. Alle Prozesse finden das stabile Zentrum ihrer Attraktoren.

Dies ermöglicht einerseits einen Zustand tiefer Entspannung – was sich im dynamischen Gleichgewicht befindet, trägt sich selbst und muss nicht mehr mit Kraftaufwand aktiv stabilisiert werden. Man denke an einen Kreisel, der sich von allein in der Senkrechten hält, wenn er sich mit der richtigen Geschwindigkeit dreht. Andererseits wird das Synergieohr mit intensiven Stimmigkeitsempfindungen überflutet und erzeugt einen besonderen Zustand des Ganzheitserlebens, des Einheitserlebens mit der Welt. Im Rahmen von Entspannungs- oder Meditationsübungen werden die oben genannten und andere Vorgehensweisen von vielen Menschen systematisch genutzt, um Stress abzubauen, die Selbstkontrolle zu trainieren oder auch, um die genannten Einheitserfahrungen genießen zu können. In diesem Zustand einer Ganzheit in der Ruhe wird unser Sein vollständig vom *Selbst* bestimmt – das *Ich* ist weitgehend aufgelöst.

Dies entspricht in etwa jenem Zustand, den wir am Ende des vorigen Kapitels als **entspannte Offenheit** bezeichnet hatten. Der Bewusstseinsfokus ist quasi auf maximale Weite gestellt, wobei die detailbezogenen kognitiven Funktionen auf Sparflamme arbeiten (das Vernunftauge ist quasi zugekniffen). Gleichzeitig sind Sinne und Gefühlsohren (Synergieohr und Sensibilität für primäre Empfindungen) maximal geschärft. Wir sind in diesem Zustand am empfindlichsten auch für schwache, insbesondere zwischenmenschliche primäre Signale.

Diesem Zustand sollten wir uns möglichst oft bewusst annähern – wenn wir nichts Schwieriges oder Anstrengendes zu tun haben, um den Moment möglichst intensiv zu genießen, aber auch in komplexen sozialen Entscheidungssituationen, etwa in Verhandlungen. Denn entspannte Offenheit ist die beste Ausgangsposition für ein adäquates Aufstarten in andere Funktionszustände, in dessen Vollzug sich alle angeborenen und erworbenen Potenziale des *Selbst* optimal und situationsgerecht entfalten können.

Es empfiehlt sich, das Einnehmen dieser inneren Grundstellung immer wieder zu üben: durch bewusste Achtsamkeit im Alltag aber auch im Rahmen einer regelmäßigen Meditationspraxis.

❗ **Streben Sie im Alltag möglichst oft nach entspannter Offenheit. Aus diesem Zustand heraus können wir unsere Wahrnehmungs- und Handlungspotenziale am besten entfalten.**

Ganzheitserleben und Auflösung des Ich bei Genuss und Meditation

Entspannte Offenheit

Entspannte einspitzige Konzentration

Neben der entspannten Offenheit ist es durch Meditation möglich, auch noch eine weitere Form der »Ganzheit in der Ruhe« zu trainieren: die entspannte einspitzige Konzentration. Hier wird das Bewusstsein nicht maximal geweitet, sondern maximal verengt auf einen Punkt oder Gegenstand der Wahrnehmung bzw. der Vorstellung. Obwohl fokussiert, ist das Bewusstsein hier nicht *ich*haft, weil es sich in totaler Akzeptanz vom Gegenstand der Konzentration absorbieren lässt. Dies zu trainieren, ist eine gute Vorbereitung für ein effizientes Arbeiten in konzentrierter Reflexion oder in entspannter Konzentration.

Die mit den hier beschriebenen Zuständen verbundene Entspannung wirkt dem Stress und den erwähnten negativen Effekten auf die psychosomatische Gesundheit entgegen. In vieler Hinsicht ist die **Entspannungsreaktion** das genaue Gegenteil der Stressreaktion: Verminderung von Blutdruck und Puls, Vertiefung und Verlangsamung der Atmung, Muskelentspannung, verminderte Schweißproduktion, Verbesserung der Immunfunktionen, Senkung des Zucker- und Fettspiegels im Blut, Regulierung funktioneller Abläufe auf allen Ebenen (vgl. Benson 1997).

Die Entspannungs-reaktion

Flow in entspannter Konzentration (Unio activa)

Schließlich führt noch ein weiterer wichtiger und guter Weg heraus aus der Sackgasse Stress. Viele Probleme werden lösbar und manche Schwierigkeiten leichter handhabbar, wenn man schrittweise seine Kompetenzen erweitert: Wissen aneignen, Fertigkeiten erwerben und all das immer wieder trainieren. Durch längere Übung kann man dabei bestimmte Tätigkeiten aus dem Sport- und Hobbybereich, aber auch aus dem beruflichen Feld so gekonnt beherrschen lernen, dass es kaum mehr etwas zu verbessern gibt. Auch in dieser Situation wird das *Ich* als Veränderungs- und Kontrollinstanz weitgehend überflüssig: Das Synergieohr genügt zur Überwachung des stabilen Tätigkeitsflusses. In höchster Konzentration werden wir so von unserem Tun absorbiert, dass wir Raum, Zeit und uns selbst vergessen.

Die Kompetenzen entsprechen den Anforderungen

Zugleich ist ein sekundärer Antrieb entstanden. Entsprechend wird auch hier das Synergieohr mit Stimmigkeitsempfindungen überflutet: In *ich*vergessenem *Selbst*vertrauen genießen wir ein selbstzweckmotiviertes Tun in überwiegend ästhetischer Einstellung. Auch dieser Zustand einer harmonischen »Ganzheit in der Bewegung« wird vom *Selbst* bestimmt, vom *Selbst* in synerger Wechselwirkung mit dem Gegenstand der Tätigkeit (der oft zur Umwelt gehört). Das Einheitserleben mit der Welt kann hier ebenso intensiv sein wie in meditativer Versenkung.

Gelingendes Tun in *Ich*vergessenheit und *Selbst*vertrauen

Auch die im Fluss der Tätigkeit reproduzierten stabilen dynamischen Gleichgewichte führen zu einer Verminderung des aktiven Krafteinsatzes. Deshalb sind auch derartige Zustände des **Flow** (engl. Fließen, Strömen) mit relativer Entspannung verbunden und wirken dem Stress entgegen (wozu natürlich auch die positiven Stimmigkeitsgefühle beitragen). Lassen Sie uns bei Flow von einem Zustand der entspannten Konzentration sprechen.

Wer gestresst von der Arbeit kommt, kann zur Entspannung meditieren, aber auch Klavierspielen, Tanzen oder Malen (sofern ihm diese Dinge schon ausreichend gut von der Hand gehen). Da Flow gewissermaßen die beiden anderen Zustände vereint – nach außen gewandte Tätigkeit und Ganzheit –, habe ich diesen Zustand an die Spitze des sich damit vollendenden Dreieckes gesetzt. Im Zusammenhang mit dem inneren Wachstum werden wir auf das Flow-Konzept nach Csikszentmihalyi noch mehr im Detail eingehen.

Relative Entspannung im Flow

Um das Thema Stress noch einmal kurz zusammenzufassen: Stress mit all den besprochenen Folgen entsteht, wenn man sich überfordert fühlt, wenn man glaubt, zur Lösung eines wichtigen Problems nicht ausreichend Fähigkeiten bzw. Ressourcen zu besitzen, wenn man also meint, eine als bedrohlich erlebte Ist-Soll-Diskrepanz nicht in Passung bringen zu können. Zeigt sich das Ist auch bei größter Anstrengung als unveränderbar, müssen wir unsere Soll-Vorstellungen verändern: Einstellungsmodulation in Richtung Akzeptanz. Am wirksamsten ist totale Akzeptanz in einem Zustand der Ganzheit in der Ruhe, der durch Entspannungstechniken und Meditation erreichbar ist. In die gleiche Richtung wirken primäre Genüsse (z. B. ein warmes Bad, ein gutes Essen), wozu im weiteren Sinne auch soziale Unterstützung (ein Gespräch mit Freunden, eine Umarmung durch den Partner) und der Umgang mit Tieren gehören. Langfristig gesehen, ist die systematische Entwicklung und Übung von Kompetenzen wichtig, so dass wir immer mehr Aufgaben und Situationen in der relativen Entspanntheit des Flow bewältigen können. Besonders gut wird Stress durch körperliche Aktivität im Flow-Zustand abgebaut, beim spaßbetonten Ausüben gut beherrschter Sportarten etwa.

2 Innere Freiheit

2.1 Was ist innere Freiheit?

Wie besprochen, steckt unser *Selbst* voller natürlicher (die Kraft der Selbst-organisation), angeborener (die primären Antriebe) und zunehmend auch gelernter Potenziale (die sekundären Antriebe).

Tiere bestehen fast ausschließlich aus dem *Selbst* und im Normalfall kann dieses *Selbst* seine Potenzialität auch voll entfalten.

Beim Menschen separiert sich vom *Selbst* nun ein immer größer werden-der Bereich der bewussten Reflexion und bewussten Verhaltenssteuerung, den wir als *Ich* bezeichnet hatten. Das *Ich* greift dabei auf einen wachsenden Fundus rationaler Konzepte zurück, die im Laufe des Lebens angeeignet, verändert bzw. selbst konstruiert werden. Immer stärker wird dabei die un-bewusst-selbstorganisierte Verhaltensbildung (*Selbst*) durch die rationale Steuerung (*Ich*) überlagert und dominiert. Die dem zugrunde liegenden ra-tionalen Konzepte sind Produkt der Geistesgeschichte, der kulturellen Evo-lution sowie der Geschichte der lernenden Aneignung dieser Inhalte durch das betreffende Individuum. Die kulturelle Evolution folgt ihrer Eigenlogik – bisher jedenfalls ist es nicht ihr vornehmstes und letztes Ziel, dem *Selbst* möglichst vieler Menschen optimale Entfaltungsmöglichkeiten zu bieten. Dies trifft dann auch für einen Großteil der in diesem Prozess entstehenden rationalen Konzepte zu, die über das *Ich* das Verhalten steuern. Im Gegenteil: Wie gleich ausführlich besprochen wird, verdichten sich diese Konzepte oft zu einem immer starreren und dickeren Panzer, der Leid erzeugt und die Entwicklung des *Selbst* blockiert.

Wenn wir diesen Panzer an hinderlichen Konzepten Schritt für Schritt abtragen bzw. aufweichen, kann unser *Selbst* wieder direkt mit der Welt in Kontakt treten, dann können wir zumindest phasenweise wieder, wie die Buddhisten es formulieren, leben wie ein Vogel fliegt.

Innere Befreiung heißt also, hinderliche Geisteshaltungen abzubauen, die die Entwicklung des *Selbst* blockieren. Sie werden ersetzt durch förderli-che Geisteshaltungen, die es zudem erlauben, hinderliche primäre Reaktio-nen sekundär aufzuheben. Hieraus resultiert ein freies, entspanntes Fließen der Lebensaktivität bei positivem Befinden und maximalem inneren Wachs-tum. Wir werden hochgradig sensibel auch für schwache Signale aus der Umwelt und alle Potenziale unseres *Selbst* können sich optimal entfalten und bei der kreativen Bewältigung komplexer Problemsituationen zusammen-wirken.

Unsere nun folgende Besprechung der inneren Befreiung wird konse-quent den scharfen Kanten des idealen Prinzips folgen und den weichen Kis-sen des Machbaren oder Zumutbaren widerstehen. In dieser idealisierten Überzeichnung werden die im Folgenden zu erarbeitenden Zielstellungen wohl kaum erreichbar sein. Allerdings kann man sich ihnen deutlich und mit großem Gewinn annähern, wenn man über einige Jahre mit einer gewissen Konsequenz dem hier vorgestellten Ansatz einer ganzheitlichen Selbstent-wicklung folgt. Vielleicht könnte man sich ihnen sogar weitgehend annähern, wenn man zusätzlich bereit wäre, viel Zeit und Energie in Spezialtechniken wie eine konsequente Meditationspraxis zu investieren. Zumindest verspre-chen dies die Erfahrungsberichte buddhistischer Mönche und anderer spiri-tuell Praktizierender.

Inadäquate rationale Konzepte behindern die *Selbst*entfaltung

Abbau hinderlicher Geisteshaltungen

Den Ehrgeiz am Ideal ausrichten

Von zentraler Bedeutung ist es, das Prinzip der inneren Freiheit mit größtmöglicher Klarheit zu verstehen und den Ehrgeiz auf das ideale Ziel auszurichten. Nur so kann die Trotzmacht des Geistes ihre Willensmuskeln mit der größten Hebelwirkung ansetzen. Wir werden auf einem steinigen und unübersichtlichen Bergweg die größtmögliche Höhe erreichen, wenn wir immer den erstrebten Gipfel im Auge behalten.

2.2   Wie hinderliches Denken Leid erzeugt

2.2.1   Das Wesen des Leids

Gestatten Sie mir von nun an immer wieder einmal den Rückgriff auf Beispiele aus der eigenen Erfahrung. Studien mit großen Probandenzahlen mögen in vieler Hinsicht aussagkräftiger sein, das heißt aber nicht, dass die systematische Selbstbeobachtung einer Einzelperson ohne jeden Erkenntniswert wäre. Ferner glaube ich, dass es weder möglich noch gut wäre, ein Buch wie dieses zu schreiben, ohne die überbordenden und z. T. widersprüchlichen wissenschaftlichen Fakten auch vor dem Hintergrund der eigenen authentischen Erfahrung zu selektieren und zu bewerten. Man kann dies kaschieren oder offen damit umgehen – Letzteres ist wohl der bessere und ehrlichere Weg.

Und deshalb nun mit kühnem Schwung zu meinem letzten Skiurlaub – ich konnte hier einige wichtige psychologische Erkenntnisse sehr eindrucksvoll am eigenen Leib nachvollziehen. Gleich am ersten Tag stürzte ich heftig und zog mir ein dickes, handflächengroßes Hämatom über der rechten Hüfte zu (dessen Ausläufer dann in den nächsten Wochen bis hinab in die Kniekehle wanderten). Glauben Sie mir – das waren richtig starke Schmerzen, bei jeder Bewegung des Beines, beim Drehen im Bett und v. a. beim Sitzen. Das Merkwürdige war: Diese starken Schmerzen haben mich in meiner Stimmung praktisch nicht beeinträchtigt. Das Wetter war hervorragend, die mitgereisten Leute waren unterhaltsam. Ich war oft abgelenkt. Beim Skifahren spürte ich die Schmerzen überhaupt nicht, sie waren tatsächlich zu 100% ausgeblendet. Am vierten Tag dann wachte ich mit einem ganz leichten Schmerz im linken Knie auf. Das nun verdarb mir sofort die Laune, und zwar mächtig. Ständig bewegte ich das Knie hin und her: Tut es immer noch weh? Ja – verdammt! Und ich grübelte herum: Kann ich damit weiterfahren? Gewöhnt sich das Gelenk an die Belastung oder wird es schlimmer? Ruiniere ich mir am Ende das ganze Knie? Ist der Skiurlaub für mich jetzt zu Ende? Werde ich womöglich gar nicht mehr Skifahren können? Nein, bis zum Rollstuhl trieb ich meine Sorge nicht. Schließlich entschloss ich mich missmutig zu einem Pausentag. Alle anderen haben jetzt einen tollen Skitag – nur ich nicht ☹.

Schmerz ist nicht gleich Schmerz

Das Erleben des Schmerzes hängt von dessen Interpretation ab

Der Kontrast hätte größer und eindrucksvoller nicht sein können: Unter einem wirklich starken Schmerz litt ich praktisch überhaupt nicht, während ein sehr viel geringerer Schmerz starkes Leiden verursachte. Das macht noch einmal deutlich: Unsere Gefühlsreaktionen auf Wahrnehmungen und Auslöser hängen ganz stark davon ab, wie wir im Denken damit umgehen. Von dem Hämatomschmerz wusste ich sicher: Er ist harmlos, es ist keinerlei Schonung erforderlich und das Ganze wird sich vollständig ohne jede Nachwirkung zurückbilden. Bei dem leichten Knieschmerz war das ganz anders: Das Knie ist für das Skifahren und die Fortbewegung insgesamt ein ebenso zentrales wie verletzliches Körperteil. Aufgrund meiner mangelnden orthopädischen Erfahrung war ich mir hinsichtlich der Bedeutung der Schmerzen und der nötigen Konsequenzen im Verhalten unklar. Und hier Fehler zu machen, hätte potenziell sehr unangenehme Folgen haben können. Entsprechend kam es zu einer übermäßigen Beachtung des Schmerzes (Hyperreflexion), zu katastrophisierenden Zukunftsgedanken und gefühlsmäßig zu einer Mischung aus Ärger und Angst. All dies gab diesem kleinen Schmerz Raum, verstärkte ihn in Teufelskreisen und erzeugte zusätzliche negative primäre Emotionen. Wir lernen daraus:

❗ **Leid ist ein im Spiegelkabinett des Bewusstseins durch das Denken vervielfachter Schmerz. Wenn wir diese Prozesse besser verstehen und beherrschen lernen, können wir viel unnötiges Leid vermeiden.**

Gehen wir das Ganze noch einmal systematisch durch: Leid entsteht also aus übersteigerten negativen, insbesondere primären Emotionen. Negative primäre Emotionen werden via angeborene Auslöser aus den entsprechenden primären Antrieben freigesetzt – wir hatten das ausführlich besprochen.

Leid entsteht aus gedanklicher Übersteigerung

Wie sieht nun Ihr Alltag aus im Hinblick auf das Vorliegen von Auslösern für starke negative Emotionen? Wie oft leiden Sie unter körperlichen Schmerzen? Wie oft haben Sie Hunger oder Unterkühlung zu erdulden? Wie oft hängen Sie über einer tiefen Schlucht oder werden von einem Feind bedroht, der vorhat, Sie physisch zu vernichten? Für die meisten von uns reicht das Spektrum der Antworten von »nicht häufig« bis »fast nie«. Die Sinnesqualität des unmittelbaren Momentes meint es also fast immer gut mit uns. Dennoch werden gerade wir Bewohner der westlichen Wohlstandsgesellschaften mit zunehmender Häufigkeit von Ängsten, Aggressivität, oder Niedergeschlagenheit durchaus auch höheren Grades heimgesucht. Depressionen sind insbesondere in den westlichen Industrieländern seit Jahren auf dem Vormarsch.

Der Moment ist meist gut zu uns

Wie ist dieses Paradox zu erklären? All das kann tatsächlich nur mit jenen Prozessen zusammenhängen, die sich zwischen Reiz und Reaktion im Raum des Denkens entfalten. Um diesen Tatsachen gerecht werden zu können, hatten wir von der Lücke zwischen Reiz und Reaktion gesprochen, in die sich der Baum des Denkens einwurzelt und ausbreitet. Der zentrale Punkt ist:

❗ **Die Imaginationskraft unseres Denkens vermag Auslöser für negative primäre Emotionen in Form von Vorstellungen zu vergegenwärtigen und unsere primären Antriebe springen auf diese inneren Bilder genau so an, als wären es real vorliegende Auslöser im Hier und Jetzt.**

Als die primären Antriebe von der Evolution konzipiert wurden, war das hochkreative und imaginative menschliche Denken noch nicht eingeplant.

Bei dieser unfunktionalen Vergegenwärtigung spielt es keine Rolle, ob wir negative Erinnerungen aufsteigen lassen oder uns mehr oder weniger wahrscheinliche künftige Gefahren ausmalen. Wann immer die Inhalte unseres kaum einmal abreißenden Gedankenstroms per logischer Konsequenz oder auch nur lockerer Assoziation zu auslösenden negativen Vorstellungen füh-

Die unsinnige Vergegenwärtig vergangener und künftiger Gefahren durch das Denken

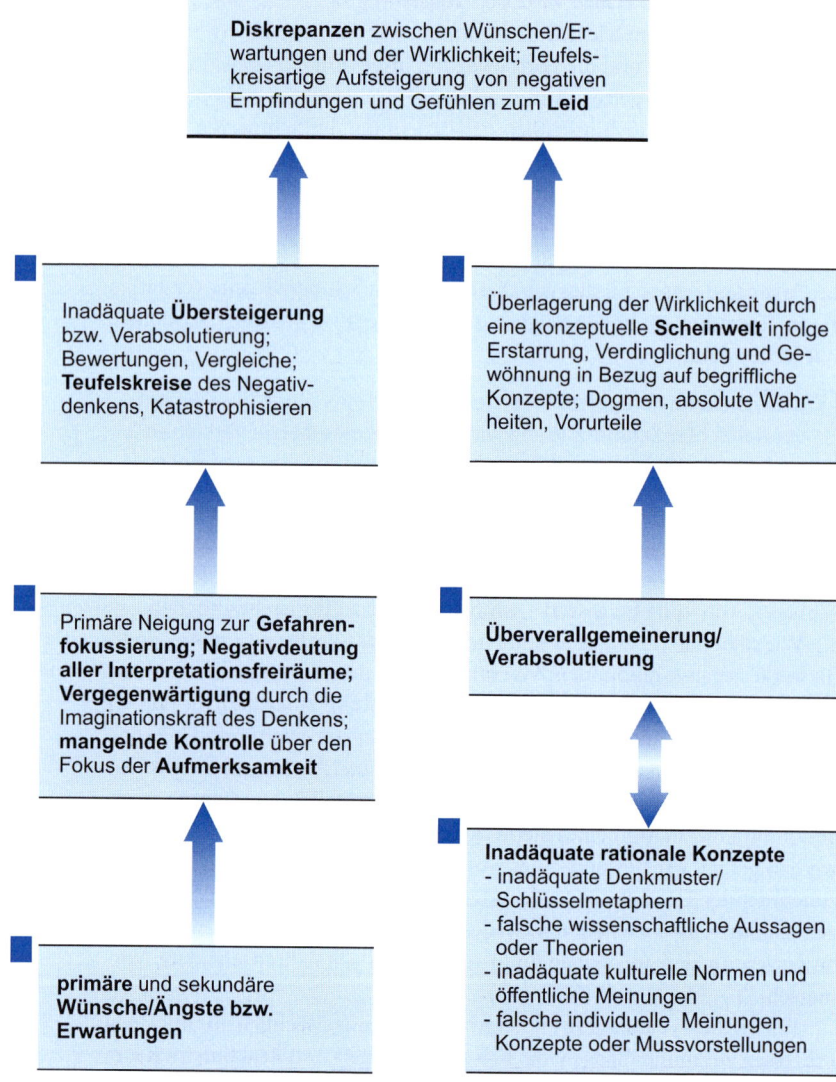

Diskrepanzen zwischen Wünschen/Er-
wartungen und der Wirklichkeit; Teufels-
kreisartige Aufsteigerung von negativen
Empfindungen und Gefühlen zum **Leid**

Inadäquate **Übersteigerung**
bzw. Verabsolutierung;
Bewertungen, Vergleiche;
Teufelskreise des Negativ-
denkens, Katastrophisieren

Überlagerung der Wirklichkeit durch
eine konzeptuelle **Scheinwelt** infolge
Erstarrung, Verdinglichung und Gewöhnung in Bezug auf begriffliche
Konzepte; Dogmen, absolute Wahrheiten, Vorurteile

Primäre Neigung zur **Gefahren-
fokussierung; Negativdeutung
aller Interpretationsfreiräume;
Vergegenwärtigung** durch die
Imaginationskraft des Denkens;
mangelnde Kontrolle über den
Fokus der **Aufmerksamkeit**

**Überverallgemeinerung/
Verabsolutierung**

Inadäquate rationale Konzepte
- inadäquate Denkmuster/
  Schlüsselmetaphern
- falsche wissenschaftliche Aussagen
  oder Theorien
- inadäquate kulturelle Normen und
  öffentliche Meinungen
- falsche individuelle Meinungen,
  Konzepte oder Mussvorstellungen

primäre und sekundäre
**Wünsche/Ängste bzw.
Erwartungen**

◻ **Abb. 2.1.** Wie unfunktionales Denken Leid erzeugt

ren, besteht die Gefahr, dass unsere primären Antriebe anspringen (insbesondere Angstantrieb und Aggressionsbereitschaft) und wir in den Teufelskreis
des negativistischen Denkens hineingesaugt werden.

Insbesondere geschieht das, wenn die Wirklichkeit auf unsere oft übersteigerten Wünsche oder auf oft inadäquate Erwartungen, die aus falschen
Konzepten hervorgehen, mit Nein antwortet. ◻ Abb. 2.1 versucht, die wichtigsten Mechanismen zu schematisieren, die zu dieser Situation führen. Lassen Sie uns das einmal anhand einiger Beispiele durchgehen: Ein differenzier-
tes Verständnis dieser Hintergründe scheint mir außerordentlich wichtig.

2.2.2 Vorurteile, Mussvorstellungen und falsche Denkmuster

Grundsätzlich ist alles Geschehen und jeder Vorgang in diesem Universum unikal, d. h. einzigartig. Was immer Sie nehmen – nichts kann sich exakt auf die gleiche Weise wiederholen. Selbst die Tasten meiner Computertastatur sind nach jedem Druck andere Tasten, weil ein mindestens mikroskopischer Verschleiß sie ihrem Versagen ein Stück näher gebracht hat. Allerdings gibt es eine Vielzahl von Vorgängen, die sich in so ähnlicher Weise wiederholen, dass man im Rahmen endlicher Zwecke von den Unterschieden absehen kann (man kann von ihnen abstrahieren – **Abstraktion** ist das Wesen begrifflicher Erkenntnis). Immer wenn ich auf eine bestimmte Taste drücke, erscheint ein bestimmter Buchstabe auf dem Monitor, so war es in der Vergangenheit und so wird es wohl auch in Zukunft sein. Erkenntnis ist also Vorurteil: Wir schließen von Regularitäten der Vergangenheit auf die Zukunft. Dinge, die sich in diesem Zusammenhang immer wieder ausreichend ähnlich präsentieren, packen wir in die Schublade eines Begriffs und tun so, als seien sie gleich.

Und offenbar funktioniert dies in vielen Lebensbereichen sehr gut. Diese Art von Erkenntnis hat es uns ermöglicht, auf den Mond zu fliegen, Wärme und Licht in unsere Behausungen zu bringen und einige Krankheiten perfekt zu heilen. Allerdings wird dafür auch ein Preis fällig: Die Individualität des Einzelfalls droht unter den Schablonen unserer begrifflichen Weltdeutung zu verschwinden. Wir sind immer in der Gefahr, unser Vorurteil auch auf Dinge zu beziehen, für die es nicht zutreffend ist (Überverallgemeinerung). Wenn wir uns dieser Gefahren nicht bewusst bleiben, können sich daraus Probleme und Leid ergeben. Auch mein Computer wird irgendwann versagen, und wenn ich nicht aufpasse, in den letzten Tagen vor Manuskriptabgabe.

Als ich mich kürzlich im Fitness-Center auf dem Laufband warm lief, musste ich feststellen, dass ein über und über tätowierter Typ sich genau an dem Gerät breitmachte, das ich meinem Plan gemäß als nächstes anzusteuern gedachte. Ekelhaft – wie kann man bloß so rumlaufen (erinnert dieses Blau nicht immer so an Blutergüsse?). Wer weiß, was das für einer ist, vielleicht grad aus dem Knast entlassen (ich kannte Tätowierungen immer noch als Hinweis auf zwielichtige soziale Herkunft). Und mit dem muss ich jetzt gleich die Hantelbank teilen und mir womöglich ein Gespräch aufnötigen lassen (sprechen wird er wohl leider können). Ich könnte natürlich meinen Plan ändern – aber wegen »so einem« ändere doch ich nicht meinen Plan. Wenn ich nicht aufgepasst hätte, wäre es ein Leichtes gewesen, mich in Ärger und schlechte Stimmung hineinzusteigern. Ich habe das abblocken können und das war gut so. Zu meiner großen Überraschung zeigte sich nämlich, dass dieser »Typ« in Wirklichkeit einer der menschlich angenehmsten und kooperationfähigsten Mittrainierenden in diesem Studio war. Ich habe gelernt: Tätowierung ist heute als Tattoo sehr weit verbreitet und kein soziales Stigma mehr wie noch in den 70er-Jahren (und auch damals schon waren derartige soziale Vorurteile sicher oft falsch und unschön).

Oder stellen Sie sich vor, jemand ertastet an irgendeinem Körperteil einen Knoten. Es kann ihm das Leben retten, wenn er mit dem Vorurteil Krebs rechtzeitig zum Arzt geht. Ist es nach Ansicht des Arztes aber »zu spät«, kann

Abstraktion als Wesen begrifflicher Erkenntnis

Die Gefahr der Überverallgemeinerung

Kulturelle Vorurteile

Statistische Aussagen gelten nicht für jeden Einzelfall

es ihn auch das Leben kosten: Er steigert sich in Angst, Verzweiflung und Depression hinein und begeht am Ende vielleicht sogar Suizid. Nur: Im Einzelfall kann man nie mit letzter Sicherheit wissen, wann es zu spät ist. Auch wenn es selten ist, in jedem Krankheitsstadium sind unerwartete Spontanheilungen möglich.

Negativistische Überverallgemeinerung bei Depressionen

Pessimisten neigen dazu, die negativen Aspekte ihres eigenen Verhaltens zu überverallgemeinern: Wenn ihnen ein Fehler unterläuft, deklarieren sie sich als total unfähig – in allen Bereichen und für alle Zeit (während der Optimist meint, einfach Pech gehabt zu haben oder allenfalls für diese spezielle Sache nicht talentiert zu sein – wenn es ihm nicht gelingt, andere für das Desaster verantwortlich zu machen). Wie Untersuchungen gezeigt haben, ist ein solcher Denkstil eine Mitursache von Depressionen (Seligman 1991).

Aus vielerlei Gründen können selbst Konzepte und Theorien, die als wissenschaftlich bewiesen erklärt wurden, schlicht und einfach falsch sein. So wurde der Mensch vor einigen Jahrzehnten von den Sozialwissenschaften zur Tabula rasa erklärt: Die Gene seien nichts und Erziehung alles. Generationen von Eltern mit »missratenen« Kindern leiden seither unter z. T. selbstzerstörerischen Schuldkomplexen. Aus Studien mit eineiigen Zwillingen wissen wir heute, dass die Gene zu den psychischen Grundeigenschaften etwa 50% beitragen und dass die gezielten Erziehungsbemühungen der Eltern in vielen Fällen nur eine geringe Wirkung haben. (Die Heranwachsenden öffnen sich nur jenen Umwelt- und Erziehungseinflüssen, die sie als zu sich passend empfinden und suchen diese aktiv auf. Oft gehen diese nicht von den Eltern aus, sondern von Freunden, der »Clique«, von Lehrern oder Verwandten.)

Es gibt keine absolute Wahrheit – oft irrt auch die Wissenschaft

Und auch richtige wissenschaftliche Erkenntnisse erreichen das öffentliche Bewusstsein oft nur in übervereinfachter oder verfälschter Form. Wer etwa glaubt, gelegentliches Herzstolpern (bei einem ansonsten gesunden Herzen) sei eine ernsthafte Erkrankung, womöglich der Vorbote eines Infarkts, der handelt sich jede Menge unbegründeter Sorge und Angst ein.

Mechanistische Denkmuster durch ein flexibles dialektisches Denken ersetzen

Wer so reagiert, hat möglicherweise zudem sehr perfektionistische Vorstellungen von den Funktionen seines Körpers, und das führt uns auf tiefere Ebenen, wo wir so etwas finden wie Schlüsselmetaphern (»root metaphors«) oder grundlegende Denkmuster. So sind in der Kultur des Westens mechanistische Denkmuster mit der Maschine als Schlüsselmetapher tief verwurzelt. (Tatsächlich habe ich erst eben nicht ohne ein gewisses Erschrecken nachvollzogen, wie viele mechanistische Metaphern sich auch im vorliegenden Buch noch finden – man nehme nur unser Symbol für den primären Antrieb.) Maschinen funktionieren meist nach einem Alles-oder-Nichts-Prinzip: Entweder sie funktionieren überhaupt nicht oder sie arbeiten perfekt und mit 100%iger Dauerleistung. Wer ein solches perfektionistisches **Schwarz weiß-Denken** auf die Funktionen seines Körpers, seines Gehirns oder auf das Verhalten anderer Menschen und sozialer Institutionen überträgt, wird sehr oft frustriert werden. Denn Leben ist Schwingung, natürliche Systeme arbeiten immer unscharf und fehlerfreudig. Alles an ihnen, auch ihre Leistungsparameter, sind mehr oder weniger großen Schwankungen unterworfen.

Im mechanistischen Weltbild hat auch der sog. Machbarkeitswahn seinen Ursprung, verbunden mit dem Anspruch einer 100%igen Absicherung gegen alle Lebensrisiken. Sich hieraus ableitende Erwartungen müssen enttäuscht werden, Ärger und Angst sind vorprogrammiert. Nur sehr langsam lernt der Zeitgeist, dass Komplexität und Evolution aus prinzipiellen Gründen nicht domestizierbar sind. Der Erwerb flexibler dialektischer Denkmuster ist derart wichtig, dass wir ihm einen eigenen Abschnitt widmen werden (▶ Abschn. 4.2).

Deutlich weniger fundiert als wissenschaftliche Aussagen sind dann jene Konzepte, die wir als kulturelle Normen bezeichnen. Viele dieser Normen dienen den egoistischen Interessen bestimmter sozialer Gruppen oder sind schlicht und einfach überlebt. So gibt es immer noch Frauen, die sich sehr unwohl dabei fühlen, allein ins Kino oder in ein Restaurant zu gehen. Dies entspringt falsch verstandenem patriarchalischem Besitztumsdenken und ist nicht im Selbstentwicklungsinteresse der Frauen.

Ähnliches gilt für die Vielzahl von Soll- und Mussvorstellungen, die wir in der Kindheit von den Eltern vorgelebt bekamen oder die sie uns aus ihrem Eigeninteresse heraus eintrichterten (z.B. »Nur wer den Anweisungen von Autoritätspersonen brav folgt, ist ein wertvoller und liebenswerter Mensch«). Hierauf wird in ▶ Abschnitt 2.4 ausführlich eingegangen.

Kulturelle und familiäre Normen dürfen hinterfragt werden

Und weiter dann produziert jeder von uns eine Vielzahl selbstgestrickter Meinungen und Pseudoüberzeugungen, die deutlich weniger fundiert sind als, sagen wir, die Newtonschen Gesetze. So wurde mein anfänglicher Frust über den Knieschmerz in meinem Skiurlaub natürlich auch noch durch den inneren Vorsatz verstärkt, dass die Urlaubswoche nur dann als Erfolg verbucht werden könne, wenn die gesamte Zeit intensiv zum Skifahren genutzt wird. Es ist mir dann recht schnell gelungen, diesen Vorsatz loszulassen und mir bewusst zu werden, dass man an einem solchen Ort auch noch auf ganz andere Weise glücklich werden kann. Ich machte einen Bummel durch den Ort, las hinter einem riesigen Panoramafenster mit tollem Bergblick ein gutes Buch und ging in die Sauna – es wurde ein herrlicher Tag (und am Tage darauf war der Knieschmerz weg).

Das Stichwort Urlaub erinnert mich an eine weitere interessante Selbsterfahrung. Nach einem meiner Umzüge stellte sich heraus, dass der Mieter unter mir ein großer Freund lauter Töne war, sowohl im Zusammenhang mit seinem Heimkino als auch mit seiner Stereoanlage (wenn man das noch so nennen kann – seine Wohnung war mit Lautsprechern nachgerade ausgetäfelt und man hätte mit all dem wohl mühelos die Köln-Arena ausschallen können). Wenn diese Maschinerie zu Leben erwachte, fühlte sich mein Stammhirn fundamental irritiert. Es stellte sich Fragen wie: Ist ein Erdbeben im Anzug? Stapft ein Mammut hinter dem Busch hervor? Geht eine Gerölllawine auf mich nieder? Mein Blutdruck schoss nach oben und ich entwickelte in der Folgezeit eine starke Aversion gegen diese alles durchdringenden Bässe. Das Haus brauchte nur leicht zu erzittern, weil vielleicht irgendwo ein Brummi vorbeifuhr, und mein Blutdruck ging nach oben: Geht das jetzt schon wieder los? Hätte man mich damals gefragt, ob bei dieser Reaktion irgendwie das Denken mit im Spiel sei, hätte ich das brüsk zurückgewiesen: Na das ist doch wohl eine ganz unmittelbare, natürliche Reflexreaktion. Ich zumindest kann unter diesen Bedingungen nicht leben und schon gar nicht anspruchsvoll geistig arbeiten.

Eigene gewohnte Denk- und Sichtweisen in Frage stellen

Einige Wochen später flog ich in den Urlaub – zur Abwechslung mal in einen Hotelclub. Und ich konnte es nicht lassen, einen hohen Stapel durchaus anspruchsvoller Sachbücher einzupacken. An einem späten Abend gegen

Soll- und Muss-Vorstellungen sind oft nicht bewußt

Ende der ersten Woche fand ich mich dann lesend und Randglossen verfassend in meinem Bett und auf einmal wurde mir bewusst: Es ist ja hier viel lauter als daheim (auf einer Bühne 50 m Luftlinie von mir entfernt lief das allabendliche Showprogramm). Und auch mittags am Pool hatte ich gelesen, obwohl in unmittelbarer Nähe ein Salsakurs abgehalten wurde. So ging das schon die ganze Woche – ich konnte also geistig auch unter Bedingungen arbeiten, die deutlich lauter und turbulenter waren als daheim. Fast eine ganze Woche lang hatte mich das nicht im Mindesten gestört, es war mir nicht einmal aufgefallen. Ich war fähig, auch stärksten Lärm völlig auzublenden und hochkonzentriert in einem schwierigen Buchtext aufzugehen. Also war mein Ärger in Bezug auf Lärm doch kein natürlicher Reflex? Spielten doch versteckte Einstellungen in Form von Soll- und Mussvorstellungen eine Rolle, die mir gar nicht so bewusst waren? Natürlich! Daheim war ich mit der tief verinnerlichten Pseudoüberzeugung herumgelaufen, dass ich in meinen vier Wänden ein Recht auf absolute Ruhe habe und dass jeder, der dieses Recht verletzt, ein Verbrecher ist, der bestraft gehört. Hier dagegen war ich mit der intuitiven Erwartung angereist, dass es laut sein würde; hier war das selbstverständlich und in jeder Hinsicht rechtens.

Expandierende Identifikation

Wieder daheim erleichterte mir diese Erfahrung den Umgang mit der Situation sehr – ich begriff das ganze als eine Lernchance. Ich fasste den Ehrgeiz, mir diese fortgeschrittene Sensibilisierung durch innere Arbeit und Gewöhnung wieder abzukonditionieren. Hilfreich war auch, dass ich aufhörte, mich als isoliertes *Ich* zu definieren und meine egoistischen Wünsche zu verabsolutieren. Ich redete mit meinem Nachbarn, stellte fest, dass er im Grunde ein liebenswerter Mensch war, der sich seinerseits zum Kompromiss fähig zeigte. Ich definierte mich als Teil der Hausgemeinschaft, in der alle das Recht haben, ihre Bedürfnisse zu leben und glücklich zu sein (Prinzip der expandierenden Identifikation). Wenn jetzt die Musik herauftönte – von nun an leiser und zeitlich befristet – versuchte ich mich darüber zu freuen, dass es meinem Nachbarn gut ging. So fanden wir schließlich einen Modus, mit dem wir beide gut leben konnten.

Wenn man bewusst durchs Leben geht, wird man feststellen, dass ein Großteil unseres täglichen Ärgers und Leids in ähnlicher Weise auf Meinungen, Mussvorstellungen und Erwartungen zurückgeht, die keine Newtonschen Gesetze sind, die man verändern oder ganz loslassen kann.

2.2.3 Verabsolutierungen, übersteigerte Wünsche und Teufelskreise

Leider gibt es in unserer Kultur viele Tendenzen, die dazu führen, dass rationale Konzepte aus Wissenschaft und Kultur zu Dogmen, ehernen Prinzipien oder absoluten Wahrheiten überhöht werden: fehlendes oder allzu naives Wissen in Erkenntnistheorie, das Schwarz-weiß-Denken der mechanistischen Denkkultur, Abgrenzungsbemühungen verschiedener theoretischer Schulen, die Instrumentalisierung rationaler Konzepte für Machtinteressen etc.

Und dann beginnen wir, uns an diese scheinbar ewigen konzeptuellen Strukturen zu gewöhnen. Wir gewöhnen uns so sehr an unsere begriffliche

Landkarte, dass wir das Land dahinter vergessen und die Karte für die reale Landschaft zu halten beginnen.

Dabei kann es regelrecht zur Verdinglichung begrifflicher Konzepte kommen, was wieder eigene Quellen des Leids mit sich bringt. Ich habe nicht wenige Patienten erlebt, die davon ausgingen, sie hätten eine Depression in dem gleichen Sinne wie man etwa einen Gallenstein hat. Aber durch diese falsche Dingmetapher wird die Depression zum unabänderlichen Schicksal verfälscht, denn man kann sie nicht herausoperieren wie man einen Gallenstein entfernt.

Lang gewohnte Konzepte werden immer stabiler und verzerren schließlich die Wahrnehmung derart, dass sie unumstößlich werden: Manch ein Psychologe, der im geistigen Mittelalter des Behaviorismus lernen musste, dass das Denken nichts als eine Aneinanderkettung von einfachen Reflexen sei, hat sich zeitlebens nicht mehr von dieser Vorstellung lösen können, obwohl jede unvoreingenommene Selbstbeobachtung zeigt, wie postabsurd eine solche Theorie ist. Prinzipien erstarren zu Dogmen, die auch dort nicht aufgegeben werden können, wo sie ihren Sinn verlieren und zu schaden beginnen: War es beim Aufbau des Unternehmens vielleicht noch richtig, alle Entscheidungen selbst zu treffen – von einer bestimmten Unternehmensgröße an wird das ganz sicher falsch.

❶ In ähnlicher Weise trägt die Verabsolutierung und Erstarrung unserer rationalen Konstrukte zu einer Scheinwelt auf vielen Ebenen dazu bei, dass Leiden entsteht und aufrechterhalten wird. Die Wirklichkeit gebiert unaufhörlich neue Formen des Seins, nichts wiederholt sich, alles verändert sich immer schneller. Dem können wir nur gerecht werden, wenn wir lernen, unsere Denkwerkzeuge sehr bewusst, hochflexibel und auf den konkreten Kontext bezogen einzusetzen.

Die Wirklichkeit verschwindet hinter gedanklichen Konzepten, die sich zu Scheinwelten verfestigen

Das mechanistische Schwarz-weiß-Denken trägt auch dazu bei – und damit sind wir auf der linken Hälfte von ❏ Abb. 2.1 – unsere Wünsche und Bedürfnisse zu übersteigern und im Sinne eines Alles-oder-Nichts zu verabsolutieren. So ist es natürlich ein legitimer Wunsch, ausgeruht und ausgeschlafen zu sein. Doch manche Menschen steigern das zu der perfektionistischen Vorstellung, immer und vollständig ausgeruht und ausgeschlafen sein zu müssen, und klagen diesen Anspruch dann womöglich noch beim Arzt ein. Es wäre eigentlich gar nicht schlimm, unausgeschlafen und müde zu sein. Wenn man einmal achtsam und ohne zu werten in sich hineinspürt, stellt man fest, dass das gar nicht so unangenehm ist, dass es jedenfalls längst nicht so weh tut wie ein Hämatom nach Skiunfall. Widmete man sich mit voller Konzentration den Dingen, die zu tun sind, würde man seine Aufgaben gut schaffen und die Müdigkeit die meiste Zeit über vergessen. Aber nein: Man vergleicht seinen Zustand ständig mit den besten Power-Tagen, die man je erlebt hat, funzelt ständig mit dem Bewusstsein auf den Negativempfindungen herum, um sie auf diese Weise immer stärker wahrzunehmen; man steigert sich wegen des letzten Zeitungsartikels über die Negativwirkungen des Schlafmangels in Angst hinein und katastrophisiert: Vielleicht hab ich eine Schlafstörung und kann überhaupt nicht mehr richtig schlafen (was dann im Sinne einer selbsterfüllenden Prophezeihung vielleicht sogar eintritt).

Die Übersteigerung von Wünschen und Bedürfnissen

Ja, es ist schön geliebt zu werden. Aber von einigen Mitmenschen – und selbst dem einen – nicht geliebt zu werden, ist nicht wirklich dasselbe wie von einem Löwen zerrissen zu werden (auch wenn mancher Liebesbekümmerte das vorübergehend anders sehen mag). Zur Katastrophe wird das erst, wenn man bestimmte Auffassungen aus der Psychoszene überhöht und glaubt, Liebe zu empfangen sei mindestens genauso wichtig wie das Atmen (was allenfalls für Kinder richtig ist). Im Erwachsenenalter ist es wichtiger zu lernen, selbst Liebe zu empfinden und zu geben – für sich selbst, für andere Menschen, ja für die ganze Welt. Man profitiert nämlich von jenen positiven Gefühlen am meisten, die man selber hat. Im Übrigen: Wer Liebe gibt, wird viel eher Liebe empfangen als der, der sie einfordert.

Aufwärtsvergleiche sind schädlich

Auch hier sind es vielleicht Vergleiche, insonderheit Aufwärtsvergleiche, die das Defizitempfinden steigern: Susanne, Brigitte, Hans – ja überhaupt alle haben tolle Partner, nur ich nicht, denkt der eine. Die andere kann das an sich sehr schöne eigene Auto nicht mehr genießen, weil die Nachbarin ein neueres Modell gekauft hat. Oder man verschließt sich dem Wohlgeschmack in einem Normalo-Restaurant, weil es in einem Edelschuppen schon mal (vermeintlich) besser geschmeckt hat.

In Teufelskreisen werden Negativgefühle übersteigert

Derartige Diskrepanzen zwischen verabsolutierten Erwartungen und den Gegebenheiten des Seins werden als Widerstand erlebt, der den primären Antrieb der Aggressionsbereitschaft startet – es resultieren Ärger und Wut. Gewinnt diese Diskrepanz in unserer konzeptuellen Scheinwelt den Status einer Bedrohung, kommt Angst hinzu. Die dadurch aktivierte Stressreaktion führt nicht selten zum Tunnelblick: Die Wahrnehmung engt sich auf den als negativ interpretierten Sachverhalt ein. Das vermeintlich Bedrohliche überschattet nun den gesamten Bewusstseinshorizont, was die Negativgefühle weiter steigert und es immer schwerer macht, aus dem Angstattraktor herauszukommen. Teufelskreise mannigfacher Art pfropfen sich auf: Negative Gedanken und negative Gefühle verstärken sich, Angst und Schmerz verstärken sich (bei Angst sinkt die Schmerzschwelle), Rückzug und Grübelei steigern sich etc. Einerseits verstärkt dies die Tendenz zu gedanklichen Verzerrungen in Richtung Übergeneralisierung und Schwarz-weiß-Denken, andererseits steigern sich die Negativgefühle u. U. bis ins Exzessive.

Die angesprochenen Probleme potenzieren sich noch dadurch, dass die meisten von uns nur eine sehr schlechte Kontrolle über den Fokus ihrer Aufmerksamkeit haben. Entweder springt unser Bewusstseinsfokus rastlos und unberechenbar von Thema zu Thema so wie ein Affe im Regenwald von Ast zu Ast hüpft. Oder unser »Affengeist«, so nennen ihn die Buddhisten, frisst sich in einer Baumkrone mit den schwarzen Früchten des Leids fest und wir bekommen ihn dort einfach nicht heraus.

Unsere schlecht kontrollierte Aufmerksamkeit sucht sich oft negative Inhalte

Zu einer Zeit, als die meisten Gefahren noch unmittelbare physische Bedrohungen waren, hatte es wahrscheinlich Überlebenswert, wenn der Aufmerksamkeitsfokus primär von Gefahrenmomenten angezogen wurde. Möglicherweise liegt hier die Ursache dafür, dass sich bei vielen Menschen von der Vielzahl möglicher Alternativen die schwärzesten zuerst ins Bewusstsein drängen. Und einem kreativen Geist sind bei der Konstruktion virtueller Gefahren in unseren komplexen konzeptuellen Scheinwelten kaum Grenzen gesetzt (Katastrophisieren). Allerdings treten die meisten dieser vielen imaginierten Katastrophen nie ein.

Auch in Richtung Vergangenheit überspringt unser Affengeist auf der Suche nach den bitteren Früchten mühelos die Zeitbarriere: An Ereignisse aus der Vergangenheit, die als schrecklich erlebt wurden, erinnert man sich immer und immer wieder. In nicht enden wollenden Grübelschleifen wird angeklagt und Schuld zugewiesen.

Ob es längst verblichene Schrecken der Vergangenheit oder Zukunftskatastrophen sind, die nie Wirklichkeit werden – stets reagiert die Psyche wie auf reale Bedrohungen der Gegenwart und erschöpft sich in diesem Kampf mit all den potenziellen Negativwirkungen des Dysstress-Geschehens.

Wir reagieren auf imaginierte Bedrohungen wie auf reale Bedrohungen

Abschließend sei eine von P. Watzlawick (1994, S. 35) ersonnene Geschichte erzählt, die einige der besprochenen Mechanismen auf das Trefflichste illustriert:

Ein Mann will ein Bild aufhängen. Den Nagel hat er, nicht aber den Hammer. Der Nachbar hat einen. Also beschließt unser Mann, hinüberzugehen und ihn auszuborgen. Doch da kommt ihm ein Zweifel: Was, wenn der Nachbar mir den Hammer nicht leihen will? Gestern schon grüßte er mich nur flüchtig. Vielleicht war er in Eile. Aber vielleicht war die Eile nur vorgeschützt und er hat etwas gegen mich. Und was? Ich habe ihm nichts getan; der bildet sich da etwas ein. Wenn jemand von mir ein Werkzeug borgen wollte, *ich* gäbe es ihm sofort. Und warum er nicht? Wie kann man einem Mitmenschen einen so einfachen Gefallen abschlagen? Leute wie dieser Kerl vergiften einem das Leben. Und dann bildet er sich noch ein, ich sei auf ihn angewiesen. Bloß weil er einen Hammer hat. Jetzt reicht's mir wirklich. – Und so stürmt er hinüber, läutet, der Nachbar öffnet, doch bevor er Guten Tag sagen kann, schreit ihn unser Mann an: »Behalten Sie sich Ihren Hammer, Sie Rüpel!«

Noch einmal: Die Sinnesqualität fast aller unserer Lebensmomente meint es gut mit uns. So gesehen sollten wir eigentlich die überwiegende Zeit unseres Lebens glücklich sein. Lebe wie ein Vogel fliegt, so empfehlen uns die Buddhisten, denn der Vogel kennt nur das Hier und Jetzt. Dass dies vielen Menschen nicht gelingt, hängt entscheidend damit zusammen, dass sich die Sphäre ihres Denkens verselbstständigt hat, dass sie die eigendynamischen Prozesse, die dort ablaufen, ungenügend verstehen und ungenügend zu beherrschen vermögen. Dies zu ermöglichen, ist der Kern der inneren Befreiung.

Lebe, wie ein Vogel fliegt

2.3 Stressabbau durch förderliche Denkmuster im Hier und Jetzt

Vor diesem Hintergrund können wir nun etwas genauer erkennen, welche Wege zu einer inneren Befreiung beitragen.

Zunächst einmal dürfte aus dem Geist des ganzen Buches heraus klar sein: Ich plädiere nicht für eine Geringschätzung oder gar Abschaffung des Denkens, wie dies wohl dem Grundtenor vieler Schriften insbesondere aus dem Zen-Buddhismus entspricht. Als Erfahrung inneren Handelns steht das Denken nicht hinter äußeren Sinneserfahrungen zurück. Im Bewusstsein seiner Grenzen richtig eingesetzt, kann das abstrakte Denken außerordentlich nützlich sein und auch außerordentliche Freude bereiten. Und dort, wo wir mit hoher Wahrscheinlichkeit über Wissen verfügen, ist dieses zutreffen-

Förderliches Denken kann sehr hilfreich sein

de wissenschaftliche Wissen auch ein wichtiger Beitrag zur inneren Befreiung. Dies betrifft insbesondere zutreffendes Wissen über die Grundfunktionen unserer Psyche (wie es im ersten Buchteil dargestellt wurde). Darüber hinaus sollten wir uns um ein modernes systemisch-evolutionistisches Weltbild bemühen, dessen stärker organische Schlüsselmetaphern sehr viel besser zur Erfassung komplexer Wirklichkeiten geeignet sind als die alten mechanistischen Denkfiguren. Den damit verbundenen Mustern eines flexiblen dialektischen Denkens ist speziell der ▶ Abschnitt 4.2 gewidmet.

Entscheidend ist weiter, mit den Werkzeugen des Denkens nicht einfach unreflektiert darauflos zu wursteln, sondern sich über ihr Wesen, ihre Funktion und ihre Möglichkeiten und Grenzen klar zu werden (Stichworte: Evolutionäre Erkenntnistheorie und Konstruktivismus). Nur dann können wir mit den von ihnen erzeugten Landkarten souverän umgehen. Das beginnt damit, dass uns allzeit bewusst bleibt, dass die Welt unserer rationalen Begriffskonstrukte, ja unsere sinnliche Wirklichkeit als Ganze eben nur eine Landkarte ist.

> ❗ **Alles Wissen ist Hypothese. Es gibt keine absoluten Wahrheiten. Und so, wie man für unterschiedliche Nutzungszwecke eines Landes verschiedene Karten braucht, so gibt es oft für unterschiedliche Menschengruppen, für unterschiedliche Menschen, ja sogar für ein und denselben Menschen zu verschiedenen Zeiten oder in unterschiedlichem Lebenskontext auch unterschiedliche relative Wahrheiten für ein und denselben Problembereich.**

Welle-Teilchen-Dualismus und relative Wahrheiten

Die moderne Quantenphysik hat uns dies vorgemacht: Je nach Versuchsbedingungen lässt sich das Licht im einen Fall wie eine Welle, im anderen Fall im Sinne von Teilchen am zutreffendsten beschreiben.

Kein totaler Relativismus: Es gibt verbindliche Grundwerte

Auch wenn man diese Gefahr nicht außer Acht lassen darf – ich glaube nicht, dass dies in einen totalen Relativismus führt. Allen Menschen ist die Disposition für bestimmte positive Grundwerte eingeboren: Mitgefühl, Güte und Liebe; Fairness und Gerechtigkeit, eine Sensibilität für Wahrhaftigkeit und Schönheit. Dies kann uns als Richtschnur dienen bei der Erarbeitung eigener, selbstentsprechender Überzeugungen, mit welchen Mitteln man diesen Werten am besten in der Welt voranhelfen kann, in Abhängigkeit von den je konkreten Umständen. Diese Überzeugungen sollten wir dann mit großer Entschiedenheit vertreten.

Aber selbst diese Grundsätze dürfen nicht zu Dogmen erstarren. Wenn wir das Leben als einen nie endenden Lernprozess auffassen, dann werden wir manche unserer Überzeugungen neuen Erfahrungen und Erkenntnissen anpassen müssen.

Aus der empiristisch-positivistischen Tradition unserer Kultur heraus sind wir es gewohnt, das Teilkriterium 1 von Wahrheit überzubetonen (vgl. ▶ Abschn. 1.1.3): Was mit Sinnesdaten übereinstimmt und messbar ist, ist wahr, und dann auch gleich in einem absoluten Sinne. Wir müssen lernen, dass in komplexen Wirklichkeiten die Teilkriterien 2 (relative Stimmigkeit in einem Gesamtkontext) und 3 (praktische Nützlichkeit) ein viel größeres Gewicht haben.

Wann immer insbesondere leiderzeugende innere Aussagen auftauchen, gilt es zu fragen: Handelt es sich um Newtonsche Gesetze? Entspricht dies meinen ureigenen Überzeugungen? Ist es im gegebenen konkreten Problem-kontext nützlich und förderlich? Wenn nicht – kann ich diese inneren Sätze umformulieren oder einfach aufgeben? Es geht also darum, den Götzendienst an überlebten abstrakten Prinzipien, an unverdauten, einfach von Autoritäten übernommenen Dogmen oder auch an selbstgestrickten nichtfundierten Meinungen zu beenden.

Kein Götzendienst an Dogmen, sondern: Was ist am förderlichsten?

Es gilt, sich immer des Unterschieds zwischen Land und Landkarte be-wusst zu bleiben: Zuerst sollten wir versuchen, die Dinge so theoriefrei wie möglich wahrzunehmen, und dann bewusst entscheiden, welche Karte für den gegebenen Zweck am besten passt. Es gilt, bewusst zu trennen zwischen Tatsachen und Interpretationen bzw. Wertungen.

Welche Sichtweise ist am förderlichsten? Welche Konzepte werden dem komplexen Gesamtkontext am besten gerecht? Es gilt, dabei in relativen Wer-tungen, relativen Wahrheiten, Graustufen und Kompromissen zu denken, mit hoher Kreativität möglichst viele Interpretationen in Betracht zu ziehen, in flexiblem Perspektivwechsel bewusst die Deutungsspielräume in Richtung der positivsten und förderlichsten Sichtweise zu nutzen, die den oben ge-nannten Grundwerten am besten gerecht wird und für alle Seiten die größten Lern- und Wachstumsmöglichkeiten eröffnet.

Diese Relativierung betrifft auch die Konzepte, die sich auf unsere Wün-sche beziehen: Was wir als gesunde Erwachsene **unbedingt** haben müssen, ist Atemluft, Nahrung und eine ausreichend warme Unterkunft, mehr nicht. Nur das ist wirklich ein obligatorischer primärer Bedarf. In europäischen Klöstern und Berghöhlen des Himalaya haben uns viele Menschen vorgelebt, dass dies an äußeren Bedingungen genügt, um zu Zufriedenheit und Glück gelangen zu können. Sozialer Einfluss, Respekt, Bewunderung und Liebe anderer Menschen, materielle Güter, die sinnlichen Ablenkungen der Groß-stadt – all dies kann in gewissen Grenzen gut und förderlich sein und wir sollten unverkrampft danach streben (fakultativer primärer Bedarf). Es ist schön, wenn wir es bekommen, und wir sollten uns darüber freuen. Sollten wir solchen Lohn von außen aber nicht bekommen, so wäre dies keine Katas-trophe. Im Gegenteil: Gehen wir richtig mit derartigen Versagungen um, birgt das seine eigenen Chancen.

Obligatorischer und fakultativer primärer Bedarf

❗ **Wir Menschen haben prinzipiell die Fähigkeit, das Fehlen äußeren Lohns durch Kultivierung inneren Lohns zu kompensieren (Entwick-lung sekundärer Antriebe).**

Es ist von zentraler Bedeutung, dies zu verstehen und zumindest Anfangs-erfahrungen zu machen, die Zuversicht in diese Möglichkeit wecken.

Weiter gehört zur inneren Befreiung: das Einüben einer besseren Kon-trolle über den Fokus unserer Aufmerksamkeit – etwa durch Meditations-übungen, das Aufspüren und adäquate Umformulieren unserer tief verinner-lichten Leitideen und Lebensmaximen; sowie einige Spezialtechniken zum Durchbrechen von Teufelskreisen (insbesondere die Technik der paradoxen Intention).

Lassen Sie uns nun den Abbau leiderzeugender Denkmuster systematisch besprechen.

Obwohl die Übergänge fließend sind, macht es Sinn oberflächlichere, universellere und im Hier und Jetzt wirksame Akuttechniken von längerfristigen Tiefenumstrukturierungen und Übungen zu unterscheiden, die den Boden für eine künftig bessere Wirksamkeit der Akutmaßnahmen bereiten sollen (hier sind dann wieder die Übergänge zum inneren Wachstum fließend).

Lassen Sie uns zunächst die Akuttechniken betrachten.

2.3.1 Ausblenden und Ablenken

Oft sind Konflikte, Probleme oder Störungen unwichtig bis zur Nichtigkeit oder aber ein Ausräumen bzw. Klären würde sich nicht lohnen, weil entweder der Preis dafür zu hoch wäre oder eine singuläre Konstellation ohne Konsequenzen für die Zukunft vorliegt. Mögliche Beispiele sind: Der sonst leise Nachbar sägt, bohrt und hämmert über einen ganzen Tag hinweg ein neues Möbel zusammen (die Zeiten sind halt schlecht); man wird von einem Unbekannten in der Fußgängerzone verbal beleidigt; die Frau am Fahrkartenschalter ist unfreundlich; einem sonst fairen Kollegen geht es sichtlich schlecht und er schanzt einem Arbeit zu, die eigentlich die seine wäre; im Fitness-Center läuft ununterbrochen Werbung auf Infraschwachsinnsniveau – sagen wir, für neue Handy-Klingeltöne (»...bis die Oma schreit«) etc. Viele Menschen haben eine Neigung, sich allein durch die Tatsache gestört zu fühlen, dass andere aus der Norm schlagen, selbst wenn das nicht mit wirklichen Beeinträchtigungen verbunden ist und sie eigentlich gar nichts angeht: Der eine Nachbar räumt seinen Garten nicht auf, der andere hat so eine fürchterliche Gelfrisur und seinem Sohn hängt der Hosenboden auf Höhe der Kniekehlen – wie kann man bloß so rumlaufen, das ist ja nicht mehr zum Aushalten.

Über nebensächliche Probleme einfach schnell hinweggehen

Wenn man einige Übung darin hat, bewusst mit seinen inneren Reaktionen umzugehen, kann man bei aufkommendem Ärger in solchen Situationen blitzschnell die Frage entscheiden, ob die Störung relevant ist, und – falls nicht – ganz schnell darüber hinweggehen, um sich auf andere wichtige Dinge zu konzentrieren.

Die Hunde bellen, die Karawane zieht weiter

Ob Worte Sie verletzen, ist Ihre Entscheidung

Wirklich verletzt wird man nur, wenn man ein Messer in den Leib bekommt. Bei allen nichtphysischen Zumutungen hat man es selbst in der Hand, ob man sich verletzt und gestört fühlt oder nicht – es ist die eigene Entscheidung. Sagen Sie jetzt immer öfter in solchen Situationen Nein. Machen Sie sich einen Spaß aus cooler Ignoranz nach dem Motto: Die Hunde bellen und die Karawane zieht weiter. Verdinglichen Sie einen Konflikt nicht: Was für eine Ungerechtigkeit (z. B. das mit der zusätzlichen Arbeit vom Kollegen)! Das darf so nicht stehen bleiben! Wenn Sie das aus Ihrem Bewusstsein einfach streichen, bleibt da nichts stehen – nirgendwo. Bei Ihnen nicht, bei Ihrem Kollegen nicht (der Ihnen vielleicht einfach dankbar ist) und schon gar nicht in Form einer schiefen Waage in irgendeinem imaginären Gerechtigkeitsuniversum. Wenn Sie nicht dran denken, gibt es das Problem nicht – so einfach ist das. Die Entscheidung liegt bei Ihnen.

Sich zur Ablenkung auf etwas Positives konzentrieren

Aus Negativattraktoren lässt man sich natürlich am besten durch einen möglichst starken Positivattraktor herausziehen, durch Tätigkeiten also, die konzentrierte Aktivität erfordern und Freude bereiten: Am Tage des nervensägenden Nachbarn muss man ja nicht gerade die Steuererklärung machen, man kann auch ein faszinierendes Buch lesen oder sich auf den Hometrainer setzen. Und insbesondere für den Punkt Ausblenden und Ablenken kann natürlich das Training der entspannten einspitzigen Konzentration im Rahmen einer Meditationspraxis sehr hilfreich sein.

2.3.2 Distanzieren und Relativieren

Ist das Problem relevanter oder ist der Ärger schon so weit hochgebrannt, dass ein schnelles Darüberhinweggehen nicht mehr gelingt, greifen wir zur nächstschwierigeren Methode, der inneren Distanzierung. Wie beschrieben, kommt es im Stress zum Tunnelblick: Das Problem verdunkelt den gesamten Wahrnehmungs- und Denkhorizont. Wir verkämpfen uns gewissermaßen in der Nahkampfperspektive und verlieren den Überblick. Im Stress gilt es, immer wieder den »inneren Feldherrenhügel« zu erklimmen und sich Fragen zu stellen wie: Welchen Stellenwert hat das Problem vor dem Horizont meines gesamten Lebensentwurfs? Lohnt sich die Aufregung überhaupt? Werde ich mich in 10 Jahren überhaupt noch daran erinnern? Gibt es nicht sehr viel gravierendere Probleme? Nützt es, wenn ich mich jetzt aufrege und in die Stressblockade gerate? In vielen Situationen kann uns dies helfen, negative Gefühle zu dämpfen, souverän zu entscheiden und mit Gelassenheit das Angemessene zu tun.

Wir werden hierauf im Zusammenhang mit der SDR-Technik noch einmal zurückkommen (▶ Abschn. 2.10.3). Man kann im Laufe des Tages gar nicht oft genug innerlich aus der Situation heraustreten und sich fragen: Dient das, was ich gerade tue, in optimaler Weise meinen wichtigen Lebenszielen?

Springen Sie auf Ihren inneren Feldherrenhügel

2.3.3 Perspektivwechsel und Wachstumschance

Unsere Welt ist so komplex, dass jedes Ereignis eine Vielzahl von Facetten hat und aus unterschiedlicher Perspektive betrachtet werden kann.

Zunächst gilt es, immer wieder sehr bewusst zwischen Tatsachen und den Interpretationen und Bewertungen dieser Tatsachen zu unterscheiden, die oft unbewusst automatisiert erfolgen. Insbesondere in das aus hochkomplexen Hintergründen erwachsende Verhalten anderer Menschen deuten wir oft völlig unbegründet Bedeutungen und Bezüge hinein: Der Chef hat mich heute morgen nicht gegrüßt – hat er mir irgendetwas übel genommen? Hat man aber nicht wirklich einen Dissens mit seinem Chef, ist eine Vielzahl anderer Hintergründe wahrscheinlicher: Vielleicht hat er gegrüßt und man hat es nicht bemerkt. Vielleicht war er unaufmerksam und hat einen nicht gesehen. Vielleicht stand er unter Druck und hätte in dieser Situation nicht einmal den Bundeskanzler gegrüßt.

Neben negativen Seiten haben fast alle Ereignisse auch positive Seiten. Denken Sie als Paradebeispiel an die berühmten Kippfiguren (z. B. Alte Frau–Junge Frau von ◘ Abb. 1.9). Wenn man ein Ereignis, das unter dem Strich zunächst als negativ betrachtet werden muss, nicht aus der Welt schaffen kann, ist es sehr hilfreich, nach den positiven Seiten zu suchen und das Beste aus der Situation zu machen.

Im komplexen Kontext hat fast jedes Ereignis auch seine positiven Seiten

> ❗ **Hier der Trick, der fast immer funktioniert: Fragen Sie sich, was Sie bei der Bewältigung der Situation lernen und trainieren können und deuten Sie das Negativereignis in eine Wachstumschance um.**

Sie stehen jeden Morgen eine Stunde im Stau und regen sich als Choleriker immer furchtbar auf? Dann danken Sie dem Himmel: Nie wird Ihnen ein maßgeschneiderteres Trainingsprogramm angeboten werden, bei dem Sie lernen können, unter allen Umständen ruhig und gelassen zu bleiben! Nutzen Sie also die Zeit für Entspannungsübungen unter Einsatzbedingungen.

Sie haben einen ekligen Kollegen bekommen und all Ihre Intrigen, ihn wieder loszuwerden, sind gescheitert? Was für eine treffliche Gelegenheit, endlich einen etwas tiefgründigeren Umgang mit Menschen zu lernen! Ganz sicher hat auch dieser Mensch seine liebenswerten Seiten. Helfen Sie ihm, sich immer öfter von dieser Seite zu zeigen. Und wenn nicht – auch friedliche Koexistenz lohnt, trainiert zu werden. Wer weiß, wozu Sie das später noch einmal brauchen können.

Probleme nicht negativ sehen, sondern als Wachstumschance

Ihr Chef hat Sie gerade fristlos gefeuert? Endlich haben Sie Zeit, all die Dinge zu tun … na ja, Sie kennen diese Litanei. Es ist ein wenig abgedroschen und oft nicht so einfach getan wie gesagt. Und doch ist gerade dieser Punkt sehr wichtig. Wenn man sich ernsthaft auf einen solchen Perspektivwechsel einlässt und sich diese Herangehensweise zur Gewohnheit macht, kann das sehr hilfreich sein.

2.3.4 Spezifische innere Umstrukturierungen

Hier geht es nun um das bewusste Aufspüren und gezielte Verändern hinderlicher Gedankenstrukturen. Wann immer Sie negative Gefühle oder innere Anspannung in sich spüren, treten Sie heraus aus der Situation auf Ihren inneren Feldherrenhügel. Fragen Sie sich, wo die Ursache liegt und welche Soll- und Mussvorstellungen daran beteiligt sind. Sind diese Denkfiguren Newtonsche Gesetze oder kann man sie verändern oder sogar ganz loslassen? Was könnte schlimmstenfalls passieren? Und wenn das tatsächlich einträte – wäre das wirklich eine absolut unaushaltbare Katastrophe?

Nach der Ursache von Angst und negativen Gefühlen suchen

Sie ärgern sich, weil Ihr gewohnter Parkplatz besetzt ist. Nein, Sie müssen nicht genau an dieser Stelle parken, mit größter Wahrscheinlichkeit trägt die Erde an anderer Stelle ebensogut. Zur Not müssen Sie halt zwei Runden um den Block drehen. Vielleicht entgehen Sie dadurch einem unangenehmen Anruf (Sie wissen schon, diese Inkassofirma mit Sitz in Berlin und Moskau). Sie fühlen sich in einer Gesprächsrunde unwohl? Es geht nicht um eines Ihrer Themen und das Gespräch läuft irgendwie an Ihnen vorbei? Sie müssen nicht immer brillieren und dominieren. Die Leute könnten Sie für eine Schlaftablette halten? Na und, tut das etwa weh? Ich fürchte, von einer Dampfwalze überfahren zu werden wäre schlimmer (und die hübsche Praktikantin zwei Plätze weiter hat eh einen Freund). Sie können sich bei Ihrer dringenden abendlichen Schreibtischarbeit nicht konzentrieren? Sie haben ein Treffen mit einem alten Freund abgesagt und nun plagt Sie ein schlechtes Gewissen? Nun, das ist natürlich schade. Aber Sie mussten zu diesem Treffen nicht gehen. Sie sind nicht auf der Welt, um die Erwartungen anderer Menschen zu erfüllen.

Aus diesen, ähnlichen und noch ganz anderen Gründen geraten viele von uns immer wieder in innere Spannungen. Immer wieder in der vorgeführten oder ähnlicher Weise dagegen vorzugehen, kann sehr hilfreich sein. Mit der Zeit liegen dann für die wichtigsten Standardsituationen eingeübte Argumente bereit, die man dann nur noch innerlich antippen muss, um Entspannung herbeizuführen.

Bei den meisten Menschen gruppieren sich die vielfältigen Oberflächenstressoren um bestimmte Grundthemen. Diesen Themen liegen tief verinnerlichte Leitideen zugrunde: mehr oder weniger bewusste Lebensmaximen, die von Eltern oder Vorbildern übernommen wurden und nicht selten an die besonderen primären Neigungen des Betreffenden anknüpfen, um diese absolutistisch zu übersteigern (so wird ein primär zwanghaft veranlagter Heranwachsender perfektionistische Lebensmaximen wie Honig aufsaugen).

Verinnerlichte Leitideen als innere Stressoren aufdecken und sie in adäquatere Lebensmaximen umwandeln

Man sollte sich Zeit dafür nehmen, diesen eingewurzelten und z. T. unreflektiert-gewohnheitsmäßigen Leitideen gründlich und systematisch auf die Spur zu kommen. Im zweiten Schritt sind ihnen dann bewusst erarbeitete Lebensmaximen gegenüberzustellen. Dittens schließlich gilt es, Gedankenkomplexe zur sekundären Aufhebung starker, insbesondere negativer primärer Emotionen zu entwickeln. Ein Unterpunkt hiervon ist es, für die wichtigsten individuellen Angstthemen Worst-case-Szenarios zu erarbeiten. Diese drei Punkte werden in den folgenden Abschnitten ausführlicher behandelt (▶ Abschn. 2.4, ▶ Abschn. 2.5 und ▶ Abschn. 2.6). Je intensiver man sich diesen Tiefenumstrukturierungen widmet, je besser sie im inneren Wachstum aufgehen und verinnerlicht werden, desto mehr Wirkung werden diese Schutz- und Gegengedanken entfalten, wenn man sie in der Akutsituation aus dem inneren Werkzeugkasten holt.

Anti-Leid-Gedanken und Worst-case-Szenarios

2.3.5 Paradoxe Intention

Unser psychischer Apparat ist dazu gemacht, nach außen gerichtet Probleme in der Umwelt zu lösen. Mit dem *Ich*-Bewusstsein entstand die Möglichkeit der Selbstreflexion, der Wendung von Aufmerksamkeit und Willen nach innen. Dies erlaubt nun auch auf den höchsten Steuerungsebenen des Gehirns das Ingangkommen von positiven Rückkopplungen, die wir als Teufelskreise bezeichnen, wenn sie in Störungsattraktoren springen.

Psychische Probleme erwachsen oft aus Teufelskreisen

❗ **Wann immer wir gegen etwas ankämpfen, das sich in uns selbst befindet, besteht die folgende Gefahr: Durch die Zufuhr an Aufmerksamkeit und Willenskraft wird das, wogegen wir ankämpfen, mit Energie versorgt und erstarkt – versuchen Sie einmal, nicht an einen Elefanten zu denken. Zunehmender Druck erzeugt nur wachsenden Gegendruck.**

Je mehr wir uns über unsere Wut ärgern, desto größer wird sie. Je mehr wir gegen die Schlaflosigkeit ankämpfen, desto aussichtsloser wird es, einzuschlafen. Jedem Versuch, eine bestimmte Angst zu vermeiden, wohnt selbst schon ein Funken Angst inne, der dann oft das große Feuer erst richtig entfacht.

Paradoxe Intention ist eine hervorragende Technik, derartige Teufelskreise zu durchbrechen: Man versucht dabei, das Gefürchtete positiv anzunehmen, ja sogar es herbeizuwünschen. Dabei kann (schwarzer) Humor sehr hilfreich sein.

Buddha: Berühre und umarme Dein Leid

Haben nicht berühmte Leute wie Napoleon, Edison oder Churchill nur vier bis fünf Stunden pro Nacht geschlafen? Wahrscheinlich hätten sie ihre historischen (Un-)Taten nicht vollbringen können, hätten sie mehr Zeit in dieses nutzlose Herumliegen im Bett investiert. Also: Falls Sie gerade nichts Besseres zu tun haben als sich in Schlafstörungen hineinzusteigern: Trainieren Sie auf Kurzschläfer (der Schlaf reduziert sich dann einfach auf die wichtigen Tief- und REM-Schlaf-Phasen)! Setzen Sie zum Auftakt gleich heute Nacht einen intensiven Trainingsreiz und versuchen Sie, unter allen Umständen wach zu bleiben!

Sie haben eine starke Schweißneigung und in letzter Zeit immer mehr Angst, bei Konferenzen mit dicken Schweißperlen auf der Nase und dunklen Ringen unter den Armen dazusitzen? Stehen Sie dazu und machen Sie einen Witz: Scheinbar bin ich der einzige, der hier arbeitet! Nehmen Sie sich vor, bei der nächsten Konferenz ihren bisherigen Rekord zu überbieten und mindestens 7 Liter zu schwitzen! In vielen Situationen kann ein solches Vorgehen die Spannung deutlich reduzieren und das Problem zumindest in einen erträglichen Bereich zurückführen. Wie man die paradoxe Intention bei gravierenderen psychischen Problemen anwendet, insbesondere bei Angststörungen, ist in meinem Buch »Erste Hilfe für die Psyche« ausführlicher beschrieben.

2.3.6 Spannungsabbau durch Entspannungstechniken, Flow-Aktivitäten und Sport

Auf diese Punkte wurde und wird an jeweils anderer Stelle ausführlich eingegangen. Ich habe sie hier nur aus Gründen der Vollständigkeit mit aufgeführt.

2.4   Langfristige innere Umstrukturierungen

Nun zu jenen Tiefenumstrukturierungen, von denen in ▶ Abschnitt 2.3.4 schon einmal die Rede war. Es gilt, jene tief verinnerlichten Leitideen aufzudecken, die wie Magnetfelder aus der Tiefe unsere oberflächlichen Reaktionsneigungen auf Stressoren prägen.

Übung: Entdecken und korrigieren Sie die Grundthemen Ihrer Ängste

Bisher sind Sie ja von diesen ebenso verbreiteten wie lästigen Übungen weitgehend verschont geblieben. Jetzt aber möchte ich Ihnen eine solche Hausaufgabe ernsthaft vorschlagen:

1. Achten Sie in den nächsten vier bis acht Wochen bewusster als bisher darauf, was Ihnen negative Gefühle bereitet (Anspannung, Unruhe, Angst, Ärger, Wut, Niedergeschlagenheit). Notieren Sie sich die entsprechenden Ereignisse, Gedanken, Erinnerungen oder Zukunftsszenarios in ein Tagebuch.
2. Versuchen Sie, das Aufgeschriebene auf möglichst wenige Grundthemen zurückzuführen. Formulieren Sie eine Erwartung, eine Mussvorstellung oder eine sonstige Lebensmaxime bzw. Leitidee, die sich hinter diesem Grundthema verbirgt.

3. Prüfen Sie diese Vorstellung auf sachliche Richtigkeit, Logik und Bestand vor einem modernen evolutionistisch-systemischen Weltbild. Stellen Sie sich unabhängig davon immer auch die Frage, ob diese Vorstellung und die Art ihrer Formulierung für Ihr Wohlbefinden und Ihre Entwicklung förderlich ist oder nicht.
4. Formulieren Sie eine korrigierte, förderlichere Gegenposition als eine Ihrer neuen Lebensmaximen.

Erarbeiten Sie sich Ihre persönlichen Lebensmaximen

Mir persönlich fiel beispielsweise auf, dass ich auf Negativnachrichten in den Medien bezüglich der bekannten Probleme nationaler und globaler Politik zunehmend mit einer gewissen Hoffnungslosigkeit und Niedergedrücktheit reagierte. Dahinter entdeckte ich die Mussvorstellungen, die im Folgenden unter 3b und 3c aufgeführt sind. Ich erarbeitete mir explizit die daran anschließenden Gegenpositionen. Wenn ich mir dieser Positionen in Konfrontation mit Negativnachrichten innewerde, geht es mir deutlich besser und ich kann mir einen grundlegenden Optimismus bewahren.

Es folgen nun einige aus meiner Sicht wichtige und weit verbreitete Mussvorstellungen samt meiner Korrekturvorschläge. Diese Mussvorstellungen stammen z. T. aus meiner persönlichen Erfahrung, aus meinen Erfahrungen mit Patienten und Klienten, aber auch aus den Sammlungen wichtiger »Mussturbationen«, die die Rational-emotive-Therapie nach Albert Ellis zusammengetragen hat. Sollten Sie den Eindruck haben, dass der ein oder andere dieser Punkte nichts mit Ihnen zu tun hat, dann können Sie die betreffenden Seiten ungestraft überspringen – es werden hier keine neuen, für das Folgeverständnis wichtigen Inhalte vermittelt.

2.4.1 Mussvorstellungen in Bezug auf sich selbst

1a Ich muss in jeder Hinsicht perfekt sein. Insbesondere muss ich immer und überall eine hohe Leistung bringen.
  Ich darf keine Schwächen haben und keine Fehler machen. Deshalb darf ich nichts riskieren und muss bei Entscheidungen immer ganz sicher sein. Wenn mir etwas davon einmal nicht gelingt, so sollte ich das vertuschen und wenigstens den Anschein wahren. Wichtig ist, immer Recht zu behalten.

Perfekt und fehlerlos

Perfektion ist eine Abstraktion des Geistes – in der materiellen Welt findet man sie nicht. Bei komplexen dynamischen Systemen schwanken alle Parameter im Regulationsbereich ihrer Attraktoren, die Leistungsgrößen Ihres Körpers und Gehirns eingeschlossen. Die Perfektion der Evolution besteht im Kompromiss. Weder ist es für uns Menschen möglich, in jeder Hinsicht perfekt zu sein, noch wäre das wünschenswert: Perfektion ist maschinenhaft – sie machte uns abstoßend und unmenschlich. Mitgefühl und Liebe knüpfen am Individuellen an. Und viele unserer individuellen Eigenheiten erscheinen in bestimmten Kontexten als Schwächen. Anders als bei Maschinen gibt es bei uns Menschen aber kaum Schwächen in einem absoluten Sinne: Für den einen ist der Introvertierte eine Schlaftablette, für die andere ein einfühlsamer Zuhörer. Als visionärer Führer taugt der melancholische Pedant wenig, wohl aber zum Controller. Lange hatten ihn die Kameraden als Schmalhans ver-

Perfektion gibt es nur im Geist, nicht in der Natur

Menschen haben Eigenheiten, die je nach Kontext Stärke oder Schwäche sein können

spottet – nach dem Unfall war er der einzige, der sich durch die deformierte Luke des brennenden Panzerfahrzeugs nach draußen retten konnte.

Nehmen Sie Ihre Eigenheiten positiv an

Wichtig ist es, seine Eigenheiten zu kennen, sie positiv anzunehmen und klug mit ihnen umzugehen. Fragen Sie sich, was andere Menschen für Sie liebenswert macht: Wenden Sie die gleiche Nachsicht und Güte auch im Umgang mit sich selbst und Ihren Schwächen an: Seien Sie sich ein guter Freund.

Nicht alle Arbeiten und Berufe bedürfen eines hohen Maßes an Präzision

Natürlich: Wenn es uns in bestimmten umgrenzten professionellen Zusammenhängen gelingt, der Perfektion nahezukommen, ist das gut und wünschenswert. Und in manchen Berufen ist das auch notwendig – dann braucht es Eignung und Übung. Aber das ist eben kein existenzielles Muss:Wer die nötige Eignung nicht hat, kann sich ein Arbeitsfeld suchen, in dem nicht die absolute Präzision im Mittelpunkt steht. Und in vielen Arbeits- und Lebensbereichen ist die Verselbstständigung einer starren Perfektion sogar kontraproduktiv: Sie kostet unnötige Energie und erschwert ein flexibles und kreatives Wechselspiel aller Beteiligten.

Entscheidend ist die Freude an der Arbeit

Jeder von uns hat Qualitäten, die in bestimmten Lebenszusammenhängen ausreichend nützlich sein können, um ein Mitglied der Gemeinschaft zu sein, das gebraucht wird. Dazu bedarf es nicht absoluter Spitzenleistungen. Natürlich ist es wünschenswert, in entscheidenden Momenten hohe Leistungen zu erreichen. Phasenweise kann es auch sinnvoll und notwendig sein, sich mit Selbstdisziplin unter Druck zu setzen. Auf lange Sicht aber werden wir unsere Leistungspotenziale nur ausschöpfen, wenn wir Selbstzweckmotivationen entwickeln und die Leistung zwanglos und organisch aus der Freude am Tun erwächst.

So, wie es keine Schwächen in einem absoluten Sinne gibt, gibt es auch kaum wirkliche Fehler bzw. richtige Entscheidungen. Die meisten unserer Entscheidungen sind Teil hochkomplexer psychosozialer Prozesse, die wir nur z. T. durchschauen. Ihr künftiger Verlauf ist auch von Zufällen abhängig und kann nur in Wahrscheinlichkeiten abgeschätzt werden. Herr X hat bei der Firma Y angefangen. Sein Gehalt verdoppelt sich – was für eine richtige Entscheidung! Dann läuft einiges schief, Herr X wird ein Jahr später entlassen. Also war das ganze doch ein furchtbarer Fehler! Ein durch seine Tätigkeit bei Y entstandener Kontakt beschert ihm schließlich eine neue Stelle beim Konzern Z, wo er das Dreifache verdient. Also war es am Ende doch eine richtige Entscheidung gewesen, damals bei Y anzuheuern? Ob eine Einzelentscheidung am Ende richtig oder falsch war, hängt also in starkem Maße auch von der Kette an Folgeentscheidungen ab, die sich anschließt.

> ❗ **Außer in ganz wichtigen Einzelfällen sollte man sich nicht so darauf konzentrieren, die Folgen einer punktuellen Entscheidung ganz genau ausrechnen zu wollen. Man sollte sich eher das Prinzip »Probieren und Korrigieren« zu eigen machen, sich auf die Steuerung von Prozessen konzentrieren und Fehler als Lernchancen begrüßen, die sich auch im Nachhinein noch in etwas Positives ummünzen lassen.**

Fehler sind wichtige und notwendige Lernchancen

Nehmen Sie ganz bewusst eine fehlerfreundliche Haltung ein – sich selbst und anderen gegenüber. Auf allen Ebenen der Evolution gibt es ohne Fehler (ausselektierte Varianten) keinen Fortschritt. Sprichwörtlich sind die tausend gescheiterten Versuche des Thomas Alvar Edison, ehe er das richtige Material für den Leuchtfaden der Glühbirne fand. Und es gibt viele Beispiele dafür, wie sich vermeintliche Fehler in anderem Kontext als geniale Lösungen erwiesen: So entstand der Klebstoff der 3M-Post-it-Haftnotizen aus der missglückten Suche nach einem Hochleistungskleber. Halten Sie es mit Tom Watson, dem Begründer von IBM. Ein Nachwuchsmanager hatte gerade 10 Millionen Dollar in den Sand gesetzt. Auf dessen Frage, ob er nun entlassen sei, soll Watson geantwortet haben: »Wie kommen Sie denn darauf, ich habe gerade 10 Millionen Dollar in Ihre Ausbildung investiert«.

> ❗ Die wichtigste Eigenschaft, die den Sieger vom Verlierer unterscheidet, ist es, sich durch Niederlagen nicht entmutigen zu lassen. Niederlagen sind etwas ganz Normales, sie sind Wachstumschancen und Ansporn zum Weitermachen.

»Ich bin öfters gescheitert als alle anderen, das kann ich beweisen! Dass ich der erfolgreichste Bergsteiger bin, kann ich nicht beweisen! Niemand ist so oft an einem Achttausender gescheitert wie ich. Und nur diese Niederlagen haben mir zuletzt den Erfolg gebracht.« schreibt Reinhold Messner. Wenn Sie also das nächste Mal hinfallen, dann stehen Sie wieder auf und sagen sich: »Eben habe ich mich auf die bestmögliche Weise als Erfolgsmensch bewiesen!« Erfolg heißt, einmal öfter aufgestanden zu sein als man hingefallen ist.

Sieger stehen nach Niederlagen wieder auf

Der größte Fehler, den ein Mensch haben kann, ist die Angst, einen zu begehen, so ein japanisches Sprichwort. Und der zweitgrößte Fehler ist es, Schwächen und Fehler zu verbergen, um eine Fassade aufzubauen, die nicht dem Sein entspricht. Jede Investition in das eigene Image ist eine Investition in das eigene Gefängnis, lesen wir bei Reinhard Sprenger. Und treffender kann man es nicht sagen.

Im Kern haben wir es hier wieder mit einem synergetischen Versklavungsphänomen zu tun. Images entstehen aus Prozessen psychosozialer Selbstorganisation: Bestimmte nur z. T. repräsentative Aspekte Ihrer Persönlichkeit und Ihres Verhaltens werden in den komplexen Prozess sozialer Wahrnehmung und Kommunikation eingespeist. In Abhängigkeit von Zufällen und den Interessen der Kommunikanten wird dabei ein bestimmtes prägnantes Muster ausgewählt und zum Ordner verstärkt. Dieser Ordner, das Image, wird weiter kommuniziert und versklavt nun die Wahrnehmung Ihrer Person in seinem Sinne. Er erzeugt bzw. verstärkt Vorurteile: Alle nicht ganz eindeutigen Aspekte Ihres Verhaltens werden nun soweit wie möglich im Sinne dieser Vorurteile interpretiert, was den Ordner weiter stabilisiert und seine Versklavungsmacht wachsen lässt. Sofern Ihnen das Image angenehm ist, geraten Sie nun selbst in diesen Attraktorsog und werden von Ihrem Image versklavt. Kein Image wird jemals die komplexen Realitäten Ihres *Selbst* zu erfassen vermögen, es wird immer vergröbernd, einseitig, idealisierend und verzerrend sein. Wenn Sie dem süßen Gift eines Positiv-Images erliegen und es zu fördern versuchen, müssen Sie sich also notwendig verbergen, deformieren und dem Druck von Mussvorstellungen beugen. Während des Tuns wird Ihr Bewusstsein *ich*hafter: Sie beginnen, sich zu beobachten, zu bewerten und zu vergleichen. Ein wachsender Teil Ihrer Kanalkapazität steht so nicht mehr dem Dienst an der Sache zur Verfügung, sondern wird kurzschlüssig im Dienst am Image vergeudet. Ihre Leistung nimmt ab, das zunehmend gestresste *Ich* bläht sich auf und blockiert immer stärker das *Selbst*.

Streben Sie nicht nach einem idealisierten Image – es wird sich als Gefängnis erweisen

Vermeiden Sie diese Image-Falle um jeden Preis – ein selbstkongruenter Klopächter ist glücklicher als ein Vorstandsvorsitzender, der seiner Position und seinem Image nicht gewachsen ist. Machen Sie einen Fehler, wenn Ihr Chef Sie dreimal hintereinander gelobt hat, oder sagen Sie wenigstens mal bewusst etwas Blödes, das gar nicht zu dem sich formierenden Image passt.

Nur kurzfristig kann es aus taktischen Gründen einmal sinnvoll sein, Fehler und Schwächen zu verbergen – langfristig zahlt sich immer die sprichwörtliche entwaffnende Offenheit aus. Lernen und üben Sie, sich ganz selbstverständlich öffentlich zu korrigieren und zu entschuldigen.

Nicht selten werden Schwächen und Fehler erst dann und um so mehr gegen Sie verwendet, wenn andere merken, dass Sie selbst sie gegen sich verwenden. (Solange Sie selbstbewusst und locker bleiben, fördern Sie unterschwellig eher den Eindruck, dass Sie das Betreffende eigentlich nicht wirklich zu wissen oder zu können brauchten.)

Stehen Sie zu sich, zu Ihren Eigenheiten und den Ergebnissen Ihres Handelns

Sie müssen also weder perfekt, fehlerfrei oder permanent höchstleistend sein, noch irgendeiner anderen Mussvorstellung Ihres *Ich* genügen. Wenn Sie gesund bleiben und langfristig Ihr Leistungspotenzial ausschöpfen wollen, dann sollten Sie lediglich eines anstreben: Ihr *Selbst* zu entwickeln und zu lernen, ihm so authentisch wie möglich Ausdruck zu geben.

Der Beste sein und sozial aufsteigen

1b Ich muss auf möglichst vielen Gebieten der Beste sein. Dann kann ich sozial aufsteigen, um Macht und Vermögen zu gewinnen.
Nur wenn ich meine sozialen Traumziele erreiche, kann ich zu Glück und Zufriedenheit finden.

Nein, Sie müssen nicht der Beste sein, und vornehmen sollten Sie sich das schon gar nicht. »Peile keinen Erfolg an – je mehr du es darauf anlegst und zum Ziel erklärst, umso mehr wirst du ihn verfehlen. Denn Erfolg kann wie Glück nicht verfolgt werden; er muss erfolgen … als unbeabsichtigte Nebenwirkung, wenn sich ein Mensch einer Sache widmet, die größer ist als er selbst«, so sagte der bekannte österreichische Psychotherapeut Viktor E. Frankl.

Wer erfolgreich sein und der Beste werden will, der muss eine bestimmte Sache besonders gut machen. Dies kann er aber nur, wenn er in *Ich*vergessenheit mit seinem *Selbst* über die volle Kanalbreite des Bewusstseins an diese Sache ankoppelt. Nur dann kann er seine Leistungspotenziale voll entfalten. Blockiert er aber Teile seiner Kapazität durch das Verfolgen *ich*bezogener Nebenziele, wird die Leistung sinken und es besteht die große Gefahr, dass *ich*blähende Teufelskreise in Gang kommen, die weitere *Selbst*blockierungen nach sich ziehen. Für das Label »der Beste« gilt also letztlich alles, was wir oben zum Thema Image gesagt haben. Konzentrieren Sie sich also auf die Sache und verfolgen Sie Ihre Ziele *ich*vergessen mit einer gewissen spielerischen Gelassenheit. Nur dort, wo sie mit Freude und Begeisterung tätig sind, können Sie Ihr Bestes geben, und allenfalls darauf kommt es an.

Insgesamt sollten wir uns nicht zu wichtig nehmen und unsere Macht nicht überschätzen. Wie klein ist alles Menschenmögliche gemessen an den schöpferischen Leistungen des Universums? Wer kennt heute noch die Megastars des Jahres 1920? Was wird in 10 Millionen Jahren noch von unseren menschlichen Spitzenleistungen übrig sein?

Nein, Sie müssen nicht der Beste sein, nirgendwo. Was Sie wie wir alle wollen, ist glücklich zu werden. Glück entsteht, wenn Sie eine Sache, die Ihnen am Herzen liegt, gedeihen sehen. Sie sollten sich bemühen, zum Gelingen dieser Sache alles beizutragen was Sie können. Ob Sie dabei der Erste oder der Letzte sind, spielt nur eine untergeordnete Rolle. In Zeiten von Terrorismus und Industriespionage ist die Verläßlichkeit des Pförtners für den Fortbestand eines Unternehmens u. U. nicht weniger wichtig als die visionäre Kraft des Vorstandsvorsitzenden.

Und was ist mit dem Aufstieg in soziale Traumpositionen? Nun, wenn es sich ohne Krampf ergibt, wenn es passt und man klug damit umgeht, dann ist das gut und man hat allen Grund, sich zu freuen. Aber müssen muss man auch das nicht. Der Zugewinn an Lebenszufriedenheit ist fast immer weit geringer als man im Vorfeld erhofft hatte. Man gewöhnt sich allzu schnell an die Annehmlichkeiten des neuen Status und neben den alten Problemen hat man viele neue. Ob wohl Gerhard Schröder, nachdem er dann »drinnen« war, nicht manchmal jenen Moment verflucht hat, da er am Tor des Kanzleramts rüttelte und rief »Ich will hier rein«?

Offenbar hat alles seinen Preis. In unserer Phantasie und v. a. in den Medien werden völlig unrealistische Traumbilder von Personen, Positionen und Lebensstilen erzeugt. Wir denken dann, wenn wir dieses oder jenes erst erreicht hätten, ja dann könnte das eigentliche Leben beginnen und wir könnten endlich glücklich sein. »Wo wir auch stehen, die Sehnsucht geht immer zum anderen Ufer", so ein sehr treffender Ausspruch, der Laotse zugeschrieben wird. Je mehr Lebenserfahrung Sie gewinnen, desto klarer wird Ihnen werden: Es ist am anderen Ufer auch nicht besser. Die saubere, heile Welt ist ein Konstrukt von Phantasie und Medien. Das wirkliche Leben ist ein zumindest teilweise beflecktes Gewebe aus Problemen und mehr oder weniger guten Kompromissen. So war es, so ist es und so wird es immer sein, und zwar überall. Nur in eher seltenen Glücksfällen stimmen Fassade einer Person oder einer Position und Innenleben annähernd überein. Weit öfter deckt die Fassade die Gefängnismauern eines Images.

❗ Viele von uns leben zu wenig im Hier und Jetzt und schätzen das, was sie haben, zu gering. Glück heißt nicht, zu bekommen, was man will, sondern zu wollen, was man bekommt, sagen die Buddhisten.

Sehr viel wichtiger als Position und Lebenssituation ist es, jene Aufgabe und Tätigkeit zu finden, die wirklich zu den eigenen Fähigkeiten, Talenten und Neigungen passt. Es kann sehr klug sein, bei einer erfüllenden Fachtätigkeit zu bleiben und einer Beförderung ins Management zu widerstehen, wenn man weniger Eignung und Neigung für Führungsaufgaben hat.

Unter dem Titel »das Paradox der Glücksforschung« werden wir weiter unten sehen, dass auch der mit sozialem Erfolg oft verbundene materielle Reichtum sehr viel weniger Einfluss auf die Lebenszufriedenheit hat als man gemeinhin glaubt. Glück ist und bleibt zu 90% eine Frage der Einstellung.

1c Ich muss unbedingt irgendwo dazugehören, muss von möglichst vielen Menschen respektiert, gemocht, ja geliebt werden. Deshalb sollte ich die Wünsche und Erwartungen der anderen erfüllen (und wenn nicht, muss ich

▼

Sich auf die Aufgabe und nicht auf den Erfolg konzentrieren

Erfüllende Arbeitsinhalte sind wichtiger als die Position in der Hierarchie

Alle müssen mich respektieren und lieben

mich dafür rechtfertigen). Ich muss so sein wie die anderen und den Maßstäben des Normalen genügen; ich kann nur glücklich und zufrieden sein,
wenn die anderen eine hohe Meinung von mir haben und die Fassade
meiner Normalität intakt ist.

Auch Eigenbrötler können glücklich sein

Für unsere Vorfahren war die Zugehörigkeit zu einer Horde ein obligatorischer primärer Bedarf: Ausgestoßene hatten allein in freier Wildbahn kaum
eine Überlebenschance. Im sicheren Bauch unserer Wohlstandsgesellschaft
aber wird das zum fakultativen primären Bedarf, den man sekundär aufheben
und kompensieren kann. Es ist in vielen Lebenszusammenhängen sinnvoll,
dazuzugehören und es tut immer gut, respektiert und gemocht zu werden.
Aber: Es muss nicht unbedingt sein. Man kann auch als »lonesome rider«
durchs Leben gehen. Auch das wäre ein Schicksal, in das man hineinwachsen
kann und das man akzeptieren könnte, wenn es sich denn so fügen sollte. Die
Geschichte kennt viele Beispiele von Einzelgängern und Eigenbrötlern, die als
Wissenschaftler oder Künstler ein erfülltes und glückliches Leben führten.

Attraktiv ist, wer sich auf seine Ziele konzentriert und seinen Weg geht

Auch das Dazugehören unterliegt ein wenig jenen Paradoxien, die wir für
Erfolg und Glück erörtert hatten: Am besten gelingt es, wenn man es nicht zu
direkt anzielt, wenn es sich unverkrampft und wie von allein aus dem Verfolgen gemeinsamer Ziele ergibt. Die Gruppe taugt nicht als Prothese für ein
schwaches *Selbst*. Wenn der Wunsch überstark wird, dazuzugehören, wenn
er sich des Inhalts einer gemeinsamen Sache entleert und verselbständigt,
dann wird das von der Gruppe als das sich Anbiedern eines Schwachen empfunden. Im günstigsten Falle wird man dann zum geduldeten Prügelknaben
und Fußabtreter, im schlimmsten Falle passiert genau das, was man um jeden
Preis zu vermeiden trachtete: Man wird ausgestoßen. Wer sich dagegen primär auf eine Sache konzentriert, die er seines vollen Engagements für wert
erachtet und den Gedanken aushält, zur Not damit auch allein zu bleiben, der
wird als starker Charakter wahrgenommen, der anziehend wirkt und bewun-
dert wird: Die Raben schwärmen in Scharen, der Adler fliegt allein. Para-
doxerweise stellt sich so unverkrampft, natürlich und wie nebenbei Gemeinschaft ein. Denn: Die Nähe des Starken wird gesucht, die Sache, die man voranzubringen sucht, ist meist auch für andere gut und kann allein nicht be-
wältigt werden. Offenbar gilt auch hier: Was man gewinnen will, muss man
loslassen.

Unter dem Stern eines sinnvollen, verbindenden Ziels gedeihen also Ge-
meinschaft und Zugehörigkeit am besten. Suchen Sie sich Ziele, die zu Ihnen
passen, stärken Sie Ihr *Selbst* im inneren Wachstum und gehen Sie Ihren Weg.
Wenn Sie sich hierauf konzentrieren, ergibt sich alles andere mit großer
Wahrscheinlichkeit und auf eine gesunde Weise von allein. Und noch einmal:
Sollte es sich nicht ergeben – es wäre nicht die größte aller Katastrophen.
Auch Sie könnten notfalls lernen, ohne den Respekt und die Liebe anderer
Menschen auszukommen. Entscheidend ist, dass wir selbst lieben – die Natur,
andere Menschen und uns selbst – und dass wir uns darüber hinaus möglichst
viele weitere Quellen inneren Lohns erschließen.

Wenn Sie Ihren Weg gehen, werden Sie dabei recht oft entgegen den Erwartungen anderer handeln müssen. Dies ist weder schlimm noch erklärungs-
bedürftig. Es ist Ihr Recht – Sie sind nicht auf der Welt, um die Erwartungen
anderer zu erfüllen. Weder müssen Sie dem Berufswunsch, den Ihr Vater für

Sie hat, genügen, noch müssen Sie sich lange dafür rechtfertigen, dass Sie anderes vorhaben als den Abend mit den Kollegen im Wirtshaus zu verbringen. Aber ist das denn normal, wenn man keine Lust dazu hat, regelmäßig mit den Kollegen »einen drauf« zu machen, wie doch schließlich alle »richtigen« Männer es tun? Ist es normal, mit 40 noch nicht Familie und Haus zu haben? Kann man es aushalten, wenn der Rasen nicht so korrekt gestutzt ist wie bei den Nachbarn und die Fensterscheiben nicht so blitzen? Ist es schlimm, wenn einem die eigenen Neigungen, Verhaltens- und Gefühlsreaktionen anders vorkommen, als man sie bei »normalen« Menschen vermutet?

Nein, all das wäre nicht schlimm. Warum sollte es? Ein wichtiger Hintergrund für einen solchen Konformitätsdruck ist ganz sicher unser primärer Wunsch nach Zugehörigkeit. Und wie eben besprochen, ist das kein absolutes Muss. Zudem gehören Gruppen, bei denen Konformität das alles entscheidende Zugehörigkeitskriterium ist, eher gemieden.

Und letztlich ist auch »das Normale« nichts als ein abgehoben-typisiertes Image, dem keine Realität zukommt. Für dieses billigste aller Images lohnt es sich am allerwenigsten, ins »Gefängnis« zu gehen. Freuen Sie sich über Ihre Eigenheiten – jede bietet ihre eigenen Leistungs- und Erlebenschancen. In der Summe machen Sie sie zu einem einzigartigen Wesen, das bestimmte Dinge in einer Weise leisten und erleben kann wie sonst niemand. Entwickeln Sie Ihr *Selbst* und stehen Sie dazu. Ihr *Selbst* enthält – zumindest als entwicklungsfähigen Keim – alles, was Sie brauchen, und nichts, dessen Sie sich schämen müssten. (Die im Zusammenhang mit der Freudschen Psychoanalyse oft postulierten »Ungeheuer im Unbewussten« – es gibt sie nicht. Warum hätte sich die Evolution damit aufhalten sollen, so einen Unsinn zu produzieren?)

Entlarven Sie die sozialen Status- und Fassadenrituale als das unwerte, leere und lächerliche Spiel, das es in seiner übersteigerten Form letztlich ist. Spielen Sie es selbstironisch mit, wo es taktisch unbedingt sein muss, aber bleiben Sie innerlich auf Distanz. Erkennen Sie auch immer wieder die dahinter stehenden angeborenen primären Bedürfnisse, die hier aufgeteilt und kulturell fortgeschrieben werden. Emanzipieren Sie sich bewusst von ihnen. Beenden Sie Ihre Existenz als unreflektierte Marionette Ihrer Gene. Wir Menschen können all das sekundär aufheben und sollten uns immer wieder darum bemühen.

> **1d** Nur, wenn ich die obigen Mussvorstellungen erfülle, bin ich als Mensch etwas wert. Es gibt wertvolle und unwerte Menschen, zu Letzteren zu gehören wäre schrecklich. Es ist sehr wichtig, ein hohes Selbstwertgefühl zu erlangen. Die Meinung der anderen über meinen Wert ist von höchster Bedeutung, sie ist wichtiger als meine eigene Einschätzung.

Der Wert einer Sache ergibt sich aus ihrer förderlichen Funktion in Bezug auf einen bestimmten Zweck. Den Menschen einer Wertbestimmung unterwerfen zu wollen, setzte also voraus, ihn einem Zweck unterzuordnen und ihn zu instrumentalisieren. Dies ist nicht nur inhuman, es ist auch unsinnig. Welchem übergeordneten Zweck sollte das Leben und insbesondere die Menschheit denn dienen? Die Milchstraße fegen und schwarze Löcher zuschütten?

Das Konzept Zweck kommt ja überhaupt erst mit dem Menschen in die Welt. Alle diesseits erkennbaren Zwecke müssen also immer auf den Men-

Die Normalität ist das billigste aller Images

Entfalten Sie Ihre Individualität

Mein Wert hängt von meiner Leistung und der Meinung der anderen ab

Wir sind nicht, um zu tun – wir tun, um zu sein

schen als Endpunkt zulaufen. Der Mensch selbst ist letzter Zweck, er ist Selbstzweck. Wir leben nicht, um zu arbeiten und zu leisten – wir arbeiten und leisten, um zu leben und zu genießen. Sinn und Zweck des Lebens bestehen im höchstmöglichen Selbstgenuss unseres Bewusstseins.

Jeder Mensch ist ein höchster Zweck und Wert in sich

Vor diesem Hintergrund macht das Konzept Wert in Bezug auf den Menschen keinen Sinn. Und Wertvergleiche zwischen den Menschen wären ebenso unsinnig und ohne Funktion. Genuss ist ein rein subjektives Phänomen, das einer vergleichenden Messung nicht zugänglich ist. Allenfalls könnte man sagen, jeder Mensch ist sich selbst in Bezug auf den letzten Zweck des Selbstgenusses unendlich wertvoll. Und wenn alle Menschen unendlich wertvoll sind, dann sind sie im Grundsatz auch alle gleich und gleichberechtigt. Das Ringen eines Behinderten um Selbstverwirklichung und Glück ist nicht geringer zu schätzen als das eines Hochschulprofessors oder eines Ministerpräsidenten. (Und eigentlich müssten wir hier auch alle zumindest höheren Tiere grundsätzlich mit einschließen, da es bei ihnen Vorformen von Bewusstsein und Genuss- bzw. Leidensfähigkeit gibt.)

Gesondert sei betont: Es ist damit nicht einer dümmlichen Spaßgesellschaft das Wort geredet, in der jeder seine Ellbogen einsetzt, um primitive Lüste zu maximieren. Bei Vorliegen entsprechender Entwicklungsbedingungen kommt bei jedem Menschen die Tendenz zum Tragen, höhere Genüsse auszubilden: altruistische primäre Genüsse – etwa anderen Menschen zu helfen – und sekundäre Aktiv- und Gestaltungsgenüsse im geistig-kulturellen Bereich. Und wenn alle Menschen im Grundsatz gleich und gleichberechtigt sind, darf auch niemand seinen Genuss auf Kosten anderer maximieren.

Natürlich kann dies nur eine sehr grobe Skizze einer Grundsatzposition sein, die sich auf außerordentlich komplexe Probleme bezieht. In dieser verkürzten Formulierung wäre es nicht allzu schwer, mit Gegenargumenten einzuhaken. Aber diese Position lässt sich sehr differenziert absichern und es gibt weitere grundlegende Argumentationsfiguren, die zum gleichen Ergebnis kommen. Letztlich ist es ja auch die Auffassung vieler (der meisten? aller?) Religionen, dass alle Menschen im Grundsatz gleichwertig und gleichberechtigt sind: »Vor Gott sind alle Menschen gleich«.

Niemals die Person, sondern nur ihr Verhalten bewerten

Wenn wir uns das immer wieder klar machen und uns auf diese Weise dem Zeitgeist mit seiner Tendenz zur Instrumentalisierung des Menschen widersetzen, dann wird die ganze oben genannte Mussvorstellung gegenstandslos. Es gilt, ganz scharf zwischen einer Person und der Bewertung ihrer Handlungen bzw. Handlungsergebnisse zu unterscheiden. Herr Sowieso ist nicht ein totaler Versager, allenfalls hat er einen Fehler gemacht, d. h. man hat in seine Ausbildung investiert. Und auch wenn er den gleichen Fehler noch öfter macht, ist er nicht »das Allerletzte«, sondern schlimmstenfalls nicht für seinen Job geeignet – was nicht ausschließt, dass er anderswo noch Weltmeister werden kann. Und in dieser Weise sollten wir auch mit uns selbst im inneren Dialog verfahren.

Dementsprechend ist auch das Konzept Selbstwertgefühl eine sehr zweischneidige Sache (in unserer Terminologie müssten wir eigentlich von *Ich*-wertgefühl sprechen). Es heißt, im Dialog mit westlichen Wissenschaftlern und Psychotherapeuten habe der Dalai Lama mit diesem Begriff zunächst gar nichts anfangen können, weil es im tibetisch-buddhistischen Denken kein Pendant dazu gäbe.

Natürlich sollte man gegen ein niedriges Selbstwertgefühl etwas tun. Doch was? Es durch ein hohes Selbstwertgefühl ersetzen? Eher nicht. Ein zu häufiger Fokus auf Selbstbewertungen durch das *Ich* ist hinderlich. Es blockiert kostbare Kanalkapazität für sachfremde Nebenziele: Was mache ich für eine Figur? Was denken jetzt die anderen über mich? Bin ich besser als Herr Sowieso? Teufelskreise lauern und der Dienst an der Sache leidet. Denn dieser gelingt am besten, wenn das *Selbst ich*vergessen und in einem damit *ich*wertvergessen an die Aufgabe ankoppelt.

Es sollte also nicht wirklich darum gehen, sein Selbstwertgefühl in den Himmel wachsen zu lassen. Vielmehr ist es das Ziel, Personenbewertungen möglichst aufzugeben und eine reife Form der *Selbst*liebe zu entwickeln, die Teil einer umfassenderen Liebe zum Sein ist: das *Selbst* zu entwickeln und wachsen zu lassen, seine Eigenheiten akzeptieren zu lernen, die Dinge immer tiefer verstehen zu lernen und sie dann lieben wie sie sind, seinen Platz im Leben zu finden und mit sich selbst ins Reine zu kommen.

Eine reife *Selbst*liebe entwickeln

Mit der Stärkung des *Selbst* wird auch die Stimme des *Selbst*, die sekundäre Stimmigkeitsempfindung, immer lauter. Man spürt immer deutlicher, wann man mit seinen eigenen Werten und Überzeugungen im Einklang ist und wann nicht. Diese Selbstkongruenz oder Authentizität ist um ein Vielfaches wichtiger als die Meinung der anderen.

Sie können sich nur entwickeln, wenn Sie sich ein eigenes Urteil bilden, ihm vertrauen, diesem Urteil gemäß handeln und aus den Ergebnissen lernen. Meinungen anderer sind ernst zu nehmen, doch man sollte sie nie unreflektiert übernehmen sondern kritisch in die eigene Urteilsbildung einfließen lassen.

Mit dieser fundierten eigenen Meinungsbildung, dem Wachstum des *Selbst* und seiner sekundären Antriebe geht andererseits auch die Ausbildung und Stärkung von Überzeugungen einher. Bestimmte Sachinhalte – etwa berufliches Wissen, bestimmte Theorien, moralische, philosophische oder religiöse Anschauungssysteme und sich daraus ergebende Praxisprojekte – ergreifen immer stärker Besitz von uns und stärken damit gleichzeitig unser *Selbst*.

❶ So können wir uns stärken und stärker fühlen, indem wir uns für starke Sachen stark machen. Ein solches eher sachbezogenes starkes *Selbst*bewusstsein ist psychisch gesünder als ein eher *ich*bezogenes hohes Selbstwertgefühl.

Besser, sich für starke Sachen stark zu machen als über den Selbstwert nachzugrübeln

Neben der oben genannten reifen *Selbst*liebe als Teil der Liebe zum Sein geht es also um Dinge wie *Selbst*stärke, *Selbst*vertrauen oder *Selbst*sicherheit.

Ein letzter Aspekt: Je stärker das *Selbst* ist, desto mehr sekundäre Antriebe und desto mehr Quellen für inneren Lohn, der unabhängig macht von äußerem Lohn, resultieren daraus. In der Folge hat man es immer weniger nötig, irgendwo dazuzugehören, und es fällt leichter, eigene Wege zu gehen – u. U. auch entgegen der Mehrheitsmeinung.

> 1e Nur, wenn ich alle o.g. Muss-Vorstellungen erfülle, kann ich erreichen, was ich mir vielleicht am meisten wünsche: Sicherheit. Ich muss unbedingt ein Maximum an Absicherung gegen alle denkbaren Formen von Risiko anstreben. Nur in dem Wissen, dass mir unter keinen Umständen etwas passieren kann, ist es mir möglich, mich wirklich zu entspannen und glücklich zu sein.

Der Wunsch nach absoluter Sicherheit

Die Illusion von äußerer Sicherheit durch Kontrolle

Innerhalb dieser Denkfigur wird Sicherheit konzipiert als eine äußere Sicherheit durch Kontrolle. Doch in einer Welt permanenten Wandels lässt sich nichts mit Sicherheit kontrollieren. Jede Absicherungsinstanz besetzt neue Risikofelder: man kauft eine Wohnung – doch wie werden sich Wohnlage und Immobilienpreise entwickeln? Man kauft Gold oder Aktien – doch wohin treiben die entsprechenden Märkte; ja welche Zukunft hat dieses Wirtschaftssystem überhaupt noch angesichts der global kumulierenden Konfliktpotenziale? Man kommt also in einen Teufelskreis: Um sich abzusichern, investiert man in Sicherungssysteme. Doch das reduziert nicht die Sorgen, sondern steigert sie: Zur Sorge um sich selbst kommt noch die Sorge um die Sicherheit der Absicherungssysteme. Und was lässt sich überhaupt durch äußere Kontrolle absichern? Doch nur die äußeren Umstände unseres Lebens. Wie wir aber noch ausführlicher besprechen werden, sind diese Äußerlichkeiten für das, was wir eigentlich wollen (Glück und Lebenszufriedenheit), nur von untergeordneter Bedeutung. Sicherheit ist ein abstraktes Konzept. Wenn wir konkret fragen, vor welchen Befürchtungen uns Sicherheit bewahren soll, kommen wir letztlich in einem Zirkel wieder auf Inhalte wie sie in den übrigen hier besprochenen Mussvorstellungen enthalten sind. Wenn wir diese inneren Leitsätze abbauen und loslassen, dann verflüchtigt sich auch das Konzept »äußere Sicherheit durch Kontrolle« von ganz allein.

Innere Sicherheit durch Vertrauen

Das einzig sinnvolle Konzept von Sicherheit heißt: »innere Sicherheit durch (*Selbst-*)Vertrauen« – wir werden hierauf in den folgenden Abschnitten noch eingehen. Diese erreicht man u. a. durch Investitionen in die eigene Persönlichkeit, in persönliche Meisterschaft und Fachkompetenzen. Solange wir sind, kann uns das keiner mehr nehmen. Und wo immer wir sind, wird uns das ermöglichen, eine Nische zu bauen, die uns das Überleben ermöglicht. Sollten wir tatsächlich irgendwann gar nicht mehr sein – auch nicht in einem anderen Seinszustand in einer anderen Welt – dann wäre es eh egal.

2.4.2 Mussvorstellungen in Bezug auf andere Menschen

Die anderen müssen immer kompetent und fair sein

2a Andere Menschen müssen sich stets gut, anständig, rücksichtsvoll und fair verhalten. Sie haben immer kompetent zu sein, um ihre Aufgaben und Verpflichtungen perfekt erfüllen zu können – anderenfalls sind sie das genaue Gegenteil von all dem: schlecht, rücksichtslos, gemein und inkompetent. Insbesondere ich selbst muss immer gerecht, fair und kompetent behandelt werden. Die anderen haben meine berechtigten Erwartungen stets zu erfüllen.

Hier ist natürlich zuallererst zu sagen, dass unsere Argumentation gegen den Perfektionismus unter 1a nicht nur für uns selbst, sondern auch für alle anderen gilt. Andere sind ebensowenig Maschinen wie wir – wo immer Menschen tätig sind, wird es zu Unregelmäßigkeiten und Fehlern kommen. Wenn man sich dessen bewusst bleibt und damit rechnet, kann man besser damit umgehen. Wo immer Menschen in Austausch treten, werden Vorwürfe der Unanständigkeit, der Unfairness und der Inkompetenz erhoben werden – schon allein deshalb, weil es für all dies nur selten objektive Maßstäbe gibt und jeder seine eigene Perspektive auf die Dinge hat. Ich erinnere in diesem

Zusammenhang an unsere erkenntnistheoretischen Erörterungen, insbesondere die des Konstruktivismus: Die naive Annahme, dass die Welt ist, wie sie ist und die anderen sie genauso sehen müssten wie ich, ist grundfalsch. Das verschiedene Bedürfnisprofil, die unterschiedlichen Erfahrungen, Lebenskontexte und Wissenshorizonte lassen bei den Menschen z. T. extrem differente Eigenwirklichkeiten entstehen. Wir sollten uns diese kontraintuitive und verborgene Tatsache immer wieder bewusst vor Augen führen.

Auch andere sind nicht perfekt und jeder hat seine eigene Sicht

Von der gesamten Mitwelt stets absolute Fairness und Kompetenz entsprechend unserer eigenen Definition zu verlangen, ist also nicht realistisch. Es ist auch nicht wirklich notwendig, denn der sachliche Schaden fällt ja in vielen Fällen gar nicht so groß aus. Oft ist der selbstgemachte emotionale Schaden viel größer: Wir verabsolutieren abstrakte Prinzipien idealer konzeptueller Scheinwelten (z. B. eine äußerlich definierte Gerechtigkeit auf Punkt und Komma), wir verabsolutieren unsere eigene Sichtweise, wir unterstellen dem anderen böse Absichten, wir fühlen uns verletzt und steigern uns hinein in Circuli vitiosi von Wut, Gekränktsein und Rachegelüsten.

Es gilt, sich immer wieder klar zu machen: Verletzt werden kann ich nur durch Hieb-, Stich- oder Schusswaffen. Ob ich mich durch Worte verletzen lasse, entscheide ich selbst. Verletzende Worte ramme ich mir letztlich immer selbst in die Seele. Entweder, weil bewusst oder unbewusst die oben genannte Mussvorstellung meine Reaktionen versklavt (Soo lasse ich mit mir grundsätzlich nicht umgehen, sooo nicht!!) oder auch, weil ich aufgrund verinnerlichter anderer Mussvorstellungen bestimmte Aspekte meines *Selbst* ablehne oder gar hasse – ich mache mir dann die verletzenden Argumente des anderen zu eigen und wende sie gegen mich selbst. Hier gilt es also, im Sinne der Argumentation unter 1d innere Arbeit zu leisten, die darauf gerichtet ist, mit sich selbst ins Reine zu kommen.

Gefühle des Verletztseins entstehen in mir und sind deshalb unter meiner Kontrolle

Wir können all diese Mussvorstellungen abbauen und loslassen. Wir können üben, im Moment der Verletzung innerlich aus der Situation herauszutreten und uns dafür entscheiden, einfach über die Sache hinwegzugehen, falls der objektive Schaden gering ist (ignorieren).

Ein solcher gewährender Umgang mit Schwächen und Fehlern anderer fällt leichter, wenn man sich auch das Folgende immer wieder bewusst macht: Die von uns negativ erlebte Seite des anderen macht nicht den ganzen Menschen aus. Er ist, wie jeder Mensch, eine in sich widersprüchliche Einheit aus vielen Qualitäten und hat mit Sicherheit auch seine guten Seiten. Man kann sich auch fragen, ob man den Fehltritt des anderen nicht auch selbst schon einmal begangen hat. Ich jedenfalls werde bei dieser Frage oft fündig und dann schnell ruhiger.

Wenn wir oben festgestellt hatten, dass wir nicht dazu da sind, fremden Erwartungen zu entsprechen, so gilt das natürlich auch für andere Menschen – auch sie sind nicht auf der Welt, um unsere Erwartungen zu erfüllen. Ganz grundsätzlich betrachtet, sollten andere tun und lassen können, was sie wollen, ohne dass uns das negative Gefühle macht. Die negativen Gefühle machen wir selbst, sie erwachsen aus unseren Vorstellungen darüber, wie die anderen sein und sich verhalten sollten. Geben Sie Ihre Illusionen auf! Nehmen Sie die Menschen, wie sie sind. Ihre Rechte und Interessen können Sie mit ruhiger Entschlossenheit besser schützen als mit Ärger und Wut. Wenn es hineinregnet, schließen Sie das Fenster, ohne den Himmel zu hassen. Ge-

Auch andere sind nicht auf der Welt, um nach unseren Erwartungen zu leben

nauso verfahren Sie, wenn Ihnen ein Kollege einen Teil seiner Arbeit zuschieben will: Sie sagen einfach freundlich aber entschlossen Nein, ohne sich weiter darüber zu ärgern.

Reziprozität nicht aus Prinzip

Wie besprochen, ist uns ein primäres Bedürfnis nach Reziprozität eingeboren: Sozialer Austausch soll wertgleich erfolgen. Und es ist richtig, dies in wichtigen Lebensbereichen durchzusetzen – wer für einen Arbeitgeber etwas geleistet hat, muss eine gerechte Entlohnung dafür einfordern. Auf vielen Nebenkriegsschauplätzen dagegen macht es Sinn, diesen Primärimpuls sekundär aufzuheben: wenn der Streitwert den Aufwand nicht lohnt, wenn dieser Wert nicht objektiv bestimmbar ist oder die ganze Sache bereits unkorrigierbar verloren ist.

Auch in den wichtigen Lebensbereichen sollten wir uns darum bemühen, das Reziprozitätsprinzip zumindest auf der emotionalen Ebene so weit es geht sekundär aufzuheben (d. h. man fordert dann immer noch seinen gerechten Lohn, aber nicht mit selbstzerstörerischer Wut im Bauch und unter Verlust der Contenance, sondern mit innerer Gelassenheit und äußerer Bestimmtheit). Wie kann das gelingen?

Nun, neben dem äußeren Lohn wie Geld, soziale Anerkennung und Status gibt es noch den inneren Lohn. Auch ohne allzu explizite Dankbarkeitsbekundungen macht es Freude, anderen Menschen zu helfen – »Geben ist seliger denn Nehmen« wissen die Religionen. Und über diesen primären inneren Lohn hinaus gibt es v. a. den sekundären Lohn, den eigentlichen inneren Lohn: das gute Gefühl, mit bestimmten tief verinnerlichten moralischen, philosophischen oder religiösen Grundsätzen im Einklang zu handeln, die selbstzweckhafte Freude an Tätigkeiten, für die eine intrinsische Motivation entwickelt wurde (sekundäre Antriebe). Bei allem, was wir tun, sollten wir uns auf diesen inneren Lohn konzentrieren.

Tun Sie möglichst nur das, wofür Sie ausreichend inneren Lohn bekommen

❗ Wir sollten unser Leben so einrichten, dass wir uns möglichst viele Quellen inneren Lohns erschließen. Optimal wäre es, wenn wir bei allem, was wir tun, so viel inneren Lohn gewännen, dass wir auf den äußeren Lohn nicht mehr angewiesen sind, um eine positive Gesamtbilanz zu erzielen.

Dies wäre ein wahrhafter und großer Schritt in Richtung innere Freiheit. Wir könnten dann weitgehend ohne oder zumindest doch mit stark relativierten Erwartungen durchs Leben gehen. Aus der Konkursmasse des ehemaligen Arbeitgebers fällt kein Lohn mehr ab? Schade, aber keine Katastrophe: Es hat Spaß gemacht und ich habe jede Menge lernen können. Auf diese Weise könnten wir anderen Menschen weitgehend die Macht nehmen, unser Befinden negativ zu beeinflussen.

Immer wieder mache ich die Erfahrung, dass es wichtig ist, sich diese Dinge im Alltag wirklich bewusst zu machen. Ein lustiges Beispiel vom gestrigen Tage: Wodurch auch immer ausgelöst, war mir am kollegialen Mittagstisch bewusst geworden, dass es sich irgendwie so hatte einbürgern können, dass meistens ich es bin, der das Tablett mit dem Nachtisch holt. Ein kurz aufwallender Ärger führte mich zu einer weiteren ungeheuerlichen Feststellung: Es gab einen Kollegen der, soweit Erinnerung und Überlieferung zurückreichen, noch nie den Nachtisch geholt hatte (Sie lesen richtig: noch nie!!!). Ich spürte deutlich, wie ich an dieser primär-sekundären Weggabelung stand: Sollte ich dem Ärger weiter Raum geben, sitzen bleiben, die Arme trotzig verschränken und das Kollegenfaultier grimmig anstarren (was glaubt der eigentlich wer er ist, sich von mir – von miiir – bedienen zu lassen!!!) oder aber diese nebensächliche und ein wenig skurrile Problematik sekundär aufheben? Natürlich das Letztere. Zum einfachen und schnellen Ignorieren war es zu spät – also machte ich mir klar: Das Ganze hatte sich wohl eingebürgert, weil ich in der Tendenz am meisten beschäftigt bin und deshalb weniger Sitzfleisch habe; andere warten nicht, um bedient zu werden, sondern um die Mittagspause noch ein wenig zu strecken. Seither geb ich mit Freude den Kellner – für inneren Lohn: Es macht Freude, anderen Gutes zu tun, und der Dynamiker ist grundsätzlich gern aktiv (aber auch für äußeren: Ich greife konsequent auf die größte Portion zu ☺).

Etwas ernster zu nehmen ist das folgende Beispiel: Ich habe einen – wie ich glaube wirklich guten – Freund, der nur einen Fehler hat: Er meldet sich seinerseits nie, immer bin ich es, der anruft (worüber er sich dann auch immer merklich freut). Früher gab es in regelmäßigen Abständen den Impuls: So, jetzt wart ich mal, bis er sich meldet – und wenn unsere Beziehung darüber zu Bruch geht! Aber warum eigentlich? Wenn ich anrufe, tue ich das doch aus eigenem Antrieb, um eines meiner sozialen Bedürfnisse zu befriedigen: Es macht mir einfach Spaß, mit diesem unmöglichen Kerl zu plaudern. Und wenn ich den Zeitpunkt des Gespräches bestimmen kann – umso besser (und auch die Dauer! Wer anruft, kann auch terminieren). Warum sollte ich also aus einer an dieser Stelle unsinnigen und unfunktionalen Prinzipienreiterei heraus meine Bedürfnisbefriedigung einschränken? Und selbst wenn mir an unserer Beziehung mehr läge als ihm – was würde das ändern? Solange meine emotionale Bilanz positiv ist, muss ich mich um Reziprozität doch gar nicht kümmern.

In ähnlicher Weise versuche ich, in möglichst vielen Lebensbereichen unfunktionale Erwartungen abzubauen – auch in den ganz zentralen: Insbesondere am Anfang meines »Schreibweges« war ich manchmal etwas frustriert über das dramatische Missverhältnis zwischen dem immensen Aufwand, den es kostet, anspruchsvolle Bücher zu schreiben, und dem eher spärlich rückfließenden äußeren Lohn. Es half, mir bewusst zu machen, warum ich eigentlich schreibe: in erster Linie zum Zwecke der Selbstverständigung und überwiegend aus einer Selbstzweckmotivation heraus. Mit anderen Worten, ich würde meine Bücher wohl auch als einziger Bewohner einer Robinsoninsel schreiben (bei allem, was es sonst so kann, gehe ich davon aus, dass mein Apple-Powerbook wasserdicht und schwimmfähig ist und nach einem Schiffbruch wohlbehalten an Land gespült würde. ☺)

Innerer Lohn ist wichtiger als äußerer Lohn (solange der Lebensunterhalt gesichert ist). Dieses Prinzip sei abschließend anhand einer Anekdote verdeutlicht, die von Mutter Theresa berichtet wird: Auf die Bemerkung eines staunenden Besuchers, dass er ihre Arbeit für kein Geld der Welt auf sich nehmen würde, soll sie geantwortet haben: »Ich auch nicht«.

Reduzieren Sie Ihre Erwartungen bezüglich äußeren Lohns

2b Andere Menschen müssen so sein wie ich und nach meinen Vorstellungen leben, sonst sind sie schlecht oder dumm und ich kann sie nicht respektieren. Ich muss die anderen unbedingt dazu bringen, so zu leben und zu denken wie ich weiß, dass es gut und richtig ist. Nur so können die anderen glücklich werden und schließlich auch ich.

Andere Menschen müssen nach meinen Vorstellungen leben, weil ich weiß, was gut für sie ist

Der Konstruktivismus zeigt: Die subjektiven Wirklichkeiten der Menschen unterscheiden sich

Hier ist natürlich das oben wiederholt angesprochene Wissen über Erkenntnistheorie und Konstruktivismus ein weiteres Mal gefragt. Die Welt ist, wie ich sie sehe, und andere Menschen sind wie ich. Also müssen andere Menschen die Dinge des Lebens genauso sehen und einschätzen wie ich selbst, sie müssen die gleichen Dinge ablehnen und dasselbe erstreben – dass dies einer der suggestivsten, gefährlichsten und verbreitetsten Fehlschlüsse im sozialen Umgang ist, kann man gar nicht oft genug wiederholen. Das verschiedene Charakter- und Bedürfnisprofil, die unterschiedlichen Erfahrungen, Lebenskontexte und Wissenshorizonte lassen bei den Menschen z. T. sehr differente Eigenwirklichkeiten entstehen.

Eingedenk dieses Wissens muss ich mich also immer wieder dazu anhalten, ja dazu zwingen, die eigene Sichtweise zu relativieren und vieles aus Prinzip zu respektieren, auch wenn ich mich trotz größter Mühe weder eindenken noch einfühlen kann. Zwar gibt es einige sehr weitreichend gültige Grundprinzipien – die u. a. in diesem Buch zur Darstellung kommen – aber darüber hinaus muss jeder nach seiner ganz individuellen Fasson glücklich werden.

Deshalb muss jeder nach seiner Fasson glücklich werden

Auch wenn es mir selbst subjektiv noch so überzeugend erscheint: In vielen Fällen wird das, was mir als Problemlösung für den anderen ins Auge springt – vielleicht weil es in einer ähnlichen Situation einmal für mich selbst hilfreich war – nicht das Richtige sein. Wir müssen akzeptieren lernen, dass Menschen, die uns wichtig sind, sich in eine Richtung entwickeln, die aus unserer Sicht vielleicht falsch oder sogar zerstörerisch ist – das gilt für den talentierten Mitarbeiter, der eine Beförderung ablehnt, für den guten Freund und Vorstandskollegen, der aussteigt, um in den kanadischen Wäldern ein Blockhaus zu bauen und selbst für den Sohn, der nicht Rechtsanwalt sondern Sänger wird. Wir können nicht mehr tun, als uns so weit als möglich in die Situation des anderen einzudenken und unsere Einwände dann von dort aus vorsichtig deutlich zu machen. (»Den anderen dort abholen, wo er steht.«) Jeder Versuch, Druck auszuüben, wäre sinnlos oder sogar kontraproduktiv.

Man kann niemanden zu seinem Glück zwingen – Druck erzeugt nur Gegendruck

Wie im ▶ Abschnitt 1.1.3 zur Erkenntnistheorie kurz besprochen, sind die Eigenwelten der Menschen semantisch in sich abgeschlossen. Aufgrund dieses zyklischen Aufeinanderbezogenseins aller Bedeutungselemente sind Menschen eigenwillig: Sie lassen sich nicht von außen in irgendeinem spezifischen Sinne formen, prägen oder bestimmen. Allen äußeren Einwirkungen, auch den sprachlichen, wird erst von innen die Bedeutung zugewiesen; andere verstehen deshalb nicht das, was wir meinen, sondern das, was sie aus ihrer eigenen Selbst- und Lebenserfahrung heraus verstehen können und wollen. Vor diesem Hintergrund wird nachvollziehbar, dass Druck zumeist nur wachsenden Gegendruck erzeugt. Die Kohärenz und Eigenlogik der inneren Entwicklung zu erhalten, ist überlebenswichtig, schon für einfache synergetische Strukturen wie die Bénard-Konvektion und erst recht für den Menschen. Um kaum etwas kämpfen wir deshalb stärker als um Autonomie und Selbstbestimmung. Durch Druck von außen wird der andere nur seine Gegenposition verstärken und sie womöglich bis in den Unsinn hinein verteidigen, weil sich das Autonomiemotiv verselbstständigt. Wir können die Schicksalskurve eines Menschen nicht nach Belieben zurechtbiegen. Allenfalls können wir versuchen, sie auf eine eher indirekte Weise vorsichtig zu beeinflussen. Hierüber wird in ▶ Abschnitt 4.6 noch ausführlicher gesprochen.

❗ **Eigenwillige Menschen sind grundsätzlich auch eigenverantwortlich. Niemand kann einem anderen diese Verantwortung für sich selbst abnehmen.**

Eine der wichtigsten Fragen bei der inneren Distanzierung in Stresssituationen lautet deshalb: Geht mich das Ganze überhaupt etwas an?

Neben der Sorge um Menschen, die uns wichtig sind, ist für die oben genannte Mussvorstellung noch ein zweiter Motivationshintergrund denkbar. Die Forderung, dass andere so sein müssen wie man selbst, kann auch dem Wunsch nach Resonanz und Verstandenwerden, nach dem Aufgehen in einer größeren sozialen Gemeinschaft entspringen. Immer häufiger plagen uns im Zuge der Informationsflut und der postmodernen Zersplitterung der Weltbilder Entfremdungsängste: Es wird immer schwieriger, Menschen zu finden, die den gleichen Werten, Vorbildern und Visionen anhängen, die die gleichen Bücher oder Filme mögen wie man selbst. Nun, diese Sorge ist berechtigt, aber in ihrer absolutistischen Übersteigerung unbegründet. Wir müssen uns ja nicht mit den Jugendlichen in unserem Fitness-Center, mit den Leuten in der U-Bahn oder in der Kassenschlange über die letzten Fragen des Seins einigen. Zu mehr als einer Handvoll wirklich guter Freunde kann man ohnehin keine wirklich tiefgehenden Beziehungen aufbauen. Und zumindest einen solchen kleineren Kreis von Geistesverwandten zu finden, wird wohl immer möglich sein, um so mehr, als ja Technologien wie das Internet ganz neue Chancen des Findens und Gefundenwerdens eröffnen.

2.4.3 Mussvorstellungen in Bezug auf Gesellschaft und Welt

3a Die Dinge müssen sich gemäß meinen Wünschen und Erwartungen entwickeln, sonst ist das eine Katastrophe. In erster Linie ist die Welt dazu da, die Bedürfnisse meines *Ich* zu befriedigen.

> **Alles muss so sein, wie ich es will**

Insbesondere dann, wenn wir uns ein wenig an bestimmte Abläufe gewöhnt haben, liebt es unser *Ich*, sie zu absoluten Notwendigkeiten aufzusteigern: Ich muss unbedingt eine Stunde Mittagspause haben, an einer bestimmten Stelle parken, abends warm essen, zum Arbeiten absolute Ruhe haben etc. Doch wie bei allen anderen absolutistischen Wünschen auch, muss all dies nicht sein, auch wenn es vielleicht ganz angenehm wäre. In der Regel ist unser *Selbst* viel anpassungsfähiger als wir glauben. Wenn wir uns mit Achtsamkeit wappnen und rechtzeitig die absolutistischen Forderungen unseres *Ich* loslassen, wenn wir nicht erst Energie in den aufschießenden Ärger investieren und die neue Situation akzeptieren, kann es uns gut gelingen, mit den vielen kleinen Widrigkeiten des Alltags flexibel umzugehen. Oft ist man dann überrascht, wie gut es auch anders als auf die altgewohnte Weise geht.

> **Meist ist unser *Selbst* viel anpassungsfähiger als wir glauben**

Beim akzeptierenden Umgang mit den »daily hassles«, aber auch mit Versagungen anderer Art, kann die Technik einer **expandierenden Identifikation** sehr helfen. Zumeist sind wir völlig mit unserem engen *Ich* identifiziert, was natürlich die Verabsolutierung unserer egoistischen Wünsche und Bedürfnisse begünstigt. Doch dies ist eine Denkgewohnheit, die nicht der

> **Expandierende Identifikation: Es hilft, sich als Teil eines größeren Ganzen zu sehen**

Notwendigkeit Newtonscher Gesetze unterliegt. Unser *Selbst* mit seinem mehr oder weniger hell aufstrahlenden *Ich* ist keine vom übrigen Strom des Seins isolierte Entität. Vielmehr sind wir als Teil über ein dichtes Netzwerk von Wechselwirkungen in ein größeres Ganzes hineingewoben – in eine Familie, ein Team, eine Firma, eine Partei etc., und endlich sind wir Teil des Lebensstromes als Ganzes, ja Teil des Universums und dessen, was sich dahinter verbirgt. Und die Entwicklung dieses Ganzen folgt überindividuellen Prinzipien, die nicht zum Ziel haben, ausschließlich die Wünsche eines unserer kleinen *Ich* zu befriedigen. Es ist unsere Entscheidung, wie weitgehend wir uns mit welchem der hierarchisch in unserem Universum verschachtelten Holone identifizieren. Wenn wir uns beispielsweise sehr stark mit unserer Firma identifizieren, dann relativieren wir unsere eigenen Wünsche vor dem Hintergrund der Überlebensnotwendigkeiten der Firma. In wirtschaftlich kritischen Zeiten wird es uns dann viel leichter fallen, die Mittagspause zu verkürzen, auf den eigenen Stellplatz zu verzichten oder im Großraumbüro mit Geräuschbelästigung zu arbeiten. Wenn wir uns als Teil der Menschheit sehen, dann werden uns auch die Wünsche anderer Menschen am Herzen liegen und es wird uns im Zusammenleben leichter fallen, mit fairen Kompromissen zu leben.

Glück heißt nicht, zu bekommen, was man will, sondern zu wollen, was man bekommt. Die meisten Menschen sind überwiegend auf das fixiert, was sie noch nicht haben. Wir sollten uns dazu anhalten, uns regelmäßig das bewusst zu machen, was uns vom Leben geschenkt wurde, und wir sollten hierfür Gefühle der Dankbarkeit kultivieren. In psychologischen Studien wurden Menschen dazu aufgefordert, ein Dankbarkeitstagebuch zu führen. Jeden Abend sollten sie bis zu fünf Dinge notieren, für die sie an diesem Tage hatten dankbar sein können (z. B. »an diesem Morgen aufgewacht zu sein«, »die Großzügigkeit von Freunden«, »wunderbare Eltern« oder »für gute Gesundheit«). In der Folge kam es bei diesen Menschen zu einem erheblichen Anstieg von Lebenszufriedenheit und Glücksempfinden.

Mit Dankbarkeit auf das blicken, was wir bekommen haben

Die Sehnsucht nach der heilen Welt

3b Meine Lebenswelt, ja die Welt im Ganzen muss vollständig heil sein oder sich zumindest positiv entwickeln, und das muss auf absehbare Zeit gesichert sein. Nur unter diesen Voraussetzungen kann ich mich wirklich am Leben freuen und glücklich sein.

Zunächst einmal muss man hier sagen: Wie gesund oder krank die Welt wirklich ist und in welche Richtung sie sich entwickelt, ist gar nicht so einfach zu sagen. Da Menschen aufgrund ihrer evolutionspsychologischen Prägung eine Präferenz für Negativnachrichten haben, die auf mögliche Gefahren hinweisen, sind die auf Quote und Auflage fokussierten Medien entsprechend voll mit schlechten Meldungen. Dies verbindet sich auf eine sehr ungute Weise mit der Tendenz vieler Menschen, auf eine mechanistische Weise linear zu extrapolieren: Alle Negativentwicklungen werden mit stetigem Wachstum in die Zukunft fortgeschrieben. Und angesichts der vielen real existierenden Probleme hat man dann natürlich kaum eine Chance, der Depression zu entkommen. Nur ist dies eben kein wirklich gekonntes Selbstmanagement. Zum einen gibt es gottlob auch viele sehr positive Neuigkeiten und manche Entwicklungen sind wahrscheinlich nicht so negativ, wie sie interpretiert und dargestellt werden (zur Stimmungsaufhellung lese man etwa die Bücher »Faktor vier«, Weizsäcker et al. 1996 oder »Apokalypse No«, Lomborg 2002).

Zum zweiten entwickelt sich unsere komplexe dynamische Welt nicht linear, sondern nichtlinear, d. h. in qualitativen Sprüngen. So wurde in einer Berliner Tageszeitung aus dem Jahr 1900 aufgrund von Berechnungen die Befürchtung geäußert, dass Berlin um 1950 unter einer 200 m dicken Schicht von Pferdemist begraben liegen würde, wenn es mit der zahlenmäßigen Zunahme der Pferdefuhrwerke so weiterginge. Oder denken wir daran, wie sicher sich viele von uns in der Zeit des Kalten Krieges waren, dass ein Atomkrieg wohl unausweichlich sei. Kaum ein Ostdeutscher hätte sich einen friedlichen Zusammenbruch der SED-Diktatur vorstellen können. Und auch zur Lösung vieler Gegenwartsprobleme könnten unerwartete wissenschaftliche Entdeckungen und überraschende soziale Entwicklungen auf heute noch ungeahnte Weise beitragen.

> ❗ Die immanente Kreativität komplexer dynamischer Systeme gibt uns ausreichend Grund, jederzeit auf eine Art »Wunder der Emergenz« zu hoffen. Also: Wie düster die Dinge scheinbar aussehen oder vielleicht wirklich sind – es gibt immer Grund zur Hoffnung, auch in letzter Sekunde kann sich überraschend Rettung ergeben. Jede Krise kann als kritische Fluktuation einen Emergenzsprung ins Positive auslösen.

Vielleicht ist die Welt auch heiler als wir glauben – jederzeit sind auch Emergenzsprünge ins Positive möglich

Wir sollten es uns zum Grundsatz machen, niemals aufzugeben und bis zuletzt zu kämpfen. Es geht um das Kultivieren einer Art Uroptimismus aus Prinzip. Durch kaum etwas wird dieses Prinzip besser verdeutlicht als durch die bekannte Geschichte von den beiden Fröschen, die in einen Milchtopf gefallen sind. Der eine gibt auf und ertrinkt. Der andere strampelt tapfer weiter, hoffend auf unser Wunder der Emergenz. Und siehe – unter seinen Füßen wurde die Milch zu einem Klumpen Butter, auf dem er dem Topfe entsteigen konnte.

Und schließlich gilt: Ein Diamant bleibt ein Diamant, wie groß der Misthaufen auch ist, der sich über ihm auftürmt. Jeder von uns hat ein Gefühl für das Wahre, das Schöne, für Mitmenschlichkeit und Gerechtigkeit. Wieviel Böses es auch geben mag unter der Sonne – diese Diamanten sind unverlierbar und unentwertbar existent. Für die Mehrung dieser Werte lohnt es immer zu leben und zu kämpfen.

Sich für die menschlichen Grundwerte einzusetzen, lohnt prinzipiell und immer

Doch freilich – all dies ändert nichts an der fundamentalen Tatsache, dass nichts von ewiger Dauer ist und alles Seiende einem permanenten Wandel unterliegt. Auch alle glücklichen Momente und Lebensphasen müssen irgendwann enden und werden abgelöst von weniger glücklichen Momenten oder gar von Phasen des Leids.

Welche Gedankenfiguren könnten uns helfen, dies zu akzeptieren und sekundär aufzuheben?

Zunächst einmal sollten wir uns klarmachen, dass – unter dem Mikroskop betrachtet – auch das Glücksempfinden dem Wandel entspringt: Es begleitet die Bewegung von Negativ nach Positiv. Hört diese Bewegung auf, selbst wenn wir uns im Maximalbereich der Positivskala befinden, dann weicht das Glück ganz schnell der Langeweile und dem Überdruss. Wir können das Positive also emotional nicht dauerhaft schätzen, wenn wir nicht

Auch das Glück entspringt dem Wandel

immer wieder daran erinnert werden, wie das Negative schmeckt. Ohne die Nacht kennten wir nicht den Tag. Wäre der Stein des Sisyphos nur einmal auf dem Berg liegen geblieben – bald hätte Sisyphos ihn von selbst wieder herabgestoßen, hätte sein Los akzeptiert und wäre vielleicht glücklich geworden.

Auch unter einem sehr viel größeren Blickwinkel entspringt das Glück dem Wandel: Ohne Veränderung keine Evolution und ohne Evolution kein Leben, kein Bewusstsein und damit auch kein Glück. Es kann nichts Neues entstehen, wenn das Alte nicht weicht. Wir sollten das Glück unseres engen *Ich* nicht absolut setzen, wir sollten uns mit dem evolutiven Fluss des Lebens identifizieren und bereit sein, irgendwann den Weg freizumachen für vielleicht noch glücksbegabtere Wesen als wir selbst es sind.

Ganz gleich, ob es uns gelingt, eine solche positive Bereitschaft zu entwickeln – irgendwann wird jedem von uns die Stunde schlagen. Sogar die Menschheit als Ganzes wird, sollte sie ihre derzeitige chaotische Existenzphase überleben, irgendwann im Malstrom des kosmischen Wandels vergehen. Eigentlich wissen wir schon immer, dass diese Ereignisse irgendwann mit größter Wahrscheinlichkeit eintreten werden. Warum stören sie uns wenig, solange wir sie in unbestimmter Ferne wähnen, vermiesen uns aber den Augenblick, sobald wir ihre Nähe fürchten? Eigentlich ist das doch unlogisch, ja paradox. Je näher das individuelle oder globale Ende ist, desto kostbarer sollte uns doch der Moment werden, desto intensiver müssten wir jede Sekunde auskosten. Was uns dies schwer macht, hat oft auch mit dem mechanistischen Denkmuster eines absolutistischen **Alles-oder-Nichts** zu tun. Das vielleicht Prägnanteste hierzu hat wohl Bert Brecht bemerkt: Auf Forderungen wie Alles-oder-Nichts, so sagte er, antwortet das Leben gern mit nichts.

Es hilft, sich die hier besprochenen Denkfiguren bewusst zu machen, wenn uns die Vorboten der Vergänglichkeit aufs Gemüt schlagen: Der Wandel ist das Wesen der Welt – was letztlich zählt, ist allein der Augenblick. »Es schaut der Geist nicht vorwärts, nicht zurück. Die Gegenwart allein ist unser Glück«, schreibt Goethe in Faust II. Die Trotzmacht des Geistes sollte all den Sperrmüll des Denkens beiseite schieben, der das Genießen des positiven Augenblickes blockiert.

Die Vergänglichkeit sollte uns nicht hindern, den Moment zu genießen

Es ist ein wesentlicher Inhalt des Buddhismus, dies tief zu verstehen und zu trainieren. Die folgende Geschichte illustriert das auf das Trefflichste. Ein Zen-Meister stolpert auf der Flucht vor einem Tiger über eine Klippe, unter der sich eine tiefe Schlucht auftut. Er kann sich eben noch an einem aus der Felswand wachsenden Strauch festklammern. Wie er da so hängt – über sich den Tiger, unter sich die Todesschlucht – fällt sein Blick auf zwei Mäuse, die an der Wurzel des Strauches nagen, von dem sein Leben abhängt. Doch dann entdeckt er einige wilde Erdbeeren, die in seiner Reichweite wachsen. Er verspeist sie und denkt entzückt: »Oh, wie süß schmecken diese Erdbeeren!«

Alle Probleme sollten sich perfekt lösen lassen

3c Alle Dinge und Prozesse in der Welt lassen sich erkennen, beherrschen, kontrollieren und steuern. Entsprechend muss für alle Probleme, auch die globalen, eine perfekte Lösung existieren. Wenn diese Lösung nicht gefunden wird, gibt es Schuldige und Versager. Wenn man keinen direkten Einfluss auf die Lösung der (globalen) Probleme nehmen kann, ist das Leben sinnlos.

All diese Prinzipien des mechanistischen Weltbildes haben Gültigkeit – aber eben nur innerhalb wenig komplexer, vom Menschen geschaffener Wirklichkeitsbereiche. So funktioniert es, wenn man sein Fahrrad repariert, und auch noch annähernd, wenn man seinen Haushalt organisiert. Geht es aber darum, ein Unternehmen zu leiten, einen Staat zu lenken oder gar, in den Lauf der Geschichte einzugreifen, sehen die Dinge gravierend anders aus. Je komplexer ein zumindest in Teilen spontan wachsendes System wird, desto stärker entfaltet es ein Eigenleben: Es emergieren unvorhergesehene Eigenschaften und seine Entwicklung beginnt einer Eigenlogik zu folgen, die immer mehr von jenen Zielen und Zwecken abweicht, wegen derer das System ursprünglich geschaffen wurde. Emergenz ist also janusköpfig: Oben hatten wir das Wunder der Emergenz als Quell der Hoffnung inszeniert, hier nun zeigt es sich als Quelle der Frustration. Soziale Prozesse sind zwar durchweg das Resultat menschlichen Handelns, aber immer weniger sind sie auch das Resultat menschlicher Absichten.

Wann immer Menschen voller Idealismus für eine gute Sache kämpften, kehrten sich die Wirkungen irgendwann auf tragische Weise in ihr Gegenteil um. Wo immer wir ein Problem lösen, gebiert dieses Tun an räumlichen und zeitlichen Fernwirkungen eine Fülle weiterer, oft noch gravierenderer Probleme. Zumindest ist dies der Status quo. Derzeit gilt also in vielen Fällen mit S.B. Kopp »Die Lösung ist, es gibt keine Lösung.« Und all dies ist systeminhärent verursacht und hat nur teilweise etwas mit vermeidbaren Fehlern, Inkompetenz oder persönlichem Versagen zu tun. Ganz sicher haben wir die prinzipiellen Möglichkeiten eines Managements von Komplexität und Emergenz auf dem Boden einer Theorie der Selbstorganisation und Evolution sozialer Systeme noch längst nicht ausgeschöpft. Dennoch bleibt gültig, was wir im ersten Kapitel erarbeitet hatten: Der Prognostizierbarkeit und Steuerbarkeit derartiger Prozesse bleiben aus prinzipiellen Gründen Grenzen gesetzt. Eine Berechtigung für den naiven Machbarkeitswahn des Maschinenzeitalters wird auch auf diesem Wege nicht wieder herzustellen sein.

Es könnte für viele Menschen sehr entlastend sein, zu erkennen und zu akzeptieren, wie begrenzt die Möglichkeiten des Einzelnen zumeist sind, Grundlegendes in der Welt zu bewirken. Man kann als Elternteil nicht jedes Kind vor jedem Schaden bewahren, als Arzt nicht jeden Patienten heilen, als Lehrer nicht jeden Schüler zum Abitur führen und als Manager oder Politiker nicht für jede vielleicht rettende Idee Massenbegeisterung wecken. Lassen Sie uns also nach der Dankbarkeit auch die Fähigkeit zu Bescheidenheit und Demut kultivieren.

Darüber hinaus gilt es aber zu beachten: Wenn derzeit unsere Möglichkeiten, direkt, gezielt und nachhaltig Einfluss auf den Weltenlauf zu nehmen, sehr beschränkt sind, so heißt dass nicht, dass unsere Taten ohne Folgen bleiben. Zum einen gibt es instabile Systemphasen, in denen die Taten Einzelner sehr wohl einen starken und direkten, wenn auch zumeist in den Folgen unkalkulierbaren Einfluss auf den Gang der Dinge haben können. Als Beispiel nehme man nur die missverständlichen Äußerungen Günter Schabowskis bei jener denkwürdigen Pressekonferenz am 9.11.89, in deren Folge es zum Massenauflauf an den Ostberliner Grenzübergängen und schließlich zur Öffnung der Berliner Mauer kam. Haben Sie also Geduld und seien Sie

Komplexe Realitäten folgen Eigendynamiken, die sich nur schwer steuern lassen

Das im sozialen Leben vieles »schief geht«, sollten wir als normal akzeptieren

vorbereitet, vielleicht bekommen auch Sie irgendwann ganz unerwartet den Mantel der Geschichte an einem Zipfel zu fassen.

Zum Trost der Schmetterlingseffekt: auch unscheinbare Taten können Großes bewirken

Und dann gibt es noch den Schmetterlingseffekt: Minimale Ursachen können sich in der zeitlichen Ferne zu gigantischen Wirkungen aufschaukeln. Stellen Sie sich einen Lehrer vor, der in einem sehr kreativen und deshalb auch sehr undisziplinierten Schüler das Genie erahnt und sich für dessen Verbleib am Gymnasium einsetzt. Vielleicht wird aus diesem Schüler dann jener Wissenschaftler, der zwanzig Jahre später die oben geforderte soziale Evolutionstheorie schafft oder die kalte Kernfusion entdeckt. Dann hätte unser Lehrer auf eine indirekte Weise sehr viel zur »Rettung der Welt« beigetragen. Seien wir also stets achtsam und orientieren wir nach Möglichkeit jede unserer Handlungen an unseren zentralen Werten. Seien wir uns – cum grano salis – stets bewusst, dass jede unserer Taten potenziell die Welt retten oder vernichten könnte. Diese Denkfiguren sind ein sehr wirksames Mittel gegen Ohnmachtsgefühle in Konfrontation mit sozialer Komplexität.

Streng genommen brauchen wir aber diese intellektuellen Kunstgriffe gar nicht, um unseren Lebenssinn zu retten. Wir hatten gesagt, der letzte diesseitig erkennbare Lebenssinn besteht im Selbstgenuss des Bewusstseins (»vita contemplativa«) und der Förderung seiner Ausbreitung in Raum und Zeit (»vita activa«). Im Sinne auch der Diskussion der vorigen Mussvorstellung kommt der Vita contemplativa hierbei klar das Primat zu; sie wird um so wertvoller, je weniger eine Vita activa aus biographischen oder historischen Gründen lebbar ist (das ist nur eine andere Formulierung der Aussage, dass wir arbeiten, um zu leben und zu genießen, und nicht umgekehrt).

Hierin war sich übrigens schon die Mehrheit der alten Denker des Morgenlandes (u. a. die Buddhisten) und des Abendlandes (von Aristoteles bis zu den Neuplatonikern) im Grundsatz einig. Mit der aufkommenden Industriegesellschaft und der protestantischen Arbeitsethik als einer ihrer Triebfedern begann sich dieser Zeitgeist freilich zu wenden. Auch viele von uns sind noch sehr – zu sehr? – von dieser absolutistischen Machermentalität geprägt und müssen Dinge wie Genießen und Müßiggang erst wieder lernen.

Vita contemplativa ist (fast) immer lebbar

Es ist also sehr schön, wenn wir in unserem Leben die Möglichkeit haben, in mehr oder weniger großem Rahmen gestalterisch wirksam zu werden. Aber: Es muss nicht unbedingt sein, es ist kein obligater, sondern ein fakultativer Bedarf. Wenn wir genügend sekundäre Antriebe aufgebaut haben, dann kann allein das verstehende Begleiten des Zeitgeschehens genügend positive emotionale Energie spenden. Eine Vita contemplativa ist, zumindest theoretisch, unter so gut wie allen Umständen lebbar – bis zuletzt. Wir sollten uns bemühen, die Fähigkeiten hierfür aufzubauen. Niemand von uns ist dagegen gefeit, durch Schicksalsschläge zum gesellschaftlichen Außenseiter zu werden, eine hohe Querschnittslähmung zu erleiden oder in chaotische soziale Verhältnisse zu geraten, in denen konstruktives Gestalten nicht möglich ist.

Ich muss kämpfen, damit sich überhaupt etwas bewegt

3d Wenn sich in meiner Lebenswelt etwas zum Positiven bewegen soll, muss ich es anstoßen, tun oder erzwingen. (Sie wissen schon: Wenn man nicht alles selber macht!) Wenn ich nicht kämpfe, ist Stillstand. Also muss ich ohne Pause kämpfen.

Auch hier ist wieder zu sagen: Diese mechanistischen Konzepte sind gültig, aber nur in Bezug auf wenig komplexe, unbelebte Umweltausschnitte. Die hochkomplexe soziale Gesamtwirklichkeit, in der wir leben, ist eigenaktiv und folgt anderen Prinzipien. Mit eigener Energie etwas zu erzwingen, ist hier nur die eine Möglichkeit, etwas zu bewirken, und oft nicht die beste. Eleganter und zumeist wirksamer ist es, nicht gegen das System, sondern mit dem System zu arbeiten, indem man die Eigenenergien des Systems geschickt für die eigenen Zwecke zu nutzen lernt. Hier helfen Konzepte wie Kairos, Hebelpunkt, indirektes Mehrpunkthandeln, Aikido-Prinzip u. a. – wir werden all dies in ▶ Abschnitt 4.2 noch genauer besprechen.

Das Aikido-Prinzip: Die Eigenenergien des Systems nutzen

An dieser Stelle mag vielleicht eine Metapher genügen: Im Komplexen laufen Sie gewissermaßen nicht eine Straße entlang, sondern Sie schwimmen in einem Fluss. Es gibt Phasen, in denen Sie aus eigener Kraft etwa einen Stein erreichen können, um darauf auszuruhen. Aber es gibt auch Passagen, in denen die Strömung so stark ist, dass Ihre Schwimmbewegungen wenig oder gar nichts ausrichten. Hier gilt es dann, zu akzeptieren, bewusst Kraft zu sparen und sich treiben zu lassen in dem Wissen, dass auch wieder die Chance zum Handeln kommt. Diese Dialektik von Schwimmen und Treibenlassen zu erlernen, ist vielleicht das Hauptmoment einer Kunst des Komplexitätsmanagements.

Die Dialektik von Schwimmen und Treibenlassen

Stellen Sie sich vor, auf das Team, das Sie leiten, kämen erhebliche Veränderungen zu, die für viele Teammitglieder auch unangenehme Konsequenzen hätten. Beginnen Sie zu früh damit, in diese Richtung Druck auszuüben, dann besteht die Gefahr, dass sich ein Gegendruck aufbaut – das System ist noch in einem stabilen Zustand. Vielleicht können Sie noch eine Weile warten, bis die Veränderungsnotwendigkeit auch für die anderen deutlicher wird. Dann bedarf es vielleicht nur noch eines kleinen Anstoßes für die Veränderung oder das nun zunehmend instabile System springt sogar von selbst in den neuen stabilen Zustand (weil vielleicht andere Teammitglieder initiativ werden).

Wenn gesagt wird, »was man nicht verändern kann, das muss man akzeptieren«, dann schwingt da nicht selten ein Unterton von Resignation mit. Oft ist das unberechtigt. Passagere, von der Liebe zum Sein getragene Akzeptanz auf Ebene des *Ich* heißt nicht, dass sich nichts verändert, sowohl in der Welt – s. oben – als auch im *Selbst* (so kommt manchmal ein Depressiver schneller aus seinem Tief heraus, wenn er seinen Zustand annimmt, als wenn er mit seinem *Ich* dagegen ankämpft und zusätzlich Energie verbraucht). Panta rhei – alles fließt.

Auch liebende Akzeptanz kann Positives bewirken

❶ Ich muss nicht immer kämpfen, um positive Veränderungen zu erreichen; in vielen Situationen ist es besser, sich vertrauensvoll dem Strom des Seins anheimzugeben. Es gilt, eine Intuition für das System zu entwickeln und die begrenzten eigenen Energien nur dort einzusetzen, wo sie auch mit hoher Effizienz wirksam werden können (an Kairos und Hebelpunkt).

Abschließend sei noch einmal zur Vermeidung von Missverständnissen betont: Diese Auflockerung von Mussvorstellungen soll nicht dazu führen, dass irgendeine Tat, die notwendig oder sinnvoll ist und im Bereich Ihrer Möglichkeiten liegt, ungetan bleibt. Ziel ist, dass Sie Ihre Taten möglichst unverkrampft tun, weil Sie nur so das Leistungspotenzial Ihres *Selbst* wirklich ausschöpfen, Freude an Ihrem Tun haben und gesund bleiben.

Sollten Sie zu den wenigen vorbildlichen Lesern gehören, die den eingangs genannten vier Punkten unserer Übung gefolgt sind, dann haben Sie jetzt in einer ersten Annäherung Ihre mehr oder weniger bewussten Mussvorstellungen aufgedeckt und bewusst erarbeitete, förderliche Lebensmaximen an Ihre Stelle gesetzt. Sie haben damit die wichtigsten Leitsaiten Ihres inneren Klaviers neu gestimmt. Doch lehnen Sie sich jetzt nicht bequem zurück – damit allein ist es nicht getan. Nun geht es darum, im Alltag Ihren inneren Dialog mit mehr Bewusstheit zu begleiten und immer öfter korrigierend in die automatisierten Gedankenabläufe einzugreifen.

Korrigieren Sie im Alltag Ihre Denkgewohnheiten im Sinne Ihrer neuen Lebensmaximen

❗ **Wann immer Sie feststellen, dass Ihr Denken den alten Mustern folgt, strukturieren Sie es bewusst im Sinne der neu gewonnenen Positionen um. Auf diese Weise stimmen Sie nun Ihr gesamtes inneres Klavier mit seinen Tausenden von Saiten allmählich auf die neuen Leittöne um. Wenn Sie dies mit einiger Konsequenz über längere Zeit praktizieren, dann werden sich auch Ihre spontanen Gefühlsreaktionen und Verhaltensimpulse im Sinne ihrer neuen Werte zu verändern beginnen.**

Lesen Sie kontinuierlich Literatur zu diesen Themen

Lesen Sie auch immer wieder einmal »Weisheitsliteratur« (s. auch Literaturempfehlungen), um Ihre Erfahrungen neu zu reflektieren und ggf. Ihre Lebensmaximen weiterzuentwickeln.

Wir wollen uns nun speziell mit der sekundären Aufhebung sehr starker primärer Negativaffekte beschäftigen.

2.5   Starke negative Gefühle umwandeln

Starke Negativgefühle sind destruktiv

Fast immer sind starke negative Gefühle einerseits ohne Sinn und Nutzen und andererseits auf vielen Ebenen schädlich. Meist handelt es sich dabei um primäre Emotionen, die vor Jahrhunderttausenden in unserer Evolutionsgeschichte geformt wurden, in Bezug auf die Lebenskontexte unserer tierischen und steinzeitlichen Vorfahren. Da sich die Lebensumstände seither aber dramatisch gewandelt haben, sind diese Emotionen mit ihren körperlichen und sonstigen Begleitphänomenen heute fast immer unfunktional bis kontraproduktiv. Die erhöhte Komplexität der menschlichen Psyche bietet zudem Raum für das Entstehen vielfältiger Teufelskreise, was zu einer unfunktionalen Steigerung negativer Emotionen führt. In dieser Form blockieren sie dann die Potenziale des *Selbst* und seine Fähigkeiten zu kreativen und flexiblen Problemlösungen. Über längere Zeit schädigen sie darüber hinaus die psychische und die körperliche Gesundheit.

Die Druckkessel-Theorie der Gefühle

In Psychologie und Psychotherapie gab und gibt es einen langen Streit darüber, wie mit derartigen starken negativen Primärgefühlen umzugehen sei. Die klassische, von der Psychoanalyse her inspirierte »Druckkessel-Theorie« der Gefühle besagt Folgendes: Gefühle, die nicht bewusst gemacht und ausgelebt werden, stauen sich im Unbewussten auf. Wird ein bestimmter Druck überschritten, können sie in allen möglichen Bereichen von Psyche und Körper hervorbrechen und die unterschiedlichsten Symptome erzeugen. Diesem Konzept zufolge wäre es also heilsam, an seine Gefühle heranzukommen und sie herauszulassen.

Heute spricht allerdings eine Fülle von Argumenten und Fakten dafür, dass diese Sichtweise falsch ist. So hat sich z. B. in Versuchsreihen gezeigt, dass Menschen, die ihren Ärger einfach immer nur herauslassen, einen höheren Blutdruck haben als Personen, die versuchen, ihn durch Änderung der Sichtweise oder freundliche Reaktionen abzubauen. Als Gegenmodell zur Druckkessel-Theorie schlägt Martin Seligman deshalb eine »Membran-Theorie« vor, die ich hier modifiziert wiedergebe: Demnach ist der Kessel nicht vollständig geschlossen, sondern von einer durchlässigen Membran abgedeckt, durch die der Druck allmählich entweichen kann. Dies entspricht dem universellen biologischen Phänomen der Anpassung oder Gewöhnung (Habituation). Wenn wir aufsteigernde Sichtweisen und Gedanken abbauen und damit gewissermaßen das geistige Feuer unter dem Kessel unfunktionaler Gefühle löschen, dann baut sich die Intensität des Gefühls und seiner Begleitphänomene mehr oder weniger schnell von allein ab, ohne dass dies irgendwo negative Folgen haben könnte. Wer dagegen glaubt, jedes Gefühl sei grundsätzlich adäquat – »Gefühle lügen nicht« – und müsse ernst genommen, zur vollen Entfaltung gebracht und vollständig ausgelebt werden, der schürt gewissermaßen ständig das geistige Feuer unter dem Kessel, mit allen potenziellen Konsequenzen für die psychische und körperliche Gesundheit.

Um nicht missverstanden zu werden: Natürlich ist es zunächst sehr wichtig, insbesondere negative Gefühle wahrzunehmen, bewusst über ihre Bedeutung zu reflektieren und ggf. Verhaltenskonsequenzen zu ziehen. Nicht selten wird man diesen Zyklus vielleicht auch mehrfach unter Korrekturen durchlaufen müssen, ehe man eine nachhaltige Verbesserung seiner Gefühlsbilanz erreicht.

Schädlich aber wäre es, unproduktiv im Kreise herum zu grübeln und das negative Gefühl am Kochen zu halten. Und oft wird eine auf psychosynergetischer Selbstkenntnis beruhende Reflexion auch ergeben, dass das Gefühl aufgrund seiner überlebten phylogenetischen Prägung falsch und unfunktional ist bzw. dass es aus inadäquaten Ansichten, Erwartungen und Lebenshaltungen resultiert bzw. dass Verhaltenskonsequenzen nicht möglich sind. Dann freilich ist die einzig sinnvolle Maßnahme, das Feuer unter dem Kessel auszutreten, indem man das Gefühl in der beschriebenen Weise sekundär aufhebt: Ersetzen von Sichtweisen und Gedankenfiguren, die das Gefühl aufstacheln, durch solche, die das Gefühl beruhigen; Einweben des Ganzen dann in möglichst synerge Gedankenstrukturen, die sekundäre Gegengefühle mobilisieren. Während diese innere Arbeit langfristig zu leisten ist, kann man in der Akutsituation drei Phasen der Aufhebung eines Gefühls unterscheiden, die im Lernprozess in aller Regel von Punkt 3 nach Punkt 1 durchlaufen werden:

1. Die Entstehung des Gefühls verhindern

Sofern für sich wiederholende kritische Situationen ausreichend synerge, sekundär aufhebende Gedankenstrukturen gut eingeübt sind, kann es gelingen, die Entstehung des Gefühls zu blockieren noch ehe es Besitz von uns ergriffen hat. Nach längerem Training kann eine Art Reflex entstehen, der schon bei Erregungsvorstufen des Primärgefühls die entsprechenden Blockadegedanken aktiviert.

Es ist sicher nicht leicht, dieses Stadium der Gefühlsbeherrschung zu erreichen, und kaum möglich, es auch unausgesetzt in allen Bereichen aufrecht zu erhalten. Wie ich aus eigener Erfahrung weiß, ist es aber möglich und

Die Membran-Theorie der Gefühle

Negative Primärgefühle sekundär aufheben

Bei Erregungsanstieg reflektorisch Gegengedanken aktivieren

lohnend, sich dem zumindest anzunähern. Immer öfter habe ich Erlebnisse wie das folgende: Gerade im Straßenverkehr neigte ich früher – und manchmal auch noch heute – zu starken cholerischen Reaktionen. Vor einiger Zeit nun ließ ich einmal einem Golf an der letzten Kreuzung vor meiner Buchhandlung die Vorfahrt, obwohl auch ich noch hätte fahren können, ohne zu behindern. Und dann hatte doch dieser Golf die Chuzpe, sich auf den einzigen freien Parkplatz vor der Buchhandlung zu stellen, den ich schon von eben jener Kreuzung aus mit Freude ins Auge gefasst hatte. Sie werden mir zustimmen – Grund genug, auszusteigen und dem anderen auf der Motorhaube herumzutrampeln. Stattdessen spielte sich bei mir Folgendes ab: Für einen winzigen Moment schoss Wut auf, die dann aber sofort einen Komplex tief verinnerlichter Gegengedanken aktivierte und mich auf den inneren Feldherrenhügel springen ließ. Dabei war gar keine Zeit, diese Gedanken wirklich explizit innerlich auszubuchstabieren – irgendwie spürte ich sie in einem ganzheitlichen Sinne. Sofort machte sich Freude darüber breit, dass das so prompt und gut funktioniert hatte. Ich freute mich über den Golffahrer und die ganze Situation, weil mir das Gelegenheit gegeben hatte, in Reinkultur zu erleben, dass man lernen kann, angeborene und gewohnheitsmäßig ausgelebte Wut auf einer höheren Ebene in Freude umzuwandeln. Dieser Umschaltvorgang vollzog sich in Bruchteilen von Sekunden, gerade so, dass sich seine Stadien bei aufmerksamer Selbstbeobachtung noch unterscheiden ließen. Ich wurde frustriert und reagierte mit Freude und Gelassenheit. Wunderbar! Es kann also gelingen, lassen Sie uns üben!

2. Das Gefühl eingrenzen und negative Handlungsimpulse unterdrücken
Wenn es nicht gelingt, das Gefühl im oben beschriebenen Sinne quasi im Keim zu ersticken, dann ergreift es schnell Besitz von uns und versucht, unseren psychischen Apparat zu versklaven im Sinne der ihm eigenen **Affektlogik** (um einen Begriff des Schweizer Psychiaters Luc Ciompi zu benutzen). Unser Alltagsdenken folgt ja nicht den strengen Regeln formaler Denksysteme wie der Mathematik oder der Logik. Anstelle des Schwarz-auf-Weiß beweisbarer Aussagen folgen hier weite Grauzonen von Interpretationsmöglichkeiten aufeinander. Und in welcher Richtung diese Interpretationsfreiräume jeweils genutzt werden, wird vom Vorliegen starker Primärgefühle in hohem Maße beeinflusst. Jedes dieser Primärgefühle zeigt dabei seine eigene Spezifik der Einflussnahme und seine eigene Affektlogik.

Starke Primärgefühle verzerren Wahrnehmung und Denken im Sinne ihrer Affektlogik

So neigt z. B. die Wut dazu, ihr Existenzrecht zu beweisen, indem sie uns dazu bringt, dem Gegner böse Absichten zu unterstellen wo immer dies die Interpretationsspielräume hergeben. »Ich war so freundlich, dem Kerl die Vorfahrt zu lassen. Und zum Dank nimmt er mir dann meinen Parkplatz weg!« Natürlich ist das kompletter Unsinn: Erstens wusste »der Kerl« ja gar nicht, dass ich besagten Parkplatz haben wollte. Zweitens handelte es sich ja – Vorfahrt hin oder her – nicht wirklich um »meinen« Parkplatz. Und dennoch empfinden wir derartige Gedanken in jenen Momenten, in denen uns das entsprechende Gefühl im Griff hat, als subjektiv absolut überzeugend. In dieser Refraktärphase, wie Wissenschaftler das nennen, ist es sehr schwer, sich der entsprechenden Affektlogik zu widersetzen oder gar komplett wieder aus ihr auszusteigen. Aber bis zu einem gewissen Grade ist es möglich und kann durch Übung ausgebaut werden.

Ich persönlich erlebe das immer so: Wenn es dem Primärgefühl doch gelingt, die Schwelle der Selbstverstärkung zu überschreiten und Besitz von mir zu ergreifen, fühle ich mich deutlich eingeengt und teilweise blockiert. Allerdings gelingt es mir fast immer, die sekundäre Ebene parallel zu aktivieren. Von hier aus nimmt dann die »Trotzmacht des Geistes« den Kampf auf. Im Sinne der besprochenen Techniken versuche ich je nach den Möglichkeiten der Situation, die folgenden Schritte umzusetzen:

Schrittfolge zum Dämpfen starker negativer Primärgefühle

1. Auf Abstand zur Situation gehen und den inneren Feldherrenhügel besteigen
2. Aktivierung passender Gegengedanken, insbesondere Bewusstmachung der Sinnlosigkeit und Kontraproduktivität des aktuellen emotionalen Zustands
3. Volle Konzentration auf andere, möglichst positive Wahrnehmungen, Gedankeninhalte oder Tätigkeiten (und sei es nur die Atmung)
4. Verbleibt ein Rest an negativer emotionaler Anspannung – nicht dagegen ankämpfen, sondern sie akzeptieren und als Wachstumsaufgabe positiv annehmen: Man kann lernen, auch mit negativen Gefühlen und in körperlicher Anspannung erfolgreich und präzise zu handeln. Man denke nur an Schauspieler, die das Lampenfieber nicht loswerden. Oder an Biathlonsportler, die sich darin üben, mit Puls 180 als Präzisionsschützen erfolgreich zu sein. Wer weiß, wofür das Training solcher Fähigkeiten noch einmal gut sein kann? (Die Chancen darauf, dass einmal in einem unserer Urlaubsflieger mit ruhiger Hand eine Bombe zu entschärfen ist, sind ja leider gestiegen.)
5. Körperliches Abreagieren der Spannung: Progressive Muskelrelaxation noch in der Problemsituation – ▶ Abschnitt 2.11 – oder danach sobald wie möglich Sport

Hierdurch lockert sich selbst in hocheskalierten Konfliktsituationen der primäre Würgegriff deutlich. Wenn auch vielleicht etwas verkrampft, so gelingt es mir auf diese Weise zumeist doch, vernünftig und richtig zu handeln entgegen den archaischen Geboten der jeweiligen Affektlogik. Man kann auch mit Wut, Angst oder Eifersucht im Bauch vernünftig und richtig handeln, auch wenn man in diesem Moment dann emotional nicht voll dahinter steht, sich gespalten und nicht wirklich überzeugt fühlt. Es handelt sich hierbei um Willenshandlungen, die mit der Trotzmacht des Geistes durchgesetzt werden.

3. Lernen, Korrektur, Entschuldigung

Freilich ist man in diesem primär-sekundären Zwischenzustand sehr viel vulnerabler gegenüber neuen Auslösern. Stellen wir uns vor, es wäre mir nicht so gut gelungen, den Parkplatzklau so prompt positiv aufzuheben und ich wäre in einer gereizten Stimmung verblieben. Angenommen, »dieser Kerl« hätte mir dann als Nächstes das letzte Exemplar – »mein Exemplar« – des von mir gesuchten Titels weggeschnappt und schließlich würde er noch den Verkäufer in ein extralanges Gespräch verwickeln, um mir »meine Zeit« zu stehlen. Oh Mann, ich weiß wirklich nicht, was dann alles hätte passieren können. Nun, gelegentlich geraten wir in Situationen, in denen es leider so kommt. Wir »rasten aus«; die Affektlogik zwingt uns zu Worten oder Taten, die uns schaden oder andere verletzen.

Wenn das Fass dann doch noch überläuft

Wer sich entschuldigen kann, zeigt menschliche Größe

Dann bleibt nur eines: sich korrigieren und entschuldigen. Für manche Menschen ist das negativ besetzt: Sie tun das selbst nicht oder nicht gern und wenn es andere tun, nehmen sie das als Zeichen von Schwäche und Niederlage. Man kann das aber auch grundlegend anders erleben. Wer einmal verstanden hat, wie wichtig diese sozialen Kompetenzen für gelingende Gemeinschaftsprozesse auf allen Ebenen sind – gerade vor dem Hintergrund einer fehlerfreundlichen Grundhaltung – der kann Korrekturen und Entschuldigungen als etwas sehr Positives und Bewegendes erleben, das von menschlicher Reife und Größe zeugt. Wenn Ihnen also wieder mal einer dieser Fehltritte passiert – ärgern Sie sich nicht lange darüber; sehen Sie das vielmehr als eine gute Gelegenheit, die vielleicht wichtigsten sozialen Kompetenzen zu trainieren und den anderen zu zeigen, dass sie trotz Ihrer kürzlich wieder erfolgten Beförderung das soziale Einmaleins nicht verlernt haben.

Und: Überprüfen Sie wieder einmal, wie Sie zu der durchgebrochenen Primäremotion grundsätzlich stehen. Sind Ihre aufhebenden Gegengedanken ausreichend differenziert, prägnant und präsent? Wenn nicht, dann könnte es helfen, die nun folgende Übung durchzuführen bzw. zu wiederholen.

Gezielt Schutzgedanken für die wunden Punkte erarbeiten

Fragen Sie sich, mit welchen Primärgefühlen Sie in welchen Situationen Probleme haben. Fragen Sie sich, wo Ihre wahren Interessen und die wahren Interessen der anderen Beteiligten liegen und ob die durch das Primärgefühl in Gang gesetzte Dynamik diesen Interessen dient oder schadet. Welche Affektlogik wird durch das Gefühl in Gang gebracht? Wie ist diese primäre Affektlogik im Lichte der sekundären Vernunft zu bewerten und mit welchen Gegengedanken können Sie sie aushebeln? Formulieren Sie diese Gegengedanken so differenziert und prägnant wie möglich. Bezüglich einiger wichtiger primärer Emotionen mache ich im Folgenden Vorschläge für solche Gegengedanken. Vergleichen, ergänzen und korrigieren Sie ggf.

2.5.1   Wut und Rachsucht

Hierzu wurde ja im Vorfeld schon einiges gesagt – lassen Sie uns dieses wichtige Thema hier noch einmal zusammenfassen, ergänzen und vertiefen.

Wut löst Steinzeitprobleme

Zunächst noch einmal stichwortartig die Funktionen, die Wut, Aggression und Vergeltung bei unseren tierischen und steinzeitlichen Vorfahren hatten: körperliche Gewalt als letztes Mittel zum Brechen von – meist sozialen – Widerständen, die sich dem Verfolgen der eigenen Ziele entgegenstellen; Setzen und Verteidigen der Grenzen jener sozialen Rangposition, die man erstrebt oder innehat; Vergeltung von Grenzübertretungen und Gewalt mit Gegengewalt zur Wahrung des sozialen Gesichts (der äußeren Ehre) sowie zum Schutz durch Abschreckung gegenüber Feinden. Wie besprochen, lässt sich die Entstehung dieser Verhaltenstendenzen durch das evolutionäre Prinzip des Genegoismus erklären.

Heute ist Wut kontraproduktiv und schädlich

Wir wissen: Abgesehen von Ausnahmesituationen und kleinen gesellschaftlichen Nischen ist es in unserer Kultur möglich, üblich, ja bei Androhung von Strafe vorgeschrieben, Konflikte gewaltfrei zu regeln auf der Basis von Vernunft, bestimmten Prinzipien wie Fairness, Gerechtigkeit und Gesetz. Bei dieser Art der sekundären Konfliktlösung in modernen Lebenskontexten haben die Primärmechanismen der Wut zum großen Teil ihren Sinn verloren oder sind geradezu hinderlich: Die Affektlogik der Wut verzerrt die Realitätswahrnehmung, die mentalen Einengungen (Stress, Tunnelblick) behindern die sekundären psychischen Funktionen. Chronische Wut schädigt die Gesundheit und verdirbt kostbare Lebensmomente, die man auch hätte genießen können.

Wut und Rache auszuleben, befriedigt für den Moment ein passager aktiviertes primäres Bedürfnis, auf lange Sicht aber schadet das den Interessen der Gesamtperson und der Gesellschaft, weil es das Negative nicht beseitigt, sondern es mehrt. Besonders deutlich wird dies an den Teufelskreisen von Vergeltung und Rückvergeltung. Und das gilt um so mehr, wenn man weiß, dass diese Teufelskreise ihren Ausgang an »Untaten« nehmen, die zumeist nicht derart kristallin bösen und niederträchtigen Motiven entspringen, wie es die Affektlogik dem Geschädigten suggeriert.

Mit Ausnahme vielleicht von Situationen, in denen man tatsächlich körperlich ums Überleben kämpfen muss, sind wutgetriebene Aggression und Rache also sinnlos und für alle Seiten schädlich. Und auch wenn das sicher nicht vollständig gelingen kann, sollten wir versuchen, diese Affekte im Alltag soweit es geht sekundär aufzuheben und dies immer wieder trainieren.

Das gilt umso mehr, wenn man sich klarmacht:

> **❗ Alles, was von dem, was wir mit Wut im Bauch tun würden, vernünftig und richtig ist, können wir auch ohne Wut tun: mit Ruhe, Konsequenz und Entschlossenheit. Die ruhige, imperative Bestimmtheit, hinter der man die überlegte Entschlossenheit einer hochgradig selbstkongruenten Gesamtpersönlichkeit spürt, wirkt viel überwältigender als es die Wut eines Menschen könnte, der »außer sich« ist.**

Mit Ruhe, Konsequenz und Entschlossenheit können wir alle unsere Ziele besser erreichen

Sollte es uns gelingen, bei alldem die grundlegende Liebe zum Sein zu bewahren, die auch den Gegner einschließt, der vielleicht verblendet, aber immer noch Mensch ist, dann wirkt das Ganze im Gegensatz zum eskalatorischen Wutszenario auch noch deeskalierend.

Lassen Sie uns nun noch einmal die Affektlogik der Wut näher betrachten und verstehen. Erstens: Der zugrunde liegende primäre Antrieb »Aggressionsbereitschaft« ist im Funktionskreis des Sozialverhaltens entstanden. Am deutlichsten wird das sicher, wenn wir beginnen, nichtfunktionierende Artefakte wie unseren abgestürzten PC zu beschimpfen und körperlich zu züchtigen. Es setzt sich fort, wenn wir Mitmenschen, deren Verhalten negative Konsequenzen für uns hat, prompt und unreflektiert böse Absichten unterstellen – so wie ich im obigen Beispiel die Tendenz hatte, jenem Golffahrer zu unterstellen, er wolle mich bewusst schädigen, indem er mir »meinen Parkplatz« wegnimmt. Und es endet dort, wo wir das Negative, das aus komplexen sozialen Prozessen unter Beteiligung überindividueller emergenter Eigenschaften und ihrer versklavenden Systemzwänge resultiert, auf Schuld und Absicht einzelner reduzieren – in ▶ Abschnitt 1.1.1 waren wir hierauf schon im Zusammenhang mit der »Kapitalistenschelte« exemplarisch eingegangen.

Mit dieser Personalisierung eines überwiegend emergenten Bösen verbindet sich zweitens eine Tendenz zur Überverallgemeinerung, wie dies für Denkprozesse unter Stressbedingungen generell typisch ist: Die Absichten

Die Affektlogik der Wut suggeriert böse Absicht und dringt auf Vergeltung

des Schuldigen sind total und absolut böse und auch er selbst als Person ist durch und durch verdorben.

Drittens schließlich suggeriert uns die Affektlogik der Wut die Unabweislichkeit von Reziprozität: Gleiches muss mit Gleichem vergolten werden – Auge um Auge, Zahn um Zahn –, man fühlt doch, wie richtig das ist, und es scheint doch auch irgendwie logisch einleuchtend. Aber das fühlt sich eben nur in der Wut überzeugend an – bei kühlem Kopf ist es durchaus unvernünftig: Es ist gar nicht möglich, Gleiches mit Gleichem zu vergelten, denn die Kontexte und Motive menschlicher Handlungen sind niemals gleich (und oft sind sie eben längst nicht so negativ wie von außen unterstellt wird). Und logisch sind allein jene Maßnahmen, die am wirksamsten künftiges Leid vermeiden – nur selten fallen diese mit reziproker Vergeltung in eins. Viel wichtiger als die primäre äußere Ehre ist die sekundäre innere Ehre: mit sich selbst im Reinen sein, den eigenen Maßstäben genügen.

Hier noch einmal die wichtigsten Denkfiguren, die Wut mildern und Verzeihen erleichtern:

Feindliches Verhalten entspringt oft Missverständnissen

1. Wir sollten vermeiden, anderen a priori böse Absichten zu unterstellen, und immer einkalkulieren, ja besser noch bis zum Beweis des Gegenteils davon ausgehen, dass aus unserer Perspektive negative Handlungen auch einen anderen Hintergrund haben können: Missverständnisse; die abweichende Perspektive des anderen (Konstruktivismus!); mangelndes Wissen oder mangelnde Kompetenzen beim anderen; mir nicht transparente Systemzwänge, denen der andere unterworfen ist etc.

…oder auch der andere steht unter Druck und ist »außer sich«

2. Sollte der andere tatsächlich in dem Wissen handeln, mir zu schaden, dann ist es möglich, dass er unter Systemzwängen handelt, die ihm unwiderstehlich erscheinen, und es ihm eigentlich leid tut; oder er steht selbst so unter Druck, dass er »außer sich« ist und – blind aus innerer Verzweiflung – Böses tut. Der andere ist dann ein Mensch, der keineswegs durch und durch schlecht ist. Neben den üblichen menschlichen Schwächen, die auch ich selbst habe, verfügt auch er über viele positive Seiten, die unter anderen Umständen zum Tragen kommen und schon jede Menge Gutes in dieser Welt bewirkt haben.

Auch Übeltäter sind Produkt und Opfer ihrer Lebensumstände

3. Selbst in dem seltenen Fall, dass es sich um einen Menschen handelt, der aus wohlüberlegtem Kalkül anderen schadet und dass dies sein Wesen in hohem Maße bestimmt, gilt: Auch er ist mit all seinen Gefühls- und Entscheidungsmechanismen das Produkt von Prozessen, über die er keine Kontrolle hatte – kurz gesagt ist er das notwendige Produkt der Interaktion der ihm mitgegebenen Gene mit seiner Umwelt. In dieser Sicht ist er dann ebenso sehr Opfer wie Täter, ein im Grunde armer Mensch, der die erfüllenden Energien der Liebe nicht zu spüren vermag. Man muss ihn in die Schranken weisen, ja. Aber das muss nicht mit Wut und Hass geschehen, dies wäre nur eine zusätzliche Selbstschädigung.

Vielleicht denken Sie jetzt: Was ist das denn für eine unmögliche Argumentation! Dann könnte man ja alles entschuldigen und jeder könnte alles tun! Das eröffnet die Möglichkeit, einen wichtigen Aspekt von psychosynergetischer Lebenskunst ein weiteres Mal zu verdeutlichen: Es gibt keine unter allen Umständen gültigen absoluten Wahrheiten. Lediglich kontextabhängige relative Wahrheiten sind uns zugänglich, die uns gewisse Spielräume dafür lassen, im jeweiligen Lebenskontext die förderlichste Geisteshaltung einzunehmen. So hat Schuld keine objektive Existenz. Schuld setzt Willensfreiheit voraus – ein Konzept, das in den Gehirn- und Geisteswissenschaften gleichermaßen umstritten ist. Noch weiter gefasst wissen wir ja nicht einmal, in welchem Grade unser Universum deterministisch ist (deterministisch: gesetzmäßig vorbestimmt). Erst kürzlich hat der amerikanische Mathematiker Gregory Chaitin nachweisen können, dass die Existenz des Zufalls aus prinzipiellen Gründen unbeweisbar ist. Wir können nicht mit letzter Sicherheit ausschließen, dass allem Geschehen eine schicksalhafte Zwangsläufigkeit innewohnt, auch wenn es jede Menge wichtiger Argumente und Plausibilitäten dagegen gibt – man denke nur an die Quantenmechanik.

Schuld ist somit eine soziale Konstruktion, die bei der Regulation des gesellschaftlichen Lebens helfen soll, Normverstöße zu minimieren. Sie wirkt über das schlechte Gewissen der Täter und ermöglicht als »Leitwährung« den Justizbetrieb.

Ergo: Sofern es um den äußeren Umgang mit dem Täter geht, macht es Sinn, von einem partiellen Indeterminismus unserer Welt und einem partiell freien Willen auszugehen, um das Konzept Schuld anwenden zu können. Vielleicht bessert das den Täter für die Zukunft; in jedem Falle erlaubt es den Einsatz der Instrumente des gesellschaftlichen Selbstschutzes. Ganz anders stellt sich die Situation für den inneren Umgang mit dem Täter dar. Im inneren Dialog kann das Konstrukt Schuld seinen sozialen Nutzeffekt nicht entfalten; hier schadet es nur, weil es den selbstschädigenden Wutmechanismus in Gang bringt und uns aus der heilsamen Liebe zum Sein herausfallen lässt. Die förderlichste Geisteshaltung ist hier die oben unter Punkt 3 formulierte. Zwischen äußerer Schuldzuweisung und innerem Verzeihen gibt es also keinen wirklichen Widerspruch. Wo Korrespondenz nicht überprüfbar ist, ist wahr, was heilt und nützt (in Erinnerung an unseren dreiwertigen Wahrheitsbegriff von ▶ Abschn. 1.1.3).

Tatsächlich lässt sich die in den obigen drei Punkten formulierte innere Haltung noch ein Stück ins Paradoxe überdrehen, wie dies in buddhistischen Schriften vorgeschlagen wird: Man kann seine Feinde dafür lieben, dass sie einem wie nichts sonst auf der Welt Gelegenheit geben, die vielleicht schwierigste Übung auf dem Wege zu persönlicher Meisterschaft zu trainieren: das Aufheben der primären Wut in der sekundären Liebe zum Sein.

Böses konsequent verhindern – aber möglichst mit Liebe im Herzen

Lassen Sie mich zur abschließenden Illustration noch eine Geschichte wiedergeben, die von Terry Dobson erzählt wird, der in den 50er-Jahren einer der ersten Amerikaner war, der in Japan die sanfte Kampfkunst des Aikido studierte. Wir werden auf diese Geschichte in ▶ Kapitel 4.6 noch einmal zurückkommen und dann auch erklären, was sich hinter Aikido verbirgt.

Terry Dobson: Aikido als Kunst der Versöhnung

Eines Nachmittags fuhr Terry in einem Vorortzug von Tokio nach Hause, als ein massiger, stark betrunkener Arbeiter den Zug betrat. Der aggressive Mann begann, andere Fahrgäste zu bedrohen, schlug nach einer Frau mit einem Baby und einigen weiteren Fahrgästen, die in den hinteren Teil des Waggons flüchteten. Als er nun mit wütendem Gebrüll versuchte, eine Metallstange aus der Verankerung zu reißen, glaubte Terry, eingreifen zu müssen, damit niemand ernsthaft verletzt würde. Terry erinnerte sich wohl an die Worte seines Lehrers: «Aikido ist die Kunst der Versöhnung. Wer Lust zum

Kämpfen hat, der hat seine Verbindung zum Universum zerrissen. Wenn du versuchst, Menschen zu beherrschen, wirst du immer verlieren. Wir lernen, wie man einen Konflikt löst, nicht, wie man ihn eröffnet.« Er glaubte, in diesem Geiste zu handeln, als er sich langsam aufstehend dem Randalierer zuwandte, während die übrigen Fahrgäste wie erstarrt auf ihren Sitzen saßen. Als der Betrunkene ihn erblickte, brüllte er: »Ah, ein Ausländer! Dir werd ich japanische Manieren beibringen!« und schickte sich an, es mit Terry aufzunehmen. In diesem Moment ertönte plötzlich ein ohrenbetäubender, dabei aber merkwürdig fröhlicher Schrei: »Heh!" Der Schrei klang so vergnügt, als habe jemand plötzlich einen lieben Freund entdeckt. Erstaunt wandte sich der Betrunkene um und erblickte ein kleines japanisches Männlein, das in einem Kimono dasaß. Der Alte strahlte den Randalierer freundlich an und winkte ihn mit einem »Komm her« zu sich herüber. Der Betrunkene setzte sich mit staksigen Schritten in Bewegung, wobei er wütend knurrte: »Wieso sollte ich mit dir reden, verdammt noch mal?« »Was hast du getrunken?« fragte der Alte und strahlte unseren Rowdy an. Dieser brüllte: »Ich habe Sake getrunken und das geht dich einen Dreck an!« »Oh, das ist wunderbar, absolut wunderbar!« erwiderte der Alte mit unbeirrbarer Freundlichkeit. »Weißt du, ich liebe auch Sake. Meine Frau und ich wärmen uns jeden Abend ein Fläschchen Sake und nehmen es mit in den Garten, und wir setzen uns auf eine alte Holzbank …« Dann erzählte er weiter von dem Dattelpflaumenbaum in seinem Hof und von anderen Schönheiten in seinem Garten. Das Gesicht des Betrunkenen wurde dabei allmählich sanfter und seine Fäuste öffneten sich. »Tja, ich liebe auch Dattelpflaumen …« sagte er mit sich verlierender Stimme. »Ja«, sagte der alte Mann, »und du hast sicher eine wunderbare Frau«. »Nein«, entgegnete der Arbeiter, »meine Frau ist gestorben …« und er begann schluchzend seine traurige Geschichte zu erzählen, wie er seine Frau, sein Haus und seine Arbeit verloren hatte und wie sehr er sich schäme. Als Terry den Zug verließ, hörte er noch, wie der Alte den Betrunkenen zu sich nach Hause einlud (nach Dass u. Gorman 1985, S. 167 ff.).

2.5.2   Neid und Gier

Diese Primärimpulse sollen uns dazu antreiben, unsere Ressourcen aller Art zu mehren. Gern auch auf Kosten anderer: Neben der Tendenz, den Beneideten nachzuahmen, erzeugt die entsprechende Affektlogik das Bestreben, ihm zu schaden, mit dem Ziel, ihm im Wettkampf um Sozialprestige den Rang abzulaufen. Dies richtet in Organisationen großen Schaden an: Es werden Gerüchte gestreut, falsche Stimmungen angeheizt, wichtige Informationen vorenthalten bis hin zu regelrechten Straftaten. Wie die Wut zerfressen auch Gier und Neid Seele und Körper dessen, der davon bestimmt wird.

Neid und Gier haben ihren steinzeitlichen Sinn verloren und wirken destruktiv

Nicht anders als die Wut haben auch Neid und Gier ihre ursprüngliche biologische Funktion verloren: Während sich unter den Knappheitsbedingungen unserer Vorfahren jeder Zugewinn an Ressourcen (ob auf Kosten von Konkurrenten oder nicht) direkt auf die Zahl der eigenen Nachkommen auswirken konnte, gibt es diesen Zusammenhang in den modernen Wohlstandsgesellschaften nicht mehr – eher ist das Gegenteil der Fall. Darüber hinaus sind wir nicht mehr rein primär geprägt. Unser Glück als überwiegend sekundär bestimmte Wesen hängt wenig bis gar nicht von der schieren Zahl unserer Kinder und der Größe unserer Reichtümer ab.

Nicht anders als bei der Wut gilt es also, Gier und Neid soweit wie möglich sekundär aufzuheben.

Hier meine Vorschläge für Gegengedanken:

1. Tiefes Verstehen der Sinnlosigkeit und Schädlichkeit von Neid und Gier im eben erläuterten Sinne

2. Prinzip der Fülle: Neid und Gier erzeugen eine Mentalität des Mangels, der Kleinlichkeit und der Angst. Es kriecht das Gefühl in uns hoch, es könnte nicht reichen, wir könnten zu kurz kommen. Wir achten dann peinlichst darauf, mindestens all das zu bekommen, von dem wir meinen, dass es uns zusteht, und wenn möglich, noch einiges mehr. Diese Mentalität verdirbt die Freude am Leben und macht krank. Auch wenn es Zeiten und Orte materiellen Mangels gibt, erfasst diese Mentalität nicht das Wesen unserer Welt. Die menschliche Kreativität erschließt immer neue Quellen des materiellen Reichtums; die Sphäre der geistig-kulturellen Güter ist unerschöpflich und wächst ständig.

> ❗ An den Dingen, die wirklich wichtig sind, ist diese Welt unendlich reich. Wir sollten die Überzeugung in uns stärken: Diese Welt steckt so voller Chancen und Möglichkeiten, dass wir selbst neben allen anderen unser Glück machen können, wenn wir mit Optimismus, Tatkraft und Kreativität auf das Leben zugehen und seine Potenziale zu Entfaltung und Wachstum bringen.

Es reicht für alle. Das Leben ist kein Nullsummenspiel, in dem man nur auf Kosten anderer gewinnen kann; es gibt nicht nur Alternativen, sondern eine unendliche Fülle weiterer Möglichkeiten. Wir können uns Großzügigkeit leisten und sollten nach Möglichkeit bereit sein, mehr zu geben als zu nehmen. Der amerikanische Unternehmensberater Stephen R. Covey hat diese Haltung **Mentalität der Fülle** genannt. Wahrscheinlich werde ich durch diese Haltung sogar materiell gewinnen, und wenn nicht, würde dieser Verlust mehr als ausgeglichen durch meinen Gewinn an Freiheit und Freude.

Das Prinzip der Fülle

3. Wenn andere meine negativen Gefühle und Handlungen bemerken, werden sie meine Person entsprechend negativ sehen und versuchen, mir zu schaden. Wenn ich es hingegen schaffe, meine Impulse der Missgunst sekundär in Großherzigkeit aufzuheben, werden sie mich positiv sehen und mich fördern. Wenn es möglichst vielen anderen Menschen gut geht, wird die Welt besser, und die Chancen wachsen, dass es auch mir bald besser geht. Wir haben also auch im wohlverstandenen Eigeninteresse allen Grund, uns am Erfolg anderer mitzufreuen, ja ihren Erfolg zu fördern.

Wer das Gute sät, wird Gutes ernten

4. Das Paradox der Glücksforschung: Glück und Lebenszufriedenheit sind zu 80% Sache der inneren Einstellung und hängen nur zu 20% von objektiven äußeren Umständen ab, insbesondere von den materiellen Gegebenheiten. Doch das wird gleich ausführlicher besprochen. Dieses Wissen kann uns helfen, unsere Anhaftung an materielle Dinge zu reduzieren, was Verlustängsten den Boden entzieht und eine Vielzahl von Schmerzquellen trockenlegt.

Geld macht nicht glücklich

Nicht selten werde ich nach Vorträgen oder Seminaren gefragt, ob Folien kopiert oder als Dateien zugesandt werden könnten. Dann passiert es mir doch tatsächlich noch manchmal, dass eine Sorge in mir hochkriecht, weil ein bestimmter Gedanke oder ein besonders prägnantes Schema im Vorfeld noch nicht publiziert wurden. Es könnte ja in falsche Hände geraten und sich dann ein anderer mit meinen Federn schmücken. Diese kleinlich-egoistischen Ängste verwandeln sich sofort in Freude und Hilfsbereitschaft, wenn ich die eben erarbeiteten Gedanken in meinem Gedächtnis antippe. Ich habe doch genügend Ideen, um die eine oder andere abgeben zu können. Wie viele Gedanken anderer mögen sich im Laufe der Jahre in mein Repertoire eingeschlichen haben, ohne dass mir dies noch bewusst wäre, ich sie erwähnte oder gar Lizenzgebühren zahlte? Und ist es nicht viel wichtiger als die sog. Priorität, dass sich gute Gedanken ausbreiten und sobald wie möglich ihr gutes Werk in der Welt beginnen? (Und auch ganz egoistisch gedacht: Was würde eine ablehnende Haltung für einen Eindruck machen? Würde ich so wohl weiterempfohlen werden?)

2.5.3 Stolz

Stolz wird durch besondere Erfolge im Statuswettbewerb ausgelöst und ist mit einem Ausdrucksverhalten der Dominanz verbunden: mit geschwellter Brust einherstolzieren und prahlerische Reden schwingen, um sich selbst zu erhöhen und andere zu erniedrigen. Nach innen hat der Stolz die Funktion, zu weiteren Leistungen zu motivieren; nach außen soll er Konkurrenten abschrecken und das andere Geschlecht anziehen. Die Affektlogik des Stolzes lässt es uns als selbstverständlich empfinden, dass uns nach bestimmten Leistungen Vorrechte und Privilegien zustehen.

Auch der Stolz hat seine primär-biologische Funktion teilweise verloren und wirkt in modernen Lebenszusammenhängen vielfach kontraproduktiv.

Wir verfügen heute über sehr viel differenziertere Möglichkeiten, Leistung und Erfolg auszuweisen bzw. zu erkennen – von Markenuhr und Sportwagen über diverse Titel bis hin zu Brillanz in Humor und Artikuliertheit. Die stolzgeschwellte Brust wirkt da eher lächerlich. Hierarchien, die auf Einschüchterung durch primäre Dominanz beruhen, genügen nicht den Anforderungen an Flexibilität und Kreativität in modernen Organisationen.

Auch der Stolz hat keine Grundlage und wirkt eher destruktiv

Auch Stolz bläht das *Ich* auf und blockiert das *Selbst*, z. B. für schwache soziale Signale (die vielleicht anzeigen, dass sich andere unwohl oder belustigt fühlen). Stolz ist eine der Triebkräfte des überzogenen Individualismus der westlichen Gesellschaften und ihrer unguten The-winner-takes-it-all-Mentalität.

Stolz spricht u. a. auf Erfolge an, die nicht wirklich etwas mit Leistung und Verdienst zu tun haben. Wie peinlich ist es mir im Nachhinein, wenn ich es mir in einem Gespräch nicht habe verkneifen können, am Ende doch noch beiläufig einfließen zu lassen, dass ich mit dieser oder jener bekannten Persönlichkeit in Kontakt bin.

Als eine Form äußeren Lohns im Rahmen einer Fremdzweckmotivation verweist Stolz uns nach außen auf einen Vergleich mit anderen, auf einen momentanen Zustand also, der immer bedroht ist. Worauf immer wir stolz sind, morgen schon kann uns ein anderer den Rang in dieser Sache ablaufen. Stolz ist der Feind des inneren Friedens, er trägt dazu bei, Hast und Angst zu erzeugen.

Es gibt also eine Vielzahl von Gründen, unseren Stolz auf möglichst kleiner Flamme zu halten. Nach innen können wir ihn, wenn es nötig ist, als primären Motivator nutzen. Aber wir sollten ihn möglichst nicht nach außen tragen und sehr sensibel dafür bleiben, wo wir beginnen, andere zu verletzen oder uns lächerlich zu machen.

Und nun wieder Vorschläge für Gedankenfiguren, die in Richtung einer sekundären Aufhebung von übermäßigem Stolz wirken.

1. Verstehen wir die Sinnlosigkeit und Schädlichkeit von übermäßigem Stolz im eben besprochenen Sinne. Stolz kann uns ganz konkret und persönlich schädigen, weil er negative Gefühle und Intentionen anderer auf uns zieht.

2. Stolz hat keine reale Grundlage. Er führt zu einer sachlich falschen Aufblähung und Verabsolutierung des *Ich*. Jede Leistung erwächst aus dem *Selbst* in Wechselwirkung mit der (sozialen) Umwelt. Und die Potenziale von *Selbst* und Welt sind nicht das Verdienst meines *Ich*. Neben vielen anderen Faktoren und Einflüssen bestehen sie in genetisch fixierten Begabungen, in der Erziehungskunst von Eltern und Lehrern sowie in der kumulierten und vergegenständlichten kulturellen Weisheit, die viele Generationen zusammengetragen haben. Wenn in diesem gewaltigen evolvierenden Nexus eine bestimmte Leistung aus dem eigenen *Selbst* heraus kristallisiert, ist das eine unerhörte Gnade. Dankbarkeit, eine gewisse Ehrfurcht und natürlich Freude sind hier die Gefühle, die nach »sekundärer Raffinade« angemessen erscheinen.

> **Leistung erwächst aus dem Zusammenwirken einer Vielzahl von Ursachen**

Begabung, Talent und Höchstleistung sind Gnade und Verantwortung, nicht aber Grund zu fremdverletzender Selbstüberhebung. Eher ist es angezeigt, sich sorgend um die Zurückgefallenen zu kümmern, die offenbar weniger Glück hatten bei der Zuteilung von Leistungspotenzial. Übrigens: In einem solchen Sinne bescheiden zu sein heißt nicht, mit gesenktem Haupt durchs Leben schleichen zu müssen. Man kann sehr wohl *selbst*bewusst, und entschlossen auftreten und die eigene Leistung angemessen zur Geltung bringen – die entscheidende Differenz ist: Sich für die gemeinsame Sache stark zu machen muss deutlich wichtiger sein als die Erhöhung des eigenen *Ich*.

> **Begabung ist kein Verdienst, sondern eine Gnade**

3. Wir könnten uns an Situationen erinnern, in denen wir selbst der Zurückgefallene waren und unter dem auftrumpfenden Hochmut des Siegers gelitten haben.

2.5.4 Eifersucht

Wie in ▶ Kap. 1.2.4 besprochen, hat die weibliche Eifersucht die primär-biologische Funktion, die Verfügbarkeit der väterlichen Ressourcen für die eigene Nachkommenschaft zu schützen, während die männliche Eifersucht sich darauf richtet, die sexuelle Untreue der Frau zu verhindern, denn bei nachfolgender Schwangerschaft hieße das, die eigenen Ressourcen in die Verbreitung fremder Gene zu investieren. Die Affektlogik der Eifersucht bringt uns dazu, die Interpretationsfreiräume des Partnerverhaltens z. T. extrem in Richtung Untreue auszudeuten und den anderen als rechtmäßigen Besitz zu sehen, den es zur Not auch mit Gewalt zu sichern gilt.

Eifersucht ist eines der unsinnigsten, kontraproduktivsten und destruktivsten Primärgefühle

Im Falle der Eifersucht zeigen sich Funktionsverlust und Kontraproduktivität im modernen Lebenskontext fast noch drastischer als in den oben diskutierten Fällen. Insbesondere bei noch stärker primär und traditionell geprägten Menschen und Kulturen richtet die durch die Teufelskreise des Denkens unfunktional übersteigerte Eifersucht fürchterlichen Schaden an. Sie ist die häufigste Ursache aller Formen von Männergewalt gegenüber Frauen, Prügel und Mord eingeschlossen; sie ist insgesamt eines der häufigsten Mordmotive.

Und dies spielt sich vor dem Hintergrund ab, dass die primäre Funktion der Eifersucht für uns kaum mehr eine Bedeutung hat und es nichts Falscheres geben könnte als sie in den Dienst sekundärer Motive stellen zu wollen. Was heißt das? Nun, die Ressourcen des Vaters haben längst nicht mehr die Überlebensrelevanz wie zu Zeiten unserer Vorfahren. In unseren Wohlstandsgesellschaften sind Frauen und selbst Kinder ohne alle elterlichen Ressourcen in der Regel über die Möglichkeit eigener Berufstätigkeit bzw. über die Sozialsysteme ausreichend wirtschaftlich abgesichert. Und auch für Väter als überwiegend sekundär bestimmte Gesamtpersönlichkeiten hat die genetische Abstammung zumeist untergeordnete Bedeutung: Die geistig-kulturelle »sekundäre Vaterschaft« kann als wichtiger empfunden werden als die primär-biologische. Auch im Bewusstsein fehlender primärer Elternschaft gelingt es vielen Adoptiveltern, ihre angenommenen Kinder zu lieben als wären sie dem eigenen Fleische entsprungen.

Auch bei der Partnerschaft selbst ist das primäre Motiv der Nachkommenzeugung in der Regel den sekundären Motiven untergeordnet: der Freude am Zusammensein um ihrer selbst willen, der wechselseitig inspirierenden Koevolution in mentaler Harmonie. Die Essenzen dieser sekundären Prozesse aber heißen Freiheit und Vertrauen.

> **❗ Eine Partnerschaft lebt, wenn sich beide Partner in jedem Moment immer wieder neu für den je anderen entscheiden (können). Sobald dagegen Misstrauen, Kontrolle und Zwang aufkommen – und das sind die affektlogischen Essenzen der Eifersucht – regt sich das Autonomiebedürfnis des betroffenen Partners und er beginnt, sich mit wachsendem Gegendruck abzuwenden.**

Die eigene Attraktivität zu steigern, ist der einzige Weg, den anderen zu halten

Eine in Auflösung begriffene Partnerschaft kann man niemals erhalten, indem man von Eifersucht getrieben beginnt, Druck auszuüben. Das einzige, was helfen kann, ist Zug: Man muss danach trachten, die eigene Attraktivität für den Partner (wieder) zu steigern.

Man könnte Auslösesituationen für Eifersucht durchaus im paradoxen Sinne als Prüfsteine der Beziehung willkommen heißen: Widersteht der Partner dem feindlichen Übernahmeversuch, ist das eine schöne Bestätigung für die Vitalität der Beziehung.

Widersteht er ihm nicht, ist es auch gut. Dann weiß man, dass Beziehungsarbeit Not tut. Und sollte die Partnerschaft am Ende gar zu Bruch gehen, dann besser jetzt als später. Je jünger man ist, desto mehr kann man noch daraus lernen und desto aussichtsreicher ist ein Neuanfang. Kleiner Tipp am Rande: Die Eifersucht im Ernstfall zu unterdrücken, ist der erste Schritt in Richtung Steigerung der eigenen Attraktivität – man gewinnt dadurch in den Augen des Partners an Souveränität und Stärke (zur Sicherheit sei angemerkt: Das ist nicht identisch mit der Demonstration von Gleichgültigkeit). Im Spaßfall dagegen kann ein wenig spielerisch in Szene gesetzte Eifersucht der Beziehung dienlich sein.

Natürlich ist und bleibt es schmerzlich, wenn sich ein geliebter Mensch abzuwenden beginnt. Je tiefer man aber die hier dargestellten Hintergründe verinnerlicht hat, desto besser wird es gelingen, diesen Schmerz als Wachstumsschmerz zu interpretieren und ihn in Energien zur Steigerung der eigenen Attraktivität zu transformieren. Einen anderen sinnvollen Weg gibt es nicht. Eifersucht jedenfalls ist aus sekundärer Sicht sicher einer der unsinnigsten und zerstörerischsten primären Impulse.

2.6 Das Paradox der Glücksforschung und die Arbeit mit Worst-case-Szenarios

2.6.1 Die Glücksformel

»Wenn ich dann endlich … habe bzw. bin, dann …«; Wenn ich doch … nicht hätte bzw. wäre, dann könnte ich …« – dies sind typische Formulierungen für jenes sehr weit verbreitete Denkmuster, das unser Glück und Wohlbefinden als abhängig definiert von bestimmten materiellen oder objektiv-situativen Umständen. In den westlichen Konsumkulturen wird diese Denkfigur seit vielen Jahrzehnten täglich durch eine Vielzahl von Werbebotschaften verfestigt, so dass sie mittlerweile tief in den »gesunden Menschenverstand« eingewurzelt erscheint. Dies führt dazu, dass viele Menschen die Fähigkeit verlieren, das Hier und Jetzt zu genießen und ihr Glück weitgehend in eine Zukunft verlegen, in der dann hoffentlich die vermeintlichen Voraussetzungen geschaffen sind. »Wir stehen immer kurz davor zu leben«, so hat R.W. Emerson es einmal formuliert.

Auch viele Wissenschaftler gingen mit diesem Vorurteil an ihre Studien zu Glück und Lebenszufriedenheit heran. Wenn jemand über nur wenig Geld verfügt oder eine schwere Krankheit bekommen hat, geht es ihm schlecht – wie könnte es anders sein. Die Wissenschaftler waren erstaunt, dass sie in ihren Studien durch die Bank derartige Zusammenhänge in sehr viel geringerem Maße fanden als sie erwartet hatten. So zeigen beispielsweise viele Studien, dass kein Zusammenhang zwischen der objektiven Schwere von Erkrankungen und der subjektiven Lebenszufriedenheit besteht. In einer Untersuchung etwa gaben Patienten mit harmlosen funktionellen Magenbeschwerden eine geringere subjektive Lebenszufriedenheit an als Patienten mit Magenkrebs. Ebenso fehlt der Zusammenhang zwischen Glück und materiellem Wohlstand. In vielen ärmeren Ländern fühlen sich die Menschen glücklicher als in reichen Ländern. In den westlichen Wohlstandsgesellschaften hat sich das Pro-Kopf-Einkommen in den letzten Jahrzehnten vervielfacht, die durchschnittliche Lebenszufriedenheit aber nicht. Im Gegenteil, die Krankheit Depression ist auf dem Vormarsch.

Das Glück ist viel weniger von objektiven Umständen abhängig, als allgemein geglaubt wird

Vor dem Hintergrund dieser Befunde wird in Medizin und Sozialwissenschaften vom Wohlbefindensparadox gesprochen. Gemeint ist der Sachverhalt, »…dass sich widrige Lebensumstände (z. B. gesundheitliche und finanzielle Beeinträchtigungen) im Gruppenmittel – solange existenzielle Mindestanforderungen nicht unterschritten werden – kaum bis gar nicht in den Bewertungen des subjektiven Wohlbefindens der Betroffen widerspiegeln«, heißt es in einer einschlägigen Veröffentlichung (Staudinger 2000, S. 186).

Man gewöhnt sich an an alles: an materiellen Luxus, an die Sonne des Südens, aber auch an die Beeinträchtigungen durch eine Erkrankung

Allerdings muss man bei alldem auch die zeitliche Dimension beachten: Unmittelbar nach Eintritt eines positiven oder negativen Lebensereignisses – etwa einem Lottogewinn oder einer Querschnittslähmung – fühlt man sich sehr wohl besser bzw. schlechter. Aber das ist eben nicht von Dauer – nach einiger Zeit kehrt das Befinden in den Normalbereich zurück. Studien zeigten wiederholt, dass z. B. bei Querschnittsgelähmten etwa 8 Wochen nach dem Unfall wieder die positiven Affekte zu dominieren beginnen und sie ein bis zwei Jahre später wieder das Niveau an subjektiver Lebenszufriedenheit erreichen, das vor dem Unfall bestand. Immer wieder liest man in den Zeitungen Berichte von Lottogewinnern, die nach ihrem anfänglichen Freudentaumel depressiv werden oder gar in Alkoholismus oder Suizid enden. Was hier eine zentrale Rolle spielt, ist das schon erwähnte Phänomen der Gewöhnung (Habituation).

In ähnlicher Weise wie Geld und Gesundheit haben Ausbildung und Intelligenz, ethnische Gruppenzugehörigkeit und das Klima des Wohnortes kaum einen Einfluss auf die Lebenszufriedenheit. Der oft ersehnte Umzug unter die warme Sonne des Südens wäre also auch nicht aller Probleme Lösung.

Harmonische menschliche Beziehungen und demokratische Mitgestaltungsmöglichkeiten sind wichtige Glücksfaktoren

Ein nennenswerter und auch nachhaltiger positiver Einfluss auf das Wohlbefinden wurde hingegen für soziale Faktoren festgestellt: in einer Demokratie leben, in der es möglichst geringe soziale Unterschiede und möglichst große Mitgestaltungsmöglichkeiten gibt, eine harmonische Beziehung eingehen und sich ein tragfähiges Netz an sozialen Kontakten aufbauen.

Aufs Ganze gesehen müssen wir heute davon ausgehen, dass jedem Menschen von seinen Genen auf der Skala des menschenmöglichen Befindens ein bestimmter Regulationsbereich zugewiesen wird (gR in ◘ Abb. 2.2). Bei einem notorischen Griesgram liegt dieser Bereich im unteren Teil der Skala, bei der sprichwörtlichen Frohnatur im oberen. Lage und Breite unseres genetischen Regulationsbereichs sind unveränderlich. In unserer Macht aber liegt es, dafür zu sorgen, dass wir uns möglichst oft, lange und weit oben im Bereich der uns angeborenen Glücksmöglichkeiten befinden. Wie eben besprochen, können dazu die äußeren Faktoren insgesamt nur einen eher geringen Beitrag leisten. Sie bewirken einen mehr oder weniger großen Ausschlag nach oben bzw. unten, der dann in vielen Fällen durch die Rückstellkraft der Gewöhnung wieder aufgehoben wird (aF(G)).

Entscheidend sind förderliche Lebenseinstellungen

Sehr viel deutlichere und nachhaltige Effekte lassen sich durch innere Faktoren (iF) erzielen, durch das, was man Lebenseinstellungen, Denkgewohnheiten und Weltsicht nennen könnte. So zeigen Studien, dass Menschen, die einem religiösen Glauben angehören, gesünder, glücklicher und erfolgreicher sind als Menschen, für die dies nicht gilt. Eines der Hauptanliegen des vorliegenden Buches ist es, in diesem Sinne förderliche Geisteshaltungen zu erarbeiten und zu vermitteln.

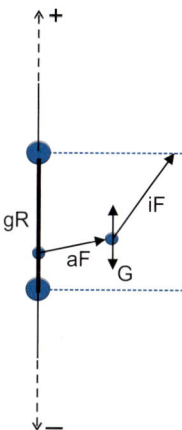

□ **Abb. 2.2.** Das Zueinander genetischer, innerer und äußerer Glücksfaktoren auf der Skala des Befindens (+ positives Befinden; – negatives Befinden). *gR* genetisch fixierter Regelbereich; *aF* äußere Faktoren; *G* Gewöhnung; *iF* innere Faktoren

Somit ergibt sich in Anlehnung an einen Vorschlag von M. Seligman (2003) die folgende »Formel« für die dauerhafte Lebenszufriedenheit (dL), unsere »Glücksformel«, wenn man so will:

$$dL = gR + aF(G) + iF$$

Die Unterschiede im Glücksniveau zwischen den Menschen werden dabei zu etwa 40% durch die genetische Veranlagung (gR), zu etwa 15% durch die äußeren Umstände (aF) und zu etwa 45% durch innere Einstellungen (IF) verursacht. Betrachten wir nur jene Faktoren, auf die wir einen Einfluss haben (aF und iF), kann man – um der Prägnanz willen ein wenig überspitzt – durchaus formulieren:

🛑 **Glück ist zu 90% eine Sache der Einstellung.**

Dies deckt sich mit den Lebenserfahrungen des amerikanischen Autors und Geistlichen Charles Swindoll: »Je länger ich lebe, desto mehr begreife ich die Wirkung, die unsere persönliche Einstellung auf das Leben hat. Persönliche Einstellung ist für mich wichtiger als Tatsachen. Sie ist wichtiger als die Vergangenheit, als Erziehung, als Umstände, als Geld, als Erfolge, als das, was andere Menschen sagen oder tun. Sie ist wichtiger als Aussehen, Begabung oder Können. Ich bin davon überzeugt, dass mein Leben zu 10% aus dem besteht, was mit mir geschieht, und zu 90% aus dem, wie ich darauf reagiere. Das gilt auch für dich …wir können unsere persönliche Einstellung kontrollieren.«

Die eben vorgetragenen Befunde halte ich für sehr bedeutsam – ich habe sie auch ganz persönlich als ein Schlüsselmoment erlebt (früher war ich fest entschlossen, mir im Falle einer schweren chronischen Erkrankung rasch die Kugel zu geben, heute würde ich damit warten). Jene oben zitierten existenziellen Mindestanforderungen, oder – in unseren Worten – der obligatorische primäre Bedarf sind minimal: Im Grunde genügen ausreichend Nahrung und

Die wichtigsten Glücksquellen tragen wir in uns

ein basaler Wohnkomfort. Alles andere ist fakultativ: Wenn wir es bekommen, ist es schön. Wenn nicht, wäre das keine Katastrophe – es gehört nicht zu den notwendigen Voraussetzungen für ein erfülltes und glückliches Leben. Unser *Selbst* ist so reich an Potenzialitäten, dass wir aus uns und in uns eine Welt erschaffen können, die reicher, wundervoller und erfüllender ist als alles, was man mit Augen sehen und mit Händen greifen könnte.

Stephen Hawking – ein Beispiel das Mut macht

Die prominenteste und eindrücklichste Persönlichkeit, die davon Zeugnis geben kann, ist vielleicht der englische Astrophysiker Stephen Hawking. Seit seiner Kindheit leidet der weltbekannte Forscher und Bestsellerautor unter einer unheilbaren Nervenerkrankung, die ihn fast völlig gelähmt und der Sprache beraubt hat. Um sich anderen in einer mühsamen und langwierigen Prozedur mitteilen zu können, benötigt er einen Sprachcomputer.

Während die Ärzte ihm einen frühen Tod in seinen Zwanzigern prophezeit hatten, feierte er am 8.1.2002 seinen 60. Geburtstag. Statt angesichts der zunächst so düsteren Perspektive in Klagsamkeit und Depression zu versinken, verschrieb er sich der Physik des Kosmos und der ewigen Suche nach der Weltformel, die Quantenmechanik und Relativitätstheorie verbindet. Obwohl Hawking inzwischen recht wohlhabend sein dürfte, verunmöglicht ihm seine Krankheit die meisten materiell-sinnlichen Freuden. Seine Befriedigung zieht er fast völlig aus dem Genuss, den ihm das fein orchestrierte Theorieballett der von ihm kreierten Gedankenfiguren bietet.

Seine drastischen Einschränkungen nimmt er mit Humor. Wenigstens komme er durch das Leben im Rollstuhl nicht in Versuchung, seine Zeit mit Joggen oder Golfspielen zu vertrödeln, sagt er. Und er spricht allen Ernstes davon, in seinem Leben »großes Glück« gehabt zu haben, privat wie beruflich. Die Krankheit sei kein so großer Schlag gewesen, erklärte er in einem Interview. »Bevor ich sie hatte, fand ich das Leben ziemlich langweilig. Ich glaube, jetzt bin ich glücklicher« (nach Knoblauch et al. 2003, S. 163).

2.6.2 Auf das Beste hoffen – mit dem Schlimmsten rechnen

Das Wissen um die hier besprochenen Sachverhalte eröffnet uns wichtige Selbstmanagementoptionen: die Arbeit mit Worst-case-Szenarios.

Eine Vielzahl von Oberflächenängsten speist sich aus wenigen Grundängsten

Der Alltag plagt uns mit einer Vielzahl kleiner Oberflächenängste: Hoffentlich verpatze ich die nächste Projektpräsentation nicht; hoffentlich nimmt mir dieses oder jenes meine Frau, der Chef oder sonst wer nicht übel; hoffentlich steckt hinter meinen Kopfschmerzen kein Hirntumor usw. Diese Oberflächenängste speisen sich zumeist aus einer überschaubaren Zahl tiefer liegender Grundängste: den Job und damit die materielle Existenzgrundlage einzubüßen, verachtet aus der Gesellschaft ausgestoßen zu werden, die Familie oder gar das Leben zu verlieren. Solange wir diese Grundängste mit absoluten Katastrophen assoziieren und ihnen panisch ausweichen, können die Oberflächenängste ungehindert wuchern. Wenn wir uns unseren Grundängsten aber stellen, uns mit ihnen auseinandersetzen und die mit ihnen verbundenen vermeintlich schrecklichen Vorstellungen positiv anzunehmen versuchen, entziehen wir den Oberflächenängsten den Nährboden.

Wir können dann erkennen, dass diese Vorstellungen in Wirklichkeit gar nicht so absolut unannehmbar sind, sondern v. a. durch die unreflektierte Übernahme kultureller Vorurteile, durch irrationale Mussvorstellungen und unser aufsteigernd-katastrophisierendes Denken ihre überwältigende Schrecklichkeit gewannen. Wenn wir uns diesen Situationen innerlich wiederholt aussetzen, sie realistisch betrachten bzw. sogar versuchen, ihnen auch eine positive Seite abzugewinnen, setzt ein Prozess der Gewöhnung ein, der am Ende zu einer akzeptierend-gelassenen Grundhaltung führen kann.

Die Grundängste entkräften

In dieser Verfassung kommen dann die oben genannten Oberflächenängste gar nicht mehr auf – und wenn doch, lassen sie sich zumeist schnell entschärfen.

Bei dieser inneren Arbeit können nun die im Zusammenhang mit dem Paradox der Glücksforschung erläuterten Befunde außerordentlich hilfreich sein. Sie zeigen uns die Substanzlosigkeit unserer Grundängste. Keiner von uns will und muss wirklich einen Ferrari fahren oder ein Riesenhaus mit Indoor-Pool besitzen. Was wir wirklich wollen, ist ein glückliches und erfülltes Leben – und wie wir jetzt wissen, tragen dazu Auto und Pool fast nichts bei.

Der obligate primäre Bedarf ist in den westlichen Wohlstandsgesellschaften für jeden gegeben – und für die Leser dieses Buches wäre er dies wohl auch in jeder anderen Gesellschaft. Alles, was man für den Weg zu innerem Glück in einem einfachen Leben darüber hinaus noch benötigt, ist im *Selbst* eines jeden von uns angelegt.

Wenn Sie also nicht zu Sklaven von Besitz und Status werden wollen, lassen Sie diese Dinge innerlich los. Sollten Sie sie haben können, ohne das Wesentliche im Leben aufgeben zu müssen, um so besser – freuen Sie sich daran. Aber hüten Sie sich davor, in eine überstarke Identifikation mit Besitz oder Status zu geraten und seien Sie immer dazu bereit, diese Dinge jederzeit und leichten Herzens wieder aufgeben zu können. Besprechen Sie das ggf. auch immer wieder mit Ihrer Familie. Es ist nur gesund, wenn Ihre Angehörigen in dem Bewusstsein leben bzw. aufwachsen, dass sie bereit und fähig sein bzw. werden sollten, sich notfalls auch selbst zu versorgen. Ganz grundsätzlich betrachtet, ist jeder gesunde Mensch für sich selbst verantwortlich, und nur für sich selbst (zumindest sobald er die Kinderschuhe ausgetreten hat).

Halten Sie innerlich Distanz zu Besitz und Status

Vor diesem Hintergrund schlage ich Ihnen die folgende Übung vor: Fragen Sie sich, wovor Sie sich fürchten, und stellen Sie sich die schlimmste Situation vor, die für Sie denkbar ist. Nehmen Sie an, dieser Fall sei eingetreten, malen Sie sich diese Situation so konkret und plastisch wie möglich aus mit allen Folgewirkungen in den verschiedenen Lebensbereichen. Was verlieren Sie wirklich, und wie wäre das vor dem Hintergrund des Vorbesprochenen zu bewerten? Ist jetzt wirklich alles ausweglos und schrecklich? Wie könnten Sie sich verhalten? Welche Lebens- und Entwicklungsmöglichkeiten verbleiben oder eröffnen sich neu? Haben Sie vielleicht noch andere Bedürfnisse, Stärken und Talente, die Sie in der Vergangenheit nicht leben konnten, für die sich aber jetzt vielleicht Entwicklungsmöglichkeiten schaffen ließen? Wenn Ihnen auf Anhieb nichts einfällt – wie ließen sich neue Seiten Ihrer Persönlichkeit entdecken bzw. entwickeln? Was interessiert Sie, bewegt Sie, fordert Sie heraus, erscheint Ihnen sinngebend – oder hat es in der Vergangenheit einmal getan? Denken Sie auch unkonventionell jenseits der vorgegebenen

Übung: Worst-case-Szenarios durchspielen

Rollenklisches der Gesellschaft – es gibt unendlich viel zu tun unter dieser Sonne! Fast immer bergen Krisen auch große Chancen!

Ich rate Ihnen, diese Übung regelmäßig zu wiederholen. Im Grunde sollten Sie sie in Bezug auf jede bedeutsame Lebens- und Handlungssituation durchführen. Wer es auf sich nimmt, alle vorstellbaren schlimmsten Fälle in seinem Leben vorwegnehmend durchzuarbeiten und zu akzeptieren, der legt den Sumpf der Ängste weitestgehend trocken.

Was immer Sie tun – wenn das Scheitern für Sie denkbar und aushaltbar ist, dann werden Sie freier, entspannter, selbstsicherer und damit kreativer und erfolgreicher zu Werke gehen. Im Grunde verbirgt sich hierin das bereits besprochene Prinzip der paradoxen Intention:

> ⊗ **Wer den möglichen Misserfolg annehmen kann, erhöht seine Chancen auf einen tatsächlichen Erfolg.**

Lassen Sie uns abschließen mit der folgenden Geschichte, die wichtige Grundgedanken dieses Abschnitts noch einmal illustriert:

Die Geschichte vom Beduinen und dem Geschäftsmann

»Man erzählt sich …, dass sich vor langer, langer Zeit ein Beduine und ein Geschäftsmann in der Wüste trafen. Der trockene, kühle Abendwind wehte seit dem späten Nachmittag durch das Zelt des Beduinen. »An deiner Stelle hätte ich deine Ziegen- und Schafherde längst verdoppelt«, sagte der Geschäftsmann herausfordernd dem Beduinen, »damit du mehr Geld verdienen kannst«. Daraufhin antwortete ihm der Beduine, dass es ihm an nichts fehle. »Aber wenn man mehr Geld verdient, kann man sich ein großes Haus kaufen, neue Autos fahren und Ferien machen«, erklärte der Städter dem Wüstenmenschen. »Aber mir genügt das Zelt, und Kamele habe ich auch.«, erwiderte der Beduine stolz. Der Geschäftsmann meinte schließlich mit folgenden Worten den Beduinen zu überzeugen: »Wenn du alles hast, auch Diener, dann bist du reich und brauchst nichts mehr zu tun. Dann kannst du dich endlich das ganze Jahr über ausruhen.« »Aber das ist es, was ich bereits jetzt mache«, erklärte ihm der Beduine, schlürfte gemächlich seinen Tee und genoss den Abendwind auf seiner Matratze.« (nach Lorenz 2004, S. 15)

2.7   Akzeptanz schwerer Schicksalsschläge

Worst-case-Szenarios im Geiste oder gar in der Realität annehmen zu können, setzt die Fähigkeit zur Akzeptanz voraus. Gibt es spezielle Denkfiguren, die uns hierbei helfen können, insbesondere, wenn es um existenzielle Bedrohungen und schwere Schicksalsschläge geht?

Stellen Sie sich vor, ein junger Mann fährt Auto, durchaus sicher und besonnen, aber mit leicht überhöhter Geschwindigkeit. Ein Kind springt unvermittelt einem Ball hinterher und wird von ihm überfahren. Oder: Die Mutter zweier Kleinkinder bekommt die Diagnose Brustkrebs gestellt. Es gibt eine Heilungschance, aber sie ist nicht eben groß. Wie soll man mit so schrecklichen Ereignissen umgehen? Wäre es nicht geradezu verrückt, ja zynisch, auch hier noch nach irgendwelchen positiven Aspekten zu suchen?

Hören wir dazu eine alte asiatische Geschichte:

Die Geschichte vom alten Mann mit dem Pferd

Ein armer alter Mann besaß ein wunderschönes Pferd, für das selbst Könige ihm schon viel Geld geboten hatten. »Einen Freund verkauft man nicht«, sagte der Mann, doch eines Morgens war das Pferd nicht mehr im Stall. Die Dorfleute kamen und sagten: »Welch ein Unglück – nun ist das Pferd gestohlen und du alter Narr bist ärmer als je zuvor!« »Geht nicht so weit«, entgegnete der Alte, »sagt nur: Das Pferd ist nicht mehr im Stall – nur so viel ist Tatsache.« Am nächsten Morgen war das Pferd wieder da und hatte ein Dutzend Wildpferde von seinem Ausbruch mitgebracht. Wieder versammelten sich die Leute und sagten: »Du hattest recht, es war kein Unglück, es hat sich als Segen erwiesen.« Der alte Mann antwortete: »Erneut geht ihr zu weit. Sagt nur: Das Pferd ist wieder zurück. Ihr lest ein einziges Wort und urteilt über das ganze Buch!« Am folgenden Morgen brach sich der Sohn des Alten beim Zureiten der Wildpferde die Beine. Die Leute schrien: »Was für ein Unglück! Du hast dich geirrt – es hat sich doch nicht als Segen erwiesen.« »Ihr seid besessen vom Urteilen«, resignierte der weise Alte, »wer weiß, was folgen wird? Wer kann sagen, ob es ein Unglück oder ein Segen ist?« Am nächsten Morgen ritten die Beamten des Königs durch das Dorf. Ein Krieg war ausgebrochen und sie zogen alle jungen Männer zum Militär ein. Nur der Sohn des alten Mannes konnte daheim bleiben. Wieder kamen die Leute und klagten: »Du hattest doch recht – es war doch ein Segen für dich, unsere Söhne werden wohl nicht aus dem Krieg heimkehren.« Und so weiter und so fort.

Was lehrt uns diese Geschichte? Nun, die Schicksalsfäden in dieser Welt verknüpfen sich offenbar so wirr und chaotisch, dass wir nie wissen können, welche anderen Ereignisse das gegenwärtige Geschehen nach sich zieht oder verhindert. Und kaum ein schlimmes Ereignis ist so schlimm, dass es nicht vielleicht ein noch furchtbareres Geschehen verhindert haben könnte. Wer weiß? Vielleicht zieht der junge Autofahrer die Konsequenz, in Zukunft aus Prinzip betont langsam zu fahren, oder er gibt das Autofahren völlig auf. Wäre der schlimme Unfall nicht passiert und hätte er diese Konsequenzen nicht gezogen – vielleicht hätte er später einmal einen noch viel schrecklicheren Unfall verursacht, bei dem womöglich ein ganzer Schulbus in Flammen aufgegangen wäre. Und ohne die Diagnose wäre die krebskranke Mutter vielleicht mit ihrer Familie auf dem Weg in einen Urlaub mit dem Flugzeug abgestürzt. Sollte sie die Erkrankung überstehen, hätte der Krebs der ganzen Familie das Leben gerettet. Das mag alles konstruiert klingen und ist vielleicht unwahrscheinlich. Aber es ist möglich – niemand kann es wissen. Sich solche prinzipiellen Möglichkeiten immer wieder einmal bewusst zu machen, kann helfen, eine akzeptierendere Grundhaltung im Leben einzunehmen, die sich eines permanenten Bewertens enthält. In der Diktion des Volksmundes: »Wer weiß, wozu das gut ist.«

Es gibt kaum etwas Schlimmes, das nicht etwas noch Schlimmeres verhindert haben könnte

Die Ur-Grundangst, die sich hinter existenziellen Bedrohungen und Schicksalsschlägen verbirgt, ist sicher die Furcht vor dem Tod, sei es dem eigenen oder dem geliebter Menschen. Was kann im Umgang hiermit helfen? Wenn wir den Ansatzpunkt obiger Geschichte – die Begrenztheit unseres Wissens – weiterverfolgen, dann kommen wir auf unsere erkenntnistheoretischen Überlegungen von ▸ Abschnitt 1.1.3 zurück.

Auseinandersetzung mit Sterben und Tod

Ausgehend von der evolutionären Erkenntnistheorie hatten wir dort gezeigt, dass uns unsere Sinnesorgane nur einen – wahrscheinlich kleinen – Teil der Realität zugänglich machen. Sie liefern so etwas wie überlebensnotwendige Eckkonturen, deren Zwischenräume dann von den konstruktiven Mechanismen des Gehirns zu unserer subjektiven Wirklichkeit ausgemalt werden. Kippbilder wie »Alte Frau–Junge Frau« machen sinnfällig, dass es hierbei immer nur um eine Vielfalt relativ, d. h. kontextabhängig wahrer Perspektiven und Interpretationen gehen kann, keinesfalls aber um eine Art fotografischer Abbildung der Realität. Die Erkenntnistheorie des (radikalen) Konstruktivismus zeigt, dass zwischen der äußeren Realität und unseren im Gehirn entstehenden subjektiven Wirklichkeitskonstrukten keine Ähnlichkeit bestehen kann. Wahrscheinlich bewohnen wir eine kleine, niedrigdimensionale Nische in einem hochkomplexen, vieldimensionalen Universum.

Religiöse Vorstellungen sind vernünftig und können helfen

Auch der fortgeschrittensten Wissenschaft sind prinzipielle Grenzen des Erkennens gesetzt – sie kann immer nur Regularitäten erfassen und modellieren, die sich innerhalb unserer Wirklichkeit zeigen. Auf letzte Fragen jedoch kann sie prinzipiell nicht antworten. Es ist unsinnig und falsch, so hatten wir argumentiert, im Sinne des Positivismus diesen erkenntnisjenseitigen Raum, diesen blinden Fleck unseres Weltbildes zu leugnen. Vielmehr ist das der Bereich, der einer richtig verstandenen, reifen, apersonal-kosmischen Religiosität Raum gibt. Albert Einstein äußerte hierzu: »Zu empfinden, dass hinter dem Erlebbaren ein für unseren Geist Unerreichbares verborgen sei, dessen Schönheit und Erhabenheit uns nur mittelbar und in schwachem Widerschein erreicht, das ist Religiosität. In diesem Sinne bin ich religiös« (zit. n. Jammer 1995, S. 53). Können wir entsprechend unserem dreiwertigen Wahrheitskriterium irgendetwas Wahres aussagen über dieses »Jenseits«? Nun, das Teilkriterium »Übereinstimmung« hilft nicht weiter, wohl aber die Teilkriterien »Kohärenz« und »Nützlichkeit«: Wahr ist hier, womit es sich am besten lebt. Und das ist: mit Gott. Entsprechend hängen die meisten Menschen in allen Teilen der Welt einem religiösen Glauben an und Studien haben gezeigt, dass dies Lebenszufriedenheit und Gesundheit, ja sogar den Erfolg im Leben steigert

Dabei genügt es zunächst, Gott als eine positive Macht oder Kraft, als einen positiven Urgrund des Seins zu spezifizieren.

Es bleibt dann jedem selbst überlassen, dieses Bild im Sinne einer privaten Glaubenskonstruktion oder entsprechend einer der historischen Religionen weiter auszumalen oder auch nicht. Dieser wie auch immer vorgestellte positive Urgrund der Welt hätte zwei Hauptfunktionen: Zum einen kann er unserem diesseits sinnlos scheinenden Leiden einen transzendenten Sinn verleihen (Analogie: Ein krankes Kleinkind wird schmerzhaften medizinischen Prozeduren unterzogen. Obwohl es sein Leiden nicht verstehen kann, ist es zu seinem Besten). Zum anderen kann uns die Vorstellung trösten, von diesem positiven Urgrund irgendwie aufgefangen zu werden, wenn wir sterben.

❗ **Wenn wir diese Zusammenhänge und ihre Hintergründe tief verstehen, sie immer wieder durcharbeiten, uns dabei von den alten Denk- und Sehgewohnheiten lösen und die neuen Sichtweisen verinnerlichen, dann können wir uns jenes so wichtige Urvertrauen erarbeiten, das das Streben nach äußerer Sicherheit qua Kontrolle durch eine unerschütterliche innere Sicherheit qua Vertrauen ersetzt.**

Theresa von Avila: Gott allein genügt

In welcher Gefahrenlage wir uns auch befinden mögen, das Bewusstmachen dieser Gedankenfiguren lässt unmittelbar das Gefühl einer unbedingten Geborgenheit entstehen, die jeder Angst den Boden entzieht. Wir können uns in Liebe und Vertrauen fallen lassen und uns dem Fluss des Seins anheimgeben wo immer er uns hintragen mag. Dies ist das »Amor fati« – die Liebe zum Schicksal – des Friedrich Nitzsche. Das ist das »Sólo Dios basta« der hl. Theresa von Avila: »Nichts soll dich beunruhigen, nichts soll dich erschrecken. Gott allein genügt«.

Ein solcher Hintergrund kann auch den Umgang mit Sterben und Tod deutlich erleichtern. Wir müssen uns klar machen: Die positivistischen Konzepte der westlichen Wissenschaft vom Tod, die jenen Horror Vacui erzeugen, die Angst vor dem Nichts – sie sind ebensolche kulturell relativen und unbeweisbar-hypothetischen Konstrukte wie der Glaube an das Paradies oder den Kreislauf der Wiedergeburten. Niemand kann wissen, was wirklich geschieht, wenn wir sterben, und was danach passiert. Die Berichte von Nahtoderlebnissen immerhin fallen fast durchweg sehr positiv aus. Als das letzte Wort des englischen Arztes William Hunter ist überliefert: »Wenn ich noch genug Kraft hätte, die Feder zu halten, würde ich niederschreiben, wie leicht und angenehm das Sterben ist« (zit. n. Marks 1993, S. 40).

Niemand weiß, was nach dem Tod geschieht

Wir dürfen also gespannt sein. Auch hier ist es nur konsequent und vernünftig, sich diejenige Vorstellung auszusuchen, mit der man sich am wohlsten fühlt. In einem weiteren Sinne kann also eine religiöse Konzeption rationaler, ja wissenschaftlicher sein, als eine streng naturwissenschaftliche Deutung im Rahmen des engen positivistischen Wissenschaftsverständnisses. Wir haben den Glauben an Gott gegen den Glauben an den Tod und das Nichts eingetauscht – das schlechteste Geschäft, das Menschen je gemacht haben. Wir sollten es reklamieren.

Gibt es über diese Grundsatzbetrachtungen hinaus Gedankenfiguren, die hilfreich sein können?

Neben den bereits erwähnten religiösen Konzeptionen vom Leben nach dem Tode gibt es einige verbreitete, eher naturphilosophische Metaphern und Bilder. Etwa das schöne Bild von der Raupe, deren Tod nichts anderes ist als die Wandlung zu einem viel schöneren Schmetterling. Oder die Vorstellung von einer Welle auf dem Ozean, die bricht, in den Schoß des Meeres zurückkehrt, um vielleicht an einer anderen Stelle neu zu entstehen oder zumindest als Teil anderer Wellen wieder ans Licht zu kommen. Dies entspricht dem bereits erwähnten Prinzip der expandierenden Identifikation: Ich definiere mich nicht mehr ausschließlich als isoliertes *Ich* mit engen, egoistischen Wünschen, sondern identifiziere mich z. B. mit dem Fluss des Lebens, in den mein *Ich* eingewoben ist. In diesem Kontext aber ist der Tod nicht sinnlos oder negativ – er ist notwendig und positiv, ohne ihn wäre Evolution nicht möglich. Oder aber ich identifiziere mich mit dem Universum als Ganzes, dessen Teil ich immer war und immer sein werde – eine Identifikation also, in der ich quasi Unsterblichkeit erlange.

Ferner könnte man sich fragen: Sterben wir mit dem Einschlafen nicht jeden Tag einen »kleinen Tod«? Sind Schlaf und Traum nicht ähnlich geheimnisvolle Phänomene? Und selbst wenn im traumlosen Schlaf unser Bewusstsein einfach abgeschaltet sein sollte, d. h. nicht in einer anderen Welt befindlich, so ist dies ja offenbar alles andere als schrecklich. Auch gibt es in diesem jeden Abend aufs Neue sehnlichst erstrebten Zustand keine Zeit – ob er also sechs Stunden anhält oder unendlich lange, macht überhaupt keinen Unterschied. Zudem waren wir wohl vor unserer Geburt unendlich lange in diesem

»Jenseits« ohne dass wir damit schlimme Erinnerungen verbinden würden. Aus dieser Sicht wären Leben und Tod eigentlich absolut inkommensurabel – man kann sie gar nicht miteinander vergleichen, man kann nicht sagen, das eine sei besser als das andere. Dann wäre es aber im Grunde gleichgültig, ob man lebt oder tot ist. Ein derart gleichgültiges Verhältnis zum Tod ist die stärkste vorstellbare Waffe gegen Ängste jeder Art, einschließlich der Angst vor chronischem Schmerz und Siechtum: Sollte aus Schmerz unauflösbares Leiden werden, bleibt immer der Weg in den Freitod.

»Übe dich täglich darin, mit Gleichmut das Leben verlassen zu können« heißt es entsprechend bei dem römischen Philosophen und Stoiker Seneca.

Hilfreiche Gedanken-figuren

Auch wenn man als reife, selbstbestimmte Persönlichkeit emotional nicht von anderen abhängig ist, wird man den Verlust eines geliebten Menschen wohl immer als sehr schmerzhaft erleben. Auch dieser Trennungsschmerz kann durch die hier besprochenen Sichtweisen gemildert und eingegrenzt werden. Hören wir hierzu noch einmal Albert Einstein in einem Beileidsbrief an die Familie eines verstorbenen Freundes: »Nun ist er mir auch mit dem Abschied von dieser sonderbaren Welt ein wenig vorausgegangen. Dies bedeutet nichts. Für uns gläubige Physiker hat die Scheidung zwischen Vergangenheit, Gegenwart und Zukunft nur die Bedeutung einer wenn auch hartnäckigen Illusion« (Jammer 1995, S. 71). Eine überstarke, lähmende Trauer ist ein hinderlicher Geisteszustand, der nichts und niemandem nützt. Ganz sicher wäre es nicht im Sinne der Verstorbenen, wenn wir allzu lange in einen solchen lähmenden Zustand verfielen. Wir sollten versuchen, den Trennungsschmerz in konstruktive Energie umzuwandeln, die sich auch darauf richtet, das Vermächtnis der Verstorbenen fortzusetzen.

Der amerikanische NLP-Trainer Anthony Robbins schreibt dazu: «Es gibt Kulturen, in denen die Menschen ein Fest feiern, wenn jemand stirbt. Sie glauben, dass Gott weiß, wann es für uns an der Zeit ist, die Erde zu verlassen, und der Tod nur die Eintrittskarte in eine bessere Welt darstellt. Sie glauben auch, dass Trauer lediglich signalisiert, dass man die Mechanismen des Lebens nicht verstanden hat und selbstsüchtig ist. Da der Tote nun an einem schöneren Ort weilt, bemitleide man sich nur selbst. Diese Menschen verknüpfen positive Aspekte mit dem Tod und negative mit der Trauer, die kein Bestandteil ihrer Kultur ist. Ich will nicht sagen, dass es schlecht oder falsch sei, zu trauern, sondern dass wir eines erkennen müssen: Nur aufgrund unserer Glaubensmuster dauert es so lange, bis wir den Schmerz überwunden haben« (Robbins 2002, S. 114).

Wir müssen verstehen: Es macht einen ganz fundamentalen Unterschied, ob ein bestimmter Sachverhalt als Möglichkeit im Potenzialfeld der Evolution liegt oder ob er bereits als Tatsache ins Sein auskristallisiert ist; ob wir bestimmte Aspekte einer Situation aus guten Gründen für veränderlich halten dürfen oder ob sich bereits erwiesen hat, dass es sich um feststehende Tatsachen handelt. In Bezug auf das Mögliche und Veränderliche können Negativbewertungen sinnvoll sein, weil die Chance einer Einflussnahme besteht. In Bezug auf sicher unveränderliche Tatsachen jedoch sind Negativbewertungen sinnlos, schädlich und anmaßend.

In Liebe zum Sein die Realität annehmen

Der Sprung vom Potenziellen ins Faktische ist deshalb mit einem fundamentalen Bedeutungswandel verbunden, der einen grundlegend veränderten Umgang nach sich ziehen muss, insbesondere einen veränderten Bewertungsmodus. So, wie es nur relative Wahrheiten gibt, kann es auch nur relative Bewertungen in Abhängigkeit vom Kontext geben. Das unveränderlich Faktische hat offenbar geschehen müssen, auch wenn uns die Gründe nicht einsichtig sind oder wir sie Zufall nennen. »Zufall ist vielleicht das Pseudonym Gottes, wenn er nicht selbst unterschreiben will«, so hat es einmal der französische Schriftsteller Anatole France formuliert. Das unveränderlich Faktische ist Teil des Schicksalsmusters dieser Welt, dessen leuchtende Blüten nicht wahrnehmbar wären ohne einen dunklen Untergrund. Deshalb macht nur eines Sinn: das unveränderlich Faktische positiv anzuerkennen, denn was den Status einer Tatsache erlangt, ist offenbar »Gottes Wille«.

Wir sind Teil eines gigantischen evolvierenden Universums, das wir nicht im Ansatz überblicken und durchschauen. Unser bewusstes *Ich* ist hier kaum mehr als das kurze Aufglühen einer Sternschnuppe. Was für eine Hybris, aus diesem Blitzlicht heraus die gewaltigen Schatten des realen Seins abzulehnen oder gar gegen sie anzukämpfen. Diese Welt mit allem was sie gebiert ist nicht schlecht, sie ist die einzige, die wir haben.

2.8   Die förderliche Wirkung positiver Gefühle

Die komplexeren positiven Gefühlslagen, um die es hier vorwiegend gehen soll, entstammen zumeist sowohl primären als auch sekundären Quellen. So kann Freude in Teilen primär als Folgegefühl zu Ärger und Wut entstehen, wenn ein anfängliches Handlungshindernis schließlich glücklich überwunden wird. Mit dem Gelingen des Handelns mögen sich dem dann zunehmend sekundäre Komponenten im Sinne einer motorischen oder mentalen Funktionslust überlagern. Gefühlszustände wie Güte, Dankbarkeit, Verzeihen oder Mitgefühl bzw. Mitfreude haben sicher primäre Anteile aus dem Bereich der sozialbezogenen primären Antriebe. Sie haben aber auch sekundäre Komponenten im Sinne von Stimmigkeitsgefühlen bei Übereinstimmung mit verinnerlichten Werten. Gleiches gilt für die Liebe. Da gibt es die primäre Liebe: Sexualität, Fürsorgeimpulse, das Bedürfnis, körperliche Zärtlichkeit zu geben und zu empfangen. Und es gibt die sekundäre Liebe: einen Menschen kennen zu lernen, ihn tief zu verstehen und ihn in allem, was man da entdeckt, schön zu finden und bedingungslos anzunehmen. Dabei beschränkt sich unser Vermögen, sekundär zu lieben, nicht nur auf den Partner, ja nicht einmal auf andere Menschen oder Lebewesen. Sekundäre Liebe kann sich auf die Natur, auf die Welt als Ganzes beziehen – dies ist die Liebe zum Sein, die man mit einigem Recht als eine der höchsten Zustandsformen menschlicher Existenz ansehen kann.

Im Gegensatz zu übersteigerten Negativemotionen sind positive Gefühle fast immer sinnvoll, nützlich und heilsam. Das beginnt schon damit, dass man eigentlich nur in Ausnahmesituationen von übersteigerten positiven Gefühlen sprechen kann – wenn der Grad des schädigend Exzessiven erreicht wird oder wenn wichtige Entscheidungen in einer unangemessen euphorischen Gemütslage getroffen werden. Grundsätzlich aber ist es unser aller Ziel, soviel positive Gefühlsenergie wie möglich als inneren Lohn zu erlangen; positive Gefühle sind Selbstzweck, sie sind der Hauptgrund, warum wir leben.

Positive Gefühle sind sinnvoll, nützlich und heilsam

In Grenzen sind positive Illusionen hilfreich

Negative Gefühle fokussieren uns auf Gefahren und engen unsere Psyche ein (»Tunnelblick«). Sie lassen uns nur das Negative sehen, machen uns intolerant und überkritisch. Zwar gibt es einige Studien, in denen depressive Menschen in bestimmten reduzierten Versuchssituationen zutreffendere Einschätzungen zeigten als glückliche Menschen (die ihre Leistungen und Möglichkeiten leicht ins Positive verzerrten). Allerdings ließen sich diese Befunde nicht stabil replizieren und in anderen Studien, die reale Lebenssituationen betrafen, erwiesen sich glückliche Menschen im Vergleich zu depressiven als intelligenter. Doch selbst wenn sich ein gewisser »depressiver Realismus« erhärten ließe und eine nörglerisch-pessimistische Stimmungslage für manche Tätigkeiten in Buchhaltung oder Controlling tatsächlich förderlich sein sollte – aufs Ganze gesehen, wird sich ein gewisser »glücklicher Illusionismus« als lebenstauglicher erweisen. Besser, man hat zweimal eine nichtvorhandene Chance vergeblich zu nutzen versucht, als eine einzige reale Möglichkeit verpasst.

Martin Seligman fasst den gegenwärtigen Erkenntnisstand folgendermaßen zusammen (Seligman 2003, S. 75): »Negative, unterkühlte Stimmung führt zu Bunkermentalität: Der Tagesbefehl lautet, sich auf alles zu konzentrieren, was falsch ist, und es zu eliminieren. Positive Stimmung hingegen leitet – wie ein Leuchtfeuer die Seefahrer – auf einen andern Kurs des Denkens, der kreativ, tolerant, konstruktiv, großzügig, nicht defensiv und lateral ist. Diese Denkart richtet sich nicht auf das, was falsch, sondern auf das, was richtig ist. Es verzettelt sich nicht, um Unterlassungssünden aufzudecken, sondern ist erpicht auf den Leistungswillen«. So wurden in einer der Studien 44 Internisten in drei Gruppen eingeteilt. Die erste Gruppe bekam eine Süßigkeit, die zweite las Ausführungen über humanistische Aspekte der Medizin laut vor und die dritte bildete die Kontrollgruppe. Dann bekamen alle Ärzte die Fallbeschreibung einer schwer diagnostizierbaren Leberererkrankung präsentiert. Es ergab sich: Die erste Gruppe schnitt am besten ab – die mit Süßigkeiten aufgemunterten Kollegen stellten die Diagnose am schnellsten und am präsisesten.

Positive Gefühle erweitern den Geist und steigern die Leistungsfähigkeit

❗ **Eine positive Grundstimmung erweitert unseren Geist. Sie fördert den Ausbau unserer mentalen Ressourcen und bildet den Nährboden für Aufwärtsspiralen im Sinne positiver selbstverstärkender Prozesse (als Gegenstück zu den Teufelskreisen, die bei psychischen Störungen eine zentrale Rolle spielen).**

Entsprechend konnten andere Untersuchungen zeigen, dass auch Leistung und Produktivität bei glücklichen Menschen größer sind und dass ein hohes Maß an positiven Gefühlen im Jugendalter die Chancen auf gute Berufe und hohes Einkommen steigert.

Positive Gefühle katalysieren den Aufbau eines reichen Netzes erfüllender und tragfähiger sozialer Beziehungen, sie fördern altruistische Impulse: Man zeigt mehr Interesse an anderen und mehr Mitgefühl und ist freigebiger gegenüber Notleidenden. Dies wirkt dann auf vielfältige Weise wieder positiv auf einen selbst zurück, auch direkt emotional (»Helpers high«).

Positive Gefühle fördern Gesundheit und Langlebigkeit

Last but not least: Positive Gefühle fördern Gesundheit und Langlebigkeit. So wurden in einer bekannten Studie alte Noviziatsaufsätze von Nonnen auf Äußerungen geprüft, die auf positive Emotionen bei den Verfasserinnen schließen lassen. Aus der Gruppe der glücklichsten Nonnen lebten im Alter von 85 Jahren noch 90%, aus der am wenigsten fröhlichen Gruppe aber nur noch 34%. 54% der ersten Gruppe erreichten das Alter von 94 Jahren, aber nur 11% der zweiten Gruppe. In der bisher umfassendsten Studie wurden 2282 Amerikanern, die 65 Jahre oder älter waren, eine Reihe demografischer und emotionaler Tests vorgegeben. Dann wurden sie zwei Jahre lang beobachtet. Es zeigte sich, dass positive Emotionalität sehr zuverlässige Prognosen zu Lebenserwartung und Invaliditätsrisiko erlaubt. Werden Einflussgrößen wie Alter, Bildung, Körpergewicht, schädlicher Substanzgebrauch und Krankheit herausgerechnet, reduziert sich die Wahrscheinlichkeit invalide zu werden oder zu sterben bei glücklichen Menschen um 50%. Eine ausführlichere Diskussion der Wirkung positiver Gefühle und der hier erwähnten Studien findet sich in dem Buch »Der Glücksfaktor« von Martin Seligman.

Kurzum, es gibt eine Menge guter Gründe, sich um eine Steigerung der eigenen positiven Emotionalität zu bemühen. Dies gilt insbesondere für die Spielarten der Liebe: die Liebe zum Lebenspartner, die tätige Nächstenliebe, die sekundäre Liebe zur Natur, zu den Wissenschaften oder der Kunst. Und all dies durchaus auch aus gesundem Eigennutz – Lieben ist Egoismus pur.

Zur Sicherheit noch ein klärendes Wort: Vielleicht fragt sich der eine oder andere von Ihnen: Wie fördert man seine positive Emotionalität? Das ganze Kapitel handelt doch nur von Gegengedanken, Aufhebungen etc. Nun, überwiegend ging es in diesem Kapitel um primäre Emotionen: zunächst um die Aufhebung primärer negativer Gefühlsspannungen, jetzt um die positive Wirkung v. a. primärer positiver Gefühlzustände. Und das Vermögen, primäre Emotionen zu empfinden, ist uns, wie wir wissen, via primäre Antriebe angeboren. Wenn wir uns in einem entspannten Zustand den entsprechenden primären Auslösern öffnen, entstehen die primären Emotionen ganz von allein. Sie empfinden nichts im Angesicht des herrlichen Sonnenunterganges an Ihrem vorletzten Urlaubstag? Fragen Sie sich, was Sie in Spannung versetzt. Die Nachrichten von einem drohenden Fluglotsenstreik? Nach dem Durchspielen eines Worst-case-Szenarios stellen Sie fest, dass es keine Katastrophe wäre, ein paar Tage später zurückzufliegen. Sie konzentrieren sich wieder voll auf das Naturschauspiel und gehen glücklich-*ich*vergessen ganz in der herrlichen Szenerie auf.

Wie man positive Gefühle fördert

> **Die Kultivierung einer reichen primären Emotionalität beginnt also damit, sich möglichst oft in einen Zustand der entspannten Offenheit zu bringen, um den Dingen und Menschen (samt ihren Auslösern) im Alltag mit maximaler Empfänglichkeit begegnen zu können.**

Als ein Zen-Schüler nach dreijährigem Studium zur Prüfung vor seinen Meister trat, fragte ihn dieser: Steht die Sonnenblume am Tempeleingang auf der rechten oder der linken Seite? Der Schüler hatte die Blume nicht bemerkt und ward gebeten, sich in drei Jahren erneut zur Prüfung zu melden.

Grundsätzlich sollte eine solche Befreiung und Deblockierung des *Selbst* schon genügen, um einen Zustand überwiegender Lebenszufriedenheit zu erlangen. Allerdings ist diese an Tiefe und Intensität noch erheblich steigerungsfähig durch die Kultivierung der sekundären Emotionalität und die Entwicklung sekundärer Antriebe. Dies ist nichts anderes als das innere Wachstum, das Thema des nächsten Kapitels.

2.9   Der Wille zum Glück

Wenn wir das bisher im Kapitel innere Freiheit Besprochene zusammenfassen und verdichten, gewinnen wir die idealisierte Denkfigur »unbedingtes Glück«:

Die Denkfigur »unbedingtes Glück«

Denkfigur »unbedingtes Glück«

1. Unser Befinden hängt nicht von äußeren Umständen ab: Es gibt nichts unbedingt zu begehren oder unbedingt zu fürchten.
2. Jedes Leid, das nicht unmittelbar wirksamen und schweren physischen Defiziten entspringt (z. B. Schmerz oder Hunger), ist selbstgemacht: Es entsteht aus relativen Gedankenkonstrukten, die sich oft mit negativen Gefühlen in Teufelskreisen aufschaukeln und immer aufgelöst werden können. (Und selbst physisch bedingtes Leid lässt sich durch geeignete Gedankenkonstrukte mehr oder weniger weitgehend aufheben.)
3. Leid ist nicht nur selbstgemacht, es ist auch unlogisch, sinnlos und schädlich.
4. Sofern keine gravierenden physischen Defizite vorliegen, gibt es immer Gründe, zu genießen, sich zu freuen, zu lieben und glücklich zu sein. Dies ist logisch, sinnvoll, heilsam und nützlich.
5. Ich kann für mein Befinden die volle Selbstverantwortung übernehmen. Ich erkenne, dass es im Prinzip möglich sein sollte, in der überwiegenden Zeit meines Lebens glücklich und zufrieden zu sein. Glück in Liebe zum Sein ist die natürlichste Form unserer Existenz. Ich setze meinen Ehrgeiz daran, dies zu erreichen.

Übernehmen Sie die Selbstverantwortung für Ihr Befinden

Entwickeln und stärken Sie Ihren Willen zum unbedingten Glück und fördern Sie es, indem Sie die Grundlagen der Punkte 1 bis 5 so tief und differenziert wie möglich verstehen und synerg verinnerlichen. Sie selbst sind der Schöpfer Ihrer Wirklichkeit, Sie können Ihr Befinden weitgehend unter Ihre Kontrolle bringen. Kämpfen Sie um eine möglichst weitgehende Aufhebung Ihrer primären Natur in Vernunft und sekundärer Emotionalität. (Um Missverständnissen vorzubeugen, sei noch einmal betont: Diese sekundär emotionalisierte Vernunft ist nicht die kalte Logik eines Computers, sondern eine Vernunft mit Leidenschaft; und Aufhebung heißt nicht Abschaltung.)

Moderate negative Gefühle sind im Alltag unvermeidlich

Klingt das nicht alles etwas extrem, abgehoben und unrealistisch – ja nicht sogar inhuman? Sind Leid und negative Emotionen nicht essentielle Konstituanten des Menschlichen? Wollen wir wirklich ausschließlich mit dem ewigen Lächeln der Glückseligkeit durchs Leben schweben? Nun, bei der Denkfigur »unbedingtes Glück« handelt es sich nicht um einen real erreichbaren Hafen. Sie ist vielmehr die Spitze jenes Leuchtturmes, der uns in den schönsten der für uns erreichbaren Häfen leiten soll. Ich bin sehr davon überzeugt, dass die oben genannte Denkfigur als ideales Prinzip richtig und von tiefer Wahrheit ist (deren Kern vielleicht von Gautama Buddha erstmals gesehen wurde). Aber sie ist natürlich eine Idealisierung, die sich nur dann eins zu eins in die Praxis umsetzen ließe, wenn wir eine absolute Kontrolle über unsere Innenprozesse hätten. Wenn wir uns nicht wirklich aus der Welt in eine Berghöhle zum Meditieren zurückziehen, dann werden uns die Zumutungen nicht*selbst*entsprechender Lebensumstände immer wieder in negative Gefühlszustände versetzen. Und wahrscheinlich ist das auch gut so: Wir brauchen sie, weil sie uns auf äußere Gefahren und innere Defizite oder Fehlfunktionen hinweisen. Wir brauchen moderate negative Stimmungen als dunklen Hintergrund, vor dem das Glück erst aufstrahlen kann. Und lassen sich moderate negative Emotionen nicht sogar bis zu einem gewissen Grad genießen – etwa in Form jener sprichwörtlichen »bitteren Süße der Melancholie«?

Was wir aber nicht brauchen, sind durch die Teufelskreise des Denkens im Bewusstseinsraum hochgekochte, überstarke negative Gefühlszustände, die unfunktional und zerstörerisch sind: schäumende Wut, lähmende Angst, Hoffnungslosigkeit und Depressivität.

Gegen diese leiderzeugenden kognitiven Fehlfunktionen kann unsere Denkfigur eine Sperre bilden. Für mich persönlich wünsche ich mir auf einer Befindensskala von –10 bis +10 ein Pendeln zwischen 0 und +5 mit eher wenigen Ausschlägen bis höchstens –3 und eher häufigen Ausschlägen über +5. Ausschläge unter –3 sind sinnlos und ich möchte sie auf lange Sicht vollständig vermeiden. So oder ähnlich könnten realistische Zielstellungen aussehen, die mit den in diesem Buch angegebenen Mitteln auch erreichbar sein sollten. Je souveräner wir die Werkzeuge der inneren Befreiung beherrschen, je mehr sekundäre Antriebe wir im inneren Wachstum entwickelt haben und je besser es uns gelungen ist, unsere Lebenssituation *selbst*entsprechend umzugestalten, desto leichter und durchgreifender wird die Denkfigur »unbedingtes Glück« Wirkung entfalten können.

Primäre Emotionen, eingeschliffene Seh- und Denkgewohnheiten, die perfide Klebrigkeit psychischer Teufelskreise – all dies sind starke Beharrungskräfte, die uns mit großer Macht nach unten zu ziehen vermögen. Ihnen gegenüber ist die Kraft neuer Gedanken eher schwach. Deshalb müssen wir diesen neuen Einsichten eine ins Ideale überzeichnete, maximale Prägnanz geben. Wir müssen sie zum schönsten und reinsten Muster in uns auskristallisieren lassen, das irgend möglich ist. Nur so können sie die in ihrem Rahmen maximalen Veränderungskräfte und sekundär-emotionalen Aufhebewirkungen entfalten.

Die Denkfigur »unbedingtes Glück« fungiert dabei als eine Art **kognitiver Quengelapparat**: Bei dauerhafter gleichgerichteter Einwirkung können auch relativ schwache gedankliche Kräfte tiefgreifende Veränderungen der psychischen Gesamtstruktur bewirken (das Prinzip der Quengeltherapie kommt aus der Orthopädie, wo durch Dauereinwirkung schwacher mechanischer Kräfte z. B. Gelenkfehlstellungen korrigiert werden).

Woran merken Sie, dass dieser Quengelapparat richtig sitzt und arbeitet? Beobachten Sie Ihren inneren Dialog: Wenn Sie sich über irgendetwas aufregen oder Sie sich schlecht fühlen – beschuldigen Sie deswegen immer noch andere Menschen oder äußere Umstände? Das wäre kein gutes Zeichen. Das Ziel ist erreicht, sobald Ihre ersten spontanen Reaktionen sich wirklich auf Sie selbst beziehen: »Hab ich mich doch wieder provozieren lassen! Habe ich es immer noch nicht gelernt, damit gelassener umzugehen! Wieso geht es mir schlecht, obwohl ich keine Schmerzen habe und nicht hungere oder friere?

Übersteigerung von Negativgefühlen vermeiden

Die schwache Kraft der Gedanken maximal ausnutzen

Den Ehrgeiz auf die eigenen Reaktionen richten

Das kann doch nicht sein! Ich will nachforschen, was mich blockiert und hindert, diesen schönen Augenblick meines Lebens wahrzunehmen wie er ist und zu genießen!« Sobald Ihre inneren Dialoge zuverlässig eine solche Form annehmen, haben die Kräfte Ihres Ehrgeizes den richtigen Ansatzpunkt gefunden, dann werden sich über Monate und Jahre auch durchgreifendere positive Veränderungen einstellen.

> ❗ **Es passiert nichts Schlimmes – es gibt nur schlimme Reaktionen. Übernehmen Sie prinzipiell für Ihr Befinden die volle Selbstverantwortung.**

Damit sind wir beim Thema des nächsten Abschnittes.

2.10   Der Wille zu Proaktivität

2.10.1 Die Entscheidung liegt bei Ihnen

Das möglichst weitgehende Erlangen innerer Freiheit fördert auch die äußere Befreiung. Nicht nur für das Befinden, auch für das Handeln muss die volle Selbstverantwortung übernommen werden. Es gilt, sich zum Prinzip einer unbedingten Proaktivität zu bekennen.

Viele Menschen neigen über mehr oder weniger weite Strecken ihres Lebens dazu, im Modus der Reaktivität zu leben. Ziel ist es dabei, möglichst wenig Energie aufzuwenden: »Ich will doch nur meine Ruhe haben!« Nur das Nötigste wird getan, um die unmittelbaren Zumutungen des Lebens abzuwehren. Es geht um kurzfristige Unlustminimierung bzw. Lustmaximierung unter Missachtung der Langzeitperspektive: Spaßschwein kommt vor Sparschwein. Dies kann im positiven Bereich der Befindensskala stattfinden und einer Charakterneigung entspringen (die Verlierer im Marshmallow-Test: bequeme, auf sinnlich-materiellen Genuss orientierte Hedonisten, vgl. ▶ Abschn. 1.2.3). Oft findet es aber im Negativbereich des Befindens statt und ist dann durch einen Energiemangel verursacht.

Warum viele Menschen reaktiv leben

Wir alle beginnen unser Leben weitgehend fremdbestimmt: Als Kinder haben wir zu »folgen«. Das *Selbst* entwickelt erst später Selbstbehauptungskraft und wird darin oft durch verinnerlichte Fremdbestimmungen zu früh und zu weitgehend behindert (*selbst*beschränkende Glaubenssätze, Soll-, Muss- und Normvorstellungen etc.). Dann geraten Menschen in die Falle einer nicht*selbst*entsprechenden Lebenssituation, in der die Antriebs- und Energiequellen des *Selbst* gar nicht erst zu sprudeln beginnen bzw. allmählich verebben. Weil das *Ich* keine Fehler machen darf und immer Recht haben muss, werden die fremdgeprägten, nicht*selbst*entsprechenden Entscheidungen der Vergangenheit immer weiter gerechtfertigt und zementiert. Dann aber muss man sich als Opfer der Umstände fühlen: Man kann ja nicht anders. Es gibt vielfältige Sachzwänge und Verpflichtungen. Und so bleiben Menschen über Jahre und Jahrzehnte in Berufen und Firmen, die sie hassen, in (selbst-)zerstörerischen Ehen oder in engen Kleinstädten, in denen ihr *Selbst* nicht die geistig-kulturelle Nahrung findet, nach der es dürstet.

Hier gilt es, sich einmal klar vor Augen zu führen, was Reinhard Sprenger in seinem Buch »Die Entscheidung liegt bei Dir« pointiert formuliert:

> ❶ »Ich kann nicht« heißt: »Ich will nicht«. Ich will nicht, weil mir der Preis
> zu hoch ist. Wenn ich bereit bin, den Preis dafür zu zahlen, kann ich
> tun, was ich will.

Man kann alles tun, wenn
man bereit ist, den Preis
dafür zu zahlen

Viele Menschen machen sich das nicht hinreichend klar und nehmen keinen bewussten Preisvergleich vor. Sie haben Angst vor Veränderung, sehen in der Ungewissheit das Risiko, und nicht die Chance. Oft zahlen sie am Ende einen überhöhten Preis oder gar den Höchstpreis – sie zahlen mit ihrem Leben (zumindest in dem Sinn, dass sie sich der Chance berauben, ein glückliches, erfülltes Leben zu führen).

Wer sich innerlich ausreichend befreit hat, kann aus allen sog. Sachzwängen aussteigen – um als Sozialhilfeempfänger zu versuchen, ein Bestsellerautor zu werden, in Spanien als Maler zu leben, in Kanada ein Einsiedlerdasein zu führen, in Afrika bei einer humanitären Hilfsorganisation einzusteigen oder in ein Kloster zu gehen. All das ist möglich und noch viel mehr: Im Sinne des Prinzips der Fülle unterschätzen wir meist, wie viele Chancen und Potenziale die Welt für den bereit hält, der mit Optimismus, Tatkraft und Beharrlichkeit daran geht, seinen Traum zu leben. Viele Menschen sind mit Erfolg solche Wege gegangen. Und die Fürsorgepflicht für die Kinder? Die sind erwachsen und für sich selbst verantwortlich. Sie schulden ihnen nichts. Ja, es wäre schön gewesen, sie beim Studium finanziell unterstützen zu können. Aber es muss nicht sein. Ihre letzte Chance auf ein erfülltes Leben wäre jedenfalls ein zu hoher Preis dafür (Ihrem Vater hat auch niemand das Studium bezahlt, und er hat es geschafft). Und die Eltern? Ja, es wäre schön gewesen, wenn Sie sie hätten pflegen können. Doch wiederum: Ihre letzte Chance auf ein erfülltes Leben ist ein so hohes Gut, dass es die relativen Zumutungen eines guten Seniorenheims rechtfertigen könnte.

Habe den Mut,
Deinen Traum zu leben

Führen Sie sich also immer wieder vor Augen, wie groß Ihre Freiheiten in Wirklichkeit sind und machen Sie explizite Preisvergleiche. Bleiben Sie stets proaktiv: Wählen Sie vor diesem Hintergrund immer bewusst, was Sie tun oder lassen, dann tun oder lassen Sie immer, was Sie gewählt haben. Selbst wenn Sie an einer unguten Lebenssituationen nichts ändern wollen oder können, behalten Sie auf diese Weise ein Gefühl von Kontrolle über Ihr Leben. Während das Gefühl von Hilflosigkeit und Ohnmacht Depression und Demoralisierung bewirkt, gehören Kontrollüberzeugung und Selbstwirksamkeit zu den wichtigsten psychosomatischen Gesundheitsfaktoren. Und wenn uns hinsichtlich äußerer Ziele die Hände gebunden sein sollten, dann haben wir immer noch die Möglichkeit, unsere Proaktivität auf innere Ziele zu orientieren.

Wählen Sie immer
bewusst, was Sie tun

Das bemerkenswerteste Beispiel, von dem ich je gehört oder gelesen habe, wird vom Dalai Lama berichtet. Tibetische Mönche in chinesischer Gefangenschaft halten sich psychisch u. a. dadurch gesund, dass Sie ihre Situation als fast übermenschliche Wachstumsherausforderung begreifen. Sie richten ihren inneren Ehrgeiz darauf, niemals Liebe und Mitgefühl gegenüber ihren Peinigern zu verlieren, was immer auch geschieht. Dies beugt nicht nur nach innen der Demoralisierung vor, es erhält sogar nach außen die Chance einer gewissen Einflussnahme: Vielleicht lässt sich der ein oder andere der Schergen durch eine solche unerhörte Demonstration menschlicher Größe beeindrucken und zu Nachdenken oder Umkehr bringen.

Auch unter Extrembedingungen schützt
Proaktivität vor
Demoralisierung

Theoretisch scheint das alles einfach. Was macht es in der Praxis so schwierig, konsequent proaktiv zu entscheiden und zu handeln und stets selbstgesetzte Ziele zu verfolgen? Zunächst einmal ist dies oft einfach die Folge von gedanklicher Unklarheit – nur wenn man die besprochenen Prinzipien in ihrer höchsten, idealisiert-überzeichneten Prägnanzstufe erfasst hat, kann sich jene kognitive Quengelwirkung entfalten, die langfristig Veränderung bewirkt. Zwei weitere Hindernisse hatten wir einführend schon erwähnt: erstens eine angeborene Charakterdisposition hin zu kurzfristigem Genuss – hier helfen kritische Selbsterkenntnis, Training des Willens und inneres Wachstum. Zweitens ein Energiemangel infolge eines nicht*selbst*entsprechenden Lebens – hier helfen Selbsterkenntnis, *selbst*entsprechende Lebensorganisation und wieder inneres Wachstum.

2.10.2 *Ich*probleme vs. Sachprobleme

Im Grunde ist der fehlende bewusste Preisvergleich ein Spezialfall des allgemeinen Problems einer mangelnden inneren Klarheit und Konsequenz. Vielen Menschen gelingt es nur schlecht, die Problemlösephasen Denken – Entscheiden – Handeln – Korrigieren sauber zu trennen und sequenziell in Kreisprozessen abzuarbeiten. Oft wird eine Aufgabe nicht gründlich durchdacht, es wird nur halbherzig entschieden und mit Hektik und Unsicherheit zu handeln begonnen. Schnell kommen dann Zweifel auf. Man verfällt wieder halb ins Nachdenken und ist deshalb nicht voll bei dem, was man tut. Man bemerkt, dass der Verhaltenserfolg dadurch beeinträchtigt wird, und beginnt, sich über sich selbst zu ärgern (das *Ich* bläht sich auf und erdrückt das *Selbst*). Dadurch sinkt die Verhaltenseffizienz noch weiter und das Handeln scheitert letztendlich. Also:

Erst denken und nicht handeln – dann handeln und nicht denken

🛈 **Erst denken und nicht handeln. Dann Handeln und nicht denken. Schließlich korrigieren und nicht ärgern.**

Oft ist es besser, sich in unklaren Entscheidungssituationen *irgendwie* zu entscheiden – und sei es durch Münzwurf – und ein einmal begonnenes Handeln mit Konsequenz zu Ende zu bringen. Aus Versuch und Irrtum kann man lernen, ein Verharren in Unentschiedenheit und Passivität aber macht depressiv.

Ein weiterer Aspekt wird durch folgende Geschichte verdeutlicht: Ein Zen-Mönch wurde von einem Europäer gefragt: Wie kommt es, dass du immer so ruhig, gesammelt und entschlossen wirkst? Dieser antwortete: Es ist ganz einfach. Wenn ich sitze, dann sitze ich; wenn ich aufstehe, dann stehe ich auf; wenn ich laufe, dann laufe ich. Aber das tun wir doch auch, erwiderte der Europäer. Nein, das tut ihr nicht, entgegnete der Zen-Mönch. Wenn ihr sitzt, dann steht ihr schon auf; wenn ihr aufsteht, dann lauft ihr schon; und wenn ihr lauft, dann seid ihr schon am Ziel.

Ich*probleme

Wir haben den Fokus unserer Aufmerksamkeit oft nur schlecht unter Kontrolle. Auch wenn unsere Probleme gut durchdacht und konsequent entschieden sind, neigt unser Bewusstseinsfokus dazu, sich auf Nebenkriegsschauplätze zu verirren: zu schlechten Erfahrungen in der Vergangenheit, zu einem schwelenden Streit mit einem Kollegen, zu Befürchtungen, was alles schief gehen könnte, zu Grandiositätsphantasien, falls es besser läuft als erwartet etc. So entstehen auf Nebenziele bezogene Probleme, die oft starke emotionale Spannungen nach sich ziehen (»Stress«) – wir wollen sie als *Ich*probleme bezeichnen: Sie entspringen mangelnder Kontrolle des *Ich*fokus, kreisen oft um die *Ich*wertjustierung und führen zu einer Aufblähung des *Ich* im Stress. Das *Ich*problem überlagert sich dem Sachproblem und kann dem *Selbst* mehr oder weniger Energie entziehen, die dann sachbezogen fehlt.

Im Extremfall kann die Lösung selbst einfachster Sachaufgaben unmöglich gemacht werden. Ein Beispiel mag das verdeutlichen. Stellen Sie sich vor, es läge ein 10 m langes und 20 cm breites Brett vor Ihnen auf dem Boden. Über dieses Brett zu laufen, wäre für uns alle ein Kinderspiel. Läge dieses Brett nun aber über einer sehr tiefen Schlucht, hätten die meisten von uns extreme Schwierigkeiten, diese Aufgabe zu meistern, obwohl sich an der realen Sachanforderung gar nichts geändert hat (da es sich um einen windstillen Tag handeln möge). Manch einer würde diese an sich kinderleichte Aufgabe unter diesen Umständen nicht bewältigen. Der Aufmerksamkeitsfokus würde immer wieder von der Sachaufgabe abirren und auf den Angstauslöser »Tiefe« gelenkt. Ein irrational-katastrophisierendes Denken würde ein gewaltiges emotionales *Ich*problem entfachen: Beim geringsten Fehler werde ich abstürzen und sterben – wie grauenvoll.

Was kann hier helfen? Zunächst einmal wäre es gut, die Steuerung des Aufmerksamkeitsfokus und die Konzentrationsfähigkeit zu verbessern. Wenn es gelänge, sich wirklich vollständig und konsequent auf das Brett und den nächsten Schritt zu konzentrieren, hätte die Angst keine Chance.

Diese Fähigkeiten kann man im Alltag trainieren, z. B. beim Lesen – eine vergleichsweise anstrengende Tätigkeit, bei der man sich gern ablenken lässt (außer es handelt sich um einen atemberaubend spannenden Krimi). Wichtig ist, geduldig und gelassen zu bleiben, um nicht noch ein *Ich*problem 2. Ordnung aufzubauen: Man entwickelt Ärger darüber, dass man unkonzentriert ist, und dieser Ärger lenkt einen noch mehr von der Sache ab. Als Leitmetapher empfehle ich die Haltung eines liebenden Vaters, der seinen »kleinen Wildfang« immer wieder mit verständnisvoller Nachsicht an der Hand nimmt, um ihn zu einer bestimmten Aufgabe zurückzuführen. Die zentrale Domäne der Konzentrationsschulung wäre allerdings eine konsequente Meditationspraxis – in Form klassischer Sitzmeditationen, aber auch als Achtsamkeitsmeditation bei normalen Alltagsverrichtungen (▶ Abschn. 2.11). Außerdem kann man natürlich das ganze Arsenal der inneren Befreiungstechniken in Anschlag bringen. Im Falle des Brettes über der Schlucht etwa würde ich persönlich versuchen, mit Akzeptanz bis hin zur paradoxen Intention zu arbeiten (den möglichen Tod akzeptieren, seine Schrecklichkeit relativieren etc. ▶ Abschn. 2.7). Ich würde meine Liebe zum Schicksal und mein religiöses Urvertrauen stärken: Wenn es denn sein soll, will ich es als »Gottesurteil« annehmen. Wie immer es kommt, so ist es gut, Sólo Dios basta. In ähnlicher Weise nehme ich mir die leichte Spannung, die mich vor dem Besteigen eines Flugzeuges immer befällt.

Aus einer anderen Richtung definiert, könnte man vor diesem Hintergrund fast sagen: Selbstmanagement ist ein System von Techniken, das darauf zielt, die *Ich*probleme jederzeit möglichst klein zu halten, um dem *Selbst* ein Maximum an Energie zur Lösung der Sachprobleme zur Verfügung zu stellen.

*Ich*probleme behindern die Lösung der Sachprobleme

Konzentrationsschulung und innere Befreiung

Wenn *Ich*probleme entstehen, merken wir das daran, dass emotionale Spannungen aufkommen, die aus der Sachaufgabe und Realsituation heraus nicht erklärbar sind, die uns hindern, vollständig im Hier und Jetzt aufzugehen, sei es um zu arbeiten oder auch zu genießen. Wir sollten dann aus der Situation heraustreten und die in diesem Kapitel besprochenen Techniken anwenden. Zur Auffrischung hier noch einmal einige wichtige Schlüsselfragen:

Wie man *Ich*probleme auflöst

Was setzt mich unter Spannung? Wie relevant ist das Ganze mit Abstand betrachtet? Geht es mich überhaupt etwas an? Was sind die Tatsachen? Gibt es reale primäre Spannungsauslöser im Hier und Jetzt? Gibt es erinnerte oder antizipierte Auslöser? Was sind Bewertungen und welche Interpretationen, Mussvorstellungen, Glaubenssätze oder Erwartungen stecken dahinter? Wie realistisch, richtig oder sinnvoll sind diese Konstrukte? Gibt es alternative, positivere, förderlichere Deutungen bzw. Interpretationen? Wie muss ich sie – vielleicht auf Basis schon erarbeiteter Gegengedanken – umformulieren, um sie sekundär aufheben zu können und zu einer förderlichen Geisteshaltung zu finden? Unabhängig von abstrakten Prinzipien wie Wahrheit, Gerechtigkeit etc. – welche Annahme, Interpretation oder Einstellung ist für mich persönlich am förderlichsten und nützlichsten? Kann ich die Situation nutzen, um etwas zu lernen, um persönlich zu wachsen? Wie wahrscheinlich ist das Eintreten des Befürchteten, wie schlimm wäre das wirklich? Zusätzliche Schlüsselbegriffe wären: Worst-case-Szenarios, paradoxe Intention, Amor Fati und Sólo Dios basta.

Im Anschluss an diesen gedanklichen Spannungsabbau sollten Sie versuchen, sich wieder voll und ganz auf das Hier und Jetzt zu konzentrieren. Führen Sie den Aufmerksamkeitsfokus immer wieder auf Inhalt bzw. Sinnesqualität des Gegenstandes Ihrer Arbeit oder Ihres Genießens – mit Geduld und Gelassenheit, so wie ein liebender Vater mit seinem Kind umgeht. Der gegenwärtige Moment meint es fast immer gut mit Ihnen.

Sollte sich eine restliche Anspannung nicht aufheben lassen, ärgern Sie sich nicht darüber, kämpfen Sie nicht dagegen an. Akzeptieren Sie sie oder versuchen Sie gar, sie positiv anzunehmen. Man kann auch mit negativen Gefühlen wie Angst und in körperlicher Anspannung erfolgreich und präzise handeln. Denken Sie an die in ▶ Abschnitt 2.5 erwähnten Biathlonsportler.

2.10.3 Der SDR-Schritt: Stop, Distanz, Rezentrierung

Immer wieder ist in diesem Buch davon die Rede, innerlich auf Abstand zu gehen, aus der Situation herauszutreten, sich von der Nahkampfposition auf den inneren Feldherrenhügel zu begeben etc. Ich bin davon überzeugt, dass dies eine der wichtigsten Basistechniken eines wirksamen Selbstmanagements ist. Dieser innere Standardtanzschritt hilft nicht nur, Spannungen durch Problemrelativierung abzubauen. Er ist auch die beste Waffe gegen die Verführung durch Fehlmotivationen und gegen die Verzettelung im Dringlichen unter Vernachlässigung des Wichtigen.

Nicht motiviert heißt: fehlmotiviert

Die Enge unseres Bewusstseinsfokus bewirkt, dass wir zu oft und zu lange an Nebensächlichkeiten kleben bleiben und das Wesentliche aus dem Blick gerät. Wenn es Menschen nicht gelingt, mit Engagement und Konsequenz bestimmte Ziele zu verfolgen, heißt es oft, sie seien nicht motiviert. Meist ist das nicht korrekt. In Wirklichkeit sind sie fehlmotiviert – andere, zwischenzeitlich stärkere Nebenmotivationen haben es geschafft, die Handlungskontrolle zu erlangen.

Wenn es beim Schreiben gut läuft und ich oft in Flow gerate, bin ich stark selbstzweckmotiviert und kaum vom Schreibtisch wegzubekommen. Wenn es aber irgendwie hakt und ich beschließe, eine Pause zu machen, um die Sache noch etwas im *Selbst* gären zu lassen, dann gerate ich in Gefahr. Vielleicht mache ich den Fernseher an, um auf einem englischsprachigen Kanal meine Sprachkompetenz zu trainieren. Vielleicht läuft dann dort oder auf einem anderen Kanal eine wirklich interessante Dokumentation. Wenn ich nicht aufpasse, kann es passieren, dass ich 45 Minuten vor dem Fernseher hängen bleibe, obwohl ich nur 15 Minuten Pause machen wollte. Natürlich ist die Sendung aus der Nahperspektive interessant und es wäre eigentlich gut zu wissen, was da präsentiert wird. Aber die Nahperspektive allein darf nicht ausschlaggebend sein. Sendungen von vergleichbarem Informationswert laufen vielleicht über fünf Stunden am Tag, und wenn nicht, dann findet sich ähnlich Interessantes sicher im Internet oder in einer Zeitschrift – man könnte auf diese Weise ohne Schwierigkeiten den ganzen Tag beschäftigt sein. Was wirklich zählt, ist der Beitrag der Sendung zum Erreichen meiner wesentlichen Lebensziele **in Relation zu anderen Beiträgen**. Das kann ich nur sehen und motivational umsetzen, wenn es mir gelingt, mich aus dem Sog der Nahperspektive zu lösen und auf Abstand zu gehen. Ich kann dann die Gesamtsituation in den Blick nehmen, mir der Hierarchie meiner *selbst*entsprechenden und motivierenden Ziele inne werden, erkennen, welchen Beitrag hierzu die gegenwärtige Situation erfordert und die nötigen Tätigkeiten durch das bewusste Herstellen der Verbindung zu meinen motivierenden Zielen fremdzweckmotivieren (sofern keine Selbstzweckmotivation besteht). Mir wird dann klar: Um das Buch, das mir so am Herzen liegt, endlich fertig zu bekommen, muss ich den Fernseher jetzt ausmachen, wieder an den Schreibtisch gehen und gegen die Schreibhürde anrennen, bis sie genommen ist (und das Ganze dann gottlob wieder selbstzweckmotiviert aus sich heraus weiterläuft).

Dieser innere Schritt zurück ist so wichtig, dass wir eine eigene Bezeichnung dafür einführen sollten. Wie wäre es mit **»Stopp-Distanz-Rezentrierung«** oder kurz **SDR-Schritt** (bzw. SDR-Technik). »Stopp« steht für das Unterbrechen der ablaufenden Automatismen, »Distanz« für das Heraustreten aus der Nahperspektive, um das Ganze in den Blick zu nehmen, und »Rezentrierung« für eine eventuell nötige innere Befreiung, das Bewusstmachen der derzeit wichtigen Ziele und die Neuausrichtung von Verhalten und Motivation auf diese Ziele (Aktivierung einer Selbstzweckmotivation oder auch Aufbau einer Fremdzweckmotivation).

Immer wieder mit SDR-Schritten auf Abstand gehen

Es scheint sinnvoll, im Laufe des Tages recht oft derartige SDR-Schritte auszuführen, insbesondere beim Auftreten von Störungen und Spannungen oder beim Abgleiten in Fehlmotivationen.

In vielen buddhistischen Klöstern wird in regelmäßigen Abständen eine Glocke angeschlagen, woraufhin die Mönche eine Zeitlang ihr Tun unterbrechen, um eine kurze Besinnung und Meditation abzuhalten. In ähnlicher Weise könnten Sie sich eine elektronische Uhr kaufen und so einstellen, dass sie zur vollen Stunde einen kurzen Piepton abgibt als äußeren Anstoß für einen SDR-Schritt. Zusätzlich bietet es sich an, ritualisiert »Termine mit sich selbst« abzuhalten – zur Tagesplanung bzw. –bilanzierung und vielleicht für eine kurze Meditation.

Der ideale Ablauf psychischer Prozesse

In Differenzierung unseres Trigonum mentale aus ▶ Abschnitt 1.3.5 (◳ Abb. 1.17) fasst ◳ Abb. 2.3 noch einmal wichtige Aspekte eines idealen Algorithmus mentaler Prozesse zusammen, der durch innere Klarheit, Proaktivität und Konsequenz gekennzeichnet ist. Durchdenken Sie dieses Schema und üben Sie sich darin, es möglichst weitgehend umzusetzen. Das zentrale Moment ist sicher die innere Konsequenz im Umschalten zwischen Verändern und Akzeptieren. ◳ Abbildung 2.4 trägt den Grad des dabei möglichen Engagements gegen den damit erreichten durchschnittlichen Wirkungsgrad auf: Nach Möglichkeit sollten wir uns zwischen einer proaktiv-liebenden Akzeptanz und dem leidenschaftlichen Engagement bewegen und die beiden Extrempole vermeiden.

Den inneren Kontinent erschließen

Neben der Überschrift »Innenwelt« sind zur Erinnerung noch einmal wichtige Begriffe aus diesem Bereich aufgeführt. Wir westlichen Menschen sind überwiegend auf Leben und Handeln in der Außenwelt orientiert. Anders als für Menschen östlich-buddhistischer Herkunft ist für uns die Innenwelt oft ein weißer, unerschlossener Kontinent. Wir haben keine Karte, ihn

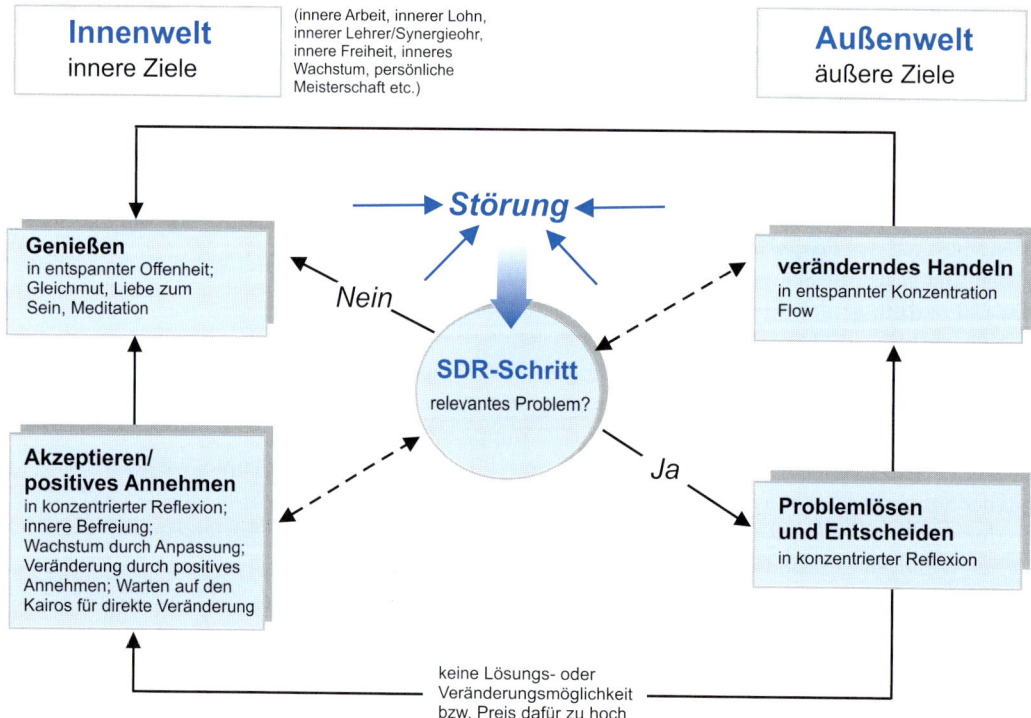

◳ Abb. 2.3. Schema für innere Klarheit und Konsequenz im Verhalten (in Ergänzung und Differenzierung von ◳ Abb. 1.17). Idealerweise sollten wir immer möglichst sauber in einem dieser vier Operationsmodi arbeiten. Vermischungen oder ein hektisches Hin- und Herspringen führen zu einer Verschlechterung von Befinden und Verhaltensleistung. Bei Unklarheiten, Problemen und Störungen gilt es, sich nach einem SDR-Schritt immer wieder konsequent für einen dieser Modi zu entscheiden

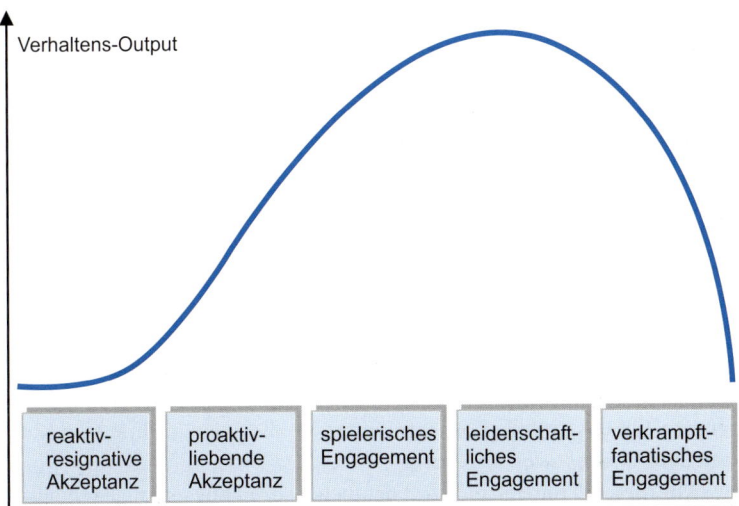

Abb. 2.4. Zusammenhang zwischen Stärke der Verhaltensintention und der Verhaltens-leistung; es empfiehlt sich ein Pendeln zwischen proaktiv-liebender Akzeptanz und leiden-schaftlichem Engagement

zu bereisen, keine Namen, ihn zu strukturieren. Doch in Abwandlung eines in ▶ Abschnitt 1.1.3 zitierten Goethe-Wortes: Wer nichts weiß, sieht auch nichts. Wir lernen das Schwimmen und das Fahrradfahren, aber für den viel schwierigeren Umgang mit unserer hochkomplexen Innenwelt bekommen wir keine Anleitung. Dies ist ein großes Manko, das wir bestrebt sein sollten auszugleichen. Auf weite Bereiche der Außenwelt haben wir keinen Einfluss. Immer besteht die Gefahr, dass ein eigenwilliges Schicksal das Erreichen unserer äußeren Ziele vereitelt. Wer sich innerlich befreit hat und in innerem Wachstum eine reiche Innenwelt aufgebaut hat, kann dann auf innere Ziele ausweichen. Fast alles, was ihm die Außenwelt versagt, kann er aus inneren Quellen ausgleichen, nichts kann ihm hierüber die Kontrolle nehmen. Wir können unsere Innenwelt zu einer inneren Burg ausbauen, in der wir in einem absoluten Sinne geborgen sind, um noch einmal Theresa von Avila zu zitieren. Brechen Sie auf, Ihren inneren Kontinent zu erobern, zu kultivieren und zu befestigen.

2.11 Kleine Meditationslehre

Wie bereits erwähnt, wird uns von den Buddhisten nicht zu Unrecht nachgesagt, unser umherirrender Geist benehme sich wie ein betrunkener Affe, der unkontrollierbar und erratisch von Ast zu Ast hüpft. Besonders angezogen fühlt sich unser äffischer Bewusstseinsfokus von kurzfristig erlangbaren Genüssen und von Gefahren. Nimmermüde tastet er die Sphäre unserer sinnlichen Wahrnehmung nach Genüssen und Gefahren ab und zeigt sich dabei leicht ablenkbar schon durch die schwächsten Reize. Für unsere Vorfahren hatte all dies einen uneingeschränkt hohen Überlebenswert. Auf dem Wege zum Menschen überlagerte sich der instinktiven Verhaltensregulation nun die Sphäre des reflektierenden, imaginativen Denkens. Auch für uns bleibt

Unser »Affengeist« sucht nach Genuss oder Gefahr

natürlich das sofortige Erkennen von Gewinn und realer Gefahr wichtig. Und es ist von zentraler Bedeutung für die Kreativität unseres Denkens, vom Zufall generierten Assoziationen und Einfällen prompt zu folgen. Allerdings entstehen auch Probleme: Die ständige Verführbarkeit durch kurzfristigen Genuss ist hinderlich für das konsequente und beharrliche Verfolgen langfristiger Wachstumsziele. Die Gefahrensuche beschränkt sich nicht mehr auf im Hier und Jetzt präsente Gefahren, sondern bezieht Vergangenheit und Zukunft mit ein. Die Möglichkeiten, hier fündig zu werden, wachsen dadurch ins Beliebige, verbunden mit der Gefahr, unter Beteiligung von Teufelskreisen eine Stressspannung aufzubauen. Die Folge wäre, dass sich das *Ich* aufbläht und das *Selbst* blockiert (woraus dann im Sinne der selbsterfüllenden Prophezeiung durchaus reale Gefahren erwachsen können). All dies im Verbund ist natürlich hinderlich beim Ausführen anspruchsvoller Tätigkeiten, die über längere Zeit unsere volle Konzentration sowie die uneingeschränkten Kompetenzen unseres *Selbst* erfordern.

Den Fokus unserer Aufmerksamkeit unter Kontrolle bekommen

Vor diesem Hintergrund wird deutlich, wie wichtig es ist, alle Möglichkeiten auszuschöpfen, um mehr Kontrolle über den Fokus unserer Aufmerksamkeit zu gewinnen. Dies könnte die Effektivität unseres Verhaltens sowohl nach außen (Veränderung, Flow) als auch nach innen (Genießen, Entspannung) dramatisch steigern. Je besser die Kontrolle über unseren Bewusstseinsfokus, mit desto größerer Sauberkeit und Konsequenz wird es uns gelingen, ineffektives inneres Chaos zu vermeiden und in dem jeweils angemessensten der vier effektiven mentalen Operationsmodi von ◘ Abb. 2.3 zu arbeiten.

Ursprung und Ziele von Meditationspraktiken

Die direkteste Methode, dies zu trainieren, ist sicher die Meditation. Meditationsähnliche Praktiken gibt es in großer Fülle, sie haben viele historische Wurzeln und geistig-religiöse Traditionslinien. Am intensivsten sind sie sicher in den hinduistisch-buddhistischen Kulturen des Ostens entwickelt und praktiziert worden. Je nach weltanschaulichem Hintergrund wurden und werden meditative Praktiken mit unterschiedlichem Ziel betrieben: zur ultimativen Erkenntnis von Selbst oder Welt, zur Vereinigung mit Gott oder dem Universum, zur Kultivierung bestimmter Gefühle (etwa Liebe und Mitgefühl), zur Entspannung und damit verbundener gesundheitsförderlicher Wirkungen. Auf Letzteres waren wir in ▶ Abschnitt 1.3.5 im Zusammenhang mit dem Zustand der entspannten Offenheit und der Entspannungsreaktion bereits kurz eingegangen. Es ist hier nicht der Raum, auch die anderen genannten Facetten dieses Kontextes zu diskutieren.

An dieser Stelle wollen wir Meditation in erster Linie als eine Technik betrachten, die uns helfen kann, mehr Kontrolle über Aufenthaltsort und Weite unseres Bewusstseinsfokus zu gewinnen. Ich werde Ihnen zwei Anfängerübungen vorstellen, mit deren Ausführung Sie im Grunde noch heute beginnen könnten. Sollten Sie dabei bleiben und den Entschluss fassen, die Meditationspraxis konsequent über längere Zeit ausüben zu wollen, empfiehlt sich die Lektüre ausführlicher Meditationsbücher oder der Besuch entsprechender Schulungen.

Die Körperhaltung

Für den Anfang genügt es, wenn Sie sich in einem ruhigen Raum auf einen Stuhl setzen, ohne sich anzulehnen: Becken leicht nach vorn gekippt, Rücken möglichst gerade und aufrecht, die Hände auf eine Ihnen bequeme Weise im Schoß zusammengefaltet.

2.11.1 Entspannte einspitzige Konzentration

Bei der ersten Übung geht es um das Training der entspannten einspitzigen Konzentration. Ziel ist es, das Bewusstsein möglichst vollständig und dauerhaft auf einen bestimmten Gegenstand zu konzentrieren. Um das »innere Plappermaul« neutral zu beschäftigen, empfiehlt es sich, die Atemzüge innerlich verbalisierend zu zählen: z. B. während der Einatemzeit e-i-i-i-n-s, für die Dauer des Ausatmens z-w-e-i-i-i; das Ganze bis zehn und dann wieder von vorn. Sie können die Augen schließen und versuchen, sich vollständig auf die Empfindungen zu konzentrieren, die die Atmung begleiten (das Einströmen der Luft, die Bewegungen der Bauchdecke). Alternativ könnten Sie auch die Augen halb öffnen und einen Gegenstand fixieren, der vor Ihnen auf dem Boden steht (z. B. die Figur eines meditierenden Buddha oder ein anderer, für Sie persönlich bedeutsamer oder auch neutraler Gegenstand). Eine dritte Möglichkeit wäre, anstelle des Zählens der Atemzüge ein sog. Mantra wiederholend innerlich zu verbalisieren: ein Wort (z. B. das bekannte Ooohm), eine Formel oder gar einen kurzen Text mit einer besonderen persönlichen Bedeutung. Dies könnte eine spirituelle oder religiöse Bedeutung sein (z. B. Sólo Dios basta – Gott allein genügt), sie könnte sich aber auch aus den aktuellen Aufgaben des persönlichen Wachstums ergeben (z. B. bestimmte Gedanken oder Vorsätze, die es zu verinnerlichen gilt).

> **Sich auf einen Gegenstand konzentrieren und die Atemzüge zählen**

Versuchen Sie, sich mit spielerischem Engagement auf den Gegenstand Ihrer Meditation zu konzentrieren, und nur auf ihn. So wie die Schlange ihrer Schlangenhaftigkeit am klarsten gewahr wird, wenn man sie in einen hohlen Bambusstab schiebt, so werden auch Sie bei dieser Übung das Wesen Ihres Geistes mit höchster Prägnanz erfahren: Ihr Gehirn ist ein Evolutionsautoklav, in dem unausgesetzt eine chaotisch-kreative Strukturbildungsaktivität abläuft, die kaum ruhig zu stellen ist. Den meisten Menschen gelingt es anfangs immer nur für einige Sekunden, diese Aktivität zur Ruhe zu bringen und bei ihrem Meditationsgegenstand zu sein. Immer wieder schieben sich Erinnerungsbilder oder Gedankenfragmente dazwischen, die irgendwie aus dem Unbewussten auftauchen und oft ganz chaotisch aus den entferntesten Zeiten und Sinnzusammenhängen herausgerissen werden. Schnell formiert sich dann ein gedanklicher Ordner, der einen in bestimmte Überlegungen hinein- und vom Gegenstand der Meditation wegzieht. Gehen Sie davon aus, dass dies auch bei Ihnen so sein wird und dass es eine lange Zeit der intensiven Übung brauchen wird, um diese Prozesse besser unter Kontrolle zu bekommen.

> **Das Denken zu beruhigen, braucht lange Übung**

Zwischenhin empfehle ich Ihnen die innere Haltung eines Vaters, der zufällig Entwicklungspsychologe sei und sein Kind mit nimmermüder, unbedingter Liebe und Geduld an eine Aufgabe heranführen will, vor der es aufgrund innerer Unruhe, Neugier oder äußerer Ablenkungen immer wieder Reißaus nimmt. Er ärgert sich nicht über die altersgemäßen Eskapaden seines Kindes, als Psychologe und Verhaltensforscher interessiert er sich sogar dafür und beobachtet sie genau. Als Vater aber nimmt er das Kind dann doch immer wieder liebevoll bei der Hand und führt es sanft zu der eigentlichen Aufgabe zurück.

In ähnlicher Weise sollten Sie mit den Eskapaden Ihres Bewusstseinsfokus umgehen: Trachten Sie, immer weniger weit vom Strom Ihrer psychischen Prozesse fortgerissen zu werden. Versuchen Sie, sich immer mehr als

> **Zum gelassenen Beobachter des eigenen Bewusstseinsstromes werden**

Beobachter zu etablieren, der dem Strom der eigenen Erfahrung vom Ufer aus zusieht, mit stets gelassen-akzeptierendem Interesse. Diese gelassene Akzeptanz sollte aus einem positiv getönten Grundzustand der Seins-Liebe heraus erfolgen – der Urgrund des Seins ist positiv –, darüber hinaus aber auf umschriebenere Wertungen, insbesondere Negativwertungen verzichten. In einer ersten Stufe verliert Ihr Bewusstsein dadurch deutlich an *Ich*haftigkeit.

Nicht kämpfen

Kämpfen Sie niemals gegen irgendetwas innerhalb Ihrer Psyche an – sie stärken es dadurch nur durch Energiezufuhr. Lassen Sie sich stattdessen nur immer wieder vom Objekt Ihrer Meditation anziehen. Wenn Sie Ihm nahe genug sind, wird Ihr Bewusstseinsfenster vollständig von diesem Objekt ausgefüllt und andere Bewusstseinsinhalte verschwinden von allein.

2.11.2 **Entspannte Offenheit**

Das Bewusstsein für alle inneren und äußeren Wahrnehmungen öffen und die Atemzüge zählen

Die zweite Übung besteht im Training des Zustands der entspannten Offenheit. Auch hier sitzen Sie in gleicher Weise auf einem Stuhl und zählen Ihre Atemzüge. Aber Sie versuchen nun nicht, Ihren Bewusstseinsfokus maximal zu verengen, sondern ihn maximal aufzuweiten: Versuchen Sie, das gesamte Feld der Ihnen möglichen Sinneswahrnehmungen gleichmäßig abzudecken: Ihre Körper- und Hautempfindungen, die akustischen Wahrnehmungen, und ggf. die visuellen Wahrnehmungen (Sie können die Augen schließen oder sie halbgeöffnet auf den blanken Fußboden oder eine möglichst strukturlose Wand richten). Versuchen Sie zunächst wieder, aus der Perspektive des neutralen Beobachters alles zu registrieren und im Bewusstsein zu halten: den Druck den Bodens unter Ihren Fußsohlen und das ganz entfernt vorbeifahrende Auto. Heißen Sie alles willkommen, was an Wahrnehmungen auftaucht, erwarten Sie nichts und bewerten Sie nichts. Wenn sich innere Bilder und Gedanken einschieben, akzeptieren Sie auch diese und beobachten Sie sie mit dem Auge des interessierten inneren Wissenschaftlers. Für mich z. B. war es eine interessante Entdeckung, wie viele Emergenzstufen das Denken offenbar hat. Früher dachte ich, das begriffliche Denken sei mehr oder weniger identisch mit dem Fluss der inneren Rede. Insbesondere während der Meditation habe ich dann erfahren, wie differenziert und sicher ich begriffliche Aussagen auch intuitiv erfassen kann, ohne sie innerlich auszubuchstabieren (weil das innere Plappermaul ja mit dem Zählen beschäftig ist).

Versuchen Sie, mit ganz leicht dosiertem spielerischem Engagement immer wieder diese Beobachterposition am Ufer des weiten Sees Ihrer Wahrnehmung einzunehmen, ohne an einer bestimmten Stelle einzutauchen und sich von den immer wieder anschwellenden Strudeln des Denkens fortziehen zu lassen. Wiederum gilt: Kämpfen Sie nicht gegen das Denken und Grübeln direkt an, sondern drängen Sie es indirekt aus dem Bewusstsein, indem Sie den Bewusstseinskanal vollständig mit Wahrnehmung füllen und ihn quasi für das Denken verstopfen.

Dabei gibt es fließende Übergänge dieser Übungen zum **Achtsamkeitstraining im Alltag**. Wer aus irgendwelchen Gründen das Sitzen nicht mag, kann auch im Gehen meditieren. Man sollte dabei Atmung und Schrittfolge in einem geeigneten Verhältnis synchronisieren und kann entweder entspannte Offenheit trainieren oder sich z. B. einspitzig auf die Atmung fokussieren. Im Grunde lässt sich jede einfache Alltagsverrichtung – vom Zähneputzen über das Essen bis hin zum Saubermachen oder Bügeln – für Achtsamkeitsübungen nutzen.

Wenn wir diese und andere Übungen konsequent über lange Zeit praktizieren, dann können wir, so wird uns von weit fortgeschrittenen Meditationsmeistern berichtet, Zustände erreichen, die Namen tragen wie Erleuchtung, Unio mystica, Samadhi oder Satori. Ich selbst meditiere noch nicht lange und habe Derartiges bisher allenfalls in Vorformen erleben können. Es soll hier zu einer völligen Absorption an den Gegenstand der Meditation kommen. Der Beobachter, der letzte Rest des *Ich,* verschwindet. *Selbst* und Welt treffen auf der Fläche unserer Sinne unmittelbar aufeinander, geraten bruchlos in Resonanz und verschmelzen: In ◘ Abb. 1.17 hatten wir dies Ganzheit in der Ruhe, Zustand der entspannten Offenheit bzw. Unio contemplativa genannt. Es wird von tiefen Erlebnissen der Verschmelzung und Einheit, von Lichterfahrungen und überströmenden Glücksgefühlen berichtet.

Natürlich ist es sehr kontrovers und schwierig, diese Zustände hinsichtlich ihres Status in Bezug auf Sein und Erkenntnis zu interpretieren. Sind diese Zustände ein höheres, wahreres Sein, als die anderen Grundzustände unseres Bewusstseins (Unio activa bzw. Separatio reflexiva, vgl. ◘ Abb. 1.17)? Gewinnen wir hier wirklich Zugang zu einer göttlichen Wahrheit jenseits von Raum und Zeit? Mit Blick auf unsere erkenntnistheoretischen Grundpositionen aus ▶ Abschnitt 1.1.3 müssen wir wohl sagen: Auf einer ganz grundsätzlichen Ebene lassen sich solche Deutungen wohl weder beweisen noch widerlegen.

Ich kann hier nur die Auffassung wiedergeben, die mir persönlich derzeit am plausibelsten erscheint: Ich fürchte, alle im Zustand der Unio contemplativa wahrnehmbaren Veränderungen und inneren Erfahrungen sind ausschließlich Produkt des eigenen Gehirns. Sie stehen damit wohl Phänomenen wie Träumen oder Halluzinationen nahe (vgl. für eine ausführlichere Diskussion: Hansch 1997, S. 269 f.).

Gleichwohl scheinen mir diese Zustände wertvoll und erstrebenswert: Sie sind eine interessante und sehr angenehme Selbsterfahrung, die Ihre innere Freiheit und Autonomie stärken kann. »Wenn Sie das Heimkommen – zu Ihrem Körper, Ihrem Atem, Ihren Empfindungen, Ihren Gefühlen – immer wieder üben, stellen Sie allmählich fest, dass Sie immer zu Hause sind, egal wohin Sie gehen«, so lesen wir bei Stephan Bodian (2000, S. 53). Wahrscheinlich ist Unio contemplativa zudem mit einer besonders hochgradigen Harmonie und Synergität innerer Prozesse verbunden, die der psychosomatischen Gesundheit förderlich ist (vgl. ▶ Abschn. 1.3.5). Allerdings erscheint Unio contemplativa in dieser Deutung nicht so exzeptionell erstrebenswert, dass es ratsam wäre, allzu viele Stunden des Tages auf ihr Erreichen zu verwenden – zumindest gilt dies für Menschen, die voll ins gesellschaftliche Leben integriert bleiben wollen. Ich glaube, dass die in ◘ Abb. 1.17 gezeigten drei Grundzustände der Psyche gleichwertig sind, dass uns die Potenziale für Denken, Tun und Genießen gegeben sind, um sie in einem ganzheitlichen Sinne gleichgewichtig zu entwickeln und zu nutzen für die Lösung der Probleme, vor die wir uns im Hier und Jetzt gestellt sehen.

Fangen Sie klein an, vielleicht mit ein bis drei fünfminütigen Meditationen pro Tag. Gewöhnen Sie Ihren Körper, insbesondere Ihren Rücken, all-

Große Fragen um Satori

In seinem Inneren zu Hause sein – aber das Leben draußen darüber nicht vergessen

mählich an die ungewohnte Belastung – die meisten von Ihnen werden es ja gewohnt sein, ziemlich krumm auf ihren Stühlen herumzuhängen. Sie könnten dann versuchen, zumindest eine der täglichen Meditationssitzungen auf etwa 30 Minuten auszudehnen.

> ❗ Besonders im Zusammenhang mit Meditation gilt es, sich Verhaltensziele und nicht Ergebnisziele zu setzen: Wichtig ist, dass Sie sich täglich – täglich!!! – zu den festgesetzten Zeiten hinsetzen, und sonst nichts.

Mit Konsequenz Verhaltensziele verfolgen

Sie müssen weder Satori noch irgendetwas anderes erreichen, nicht heute, nicht morgen und nicht in sechs Monaten. Lassen Sie die Dinge aus sich heraus wachsen und in ihrer Eigenzeit gedeihen – versuchen Sie nicht, etwas zu erzwingen. Pendeln Sie zwischen proaktiv-liebender Akzeptanz und spielerischem Engagement mit Schwerpunkt auf der liebenden Akzeptanz (vgl. ◻ Abb. 2.4). Es empfiehlt sich, die Meditationssitzungen mit evtl. rituellen Besinnungspausen zu verbinden, in denen man sich seiner Tagesziele und einzuübenden Lebensmaximen innewird und die schon abgelaufene Tageszeit bilanziert.

Mehrfach hatte ich erwähnt, dass unser *Selbst* seine rezeptiven und aktionalen Potenziale aus dem Zustand der entspannten Offenheit heraus am besten entfalten kann. Es wäre gut, wenn wir uns diesem Zustand auch unter Alltagsbedingungen oft annähern könnten, sofern es nichts Relevantes zu tun gibt (was dann einen der beiden anderen Grundzustände des Bewusstseins erfordern würde). Dies kann durch eine Meditationspraxis offenbar stark gefördert werden, wie die im Folgenden nach Goleman (2003, S. 42 f.) referierten Experimente nahe legen. Sie wurden von Paul Ekman durchgeführt, einem amerikanischen Psychologen, der sich um die Erforschung des mimischen Ausdrucks primärer Emotionen verdient gemacht hat (Ekman 2004). Zum Verhaltensoutput eines jeden unserer primären Antriebe – vgl. ◻ Abb. 1.12 – gehört auch ein angeborenes, ganz spezifisches Kontraktionsmuster der mimischen Muskulatur, das über alle Kulturen hinweg gleich ist und verstanden wird. Der bei australischen Ureinwohnern fotografierte mimische Ausdruck von Ekel, Zorn, Angst oder Verachtung wird von Europäern, amerikanischen Indianern oder afrikanischen Massai gleichermaßen prompt richtig interpretiert. In besonders reiner, unverfälschter Form zeigen sich diese Muster in sog. Mikroexpressionen, die nur Bruchteile von Sekunden dauern und sowohl dem Sender als auch dem Empfänger oft gar nicht bewusst werden. Insbesondere dann, wenn Menschen versuchen, ihre Gefühle zu verbergen, sind diese Mikroexpressionen oft die einzigen Hinweise.

Mikroexpressionen verraten verborgene Gefühle

Meditationstraining macht für Mikroexpressionen sensibel

Ekman testete nun die Sensibilität von mehr als 5000 Personen für diese superschnellen mimischen Signale. Am besten schnitten Menschen ab, die Berufe hatten wie Polizist, Anwalt, Psychiater oder Geheimagent. Im Zusammenhang mit speziellen Untersuchungen zur Wirkung von Meditation untersuchte Ekman dann auch zwei ausgewählte Personen, die in der Meditationspraxis außerordentlich weit fortgeschritten waren. Vom Ergebnis war Ekman so überrascht, dass er es zunächst kaum glauben konnte: Die beiden Meditationsmeister lagen um zwei Standardabweichungen über der Norm, sie erreichten weit höhere Punkzahlen als jede andere der untersuchten Personen. Es muss nicht erläutert werden, welche Bedeutung derartige Fähigkeiten für die soziale Kompetenz besitzen, und damit natürlich auch für das Geschäftsleben.

2.11.3 Progressive Muskelrelaxation und autogenes Training

In engem Bezug zur Meditations- und Jogatradition stehen auch die beiden Entspannungsverfahren, die in der westlichen Medizin Verbreitung und Anerkennung gefunden haben.

Das autogene Training wurde von dem Berliner Nervenarzt J.H. Schultz in den 30er-Jahren des vorigen Jahrhunderts entwickelt. Im ruhigen Sitzen oder Liegen versucht man hier, über ein Set abgestufter austosuggestiver Formeln eine möglichst tiefe Entspannung zu erreichen (Lindemann 1996).

Während man das autogene Training in mancher Hinsicht als eine kleinere Alternative zur Meditation betreiben kann, wäre die progressive Muskelrelaxation eher eine Ergänzung zu diesen beiden Verfahren; man kann sie relativ unauffällig mitten im Alltag zur Abreaktion von Spannungen nutzen. Die progressive Muskelrelaxation wurde etwa zeitgleich zum autogenen Training von dem amerikanischen Arzt und Physiologien E. Jacobson entwickelt. Dieses Verfahren macht sich zunutze, dass Entspannung besonders gut erreichbar und erlebbar wird, wenn sie unmittelbar auf einen Zustand der Anspannung folgt. Entsprechend werden nach einem Stufenschema die verschiedenen Gruppen der Skelettmuskulatur für einige Sekunden angespannt. Die Anspannung wird dann blitzartig losgelassen und man konzentriert sich auf das sich nun sehr intensiv einstellende Entspannungsgefühl. Ein Begleitvorteil dieses Verfahrens ist, dass durch die stattfindende Muskelarbeit der Stressmechanismus sein biologisch vorbestimmtes Ziel erreicht und die Stressenergie real abgebaut wird. Auch die progressive Muskelrelaxation wird im Liegen oder Sitzen durchgeführt, ausführliche Anleitungen für das Gesamtprogramm können Sie der Literatur entnehmen (z. B. Hofmann 1999; Schäfer 2005) oder in entsprechenden Kursen erlernen.

Progressive Muskelrelaxation: Entspannung als Folgewirkung der Anspannung

Hier eine vereinfachte und modifizierte Kurzanleitung für die Praxis: Üben Sie zunächst einzeln die isometrische Anspannung folgender Muskelgruppen: Hände und Unterarme, Oberarme, Schultergürtel, Halsmuskulatur, Rumpf- und Rückenmuskulatur, Füße und Unterschenkel, Oberschenkel. Isometrische Anspannung heißt: Sie spannen gegenläufige Muskeln gleichstark an, so dass es nicht zu einer Gliedmaßenbewegung im Gelenk kommt. Wenn Sie z. B. Bizeps und Trizeps Ihres Oberarms zugleich anspannen, bewegt sich Ihr Unterarm nicht im Ellbogengelenk. Während Ihnen dies wahrscheinlich auf Anhieb gelingt, bedarf es bei entlegeneren Muskelgruppen oft einiger Übung, bis man ein ausreichendes Gefühl für das richtige Ansteuern der entsprechenden Muskeln bekommt. Versuchen Sie dann, diese Muskelgruppen zu kombinieren und möglichst viele von ihnen gleichzeitig anzuspannen. Spannen Sie zwischen 3 und 5 Sekunden mit hoher Intensität an, aber so, dass es weder zu Schmerzen noch zu Krämpfen kommt und sie während der Anspannung weiteratmen können. Dann lassen Sie sich für 5 bis 15 Sekunden in die Entspannung fallen. Wiederholen Sie dieses Prozedere, bis Sie sich ausreichend abreagiert fühlen.

Eine Kurzanleitung für die Praxis

Sie können diese Übungen in Alltagssituationen so anwenden, dass es von anderen Menschen nicht bemerkt wird – z. B. nach einem Streit im Büro an Ihrem Schreibtisch oder bei Flugangst im Flugzeugsessel. Insbesondere in Situationen, in denen Sie einen sehr hohen Erregungspegel erreichen und keine Möglichkeit zu körperlicher Bewegung wie einem Spaziergang oder einem Auf und Ab im Treppenhaus haben, kann dieses Verfahren sehr hilfreich sein.

3 Inneres Wachstum

Inhaltlich haben wir nun die erste Hälfte unseres gemeinsamen Weges zurückgelegt. Das bisher Besprochene dient überwiegend dem Ziel, alle Blockierungen und Einengungen unseres *Selbst* so weit wie möglich zu lösen. Wem dies gelingt, der hat schon viel gewonnen. Er wird für die Schönheiten dieser Welt offen sein und das Hier und Jetzt genießen können; er wird sich mit hoher Sensibilität durch die Welt bewegen und v. a. in sozialen Situationen spontan-intuitiv richtig handeln – die überwiegend angeborenen Potenziale seines *Selbst* können sich entfalten und unverkrampft interagieren. Ein solcher Mensch würde z. B. sehr sicher spüren, wenn es einem seiner Kinder schlecht geht, und das richtige tun, um es zu trösten und wieder aufzumuntern. Lernte man noch ein paar mehr oder weniger einfache Dinge hinzu, würde eine solche innere Verfasstheit schon ausreichen, um unter einfachen Lebensumständen glücklich zu werden, als Blumenverkäuferin etwa oder als Waldarbeiter.

Den Raum der menschlichen Erlebensmöglichkeiten ausschreiten

Doch wollen wir die uns Menschen zugänglichen Räume des Erlebens ausschreiten, dürfen wir nicht beim Thema innere Freiheit stehen bleiben. Unser nur befreites *Selbst* würde es uns nicht ohne weiteres ermöglichen, als Anwalt oder Politiker einen rhetorisch wie inhaltlich gleichermaßen brillanten Vortrag aus dem Stegreif zu halten, meisterlich eine Etüde von Chopin zu improvisieren oder als Wissenschaftler bei einer Podiumsdiskussion zu überwältigen.

Würde unser Waldarbeiter wohl ermessen können, was in jenem 60-jährigen Gelehrten vorging, den er eines Tages in einem Steinbruch seines Waldes vor Freude weinend vorgefunden hatte? Dieser hatte eben ein Fossil ausgegraben, das jene Theorie beweist, an der er seit seinem 19. Lebensjahr mit Hingabe arbeitet. Und würde unsere Blumenverkäuferin wohl in ihren Pflanzen jene Wunderwerke sehen können, die sie für Peter D. Mitchell waren, der 1978 den Chemienobelpreis erhielt für seine chemiosmotische Theorie der Photosynthese?

Dem *Selbst* den Reichtum der Kultur einformen

Wollen wir an Meisterschaft und Erlebenstiefe das Menschenmögliche gewinnen, dann müssen wir unser *Selbst* zum Wachsen bringen. Wir müssen dem biologischen Substrat unseres *Selbst* jene kulturellen Inhalte einformen, die von Generationen erarbeitet und im kollektiven Gedächtnis der Menschheit gesammelt und verdichtet wurden. Das ist das Thema des nun folgenden Buchteils. Jetzt lohnt sich auch ein orientierender Blick auf das Schema im zusammenfassenden ▶ Kapitel 5.2 (◘ Abb. 5.1). Die linke Hälfte (»Grundlagen«) und das Thema innere Freiheit sind besprochen. Nun folgen die Bereiche »inneres Wachstum« und »Alltagsmanagement«.

3.1   Die Kreise des Wachstums

3.1.1   Wie sekundäre Antriebe aus Fremdzweckmotivationen entstehen

Drei Stufen der Motiviertheit: Die Willenshandlung

Um den Schlüsselmechanismus des psychischen Wachstums verstehen zu können, müssen wir uns nun an die im ersten Buchteil vermittelten Grundlagen erinnern. In ▶ Abschnitt 1.2.3 hatten wir die drei Stufen der Motiviertheit besprochen. Die niedrigste Stufe ist die Willenshandlung: Wir wissen, dass bestimmte Dinge einfach getan werden müssen, auch wenn sie uns keine Freude machen. Wir mobilisieren dann die Trotzmacht unseres Geistes und zwingen uns dazu, diese Dinge zu tun.

Die nächsthöhere Stufe hatten wir als Fremdzweckmotivation bezeichnet: In Bezug auf eine begrenzte Zahl von Motiven sind wir angeborenermaßen durch primäre Antriebe motiviert: Wir wollen Sex, kulinarische Genüsse, soziale Anerkennung und Dominanz oder den Generalschlüssel zu all dem: Geld.

Kraft unserer Vernunft sind wir fähig zu erkennen, dass und wie wir uns diese primär begehrten Güter durch bestimmte Tätigkeiten verfügbar machen können. Dann können wir uns durch Antizipation der zu erwartenden primären Freuden für diese Tätigkeiten motivieren. Wenn wir unsere Steuererklärung lustlos abarbeiten, wäre das eine Willenshandlung. Wenn wir uns dabei aber schon auf den neuen Sportwagen freuen, den wir nach Eingang der Rückzahlung zu kaufen beabsichtigen, läge eine Fremdzweckmotivation vor (dabei hat das primäre Motiv der sozialen Anerkennung mit der Tätigkeit inhaltlich nichts zu tun, es ist ihr fremd).

Die dritte Stufe der Motiviertheit wird von der Selbstzweckmotivation gebildet: Wir tun etwas um seiner selbst willen, weil uns die Tätigkeit aus sich heraus Freude macht. Dieser Effekt tritt dann ein, wenn wir diese Tätigkeit mit einer gewissen Meisterschaft beherrschen, wenn also während unseres Tuns möglichst viele Prozessmomente mit hoher Passgenauigkeit zusammenwirken. Das Ausmaß und die Güte des Zusammenwirkens aller Prozessmomente bei einem Tätigkeitsablauf hatten wir als Synergität bezeichnet. (Zur Erinnerung: Komplexe Tätigkeitsprozesse sind wissenschaftlich als synergetische Strukturen zu sehen, die durch hierarchische Systeme von Attraktoren reguliert werden. Je komplexer der Gesamtprozess ist und je näher alle Teilprozesse am Zentrum ihrer Attraktoren laufen, desto größer ist die Synergität – vgl. ► Abschn. 1.2.5.)

Je größer die Synergität einer Tätigkeit ist, desto größer sind die Stimmigkeitsgefühle, das ästhetische Empfinden und die Freude, die das Tun begleiten (motorische bzw. mentale Funktionslust). Selbst das Anfertigen einer anspruchsvollen Steuererklärung ist aus sich heraus ein diebisches Vergnügen für den Profi, der über hochkomplexes steuer- und verwaltungsrechtliches Hintergrundwissen verfügt, dessen Elemente dann passgenau bei der Konstruktion subtiler Argumentationsfiguren zusammenwirken.

Jene Gedächtnisbereiche, in denen die Attraktorsysteme für hochsynerge Tätigkeiten gespeichert sind, hatten wir als sekundäre Antriebe bezeichnet. Sie sind die Keime und Zentren unserer Wachstumsbedürfnisse im *Selbst*, die Speicher von Kompetenz und Genuss in Bezug auf kulturelle Inhalte. Hier hat der Drang seinen Ursprung, diese Inhalte zu erweitern und sie mit immer größerer Meisterschaft beherrschen zu lernen. Sind die primären Antriebe die Überlebensmaschinen der Gene (Vererbungseinheiten der biologischen Evolution), so sind die sekundären Antriebe die Überlebensmaschinen der Meme (Tradierungseinheiten der kulturellen Evolution).

Wie wirken nun diese Formen der Motiviertheit beim persönlichen Wachstum zusammen? Erinnern wir uns doch einmal zurück an einen jener komplexeren Lernprozesse, wie wir alle während der Schulzeit durchlaufen haben, z. B. als es darum ging, die Mathematik zu erlernen. Zunächst werden

Primäre Antriebe und Fremdzweck-Motivationen

Synergitätsbewertung und Selbstzweckmotivation

Sekundäre Antriebe als Keime unserer Wachstumsbedürfnisse

Als Beispiel: Mathematikunterricht in der Schule

viele von uns wahrscheinlich allenfalls geringes Interesse dafür verspürt haben – ein Gespräch mit unserem Banknachbarn und am Nachmittag dann ein Katastrophenfilm würden wohl zumeist verlockender gewesen sein. Was hat uns dazu gebracht, uns dennoch mit Zahlen und Formeln auseinanderzusetzen? Zunächst wussten wir: Alle Kinder müssen in die Schule gehen und Mathe pauken. Und so mobilisierten wir ohne viel nachzudenken die Trotzmacht unseres Geistes und begannen das Lernen in Form von Willenshandlungen. Immer war uns mehr oder weniger bewusst: Wenn wir das nicht tun, hat das viele sehr unangenehme Konsequenzen. Dann bemerkten wir, dass wir durch Lernerfolge ein Lächeln unserer hübschen Lehrerin, das Lob der Eltern oder gar die Anerkennung einiger MitschülerInnen zu gewinnen vermochten. Und vielleicht stellten die Eltern ja für gute Leistungen auch noch materielle Zuwendungen in Aussicht: ein neues Fahrrad etwa oder ein Kassettentonbandgerät (so war das jedenfalls zu meiner Zeit). Die Weitsichtigen unter uns könnten sich zudem klar gemacht haben, wie bedeutsam gute Schulzeugnisse für die materiellen und sozialen Bedingungen des Erwachsenenlebens sind.

All dies vorauszuimaginieren, ermöglichte uns den Aufbau von Fremdzweckmotivationen: Das Lächeln der Lehrerin oder das Fahrrad, das wir hinter den erledigten Hausaufgaben sahen, zogen uns in Richtung Ziel voran. Trotz der so gewonnenen primären Vorschussenergie und trotz mancher Erfolgserlebnisse als Vorgeschmack auf kommende Selbstzweckmotivationen war das Lernen insbesondere am Anfang oft recht mühsam und wir mussten einiges an Willen und Selbstdisziplin aufbringen, um es nicht hinzuwerfen. Immer wieder gab es solche emotionalen Durststrecken. Doch allmählich arbeiteten wir uns ein. Die Bestände mathematischen Wissens in unserem Gedächtnis wuchsen und immer öfter traf uns der Blitz tiefer Einsichten, dessen Licht uns immer weitgreifendere Zusammenhänge erhellte. Die Elemente unseres mathematischen Wissens kamen in zunehmend bessere Passung zueinander, Prinzipien und Lösungsschemata wurden in ihrer Anwendung immer sicherer und flexibler (d. h. die Synergität unseres mathematischen Denkens wuchs).

Nach der Durststrecke kommt die Freude am gelingenden Tun

Und nun begann das ganze allmählich auch aus sich selbst heraus Freude zu machen. Wir fingen an, die Mathematik als ein eigenes, komplexes Universum wahrzunehmen, voller Rätsel und eigenartiger Gesetzmäßigkeiten. Auch die Worte unseres Leistungskurslehrers verstanden wir nun besser: Alles Bisherige sei nur Rechnen gewesen, hier nun beginne die eigentliche Mathematik.

Wir spürten immer mehr den Drang, die Ordnung und Stimmigkeit in dieser schönen inneren Welt um ihrer selbst willen zu steigern. Was hierzu sachlich gefordert war (z. B. die Aneignung eines neuen Teilgebiets der Mathematik), erarbeiteten wir uns nun aus Freude an der Sache sehr viel unabhängiger von primären Motiven wie etwa der Anerkennung durch Mitschüler, Eltern oder Lehrer.

Aus einer Fremdzweckmotivation ist eine Selbstzweckmotivation entstanden

Es war eine Selbstzweckmotivation, ein Wachstumsbedürfnis auf der Grundlage eines sekundären Antriebs entstanden. Der eine oder andere von uns hat das dann zu seinem Lebensthema gemacht und ist Mathematiker, Physiker oder Informatiker geworden. Und wer – aus welchen Gründen auch immer – einen solchen Zugang zur Mathematik nicht gefunden hat, dem ist es vielleicht auf anderen Wissensgebieten so ergangen.

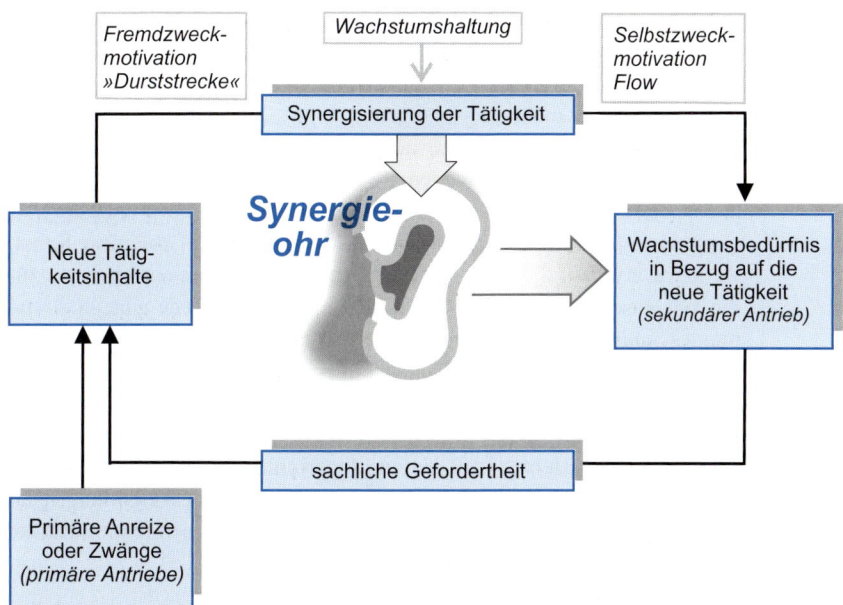

■ **Abb. 3.1.** Der Kreis des Wachstums verdeutlicht zentrale Mechanismen, nach denen sich inneres Wachstum vollzieht: Vermittelt durch primäre Antriebe wird eine Fremdzweckmotivation in Bezug auf neue Tätigkeitsinhalte aufgebaut. Oft folgt zunächst eine emotionale Durststrecke: Aller Anfang ist schwer. Mit zunehmender Übung kommt es zu einer Synergisierung der Tätigkeit, die jetzt aus sich heraus Freude zu machen beginnt (Zahl und Güte der am Prozess beteiligten Passungen nehmen zu). Es ist eine Selbstzweckmotivation auf der Basis eines neuen sekundären Antriebs entstanden. Sekundäre Bedürfnisse sind Wachstumsbedürfnisse: Dem Drang folgend, die positiven Stimmigkeitsgefühle weiter zu steigern, wird die Tätigkeit ausgeweitet durch Einbezug neuer Inhalte je nach sachlicher Gefordertheit

■ Abbildung 3.1 versucht, diese natürlich etwas idealisierte Darstellung in prägnanter Form einzufangen; diese Entwicklungszusammenhänge bezeichnen wir als Kreis des Wachstums.

❶ **Der Kreis des Wachstums treibt aus Fremdzweckmotivationen Selbstzweckmotivationen hervor; er zeigt, wie primäre Antriebe psychisches Wachstum anschieben, das dann – vermittelt durch das Synergieohr – in einem Prozess der Selbstverstärkung aus sich heraus weiterläuft und sekundäre Antriebe aussedimentiert.**

Der Kreis des Wachstums als kulturschöpfendes Prinzip

Nach meiner Überzeugung haben wir damit einen der ganz zentralen persönlichkeitsbildenden und kulturschöpferischen Mechanismen vor uns.

Grundsätzlich können alle Tätigkeiten, angefangen beim Gehen oder Abwaschen, aus sich heraus Freude bereiten, wenn man sie mit einer achtsamästhetischen Einstellung ausführt – wir hatten dies schon besprochen. Starke sekundäre Antriebe, die wahrhaft leidenschaftliche Wachstumsbedürfnisse in uns wecken, sind aber sicher an komplexere Tätigkeitsgegenstände gebunden. Tätigkeitsgegenstände, die ein besonders hohes Potenzial zur Entwicklung von Synergität in sich tragen, zeichnen sich durch zwei Eigenschaften aus: Erstens sollten sie in möglichst weiten Grenzen ausbaubar sein. Es sollte

Je komplexer der Inhalt, desto größer das Potenzial für Selbstzweckmotivationen

möglich sein, sich immer neue Teilgebiete anzueignen, es sollte immer noch höhere Schwierigkeitsgrade und Stufen der perfekten technischen Beherrschung geben. Dies trifft für die meisten Gebiete in Sport, Handwerk, Kunst und Wissenschaft mehr oder weniger zu.

Zweitens sollten ihre Inhalte möglichst hochgradig systemisch integriert sein. Je mehr Wechselbeziehungen die Tätigkeitselemente untereinander zulassen, desto größer die potenzielle Synergität (die Anzahl und Güte der Passungen zwischen den Tätigkeitselementen). Dies trifft auf komplexe Kunstwerke zu, etwa auf die Fugen Johann S. Bachs, und es gilt natürlich v. a. für die Wissenschaften, wobei es aber auch hier Unterschiede gibt. Während meines Studiums etwa machte mir die Biophysik viel Spaß. Hatte man sich mit einigem Einsatz die wichtigen Grundprinzipien erarbeitet, konnte man sich vieles ableiten. Die Fächer Mikrobiologie und Pharmakologie hingegen fand ich furchtbar – Bakterienstämme und Arzneimittelnamen musste ich stupide auswendig lernen (z. B. Noramidopyrinmethansulfonat ☹). Es gab zu wenige gesetzmäßige Zusammenhänge zwischen diesen Formbildungen, als dass man die eine aus der anderen hätte deduzieren können (zumindest auf dem für einen Studenten erreichbaren Niveau).

3.1.2 No pain, no gain

Der Zusammenhang zwischen Ganzheitlichkeit und Sprunghaftigkeit

Tatsächlich gilt tendenziell: Jene Kulturtechniken und Wissenschaften, die das größte sekundäre Genusspotenzial in sich tragen, sind leider auch diejenigen, die am schwierigsten zu erlernen sind. Dies hängt mit ihrer hochgradigen systemischen Integration zusammen. Ein System ist etwas, das nur als Ganzheit einen Sinn macht und nur als Ganzheit funktionieren oder gar leben kann. Deshalb können Systeme nicht sukzessive, Steinchen für Steinchen aufgebaut werden und im Vollzuge dessen zu graduell immer besser funktionierenden Systemen werden. Schon der einfachste Regelkreis funktioniert erst dann als Regelkreis, wenn alle Komponenten fertig und miteinander verbunden sind. Systeme müssen also auf einen Schlag gestartet werden, sie müssen quasi in die Existenz, ins Leben springen.

Dieser Zusammenhang zwischen Ganzheitlichkeit und Sprunghaftigkeit ist universell und findet sich auf allen Ebenen des Seins: beginnend beim Phasensprung einer synergetischen Struktur bis hin zu wissenschaftlichen oder sozialen Revolutionen.

Das Problem ist nun: Aufgrund der schon vielfach genannten Enge unseres Bewusstseinsfensters ist es nicht möglich, komplexe Memsysteme – etwa das Theoriegebäude der modernen Physik – per Kommunikation ganzheitlich in den Kopf eines Lernenden zu transplantieren (ganz abgesehen davon, dass dies schon aus Gründen des Konstruktivismus nicht geht). Vielmehr müssen wir zunächst ihre Teile einzeln in uns rekonstruieren, was durch eine mühevolle Kommunikation durch das enge Bewusstseinsfenster mehr oder weniger geschickt unterstützt werden kann. Sind die Teile fertig, schieben wir sie irgendwie innerlich zusammen und versuchen, durch Probieren jenen Phasensprung auszulösen, durch das sie als ganzheitliches System zum Leben erwachen. Erst durch diese innere Geburt wird jener Synergitätsschub ausgelöst, den wir als Aha-Erlebnis wie einen Stoß positiver Gefühlsenergie erleben.

Hierdurch entstehen die erwähnten Stufen in den Lernkurven. Auf den unteren Plateaus dieser Lernkurven aber, während wir an den Teilen feilen, sind Synergität und mentale Funktionslust gering. Das Ganze macht hier nur wenig aus sich heraus Freude. Es ist oft mühevoll, und wenn nach längerem Probieren das Wunder der Emergenz einfach nicht eintreten will, kann es sogar recht frustrierend werden. Dies sind die **emotionalen Durststrecken**, die ◘ Abb. 3.1 zeigt.

Die emotionalen Durststrecken sind unvermeidlich

Warum erzähle ich Ihnen das so ausführlich? Nun, ich will Ihnen zeigen, dass diese emotionalen Durststrecken in der Natur der Sache liegen, dass das Prinzip »No pain, no gain« ein regelrechtes Naturgesetz des inneren Wachstums ist. Wir sollten uns stets um größtmögliche Entspanntheit bemühen, wir sollten die Schrittfolge, die inneren und äußeren Umstände des Lernens so gestalten, dass wir ein Maximum an positiver Motiviertheit erreichen. Aber bei der Aneignung neuer komplexer Kulturtechniken werden insbesondere in der Anfangsphase immer auch Tugenden gefragt sein wie Fleiß, Beharrlichkeit, Willensstärke, Disziplin und Selbstüberwindung. Niemals wird es, wie manchmal proklamiert, pädagogische Techniken geben, die es dem Schüler ermöglichen, auf einer Welle ununterbrochener Lernlust bis zum Abitur zu reiten. Immer wird es auf Zwischenstrecken auch einer gewissen Härte und Selbstdisziplinierung bedürfen oder gar einer Disziplinierung unter Androhung von Sanktionen.

Es geht nicht ohne Fleiß und Selbstdisziplin

Und auch die Esoterikanhänger haben nicht Recht. Hier wird in der ein oder anderen Form davon ausgegangen, dass der gesamte Reichtum des Universums bereits in unserer Seele enthalten sei. Jeder innere oder äußere Zwang behindere nur den Zugang zu diesen Offenbarungen. Darum: Tue immer genau das, wozu du gerade Lust hast, und unterlasse alles, was sich schlecht anfühlt, denn Gefühle lügen nicht.

Natürlich ist in unserer Psyche viel stammesgeschichtliche Weisheit angelegt, von den primären Antrieben bis zu unserem inneren Ohr für die Weltenharmonien, dem Synergieohr. Aber ein Großteil dieser Weisheit hat den Charakter von Entwicklungspotenzialen, die lediglich evolutive Möglichkeitsfelder eröffnen. Diese Felder tragen nur dann Früchte, wenn sie auch bearbeitet werden, nachdem das Saatgut der Kultur eingebracht wurde. Es geht hier also nicht lediglich darum, ein in irgendwelchen Tiefen schon vorhandenes Wissen freizulegen, es geht um den genuinen Neuaufbau von Struktur: sich kulturell akkumulierte Struktur anzueignen und mit individuellen Variationen zu rekonstruieren, aber auch mit hoher Kreativität gänzlich neue Strukturen zu erschaffen.

Erst wenn man auf einem Gebiet durch lange Übung sekundäre Antriebe als Basis von Meisterschaft erworben hat, kann man immer mehr dazu übergehen, entspannt, intuitiv und spontan zu handeln.

Auch wenn viel von dem Folgenden für Sie gewohnt und selbstverständlich sein mag, lassen Sie uns dennoch zusammenfassen, was sich für unser Selbstmanagement aus dem Besprochenen ergibt: Offenbar ist es wichtig, sich bewusst attraktive Fernziele zu setzen und den Weg dahin in möglichst konkrete Teilziele zu untergliedern. Insbesondere wenn es schwerfällt sollten wir unser Tun im Hier und Jetzt immer wieder explizt auf diese Ziele ausrichten und hinter dem Tun das motivierende Ziel sehen. Imaginieren wir unsere Visionen in Tagträumen möglichst plastisch, um möglichst viel Vorschuss-

Vorschussenergie aus attraktiven Zielen gewinnen

energie im Sinne des Aufbaus einer Fremdzweckmotivation zu mobilisieren! Dabei kann Hilfe leisten, was die Sinne anspricht – etwa ein Poster jenes Strandes, an dem das Traumhaus einmal stehen soll, oder ein Modell des ersehnten Sportwagens. Wir müssen uns nicht dafür schämen, wenn wir hier auch einmal primitive sinnlich-materielle Ziele vor den Karren unserer eigentlichen geistig-kulturellen Ideale spannen. Die primären Antriebe gehören nun einmal zu unserem Wesen und sofern wir sie durch den Filter der sekundären Aufhebung ausleben, können sie das Leben durchaus bereichern, ohne groß zu schaden (neben dem starken Wagen in der Garage kann man ja die Bahncard in der Tasche haben).

Darüber hinaus sollten wir uns v. a. das Prinzip des Wachstumskreises ins Gehirn brennen:

> ❗ Wenn etwas Neues nicht auf Anhieb Freude macht, dürfen wir daraus nicht vorschnell den Schluss ziehen, dass das nichts für uns sei oder wir kein Talent dafür hätten. Für eine gewisse Zeit heißt die Parole immer erst einmal: »Durchhalten!«

Hinter jenen unvermeidlichen emotionalen Durststrecken warten in vielen Fällen die sattgrünen Oasen des intrinsischen Lohns.

Bei Schwierigkeiten Durchhalten und dem Wachstumskreis eine Chance geben

Erinnern Sie sich ganz bewusst an positive Referenzerfahrungen, wo es Ihnen in der Vergangenheit gelungen ist, solche Oasen sekundären Lohns zu erreichen. Sehen Sie diese Durststrecken auch immer wieder positiv gewendet als vortreffliche Gelegenheit, ganz bewusst Ihren Willensmuskel zu trainieren. Geben wir dem Kreis des Wachstums eine Chance und vertrauen wir auf seine Kraft. Es kommt die Zeit, da er unsere primäre Pein in sekundäre Lust verwandelt. Vielleicht gelingt es uns sogar, diese Pein vor dem hier besprochenen Hintergrund sekundär aufzuheben und sie auf einer höheren Ebene als Wachstumsschmerz positiv zu erleben.

Bevor wir unter dem Stichwort »Wachstumshaltung« den förderlichen Bedingungen für psychisches Wachstum im Detail nachgehen, wollen noch einmal über den Flow-Zustand sprechen, in dessen häufigem Erreichen dieses Wachstum wesentlich gipfelt.

3.2   Flow – gelingendes Tun in *Ich*vergessenheit und *Selbst*vertrauen

3.2.1   Die Flow-Erfahrung

Flow: gelingendes Tun in *Ich*vergessenheit und *Selbst*vertrauen

Wenn es auf den unteren Plateaus der Lernkurven eher frustrierend ist, um den nächsten Emergenzsprung zu kämpfen, so können wir das auf den hohen und höchsten Plateaus deutlich anders erleben. Hier sind wir der Meisterschaft nah oder haben sie erreicht. Unser Tun entspringt einem sekundären Antrieb und ist nun derart synerg eingeübt, dass das *Ich* als Kontroll-, Bewertungs- und Veränderungsinstanz immer stärker vom wachsenden *Selbst* verdrängt werden kann. Wir nähern uns nun jenem Zustand, den wir im ▶ Abschnitt 1.3.5 unter Begriffen wie Ganzheit in der Bewegung bzw. Unio activa und entspannte Konzentration besprochen hatten. Wir gehen in *Ich*vergessenheit und *Selbst*vertrauen in einem gelingenden Tun auf und unser Synergieohr wird hochgradig stimuliert, wobei intensive sekundäre Emotionen der Stimmigkeit, der Harmonie und des Glücks entstehen.

Dieser Bewusstseinszustand wurde von dem amerikanischen Psychologen Mihaly Csikszentmihalyi (1991, 1993) als Flow bezeichnet. Er stieß auf dieses im Grunde seit Jahrtausenden bekannte Phänomen bei seiner Suche nach dem »Geheimnis des Glücks«. Csikszentmihalyi wollte wissen, unter welchen konkreten Lebensumständen die Menschen am zufriedensten sind. Er wertete zu diesem Zweck mehr als zehntausend mit einer speziellen Technik erstellte Erlebnisberichte aus. Die Befragungen umfassten die unterschiedlichsten Berufsgruppen von der Bäuerin bis zum Chirurgen, die unterschiedlichsten Freizeitaktivitäten vom Langstreckenschwimmen bis zum Bergsteigen, Menschen jeden Alters, jeden Geschlechts, Angehörige der unterschiedlichsten sozialen Schichten und Kulturkreise.

Hier einige Beispiele (aus Csikszentmihalyi 2004):
Ein Chirurg gab zu Protokoll:

> Bei einem guten operativen Eingriff ist alles, was man tut, wesentlich, jede Bewegung ist absolut richtig und notwendig; da ist Eleganz, nur wenig Blutverlust, minimales Trauma … Das ist sehr angenehm, v. a. wenn das Team reibungslos und effizient zusammenarbeitet.

Der Dichter Richard Jones kommentierte seine Empfindungen beim Schreiben so:

> Ich habe das Gefühl, dass da Energie durchläuft, und ich blockiere sie nicht und setze ihr nichts entgegen. Eine sehr intelligente Energie fließt durch den Körper, wenn man schreibt, und es ist die Energie, die sich konzentriert und umgesetzt wird, nicht der Geist. Flow tritt ein, wenn ich es dem Schreiber in mir nicht gestatte, sich ins Schreiben einzumischen. Und wie mische ich mich ein? Ich fange an nachzudenken.

Der Dichter Marvin Bell:

> Habe ich die Situation mehr oder weniger unter Kontrolle, wenn ich im Flow bin? Ich denke nicht darüber nach. Ich bin außerhalb dieser Welt. Habe ich eher die Kontrolle über die andere Welt? Ich würde es nicht als Kontrolle bezeichnen, denn es ist eine Selbstgewissheit, die daher rührt, dass man sich dem Material überlässt, anstatt darüber zu bestimmen. Natürlich übe ich »Kontrolle«, indem ich Entscheidungen treffe, aber die Maxime für meine Entscheidungen ist eher poetisch als pragmatisch.

Und schließlich der Komponist Ralph Shapey:

> Man ist in einem Zustand der Ekstase, und zwar so sehr, dass man das Gefühl hat, nicht zu existieren. Ich habe das immer wieder erlebt. Meine Hand scheint losgelöst von mir und ich habe nichts mit dem zu tun, was geschieht. Ich sitze nur und beobachte, ehrfürchtig und staunend. Und die Musik fließt einfach von sich aus heraus.

Flow ist das Geheimnis des Glücks

Beispiele für Flow-Erfahrungen

Schon Leo Tolstoi hat Flow beschrieben

Eine sehr schöne Beschreibung des Flow-Zustandes in der Literatur fand Csikzentmihalyi in dem Roman »Anna Karenina« von Lew Tolstoi, wo der reiche Landbesitzer Lewin von seinem Leibeigenen Tit lernt, mit einer Sense Gras zu mähen:

»Lewin verlor jedes Bewusstsein der Zeit und wusste absolut nicht mehr, ob es spät oder früh war. In seiner Arbeit ging jetzt eine Veränderung vor sich, die ihm höchsten Genuss bereitete. Mitten in der Arbeit hatte er Augenblicke, in denen er vergaß, was er tat; es ward ihm leicht zumute, und in diesen Augenblicken war sein Streifen gerade so gleichmäßig und schön wie Tits. Kaum aber besann er sich darauf, was er tat, und wollte sich Mühe geben, es besser zu machen, als er gleich die ganze Schwere der Arbeit fühlte und sein Streifen schlecht ausfiel ... Und immer häufiger kamen jene Augenblicke des halb unbewussten Zustandes, in dem man nicht daran zu denken brauchte, was man tat. Die Sense mähte von selbst. Das waren glückliche Augenblicke.«

Csikszentmihalyis Flow-Kriterien

Schon in diesen wenigen Zitaten deutet sich an, dass die Beschreibungen dieser besonders positiven Erfahrungsmomente charakteristische Gemeinsamkeiten zeigen. Immer wurden sie in Phasen der Aktivität erlebt, wenn schwierige und herausfordernde Tätigkeiten besonders gut gemeistert werden konnten. Im Einzelnen filterte Csikszentmihalyi folgende Charakteristika der Flow-Erfahrung heraus (Csikszentmihalyi 1995, S. 235):

1. Klare Ziele: Es gibt ein genau definiertes Ziel, eine unmittelbare Rückmeldung; man weiß sofort, wie erfolgreich man handelt.
2. Die Möglichkeiten zu einem entschiedenen Handeln sind relativ groß und entsprechen der subjektiv empfundenen Handlungsfähigkeit. Mit anderen Worten: Die individuellen Fähigkeiten passen gut zu den gegebenen Herausforderungen.
3. Handeln und Bewusstsein verschmelzen; es entsteht eine geschärfte Aufmerksamkeit.
4. Konzentration auf die anstehende Aufgabe; unwichtige Reize verschwinden aus dem Bewusstsein, Sorgen und Probleme werden vorübergehend ausgeschaltet.
5. Ein Gefühl potentieller Kontrolle
6. Selbstversunkenheit; Überschreitung der eigenen Grenzen; das Gefühl, zu wachsen und Teil eines größeren Ganzen zu werden
7. Ein verändertes Zeitgefühl; die Zeit scheint schneller zu vergehen
8. Autotelisches Erleben: Wenn mehrere der oben beschriebenen Voraussetzungen erfüllt sind, wird das Handeln autotelisch, das heißt, man geht der Beschäftigung um ihrer selbst willen nach.

3.2.2 Das Paradox der Arbeit

Obwohl viele Menschen bei der Arbeit mehr Glück erleben als in der Freizeit, wünschen sie sich in die Freizeit

Wann erlebten nun die Menschen am häufigsten Flow? Gleich auf dem zweiten Platz nach der Ausübung von Aktivhobbys wie Bergsteigen oder Tanzen folgten die Zeiten der Arbeit und Berufstätigkeit. Nach Feierabend, am Wochenende oder im Urlaub gab es demgegenüber deutlich weniger Flow-Erlebnisse! Insbesondere in Phasen der Inaktivität fühlten sich viele Menschen unwohl und unzufrieden: beim passiven »Herumhängen« zu Hause, beim Alleinsein oder Fernsehen. Paradox ist dabei allerdings, dass die meisten

Menschen gleichzeitig angaben, lieber Freizeit zu haben, als arbeiten zu gehen, lieber nichts zu tun, als sich anzustrengen. Zwischen der konkreten Sachlage und der globalen subjektiven Einschätzung klafft hier also eine Riesenlücke: Die Menschen wünschen sich in Verhältnisse, in denen sie eigentlich unzufrieden sind, und trachten jene Situationen zu vermeiden, in denen sie ihre glücklichsten Momente erleben. Wie kann man dieses »Paradox der Arbeit,« wie Csikszentmihalyi das nennt, erklären?

In ▶ Abschnitt 1.2.4 hatten wir ausgeführt, dass beim Erwachsenen der primäre Ruheantrieb immer stärker die Oberhand gewinnt gegenüber den in der Kindheit stark spontanaktiven Neugier- und Spielantrieben. Es ist also unser primärer Ruheantrieb, der uns immer wieder Wohlbefinden durch Inaktivität verspricht, was aus evolutionsbiologischer Perspektive auch Sinn macht: Sind die primären Grundbedürfnisse befriedigt, werden alle weiteren Aktivitäten zu Energieverschwendung und unnötigem Risiko. Durch passiven Konsum zu Wohlbefinden zu kommen, scheint zudem einfach und sicher. Man muss sich nur auf die Chaiselonge fallen lassen, die Schokolade in den Mund schieben und schon geht es einem gut – was kann man da falsch machen, was kann da schon dazwischen kommen?

Passivität verspricht schnelles und leichtes Glück

Demgegenüber ist es nie garantiert, bei Inbetriebnahme sekundärer Antriebe auch tatsächlich einen Flow-Zustand zu erreichen. Das Gelingen hochkomplexer Tätigkeiten ist immer durch innere oder äußere Störquellen in Gefahr – ob das nun das Golf- oder Klavierspiel betrifft, die Schachpartie oder das Schreiben des neuen Buchkapitels: Man ist nicht in Form, man ist abgelenkt, weil man von einem inneren Konflikt nicht loskommt, der Nachbar bohrt die Löcher für die neue Regalwand oder es hakt einfach irgendwie, ohne dass erkennbar wäre warum.

Außerdem: Während die ersten Schritte auf dem Weg zu primärem Genuss quasi bergab gehen, auf das niedrigere Energieniveau des Chaiselonge, führen die ersten Schritte auf dem Weg zu sekundärem Genuss bergauf: Man muss sich auf ein höheres Energieniveau hieven und erst einmal eine gelingende Aktivität in Schwung bringen, ehe der zugrunde liegende sekundäre Antrieb beginnt, Energie zu spenden. Das ist wie bei einem Häuflein Schwarzpulver – erst wenn man mit einem Streichholz Aktivierungenergie zuführt, gibt es die in ihm gespeicherte Energie explosionsartig ab. Oder wie mit Verbrennungsmotoren – man muss sie starten: früher mit Handkurbel oder Kickstarter, heute mit dem elektrischen Anlassermotor. Oder auch wie bei einer Wasserrutsche: Ehe man juchzend herabgleiten kann, muss man hinaufklettern.

Das Wasserrutschenprinzip: kein Flow ohne Aktivierungsenergie

Dies sind wohl die Hauptgründe, warum viele Menschen auf der Suche nach dem Freizeitglück in die Passivität flüchten und der Aktivität ausweichen.

Allerdings: das Scheinversprechen des einfachen, schnellen und sicheren primären Genusses erfüllt sich allzu oft nicht. Zum einen stumpfen die Reize schnell ab und Gewöhnung erzeugt Überdruss. Zum anderen bleibt der Psyche sehr viel Raum für chaotische Eigendynamiken, wenn das ausrichtende und ordnungsstiftende Feld einer zielgerichteten Aktivität fehlt. Menschen mit nur wenigen sekundären Antrieben und einem auch sonst schlecht gestimmten inneren Klavier sind dabei immer in der Gefahr, dass die besprochenen leiderzeugenden Formen des Denkens Platz greifen und Teufelskreise in depressive Verstimmungen führen.

Das Passivglück ist ein Scheinversprechen

Damit haben wir zwei wichtige Phänomene besprochen, die für sekundäre Antriebe im Unterschied zu den primären Antrieben charakteristisch sind: das Durststreckenproblem und das Wasserrutschenproblem. Es ist sehr nützlich, um diese Dinge zu wissen und sie sich immer wieder bewusst zu machen:

❗ Nutzen Sie gezielt die Trotzmacht des Geistes (den Willensmuskel), die Erinnerung (an entsprechende Referenzerfahrungen) und das Vorstellungsvermögen (zur Aktivierung von Vorschussenergie), um diese inneren Hürden immer öfter und immer schneller zu überwinden.

Dann wird es Ihnen immer häufiger und besser gelingen, dem Sirenengesang der Chaiselonge zu widerstehen und Ihre Befindlichkeit durch Aktivität positiv zu regulieren.

3.3 Innerer Reichtum: sekundäre Antriebe entwickeln

Lassen Sie uns nun der Frage nachgehen, welche äußeren Bedingungen, inneren Einstellungen und Arbeitsverfahren der Entwicklung sekundärer Antriebe und dem Flow-Erleben förderlich sind. Aufgrund des breiten Spektrums sehr unterschiedlicher möglicher Tätigkeitsinhalte gibt es hier natürlich keine einfachen und universellen Patentrezepte. Wieder geht es weniger um das Befolgen von Oberflächenregeln als um das Tiefenverständnis einiger wichtiger Grundprinzipien, aus denen heraus dann in den verschiedenen Lern- und Handlungssituationen sehr unterschiedliche konkrete Lösungen emergieren können. Lassen Sie uns die folgenden Punkte unter dem Begriff der Wachstumshaltung zusammenfassen.

3.3.1 Schaffen Sie einen Rahmen für entspannte Konzentration

Sie brauchen Zeiten des ungestörten und entspannten Alleinseins

Hinsichtlich der äußeren Bedingungen ist natürlich vieles so trivial, dass ich es kaum zu erwähnen wage. Zunächst brauchen Sie Zeit. Und dies ist bei vielen, insbesondere den geistig-kulturellen Inhalten, eine Zeit des Alleinseins. Auch wenn viele Menschen das Alleinsein nicht mögen oder gar Angst davor haben, gilt: Jeder Mensch, der wachsen will, braucht Zeiten des Alleinseins, um Einkehr zu halten und sich mit wichtigen Inhalten tiefgründig und konzentriert zu beschäftigen. Kämpfen Sie darum wie um Ihr Leben, egal, wie viel Arbeit und Familie Sie haben. Wenn Sie diesen Kampf von Anfang an und dauerhaft verlieren, laufen Sie Gefahr, zuerst sich selbst zu verlieren und dann womöglich auch noch Ihre Arbeit und Ihre Familie.

Sorgen Sie dafür, dass Sie ungestört sind. Türen – auch die Bürotür – sind dazu da, geschlossen zu werden. Sollten Sie bereits die Hierarchiestufe erreicht haben, auf der Sie es sich leisten können, Ihr Handy auszuschalten, dann tun Sie dies.

Zumindest dann, wenn es um die wichtigen Dinge geht, sollten Sie sich immer nur einer Aufgabe mit der höchstmöglichen Konzentration widmen – versuchen Sie, das sog. Multitasking zu vermeiden.

Bauen Sie so viel positive Motivation auf, wie es geht, um möglichst wenig Willenskraft einsetzen zu müssen. Lösen Sie Spannungen mit den Techniken der inneren Befreiung, die wir in der ersten Buchhälfte besprochen haben. Bereinigen Sie vor Tätigkeitsbeginn schwelende Konflikte oder Verpflichtungen, von denen Sie in Spannung gehalten werden. Manchmal hilft es schon, Prioritäten zu setzen und festzulegen, zu welchem Zeitpunkt die noch anstehenden Dinge später erledigt werden können.

Versuchen Sie, auch Aufgaben und Tätigkeiten zum Wachstum zu nutzen, die Sie sich nicht ausgesucht haben, die Ihnen durch die Umstände auferlegt wurden. Wenn Sie sich entschieden haben, die Sache zu machen, weil der Preis für die Verweigerung zu hoch wäre, dann gibt es nichts Unsinnigeres, als sich innerlich gegen die Tätigkeit zu sperren. Überlegen Sie, welche positiven Lernziele Sie für sich fixieren können. Wie wir gleich an zwei Beispielen sehen werden, bieten noch die unscheinbarsten Arbeiten Möglichkeiten hierfür. Wenn Sie sich entschieden haben etwas zu tun, dann öffnen Sie sich diesem Tun und nehmen Sie es positiv an.

Auch für unangenehme Tätigkeiten positive Lernziele formulieren

Und schließlich: Sitzen Sie nicht stundenlang vor einem leeren Blatt. Steigern Sie sich nicht in eine Schreib- oder Arbeitshemmung hinein, weil Sie den Anspruch haben, dass schon Ihre erste Gedankenfigur von späteren Generationen in Marmor gemeißelt wird.

❶ Denken Sie an das Arbeitsprinzip der Evolution: Variation und Selektion. Nehmen Sie bewusst eine fehlerfreundliche Grundhaltung ein und fangen Sie einfach an, irgendwie. Probieren und Korrigieren lautet die Devise.

3.3.2 Legen Sie Ziele fest

Der vielleicht wichtigste Punkt ist es, aus dem Fluss der bevorstehenden Tätigkeit proaktiv positive Ziele und Teilziele für sich herauszuheben. Dies führt, wie gesagt, zum einen dazu, dass man sich der Tätigkeit öffnet und das *Selbst* an sie ankoppeln kann. Zum anderen ist hiermit eine innere Strukturierung des Tätigkeitsflusses verbunden. Dadurch werden innere Passungen möglich als Voraussetzung für ein positives Synergieerleben: Nur wo ein Soll definiert ist, kann ein Ist dazu in Passung kommen.

Dem Tätigkeitsfluss durch Ziele und Teilziele Struktur geben

Ein schönes Beispiel hierfür wird von Mihaly Csikszentmihalyi berichtet. Es handelt von Rico Medellin, der in einer Fabrik für elektronische Geräte am Fließband arbeitet. Der Begriff »Fließbandarbeit« ist ja geradezu zum Synonym für eine stupide und freudlose Tätigkeit geworden, die man vermeidet wo immer es geht. Dies war die Einstellung der meisten Fabrikarbeiter. Sie verschlossen sich der Tätigkeit und waren innerlich gespalten: in ein alle Energie bindendes Frust-*Ich*, das sich an ferne Orte träumt und in ein dahinkümmerndes *Selbst*, das die Arbeit leistet, mechanisch und mehr schlecht als recht. Anders Rico: Nach fünf Jahren in der gleichen Schicht hatte er immer noch Spaß an der Arbeit. Er nahm seine Tätigkeit als Herausforderung an und betrachtete sie als eine Art sportlichen Wettkampf gegen die Zeit. Er setzte sich immer wieder neue Ziele, die darauf hinausliefen, seine Arbeitsabläufe zu optimieren und zu verkürzen. Nach längerem Herumexperimentieren mit verschiedenen Werkzeugen und Bewegungsabläufen entwickelte er nach

Flow am Fließband: die Geschichte von Rico Medellin

Chirurgenart präzise Routinen. Im Endeffekt schaffte er es, die vorgegebene Zeit pro Arbeitseinheit um bis zu 25% zu unterbieten. Diese Rekordjagd diente aber nur zum Teil dem äußeren Ziel, sich finanzielle Zuschläge oder den Respekt der Vorarbeiter zu verdienen. Oftmals verheimlichte er seine Leistungen sogar vor den Kollegen. Das Hauptziel war der innere Lohn, jenes Hochgefühl, das dem optimal gelingenden Arbeitsprozess selbst entspringt. In diesen hochkonzentrierten Arbeitsphasen geht er ganz im Tun auf und vergisst Raum und Zeit. Dies sind die eben besprochenen Flow-Zustände.

Tim Gallwey sorgt für Flow im Call-Center

Ein ähnliches Beispiel stammt von dem amerikanischen Trainer Timothy Gallwey. In einem seiner Beratungsaufträge ging es darum, die Leistung von Telefonoperatoren in einem Service-Call-Center zu verbessern. Auch diese Arbeit – das ununterbrochene Beantworten von Telefonanfragen – wurde von den meisten Operatoren als stressig und stupide empfunden. Der konventionelle Unternehmensberater hätte hier wohl Musterkassetten oder -videos mit besonders diplomatischen Standardfloskeln produziert und diese dann mit den Operatoren eingeübt. Anders Gallwey. Gemeinsam mit den Operatoren strukturierte er die vermeintlich stupide Tätigkeit in eine Wachstumsaufgabe um. Durch Wahrnehmungsschulung ging es in einem ersten Schritt darum, aus dem kurzen Telefonat so viel wie möglich über Persönlichkeit und momentane Stimmung des Anrufers zu erfahren, wobei auf Dinge zu achten war wie Wortwahl, Stimmhöhe und Stimmklang, Sprechgeschwindigkeit usw. In einem zweiten Schritt wurde dann geübt, durch die Spezifik der eigenen Reaktion den Anrufer gezielt zu beeinflussen: einen ärgerlichen Anrufer besänftigen, einen hektischen Anrufer beruhigen, einen müden Anrufer aufmuntern etc. Auf diese Weise wurde die vermeintlich stupide Arbeit zu einer anspruchsvollen Kunst. Als Folge der sich ergebenden Professionalisierung der inneren Haltung fühlten sich die Operatoren bei Kritik oder Beschimpfungen seitens der Anrufer auch sehr viel weniger persönlich angegriffen. Das Ganze war ein durchschlagender Erfolg: Die Freude an der Arbeit stieg enorm und auch die Leistung.

Beide Beispiele zeigen, dass sich auch aus scheinbar banalen Routinetätigkeiten eine Menge wichtiger Dinge lernen lässt, wenn man sie mit der richtigen inneren Haltung tut: manuelle Geschicklichkeit und Selbstdisziplin im einen Fall, Menschenkenntnis und soziale Kompetenz im anderen Fall. Bei optimalem Gelingen des Tuns kommt dann noch der innere Lohn hinzu in Form eines intensiven Empfindens von Harmonie und Freude.

Den Schwierigkeitsgrad im oberen Bereich des Leistungsspektrums wählen

Die hohe Kunst beim Festlegen von Zielen ist es, den richtigen Schwierigkeitsgrad einzustellen – er sollte jeweils im oberen Bereich des Leistungsspektrums liegen.

❗ **Sind die Ziele zu hoch gesteckt, entstehen zunächst Stress und Angst und nach dem wahrscheinlichen Scheitern Frust und Enttäuschung. Werden dagegen zu einfache Aufgaben gewählt, gibt es nichts zu lernen und Langeweile, Desinteresse oder Überdruss können die Folge sein.**

In beiden Fällen ist das Wachstum gestört oder gar blockiert. Mit zunehmenden Kompetenzen gilt es dann natürlich, die Anforderungen entsprechend zu steigern.

3.3.3　Lernen Sie mit dem Synergieohr

Auch beim Lernen lassen sich eine Innenseite und eine Außenseite voneinander unterscheiden. Zur Außenseite gehören technische Vorschriften,
Leitlinien und Anweisungen aus Lehrbüchern oder vom »äußeren Lehrer«
sowie die Rückmeldungen über die Außensinne: die visuelle Wahrnehmung
der eigenen Performance oder die Korrekturhinweise vom Trainer. Während
die Außenseite des Lernens vom *Ich* und dem Vernunftauge vermittelt wird,
sind für die Innenseite das *Selbst* und das Synergieohr von zentraler Bedeutung. Letzteres fungiert als innerer Lehrer – es vermittelt ein sicheres Gefühl
für gute motorische Koordination, für die Harmonie von Klängen und für die
Stimmigkeit theoretischer Strukturen (Intuition).

**Die Innen- und die
Außenseite des Lernens**

　　Lassen Sie uns das Ganze einmal an einem einfachen Beispiel aus dem
Bereich des motorischen Lernens durchspielen. Stellen wir uns vor, ein Schüler erlerne im Sportunterricht das Kugelstoßen. Die Außenseite dieses Prozesses wird gebildet von den Vorführungen und Erklärungen des Lehrers
bezüglich der technischen Einzelheiten: Bewegungsphasen, Fußstellung,
Körperhaltung, Stoßwinkel usw. Diese Außenseite wird, wie gesagt, v. a. vom
Ich und seinem Vernunftauge kontrolliert: Während der Schüler übt, versucht
er, ganz bewusst auf die genannten Technikaspekte zu achten und hört auf die
ständigen Ermahnungen und Korrekturanweisungen des Lehrers. Was spielt
sich demgegenüber auf der Innenseite des Lernens ab?

**Beispiel motorisches
Lernen**

　　Das *Selbst* macht aus seinem Selbstordnungsvermögen heraus Probevor-
schläge für Bewegungen. Anders als etwa beim Erlernen des Wasserkunst-
springens knüpft das Kugelstoßen viel stärker an vertraute Alltagsbewegun-
gen an, so dass schon die ersten Versuche einigermaßen passabel ausfallen.
Dennoch gelingen viele Teilbewegungen noch längst nicht optimal und v. a.
sind sie schlecht aufeinander eingespielt. Der entscheidende Lernvorgang ist
die harmonische Abstimmung aller Teile zu einem stabilen Ganzen. Wie
kann dieser zentrale Schritt gelingen? Alle Teile sind hier gleichzeitig einbezogen, an jeder Teilbewegung muss sich ein klein wenig verändern und zwar
abgestimmt auf alle anderen Teilbewegungen. Dieser hochkomplexe Prozess
kann weder vom Lehrer und seinen Anweisungen noch durch das Vernunftauge des Schülers angeleitet werden, da beide sich zu einem bestimmten Zeitpunkt immer nur auf eine einzige Teilbewegung konzentrieren können. Allein das Synergieohr des Schülers ist fähig, diese Aufgabe zu erfüllen. Das
Synergieohr vermittelt dem Schüler ein Gefühl für die Güte des Zusammenwirkens aller Teilbewegungen. Der alles entscheidende Lernvorgang ist es
also, diese Stimme des inneren Lehrers verstehen und befolgen zu lernen. Wie
präzise diese innere Stimme sprechen kann, sieht man manchmal bei Wett-
kämpfen, wo die Athleten schon unmittelbar nach dem Stoß, Sprung oder
Wurf vor Freude die Arme hochreißen. Noch ehe die Weite vermessen und
angezeigt wird, sagt ihnen ihr Gefühl: Das war optimal, das war ein neuer
Rekord.

**Das Synergieohr als
innerer Lehrer**

　　Traditionell wird in der Lernkultur des Westens stark die Außenseite des
Lernens unter Kontrolle des Vernunftauges betont. In den Kulturen des Ostens steht dagegen mehr die Innenseite des Lernens im Vordergrund. Besonders schön sieht man das an einigen rituell ausgeübten Künsten, deren Erlernen beispielhaft ist für ein überwiegend vom Synergieohr geleitetes Vorgehen:

Kampfkünste wie Aikido, der Schwertkampf und das Bogenschießen, aber auch das Tuschemalen oder die Teezeremonie. Die Lehrunterweisungen bestehen zum geringeren Teil in technischen Erläuterungen, sondern vielmehr in ganzheitlicher Vorführung, Einfühlung und Nachahmung.

Unter Führung der inneren Rückmeldung werden die rhythmisch gegliederten Bewegungsrituale bis zur Selbstaufgabe wiederholt, so dass sich das zugrunde liegende Attraktorsystem höchstgradig integrieren und stabilisieren kann. Dabei entsteht schließlich ein regelrechter Emergenzdruck, der den Bewegungsvollzug als ganzheitliches Muster wie von selbst aus dem Unbewussten hervorbrechen lässt und der Ausführende wähnt, eher geschehe etwas mit ihm, als dass er selbst etwas tue. Dies verbindet sich mit einem durchgreifenden Harmonieempfinden und einem »Energiestoß«, der das Gefühl vermittelt, »als habe der Tag erst jetzt begonnen«. So jedenfalls formulierte es der deutsche Philosophieprofessor Eugen Herrigel, der in den 20er-Jahren des vorigen Jahrhunderts bei einem berühmten japanischen Bogenmeister das zen-gemäße Bogenschießen erlernen durfte (Herrigel 1998).

In der Einleitung zu Herrigels inzwischen klassischem Erfahrungsbericht schreibt Daisetz T. Suzuki, der große Mittler zwischen Zen-Buddhismus und westlichem Denken: »So wird Bogenschießen nicht allein geübt, um die Scheibe zu treffen …, sondern v. a. soll das Bewusstsein dem Unbewussten harmonisch angeglichen werden. Um wirklich Meister des Bogenschießens zu sein, genügt technische Kenntnis nicht. Die Technik muss überschritten werden, so dass das Können zu einer »nichtgekonnten Kunst« wird, die aus dem Unbewussten erwächst.«

Im Hinblick auf Lernen und Wachstum erfüllt das Synergieohr also zwei ganz zentrale Funktionen: Es lenkt unsere Tätigkeit in jene Richtung, in der wir unsere psychische Struktur zu höherer Komplexität integrieren können. Und zugleich sorgt es via positive sekundäre Emotionen für die psychische Energie, die wir brauchen, um diesen Prozess voranzutreiben.

Entsprechend scheint es von herausragender Wichtigkeit zu sein, das Synergieohr zu schärfen. Entdecken Sie ganz bewusst die ästhetische Seite auch einfacher Tätigkeiten des Alltags wie etwa Gehen, Abwaschen oder Fensterputzen – wir waren in ▶ Abschnitt 1.3.4 bereits darauf eingegangen.

> ❗ **Versuchen Sie möglichst viel von dem, was Sie machen, in einer äs-thetischen Einstellung zu tun. Schulen Sie dabei Ihr Gefühl für Opti-malpunkte, Höhepunkte, für Kulminationspunkte der Prägnanz. Jede Tätigkeit hat diese Punkte der absoluten Perfektion: jede komplexere Bewegung, jede rhythmische oder melodische Sequenz von Tönen, jede Folge sprachlicher Argumentationsfiguren. Entwickeln Sie Freude daran, bei möglichst vielen Ihrer Tätigkeiten spielerisch nach jenen Punkten zu streben, an denen alles stimmt.**

Besonders in Kindheit und Jugend sind wahrscheinlich das Ausüben von Sportarten mit hohen Koordinationsanforderungen und das Erlernen eines Musikinstruments sehr förderlich für das Training des Synergieohrs. Es gibt eine Vielzahl von Hinweisen darauf, dass hierdurch auch die Leistungen in anderen Bereichen verbessert werden, u. a. in der Mathematik.

Am Anfang des Erlernens einer komplexen Kulturtechnik steht die Rekonstruktion der Teile im Vordergrund. Diese fokussierte Arbeit am Detail wird überwiegend vom *Ich* und seinem Vernunftauge angeleitet. Mit Fortschreiten des Aneignungs- und Lernprozesses geht es dann immer mehr um die Integration der Teile und nun muss das Synergieohr zunehmend die Führung übernehmen. Gleichzeitig zieht sich das *Ich* zurück und aus dem wachsenden *Selbst* emergiert eine Eigendynamik des Tätigkeitsprozesses.

Lassen Sie sich mit wachsendem Mut auch von der Eigendynamik des Tätigkeitsflusses forttragen und schauen Sie, was dabei passiert. In solchen Phasen entfaltet sich Ihre Kreativität und Ihre sekundären Antriebe wachsen besonders schnell, weil die Steigerung von innerer Kohärenz und Synergität Vorrang hat vor der Anpassung an die äußeren Normvorgaben. Der Fluss Ihres Tuns darf dann auch immer einmal anschwellen, über die Ufer treten und das ein oder andere Hindernis fortspülen; bei der nachfolgenden Betrachtung im Detail stellt man dann nicht selten fest, dass genau dies die entscheidenden Blockaden kreativer Lösungen waren.

Beim Improvisieren zu Hause fern von den kritischen Blicken seines Lehrers gerät ein Geigenschüler richtig in Fahrt. Als er wieder »zu sich kommt«, bemerkt er, dass er eine bestimmte Grifftechnik etwas anders gestaltet hat, als es ihm vom Lehrer immer wieder vorgeschrieben wurde. Er behält den neuen, *selbst*entsprechenderen Griff bei und kann nun kritische Passagen viel besser meistern als früher. Nie hat ihm das Spiel so viel Freude gemacht wie jetzt.

Auf einem Waldspaziergang steigert sich ein Physiker in einen imaginierten Vortrag vor Kollegen hinein und beginnt dabei auf einmal, eine völlig verrückte Idee immer weiter auszuspinnen. Die Idee setzt sich fest und erscheint von Monat zu Monat weniger verrückt. Schließlich findet er einen technischen Kniff, der es dann tatsächlich erlaubt, diese Idee Realität werden zu lassen.

Ich selbst habe über mehrere Jahre an einer Weiterbildung für Psychotherapie teilgenommen, die fernab von meinem Wohn- und Arbeitsort stattfand. Da ich von den teilnehmenden Trainern und Kollegen niemanden kannte und diese auch kaum jemanden kannten, den ich kannte, ließ ich mir während dieser Zeit in einer Weise die Zügel schießen wie wohl nicht mehr seit den Kindertagen. Ich war erstaunt, was das an neuen Aspekten meines *Selbst* zur Entfaltung brachte und machte eine der wichtigsten Erfahrungen dieses Kurses: Ich kann mich geben wie ich bin und werde dennoch von den meisten Menschen angenommen und geschätzt. Seither lebe ich deutlich ungezwungener und habe mehr Spaß v. a. im Umgang mit Menschen.

Diese Art von *Selbst*vertrauen zu entwickeln ist besonders wichtig. Wir brauchen es, um die *Ich*kontrolle wirklich aufgeben zu können, und damit sind wir beim nächsten Punkt.

Sich vom Fluss der Tätigkeit zu neuen Ufern tragen lassen

3.3.4 Nehmen Sie Ihre »*Ich*brille« ab

Angestachelt auch durch die primären Antriebe betrachten wir die Dinge nämlich sehr oft durch die »*Ich*brille«, die versucht, unsere Aufmerksamkeit auf eine Stabilisierung des *Ich*werts durch Anpassung an etablierte Normen zu fokussieren: Werde ich das schaffen? Bin ich gut genug? Hoffentlich blamiere ich mich nicht! Wie wirke ich? Bin ich nicht total verrückt, so etwas zu denken? Was wird mein Chef dazu sagen? Was denken die anderen jetzt über mich? Alle sagen doch, dass man es eigentlich anders machen muss als ich es

*Ich*probleme sind Energieräuber

gut finde! Hat dies überhaupt einen Sinn? Sollte ich nicht besser etwas ganz anderes versuchen? Und so weiter und so fort. Sie alle kennen innere Dialoge dieser Art. Diese Ablenkung auf Nebenziele blockiert kostbare Kapazitäten Ihres engen Bewusstseinskanals: Das Synergieohr verschließt sich im Stress und es gelingt Ihnen oft nicht einmal mehr, das Hauptziel der Tätigkeit im Blick zu behalten. Die wachsenden *Ich*probleme schlucken immer mehr Energie, die dann bei der Bewältigung der Sachprobleme fehlt.

Stellen Sie sich eine aufstrebende junge Pianistin vor, der während eines Konzerts plötzlich bewusst wird, dass sie dabei ist, eine Jahrhundertinterpretation hinzulegen. Wenn sie nicht sofort wieder total in ihr Spiel eintaucht und nur eine Sekunde zu lang bei diesem Gedanken verweilt, kann es sein, dass ihr primärer Rangantrieb anspringt und ihr vor Stolz das Herz bis zum Halse schlagen lässt – und damit wäre dann aller Zauber ihres Spiels dahin.

Optimale Bedingungen für das innere Wachstum von Synergität und Meisterschaft gibt es also nur, wenn es gelingt, im Laufe der Zeit die *Ich*brille dauerhaft abzulegen. Hierbei helfen die Techniken der inneren Befreiung, wo wir dieses Thema wiederholt kurz angeleuchtet hatten.

Die Geschichte vom Holzschnitzer und dem Glockengestell

Sehr schön bringt das auch die folgende chinesische Geschichte zum Ausdruck, die von Dschuang-Tse, einem Schüler des Konfuzius, überliefert wurde: Danach soll ein Holzschnitzer ein Glockengestell angefertigt haben, so schön, dass alle Welt es ein göttliches Werk nannte. Der Fürst von Lu, dem das Kunstwerk zum Geschenk gemacht wurde, fragte den Schnitzer, wie er so etwas Vollkommenes hatte erschaffen können. Dieser antwortete: »Als ich den Plan fasste, das Gestell zu schnitzen, schloss ich mich ganz in mein Herz ein. Nach drei Tagen vergaß ich meinen Ehrgeiz; nach weiteren drei Tagen legte ich alle meine Sünden ab; dann verlor ich alle Rivalität gegenüber meinen Handwerkskollegen; und schließlich vergaß ich Lohn und Lob, die ich durch mein Werk erringen wollte. Und so ging ich in den Wald, fand einen Baum, der für meine Zwecke geeignet war, schleppte ihn nach Hause und vollbrachte mein Werk.«

3.3.5   Gehen Sie den Dingen auf den Grund

Lassen Sie uns nun einmal den Blick auf den so zentralen Bereich der geistig-kulturellen Inhalte fokussieren. Inneres Wachstum bedeutet hier, möglichst viele Wissenselemente aufzunehmen und diese Elemente so differenziert und weitreichend wie möglich synerg zu vernetzen. Für sehr komplexe Tätigkeitsgebiete ist das eine gigantische Aufgabe, insbesondere dann, wenn es um den psychosozialen Bereich geht: Hier wird mit unscharfen Begriffen gearbeitet, es gibt eine Fülle unzusammenhängender oder gar widersprüchlicher und zumeist kurzreichweitiger Theorien, es fehlen deterministische Gesetze, die sichere Prognosen erlaubten. Das betrifft Gebiete wie Hirnforschung, Psychologie, Pädagogik, Psychotherapie, Ökologie, Ökonomie, Politikwissenschaft, Geschichtswissenschaft, Kunstwissenschaften, Literaturkritik, Managementtheorie etc.

Wer sich professionell oder hobbymäßig in diesen komplexen Bereichen engagiert, hat es nicht leicht, seine diesbezüglichen inneren Modelle in sekundäre Antriebe zu verwandeln. Wenn man beginnt, sich in solche Gebiete einzuarbeiten, sieht die kognitive Landkarte für lange Zeit so aus: Es gibt einige Inseln kohärenten Wissens und dazwischen dunkle Bereiche und Gebiete, in denen eine Vielzahl von Wissensbruchstücken chaotisch herumliegt. In dieser Phase hat man auf viele Fragen keine fundierte Antwort und auf andere Fragen reagiert man inkohärent: Heute antwortete man auf das Problem A mit der Lösung B und morgen auf das Problem C mit der Lösung D. Übermorgen stellt man fest: Die Lösung B ist theoretisch nicht mit der Lösung D vereinbar – sie entstammen unverbundenen Wissensinseln, die nicht aufeinander abgestimmt sind. Die Aufgabe besteht nun darin, diese Wissensinseln wachsen zu lassen, sie durch immer mehr Brücken zu verbinden und ihre Strukturen immer besser aufeinander abzustimmen, bis sie schließlich zu einem Kontinent verwachsen sind, auf dem man auf durchgehenden Straßen von jeder Ecke zu jeder anderen fahren kann.

Es ist sehr schwer, komplexe Wissensgebiete zu ordnen

Das ist eine aufwändige, aber sehr lohnende Arbeit. Unmittelbar nach meinem Medizinstudium hatte ich nur wenig Neigung, auf dem Gebiet Psychosomatik bzw. Psychotherapie zu arbeiten. Ich hatte mich zwar schon viel mit Psychologie und Hirnforschung beschäftigt, aber meine mentale Karte ähnelte doch noch sehr dem oben genannten Inselarchipel. Ich sah überall Untiefen und Sümpfe, in denen ich irgendwann würde versinken müssen. So richtete ich mich erst einmal auf dem deutlich besser befestigten Kontinent der Inneren Medizin ein, beschäftigte mich aber weiter mit den wissenschaftlichen Grundlagen von Selbstmanagement und Psychotherapie. Über manche Strecke war das sehr aufwändig, mühevoll und einsam. Aber es hat sich gelohnt. Langsam wuchs das Theoriefundament der Psychosynergetik zusammen. Jetzt hatte ich den Eindruck, in diesem Bereich festen Tritt zu haben und ich zog um auf den Kontinent Psychosomatik, Coaching und Beratung.

Nun endlich habe ich wirklich das Gefühl, angekommen zu sein und mein Lebensthema gefunden zu haben. Ich habe mir diesen Bereich regelrecht einverleibt: Ich habe ihn gefressen, verdaut und in mir auf eine *selbst*entsprechende Weise neu zusammengesetzt. So verfüge ich nun über Standpunkte, die ich mit Leib und Seele vertreten kann. Zu den wichtigen Fragen und Problemen des Faches habe ich mir eine eigene Position erarbeitet (womit natürlich nicht gesagt sein soll, dass diese Positionen immer neu oder richtig sein müssten). Zu in der Praxis oder in Diskussionen neu auftretenden Fragen und Problemen kann ich ausgehend von meinem Fundament gut begründete Hypothesen bilden. Nichts ist für mich spannender, als zu sehen, wie sich diese Hypothesen bewähren. Psychosynergetik ist für mich zu einem mächtigen sekundären Antrieb geworden. Kaum etwas begeistert mich mehr, als hieran weiterzuarbeiten und damit zusammenhängende Fragen zu diskutieren. Die praktische Arbeit mit Patienten oder Klienten ist ein wichtiger Teil hiervon geworden. Ich bin jetzt in der glücklichen Lage, meinen Broterwerb nicht mehr als fremdbestimmte Lohnarbeit zu erleben, sondern im wahrsten Sinne des Wortes als *Selbst*verwirklichung. Zumeist ist es nicht so, dass ich Energie in meine Arbeit investierte, vielmehr gewinne ich durch sie Energie. Auch viele der Therapie- oder Coaching-Stunden wirken auf mich sehr belebend.

…aber es lohnt sich

Sicher hatte der Weg bis hierher manche Durststrecke, aber sein innerer Lohn war und ist nach meinem Empfinden durch nichts aufzuwiegen. Meine Empfehlung ist: Suchen und gehen Sie ähnliche Wege.

Drei Erfolgsprinzipien: Gründlichkeit, Schriftlichkeit und Systemdenken

Zum Erfolg können nach meiner Erfahrung wesentlich drei Prinzipien beitragen: 1. Gründlichkeit, 2. Schriftlichkeit und 3. Systemdenken.

Zum Thema Gründlichkeit: Üben Sie sich darin, in Ihrem Denken möglichst hohe Präzision, Schärfe und Konsequenz zu erreichen. Zumindest in den wichtigen Dingen des Lebens sollten Sie sich mit der Hartnäckigkeit eines Pittbulls in die Probleme verbeißen ☺: Wenn Widersprüche und Unstimmigkeiten auftreten – gehen Sie den Dingen auf den Grund, haken Sie nach, bis wirkliche Klarheit erreicht ist und Sie dieses durchdringende Gefühl von innerer Stimmigkeit empfinden (Sie schlagen sich dann auf die Schenkel und rufen sich z. B. zu: Das ist es! Jetzt ist es auf dem Punkt!). Leitfragen wie die Folgenden können dabei hilfreich sein:

Passen meine theoretischen Konzepte und meine realen Erfahrungen zusammen? Wenn nein: Muss ich meine Theorie ändern oder sind meine Erfahrungen nicht repräsentativ bzw. fehlinterpretiert? Passen meine theoretischen Teilkonzepte untereinander zusammen? Wenn nein: Bei welchen Teilkonzepten will ich bleiben, welche sollte ich ändern? Passen die theoretischen Konzepte, die ich von meinem engeren Arbeitsgebiet habe, mit den modernen Auffassungen angrenzender Wissenschaften zusammen? Wenn nein: Wann ist es Zeit, über einen Paradigmenwechsel im eigenen Fachgebiet nachzudenken?

Erfolgsprinzip Gründlichkeit

Wann immer Sie mit fremden Auffassungen konfrontiert werden – bei Diskussionen oder beim Lesen – sollten Sie Fragen wie diese zu jedem einzelnen Punkt unbarmherzig durchdeklinieren:

Bin ich mit dem Gelesenen einverstanden? Entspricht es meinen eigenen Erfahrungen? Wenn nein – wie sehen meine eigenen Erfahrungen in dieser Sache aus? Wie kann man die Diskrepanz erklären? Passen die angebotenen theoretischen Deutungen zu meinen eigenen Konzepten? Wenn nein – wie würde ich die entsprechenden Sachverhalte in meiner Theoriesprache zu formulieren haben? Ergeben sich aus dieser Auseinandersetzung neue Aspekte für meine eigene Theoriebildung? Wenn der Autor aus meiner Sicht falsch liegt – wie würde ich ihm meine Position erklären?

Diese Form der inneren Arbeit ist nicht nur gelegentlich anstrengend – sie ist v. a. sehr zeitaufwändig. Deshalb ist sie mit den scheinbaren Forderungen unserer Zeit immer weniger vereinbar. Komplexitätswachstum und Beschleunigung der modernen Lebenswelt führen dazu, dass die kommunizierten Wissenseinheiten einerseits in ihrer Fülle überborden und andererseits immer kleiner werden: Es erscheinen immer mehr Bücher und Zeitschriften – aber ihr Inhalt wird immer mehr auf Kürze und Eingängigkeit getrimmt; auf Kongressen werden immer mehr Beiträge angenommen und parallel verkürzt sich die Redezeit; und auch was uns aus den Portalen des Internet entgegenfällt, sind überwiegend nur Bruchstücke von Wissen.

Wer in diesen Sog gerät, wird hektisch und oberflächlich. Immer in Angst, irgendetwas Wichtiges zu verpassen, verfällt er in eine Art geistigen Zapp-Modus. Man fängt an, das Buch A zu lesen, und wenn es nicht schon auf den ersten zehn Seiten richtig funkt oder sich Aussicht auf einen schnellen Nutzen erschließt, keimt die Sorge auf: Vielleicht ist es doch nicht das richtige. Vielleicht sollte ich Buch B lesen. Aber das ist auch so dick. Besser Buch C? Ach nein, Bücher lesen kostet einfach zu viel Zeit. Ich guck mal schnell ins Internet.

Weniger ist mehr

Es ist von entscheidender Bedeutung, dass Sie sich diesem fatalen Sog entziehen! Ein Großteil der um die Welt geisternden Informationsmenge ist Müll – er entspringt kurzlebigen Modewellen und geht so schnell wieder unter wie er aufgetaucht ist. Diese Wellen werden oft aufgeschaukelt von Menschen, die in erster Linie ihre Produkte oder sich selbst verkaufen wollen, die danach streben, ihre Popularität oder ihre Machtposition auszubauen. Nicht selten dient das mehr deren *Ich*interesse als wirklich *selbst*entsprechenden Bedürfnissen der Konsumenten oder übergeordneten Werten. Viele Menschen lassen sich willig von diesen Wellen schaukeln – auf der Suche nach Ablenkung, auf der Flucht vor sich selbst und den Durststrecken des Wachstums oder eben aus Angst, Wichtiges zu verpassen. Entsprechend geben diese Menschen dann aber auch nur vorgefertigte mentale Versatzstücke von sich. Man merkt schnell, in welcher Strömung des Zeitgeists sie schwimmen und ahnt dann immer schon im Voraus, was sie entgegnen, wenn man dieses oder jenes sagt oder fragt.

Es gilt zu verstehen: Das wirklich Wichtige schöpfen wir zu 80% aus uns selbst. Man kann es kaum schöner sagen als der amerikanische Dichter und Philosoph Ralph W. Emerson: »Es kommt in der Erziehung eines jeden Menschen eine Zeit, in der er zur Überzeugung gelangt, dass Neid Unwissenheit, dass Nachahmung Selbstmord ist, dass er in Freud und Leid sich als sein Schicksal akzeptieren muss; dass, obgleich das Universum voll von guten Dingen ist, kein einziges nahrhaftes Korn zu ihm kommen kann außer durch seine Arbeit, die er dem Fleckchen Erde widmet, das ihm zur Bearbeitung gegeben ist. Die Kraft, die in ihm wohnt, ist neuer Art, und niemand als er allein weiß, was er zu tun vermag; und auch er weiß es solange nicht, bis er es ausprobiert hat« (zit. n. Sprenger 2002a, S. 152).

Es geht um das selbstständige Erarbeiten einer *selbst*entsprechenden, möglichst komplexen theoretischen Deutung möglichst vielfältiger authentischer Erfahrungen. Es geht um Kompetenzen, die in einem selbsttätigen Prozess des Probierens und Korrigierens *selbst*entsprechend eingeformt wurden und zur Meisterschaft geübt werden, bis sie sich spontan-intuitiv entfalten, blitzschnell und relativ mühelos.

Aufgenommene Information wirklich verdauen und selbstentsprechend rekonstruieren

❗ Wichtig ist, in der Außenwelt vorgefundene Denk- und Verhaltensschablonen nicht einfach nur zu schlucken und bei vermeintlich passender Gelegenheit unverdaut wieder auszuspucken – vielmehr gilt es, sie wirklich innerlich bis in ihre kleinsten Teile zu zerlegen, um sie dann in einer dem *Selbst* entsprechenden Weise zu rekonstruieren.

Selbstverständlich gilt das auch für den Umgang mit dem vorliegenden Buch: Nur wenn Sie wenigstens teilweise zu anderen Einschätzungen und Schlussfolgerungen kommen als ich, haben Sie mich wirklich verstanden.

Aus all dem ergibt sich: Sie sollten die Art Ihres Lesens und Arbeitens in zwei Modi differenzieren: Ein Fast-forward-Modus sollte deutlich von einem Slow-motion-Modus unterscheidbar sein. Ersterer dient dazu, den nötigen Überblick zu gewinnen: Zeitungen, Zeitschriften und Bücher quer lesen, im Netz surfen, auf einschlägige Kongresse fahren, zu »wichtigen Leuten« Kontakt halten etc. Die Zeit hierfür sollten Sie aber streng begrenzen. Machen Sie sich klar: Sie werden immer das Gefühl haben, dass die Zeit nicht reicht und dass Sie vielleicht Wichtiges versäumen. Immer. Lernen Sie, diese Spannung auszuhalten.

Den weitaus größeren Teil Ihrer Arbeitszeit sollten Sie für den Slow-motion-Modus reservieren. Dabei geht es um die gründliche innere Aufbauarbeit, von der in diesem Abschnitt die Rede ist.

Hier ist weniger mehr. Entspannen Sie sich. Machen Sie sich immer wieder klar: Jedes in Ihnen selbst gezogene Pflänzlein ist mehr wert als Tonnen des toten Treibholzes, das im Strom der Postmoderne an Ihnen vorüberschwimmt. Sie haben die Zeit zum Wachsen. Sie verpassen nichts. Das wirklich Wichtige tragen Sie in sich.

Lesen: Fast-forward-Modus und Slow-motion-Modus

An dieser Stelle weiß ich übrigens besonders gut, wovon ich rede. Ich habe in Ostberlin studiert und wie das in der DDR so war – der Zugang zu westlicher Literatur war recht schwierig. Heute bin ich nicht mehr sicher, ob sich das bei mir nicht am Ende auch positiv ausgewirkt hat: Man war nicht in Gefahr, in oben genannter Informationsflut zu versinken, man konnte sich für das wenige Wichtige mehr Zeit nehmen und war bei der Suche nach Antworten bezüglich wichtiger Fragen sehr auf sich selbst zurückgeworfen. Unter den verfügbaren Büchern fand ich nur wenige, die meine Fragen in ernstzunehmender Weise angingen – eines sprach mich besonders an: die »Grundlagen der psychologischen Motivationsforschung« von Ute Holzkamp-Osterkamp. Und mit diesem einen Buch habe ich mich dann tatsächlich in der oben dargestellten Weise auseinandergesetzt – ein Prozess, der gut ein Jahr währte, und in dem ich dieses Buch quasi aus meiner Sicht neu schrieb, zumindest in den Grundzügen. In dieser Zeit entwickelten sich die Grundlagen meines Denkens, es war für meine geistige Entwicklung das vielleicht wichtigste Jahr.

Sollten Sie noch auf der Suche nach ihrem ureigenen geistigen Weg sein, fragen Sie sich nun vielleicht, was wohl Ihr »Schlüsselwerk« sein könnte. Ich bin nicht sicher, wie wichtig diese erste Wahl tatsächlich ist – fürs Erste könnte man sich einfach unter den Standardwerken eines Fachs umtun.

Ich glaube tatsächlich, dass man das wirklich Wichtige überwiegend aus sich selbst holt, dass man den Weg zum eigenen *Selbst* schon findet, wenn man erst einmal beginnt, in der beschriebenen Weise zu gehen. Ein Zündholz entflammt, wenn man es mit Kraft bewegt – ob die Reibfläche schwarz, braun oder gelb ist, spielt dabei keine Rolle.

3.3.6 Entwickeln Sie schriftlich eigene Grundpositionen

Erfolgsprinzip Schriftlichkeit zwingt zu Präzision Im Denken

Nun zum zweiten Prinzip, der Schriftlichkeit – es ist kaum weniger wichtig als das vorige. Auch wenn Sie nicht vorhaben, Bücher oder Aufsätze zu veröffentlichen, sollten Sie es sich zur Gewohnheit machen, Ihre Positionen bezüglich Ihrer wichtigsten Betätigungsfelder (Beruf, Hobbys, die Sie mit Herzblut betreiben, Ihre Lebensphilosophie) schriftlich zu formulieren und kontinuierlich weiterzuentwickeln. Dies hat drei Effekte, die unverzichtbar und auf anderem Wege nicht erreichbar sind. Zum ersten zwingt Sie die Schriftlichkeit dazu, Ihre Gedanken wirklich präzise und prägnant auszuformulieren. Ansonsten wird Ihr Denken sehr oft, zu oft, im Vorstadium des Verschwommen-Ahnungsvollen verbleiben. Wenn Sie sich dieses Training aber auferlegen, wird das die Schärfe und Präzision Ihres Argumentationsvermögens generell steigern, auch im rhetorischen Bereich.

Zum zweiten wird durch die Schriftlichkeit eine weitere Ebene der Evolution Ihres Denkens eröffnet, die natürlich ihre eigene Dynamik gewinnt und Sie zu Ufern der Erkenntnis trägt, die Sie auf anderem Wege nie würden gewinnen können. Die Schriftlichkeit ist somit auch ein wichtiger Beitrag zur Steigerung Ihrer Kreativität.

Auch hier vielleicht noch ein kurzer Rückgriff auf biographische Erfahrungen: Die Nichtverfügbarkeit westlicher Literatur im Ostberlin der 80er-Jahre brachte es mit sich, dass ich viel im Lesesaal der Deutschen Staatsbibliothek arbeiten musste. Es blieb mir nichts anderes übrig, als Konspekte und Exzerpte der gelesenen Bücher anzufertigen. Dabei ergab es sich wie von selbst, dass in unterschiedlichem Umfang eigene Gedanken einflossen. So lagen nach der Lektüre eines Buches wie nebenbei einige Seiten eigener Überlegungen vor – nicht selten der Keim nachhaltiger theoretischer Entwicklungen. Auch diese traditionellen Arbeitstechniken gehen leider immer mehr verloren. Bei einem Seminar an einer privaten »Elite-Universität« musste ich kürzlich feststellen, das es unter zehn BWL-Studenten nicht einen gab, der mit den Begriffen Konspekt und Exzerpt etwas anzufangen wusste. Natürlich ist diese Arbeitsweise mühevoll und zeitaufwändig. Aber sie ist eben auch sehr fruchtbar und durch Internetrecherchen und andere Techniken im Zusammenhang mit den neuen Medien nicht zu ersetzen.

Und drittens schließlich: Den meisten Menschen wäre es nicht möglich, komplexe gedankliche Strukturen in präzisen Formulierungen exakt im Gedächtnis zu behalten (zumindest nicht, ohne ständig mit Auswendiglernen und Wiederholen beschäftigt zu sein). Wir brauchen die Schriftlichkeit als stabilisierendes Sediment für unser Gedächtnis. Ohne diese Stabilisierung können komplexe Gedankensysteme nicht wachsen, ganz so, wie das Lebensnetz eines Korallenriffs nicht seine gigantische Komplexität erreichen könnte, ohne ein Kalkskelett auszusedimentieren.

Schriftlichkeit entwickelt ein kreatives Eigenleben

3.3.7 Denken Sie in verbindenden Mustern

Nun zum dritten unserer Erfolgsprinzipien, dem Systemdenken. Ich empfehle Ihnen dringend, sich Grundwissen in diesem Bereich anzueignen – zur Auffrischung noch mal einige Stichworte: Kybernetik, Synergetik, moderne Selbstorganisations- und Evolutionstheorien, Chaostheorie, Theorie komplexer dynamischer Systeme. Einiges ganz Grundlegendes hierzu erfahren Sie in diesem und in meinen weiterführenden Büchern. Die Literaturempfehlungen offerieren Ihnen eine Vielzahl auch populärwissenschaftlich geschriebener Titel. Es gibt viele gewichtige Gründe, sich mit diesen Themen zu beschäftigen – an dieser Stelle wollen wir nur der Frage nachgehen, warum sie für das Wachstum förderlich sind.

Erfolgsprinzip Systemdenken

Zunächst liegt auf der Hand: Systemdenken macht Freude. Das Systemdenken sucht nach allgemeinen Prinzipien der Entwicklung und Regulation, die sich in möglichst vielen Bereichen der Wirklichkeit auffinden lassen; es sucht nach »Mustern, die verbinden und wiederkehren,« um eine Formulierung des Systemtheoretikers G. Bateson zu erweitern. Dadurch entsteht na-

Systemdenken macht Freude

türlich eine Fülle zusätzlicher innerer Passungen in unserem Denksystem, seine Synergität schnellt empor – und genau darauf spricht ja unser Synergie-ohr positiv an. »Es ist ein herrliches Gefühl, die Einheitlichkeit eines Komplexes von Erscheinungen zu erkennen, die der direkten sinnlichen Wahrnehmung als ganz getrennte Dinge erscheinen«, schrieb Albert Einstein in einem Brief aus dem Jahre 1901 (zit. nach Pais 1986, S. 55).

Verstand und Gefühl sind eine Einheit und kein Gegensatz

Von Menschen, die den geschmeidigen inneren Tanz eines meisterlichen Denkens offenbar nie gelernt haben, wird eine vermeintlich kalte Rationalität gern gegen das hehre Gefühl in Stellung gebracht. So pauschal gesagt ist das dumm, falsch und gefährlich. Die Vernunft ist nur dann kalt und tot, wenn sie unter Bergen bruchstückhaften, zusammenhanglosen Faktenmaterials erstickt. Wenn man das Wissen aber systemisch – gleich dem Aufbau von Lebewesen – organisiert, dann gewinnt es tatsächlich eigenes Leben und spendet aus sich heraus Gefühlsenergie. Und diese leisen, aus dem Kopf herabklingenden sekundären Gefühlssinfonien sind von einer Subtilität, wie sie die aus dem Bauch herauftönenden Primärgefühle nie zu erreichen vermögen.

Systemdenken als Quelle von Antrieb und Kreativität

Kurzum: Die Systemizität des Denkens erzeugt positive Energie für Wachstumsanstrengungen – und sie zeigt uns gleichzeitig Wege auf, die wir mit dieser Energie sinnvoll beschreiten können. Ganz von allein entsteht der Drang, sich neue Gebiete anzueignen, die über systemische Zusammenhänge und Prinzipien mit jenen Bereichen in Verbindung stehen, die man schon beherrscht. Wer sich z. B. intensiv mit der Genevolution befasst hat und dann auf das Mem-Konzept stößt, könnte große Lust bekommen zu überprüfen, wie weit die Analogien zwischen Gen- und Mem-Evolution wirklich tragen – und schon arbeitet er sich in die Kulturwissenschaften ein, die ihm bisher als Interessenfeld völlig abseitig erschienen waren. Übrigens: Dadurch, dass das Systemdenken das Übertragen von Mustern (Systemarchetypen) von bekannten auf unbekannte Bereiche erleichtert oder auf abstrakteren Ebenen überhaupt erst ermöglicht, wird es zu einer ganz zentralen Quelle Ihrer Kreativität. Dieses Verfahren steht der Bildung von Analogien und Metaphern nahe – und das sind die vielleicht wichtigsten Kreativitätstechniken überhaupt.

Ergänzend sei noch grundsätzlich gesagt: Sie sollten sich generell darum bemühen, in weitgreifenden Zusammenhängen zu denken und bei der Erweiterung Ihrer sekundären Antriebe auch Leitlinien des Wachstums auf ganz konkreter Ebene folgen. Womit Sie sich auch beschäftigen mögen – und sei es Briefmarkensammeln oder Modelleisenbahn – all diese Dinge sind dicht eingewoben in das Netz des Seins, all diese Dinge haben eine Geschichte und sind dadurch mit vielen anderen Bereichen der Gesellschaftsentwicklung verbunden. Je mehr Sie sich von dieser Welt aneignen, desto mehr werden Sie Ihr Hobby genießen können und desto mehr wird es Ihr allgemeines Weltverständnis und Lebensgefühl vertiefen und bereichern.

Nichts ist praktischer als eine gute Theorie

Ein letzter Aspekt ist, dass Systemdenken zur Ganzheitlichkeit tendiert. Entsprechend sucht es auch die Verbindung zu unserer Lebenspraxis und unserem *Selbst*. Wenn ich einmal erlebt habe, wie sich ein versklavender Gruppendruck per sozialer Selbstorganisation aufbaut, werde ich die Synergetik nicht mehr als eine weltferne Theorie betrachten, die allenfalls Physiker oder Mathematiker etwas angeht. Wenn ich z. B. anhand von ◘ Abb. 1.6a direkt erlebe, wie sich die gleiche Selbstorganisation in meinem Kopf abspielt, die ich auch am Himmel in Form von Wolkenmustern beobachten kann, werde ich mich auf neue Weise in unser Universum eingebunden fühlen, was ein beglückendes Einheitserleben mit der Natur fördern kann. Auf Seiten der vermeintlich trockenen Theorie erwächst daraus Sinn, auf Seiten der Praxis Lebenshilfe: Nichts ist praktischer als eine gute Theorie, so sagte der Physiknobelpreisträger Niels Bohr. Und gute Theorien für unsere hochkomplexe Lebenspraxis sind nun einmal systemischer Natur.

Aus dieser Vielfalt möglicher Praxisbezüge ergibt sich eine Fülle potenzieller Motivationsquellen für das Vorantreiben des Wachstums, auch in Form vielfältiger Fremdzweckmotivationen. Man könnte die Chaostheorie am Beispiel der Finanzmärkte studieren und sich dabei von einem gesunden Gewinnstreben mitmotivieren lassen. Man könnte seine Leidenschaft für grandiose Naturschauspiele als motivationales Zugpferd nutzen für die Aneignung von Wissen über Ökosysteme. Wenn per Systemdenken alles mit allem verbindbar ist, kann man sich auch für alles fremdzweckmotivieren mit guter Aussicht darauf, dass in der Folge Selbstzweckmotivationen und sekundäre Antriebe entstehen.

Wir werden in ▶ Abschnitt 4.2 noch einmal genauer auf die Charakteristika evolutionistisch-systemischen Denkens eingehen.

3.3.8 Den Erfahrungshorizont erweitern und üben was das Zeug hält

Bedeutsam für die Steuerung des Wachstums ist die Wahrung eines günstigen Verhältnisses zwischen divergierender und konvergierender Lebensaktivität. Die Basis allen Wachstums sind natürlich selbst gemachte sensomotorische Erfahrungen: etwas sehen, anfassen, ausprobieren, reisen, sich auf intensive Beziehungen zu anderen Menschen einlassen etc. Für sich genommen liefert das allerdings nur eine Summe von disparaten Eindrücken, die uns allenfalls als Basis eines primären Genießens dienen können. Die höheren sekundären Genüsse erschließen sich uns erst, wenn wir aus diesem Strom von Eindrücken Regularitäten herausfiltern, sie begrifflich konzeptualisieren, sie in das komplexe Saitenwerk unseres inneren Klaviers synerg einweben und so an sekundäre Antriebe anschließen.

Aufs Ganze gesehen, verlieren wir an potenziellem Lebensgenuss, wenn wir zu viel Zeit und Energie auf das Sammeln von Primäreindrücken verwenden und dann eine adäquate sekundäre Verarbeitung nicht mehr möglich ist. Umgekehrt gilt aber auch: Die sekundäre Verarbeitung kann Stufen erreichen, auf denen der Kontakt zur Wirklichkeit verloren geht. Natürlich lassen sich auch die abstrakten Harmonien völlig weltleerer Begriffssysteme genießen – im Falle der Mathematik etwa macht das auch Sinn. In vielen Bereichen der klassischen Geisteswissenschaften aber ist dieser Sinn schwer erkennbar. Hier werden oft Scheingefechte ausgetragen in den Spiegelsälen abgehobener begrifflicher Luftschlösser. So weit sollten Sie es nicht treiben – achten Sie also auf eine solide Bodenhaftung.

Darüber hinaus sollten wir uns immer dessen bewusst bleiben: Alle unsere Theorien sind Konstrukte, denen bestenfalls eine relative Wahrheit zu-

Sinneserfahrung und gedankliche Verarbeitung ins Gleichgewicht bringen

kommt. Man kann komplexe Realitäten immer auch anders sehen und anders konzeptualisieren. Und oft sind für unterschiedliche Zwecke und in unterschiedlichen Kontexten auch verschiedene Theorien relativ wahr – man denke an den Welle-Teilchen-Dualismus in der Physik.

In der Jugend leben die meisten Menschen noch sehr divergierend, reisen drauflos, lesen querfeldein und sind für alles Neue offen. Im Laufe des Lebens legt man sich dann in immer mehr Dingen fest, entscheidet sich für Lebensstile und soziale Zirkel, für Sichtweisen und Paradigmen, die dann eine Tendenz haben, sich immer stärker zu verfestigen. Wenn man nicht aufpasst, ist man irgendwann voller Vorurteile, weist viele Chancen neuen Welterlebens von sich und lebt immer konvergierender und verengter.

> **❗ Wir sollten uns der Relativität unserer kognitiven Konstrukte immer bewusst bleiben und uns darin üben, innerlich eine Art »Reset-Knopf« zu drücken, in den Zustand der entspannten Offenheit zu gehen und die Welt so unmittelbar und theoriefrei wie möglich wahrzunehmen.**

Vorsicht vor Vorurteilen

Versuchen Sie, sich auf Menschen anderer Herkunft, anderer Berufe und Kulturen einzustellen, versuchen Sie soweit wie möglich zu erspüren, wie sich die Welt aus deren Perspektive anfühlt. Gehen Sie möglichst erst einmal in einen sinnlichen Kontakt mit neuen Dingen, ehe Sie übergeneralisierend vorurteilen und womöglich ablehnen.

Ab und zu aus Lebensgewohnheiten ausbrechen und neue Erfahrungen machen

Kurzum: Wenn Sie eher zum zurückgezogenen Stubenhockertum neigen – durchbrechen Sie öfter einmal die gewohnten engen Kreise Ihres Lebens. Gehen Sie hinaus in die Welt, machen Sie Sachen, die Sie noch nie getan haben: in der nächsten Disko das Saturday nights fever erleben, die Regenwälder Borneos durchqueren, das Matterhorn besteigen, den Stadtstreichern im Bahnhofsviertel zu Weihnachten einen Geschenkkorb vorbeibringen, eine Woche in einem Kloster oder in einem indischen Ashram meditieren, mit dem Gärtnern beginnen, einem Aikido-Verein beitreten, das Regal für die Schuhe selber bauen etc. Vor allem aber – lernen Sie Menschen kennen: Bereisen Sie fremde Kulturen, werden Sie kontaktfreudiger, kommunizieren Sie Ihre Werte und Ziele offener und suchen Sie Verbündete für ihre Realisierung. Und vielleicht gehen Sie ja irgendwann sogar zum Äußersten und gründen eine kinderreiche Familie ☺☺☺☺.

Sind Sie dagegen ein Stubenflüchter, der es allein zu hause kaum aushält, dann kaufen Sie sich einen bequemen Sessel mit Fußstütze zum Lesen und Nachdenken. Denn eines sollte klar geworden sein: Eine Ihrer Hauptbeschäftigungen muss das Lesen sein oder werden. Lesen ist ein Mittelding zwischen primärem Erfahrungsgewinn und sekundärer Verarbeitung, zwischen divergierendem und konvergierendem Leben. Sie machen beim Lesen zwar keine authentischen neuen Primärerfahrungen. Aber zumeist knüpfen Texte an Ihren Primärerfahrungen an: Sie werden reaktiviert, neu kombiniert und durch die konstruktive Kraft Ihrer Phantasie erweitert.

Lesen macht glücklich

Wenn Sie etwa die Autobiographie einer großen Persönlichkeit lesen, entstehen in Ihrer Phantasie fortlaufend Bilder und andere Sinneseindrücke – Sie vollziehen das Leben dieses Menschen im Zeitraffer nach, natürlich subjektiv gebrochen durch die Interpretationen des Autors, denen Sie im einen Falle folgen, im anderen nicht. Bücher liefern also nicht nur trockene Theorie, sie sind auch Erfahrungskomprimate, sie sind Konzentratnahrung für Ihren Geist. So können Sie im Geiste einen Erfahrungshorizont abschreiten, wie er Ihnen kraft Ihrer eigenen Beine niemals offen stünde. Also: Lesen Sie! Arbeiten Sie nicht nur Fachbücher gründlich durch, lesen Sie auch Biographien und Autobiographien, historische und zeitgeschichtliche Texte, lesen Sie Reiseberichte und Sachbücher (und wenn Sie mögen auch Romane und Gedichte). Lesen Sie nicht nur in Ihrem Lesesessel, lesen Sie auch im Stadtbus, in der Warteschlange und wo immer Sie sonst ein Taschenbuch aus der Jackentasche ziehen können. Das ist übrigens nicht nur meine Praxis und Meinung: »Schon in frühester Jugend gelangte ich zu der Überzeugung, dass Führungspersönlichkeiten Leseratten sein müssen«, schreibt Anthony Robbins. »Es gibt keinen besseren Weg, fortlaufend den Geist zu erweitern, als es sich zur Gewohnheit zu machen, regelmäßig gute Literatur zu lesen«, hören wir bei Stephen Covey. Und der Verleger Gustav Lübbe sagt gar: »Lesen macht glücklich«. Und er hat Recht. Es ist mit dem geistigen Wachstum wie mit dem körperlichen Wachstum: Wer groß und stark werden will, muss viel Nahrung zu sich nehmen.

Und schließlich – es ist fast zu trivial, um es auszusprechen: Egal in welchem Gebiet Sie wachsen wollen, üben und trainieren Sie mit viel Fleiß und Disziplin.

Wenn wir abschließend noch einmal die Konzepte innere Freiheit, inneres Wachstum und Flow in Beziehung setzen, dann können wir sagen: Inneres Wachstum vergrößert Ihr Flow-Potenzial. Je mehr sekundäre Antriebe Sie haben, je mehr Kompetenz also in Ihrem *Selbst* gespeichert ist, desto größer ist die Wahrscheinlichkeit, dass Sie im Alltag oft, lange und intensiv Flow erleben. Wie weitgehend Sie dieses Flow-Potenzial aber im Hier und Jetzt ausschöpfen können, hängt entscheidend von Ihren Fähigkeiten zur inneren Befreiung ab: Je besser es Ihnen gelingt, die aktuell vorliegenden Spannungen zu lösen, desto besser kann Ihr *Selbst* im gelingenden Tun seine Kompetenzen entfalten und in Fluss geraten.

Inneres Wachstum und innere Freiheit steigern unser Flow-Potenzial

4 Der Weg zu persönlicher Meisterschaft

Lassen Sie uns nun einige Schritte zurücktreten und die Entwicklung der Gesamtpersönlichkeit in den Blick nehmen.

Das in der Persönlichkeitspsychologie wohl verbreitetste und anerkannteste Konzept zur Beschreibung der Persönlichkeit sind die sog. »Big Five«: Emotionale Stabilität (»Neurotizismus«), Extraversion, Offenheit für Erfahrungen, Verträglichkeit und Gewissenhaftigkeit. Wie ◘ Abb. 4.1 zeigt, lässt sich jede dieser fünf Haupteigenschaften noch einmal in Facetten differenzieren – sie bieten zugleich eine genauere inhaltliche Erläuterung.

Die klassischen Big Five   Die Big Five beginnen etwa im Alter von drei Jahren in Erscheinung zu treten und sind um das zwölfte Lebensjahr herum komplett. Während sie sich bis etwa 16 Jahre uneinheitlich verändern, zeigen sich danach allgemeine Entwicklungstrends im Lebensverlauf: Die meisten Menschen werden mit den Jahren emotional stabiler, gewissenhafter, verträglicher und introvertierter. Die Offenheit steigt zumeist bis Anfang 20 an, um dann stetig wieder abzunehmen (◘ Abb. 4.2). Insgesamt sind diese Veränderungen aber nicht sehr groß – die Grundzüge des Charakters eines Menschen bleiben erhalten

Die »Big Five« und ihre Facetten

◘ **Abb. 4.1.** Die fünf Basisdimensionen der Persönlichkeit

Die »Big Five« im Lebenslauf

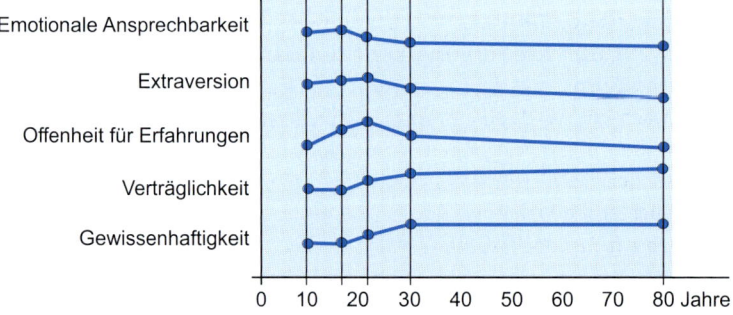

◘ **Abb. 4.2.** Die Veränderung der fünf Basisdimensionen der Persönlichkeit im Laufe des Lebens

und werden auch durch einschneidende Lebensereignisse kaum nachhaltig verändert. Zumindest gilt dies im statistischen Mittel für die Mehrzahl der von den entsprechenden Studien erfassten Menschen.

Wie kann man diese der Beschreibung von außen entspringenden Befunde erklären aus der Innenperspektive der am Anfang des Buches eingeführten Modelle? Nun, so wie Menschen unterschiedlich große Nasen oder Ohren haben, so gibt es in bestimmten Grenzen auch individuelle Unterschiede in Stärke und Wirkrichtung der primären Antriebe, in den Filter- und Funktionseigenschaften der Module von Wahrnehmung und Denken sowie in der Art von Verschaltung und Zusammenwirken aller Module. Menschen mit einem besonders starken Neugierantrieb werden offener und extrovertierter sein, Menschen mit einer ausgeprägten Aggressionsbereitschaft weniger verträglich und Menschen mit einem besonders großen Synergieohr werden vielleicht zu mehr Gewissenhaftigkeit neigen als andere. Zunahme und späterer Rückgang der Offenheit sind erklärbar aus der in ▶ Abschnitt 1.2.4 beschriebenen Entwicklung der Spontanaktivität des Neugierantriebs; hinzu kommen mag auf sekundärer Ebene die Tendenz von Erkenntnissystemen, mit wachsender Komplexität immer festgelegter und starrer zu werden. Alle anderen oben genannten Veränderungen scheinen aus der zunehmenden sekundären Entwicklung und der damit verbundenen Verinnerlichung sozialer Normen und Werte verstehbar zu sein.

Mit Hilfe entsprechender Fragebogentests könnten Sie sich auf den Dimensionen der Big Five bestimmte Werte zuordnen lassen, die einen Vergleich mit anderen oder auch mit dem Durchschnitt gestatten. So etwas kann sicher einmal interessant und auch nützlich sein. Vermutlich haben Sie aber aufgrund von Selbsterfahrung sowie Rückmeldungen seitens anderer ohnehin schon ein einigermaßen realistisches Bild hinsichtlich Ihres Charakters.

Wichtiger noch als diese sehr allgemeinen Grundcharakteristika scheinen mir die inhaltlichen Aspekte einer Persönlichkeit, die sich hinter »sekundäre Entwicklung« verbergen: Wofür begeistert und engagiert sich ein Mensch, für welche Werte tritt er ein, wo hat er Meisterschaft erworben? Ich bin davon überzeugt, dass im Einzelfall von den sekundären Ebenen aus größere Veränderungen bewirkt werden können als das in den oben genannten Studien zum Ausdruck kam. Dort wird das statistische Mittel erfasst – und wie intensiv, gezielt und nachhaltig widmet sich denn »der Durchschnittsbürger« seiner sekundären Entwicklung? So kann ein primär eher schüchterner und introvertierter Mensch, der im Laufe seines Lebens starke sekundäre Antriebe mit tief verinnerlichten Überzeugungen und hohe Meisterschaft auf wichtigen Gebieten erwirbt, auf der Höhe seiner Laufbahn durchaus über sich hinaus wachsen und als eine charismatische Persönlichkeit wahrgenommen werden, die ihre Angelegenheiten mit Überzeugungskraft durchzusetzen weiß. Als Beispiel hierfür könnte etwa der Lebensweg des in seiner Jugend sehr schüchternen Mahatma Gandhi gelten.

Sehen wir uns doch wichtige Momente der Persönlichkeitsentwicklung auf der Basis der im ersten Buchteil entwickelten Modelle noch einmal etwas genauer an. In Kindheit und Jugend ist das *Selbst* noch sehr stark primär bestimmt. Die primären Antriebe entfalten sich, werden eingeübt, ausdifferenziert und auf der sekundären Ebene rekonstruiert und repräsentiert, um im-

Individuell unterschiedlich starke primäre Antriebe

Wichtiger ist: Welche Inhalte und Werte lebt ein Mensch

mer besser in die bewusste Verhaltenskontrolle einbezogen werden zu können (z. B. muss zum Primärgefühl des Hungers noch das Wissen um die Bedeutung dieses Gefühls hinzukommen und Kenntnisse darüber, wie man Hunger unter den Bedingungen unserer Gesellschaft und Kultur befriedigen kann).

Sekundäre Antriebe existieren in dieser Entwicklungsphase noch keine, allenfalls in Vorformen. Für das erwachende *Ich* hat das zwei Konsequenzen. Zum einen gibt es höchstens in Ansätzen Maßstäbe, Normen und Werte, die selbst erarbeitet und sekundär verinnerlicht wären. Daraus resultiert eine starke Außenorientierung des *Ich*. Es orientiert sich an Leitlinien, die explizit oder implizit von Eltern, Lehrern und allen möglichen Idolen ausgehen. Nicht selten werden die hier aufgenommenen Glaubenssätze (allgemeine Soll- und Mussvorstellungen – ▸ Abschn. 2.4; *selbst*bezogene Glaubenssätze – ▸ Abschn. 4.3.2) auf primärem Wege tief verinnerlicht (Konditionierungslernen durch vielfache Wiederholung, Koppelung mit starken primären Emotionen wie Scham, körperlicher Schmerz etc.). Ein Großteil der inneren Arbeit, die beim »Selbstcoaching« oder gar in der Psychotherapie geleistet werden muss, dient dann der Korrektur und der sekundären Aufhebung von primären, nicht*selbst*entsprechenden Fremdprägungen dieser Art.

Der Heranwachsende lebt stark außenorientiert und fühlt sich klein und inkompetent

Die zweite Konsequenz des weitgehenden Fehlens sekundärer Antriebe und der daraus erwachsenden Befähigungen ist es, dass man sich in Kindheit und Jugend im Vergleich zu den Stars und Institutionen der Erwachsenenwelt sehr klein und inkompetent fühlt. Zugleich werden diese Stars und Institutionen oft im Übermaß idealisiert – eben ist man noch als Kind beim Lesen von Märchen erschaudert; als Jugendlicher nun glaubt man zwar nicht mehr an den Weihnachtsmann, wohl aber noch an die vielfältigen überhöhenden Legendenbildungen, die man in Erzählungen, Büchern und anderen Medien bezüglich großer Persönlichkeiten präsentiert bekommt.

Die Pubertät wird oft von *Ich*-Problemen bestimmt

Das Erwachsenwerden gerät dann zu einem Prozess der fortschreitenden Desillusionierung, in dem man immer mehr erkennt, dass es das Ideale nur im Geiste gibt, dass alle nur mit Wasser kochen und dass alles seine Grenzen hat. Doch in der Jugend machen all diese Dinge zunächst einmal Probleme: Während das *ich*vergessen spielende Kind noch sehr vom kleinen *Selbst* bestimmt wird, kommt es in der Pubertät zu einer relativen Überblähung des *Ich*: Jugendliche sind im Übermaß mit *Ich*wertproblemen und dem Vergleich mit anderen befasst: Wie sehe ich aus? Kann ich das besser als dieser oder jener? Wie komme ich an? Darf ich mir dieses oder jenes gefallen lassen? *Ich*probleme dieser Art bestimmen die Psyche des Jugendlichen in hohem Maße; entsprechend ist er überstark darauf aus, seinen *Ich*wert zu erhöhen über eine Steigerung von Autonomie, Stärke, Anerkennung und gespielter Unverletzlichkeit. Allerdings führt diese Fixierung auf *Ich*probleme, die ja eigentlich Nebenprobleme sind, dazu, dass die Perspektive auf die Sachprobleme verzerrt wird und mentale Kapazität für ihre Lösung fehlgeleitet wird. Erröten, Kloßgefühl, Stottern und andere Verhaltensblockaden v. a. in sozialen Situationen (»Komplexe«), aber auch inadäquat überschießende Reaktionen sind die Folge.

❗ Entscheidend ist, dass über die Kreise des Wachstums die sekundäre
Entwicklung eine selbstverstärkende Eigendynamik gewinnt. Dann
setzen jene heilsamen, entblockierenden Prozesse ein, die das *Selbst*
zum Wachsen und das *Ich* zum Abschwellen bringen. Dies ist die Entwicklung, deren idealen Endpunkt wir mit dem Konzept der persönlichen Meisterschaft (»personal mastery«) erfassen wollen.

Im Folgenden möchte ich versuchen, mich der Beschreibung von persönlicher Meisterschaft über sechs Punkte anzunähern – die »six sigma of personal
mastery«, wobei der Anklang an das bekannte System der Qualitässicherung
in der Wirtschaft nicht unerwünscht ist: Selbstkompetenz, Systemkompetenz, Spezialkompetenzen, Selbststärke, Selbstrelativierung und Selbsttranszendenz.

Jene Punkte, die im Vorangegangenen schon ausführlicher erläutert wurden oder für die das in den nächsten Abschnitten noch erfolgt, werde ich nur
kurz ansprechen. Die Six Sigma leuchten praktisch besonders relevante Aspekte eines Ganzen an; sie sind nicht als logisch trennscharfes System konzipiert. Deshalb kommt es zu Überschneidungen: Soziale Kompetenz etwa
habe ich unter Systemkompetenz erwähnt, obwohl praktisch alle Punkte
wichtige Beiträge zur Sozialkompetenz beisteuern.

> **Das Wachstums des *Selbst* im Sinne von persönlicher Meister-schaft reduziert die *Ich*probleme**

4.1 Six Sigma of Personal Mastery

4.1.1 Selbstkompetenz

Selbstkompetenz meint einen souveränen Umgang des *Ich* mit sich und dem
Selbst sowie das Bekenntnis zum Prinzip einer vollständigen Selbstverantwortung. Hierzu ist erforderlich: Grundwissen über Aufbau und Funktion
von Körper, Gehirn und Psyche im Allgemeinen (v. a. Grundwissen über
Erkenntnistheorie, Evolutionspsychologie, das flexible Management mentaler Haltungen – Stichworte innere Freiheit, inneres Wachstum, Proaktivität;
Prinzipien der psychischen Veränderung; Umgang mit psychischen Störungen); Wissen über die Besonderheiten des eigenen Körpers und der eigenen
psychischen Funktionen: Welche Eigenheiten unterscheiden mich von anderen? Unter welchen Lebensumständen werden diese Eigenheiten zu Stärken
oder auch zu Schwächen? Wie sehen die beruflichen und privaten Nischen
aus, in denen ich meine Stärken entfalten kann, meine Schwächen nur wenig
ins Gewicht fallen und ich mich zufrieden und glücklich fühle?

Es sollten grundlegende mentale Befähigungen entwickelt sein: die Fähigkeit, unter zeitweiligem Lustverzicht mit Konsequenz und Beharrlichkeit
langfristige Ziele zu verfolgen; Willensstärke und Selbstdisziplin; Verlässlich-
keit und Präzision wo dies gefordert ist; die Fähigkeit, Primärgefühle und
Erkenntnisprozesse zu unterscheiden und, wo nötig, sauber zu trennen: Sach-
lichkeit, Objektivität; schließlich eine hoch ausgeprägte Selbstkontrolle – allerdings eine Selbstkontrolle höherer Ordnung die sich der Grenzen der bewussten Kontrolle durch das *Ich* bewusst ist und diese dort zurücknehmen
kann, wo sie nicht förderlich ist. Mit wachsender Erfahrung und Kompetenz
weiß das *Ich* immer besser, wo es ausreichend gefahrlos loslassen kann, um

> **Grundwissen über Bau und Funktion der Psyche**
>
> **Eigene Stärken und Schwächen kennen**
>
> **Selbstdisziplin, Objektivi-tät, Selbstvertrauen**

sich in *Ich*vergessenheit und *Selbst*vertrauen dem Fluss des Seins anheimzugeben (Unio activa und Unio contemplativa).

Verstärkt noch durch den Faktor *Selbst*stärke führt insbesondere die Fähigkeit zur inneren Befreiung zu einem deblockierten und unverzerrten
Selbst. Dies fördert Eigenschaften wie Offenheit, Empathiefähigkeit, Hilfsbereitschaft, Integrität und Authentizität.

4.1.2 Systemkompetenz

**Die Reifung des mecha-
nistischen Denkens zum
dialektischen Denken**

Die kleine Welt unserer Kinderzimmer war einfach und wenig komplex – angefangen bei einfachem mechanischen Spielzeug bis hin zu den Schwarz-
weiß-Mustern der Geschichten und Märchen. Unsere Psyche hätte wohl etwas anderes als die dazu passenden Muster eines vereinfachenden mechanistischen Denkens auch noch gar nicht zu fassen vermocht. Um mit der komplexen Erwachsenenwelt fertig zu werden, in die wir dann allmählich
hineinwuchsen, mussten wir uns immer mehr ein Denken zu eigen machen,
das Zwischentöne und Widersprüche zu verarbeiten vermag – das dialektische Denken.

Im günstigsten Falle wuchs dieses dialektische Denken nicht nur mehr
oder weniger spontan und unreflektiert, sondern ging irgendwann in die
bewusste Aneignung eines evolutionistisch-systemischen Weltbilds auf der
Grundlage moderner Komplexitätstheorien über, von denen auch das vorliegende Buch ausgeht.

**Ein Gefühl für die Ent-
wicklungsmöglichkeiten
komplexer Wirklichkeiten**

Dies hat für die Psyche wichtige positive Folgewirkungen: Es ist die Basis
zum Erwerb von Systemkompetenz. Man kann ein Gespür entwickeln für das
Verhalten komplexer Bereiche der Realität, vom eigenen Körper über die
Dynamik der Paarbeziehung oder Familie bis hin zu sozialen Entwicklungen
im Unternehmen oder der Gesellschaft: Welche evolutiven Möglichkeitsfelder stehen offen und wie werden sie sich in Zukunft verändern? In welche
Richtung könnte mit welcher Wahrscheinlichkeit die Entwicklung laufen?
Welche Spielräume zum Eingreifen gibt es? Wann ist der richtige Zeitpunkt
dafür? All das trägt in erheblichem Maße zu dem bei, was als soziale Kompetenz in aller Munde ist.

**Flexiblerer Umgang
mit Problemen**

Systemkompetenz steigert die Chancen auf ein erfolgreiches Handeln in
unserer komplexen Außenwelt. In der Innenwelt verbessert ein systemisch-
evolutionistisches Weltbild in Verbindung mit einem flexiblen dialektischen
Denken die Fähigkeit, mit Konflikten, Problemen und Negativereignissen
umzugehen, ggf. eine Haltung der Akzeptanz zu entwickeln und sich eine
grundlegende Zufriedenheit und einen unverbrüchlichen Optimismus zu
bewahren. All dies vermindert die innere Reibung, reduziert Stress und Spannung und trägt zum Erhalt von souveräner Handlungsfähigkeit und Gesundheit bei.

**Kreativität und
Lernfreude**

Insbesondere das Systemdenken ist darauf aus, Verbindungen zwischen
scheinbar völlig unterschiedlichen Bereichen der Wirklichkeit herzustellen,
und führt uns in Richtung auf ein ganzheitliches Weltbild. Die hierbei sichtbar werdenden Muster, die verbinden und wiederkehren, bilden die Leitstre-
ben für das innere Wachstum in immer neue Bereiche hinein. Die Interessen
weiten sich aus auf neue Gebiete, die Kreativität wird angeheizt, weil die Mög-

lichkeiten eines interdisziplinären Transfers von Bildern und Denkfiguren, die Potenziale zur Bildung von Analogien und Metaphern immer größer werden. Wie besprochen, erweist sich das Systemdenken damit als einer der besten Katalysatoren von Neugier, Kreativität und lebenslanger Lernfreude.

So kann sich das gesamte Universum auch in den uns fremdesten Bereichen mit einem Hauch ahnungsvollen, zumindest abstrakt-systemischen Verstehens überziehen. Zugleich finden wir uns durch die systemischen Muster bruchlos hineinverwoben in dieses Universum. Dies ermöglicht und fördert das Einheitserleben mit der Welt, die Liebe zum Sein und ganz allgemein das Kohärenzgefühl als wichtigsten psychosomatischen Gesundheitsfaktor. Eine starke Liebe zum Sein trägt auch zur sozialen Kompetenz bei: Man ist fähig, anderen Menschen mehr Freundlichkeit, Toleranz, Güte und Hilfsbereitschaft entgegenzubringen. Schließlich wird durch all dies die gleich zu besprechende Fähigkeit zu Selbstrelativierung und Selbsttranszendenz gefördert.

4.1.3 Spezialkompetenzen

Auch wenn in einer Zeit immer schnelleren Wandels die Kompetenzen des Generalisten an Bedeutung gewinnen – ganz ohne Spezialkompetenzen geht es natürlich nicht. Hiermit sind Wissen und Fähigkeiten gemeint, die sich auf die Beherrschung ganz konkreter umschriebener Wirklichkeitsbereiche beziehen: ein Musikinstrument spielen zu können, die Integralrechnung zu beherrschen, ein Aikido-Meister zu sein, eine Bilanz prüfen zu können, sich in der Geschichte des römischen Reiches exzellent auszukennen, einen Tisch zimmern oder einen Computer reparieren zu können, Erfahrung in der Behandlung einer bestimmten Krankheit zu haben etc. Im Vordergrund stehen hier sicher berufliche Fähigkeiten, aber auch anspruchsvolle Hobbys können sehr wertvolle und persönlichkeitsbildende Realerfahrungen vermitteln.

Fachwissen ist und bleibt wichtig

Spezialkompetenzen haben nämlich nicht nur Bedeutung für den Broterwerb. Man kann abstrakte Konzepte nur wirklich verstehen, wenn sie mit konkreten Inhalten und eigenen Erfahrungen unterfüttert sind. Auch wer vorhat, irgendwann einmal ausschließlich als Generalist zu wirken, tut gut daran, sich in einigen wenigen Bereichen sehr intensiv auf die Auseinandersetzung mit der materiellen Wirklichkeit einzulassen.

Wichtig sind auch die exemplarischen Wachstumserfahrungen von der emotionalen Durststrecke bis zum Flow, die Erfahrung, wenigstens hier oder dort einmal in den Zustand der *ich*losen Meisterschaft eingetreten zu sein, in dem sich die Kompetenz spontan aus dem *Selbst* heraus entfaltet, in dem »es« spielt, redet oder handelt.

4.1.4 Selbststärke

In einem ganz grundlegenden Sinne geht es hier zunächst um den Umfang des *Selbst* im Ergebnis des inneren Wachstums, um das Volumen der sekundären Strukturen und um die Menge an Wissen und Kompetenz, die sich ein Mensch im Laufe seines bisherigen Lebens angeeignet hat. Wirkliche *Selbst-*

Basis: starke sekundäre Antriebe

stärke resultiert hieraus aber nur, wenn es sich dabei nicht um eine bloße Summe von unverbundenen Wissensbruchstücken handelt, sondern um synerg integriertes Wissen, um sekundäre Antriebe also, oder besser: um ein System sekundärer Antriebe, die in ihrem Zentrum zu einem starken Kernantrieb zusammengewachsen sind.

Verinnerlichung von Wissen und Werten zu Überzeugungen

In diesem Kernantrieb sind neben dem Lebensthema, der »Berufung«, die grundlegenden Paradigmen des Welt- und Menschenbildes, die Lebensmaximen und Werte eines Menschen verinnerlicht.

Idealerweise ist dabei möglichst vieles über möglichst viele Ableitungsbeziehungen synerg miteinander verbunden (etwa so, wie in der Psychosynergetik versucht wird, Ableitungszusammenhänge herzustellen z. B. zwischen Grundeigenschaften synergetischer Strukturen und wichtigen Prinzipien für den Umgang mit anderen Menschen). Auf diese Weise werden Einsichten und Werte zu wahren Überzeugungen, zu Überzeugungen, die Täter machen, Überzeugungstäter in einem positiven Sinne dieses Wortes. Dieser Antriebsbereich treibt somit nicht nur die begeisterte bis besessene Arbeit auf dem Felde der Berufung voran, er speist auch das, was wir *Selbst*sicherheit, Persönlichkeitsstärke, Überzeugungs- und Durchsetzungsvermögen oder Charisma nennen.

Persönlichkeitsstärke und Charisma

Eine solche nicht nur primär (primärer Dominanzantrieb), sondern v. a. sekundär gespeiste Persönlichkeitsstärke verbindet Führungskraft mit Führungskompetenz. Die Kraft erwächst aus tiefer Einsicht in umfassend-synerges Allgemein-, Spezial- und Systemwissen, es entsteht eine Intuition für den richtigen Weg auch und gerade unter den Bedingungen von Komplexität und Unbestimmtheit. Diese sehende Kraft lässt den Menschen auch dann mutig zu seinen sekundär fundierten Überzeugungen stehen, wenn Gefahr droht oder die Mehrheitsmeinung dagegen ist – man denke etwa an das berühmte »Und sie bewegt sich doch!« des Galileo Galilei. Aus der Brennkammer dieser Kraft vermag das Feuer auch auf andere Menschen überzuspringen.

Das besprochene Moment der Selbstverstärkung, das dem Wachstum sekundärer Antriebe innewohnt, fördert das Bestreben, lebenslang zu lernen, zu wachsen, sich selbst und die Gegenstände des eigenen Wirkens auf möglichst vielen Ebenen zu vervollkommnen.

Aufrichtigkeit und Fairness

Doch auch ganz elementare Werte wie Ehrlichkeit, Aufrichtigkeit und Fairness kristallisieren in einem starken *Selbst* mit hoher Reinheit aus. Aus vielerlei Quellen speist sich die tiefe Einsicht, dass alle Gründe für einen Verrat dieser Prinzipien *ich*haft und nicht *selbst*entsprechend sind, dass sie direkt in das Gefängnis der Images und die Zerstörung der Gemeinschaft führen.

4.1.5 Selbstrelativierung und Selbsttranszendenz

Räumlich vorgestellt, bringt es das innere Wachstum mit sich, dass die Repräsentation des Selbstbilds im Weltbild relativ gesehen immer kleiner und randständiger wird. Dies ist eine wichtige psychostrukturelle Voraussetzung dafür, sich selbst nicht mehr so wichtig zu nehmen, sich als kleinen vergänglichen Teil eines großen ewigen Ganzen zu erkennen, zu relativieren und adäquat einzuordnen.

Schön hat das der große englische Philosoph Bertrand Russell formuliert: »Ich lernte allmählich, gleichgültig gegenüber mir selbst und meinen Mängeln zu werden. Ich konzentrierte meine Aufmerksamkeit immer mehr auf äußere Objekte: den Zustand der Welt, die verschiedenen Wissenszweige, Individuen, denen gegenüber ich Zuneigung empfand.«

Wer in tiefem Vertrauen seines starken *Selbst* gewiss ist, vermag eigene primäre Mängel in sekundärer Güte aufzuheben und eine reife *Selbst*liebe zu entwickeln, die in einer umfassenden Liebe zum Sein aufgehoben ist. Er wird über sich selbst lachen können und sich nicht mehr um seinen *Ich*wert ängstigen. Er wird fähig sein, das eigene Verhalten kritisch in Frage zu stellen und die volle Verantwortung dafür übernehmen. Und er wird sich sachadäquat sozial einordnen können. So sollte etwa der segelunkundige Vorstandsvorsitzende eines globalen Wirtschaftsimperiums kein Problem damit haben, auf einer Segelyacht Küche und Abwasch zu übernehmen, wenn alle kundigen Hände an Schoten und Winschen gebraucht werden.

In reifer Selbstliebe die eigenen »Mängel« und »Fehler« annehmen

Von zentraler Bedeutung ist es, Sach- und Beziehungsebene auseinander zu halten. Wir sollten fähig sein, auf der Sachebene die Dinge objektiv, d. h. ohne verzerrende primäre Emotionen zu betrachten. Auf der Beziehungsebene muss man die Dinge auch aus der Perspektive des anderen betrachten können, ohne dass *Ich*probleme diese Sicht verzerren. Ein weiterer ganz wichtiger Aspekt von Führungskompetenz ist es, in komplexen Problemsituationen den Überblick zu behalten und die Prioritäten richtig zu setzen. Es gilt hier, mit Augenmaß und einer gewissen abgeklärten Gelassenheit Entscheidungen zu treffen, die im Gesamtkontext ausgewogen, angemessen und umsetzbar sind.

Sach- und Beziehungsebene auseinander halten können

Während also das *Ich* an Bedeutung verliert, steigt die Wichtigkeit des großen Ganzen, in das man sein *Selbst* eingebunden sieht, speziell jenes Bereichs dieses Ganzen, in dem man seine Berufung, sein Lebensthema gefunden hat. Die Person tritt zurück hinter das Werk. Auch diese *ich*vergessene Liebe zum Werk ist ein wichtiger Quell jener wachsenden allgemeinen Liebe zum Sein. Gestaltungskraft in dieses Werk, in dieses Sein geben zu können, wird wichtiger als das, was man vielleicht zurückbekommt – kraft des inneren Lohns beim Wachsen und Gestalten fallen Geben und Nehmen immer mehr in eins. Man wird selbstloser und großzügiger.

Das Werk wird wichtiger als das *Ich*

Jeder, der persönliche Meisterschaft anstrebt, sollte sich eine positive Vision nicht nur für das eigene Leben und vielleicht das Unternehmen, sondern auch für die Gesellschaft, in der er lebt, ja für die Welt als Ganze erarbeiten. Wir sollten möglichst klare Vorstellungen davon haben, wie die Gesellschaft aussehen soll, die wir für unsere Enkel aufbauen. Und wir sollten uns Konzepte erarbeiten, wie man diese Ziele realpolitisch erreichen kann. Nur wer Hoffnung für die Welt hat, wer glaubt, dass es lohnend und aussichtsreich ist, für ihre Erhaltung und Verbesserung zu kämpfen, wird überzeugend für nachhaltige Maßnahmen eintreten können, die auf die Absicherung des Morgen auf Kosten des Heute zielen.

Und schließlich gehört aus meiner Sicht zu persönlicher Meisterschaft auch das Transzendieren eines allzu naiven positivistisch-empiristischen Weltbilds hinein in die Dimension des spirituell-religiösen: eine reife und humane Umsetzung des Hineingeborenseins in eine der traditionellen Religionen oder aber eine selbst erarbeitete »apersonal-kosmische Religiosität«, wie

Die spirituell-religiöse Dimension

es am Anfang des Buches Thema war. Dies fördert Befähigungen wie Ehrfurcht, Dankbarkeit und Respekt vor der Schöpfung in all ihren Formen.

Soweit unsere zusammenfassende Skizze von Personal Mastery, die, wie gesagt, in den Folgeabschnitten noch in wichtigen Punkten differenziert wird.

Wie weit ein Mensch auf diesem Wege kommt, hängt natürlich von vielen Faktoren ab, u. a. davon, mit wieviel Bewusstheit, Sachwissen, Intensität und Beharrlichkeit er sich selbst auf diesem Wege coacht. Gleichwohl gilt: Wie auch organisches Wachstum lässt sich inneres Wachstum nicht beliebig abkürzen oder beschleunigen. Auch ein optimales Selbstcoaching ändert nichts daran, dass der Erwerb persönlicher Meisterschaft ein hohes Maß an authentischer Erfahrung und innerer Arbeit erfordert. Alle Coachingmaßnahmen – ob Lektüre oder Gespräch – können immer nur an bereits gemachten Erfahrungen anknüpfen und diese extrapolieren. Ein Fünfundreißigjähriger kann prinzipiell nicht über die Reife und Weisheit verfügen, die ein Fünfundfünfzigjähriger potenziell erworben haben kann. Vor diesem Hintergrund muss man über den Jugendwahn, der in vielen Vorstandsetagen grassiert, den Kopf schütteln. Ausreichend Führungskompetenz für die Top-Ebenen wird vor dem 40. Lebensjahr nur in Ausnahmefällen erreicht (vermutlich werde ich in zehn Jahren sagen: nicht vor dem 50. Lebensjahr ☺).

Ein Meister ist, der übt

Der Erwerb von persönlicher Meisterschaft ist und bleibt eine lebenslange Aufgabe, die nie wirklich abgeschlossen ist – ein Meister ist, der übt, sagt ein asiatisches Sprichwort.

4.2   Besonders wichtig: Systemkompetenz

4.2.1   Vom mechanistischen zum evolutionistischen Denken

Das Management von Komplexität erlernen

Wie in unterschiedlichem Zusammenhang angesprochen, befinden wir uns in einem menschheitsgeschichtlichen Lernprozess, dessen Thema ein besserer theoretischer und praktischer Umgang mit komplexen Realitäten ist. Ein wichtiger Zwischenschritt dieses sicher erst am Anfang stehenden Prozesses sind theoretische Ansätze wie die Synergetik; Ziel könnte die Schaffung einer Art allgemeiner Evolutionstheorie komplexer biopsychosozialer Systeme sein. Lange Zeit versuchten die Menschen, hochkomplexe Sachverhalte auf der Basis von Analogien zu verstehen, die ihren Ursprung in ihnen gut vertrauten, wenig komplexen Lebensbereichen hatten, insbesondere im Bereich der Technik. Dieser mechanistische Fehlschluss führt in die Irre und ist wohl für einen Großteil der drückenden Menschheitsprobleme mitverantwortlich. Über die Entwicklung mathematischer Tools für den Umgang mit Komplexität hinaus gilt es, auch auf der qualitativ-begrifflichen Ebene das mechanistische Denken durch ein evolutionistisch-systemisches Denken zu ersetzen.

Ich hoffe sagen zu dürfen, dass das vorliegende Buch überwiegend von einem solchen Denkstil geprägt ist und die bisherige Lektüre schon einiges davon vermittelt hat. Die folgende Tabelle stellt noch einmal zusammenfassend allgemeine Grundmuster dieser beiden Denkstile gegenüber (▪ Tabelle 4.1).

◨ **Tabelle 4.1.** Gegenüberstellung von mechanistischem und evolutionistisch-systemischem Denkstil

Grundmuster des mechanistischen Denkens	Grundmuster des evolutionistisch-systemischen Denkens
Zerlegung der Wirklichkeit in isolierte, additive Elemente; Betrachtung kleiner Realitätsausschnitte im Hier und Jetzt	Erfassung der Wirklichkeitselemente in ihrer systemischen Vernetzung; Denken in größeren synchronen und diachronen Zusammenhängen; dialektische Aufhebungsverhältnisse; Akzeptanz von Emergenzeffekten (»Das Ganze ist mehr als die Summe der Teile«)
Verabsolutierung von Einzelelementen	Erfassen der Systemelemente in ihrer widersprüchlichen Einheit und adäquate relative Gewichtung – insbesondere Auffinden der aktuell regulierenden Ordner- und Kontrollelemente (Ordnungs- bzw. Kontrollparameter)
Wahrnehmung der Wirklichkeitselemente als statisch	Wahrnehmung der Wirklichkeitselemente als dynamisch und sich entwickelnd; Differenzierung zwischen Eigendynamik und Randbedingungen
Wahrnehmung von Veränderung als quantitative Zunahme oder Abnahme (Linearität)	Erfassen von Selbstverstärkungseffekten und qualitativen Sprüngen (Nichtlinearität und Emergenz)
Lineare Kausalität	Zirkuläre Kausalität
Ziehen scharfer Grenzen	Wahrnehmung fließender Übergänge
»100%-Denken« in absoluten Sicherheiten	Denken in Wahrscheinlichkeiten; Akzeptieren des Zufalls
»Alles-oder-Nichts-Denken« (»Schwarz-weiß-Denken«)	Denken in Kompromissen
Maschinenmodell	Organismische und ökosystemische Modelle
Angemessener Handlungstyp:	
Direktes Einpunkthandeln, bei dem allein die Energie des Intervenierenden berücksichtigt und genutzt wird	Indirektes koordiniertes Mehrpunkthandeln nach dem Prinzip der minimalen Intervention und maximaler Nutzung der Eigendynamik des Systems
Adäquat bei einfachen Problemen in umgrenzten und artifiziellen Realitätsausschnitten; formal-logische Entscheidbarkeit (Vernunftauge); formale Logik notwendig und hinreichend	Adäquat bei komplexen Problemen in unreduzierter Realität; intuitive Entscheidungen (Vernunftauge plus Synergieohr); formale Logik notwendig, aber nicht hinreichend
Absolutsetzung von Wertung und Wahrheit	Kontextrelativität von Wertungen und Wahrheiten

**Mechanistische Denk-
muster im Kindesalter**

Ein Teil der aufgeführten Punkte wird im Folgenden noch erklärt.

Entscheidend ist, dass sich der eben dargestellte menschheitsgeschichtliche Erkenntnisprozess auf individueller Ebene immer noch einmal mehr oder weniger weitgehend wiederholt. Das Kind wächst in einer genormten, idealisierten und simplifizierten Kunstwelt auf: Die Bauklötze, mit denen es spielt, sind ideale geometrische Körper mit exakter Passung; komplexere Spielzeuge sind reibungslos funktionierende Maschinen; in Märchen und Comics sind Gut und Böse verabsolutiert und trennscharf personifiziert im Sinne des Schwarz-weiß-Denkens. Einfache Haushaltsvorgänge verlaufen linear: Ist die Badewanne nach fünf Minuten halb voll, so findet man sie nach zehn Minuten vollständig gefüllt.

Das Kind erwirbt also zunächst die reinen Muster des mechanistischen Denkens. Es wird dann zunehmend mit komplexen und »schmutzigen« Realitäten konfrontiert, wobei das Denken mehr oder weniger nachreift im Sinn der Muster des evolutionistisch-systemischen Denkens. Dieser Nachreifungsprozess vollzieht sich heute aber weitgehend unreflektiert und unkontrolliert in Abhängigkeit von biographischen Zufällen: gerade verfügbare Bücher, Eltern oder Lehrer als gute oder schlechte Vorbilder usw. In Schule und Ausbildung geht es nur um die Vermittlung von Wissen; auf die Entwicklung geeigneter Denkqualitäten achtet kaum jemand, weil das zu wenig als eine eigenständige und wichtige Problemebene wahrgenommen wird. Wie wir gesehen haben, ist dies aber eine außerordentlich wichtige Dimension:

**Der Erwerb flexibler dia-
lektischer Denkmuster**

🛑 **In der Auseinandersetzung mit komplexen Realitäten ist evolutionistisch-systemisches Denken elastischer und geschmeidiger; es gestattet ein reibungsfreieres und erfolgreicheres Handeln nach außen und
ein stressfreieres Selbstmanagement nach innen; es fördert Lebenszufriedenheit, Erfolg und Gesundheit.**

**Dietrich Dörner studiert,
wie Menschen mit Kom-
plexität umgehen**

Zum Thema Erfolg immerhin gibt es seit Jahren Versuche Einzelner, einem komplexitätsadäquaten Denken zu einem breiteren Durchbruch zu verhelfen. So hat der Psychologe Dietrich Dörner seit Mitte der 70er-Jahre den Umgang des Menschen mit Komplexität und Unbestimmtheit wissenschaftlich untersucht. Auf der Basis von Computersimulationen wurden hier Probanden mit unterschiedlichen komplexen Aufgaben konfrontiert: z. B. das Verwalten der fiktiven Stadt Lohausen oder das Leisten von Entwicklungshilfe für den fiktiven Wüstenstamm der Moros (Dörner et al. 1983; Dörner 1989).

**Raum-zeitliche Fern-
wirkungen bleiben
unbeachtet**

Die meisten Probanden schnitten bei diesen Versuchen ziemlich schlecht ab. Wie die Auswertungen zeigten, ließen sich die beobachteten Standardfehler auf das zurückführen, was wir hier mechanistisches Denken nennen. Ins Auge stechende Teilprobleme wurden isoliert betrachtet und eines nach dem anderen ad hoc und für sich gelöst. Es wurde nicht beachtet, dass das gesamte Problemfeld ein System bildete, dessen Komponenten sich wechselseitig beeinflussen. Diese Wechselwirkungen haben aber zur Folge, dass jeder lokale Problemlöseschritt zu räumlichen und zeitlichen Fernwirkungen führt, die über kurz oder lang in einer Katastrophe enden, wenn sie zu lange unbeachtet und unverstanden geblieben sind.

Den Moros fehlt Wasser? Dann muss man möglichst viele Brunnen graben! Nicht bedacht wurde, dass das Wasser irgendwo herkommt und sich Grundwasserreservoirs erschöpfen, wenn der Abstrom zu groß ist. Natürlich muss man auch die medizinische Versorgung verbessern! In Verbindung mit dem vermehrten Wasser- und Nahrungsangebot führt dies freilich zu einem rasanten Bevölkerungswachstum und zu einer ebenso rasanten Steigerung des Nahrungsbedarfs. Dann muss man eben noch mehr Brunnen bohren, das Land bewässern und die Rinderherden vergrößern. Nun wachsen die Rinderherden rasant und die beschränkte Vegetationsfläche reicht bald nicht mehr, um sie zu ernähren. Wenn nicht vorher die Grundwasserkatastrophe eingetreten ist, führen jetzt Teufelskreise in die Rinderkatastrophe: Die hungrigen Rinder fressen nun nicht mehr nur das Gras, sie reißen auch die Wurzeln noch mit aus dem Boden. Dies führt zur Erosion der Grasnarbe und zum Vorrücken der Wüste. Das Weideland verknappt sich weiter, die Rinder werden noch hungriger, bis sie schließlich zu Grunde gehen und die Hungerkatastrophe für die Menschen kommt.

Ein weiterer wichtiger Aspekt ist das lineare Fortdenken gegenwärtiger Entwicklungen. Immer wieder werden nichtlinear aufschießende Prozessverläufe nicht erkannt oder unterschätzt – in unserem Beispiel betrifft dies etwa die Wachstumsrasanz von Bevölkerung und Rinderbestand. Gern wird die folgende Aufgabe gestellt, um dieses Problem sinnfällig zu machen. Nehmen wir an, dass in einem Teich mit einer Fläche von 1300 Quadratmetern eine Seerose wächst. Sie hat zu Beginn des Frühjahres ein einziges Blatt mit einer Fläche von 100 Quadratzentimetern. Nach einer Woche hat die Seerose zwei Blätter und nach einer weiteren deren vier. So dauert es 16 Wochen, bis der halbe Teich bedeckt ist. Was schätzen Sie, wie viele Wochen es noch braucht, bis der gesamte Teich mit Blättern überdeckt ist? Nur selten bekommt man spontan die richtige Antwort: nur noch eine Woche, da die Seerose ihre Fläche pro Woche verdoppelt. Viele Menschen lassen sich ins Bockshorn jagen: Wenn es 16 Wochen kostet, die eine Hälfte zu bedecken, wird es für die zweite Hälfte wohl noch einmal 16 Wochen brauchen! Dies eben ist eine lineare Extrapolation – natürliche Wachstumsprozesse verlaufen aber immer nichtlinear nach dem Prinzip der Seerose. Übrigens, Szenarios wie die eben beschriebenen haben sich wiederholt in der Entwicklungshilferealität ereignet.

Sich anschließende Probleme lassen sich aus der Sicht der Psychosynergetik wie folgt beschreiben: Die oben genannten Katastrophen oder ihre Vorboten erzeugen Stress bei den Probanden. Dabei wird das Zentrum der Aktivität zunehmend vom sekundären System ins primäre System verlagert. Die Folgen sind: Störung des nüchternen und systematischen Denkens, mentale Einengung, verzerrte Situationswahrnehmung durch die Brille der primären Antriebe, Entstehung von *Ich*problemen bis hin zur Stressblockade. Der Proband verliert den Überblick und beginnt hektisch drauf los zu handeln: Er verfällt in Aktionismus. Dabei wird er losgelöst von sachlich geforderten Zielhierarchien jene Teilprobleme angehen, die besonders ins Auge stechen und für deren Lösung er Kompetenzen zu besitzen glaubt. Auf diese Weise wird den Forderungen der »*Ich*brille« Genüge getan: Man erweist sich als kompetent und handlungsfähig, was *Ich*wert und Status sichert. Wer sich beweisen muss und nur einen Hammer hat, hämmert auf alles ein, als wäre es ein Nagel – so könnte man in Abwandlung eines bekannten Wortes dieses als Methodismus bezeichnete Verhalten karikieren.

Schreitet die Katastrophe trotz allen Bemühens fort, verfallen die Probanden in Angststarre oder Wut bricht sich Bahn, die sich nicht selten gegen

Nichtlinear aufschießendes Wachstum wird unterschätzt

Im Stress: Tunnelblick und Methodismus

Die Personalisierung des emergenten Bösen

andere beteiligte Personen richtet und gelegentlich in regelrechten Verschwörungstheorien gipfelt. So berichtet Dörner: «Eine Versuchsperson in dem Lohausen-Experiment, die politisch links eingestellt war, wollte in dem Simulationsspiel einmal sozialistische Verhältnisse etablieren. Zu diesem Zwecke führte sie in der städtischen Uhrenfabrik von Lohausen zunächst einmal eine Arbeiterselbstverwaltung ein und feuerte das gesamte Management. Diese ziemlich abrupte und massive Umstellung hatte zunächst einmal einen ökonomischen Einbruch zur Folge. Diesen konnte sich die Versuchsperson gar nicht erklären und führte ihn prompt auf den »bösen Willen« und die »Sabotagetätigkeit« der Arbeiter (!) zurück. Sie meinte dann, alles würde besser, wenn man jeden Arbeiter, der bei der Sabotage ertappt würde, sofort erschießen könnte (derlei Maßnahmen hatten wir allerdings in dem Simulationsspiel nicht vorgesehen).« (Dörner 1989, S. 105). Offenbar erfolgt hier eine inadäquate Personalisierung des emergenten Bösen, woraus sich folgerichtig der Versuch ergibt, es mit den Mitteln eines primären Aggressionsverhaltens zu beseitigen.

Insgesamt liegt auf der Hand, dass das Durchbrechen derartiger primärer Verhaltensreaktionen in komplexen Problemsituationen außerordentlich kontraproduktiv ist.

Schon die Sprache zeigts

In anderen Studien wurde der Sprachstil der Probanden untersucht. Es zeigte sich, dass diejenigen, die besonders schlecht mit komplexen Problemen zurechtkamen, gehäuft Begriffe benutzten wie: beständig, immer, jederzeit, alle, ausnahmslos, absolut, gänzlich, restlos, total, eindeutig, einwandfrei, fraglos, gewiss, allein, nichts, weder noch, müssen u. Ä. Von den besonders guten Akteuren hingegen hörte man Begriffe wie: ab und zu, im allgemeinen, gelegentlich, gewöhnlich, häufig, ein bisschen, einzelne, etwas, gewisse, besonders, einigermaßen, allenfalls, denkbar, fraglich, unter anderem, andererseits, auch, darüber hinaus, dürfen, können usw. Offensichtlich gehört der Wortschatz der schlechten Manager zu den Grundmustern des mechanistischen Denkens, während die Sprache der guten Manager zu den Mustern des evolutionistischen Denkens passt.

4.2.2 Vom direkten Einpunkthandeln zum indirekten Mehrpunkthandeln

Natürlich ist mit den unterschiedlichen Mustern des Wahrnehmens und Denkens auch ein unterschiedlicher Typ des Handelns verbunden. Aus dem mechanistischen Denken folgt eine Form des Handelns, die man als **direktes Einpunkthandeln** bezeichnen kann. Dort, wo man das Problem vermutet, greift man direkt mit einer Einzelmaßnahme ein. So macht man das bei den Autos – man wechselt das kaputte Teil aus –, und so macht man das auch bei den Moros: Wenn die Moros krank sind, baut man Krankenhäuser. Was bei Maschinen geht, führt, wie wir sahen, bei komplexen Systemen in die Katastrophe.

Beim Eingriff in komplexe Systeme gilt es zunächst, das Problem mit passenden systemtheoretischen Konzepten zu verstehen. Dann wird sich zumeist zeigen, dass man an mehreren Stellen gleichzeitig und koordiniert eingreifen muss, um die Systemevolution mit einer bestimmten Wahrscheinlichkeit in eine gewünschte Richtung zu drängen. Wenn man Krankenhäuser für die Moros baut, muss man gleichzeitig eine Verhütungskultur etablieren und für mehr Wasser und Nahrung sorgen. Um dafür nicht zu viele Brunnen bohren zu müssen, gilt es, eine Kultur des Wassersparens zu schaffen usw.

Alle Eingriffe sollten darüber hinaus möglichst indirekt erfolgen. Damit ist gemeint: Sie sollten an Randbedingungen ansetzen, um die Eigendynamik des Systems nicht zu unterbrechen. So wird es dieser Eigendynamik ermöglicht, sich im freien Spiel der Kräfte selbst zu restabilisieren und das System damit aus seiner Eigenenergie heraus ans Ziel zu treiben.

Komplexe Welten: an mehreren Stellen koordiniert und möglichst indirekt eingreifen

Eine Kultur des Wassersparens etwa ließe sich herbeiführen, indem man einen dicken Katalog mit Vorschriften und Verboten erläßt: nur zweimal Duschen pro Woche, Auto waschen verboten und so weiter. Dies wäre der schlechte Weg eines direkten Eingreifens. Ein sehr viel geeigneteres indirektes Steuern könnte beispielsweise an der Randbedingung »Wasserpreis« ansetzen. Man müsste den Wasserpreis erhöhen und zugleich den Menschen deutlich machen, dass dies dem realen ökologischen Wert des Wassers entspricht.

Ein systemkompetentes Handeln dieses Typs habe ich an anderer Stelle als **indirektes koordiniertes Mehrpunkthandeln** bezeichnet (Hansch 1997).

> ❗ Dabei kommt es darauf an, möglichst viel zu erreichen durch minimale Interventionen zum richtigen Zeitpunkt (dem »Kairos«) und an den richtigen Stellen, den sog. Hebelpunkten des Systems.

Eine gute Veranschaulichung dieses Handlungsprinzips findet sich in der asiatischen Kampfkunst **Aikido** (japan. ai: Harmonie; ki: Geist; do: Weg – vgl. Protin 1997). Im Aikido wird dem Angriff des Gegners kein Widerstand entgegengesetzt, sondern im harmonischen Ausweichen sein Impuls ablenkend verstärkt. Dies raubt ihm das Gleichgewicht und bringt ihn schließlich zu Fall. Wichtige Voraussetzung für den Erfolg ist ein achtsames Beobachten des Gegners und das richtige intuitive Vorfühlen seines Verhaltens. Sodann muss an mehreren Stellen koordiniert eingegriffen werden, man muss z. B. die Beine des Gegners stoppen und gleichzeitig an seinem schlagenden Arm ziehen, um ihn mit seiner eigenen Energie zu Boden zu bringen. Der krude westliche Gegenentwurf eines mechanistischen direkten Einpunkthandelns kann im Boxen gesehen werden.

Aikido als Beispiel für indirektes, koordiniertes Mehrpunkthandeln

Das Ermutigende an den Experimenten von Dörner und anderen ist: Systemkompetentes Denken und Handeln ist lehrbar, lernbar und trainierbar. Von Anfang an zeigten sich erfahrene Manager und Entscheidungspraktiker studentischen Probanden überlegen. Als Trainingsmittel werden von Dörner und anderen Fachleuten Simulationsspiele auf Computern empfohlen ähnlich denen, die für die Experimente verwendet wurden. Entscheidend gefördert durch die rasanten Entwicklungen von Computer- und Medientechnik sind in den letzten Jahren entsprechende Trainingssysteme insbesondere für den Managementbereich entwickelt und erfolgreich eingesetzt worden. Aber auch auf dem allgemeinen Markt sind Simulationsspiele erhältlich, die Spaß mit dem Erlernen von Komplexitätsmanagement verbinden. Ähnlich dem Lohausen-Szenario findet man sich beispielsweise in »Sim-City« als Bürgermeister selbst aufzubauender Städte wieder. In die gleiche Richtung

Systemkompetentes Denken und Handeln ist lehrbar und lernbar

gehen das Simulationsspiel »ecopolicy« und die Bücher von Frederick Vester, der sich um die Entwicklung und Popularisierung eines »vernetzten Denkens« sehr verdient gemacht hat (Vester 1997, 1999). Zur Erforschung sozialer Dynamiken hat Günter Schiepek soziale Systemspiele entwickelt und wissenschaftlich untersucht. Nach zuvor festgelegten Regeln simuliert hier eine Gruppe von Akteuren im Zeitraffer das Entscheidungsverhalten in einer komplexen sozialen Institution, beispielsweise die psychosoziale Versorgung rund um ein Erziehungsheim. Auch Schiepek betont, dass solche Systemspiele neben Forschungszwecken auch Trainingszwecken dienen können: der Förderung von Systemkompetenz insbesondere im sozialen Bereich (Schiepek et al. 1998; Kriz 2000).

Intuitionen für Systemtypen

All diesen Simulationen und Spielen ist gemeinsam, dass durch die räumliche und zeitliche Raffung Systemeffekte im Sinne raumzeitlicher Neben- und Fernwirkungen sichtbar und erfahrbar werden, die den Akteuren im realen Leben oft verborgen bleiben. Wahrscheinlich kann man auf diese Weise auch sehr komplexe Begriffe für häufige Systemtypen und deren Verhalten entwickeln; ein Beispiel hierfür wäre das Konzept des Teufelskreises (im Sinne der selbstverstärkenden positiven Rückkoppelung). In Entscheidungssituationen, die infolge übermäßiger Komplexität oder Zeitknappheit nicht oder nur zum Teil nach expliziten Regeln im Fokus unseres Vernunftauges geklärt werden können, mögen solche Systembegriffe entscheidend zur Treffsicherheit gefühlsmäßig-intuitiver Entscheidungen per Synergieohr beitragen. Dies wäre dann das Erwachsen immer zutreffenderer Intuitionen aus der Erfahrung nach den gleichen Mechanismen, die wir in ▶ Abschnitt 1.1.2 für die Entscheidungen unserer Kriminalkommissare vorgestellt hatten.

Man entwickelt einen Blick, ein Bauchgefühl für die Eigenströmung der Wirklichkeit. Wir können lernen, durch das bewusste Knüpfen geeigneter Synergien die Kraft dieser Eigendynamik immer besser für das Erreichen unserer eigenen Ziele einzuspannen. Durch eine wachsende Sensibilität für Instabilitäten, in denen allein ein komplexes System gängig wird, können wir lernen, unsere eigenen, vergleichsweise schwachen Kräfte mit maximaler Wirkung einzusetzen, an Kairos und Hebelpunkt. Wir können es immer besser lernen, soziale Systeme so zu konstruieren, dass auf allen Ebenen möglichst optimale Bedingungen für Evolution und Wachstum gewahrt bleiben (für den Managementbereich vgl. hierzu insbes. Zohar 2000 und Kruse 2004). Hier geht unser Thema einer allgemeinen Systemkompetenz fließend ins Thema einer systemisch-evolutionistischen Organisationsentwicklung über, worauf hier aber nicht weiter eingegangen werden kann.

4.3   Begabung, Selbstbild und Berufung

Eine glückliche Familie gründen und seine Berufung finden – dies sind wohl die wichtigsten, schwierigsten und glücksspendendsten Großprojekte des Menschenlebens. Hier fallen primäre und sekundäre Berufung, wie man diese Projekte auch nennen könnte, in eins, dort nicht – hier lassen sie sich gut verbinden, dort weniger. Wie findet ein Mensch zu seinem Lebensthema, zu seiner Berufung – ja was ist das eigentlich?

Vielleicht kann man sagen, dass bei einer Berufung drei Dinge glücklich zusammenfinden müssen: eine mehr oder weniger große und wichtige gestalterische Aufgabe, die Interessen und Neigungen eines Menschen sowie seine Stärken und Talente. Dabei ist das Wörtchen »glücklich« mit Bedacht gewählt. Sicher lassen sich für jeden Menschen Aufgaben finden, für deren gute Bewältigung er ausreichend Interesse und Befähigung mitbringt. Ob aber ein großes, lebensfüllendes Werk gelingt, das als durchdringend glücksspendend erlebt wird, ist auch von biographischen und historischen Zufällen abhängig. Auf allen drei Ebenen – Stärken, Interessen und Aufgaben – gilt eine Dialektik von Finden und Erschaffen, die vielleicht am besten vom Konzept des evolutiven Möglichkeitsfeldes eingefangen wird.

> Berufung: Aufgabe, Interesse und Talent
>
> Das evolutive Möglichkeitsfeld in der Dialektik von Finden und Erschaffen

Durch frühe Festlegungen – insbesondere Gene und frühkindliche Erziehung – wird der Gesamtraum des prinzipiell Möglichen auf bestimmte Bereiche eingeschränkt. Wie die hierin verbleibenden Entwicklungsmöglichkeiten genutzt werden, hängt nun wesentlich vom bewussten Entscheiden und Handeln der wachsenden Persönlichkeit ab. Während es die Grenzen der Möglichkeitsfelder zu finden gilt, muss der von ihnen eröffnete Raum durch Neuaufbau psychischer Struktur in Koevolution mit den Strukturen der Wirklichkeit konstruktiv gefüllt werden. Natürlich gibt es auch hierbei vielerlei Zwänge, gleichwohl sind die gestalterischen Freiheiten groß. Nutzt man diese Freiheiten zudem konsequent für das innere Wachstum, wird mancher primäre Defekt sekundär ausgleichbar, können die Grenzen der primären Möglichkeitsfelder sekundär aufgehoben und zumindest ein Stück verschoben werden. Lassen Sie uns diese drei Ebenen – Stärken, Interessen, Aufgaben – systematisch durchgehen, wobei es sich anbieten wird, eine Zwischenbetrachtung zum Thema »Selbstbild« einzuschieben.

4.3.1 Talente und Stärken

Beginnen wir beim Thema Talente und Stärken, das ja eines der zentralen Forschungsfelder der noch jungen Positiven Psychologie ist: Lassen sich umschriebene Talente und Stärken voneinander abgrenzen? Wie kann man sie beschreiben, erkennen oder gar messen? Was kann man tun, um sie zu fördern und zu entwickeln? Zumindest auf die ersten Fragen gibt es inzwischen erste Versuche einer Antwort.

> Talente und Stärken

Ein erster hier erwähnenswerter Schritt war vielleicht der »Abschied vom IQ«, d. h. der Abschied vom Konzept einer universellen und monolithischen geistigen Leistungsfähigkeit, den der amerikanische Psychologe Howard Gardner mit seiner »Rahmentheorie der vielfachen Intelligenzen« vollzogen hat (Gardner 1991). Gardner sieht Belege dafür, dass mindestens die folgenden »Intelligenzen« als voneinander relativ unabhängige Talente anzusehen sind: die linguistische Intelligenz, die musikalische Intelligenz, die logisch-mathematische Intelligenz, die räumliche Intelligenz (kurz gesagt die Fähigkeit zum anschaulich-bildhaften Denken), die körperlich-kinästhetische Intelligenz und schließlich die personalen Intelligenzen (kurz gesagt die Veranlagung zu sozialer Kompetenz).

> Howard Gardners Abschied vom IQ

Eines der zugespitztesten in diese Richtung weisenden Argumente sind sicher die Befunde, die an sogenannten »idiots savants« erhoben wurden.

Hierbei handelt es sich um Menschen, die auf einem umgrenzten Gebiet herausragende Leistungen vollbringen, in allen anderen Bereichen aber nur Durchschnitts- oder gar Minderbegabungen zeigen. So berichtet der bekannte Psychiater Oliver Sacks von in allen übrigen Bereichen als retardiert eingestuften Zwillingen mit einer fast unglaublichen mathematischen Spezialbegabung: sie waren dazu in der Lage, sich mühelos bis zu dreihundertstellige Zahlen zu merken oder zwölfstellige Primzahlen zu erkennen beziehungsweise aus dem Kopf zu erzeugen (Sacks 1987).

Diese Theorie passt gut zu der Konzeption vom modularen Aufbau unserer Psyche, wie er von der Evolutionspsychologie vertreten wird (die primären Antriebe wären z. B. solche Module; auch die Erkenntnisfunktionen in dieser Weise modular zu differenzieren, war für die Zwecke unseres Buches nicht erforderlich).

Jeder Mensch hat einzigartige Fähigkeiten

Bei jedem Menschen ist das Leistungsspektrum dieser individuell verschalteten Module einzigartig. Jeder Mensch verfügt damit auch über einzigartige Fähigkeiten, kann irgendetwas besser oder sogar viel besser als die anderen Menschen. Die Frage ist nur, ob diese individuelle Befähigung entdeckt wird, und weiter dann, ob es eine gesellschaftlich nützliche Aufgabe für sie gibt oder sich eine solche womöglich schaffen lässt. Hiervon hängt es ab, ob sich Fremdzweckmotivationen aufbauen lassen, die dann in Kreisen des Wachstums zu Selbstzweckmotivationen führen, die entscheidende Triebkraft großer kreativer Leistungen.

Die Gallup-Studie und der Strength-Finder

Einem anderen Ansatz folgend haben M. Buckingham und D.O. Clifton auf der Basis zweier riesiger Langzeitstudien des Gallup-Instituts mit weit über einer Million Arbeitnehmern und Managern herauszufinden versucht, wie man die Begabungen eines Menschen sinnvoll beschreiben kann. Sie filterten dabei 34 Leitmotive der Begabung heraus – einige Beispiele sind Anpassungsfähigkeit, Autorität, Bindungsfähigkeit, Disziplin, Enthusiasmus, Kommunikationsfähigkeit, Verantwortungsgefühl oder Wissbegierde. Mit ihrem »strength-finder« entwickelten sie ein internetbasiertes interaktives Tool, das es dem Nutzer erlaubt, sein individuelles Begabungsprofil zu ermitteln (Buckingham u. Clifton 2002).

M. Seligman: Finden und entwickeln Sie Ihre Signaturstärken

Martin Seligman differenziert die Begabungen in Talente und Stärken: Talente sind elementarer, in höherem Maße angeboren und weniger entwicklungsfähig. Beispiele wären das absolute Gehör oder eine hohe Grundschnelligkeit im Sprint. Stärken dagegen sind komplexer und unterliegen einer höheren Entwicklungsfähigkeit unter Einsatz der Willenskraft und entsprechend auch einer stärkeren moralischen Bewertung. Sie werden deshalb auch oft als Tugenden bezeichnet. Seligman und seine Mitarbeiter durchforsteten dann mehr als 200 historische Schriften und Tugendkataloge religiöser, philosophischer, biographischer und anderer Provenienz. Von all diesen Traditionen – verteilt über 3000 Jahre und die gesamte Erdoberfläche – wurden die folgenden Tugenden besonders herausgehoben: Weisheit und Wissen, Mut, Liebe und Humanität, Gerechtigkeit, die Fähigkeit zur Mäßigung, Spiritualität und Transzendenz. Diesen sechs Leitthemen ordnete Seligman dann insgesamt 24 Stärken zu, deren Ausprägung über einen Fragebogentest erfasst werden kann. Er ist in seinem sehr lesenswerten Buch »Der Glücksfaktor« enthalten und auch über das Internet zugänglich. Seligman glaubt, dass das Wesen eines Menschen durch einige »Signaturstärken« bestimmt ist. In Aus-

übung dieser Stärken fühlt sich der Mensch authentisch, begeistert, unschlag-
bar, energetisiert und glücklich. Entsprechend lautet Seligmans Rezept für ein
gutes Leben: Richten Sie Ihr Leben so ein, dass Sie Ihre Signaturstärken jeden
Tag und in Ihren wichtigsten Lebensbereichen ausüben können.

Ich halte diese Ansätze für interessant, wichtig und nützlich. In einigen
Fällen werden sie ins Schwarze treffen und in den anderen zumindest Anstoß
für kreative Prozesse der weiteren *Selbst*findung sein.

**❗ Eines allerdings muss klar sein: der letzte ultimative Test für die eige-
nen Stärken ist das Leben selbst, und das ist so komplex, dass das
Ergebnis von keinem Modell und keinem Fragebogentest sicher vor-
weggenommen werden kann.**

Unsere Relativierung des Konzepts Schwäche zugunsten des Konzepts Eigenheit gilt im Prinzip auch für die Konzepte Talent und Stärke. Um der Einfach-
heit willen doch einmal eine Analogie aus der Technik: Sind Taktrate und
Schnelligkeit eines Computerprozessors im absoluten Sinne eine Stärke? Nur
auf den ersten Blick – bei genauerem Hinsehen muss man das verneinen.
Wenn Sie etwa auf die komfortabelste Weise Textverarbeitung betreiben wollen, dann sollten Sie aus dem Spektrum der heute verfügbaren Prozessoren
eher auf den mittleren Leistungsbereich zugreifen. Für die Textverarbeitung
reicht das völlig aus und aufgrund der geringeren Wärmeentwicklung haben
Sie deutlich weniger störende Lüftergeräusche. In ähnlicher Weise gilt: Eine
extrem hohe Präzision und Genauigkeit mag für einen Controller eine Stärke
sein, für einen Vorstandsvorsitzenden wäre sie es nicht. Ein gerüttelt Maß an
Empathiefähigkeit ist für einen Personalchef essentiell – im Übermaß allerdings wäre sie schädlich: Er muss auch kritisieren, abmahnen oder gar feuern
können. Bei meiner Internistentätigkeit ist mein schlechtes Gedächtnis eine
Schwäche, als systemtheoretischer Mustersucher allerdings profitiere ich davon: Erst eine gewisse Unschärfe im Detail lässt die verbindenden Linien
hervortreten usw.

Es bleibt also dabei: In einem abstrakt-absoluten Sinne gibt es weder
Schwächen noch Stärken. Es gibt nur Eigenheiten, die in einem bestimmten
Kontext und in Bezug auf eine bestimmte Aufgabe zu relativen Schwächen
oder Stärken werden. Der beste und letztlich ultimative Weg, seine Eigenheiten kennen zu lernen, sind die Rückmeldungen, die man aus möglichst vielfältigen, intensiven und gründlichen Interaktionen mit der Wirklichkeit erhält. Das ist der Weg, auf dem man eine Chance hat, seine ureigene Aufgabe
zu finden bzw. zu erschaffen. Das Spektrum vorzufindender bzw. potenziell
erschaffbarer Aufgaben und ihrer Variationen ist dabei so breit und die Wechselwirkung zwischen dem Anforderungspattern der Aufgabe mit dem Befä-
higungspattern einer Persönlichkeit derart komplex und nichtlinear, dass der
ultimative Eignungstest immer nur der Praxistest sein kann.

Wie Sie spüren, dass sich eine Ihrer Eigenheiten als Stärke auswirkt, hat
M. Seligman (2003, S. 259) zusammengetragen:

- ein Gefühl für Eignerschaft und Authentizität (»So bin ich wirklich«),
- ein Gefühl der Begeisterung, wenn Sie diese Stärke ausüben – besonders
  zu Anfang,
- eine steil nach oben zeigende Lernkurve, wenn diese Stärke zum ersten
  Mal eingesetzt wird,

Es gibt nur Eigenheiten, die kontextabhängig zu relativen Stärken oder Schwächen werden

Der ultimative Eignungstest kann nur die Praxis sein

Kriterien für eine Signaturstärke

- kontinuierliches Lernen von neuen Arten, wie die Stärke eingesetzt wird,
- ein Gefühl der Sehnsucht, diese Stärke anzuwenden,
- ein Gefühl der Unausweichlichkeit beim Einsatz dieser Stärke (»versuch einmal, mich aufzuhalten«),
- ein Gefühl der Kraft und nicht der Erschöpfung, während die Stärke praktiziert wird,
- persönliche Projekte, die sich um diese Stärke drehen, werden kreiert und ausgeführt, und
- Freude, Schwung und Enthusiasmus – sogar Ekstase – entstehen, wenn diese Stärke praktiziert wird.

Die Geschichte von der Hummel, die nicht fliegen kann

Also: Wenn Sie eine Aufgabe reizt, dann probieren Sie sich darin aus – lassen Sie sich durch keinen psychologischen Test, durch kein Vorurteil anderer und schon gar nicht durch eigene *selbst*beschränkende Glaubenssätze davon abhalten. Die Realität ist potenziell immer reicher als das konzeptionelle Denken, das Wunder der Emergenz lauert hinter mancher Ecke. Erinnern Sie sich an die Geschichte von der Hummel, die zufolge wissenschaftlicher Berechnungen nie hätte fliegen dürfen. Also: Denken Sie nach, machen Sie ruhig auch psychologische Tests, formulieren Sie Konzepte und Wahrscheinlichkeitshypothesen.

Zusätzlich aber sollten Sie unbedingt alles ausprobieren was sich irgend praktisch testen lässt – aus Prinzip und unabhängig von allen Wahrscheinlichkeiten! (Wenn Sie jetzt aufstehen, um Flugversuche mit Ihren Armen zu machen, haben Sie mich verstanden. ☺)

4.3.2   Selbstbild und Selbsterfahrung

Ein realistisch-optimistisches Selbstbild gewinnen

Das oben empfohlene weniger wertende und stärker konstatierend-akzeptierende Verhältnis zu unseren Eigenheiten hilft uns auch dabei, ein realistisch-optimistisches Selbstbild und eine reife *Selbst*liebe zu gewinnen. Dies sollte die *Selbst*sicherheit ergänzen, die im Ergebnis des inneren Wachstums entsteht.

Selbstbezügliche Glaubenssätze

Wie entwickelt sich, woraus besteht ein solches Selbstbild? Es entsteht aus der Deutung und rationalen Konzeptionalisierung Ihrer Erfahrungen mit sich selbst vor dem Hintergrund Ihres allgemeinen Wissens über Aufbau und Funktion von Körper und Psyche, was dann wieder eingebunden ist in Ihr Welt- und Menschenbild. »Erfahrungen mit sich selbst« meint dabei nicht nur die authentische eigene Erfahrung, sondern auch die Selbsterfahrung im Spiegel der anderen: Rückmeldungen bezüglich der Wirkungen unseres Verhaltens oder auch generelle Statements bezüglich unserer Person: »Du bist ein …«, »Aus Dir wird mal …«. All dies verfestigt sich dann im Laufe der Jahre zu selbstbezüglichen Glaubenssätzen die mehr oder weniger *selbst*entsprechend oder *selbst*beschränkend sein können.

Selbstbeschränkende Glaubenssätze aufdecken und selbstentsprechend transformieren

Für den Umgang mit *selbst*beschränkenden Glaubenssätzen gilt das gleiche wie für den Umgang mit den allgemeinen Soll- und Mussvorstellungen, die wir in ▶ Kap. 2.4 besprochen hatten. Die Transformation *selbst*beschränkender Glaubenssätze zu adäquaten, *selbst*entsprechenden Überzeugungen ist ein wichtiger Schritt in Richtung innere Freiheit. Vor diesem Hintergrund könnte es sinnvoll für Sie sein, die Übung aus ▶ Kap. 2.4 in modifizierter Form in Bezug auf Ihr Selbstbild durchzuführen.

Machen Sie sich eine Tabelle mit drei Spalten: »Schwächen«, »Stärken« und »Eigenheiten«. Wenn Sie wollen, können Sie diese Spalten dann noch halbieren und in der oberen Blatthälfte Ihre eigene Sicht eintragen und in der unteren Blatthälfte die Einschätzung anderer. Auf einem zweiten Blatt machen Sie eine zweispaltige Tabelle: »Glaubenssätze darüber, wer ich bin« und »Glaubenssätze darüber, was mir bestimmt ist«. Wiederum können Sie dies noch einmal in Selbst- und Fremdsicht unterteilen. Hier geht es nun weniger um einzelne Eigenschaften wie in der ersten Tabelle als vielmehr um globale Einschätzungen Ihrer Person, z. B. »Du bist ein Traumtänzer. Aus Dir wird nie etwas.«

Ergänzend zu Ihren eigenen Überlegungen könnten Sie gezielt Fremdeinschätzungen einholen. Teilen Sie nach einer kurzen Erklärung einfach entsprechende Tabellenblätter an Ihre Verwandten oder guten Freunde aus (die Schriftform erleichtert die Offenheit). Fragen Sie sich selbst, was Sie über Ihre Verwandten und Freunde alles zu wissen glauben, wie hilfreich das für diese sein könnte und wie viel davon Sie bisher aus mangelnder Offenheit für sich behalten haben. Sie erkennen daran, welchen Nutzeffekt eine solche Aktion für Sie selbst haben könnte. Vielleicht würde das die Offenheit in Ihren Beziehungen katalysieren – vielleicht würden Sie um eine entsprechende Gegenleistung gebeten werden und könnten so manches loswerden.

Wenn Sie alles gesammelt haben, sollten Sie es wie folgt durchgehen: Schauen Sie sich Ihre Schwächen und Stärken an. Handelt es sich wirklich um Schwächen in einem absoluten Sinne oder lässt nicht erst ein bestimmter Kontext eine dahinter stehende Eigenschaft als Schwäche erscheinen? Wäre ein anderer Kontext denkbar, in dem die Schwäche vielleicht sogar eine Stärke wird? Zumindest Ihre Schwächen sollten Sie versuchen, auf wertneutrale Eigenheiten zurückzuführen – etwa so, wie ich in meinem Falle die Schwäche »schlechtes Detailgedächtnis« in die Eigenheit »Musterseher« umgedeutet habe, die für einen Teil meiner Tätigkeit eine Stärke ist.

Fragen Sie sich bezüglich aller Punkte in Ihren Tabellen: Wie komme ich zu dieser Ansicht? Entspricht sie wirklich der Realität? Welche Argumente bzw. Gegenargumente lassen sich finden? Beruhen sie auf eigener authentischer Erfahrung oder handelt es sich um früh verinnerlichte Fremdprägungen z. B. seitens der Eltern? Wären alternative Sichtweisen denkbar? Und unabhängig von aller »Wahrheit« – welche Sichtweise wäre für meine Entwicklung am förderlichsten?

In diesem Zusammenhang sollten Sie um die Wirkung *selbst*bezogener Glaubenssätze im Sinne selbsterfüllender Prophezeiungen wissen (Pygmalion- oder auch Rosenthal-Effekt):

❗ **Die Erwartung allein steigert schon die Wahrscheinlichkeit eines Ereignisses, selbst wenn sie von falschen Voraussetzungen ausgeht.**

R. Rosenthal und L. Jacobson teilten in ihren berühmt gewordenen Experimenten Lehrern mit, dass bestimmte Schüler in ihrer Klasse hochbegabt seien. Obwohl diese Schüler in Wirklichkeit bis dahin keine besonderen Begabungen gezeigt hatten und manche von ihnen sogar eher leistungsschwach waren, zählten sie am Ende des Schuljahres zu den Klassenbesten.

Übung zur Transformation selbstbeschränkender Glaubenssätze

Vermeintliche Schwächen auf Realität prüfen und in Eigenheiten umformulieren

Der Pygmalion-Effekt oder die Kraft selbsterfüllender Prophezeihungen

In ähnlicher Weise kann man zeigen, dass die subjektive Überzeugung von der eigenen physischen Attraktivität wichtiger für den sozialen Erfolg ist als die »wirkliche« Attraktivität entsprechend objektiver Körpermerkmale. Und fast noch erstaunlicher: In einigen Studien zeigte sich, dass das subjektive Gesundheitsempfinden die Lebenserwartung besser voraussagt als die objektiv messbaren Gesundheitsparameter.

Beispiel: der selbstbe-wusste Sohn

Selbstbezogene Glaubenssätze tendieren also dazu, sich ihre eigene Realität zu schaffen. Deshalb ist es so wichtig, eigene *selbst*beschränkende Glaubenssätze aufzudecken und unschädlich zu machen.

Stellen Sie sich ein Ehepaar vor, das lange und sehnlich auf den Sohn gewartet hat und später folgt noch – mehr oder weniger ungewollt – eine Tochter. Der Sohn wird angehimmelt und führt bei Tisch stets das große Wort. Die Tochter dagegen schneidet im Vergleich mit dem Älteren naturgemäß oft schlechter ab, wird tendenziell abgewertet und sagt immer seltener etwas. Beim Sohn verfestigt sich der Glaubenssatz »Ich bin etwas Besonderes und werde Großes vollbringen«. Wenn dies in ausreichendem Maße der Realität entspricht und sich die Dinge glücklich fügen, wird sich dieser Glaubenssatz als *selbst*förderlich erweisen und dazu beitragen, dass der Heranwachsende seine Leistungsmöglichkeiten maximal ausschöpft und vielleicht tatsächlich auf ein großes Werk zusteuert. Er wird die Interpretationsfreiräume aller Rückmeldungen maximal positiv für sich auslegen. Dies steigert sein Selbstbewusstsein, facht seine Anstrengungsbereitschaft an und steigert so die Wahrscheinlichkeit des Erfolges. Entspricht der Glaubenssatz aber zu wenig der »Begabungsrealität« des Sohnes bzw. hat er einfach Riesenpech an wichtigen Entscheidungspunkten im Leben, dann kann er auch zu einem *selbst*beschränkenden Glaubenssatz werden. Er führt dann letztlich zur Dauerfrustration und muss irgendwann korrigiert werden, wenn nicht eine Depression entstehen soll.

Die selbstunsichere Tochter

Die kleine Schwester hingegen verinnerlicht den eindeutig *selbst*beschränkenden Glaubenssatz: »Ich bin ein kleines Dummchen, dem eh keiner zuhört.« Sie wird dazu neigen, die Interpretationsspielräume der Rückmeldungen zu ihren Ungunsten auszudeuten. Nehmen wir an, sie säße als junge Angestellte in einer Konferenz und ringt sich dazu durch, etwas Richtiges und Wichtiges zu sagen. Nach drei Sätzen aber bringt die Sekretärin den Kaffee herein und in der nun aufkommenden witzelnden Unruhe springt der Funken des Gespräches auf ein anderes Thema über. Der Interpretationsspielraum reicht nun von »Der Themenwechsel wurde nur durch die Störung ausgelöst und wäre bei jedem anderen Beitrag von jedem anderen ebenso eingetreten.« Bis zu: »Alle waren genervt, dass ich Dummchen mich zu Wort melde und so einen Unsinn erzähle – es wurde dankbar die erstbeste Gelegenheit ergriffen, um das Thema zu wechseln.« Natürlich wählt unsere junge Frau die letztere Deutungsalternative, wodurch der zugrunde liegende *selbst*beschränkende Glaubenssatz scheinbar bestätigt und weiter verfestigt wird. Bei der nächsten Konferenz wird sie es nun von vornherein nicht mehr wagen, das Wort zu ergreifen. Ihre rhetorischen Fähigkeiten bleiben unentwickelt, die Leistungsmotivation verfällt und irgendwann heißt es dann tatsächlich: »Die hat nichts drauf.« Die in unserem Glaubenssatz angelegte »selffulfilling prophecy« beginnt sich zu erfüllen.

Wege zu mehr Selbst-sicherheit

Was tut hier Not? Deklinieren wir es in Kurzform durch: Zunächst müsste sich unsere junge Frau ihres Glaubenssatzes und seiner irrational-biographischen Entstehung bewusst werden. Sodann sollte sie sich im Einzelnen nachweisen, wie wenig er mit der Realität zu tun hat – z. B. anhand ihrer guten bis sehr guten Zeugnisse – und ihn realistisch-optimistisch umformen. Die emotionale Entschärfung dieses Glaubenssatzes würde ferner unterstützt durch die Transformation allgemeiner Soll- und Mussvorstellungen in Richtung innerer Freiheit. So würde klar werden, dass der Wert eines Menschen weder von seiner Intelligenz oder Leistung noch von der Meinung der anderen abhängt, dass es gut und notwendig ist, Fehler zu machen etc. In einem längeren Prozess der inneren Arbeit wäre dieses Wissen dann möglichst komplex synerg zu vernetzen, um mit sekundären Emotionen »aufgeladen« zu werden, die zu einem unbedingt positiven Selbstwerterleben führen (sekundäre Verinnerlichung).

Parallel hierzu müsste unsere junge Frau damit beginnen, ein diesen neuen Sichtweisen entsprechendes neues Verhalten einzuüben. In einer Konferenzsituation wie der oben beschriebenen könnte sie etwa im Moment ihrer Resignation aus ihren automatisierten Reaktionen aufwachen, einen SDR-Schritt einlegen, bewusst die erste der oben angegebenen Interpretationen wählen und einen neuen Anlauf nehmen, ihre Meinung vorzutragen. Dann würde sie zunehmend auch neue, korrigierende Primärerfahrungen machen, z. B. in Form anerkennender Bemerkungen seitens ihrer Kollegen (primäre Verinnerlichung durch Konditionierungslernen). So könnte es im Verlaufe einiger Monate bis weniger Jahre zu einem durchgreifenden positiven Wandel ihres Selbstbilds und ihres Selbstwertgefühls kommen, das sie in eine Positivspirale führt: zunehmende Deblockierung des *Selbst*, Wegfall der *Ich*probleme, zunehmendes Aufgehen im Raum der Sachprobleme, maximale Entfaltung aller Kompetenzen, wachsende Leistung, Zugewinn an Kompetenz durch Training, weitere Steigerung von *Selbst*sicherheit und *Selbst*vertrauen usw.

In ähnlicher Weise sollten Sie Ihre selbstbezogenen Glaubenssätze aufdecken, sie einer Herkunfts-, Realitäts- und Nützlichkeitsprüfung unterziehen und sie positiv transformieren. Dabei muss klar sein: Keine Ihrer Eigenheiten rechtfertigt *selbst*abwertende Glaubenssätze!

❗ **Als Mensch, ja als Lebewesen sind Sie grundsätzlich etwas unendlich Wertvolles und Positives aus ureigenem Recht. Ihre globalen, personbezogenen Selbstbildüberzeugungen dürfen also – nein, sie müssen – prinzipiell positiv formuliert sein (und das hat nichts mit der berühmten »rosaroten Brille« zu tun).**

Leiten Sie sie ab von denjenigen Eigenheiten, die sich unter normalen Alltagsbedingungen am ehesten als Stärken auswirken. Aus »Traumtänzer« würde so z. B. »zukunftsorientierter Mensch«, aus »Spinner« »kreativer Visionär« oder aus »Schlaftablette« »sensibler Zuhörer«.

Wenn Sie auf diese Weise ein im Grundsatz positives Selbstbild gewonnen haben, das Ihrer Entwicklung förderlich ist, kann es freilich nicht schaden, mit Bezug etwa auf unsere »Six Sigma of Personal Mastery« zu überlegen, an welcher Stelle Sie noch Anstrengungen in Ihre Weiterentwicklung investieren könnten und wie Ihr ideales Selbstbild aussehen könnte.

Vor dem Hintergrund der Überlegungen der folgenden Abschnitte wäre es dann an der Zeit, darüber nachzudenken, welche Nische zu Ihrer Persön-

Sich ein positives Selbstbild erarbeiten

lichkeit wohl am besten passen würde, und in welcher Richtung Sie Ihre Berufung suchen könnten. Um die Kraft des Pygmalion-Effekts zu nutzen, sollten Sie Ihre Konzepte und Formulierungen so realitätshaltig wie nötig und so optimistisch wie unter dieser Voraussetzung möglich gestalten.

Wiederum spricht nichts dagegen, all dies schriftlich auszuarbeiten.

Liebe zum Selbst und Liebe zum Sein

All dies soll Ihnen auch dabei helfen, eine reife Form der Liebe zum *Selbst* zu entwickeln, die als Teil der Liebe zum Sein eine ganz zentrale Voraussetzung für wahre innere Freiheit ist.

Solange Ihr *Ich* unversöhnlich gegen bestimmte Aspekte Ihres *Selbst* kämpft, werden Sie auf genau diese Eigenschaften bei anderen überschießend negativ reagieren; Sie werden versuchen, diese Aspekte Ihres *Selbst* zu verbergen und deshalb unfähig sein, sich zu öffnen und sich angstfrei anderen anzuvertrauen; Sie werden negative Energie abstrahlen und immer teilweise blockiert sein. All das wird Ihre Beziehungs- und Liebesfähigkeit, Ihre Leistungsfähigkeit und ihre Lebenszufriedenheit stark beeinträchtigen. Nur, wenn Sie sich selbst ein guter Freund sein können, werden Sie gern mit sich allein sein wollen, und nur wenn Sie auch allein sein können, ist wahres inneres Wachstum möglich.

> ❗ Deshalb ist es von kaum zu überschätzender Bedeutung, dass Sie es lernen, sich so zu akzeptieren und zu mögen wie Sie sind. Söhnen Sie sich mit Ihren Eigenheiten aus!

Eine reife Form der Liebe zum Selbst ist in vieler Hinsicht von zentraler Wichtigkeit

Sie sind unzufrieden mit Ihrem Äußeren? Seien Sie sicher – die »Geschmäcker« der Menschen sind weit vielfältiger als das ins Irreale zugespitzte Schönheitsideal, das in den Medien produziert wird. Wenn man sich von diesen unsinnigen Normvorstellungen löst und sich wirklich dafür öffnet, kann man jeden Menschen auf eine einzigartige Weise als schön erleben – ganz abgesehen davon, dass das Wesen eines Menschen sich gottlob nicht in seinem Äußeren erschöpft. Sie halten sich für nicht intelligent und begabt genug? Erkennen Sie, dass sich Leistungsvermögen nicht sinnvoll in einem absoluten Sinne definieren lässt. Marylin vos Savant, deren IQ mit 228 Punkten der höchste jemals gemessene ist, hat nichts Herausragendes zu Kunst oder Wissenschaft beigetragen – sie arbeitet als Kolumnistin bei einer Zeitschrift und beantwortet Leserfragen. Leistung emergiert immer aus der einzigartigen Passung von Begabung und Aufgabe. Sie können sicher sein, dass auch auf Sie irgendwo eine Herausforderung wartet, die Sie besser bewältigen könnten als sonst jemand auf der Welt. Und wenn Sie diese bisher noch nicht gefunden haben – geben Sie aus Prinzip nie die Hoffnung auf, dass auch Ihre Stunde kommt.

Geben Sie die Hoffnung nie auf: der Truman-Effekt

Denken Sie an Harry S. Truman, den 33. Präsidenten der Vereinigten Staaten. Als Vizepräsident unter Roosevelt wurde Truman in jeder Hinsicht als bestenfalls mittelmäßig bespöttelt. Nach dem Tode von F. D. Roosevelt wuchs er enorm an seinen Aufgaben und wurde zu einem der bedeutendsten amerikanischen Präsidenten. Seither wird eine solche überraschende Emergenz verborgener Stärken als Truman-Effekt bezeichnet. Der Mensch weiß nicht wer er ist, ehe er geprüft wird. Halten Sie sich also bereit und greifen Sie beherzt zu, wenn der Mantel der Geschichte Sie streift.

Zumindest rückblickend können wir sagen: So, wie wir sind, mussten wir werden. Jeder von uns ist eine ungebrochene Welle des gewaltigen Lebensstroms, dessen Kontinuität mehr als vier Milliarden Jahre zurückreicht, jeder von uns ist Produkt eines unermesslich komplexen Netzwerks von Wechselwirkungen weit jenseits des geistigen Fassungsvermögens eines individuellen *Ich*. Niemand kann vollständig überblicken, wozu es letztlich gut ist, dass er ist, wie er ist. So, wie Sie sind, sind Sie richtig und notwendig, sonst wären Sie nicht so geworden. Was sind all die von kleinen menschlichen *Ich*s angestellten Beurteilungen und Bewertungen gegenüber der ehernen Faktizität Ihres Seins. Es gibt kaum etwas aberwitzigeres als ein kleines irrlichterndes *Ich,* das sich gegen sein in Jahrmilliarden gewordenes *Selbst* auflehnt. Lassen Sie das. Lieben Sie sich. Es gibt allen Grund dazu.

In Demut die Faktizität des eigenen Seins akzeptieren

Selbsterfahrung im Alltag

Noch ein abschließendes Wort zu dem schillernden Thema Selbsterfahrung. Zunächst einmal verdient abermals Betonung: Man sieht, was man weiß. Es gibt keine theoriefreie Wahrnehmung. Und so gibt es auch keine theoriefreie Selbsterfahrung. Deshalb ist auch und gerade für eine adäquate Deutung von Selbsterfahrung ein möglichst moderner Wissenshintergrund essentiell. Während sexuelle Gier im Mittelalter als Teufelsbesessenheit gedeutet wurde, haben wir heute ein überraschend komplexes Wissen über die Sexualität im Rahmen der evolutionären Psychologie. Ein Mensch mit einem psychoanalytischen Theoriehintergrund würde eine andere Selbsterfahrung machen, hätte er einen verhaltenstherapeutischen oder einen psychosynergetischen Theoriehintergrund.

Eine theoriefreie Selbsterfahrung ist nicht möglich

Dies gilt für grundsätzliche Interpretationen des psychischen Gesamtgeschehens, beginnt aber schon bei der Deutung ganz elementarer Empfindungen: So spritzten Schachter und Singer in bekannt gewordenen Experimenten ihren Versuchspersonen Adrenalin, ohne dass diese den Inhalt der Spritze kannten. In Unkenntnis des wahren Grundes für die nachfolgende Erregungssteigerung wähnten sie im einen Fall, Wut und Ärger zu erleben, im anderen Freude, je nachdem, in welchem Sinne sich die Situation, in der sie sich befanden, am ehesten deuten ließ.

Die Experimente von Schachter und Singer

Das macht natürlich auch klar, wie empfindlich Selbsterfahrung für Verzerrungen durch ein Übermaß an Selbstbespiegelung, durch inadäquate kognitive Konzepte und v. a. durch Suggestion seitens anderer ist, insbesondere im Rahmen von versklavenden Gruppendynamiken. Es ist mit den Gefühlen wie mit dem Licht eines Sterns: Leuchtet er nur schwach, verschwindet es, sobald Sie direkt draufschauen; wenn Sie zu lange hinsehen, beginnen die Augen aus sich heraus zu flimmern oder erzeugen andere halluzinatorische Phänomene.

Selbsterfahrung ist anfällig für Verzerrungen

In der Psycho-Szene ist der Begriff Selbsterfahrung fast vollständig okkupiert von speziellen Settings, die oft in Gruppenform ablaufen (»Selbsterfahrungsgruppe«). Von einigen Schulrichtungen werden die Teilnehmer dabei durch alle möglichen Extrembedingungen destabilisiert, um emotionale Gruppendynamiken aufzuschaukeln.

Hier lauern die oben genannten Gefahren dann natürlich in besonderem Maße: Schwache »wahre« Gefühle verschwinden im grellen Licht angestrengter Innenschau, aus der künstlichen Situation heraus entstehende künstliche

Selbsterfahrung in der Gruppe

Gefühle werden inadäquat gesteigert. Wie oft habe ich es erlebt, dass grandiose Deutungen aus veralteten theoretischen Systemen heraus in solchen Situationen gewaltige Aha-Erlebnisse auslösten – und später dann mit der Alltagswirklichkeit rein gar nichts zu tun hatten.

Ich wünschte mir, dass die Selbsterfahrung dorthin zurückverortet würde, wo sie hauptsächlich hingehört: ins wirkliche Leben.

Den Alltag bewusst für die Selbsterfahrung nutzen

❗ **Wir sollten lernen, unser Alltagsleben ganz bewusst für eine lebenslang kumulierende Selbsterfahrung zu nutzen.**

Wie kann das gelingen? Nun, abgesehen von starken überdauernden Primärgefühlen wie Angst, Wut oder Trauer sind viele schwächere insbesondere sozialbezogene Emotionen nur unmittelbar in der Handlungssituation unter Wirkung der Auslöser spürbar. Schiebt sich aber das *Ich* auf der Suche nach den Gefühlen zwischen die Welt mit ihren Auslösern und das *Selbst*, werden alle Gefühle ersterben. Wenn Sie Ihrem Partner *ich*vergessen begegnen, sich unvermittelt die Gelegenheit zu einer Umarmung ergibt, dann haben Sie die Chance, von einem heftigen Sog des Begehrens und der Liebe erfasst zu werden. Wenn Sie dagegen *ich*haft in die Umarmung hineingehen, um die Frage »Liebe ich meinen Partner eigentlich noch?« zu klären, dann wird Ihr Aufmerksamkeitsfokus auf Sie selbst zurückgeworfen sein und nicht auf Ihrem Partner ruhen – es ist klar, dass auf diese Weise keinerlei Empfindungen ausgelöst werden können außer der Frustration, keine Liebe mehr zu empfinden.

Wie man Gefühlen möglichst unverfälscht auf die Spur kommt

Intensive, relevante und authentische Gefühle können also nur aus einem möglichst *ich*vergessenen nach außen gerichteten Wahrnehmen und Handeln im realen Leben entstehen (entspannte Offenheit oder entspannte Konzentration bzw. Flow). Da ich in diesem Zustand aber nicht über meine Gefühle reflektieren kann ohne sie und das Handeln zu (zer-)stören, muss ich dies im Nachhinein aus der Erinnerung heraus tun – ganz so, wie ich das Licht eines schwachen Sterns nur wahrnehmen kann, wenn ich knapp daneben schaue (im Zentrum der Netzhaut haben die Farbrezeptoren die größte Dichte, während die größte Dichte der Schwarz-weiß-Rezeptoren einen Ring um dieses Zentrum bildet).

Natürlich lässt es sich in der Praxis kaum vermeiden, dass während längerer Handlungssequenzen das *Ich* immer einmal kurz auftaucht; für zwischenzeitliche Kurskorrekturen ist dies ja als SDR-Schritt sogar erwünscht. Diese Momente sollten wir nutzen, um uns unserer Empfindungen bewusst zu werden und eine Erinnerungsspur anzulegen – ganz ohne Bewertungen und weiteres Nachdenken. In längeren Pausen oder beim allabendlichen »Termin mit sich selbst« kann man dann das Erlebte auch unter Aspekten der Selbsterfahrung reflektieren: Was habe ich erlebt und gefühlt? Wie habe ich reagiert? Wie waren die genauen Umstände, die diese Gefühle und Reaktionen ausgelöst haben? Wie kann ich dies vor dem Hintergrund meines psychologischen Grundwissens und meines bisherigen Selbstbilds deuten? Was sagt mir das Neues über mich, welche Konsequenzen sind zu ziehen? Ruft man sich die Situationen plastisch genug in Erinnerung, kann es auch sein, dass die Gefühle selbst reaktiviert werden. All dies kann man dann natürlich auch mit einem Coach besprechen, klären und vertiefen (oder ggf. auch mit einem Therapeuten oder in der Selbsterfahrungsgruppe). Gerade in einem solchen Kontext kann auch ein über Jahre geführtes Tagebuch zu einer unschätzbaren Quelle kumulierender *Selbst*kenntnis werden.

Nun mündet unsere Selbstbildexkursion wieder zwanglos auf die Hauptstraße in Richtung Berufung ein.

4.3.3 Wie Sie zu Ihrer Berufung finden

Den Interessen und Neigungen folgen

Für eine Berufung, so hatten wir gesagt, müssen die Begabungen, die Interessen und Neigungen eines Menschen sowie eine gesellschaftlich relevante Aufgabe glücklich zusammentreffen. Über die beiden letzteren Konstituanten bleibt noch zu reden.

Auch hinsichtlich der Interessen und ihrer Inhalte gilt die erwähnte Dialektik von Finden und Erschaffen. Im Grunde handelt es sich hierbei um das mit dem Wachstumskreis beschriebene Wechselspiel zwischen Fremdzweckmotivation und Selbstzweckmotivation. Die Quellen der Fremdzweckmotivation sind die angeborenen primären Motive, die natürlich interindividuell unterschiedlich stark ausgeprägt sind: Den einen zieht es in die Natur, der Nächste sieht sich besonders durch das Leid anderer in seiner Hilfsbereitschaft herausgefordert, ein Dritter fühlt sich durch alles inspiriert, was mit Kampf und Waffen zu tun hat. Aufbauend auf diesen vorgegegebenen primären Neigungen entstehen dann in den Kreisen des Wachstums sekundäre Antriebe und entsprechende Selbstzweckmotivationen: Der Naturbursche eignet sich Wissen über den Wald an und wird mit Leib und Seele Förster; der Hilfsbereite wird zum Krankenpfleger, Sozialarbeiter oder Arzt, unser Kämpfer bringt es zum General und Fachbuchautor in Führungsfragen. Entstehen hier starke und komplexe sekundäre Antriebe, die mit den zentralen Persönlichkeitsstrukturen im Sinne eines Kernantriebs verwachsen sind, dann werden die hier verinnerlichten Inhalte als Berufung empfunden. Es ist also möglich, Interessen nicht nur zu entdecken, sondern auch aufzubauen und zu entwickeln. Das Spektrum dafür ist extrem breit, wie ausführlich beim Thema Wachstum besprochen wurde. Natürlich wird das umso leichter gelingen, je mehr Talent Sie für eine Sache haben und je stärker auch Ihre primären Neigungen in diese Richtung gehen.

Aber die Entwicklung muss nicht unter diesen Idealbedingungen ablaufen. Schaut man in die Biographien bedeutender Persönlichkeiten, findet man gar nicht so selten den Fall, dass diese durch historisch-biographische Zwangslagen zu ihren Lebensthemen fanden, z. B. durch elterlichen Zwang, die Verwerfungen eines Krieges oder per Parteiauftrag in den ehemaligen Ostblockstaaten. Offenbar hat all dies viel mit inneren Haltungen zu tun: Wer sich auch aufgezwungenen Tätigkeiten nicht verschließt, hat die Chance, an ihnen zu wachsen, auch bis hinauf zu einer Berufung. Ähnlich gelagert sind Fälle, in denen Lebensthemen durch frühe sehr einschneidende oder gar traumatische Erlebnisse geprägt werden: Ein Jugendlicher erlebt die Vorgänge im Zusammenhang mit der Scheidung der Eltern als große Ungerechtigkeit und wird Jurist; bei einem anderen stirbt ein Elternteil an Krebs und er wird Onkologe.

Wenn es dann auf dem ein oder anderen Wege gelungen ist, ein starkes Interesse, ja eine Leidenschaft für bestimmte Inhalte zu entwickeln, lautet die

Die Kreise des Wachstums: Primäre Neigungen werden zu Wachstumsbedürfnissen ausdifferenziert

Aber: Auch aus aufgezwungenen Tätigkeiten können Berufungen entstehen

entscheidende Frage, ob sich auf dieser Grundlage eine ökonomische Austauschbeziehung mit der Gesellschaft etablieren lässt, von der man leben kann: Die Inhalte, die man erzeugt oder bearbeitet, müssen die Bedürfnisse anderer in einem Maße befriedigen, das sie zahlungsbereit macht.

Finden oder Erschaffen ökonomisch tragfähiger Existenzformen

Auch hier gilt wieder die Dialektik von Finden und Erschaffen. Einerseits finden wir eine Fülle vorgeprägter sozialer Existenzformen – in erster Linie Berufe und Stellen, die von Firmen und Behörden angeboten werden. Andererseits kann man sich selbstständig machen und durchaus auch versuchen, mit eigenen, neuen und ganz verrückten Geschäftsideen ein Auskommen zu finden. Dabei werden bekannte menschliche Bedürfnisse erstmals ökonomisch genutzt, schon genutzte auf neue Weise angesprochen oder auch ganz neue Facetten potenzieller menschlicher Bedürftigkeit entfaltet. Man kann noch weiter gehen, das eigene *Selbst* zur Marke stylen und versuchen, sich in den Weiten der Medien-, Beratungs- und Therapielandschaften erfolgreich als Persönlichkeit zu vermarkten.

Grundsätzlich kann man vielleicht sagen: Sie werden nicht so grundverschieden von anderen Menschen sein, dass das, was Sie nachhaltig mit Begeisterung erfüllt, nicht auch für eine ausreichende Zahl anderer Menschen interessant sein könnte. Wenn Sie diese Inhalte mit höchster Intensität pflegen und hier eine besondere Meisterschaft erwerben, ist die Wahrscheinlichkeit sehr groß, dass hiervon andere im Sinne einer ökonomischen Austauschbeziehung profitieren können. Seien Sie da guten Mutes, der Kreativität sind hier kaum Grenzen gesetzt. Gerade die Reichweite des Internets erlaubt es zunehmend, auch von kleinen, sehr verstreuten »Gemeinden« zu leben. Wenn man noch in einem »Beruf von der Stange« steckt, kann man vielleicht auf Teilzeitarbeit »runterschalten«, die Dinge wachsen lassen und irgendwann völlig in die neue, maßgeschneiderte Existenzform umziehen.

Aber auch innerhalb vorfindbarer Berufswege sind vielfältige individuelle Anpassungen ein und desselben Arbeitsplatzes, ein Aufgabenwechsel innerhalb eines Unternehmens und über den Aufstieg ins höhere Management der Übergang von einer Spezialistenexistenz in eine Generalistenexistenz möglich, von wo aus man sogar die Branche wechseln kann etc. Wer lebenslang wachsen will, sollte sich auf derartige Veränderungen einstellen – nicht immer findet man nach Schulabschluss auf Anhieb den beruflichen Maßanzug fürs Leben.

Die mit alldem zusammenhängenden Fragen sind natürlich oft sehr schwer zu beantworten: Wie fremdgeprägt ist noch, was ich gerade tue, und wie authentisch und *selbst*entsprechend ist es schon? Wie kann ich meine berufliche Nische noch *selbst*entsprechender einrichten? Wie kann ich mein *Selbst* durch inneres Wachstum der Nische einformen? Oder ist ein Wechsel erforderlich? Wie hoch sind die Risiken, wie hoch wäre der Preis des Scheiterns? Derartige Probleme sind natürlich immer hochindividuell – es wird kaum möglich sein, hierfür allgemein gültige Entscheidungsalgorithmen zu formulieren.

> **❗ Ein wichtiges Instrument beim Entwickeln von Interessen wie auch bei der persönlichen und beruflichen Weiterentwicklung ist das Formulieren von Zielen.**

Wie weit man hierbei in Bezug auf die großen Lebenslinien gehen will, ist Geschmackssache. Dem einen hilft es, für die wichtigen Lebensbereiche detaillierte Jahres- und Fünfjahrespläne zu entwickeln, ein anderer fühlt sich hierdurch eingeengt wie durch ein Korsett. Ein Dritter fängt mit genauen Planungen an und lernt mit wachsender Erfahrung, intuitiver zu leben. Vor zehn Jahren habe ich meine Schreibarbeit noch detailliert durchgeplant, heute weiß ich aus dem Bauch heraus, wieviel Zeit ich für welches Projekt benötige. Eine ausführliche Anleitung zum Entwickeln umfassender Zielszenarios finden Sie in dem Buch »Selbstmotivation« von G. Huhn und H. Backerra (2002).

Zielszenarios als Instrument der Interessensentwicklung

Wir brauchen konkrete Ziele und plastische Visionen – sie steigern die Motivation und stabilisieren die Selbstdisziplin. Aber wir sollten uns auch nicht zu früh und zu stark in bestimmte Einzelziele verbeißen. Dies kann die Persönlichkeitsentwicklung einengen und uns blind machen für bessere Alternativen. Die Überidentifikation mit einem einzigen konkreten Ergebnisziel erhöht die Gefahr, dass das Leben scheitert, weil dabei fast immer Faktoren im Spiel sind, die man nicht unter Kontrolle hat. Partout einen Bestseller schreiben zu wollen, wäre ein riskantes Spiel. Besser wäre hier die Formulierung eines Handlungsziels: Ich will mein Wissen und meine Erfahrung auf die bestmögliche Weise in einem Buch komprimieren. Und selbst das Erreichen lang ersehnter Ergebnisziele ist nicht ungefährlich: Einige der amerikanischen Mondlandungsastronauten sind nach ihrer Mondfahrt schwer depressiv geworden – welches irdische Treiben hätte für sie noch reizvoll sein können? Huhn und Backerra empfehlen vor diesem Hintergrund in Anlehnung an J. Parikh ein »management by detached involvement« – eher schlecht übersetzbar mit »Management durch distanziertes Engagement«.

Verhaltensziele vs. Ergebnisziele

Das Herzensanliegen leben

Wie also finden Sie zu Ihrer Berufung? Lassen Sie uns das Wichtigste so gut es geht auf den Punkt bringen:

Nutzen Sie das Leben und die Rückmeldungen durch andere bewusst als einen Kurs in *Selbst*erfahrung. Welche Eigenheiten unterscheiden Sie von anderen und in welchem Kontext wirken sie sich als Stärken aus? Wo liegen Ihre Neigungen und Interessen? Gehen Sie mit entspannter Offenheit durchs Leben, interessieren Sie sich breit und achten Sie darauf, was Sie emotional berührt und bewegt – im positiven wie im negativen Sinne. Wo spüren Sie den Impuls, sich engagieren zu wollen? Was empfinden Sie als sinnhaft?

Offen durchs Leben gehen: Wo fühlen Sie sich emotional berührt?

Was können Sie besonders gut, was interessiert Sie und was macht Ihnen Freude? Probieren Sie sich in aller Breite aus! Jobben Sie, wo immer es geht, machen Sie diverse Praktika. Wechseln Sie durchaus auch Job und Beruf – Patchwork-Karrieren werden wohl immer normaler und zunehmend weniger als Makel ausgelegt.

Entwickeln Sie die Inhalte Ihres Interesses im Sinne der Prinzipien des inneren Wachstums. Sollten Stärken, Interessen und lukrative Berufs- oder Geschäftschancen auseinanderfallen – folgen Sie Ihren Interessen. Besser ein eher mittelmäßiger und manchmal klammer, dafür aber glücklicher Puppenspieler, als ein erfolgreicher Investmentbanker, der depressiv ist. In der Tendenz ist es wohl richtig, dass man nur das, was man mit Freude und Begeisterung tut, auch mit höchster Exzellenz hinbekommt, und dass man alles, was

In erster Linie den Interessen und Neigungen folgen

man lange und beharrlich mit freudiger Hingabe verfolgt, irgendwann zumindest ausreichend gut machen wird, selbst wenn man dafür nicht übermäßig begabt ist.

Es werden sich vielfältige Kompensationsmechanismen etablieren: Man kann mehr Zeit und Energie einsetzen als andere; man kann allerlei technische Hilfssysteme entwickeln – ich z. B. musste mir als gedächtnisschwacher Stationsarzt die Mühe machen, für jeden Patienten ein Karteikärtchen in meiner Kitteltasche zu tragen –, man kann Teilschwächen durch besondere Teilstärken ausgleichen, und v. a.: Man kann sich mit komplementären Partnern zusammentun. Kann man ein Unternehmen führen, wenn man rhetorisch sehr schwach ist? Warum nicht, wenn andere Kernkompetenzen stark ausgeprägt sind, wenn man beispielsweise eine besonders gute Intuition für die Entwicklung der Branche hat und eine entsprechende Vision für das Unternehmen. Man kann sich darauf verlegen, besonders prägnante und überzeugende Rundschreiben zu verfassen und das persönliche Mitreißen der Belegschaft einem Vorstandskollegen überlassen.

Offen mit Schwächen umgehen

Gehen Sie offen mit eventuellen Schwächen um – Sie werden überrascht sein, wie positiv und unterstützend andere darauf reagieren und wieviel besser Sie sich fühlen. Manchmal führt die Entwicklung auch aus sich heraus in einen anderen Kontext hinein, in dem aus Schwächen unerwartet Stärken emergieren. So berichten Buckingham und Clifton in ihrem oben genannten Buch von dem bekannten amerikanischen Anwalt David Boies, der z. B. die Regierung im Anti-Trust-Prozess gegen Microsoft vertrat. Er leidet unter der Lesestörung Dyslexie und als Schüler hätte ihm wohl kaum jemand dazu geraten, ausgerechnet einen so aktenbeladenen Beruf wie den des Anwalts zu ergreifen. In der Praxis allerdings erwies sich seine Schwäche als zunehmend positiv: Seine Furcht vor langen komplizierten Worten führte dazu, dass er eine besonders einfache und klare Sprache entwickelte, die in besonderem Maße geeignet war, die Menschen zu berühren und zu überzeugen.

> ❗ **Entscheiden Sie sich kompromisslos dafür, Ihr Herzensanliegen zu leben, und lassen Sie sich durch nichts dabei aufhalten.**

»Für mich ist einer der erstaunlichsten Vorgänge, wie neue Ideen und Möglichkeiten denen zufallen, die entscheiden, was sie wirklich wollen, und den Mut haben, ihren Entscheidungen nachzugehen. Von allem, was ich kenne, kommt das echter Zauberei am nächsten,« beobachtete der amerikanische Managementberater Michael LeBoeuf. Wie zur Illustration dieser Aussage las ich im Managermagazin 1/05 gerade eben von dem ehemaligen Swissair-Manager Rolf Dobelli. Mit 35 stellte er fest, dass er an seinem Job als Chef einer Swissair-Tochter eigentlich kein spezielles Interesse hatte. Er riskierte den schon gewonnenen Standard, kündigte und realisierte die Geschäftsidee, von der er lange geträumt hatte. Er gründete GetAbstract, ein Internetunternehmen, das Zusammenfassungen von Wirtschaftsbüchern vertreibt. Inzwischen schreibt er zudem Romane aus der Managerwelt und wird als der Shootingstar der Schweizer Literaturszene gefeiert.

Konsequent Inhalte entwickeln – in der Form flexibel bleiben

Setzen Sie sich beim Vorantreiben Ihres Herzensanliegens Ziele, aber geben Sie dem Inhalt Vorrang vor der Form. Da sich die meisten Inhalte in unterschiedlicher Form umsetzen lassen, sollten Sie sich möglichst lange Alternativen offen halten und erst auf der Endstrecke ein konkretes Ziel mit aller Kraft ansteuern. Das Herzensanliegen eines befreundeten Kommilitonen war es, einer wahrhaft ganzheitlichen Medizin voranzuhelfen. Er hat sich auf die Entwicklung dieser Inhalte konzentriert und sie auf ganz unterschiedliche Weise gelebt: als Oberarzt an einer Universitätsklinik, als Studentenausbilder, als Wissenschaftler und Autor. Dann spielte er mit dem Gedanken, in die Politik einzusteigen, aber es bot sich unvermittelt die Chance, eine Privatklinik zu gründen, in der er seine Modelle nun in Reinform umsetzen kann. Seit kurzem ist er sogar Honorarprofessor. Ein anderer Kommilitone war von Anfang an mit großem Ehrgeiz darauf fixiert, einmal Universitätsprofessor zu werden – er ist es bis heute nicht.

Und was, wenn Sie ein ausreichend starkes Herzensanliegen bei sich nicht spüren? Dann könnten Sie zunächst in die Vergangenheit schauen – gab es in Ihrer Kindheit und Jugend einmal starke Berührungen, Interessen und Leidenschaften, die sich reaktivieren ließen? Wenn Sie auch hier nicht fündig werden, sollten Sie sich Anliegen und Ziele rational konstruieren und darauf hoffen, dass der Appetit mit dem Essen kommt, im Sinne unserer Wachstumsprinzipien. Die Konstruktions- bzw. Auswahlkriterien sind dann natürlich Aufgaben bzw. Berufe mit großer Nachfrage, mit Orientierung an nachhaltigen sozialen Werten (besser eine Solartechnikfirma als eine Zigarettenfabrik) und mit Passung zu Ihrem Stärkenprofil. Insbesondere in einer solchen Situation der relativen Ratlosigkeit können dann die oben genannten Talenttests oder das Zielszenario nach Huhn und Backerra dabei helfen, einen Einstieg in die *Selbst*entwicklung zu finden.

Doch was, wenn Sie das Gefühl haben, derart in Zwängen festzustecken, dass Sie glauben, keinerlei Bewegungsmöglichkeit mehr zu haben, als einen ungeliebten, *selbst*beschränkenden Job weiterzumachen? Vielleicht haben Sie eine Familie mit drei Kindern und einen Riesenkredit für das Haus abzuzahlen. Nun, an alle, die diesen Fehler noch nicht gemacht haben: Begeben Sie sich nie in eine solche Situation, ehe Sie nicht wirklich sicher sind, bei sich selbst angekommen zu sein, Ihre Berufung gefunden zu haben und über eine gesicherte materielle Basis zu verfügen (bis dahin tun es auch ein Kind und ein gemietetes Haus). Wenn Sie aber schon in der Tinte sitzen, gilt: Fast immer handelt es sich um relative Zwänge innerhalb Ihrer gewohnten Denkstrukturen. Sie sitzen nicht in einem Gefängnis mit Eisentüren. Sie sind frei. Sie können tun, was Sie wollen, wenn Sie nur bereit sind, den Preis dafür zu zahlen. Sie können locker Ihr Haus verkaufen – erinnern Sie sich: Mit Ihrem Glück hat das nur sehr wenig zu tun. Sie müssen Ihren Kindern keine Privatschule und kein Studium bezahlen – wer für ein Studium geboren ist, schlägt sich durch und wächst an den Schwierigkeiten. Vielleicht würden sich solche Entscheidungen später sogar als Schritte erweisen, die Sie und Ihre Familie näher an die Dinge herangebracht haben, die wirklich wichtig sind. Und ehe Sie depressiv und suizidal werden, können Sie sogar Ihre Familie verlassen. Auch das wäre nicht die schlimmste aller Katastrophen.

Die Handlungsmöglichkeiten nach außen sind also fast immer deutlich größer, als es uns auf den ersten Blick aus unseren gewohnten Sichtweisen und Denkmustern heraus erscheint – und das gilt in noch größerem Umfang für die Verhaltensmöglichkeiten nach innen. Sollten Sie sich also entschließen – aus welchen Gründen auch immer – in einer Lebenssituation zu verbleiben, in der Sie den Sachinhalt Ihrer beruflichen Kerntätigkeit nicht zu

Manchmal kommt der Appetit mit dem Essen

Oft sind die sog. Zwänge nicht wirklich zwingend

Universelle Berufungen: persönliche Meisterschaft und soziales Engagement

einer wirklichen Berufung ausbauen können: Es gibt durchaus so etwas wie universelle Berufungen, die sich jeder in jeder Lebenslage erschließen kann.

Da haben wir zuallererst die Fülle innerer Ziele, die sich auf die *Selbst*vervollkommnung und das Erreichen persönlicher Meisterschaft beziehen. Ein wichtiger Teil davon ist sicher die Bereitschaft und Fähigkeit, sich jener Sinnmomente anzunehmen, die es in fast jeder Aufgabe an fast jedem Platz gibt, an den einen das Schicksal stellt. Es macht immer einen Unterschied, ob man etwas besser macht oder nicht, ob man sich an positiven Werten orientiert oder nicht, ob man alle seine Möglichkeiten nutzt, anderen zu helfen, oder nicht. Und wie klein uns dieser Unterschied auch erscheinen mag – niemand weiß, wozu er sich im komplexen nichtlinearen Wechselwirkungsgeflecht dieser Welt auswachsen mag (Schmetterlingseffekt). Es macht einen Unterschied, ob z. B. ein KFZ-Prüfingenieur genau hinschaut oder nur durchwinkt. Vielleicht verhindert das einen Unfall, bei dem ein Politiker sein Leben verloren hätte, der dann das Land aus der Krise führt. Er mag seinen vom Vater oktroyierten Beruf nicht lieben, die Arbeitsbedingungen mögen von Jahr zu Jahr schlechter werden – doch immer bleibt seine Verantwortung für das Leben vieler Menschen. Und wenn er sich diese Verantwortung täglich bewusst macht, dann wird er seiner Tätigkeit auch Momente der Erfüllung abgewinnen können. Ein Diamant bleibt ein Diamant, wie hoch der Haufen Mist auch sein mag, der sich über ihm auftürmt.

Bei fast jeder Tätigkeit existiert neben der Sachebene die Beziehungsebene: Es gibt Kollegen, Kunden und Klienten. Das Streben nach persönlicher Meisterschaft ist ein Wert in sich, den es lohnen würde, auch als Robinson Crusoe zu leben. Noch besser aber ist es, dieses Streben damit zu verbinden, auch anderen auf ihrem Weg voran zu helfen. In jeder Begegnung kann man versuchen, verbindende Werte spürbar zu machen, und sei es nur ein Lächeln oder ein freundliches Wort auf dem Behördenflur. Auch unser Prüfingenieur könnte das als ein eigenständiges Entwicklungsfeld neben seiner Sachtätigkeit begreifen, auf dem man erfüllende menschliche Begegnungen und jede Menge Spaß haben kann, auf dem man Sinn finden kann durch Hilfe: Er könnte lernen, den Gemütszustand seiner Kunden zu erfassen und positiv darauf einzuwirken. Vielleicht baut er in einem zweiminütigen Gespräch am Rande eine deprimierte Krankenschwester so auf, dass die tödliche Verwechslung der Infusionsflaschen nicht stattfindet, oder er empfiehlt einem ausgebrannten Anwalt ein Buch, das dessen Leben auf ein neues Gleis bringt. Und dann ist da schließlich noch die Gründung einer eigenen Familie als wahrhaft universelle primäre Berufung.

Jede Lebenssituation enthält Sinnmomente

Wenn man all diese Sinnmomente zu nutzen lernt, kann man das Leben im ganzheitlichen Sinne als Berufung erfahren. Auch wenn es einem nicht bestimmt sein sollte, selbst ein spezielles großes Werk zu schaffen, so trägt man auf diese Weise doch zum Monumentalwerk der Menschheitsgeschichte bei. Lassen Sie uns also die Leitsterne des Sinns suchen und immer im Auge behalten, an welchen Platz auch immer uns das Schicksal stellen mag.

4.4   Kreativität und Erfolg

4.4.1   Das schöpferische Universum

Auch wenn Sie inzwischen ewig lächelnder Buddhaschaft nahe sind und Ihnen der innere Weg fast schon wichtiger ist als der äußere Erfolg – lassen Sie uns die Dinge nun noch einmal gesondert unter dem Aspekt der kreativen Leistung betrachten.

Wie in den Eingangskapiteln besprochen, ist Kreativität ein universelles Naturphänomen: Auf allen Ebenen unseres Universums erzeugt kreative synergetische Selbstorganisation neue Struktur und Information, die dann in aussedimentierenden Feststrukturen gespeichert werden, als Ausgangspunkt für immer neue Aufbauprozesse. Das kreativste Produkt dieses Prozesses, in dem gleichzeitig die Kreativität am stärksten weiter angeheizt wird, ist das menschliche Gehirn. Dabei werden die verschiedenen Formen der Intelligenz, die Talente, die geistige Flexibilität und Neugier, das primäre Niveau von Antrieb und Motivation wesentlich von genetisch-biologischen Faktoren mitbestimmt.

Das menschliche Gehirn als kreativstes Produkt des schöpferischen Universums

Soziale Faktoren sind nicht weniger wichtig: Auch wenn sich der ultimative kreative Akt letztendlich immer nur im Gehirn des Einzelnen vollziehen kann, so gewinnt dieses Gehirn doch die Problemstellungen und das geistige Baumaterial aus den gegenständlichen und symbolischen Mem-Speichern der soziokulturellen Evolutionssphäre, in denen das Wissen der Generationen kumuliert: Alltagsgegenstände, Werkzeuge, Maschinen, Bücher, Zeitschriften, CDs, Filme etc. Entsprechend dem Entwicklungsstand der soziokulturellen Evolutionssphäre gibt es dann Probleme, die zu einem bestimmten Zeitpunkt drängend und reif sind – sie werden dann nicht selten von mehreren kreativen Geistern in großer zeitlicher Nähe gelöst. Als Beispiel, das nicht näher liegen könnte, drängt sich auf: Die Grundgedanken der Evolutionstheorie wurden von Charles Darwin und seinem Landsmann und Berufsgenossen Alfred R. Wallace parallel und zeitgleich geboren.

Wie dieses Beispiel weiter zeigt, ist es mit dem kreativen Produkt allein noch nicht getan. Ob aus dem Produkt ein wirklicher wissenschaftlicher, künstlerischer oder ökonomischer Erfolg wird, hängt nun wieder von Eigendynamiken in der soziokulturellen Sphäre ab, auf die man selbst zumeist nur wenig Einfluss hat – ein kleiner zeitlicher Vorsprung, gute Beziehungen zu einem Geldgeber, einem Politiker oder Journalisten, das rechtzeitige Erfasstwerden von einer Modewelle können hier entscheidend sein. Entsprechend dem in ▶ Abschnitt 1.1.1 beschriebenen Matthäus-Effekt führen dann selbstverstärkende Prozesse nicht selten zu einer Situation, in der gilt: the winner takes it all – im obigen Fall war bekanntlich Charles Darwin der Sieger.

Die Bedeutung soziokultureller Faktoren

4.4.2   Diachrone Kreativität

Was kann man selbst tun, um eine möglichst kreative Persönlichkeit zu werden mit besten Aussichten auch auf äußeren Erfolg? Die kreativen Strukturbildungen gemäß dem synergetischen Variations-Selektions-Prinzip laufen in unserem Gehirn auf mehreren Ebenen ab. Für unsere Zwecke genügt es,

Erleuchtungen entspringen der psychoneuralen Selbstorganisation im *Selbst*

zwischen der Ebene des *Selbst* und der Ebene des *Ich* zu unterscheiden. Auf der Ebene des *Selbst* vollziehen sich die unbewussten Anteile unserer Tätigkeitsprozesse – und wir müssen davon ausgehen, dass bei allen kreativen Denkvorgängen mehr oder weniger große Teile unserer gesamten Wissensrepräsentation unterbewusst mitaktiviert sind und an dem Gesamtgeschehen teilnehmen. Aus hochkomplexen Prozessen der synergetischen Selbstorganisation emergiert hier in Ordnungssprüngen, was dann als »Erleuchtung« in unser Bewusstsein tritt.

Wie man die Kreativität des *Selbst* fördert

Was man zur Förderung dieser Kreativität des *Selbst* tun kann, haben wir größtenteils schon besprochen: die Befreiung des *Selbst* von blockierenden Soll- und Mussvorstellungen, das Aneignen möglichst umfangreichen Wissens und die quasiorganismische Integration dieses Wissens in Form eines Systems möglichst starker sekundärer Antriebe. Sekundäre Antriebe und die aus ihnen heraus wirksamen starken Ordner bzw. Attraktoren fungieren als Kraftfelder der kreativen Strukturbildung – sie erzeugen eine Art Emergenzsog in Richtung Lösung. Und wie schon ausgeführt, gelingt eine solche quasiorganismische Wissensintegration am besten vor dem Hintergrund eines modernen systemisch-evolutionistischen Weltbilds.

M. Csikszentmihalyi hat sich in einer umfangreichen Studie mit besonders kreativen Zeitgenossen beschäftigt und resümiert: »Wenn ich mit einem Wort zusammenfassen sollte, was ihre Persönlichkeit von anderen unterscheidet, so wäre es Komplexität« (Csikszentmihalyi 1997, S. 88).

Wie das *Ich* die Kreativität fördert

Auf der Ebene des *Ich* besteht die Kreativität in einem möglichst produktiven bewussten Umgang mit dem *Selbst* und den von ihm heraufgereichten Lösungsvorschlägen. Das *Ich* kann mit Hilfe bestimmter Techniken Prozesse der Strukturbildung im *Selbst* anregen, mit dem Synergieohr die produktivste Richtung erfühlen – Intuition – und mit dem Vernunftauge diejenige der Lösungen auswählen, die auch im Detail am besten passt. Auf wichtige Aspekte dieses Wechselspiels zwischen Vernunftauge und Synergieohr wurde bereits eingegangen.

Die aus all dem entstehenden Momente der Selbstverstärkung – je komplexer die Ordnung, desto stärker der Drang, sie noch weiter auszubauen – können sich bis zu einer kreativen Besessenheit steigern, in der primäre Bedürfnisse z. T extrem vernachlässigt werden.

Diachrone Kreativität: Die Entfaltung des schöpferischen Prozesses im zeitlichen Nacheinander

Darüber hinaus macht es Sinn, zwischen einer diachronen und einer synchronen Kreativität zu unterscheiden. Beginnen wir mit der diachronen Kreativität, dem schrittweisen Erarbeiten einer kreativen Leistung über einen längeren Zeitverlauf. Dieser Prozess lässt sich grob in folgende Phasen einteilen:

1. Problemfindung bzw. Lösungsvorbereitung – »Transpiration«
2. Lösungssuche bzw. Inkubation
3. Illumination und »emotionale Lösung«
4. Explikation und Verifikation

Problemfindung bzw. Lösungsvorbereitung – »Transpiration«

Zu jeder Zeit existiert eine Vielzahl vorgefundener Problemstellungen. Zumindest in höherqualifizierten Berufen wird uns ein Teil von ihnen als Arbeitsaufgabe vorgelegt. Allerdings gibt es auch immer latente bzw. potenzielle Probleme, deren erstmalige Wahrnehmung und Formulierung oft größere

Wirkungen auf den Fortschritt hat als die Lösung bekannter Probleme. So waren im Jahre 1928 Antibiotika noch kein Forschungsthema. Dennoch fand der britische Bakteriologe Alexander Fleming die folgende scheinbar nebensächliche Beobachtung so bemerkenswert, dass er ihr in gesonderter Forschungsarbeit nachging: Wurden Bakterienzuchten von bestimmten Schimmelpilzen (Penicillium notatum) verunreinigt, so bildeten sich rings um die Pilzkolonien Areale, in denen die Bakterien abstarben. Hieraus ergab sich später die Entwicklung des Penicillins und schließlich der Siegeszug der Antibiotika. Hunderte seiner Kollegen waren über Phänomene dieser Art verärgert oder gleichgültig hinweggegangen – Fleming trug es 1945 den Nobelpreis ein.

Jahrzehntelang drehten Millionen von Männern ihre Schrauben in die guten alten Holzdübel, die sie sich zuvor mühevoll zurechtgeschnitzt hatten. Manch ein Ungeschickter mag sich danach unter Flüchen einen seiner zehn linken Finger verbunden haben – offenbar hat aber nur einer ein Problembewusstsein entwickelt und nachgedacht: der deutsche Ingenieur Artur Fischer. Er ersann das genial einfache Prinzip des Spreizdübels und machte ein Millionenvermögen.

Man kann sicher sein, dass in ähnlicher Weise noch viele Nobelpreise und Euromillionen quasi auf der Straße liegen.

Wir sehen: Der Erzfeind der Kreativität ist die Gewöhnung. Ja, es ist der Wissenschaft gelungen, aus dem Strom der Ereignisse einige einfache Regularitäten herauszufiltern und zutreffend zu modellieren – das hat uns etwa die Elektrizität, Kunststoffe oder den Mondflug geschenkt. Doch für komplexere Probleme funktioniert das leider längst nicht so gut. Freilich hat dies die Wissenschaften nicht davon abhalten können, immer wieder falsche Allmachtsansprüche zu erheben. Dieser Vorwurf trifft weite Teile der Geisteswissenschaften. Hier wurden oft weltleere begriffliche Luftschlösser gebaut, in deren Spiegelsälen sich noch für jedes hochkomplexe Problem eine Scheinerklärung erfechten lässt – so etwa, wenn auf psychische Störungen jeder Art mit dem Hinweis »schlimme Kindheit« geantwortet wird und dann ein wissendes Nicken die Runde macht.

Dieser Vorwurf trifft auch die Naturwissenschaften. Oft werden neue Forschungsansätze in ihrer Tragweite grotesk überschätzt und allzu sorglose Wissenschaftlerkollegen erklären dann die letzten Welträtsel für gelöst. Da muss die Quantenphysik herhalten zur Erklärung des freien Willens oder der Geistheilung. Da wird das Rätsel des Lebens für gelöst erklärt, weil die Gene einiger Arten vollständig kartiert wurden. Man kann mit Magnetresonanztomographen grob darstellen, wie sich bei geistiger Tätigkeit die Durchblutung im Gehirn verändert, und schon ist das Denken enträtselt.

Für alles scheint es eine Erklärung zu geben. Die Wissenschaft entzaubere die Welt – so konnte man lesen. Spätestens jetzt könnte man vielleicht dem Vorschlag von Charles Duell folgen, der schon 1899 als Direktor des US-Patentamts empfahl, sein Amt zu schließen, weil alle überhaupt möglichen Erfindungen bereits gemacht seien. Und schließlich kommt die Zeit und bringt das dumpfe Gift der Gewöhnung, dessen Krankheiten Routine, Langeweile oder Überdruss heißen. Auf der primären Ebene erlahmt die Neugier und auf der sekundären Ebene richtet man sich in einem immer geschlosseneren System aus Teilerklärungen, Scheinerklärungen und Vorurteilen ein. Wir

Verborgene Probleme erkennen: Fleming und Fischer

Die Gewöhnung an Scheinerklärungen als Erzfeind der Kreativität

nehmen die Welt gar nicht mehr wirklich wahr und gehen gelangweilt über sie hinweg – ach wenn man doch nicht alles schon kennen würde, ach wenn man doch nicht alles so durchschaute.

Auch vermeintliche wissenschaftliche Wahrheiten immer wieder in Frage stellen

Doch glauben Sie mir: Wir haben nicht viel verstanden von dieser Welt – wir haben uns schlicht und einfach an sie gewöhnt. Diese Entwicklung liegt teilweise in der Natur der Sache. Erkennen Sie das, gehen Sie auf kritische Distanz und arbeiten Sie dagegen an. Machen Sie sich immer wieder die in den Eingangskapiteln besprochenen Grenzen des Wissens klar. In der Mitte des Begriffsteppichs einer gut elaborierten Wissenschaft mag sich das Scheingefühl umfassender Erklärungen einstellen. Aber die Ränder dieses Teppichs hängen im Nichts – jede Theorie fußt auf Postulaten, die unbewiesen sind. Auf die letzten Fragen der Existenz kann die Wissenschaft prinzipiell nicht antworten. Und macht sich diese Wissenschaft daran, einen deutlich größeren Teppich zu weben, ändert sich immer auch wieder das scheinbar festgefügte Muster in seiner Mitte (»wissenschaftliche Revolution«, »Paradigmenwechsel« nach T. Kuhn).

Wissenschaft bildet also immer nur vorläufige Hypothesen, die uns mehr oder weniger gut beim (Über-)Leben helfen. Die wissenschaftlich-technische Entwicklung entzaubert nicht die Rätsel dieser Welt – im Gegenteil, sie vergrößert sie. Die Mathematik erklärt die Bahnen von Planeten und Raketen? Nein, sie beschreibt sie nur – und gebiert ein neues und viel größeres Rätsel: Wie kommt es, dass die Denkstrukturen in unserem Kopf so exakt auf die Strukturen der Außenwelt passen?

❗ Diese Welt ist und bleibt ein herrliches und für uns im Letzten unerklärbares Wunderwerk – wir sollten uns das immer wieder bewusst machen, um das Staunen nicht zu verlernen und unsere Neugier nicht zu verlieren.

Das Staunen nicht verlernen

Schließen Sie kurz die Augen. Wenn Sie sie wieder öffnen, versuchen Sie sich vorzustellen, Sie sähen die Welt zum ersten Mal. Was für ein verrücktes Spiel, an dem wir hier teilnehmen, nicht wahr? Was gäb ich darum, zu erfahren, was wirklich dahinter steckt. Versuchen Sie sich öfter einmal in einer solchen bewusst naiven Weltwahrnehmung (z. B. regelmäßig, wenn Sie nach dem Meditieren die Augen öffnen).

Bleiben Sie sich der Grenzen jedes Wissens bewusst. Es gibt keine absoluten und endgültigen Antworten. Gehen Sie in entspannter Offenheit durchs Leben, versuchen Sie, durch die Schleier unserer relativen Konzepte hindurchzusehen und die Welt so wahrzunehmen, wie sie ist.

Offen und sensibel bleiben für Merkwürdigkeiten und nie aufhören, Fragen zu stellen

Achten Sie auf Unerwartetes, auf scheinbar unwichtige Abweichungen vom Gewohnten. Achten Sie auf alle auch scheinbar nebensächlichen Probleme im Alltag, auf kleine Diskrepanzen zu Ihren Wünschen und Bedürfnissen oder denen anderer. Wo könnte man etwas verbessern? Hören Sie niemals auf, sich und anderen Fragen zu stellen. So können Sie Ihre Chancen erhöhen, auf neue Problemstellungen zu stoßen, die weiterführen.

Die Lösungsvorbereitung

Wenn Sie dann ein vorgegebenes oder selbst gefundenes Problem als das Ihre angenommen haben, treten Sie in die Phase der Lösungsvorbereitung: Es gilt, sich in das Problemfeld einzuarbeiten, sich nach den Prinzipien des inneren Wachstums Wissen und Kompetenzen anzueignen, die auch zum weiteren Umfeld des Problems gehören. In vielen Fällen kann es helfen, sich eine ausführliche Liste zu machen, die alle potenziellen Quellen hilfreicher

Information enthält: Bücher und Zeitschriften, Institutionen, z. B. Forschungsinstitute, Experten auch angrenzender Disziplinen. Immer sollten Sie auch im Internet umfassend recherchieren. Arbeiten Sie diese Liste konsequent ab, geben Sie auch dem Zufall eine Chance, nicht selten findet sich der entscheidende Lösungsbaustein in einer ganz entlegenen Ecke. Manchmal schlägt beim Abarbeiten solcher Listen schiere Quantität in Qualität um (mit Bezug auf ▶ Abschn. 3.3.5 wäre dies der Fast-forward-Modus). Preschen Sie nicht ungeduldig vor: Erst denken und nicht handeln, dann handeln und nicht mehr denken.

In diesen Phasen des Wissenserwerbs und der Materialrecherche gibt es sowohl die uns schon bekannten Durststrecken des Wachstums als auch ermüdende Routinetätigkeiten. Genie ist nach Thomas A. Edison zu 1 Prozent Inspiration und zu 99 Prozent Transpiration. Hier kann man sich phasenweise auch einmal unter Druck setzen, ohne dass dies negative Auswirkungen haben muss (sofern nicht durch ein Übermaß die Gesundheit leidet). In der sich nun anschließenden Phase sieht das anders aus.

Lösungssuche bzw. Inkubation

Man kann Probleme nach vielen unterschiedlichen Aspekten kategorisieren – für unsere Zwecke genügt eine Unterteilung in pragmatische und ästhetische Probleme. Bei pragmatischen, also einfachen lebenspraktischen, technischen, wissenschaftlichen oder auch sozialen Problemen geht es darum, das Problemfeld aus einer gegebenen Ist-Situation in eine gewünschte Soll-Struktur zu transformieren, die sinnvoller oder nützlicher ist.

Pragmatische Probleme: vom Ist zum Soll

Da die Lösung in der Wirklichkeit funktionieren soll, muss man sich dabei zwingend an Gesetze und Beschränkungen dieser Wirklichkeit halten: Gesetze und Eigenschaften materieller Prozesse (physikalische, chemische, biologische, psychologische und soziale), universelle geistige Gesetze (Vernunft, Logik, Mathematik), Konventionen (Kultur, individuelle Gewohnheiten). Dabei gilt es, negative Beschränkungen so zu respektieren und alle potenziell positiven Eigenschaften zu erkennen und so zu nutzen, dass eine Umformung des Problemfeldes in eine neue, funktionsfähige Struktur möglich wird, die die Eigenschaften der gewünschten Lösung aufweist.

Vieles kann hierfür notwendig werden: Elemente anders in Beziehung zu setzen, sie also neu zu kombinieren, zu verschieben, auszutauschen oder zu entfernen; neue Elemente zu erschaffen oder aus ganz anderen Bereichen hereinzuholen; bislang unverbundene Bereiche der Wirklichkeit oder der Theorie zu verbinden, Strukturen unterschiedlichen Abstraktionsgrades von einem Bereich in den anderen zu übertragen etc. Die Vielfalt der Möglichkeiten ist hier so groß, dass es den Rahmen unseres Buches sprengen würde, all das mit Beispielen zu untersetzen. Hierzu könnten Sie spezielle Bücher zum Thema Kreativität und Kreativitätsförderung konsultieren (z. B. Wertheimer 1964; Duncker 1963; Ulmann 1973; Metzger 1962).

Das Problemfeld umstrukturieren

In komplexen Situationen, in denen auch psychologische Faktoren eine Rolle spielen, kann sogar die paradoxe Verkehrung eines Elements in sein Gegenteil zur Lösung führen. So berichten Watzlawick und Mitarbeiter von folgendem wohl historisch verbürgten Fall: »Als die Herzogin von Tirol, Margareta Maultasch, im Jahre 1334 die Kärntner Burg Hochosterwitz, die hoch über dem Talboden einen steilen Felskegel krönt, einschloss, war es ihr klar,

Paradoxe Lösungen: Die Geschichte der Herzogin Margareta

dass die Festung nicht im Sturm, sondern nur durch Aushungerung bezwungen werden könne. Im Lauf der Wochen wurde die Lage der Verteidiger dann auch kritisch, denn ihre Vorräte waren bis auf einen Ochsen und zwei Säcke Gerste aufgebraucht. Doch auch Margaretas Lage war inzwischen schwierig geworden: Die Moral ihrer Truppen verlotterte, das Ende der Belagerung war nicht abzusehen. Zudem hatte sie sich noch andere, vielversprechende militärische Ziele gesetzt. In seiner Zwangslage entschloß sich der Verteidiger der Burg zu einer Kriegslist, die seinen eigenen Leuten selbstmörderisch erscheinen musste: Er befahl, den letzten Ochsen zu schlachten, seine Bauchhöhle mit der verbliebenen Gerste vollzustopfen und ihn dann über die steile Felswand auf eine Wiese vor das feindliche Lager hinunterzuwerfen. Wie erhofft, überzeugte diese höhnische Geste Margareta von der Zwecklosigkeit, die Belagerung fortzusetzen, und sie zog ab« (Watzlawick et al. 1979, S. 9).

Hinter den oben genannten Stichworten »Konventionen« bzw. »Gewohnheiten« verbergen sich natürlich auch Beschränkungen, die nicht den Charakter naturgesetzlicher Notwendigkeit tragen: kulturelle Traditionen, die hinderlich geworden sind und mit Gewinn für alle verändert werden könnten, aber auch völlig unnötige Blockaden, die aus Denkgewohnheiten oder Eigendynamiken der Wahrnehmungs- und Denkprozesse selbst resultieren.

Denkblockaden: das Neun-Punkte-Problem

Dies immerhin lässt sich sehr schön an einem einfachen Beispiel verdeutlichen: das sog. Neun-Punkte-Problem, das meines Wissens Anfang der 70er-Jahre durch Publikationen von Watzlawick und Mitarbeitern in die Diskussion gebracht wurde. Die Aufgabe besteht darin, alle neun Punkte von ◘ Abb. 4.3 durch möglichst wenige gerade und ohne abzusetzen gezeichnete Linien zu verbinden. Sollten Sie die Übung noch nicht kennen, versuchen Sie es ruhig einmal selbst, ehe Sie weiterlesen oder nach den Lösungen auf der nächsten Seite schauen (◘ Abb. 4.4; Kriz 2000, S. 210). Die umseitig dargestellten Lösungen zeigen, wie man nur eine einzige Linie benötigt, indem Schritt für Schritt implizite Blockaden abgebaut werden, die sich die Versuchsperson selbst auferlegt, ohne dass sie in der Aufgabenstellung enthalten wären. Die erste dieser Blockaden resultiert wohl aus der Prägnanztendenz unserer Wahrnehmung, die den Punkten die Grenze eines Quadrates hinzufügt, verbunden mit der impliziten Aufforderung, diese nicht zu überschreiten; die zweite resultiert aus der gewohnheitsmäßigen Voraussetzung einer streng mathematischen Definition des Punktes, nach der der Punkt keine Fläche hat; und die dritte schließlich ergibt sich aus der Gewöhnung an die Strichbreite üblicher Schreibgeräte. Blockaden dieser Art sind wohl immer mit im Spiel, wenn wir erfolglos nach Problemlösungen suchen.

Was kann helfen, wenn wir das Problemfeld mit seinen Elementen vor uns haben und nach Lösungen suchen?

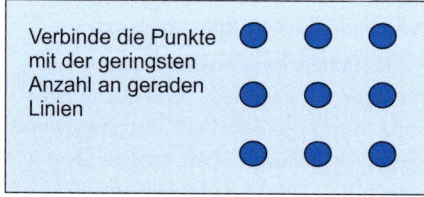

◘ **Abb. 4.3.** Das Neun-Punkte-Problem

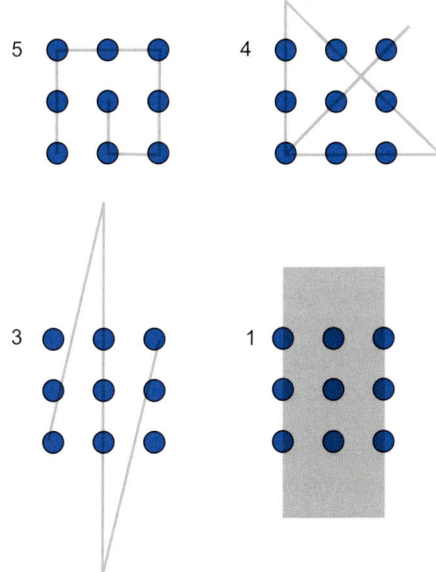

Abb. 4.4. Die Lösungen des Neun-Punkte-Problems

Zunächst könnten wir versuchen, das Spiel der Evolution auch auf der bewussten Ebene zu simulieren: Nehmen Sie sich Zeit und entspannen Sie sich. Produzieren Sie auf Teufel komm raus Ideenvarianten und fixieren Sie diese schriftlich. Lassen Sie dabei alles zu, auch das auf den ersten Blick Verrückteste. Dieser erste Blick ist oft von Denkblockaden getrübt – verwerfen Sie Ideen erst nach einer späteren gründlichen Prüfung. Als sog. Brainstorming kann das auch im Team erfolgen.

Die Evolution nachahmen

Beziehen Sie die Sinne ein: Kann man Elemente des Problemfeldes in die Hand nehmen, dann tun Sie das. Wenn nicht – vielleicht kann man Modelle bauen. Spielen Sie mit dem Material herum. Geben Sie dem Zufall eine Chance und werfen Sie einmal alles durcheinander.

Alle Sinne und andere Formen der Darstellung nutzen

> **❶ Versuchen Sie, das Problem in möglichst vielen Formen und aus möglichst vielen Perspektiven darzustellen – z. B. in Form von Grafiken, Diagrammen oder schematischen Übersichten.**

Beim sog. Mind-Mapping werden vom Kernproblem ausgehend alle aufkommenden Assoziationen in Verzweigungsbäumen dargestellt. Zoomen Sie das Problem in unterschiedlich große Kontexte, betrachten Sie es aus unterschiedlichen Perspektiven – s. unser obiges Belagerungsbeispiel: Was müssen wir tun, damit sich aus Sicht unserer Gegner die Lage als aussichtslos für sie darstellt? Beziehen Sie beim Brainstorming Experten anderer Disziplinen ein: Der Chemiker Robert Bunsen wusste, dass die Farbe der Gasflamme etwas über die chemische Zusammensetzung der Stoffe aussagt, die man darin verbrennt. Lange grübelte er darüber nach, wie man dies deutlicher sichtbar machen könnte. Als er nebenbei mit seinem Freund, dem Physiker Gustav Kirchhoff, darüber sprach, schlug dieser prompt die Verwendung eines Prismas vor, das das Farbspektrum quasi auseinander zieht und in allen Einzel-

Interdisziplinär arbeiten

heiten ablesbar macht. Die Idee der Spektralanalyse war geboren, ohne die z. B. die moderne Kosmologie undenkbar wäre.

Generell sollten Sie kontinuierlich Gedanken- und Ideensammlungen zu allen Themen führen, die Sie professionell und privat interessieren; die moderne Computertechnik macht so etwas recht einfach und gut handhabbar.

Kreativität ist ein Spiel, das Zeit braucht: Inkubationszeit

Kreativität ist ein Spiel. Und wie jedes andere Spiel auch gelingt sie um so besser, je entspannter man ist – nutzen Sie hierzu unsere Techniken der inneren Befreiung. Nehmen Sie sich Zeit. Wie besprochen, emergieren die kreativen Strukturbildungen aus dem Unbewussten. Vom *Ich* aus können wir das *Selbst* nur mehr oder weniger geschickt zu kreativen Strukturbildungen anregen, u. a. durch die oben genannten Techniken – bewusst erzwingen aber können wir sie nicht. Wie im Zusammenhang mit dem Tausendfußsyndrom besprochen, kann das *Ich* das *Selbst* auch bei der vollständigen Entfaltung seines Potenzials stören. Wenn wir durch bewusste Anstrengungen nicht weiterkommen, sollten wir unser *Selbst* eine Zeitlang sich selbst überlassen. Die synergetischen Strukturen unseres *Selbst* suchen dann aus sich heraus – selbstorganisiert – nach Möglichkeiten für Ordnungssprünge in Richtung größerer Synergität und Prägnanz. Dies braucht oft viel Zeit – Inkubationszeit, wie das in der Kreativitätspsychologie recht treffend heißt.

So berichtet der amerikanische Ingenieur, Erfinder und Geschäftsmann Frank Offner: »Eines habe ich immer wieder festgestellt: Wenn man ein wissenschaftliches oder technisches Problem hat, darf man sich nicht hinsetzen und angestrengt über eine Lösung nachgrübeln. Weil man es nie lösen wird, wenn man sich hinsetzt und darüber nachdenkt. Die Einsicht kommt mir mitten in der Nacht, beim Autofahren oder beim Duschen oder bei irgendeiner anderen banalen Beschäftigung« (Csikszentmihalyi 1997, S. 147).

Der bedeutende amerikanische Physiker Freeman Dyson gab bei den schon erwähnten Kreativitätsstudien Csikszentmihalyis zu Protokoll: »Ich spiele herum und tue überhaupt nichts Vernünftiges, was wahrscheinlich bedeutet, dass ich eine kreative Phase habe, obwohl man das natürlich immer erst hinterher weiß. Ich vermute, dass der Müßiggang sehr wichtig ist. Ich meine, von Shakespeare wird immer behauptet, dass er zwischen zwei Dramen völlig untätig war. Ich will mich nicht mit Shakespeare vergleichen, aber andererseits sind Menschen, die pausenlos auf Hochtouren laufen, im Allgemeinen nicht kreativ. Meine Faulheit ist mir also keineswegs peinlich« (Csikszentmihalyi 1997, S. 146).

Den Dingen Zeit zur inneren Reifung geben

Insbesondere durch letzteren Satz fühle ich mich entlastet – entspricht dies doch exakt meinen eigenen Erfahrungen, womit ich mich natürlich nicht mit Freeman Dyson vergleichen will. Lange Zeit habe ich mich über mein vermeintlich geringes Schreibtempo geärgert – mehr als drei Seiten pro Tag schaffe ich nicht, auch wenn es gut läuft. Habe ich einen bestimmten Argumentationsabschnitt ausformuliert und der nächste steht an, dann hört der Fluss des Schreibens einfach auf und ich spüre einen deutlichen Widerstand. Wenn ich mich zwinge, über diesen Widerstand hinwegzuschreiben – eine Sekretärin schreibt doch auch 50 Seiten am Tag – dann muss ich diese Passagen mit großer Wahrscheinlichkeit irgendwann neu formulieren, weil mir im Nachhinein noch viele wichtige Dinge dazu einfallen. Neu anstehende Gedankenfiguren muss ich erst einmal spielerisch von allen Seiten betrachten, ich muss sie »bebrüten« und innerlich reifen lassen. Oft widme ich mich dann zeitweilig anderen Dingen von der Hausarbeit bis zum Spazierengehen. Während tippe ich den in Arbeit befindlichen Gedankenkomplex immer mal wieder kurz an, indem ich mit nur halber Aufmerksamkeit zwei, drei Probeformulierungen versuche, um ihn dann wieder ganz dem *Selbst* zu überlassen. Irgendwann entsteht dann dieses Stimmigkeitsgefühl und es geht wieder an den Schreibtisch, für drei Sätze nur, oder im Flow für eine ganze Seite. Ich arbeite also in einem ständigen Wechsel zwischen bewusster angestrengter Lösungssuche (nach den richtigen Gedanken und den treffendsten Formulierungen) und Inkubationspausen.

Mittlerweile habe ich meinen Frieden mit dieser scheinbaren »Bummelei« gemacht. Ich verfüge über ein gutes Gespür für das Eigentempo meines Schreibens und wenn ich pausiere, weiß ich hinterher immer, worauf ich gewartet habe.

Kreatives Schaffen ist ein Prozess organischen Wachstums. Wie die folgende chinesische Parabel zeigt, kann man ihn nicht beliebig beschleunigen: Ein Mann aus Sung war sehr betrübt darüber, dass sein Korn nicht recht wachsen wollte. Er versuchte darum, die Halme selbst in die Höhe zu ziehen. Nach getanem Werk kam er erschöpft nach Hause und berichtete seinen Leuten, er habe seinem Korn beim Wachsen geholfen. Sein Sohn lief hinaus, um sich dies anzusehen – und fand alle Halme verwelkt am Boden liegen.

Die Geschichte vom Mann aus Sung

Wenn Sie wirklich kreativ werden wollen, müssen Sie Ihrem Alltag die dafür nötige Zeit abtrotzen und sich innerlich möglichst von allem Druck befreien.

Illumination und »emotionale Lösung«

In den Inkubationsphasen, aber durchaus auch in den Phasen angestrengter Lösungssuche, tauchen die Ideen einfach irgendwie im Bewusstsein auf, ohne dass unser *Ich* so recht wüsste, wo sie herkommen und wie sie entstehen. Die deutsche Sprache kennt für dieses Phänomen Worte wie Einfall, Eingebung, Geistesblitz oder Erleuchtung (»Illumination«). Durch das »Beackern des Problemfeldes« mit unserem bewussten *Ich* erzeugen wir offenbar im *Selbst* Spannungen, die sich dann unbewusst in selbstorganisierten Ordnungssprüngen entladen. Je nachdem, ob ein solcher Ordnungssprung zu mehr oder weniger Synergität der Gesamtwissensstruktur führt, vermittelt uns unser Synergieohr ein mehr oder weniger starkes Stimmigkeits- oder Unstimmigkeitsgefühl, das dem *Ich* als Intuition bei der weiteren Lösungssuche hilft.

Das Aha-Erlebnis bei sprunghafter Synergitätssteigerung

Bei scharf definierten technischen oder wissenschaftlichen Problemen, bei denen tatsächlich durch ein einzelnes Gedankenelement ein komplexes Problemfeld in eine neue, sehr viel synergere Struktur umspringt, kann dies zu einem starken emotionalen Aha-Erlebnis führen. So soll Archimedes während eines Bades plötzliche Einsicht in die Gesetze von Verdrängung und Auftrieb erlangt haben. Der Legende nach löste dies einen solchen positiven Energiestoß bei ihm aus, dass er nackt durch die Straßen von Syrakus lief und »Heureka« rief (»ich habe es gefunden«).

Wie bereits erwähnt, wird in der Psychologie in diesem Zusammenhang auch von einer »emotionalen Lösung« gesprochen, die der eigentlichen explizit-gedanklichen Lösung zeitlich vorausgeht. Der berühmte französische Mathematiker Henri Poincaré berichtet in seinem Aufsatz »Die mathematische

Poincaré: Die emotionale Lösung ist oft richtig

Erfindung« ausführlich von diesem Phänomen, das er mehrfach erlebt hat. So hatte er, bevor er von seiner Heimatstadt Caen aus eine geologische Exkursion antrat, lange und intensiv über eine komplexe mathematische Problematik im Zusammenhang mit den sog. Fuchsschen Funktionen nachgedacht. Die Wechselfälle der Reise ließen ihn dann seine mathematischen Arbeiten vergessen. Doch als er nach einem Halt den Fuß wieder auf das Trittbrett des Omnibusses setzte, kam ihm ganz unvermittelt die entscheidende Lösungsidee. In diesem Moment »… konnte ich das nicht verifizieren, dazu hatte ich keine Zeit, denn kaum hatten wir im Omnibus Platz genommen, so beteiligte ich mich an der allgemeinen Konversation, und doch hatte ich die volle Gewissheit von der Richtigkeit meines Gefühls. Nach Caen zurückgekehrt, verifizierte ich das Resultat zur Beruhigung meines Gewissens« (Poincaré 1973, S. 223). Ganz im Sinne der hier vertretenen Konzepte führt Poincaré diese intuitiven Gewissheiten und Gefühle auf eine »ästhetische Sensibilität« zurück.

Explikation und Verifikation

Eine emotionale Lösung mit dem Vernunftauge prüfen

Wie eben das Zitat schon deutlich machte: Nach dem Aha-Erlebnis oder der Erleuchtung stehen Explikation und Verifikation der Lösung an. Auch wenn emotional-intuitive Lösungen zumeist stimmen oder zumindest der endgültigen Lösung schon sehr nahe liegen, muss man die Transformation des Problemfelds in die neue Struktur noch im Detail ausarbeiten, mit dem Vernunftauge jede logische Nahtstelle akribisch prüfen und wenn möglich bzw. notwendig, den Praxistest erfolgreich bestehen. All dies kann durchaus noch ein langwieriger, mühevoller und mit hartnäckigen Detailproblemen gespickter Weg sein. In dieser Phase darf man sich wieder ungestraft für eine gewisse Zeit unter Druck setzen.

Je komplexer die Probleme werden, desto mehr wächst die Bedeutung des Synergieohrs als Organ der Orientierung im Komplexen und als Prüfstein der Verifikation. Schon ein Sachbuch wie dieses entsteht ja nicht aus einem einzigen großen Aha-Erlebnis, eher aus einer Aneinanderreihung vieler kleinerer Eingebungen. Neben der Stichhaltigkeit der einzelnen Argumentationsschritte ist das umgreifende Gefühl der Gesamtstimmigkeit ein entscheidender Aspekt der Verifikation (vgl. meine Probelesetechnik am Ende von ▶ Abschn. 1.3.4). Bei Kunstwerken schließlich werden die vom Synergieohr vermittelten ästhetischen Empfindungen geradezu zum letzten und entscheidenden Prüfstein. Damit haben wir den anderen Pol des von uns eingangs aufgespannten Problemspektrums erreicht: die ästhetischen Probleme, die den höchsten Komplexitätsgrad aufweisen.

Damit sind die Phasen der diachronen Kreativität besprochen. Natürlich handelt es sich dabei um eine Idealisierung – in der Praxis läuft hier vieles ineinander bzw. wird in mehr oder weniger großen und vollständigen Zyklen immer wieder durchlaufen. Es gibt eine Fülle weiterführender Bücher, die sich dem individuellen Kreativitätstraining oder bestimmten Techniken zur Förderung der Teamkreativität widmen (etwa Michalko 2001; Backerra et al. 2002).

Doch unter dem Strich gilt: Kreativität ist wohl einer der ganzheitlichsten Aspekte der Persönlichkeitsentwicklung (ja der Evolution des Universums). Letztlich trägt alles, was wir in diesem Buch besprechen, zur Steigerung Ihrer

Kreativität bei: vom Abbau *selbst*blockierender Soll- und Mussvorstellungen über das innere Wachstum starker sekundärer Antriebe und das Training des Synergieohrs bis hin zu einem breiten und unverkrampft-fehlerfreundlichen Sich-Ausprobieren auf der Suche nach der *selbst*entsprechendsten Aufgabe.

> **❗ Die entscheidenden Grundlagen Ihrer Kreativität sind und bleiben Komplexität und intrinsische Motiviertheit Ihrer Persönlichkeit, die Sie sich in den Kreisen des Wachstums erworben haben.**

Die Komplexität der Persönlichkeit und sekundäre Antriebe sind die Basis der Kreativität

Diese Gedanken abschließend, möchte ich eine Schilderung W.A. Mozarts zitieren, die noch einmal auf das Trefflichste das Gesagte illustriert: »Wenn ich wohlauf und guter Dinge bin, wenn ich nach einer guten Mahlzeit eine Ausfahrt mache oder spazierengehe oder wenn ich nachts nicht schlafen kann, drängen sich die Gedanken nur so in meinem Geiste. Wie und woher kommen sie? Ich weiß es nicht und habe damit nichts zu tun. Die mir gefallen, behalte ich im Kopfe und summe sie vor mich hin; zumindest haben andere mir erzählt, dass ich das tue. Sobald ich mein Thema habe, kommt eine weitere Melodie und verbindet sich mit der ersten, und zwar passend zur gesamten Komposition: Der Kontrapunkt, die Stimme jedes Instruments und alle Melodiestücke produzieren schließlich das vollständige Werk. Dann brennt meine Seele vor Inspiration. Das Werk wächst; ich erweitere es immer mehr, begreife es immer klarer, bis ich die ganze Komposition in meinem Kopf fertig habe, so lang sie auch sein mag. Dann fasst sie mein Geist wie ein Blick meines Auges ein schönes Bild oder ein hübsches Mädchen erfasst. Sie fällt mir nicht hintereinander ein, in verschiedenen genau ausgearbeiteten Teilen – das geschieht erst später –, sondern in ihrer Gesamtheit, so wie ich sie in meiner Vorstellung hören kann« (zit. nach Penrose 1991, S. 412). Schöner kann man die Prinzipien der synergetischen Selbstorganisation in Denken und Wahrnehmung gar nicht darstellen.

Wie Mozart sein Schaffen erlebte

4.4.3 Synchrone Kreativität

Ein Meister ist, der übt

Soviel zur klassischen diachronen Kreativität, die im Zeitverlauf ein komplexes Werk zum Wachsen bringt.

Nicht weniger hat sich persönliche Meisterschaft in der synchronen Kreativität des Augenblicks zu bewähren, wo es gilt, unter oft unvorhersagbaren Bedingungen im Komplexen zu handeln: als Manager in einer unübersichtlichen Situation eine schnelle Entscheidung zu treffen, als Therapeut eine Gruppe zu leiten, sich einem Bewerbungs- oder Prüfungsgespräch zu unterziehen, nach einem Vortrag Rede und Antwort zu stehen, in einer Fernsehdiskussion dem Mitbewerber um die Präsidentschaft die Klinge zu bieten etc.

Synchrone Kreativität: die spontane Entfaltung komplexen Verhaltens im Hier und Jetzt

Wie bereitet man sich am besten auf derartige Situationen vor und wie verhält man sich in ihnen? Nicht von ungefähr habe ich eben gesagt, »die Klinge bieten«. Tatsächlich haben alle gerade aufgezählten Anforderungen im Kern Ähnlichkeit mit der Kampfsituation der japanischen Schwertmeister, die, aus der Kriegertradition der Samurai kommend, im Zen-Buddhismus zu einer rituellen Kunst entwickelt wurde, ähnlich der bereits erwähnten Kunst des Bogenschießens. Über den engen kriegerischen Inhalt dieses Tuns hinaus offenbaren sich hierbei tiefe Einblicke in die Natur unseres Handelns, die wir aus Sicht der Psychosynergetik sinnvoll deuten können.

Die Psychologie des Schwertwegs

Hören wir deshalb zusammengefasst, was der berühmte Zen-Meister Takuan im 16. Jahrhundert über die Psychologie des Schwertwegs schrieb (nach Herrigel 1998, S. 82 ff.): Auch der von Hause aus stärkste und kampfesfrohste Anfänger erleidet zu Beginn der Ausbildung eine Einbuße an Unbefangenheit und Selbstvertrauen. Er lernt jetzt neben den technischen Einzelheiten auch die Gefahren kennen und ist nun oft schlechter dran als am Anfang, als er noch aufs Geratewohl um sich schlug. »Je mehr er nun darauf ausgeht, die Überlegenheit der Schwertführung von seiner Überlegung, von der bewussten Verwertung seines Könnens, von Kampferfahrung und Taktik abhängig zu machen, umso mehr hemmt er die freie Beweglichkeit im ›Wirken des Herzens‹«. Die Klinge des meisterlichen Gegners aber findet mit tödlicher Sicherheit jenen Verzögerungspalt, in dem bewusstes Wahrnehmen, Überlegen und Entscheiden sich einnisten, sei er auch noch so klein.

Zen: Absichtslosigkeit und *Ich*losigkeit

Wie wäre dem abzuhelfen? Nun, durch jahrelange intensive und geduldige Übung muss ein Zustand der Absichtslosigkeit und der *Ich*losigkeit erreicht werden. Nur in einem solchen Zustand der vollständigen gedanklichen Leere, in dem das *Ich* durch das Es (bzw. das *Selbst* in unserer Terminologie) ersetzt wird, folgen Ausweichen und Gegenangriff so unmittelbar den Angriffen des Gegners, dass »kein Haarbreit dazwischen ist«, wie Takuan dies formulierte. Und hier erst beginnt die wahre Meisterschaft.

Die Ängste des *Ich* abstreifen

Lassen Sie uns die Bedeutsamkeit der *Ich*losigkeit, die ihre höchste Steigerung natürlich im Abstreifen jeglicher Todesfurcht findet, an einem weiteren Zeugnis aus dem 17. Jahrhundert belegen (nach Herrigel 1998, S. 91 ff.): Einer der Leibwächter des Shogun Tokugawa Jyemitsu kam bei dessen berühmtem Schwertlehrer Yagyu Tajima-no-kami mit der Bitte um Unterrichtung ein. Der Meister erfasste mit einem Blick, dass der Bittsteller selbst schon ein Meister war und fragte nach dessen Schule. Verwundert bekannte dieser, noch nie Unterricht im Schwertkampf erhalten zu haben. Hierauf bat Tajima-no-kami den Leibwächter, ihn nicht zum Narren zu halten – sein Auge für wahre Meisterschaft sei hochgeübt, wenn nicht im Schwertkampfe, so müsse seine Meisterschaft in einer anderen Sache liegen. Hierauf der Bittsteller: »Wenn Ihr darauf besteht – eines gibt es, in dem ich mich vielleicht Meister nennen könnte.« Schon im Knabenalter sei ihm bewusst geworden, dass sich ein Samurai unter gar keinen Umständen vor dem Tode fürchten dürfe. Seither habe er sich fortwährend mit der Frage des Todes herumgeschlagen und zuletzt habe diese Frage aufgehört, ihn zu bekümmern. »Ist es vielleicht dies, worauf Ihr hinauswollt?« Genau dies sei es, antwortete der Meister, erfreut über die Bestätigung seines Urteils. Denn das letzte Geheimnis der Schwertkunst liege auch darin, vom Gedanken an den Tod erlöst zu sein: »Ihr seid bereits Meister.«

Aus Sicht der Psychosynergetik lässt sich das Ergebnis dieses Übens und Meditierens bis zur Selbstaufgabe wie folgt deuten. Das System der bewegungserzeugenden und -regulierenden Attraktoren (bzw. Ordner) wird so komplex, optimiert, stabilisiert und eingeschliffen, dass zum Ersten für jede nur mögliche Bewegungsaufgabe ein Ordner im *Selbst* bereitliegt, und dass es zum Zweiten der bewussten Kontrolle und Anpassung durch das *Ich* nicht mehr bedarf, ja dass diese das Augenblickliche nur verzögern und das Perfekte nur verzerren könnten.

Die Wahrnehmungsfähigkeit ist im Zustand entspannter Offenheit auf das Äußerste gesteigert und so kann, angeregt schon durch leiseste Wahrnehmungseindrücke, die Bewegung unter hohem Emergenzdruck ganzheitlich aus dem *Selbst* hervorbrechen.

Explosionsartig emergieren die richtigen Ordner, die ebenso blitzschnell eine perfekte ganzheitliche Bewegung erzwingen, indem sie alle notwendigen Prozessmomente aktivieren und mit imperativer Kraft versklaven (kurzum: Es ist ein extrem starker und komplexer sekundärer Antrieb entstanden.)

Eingeschliffene Attraktoren erzeugen hohen Emergenzdruck im Selbst

Sobald das Muster fertig ist, wird also eine optimale Selbstentfaltung sekundärer Tätigkeitsstrukturen durch das Webschiffchen des *Ich* nur noch gestört – deshalb ist Absichtslosigkeit nötig. Vor allem das Aufsteigern von Angst, Ehrgeiz oder anderen primären Emotionen durch bewusstes, *ich*haftes Reflektieren wäre fatal – deshalb benötigt man *Ich*losigkeit. All dies könnte zu mentalen Einengungen, Wahrnehmungsverzerrungen und primitiven primären Verhaltenstendenzen führen, die allesamt jener Leere des Bewusstseins im Wege stehen, die sekundäre Kunst zur Entfaltung braucht. Es entstehen Ablenkungen auf *Ich*probleme, die mit der eigentlichen Sachaufgabe nichts zu tun haben.

Das Ich ist hier nur störend

❶ Sowohl Absichtslosigkeit als auch *Ich*losigkeit sind am reinsten im Zustand der entspannten Offenheit (Unio contemplativa) gegeben (vgl. ◻ Abb. 1.17). Deshalb spielt beim Erlernen von Meisterschaft in den genannten Künsten – aber auch in vielen anderen – Meditation eine so förderliche Rolle, denn durch meditatives Üben nähert man sich Unio contemplativa an.

Mit Blick auf ◻ Abb. 1.17 gilt: Das Wechseln in Unio activa gelingt aus Unio contemplativa sehr viel sicherer und schneller als aus Separatio reflexiva, weil gewissermaßen die Separation nicht zurückgenommen werden muss. Und Unio activa (bzw. Flow) ist nur ein anderes Wort für die Meisterschaft, von der hier die Rede ist.

Vieles spricht dafür, dass die hier für die Motorik formulierten Prinzipien auch für den Bereich des Denkens Gültigkeit besitzen. Hier betreffen sie nun nicht das Wechselspiel von Wahrnehmungs- und Bewegungsattraktoren, sondern das Wechselspiel von Wahrnehmungs- und Begriffsattraktoren. Alle oben genannten Situationen – von der Managemententscheidung bis zum Fernsehduell – sind dadurch gekennzeichnet, dass wenig bis keine Zeit zum bewussten Überlegen bleibt. Meisterschaft zeichnet sich auch hier dadurch aus, richtige, originelle und treffende Denkfiguren sicher und schnell in den Raum zu stellen. Im Management kann die Frage, ob ein Anruf fünf Minuten früher oder später erfolgt, für das Überleben des Unternehmens entscheidend sein; im Bewerbungsgespräch macht Schlagfertigkeit Eindruck; und derjenige gewinnt das Fernsehduell, dessen Antworten und Gegenargumente sich so unmittelbar ereignen, dass »kein Haarbreit« dazwischen ist.

Schnelles, sicheres und kreatives Handeln in komplexen Situationen emergiert aus dem Selbst

Der Weg zu dieser Meisterschaft ähnelt dem Schwertweg: Um über Denkfiguren zu verfügen, muss man sich das entsprechende Wissen aneignen; um sie schlagfertig einzusetzen, muss man sie durcharbeiten und üben bis zur Selbstaufgabe. Und die Absichtslosigkeit wie »aus der Pistole geschossener«

Die Ichbrille ablegen

Antworten muss auch hier durch die *Ich*losigkeit ergänzt werden – Lampenfieber, Denkblockaden oder Prüfungshemmungen sind nichts als ein Ausdruck zu großer *Ich*haftigkeit: Ausdruck der Angst vor dem Fall des *Ich*, oder Ausdruck des brennenden Wunschs nach Erhöhung des *Ich*. Auch die letzte Freiheit des Gedankens ist erst gewonnen, wenn der letzte Ehrgeiz und die letzte Furcht bezwungen sind, einschließlich der Furcht vor dem Letzten, vor dem Tod. Mehr noch: In einigen Zeugnissen ist davon die Rede, dass die Samurai sich geradezu mit der Absicht, zu sterben, in den Kampf stürzten. Dies entspräche dem Prinzip der paradoxen Intention und würde die Wahrscheinlichkeit, dass man tatsächlich stirbt, reduzieren.

Intuition erwächst aus verdichtetem Wissen

Die Basis jeder Meisterschaft ist also immer umfassendes und solides Wissen, breit verwurzelt in authentischer sinnlicher Erfahrung, synerg durchstrukturiert und bis zu vollendeten Formfiguren geübt. Wie unter ▶ Abschnitt 1.3.4 erarbeitet, ist dies auch die Quelle von Intuition. Die synerge Durchstrukturierung lebendigen Wissens macht aus ihm einen ganzheitlichen Klangkörper, der probierend in alternative Strukturen gebracht werden kann und dann mehr oder weniger stimmig klingt. Dies macht es möglich, innerhalb von Sekundenbruchteilen hochkomplexe Fragen gefühlsmäßig per Synergieohr zu entscheiden. Intuition erwächst also nicht aus jenseitigen Einflüsterungen und steht auch nicht im Gegensatz zu rationalem Wissen: Zwar erstickt sie unter Bergen toten und bruchstückhaften Wissens, in synergem und lebendigem Wissen aber gedeiht sie. Intuition ist nicht im Ursprung schon irrationales Gefühl – durch höchstmögliche Verdichtung allen Wissens wird sie hingegen zum rationalsten aller Gefühle. Niemand sollte die Aneignung und mühevolle Durcharbeitung von Wissen geringschätzen: Auch unsere Zen-Meister meditieren nicht nur, sondern befleißigen sich zusätzlich eines auf die Welt gerichteten Tuns – sie meditieren und üben, üben, üben.

Die psychischen Effekte einer zunehmenden Synergisierung des Wissens lassen sich sehr schön am Beispiel Albert Einsteins verfolgen. Auf dem Weg zu ihrer endgültigen, vollkommenen Struktur durchlief die Relativitätstheorie mehrere Zwischenstufen wachsender Synergität. Dies hatte zweierlei Wirkung:

Einstein als intellektueller »Gewalttäter«

Mit Bezug auf unseren dreiwertigen Wahrheitsbegriff verschob sich für Einstein das Hauptkriterium immer mehr von Korrespondenz – also Übereinstimmung mit den Sinnesdaten – in Richtung Konsistenz und Kohärenz (Stimmigkeit und Schönheit der Theoriestruktur als Ganzes). War er am Anfang noch sehr um experimentell-empirische Bestätigungen seiner Theorie bemüht, wurde am Ende das Stimmigkeitsgefühl so überwältigend, dass er schon vor dem großen Experiment wusste: Meine Theorie wird sich bestätigen; sie ist zu schön, um falsch sein zu können. Und gleichzeitig nahmen Kraft und Sicherheit seines Argumentierens und seines Auftretens als Persönlichkeit in höchstem Maße zu. Nach der experimentellen Bestätigung der gravitationsbedingten Lichtkrümmung erhielt Einstein von einem engen Freund einen Glückwunschbrief, in dem es heißt: «Ihre Zuversicht, die Denkzuversicht, dass das Licht krumm gehen müsse um die Sonne … ist für mich ein gewaltiges psychologisches Erlebnis. Sie waren so sicher, dass diese Sicherheit gewalttätig wirkte» (zit. nach Fölsing 1999, S. 498). So können offenbar Gedanken fühlbar die Schärfe eines Samuraischwerts erlangen.

Geschehenlassen ohne Plan

Sind nun die Wissensgründe wenigstens annähernd in dieser Weise bestellt – wie sollte man sich auf Entscheidungssituationen vorbereiten, in denen es auf optimale *Selbst*entfaltung in kürzester Zeit ankommt, auf ein Vorstellungsgespräch, auf eine Verhandlung, auf eine Podiumsdiskussion oder eine Projektpräsentation? Nun, vom Prinzip her wohl nicht anders als unsere Schwertmeister auch: die relevanten Inhalte auffrischen und durchüben; zentrale Gedankenfiguren noch einmal ganz tief durchdenken und immer wieder aus unterschiedlicher Richtung durchspielen, zu möglichen Fragen oder Gegenargumenten mit ihnen Stellung beziehen; sie zu den unterschiedlichsten möglichen Argumentationsgängen aufreihen, ohne einen zu bevorzugen, immer wieder andere Sprachformen zulassen und nur für ganz zentrale Gedanken feste Formulierungen einschleifen; zwischendurch immer wieder tief der zentralen Anliegen innewerden und alles Gedachte an ihnen ausrichten – schließlich dies alles in lockerer Schwebe belassen.

Also: immer nur Schlagkombinationen üben, niemals einen vollständigen Schaukampf einstudieren. Begibt man sich wirklich in Kontakt zum Gegenüber, muss jeder Plan durcheinander geraten und man wäre für lange Momente hilflos irritiert. Oder mit Dschuang Tse:

❶ »Höchste Weisheit schmiedet keine Pläne.«

Zur endgültigen Form darf der Inhalt erst im letzten Moment, im Moment der Begegnung gerinnen. Geht man in dieser Weise vorbereitet absichtslos und *ich*los in die Arena, dann wird Es (das *Selbst*) reden und nicht *Ich*, und es wird entweder an genau der richtigen Stelle gespannte Stille sein, oder die Gedanken werden sich aneinander fügen, dass »kein Haarbreit dazwischen ist« – geschweige denn ein »Äh«. Mit Blick auf unser Trigonum mentale entspräche dies einem Pendeln zwischen Unio contemplativa und Unio activa, wobei das *Selbst* stets maximal sensibel und maximal entfaltungsfähig wäre.

Einem solchen idealisierten Vermögen wird man sich in aller Regel nur zeitweise mehr oder weniger annähern können – aber auch hier scheint es nützlich, über einen solchen Leuchtturm der Orientierung zu verfügen. Insbesondere im Vorfeld haben die meisten Menschen mit der *Ich*losigkeit große Probleme und dadurch Lampenfieber, sei es mehr aus Ehrgeiz oder mehr aus Versagensangst – es dürfte schwer werden, sich davon gänzlich zu befreien. Wenn also die Leere von Unio contemplativa nicht erreicht werden kann, scheint es sinnvoll, sie mit Inhaltlichem und nicht mit Formalem zu füllen: Werden Sie sich Ihres zentralen Anliegens inne und stellen Sie eine inhaltliche Beziehung zu Ihrem Kernantrieb her. Rücken Sie Ihr Anliegen in Ihre Mitte, ruhen Sie entspannt-konzentriert in dieser Mitte und handeln Sie aus dieser Mitte heraus, die kritischen Variablen und mentalen Ordner (▶ Abschn. 1.2.2) der Situation im Blick.

Darüber hinaus kann es helfen, Ihr Anliegen in einen größeren sachlichen oder auch personellen Kontext zu stellen: Machen Sie sich Sinn und Wichtigkeit der Sache bewusst, für die Sie eintreten oder denken Sie an die vielen großen Menschen und Denker, in deren Tradition Sie stehen und deren geistigen Staffelstab Sie weitertragen – dies kann sehr kraftgebend und entlastend sein. Es geht um die Sache, nicht um die Figur, die Sie machen; und hinter dieser Sache steht eine mächtige Kraft, durch die Sie getragen werden. Halten

Die Vorbereitung auf Entscheidungssituationen

Aus der Mitte heraus handeln

Sie stehen auf den Schultern von Riesen

Sie es mit Isaak Newton und stellen Sie sich vor, Sie stünden auf den Schultern von Riesen. Hüten Sie sich davor, Ihre kostbare Kanalkapazität mit formalem Schnickschnack zu verstopfen: Denken Sie während eines Bewerbungsgesprächs bloß nicht an Ihre Körperhaltung; konzentrieren Sie sich in einer Verhandlung bloß nicht darauf, Ihre Fäuste zu ballen, um vielleicht mehr Aggressionen entwickeln zu können – gelegentlich werden derartige Empfehlungen gegeben.

> ❗ Bleiben Sie am Inhalt, dann ergibt sich die richtige Form von ganz allein und nur dann wirken Sie in Ihrer Mimik und Gestik auch wirklich authentisch und *selbst*kongruent.

Die Überwindung von Angst und anderen negativen primären Emotionen ist natürlich nicht gleichzusetzen mit einer Totalabschaltung des primären Systems (so etwas könnte allenfalls vorübergehend für besondere Situationen das Ziel sein, wenn es darum geht, subtile und rein sekundäre Inhalte möglichst unverzerrt in einen maximal weiten Raum hinein zu entfalten). Auf das Ganze gesehen geht es hier wieder um die sekundäre Aufhebung des primären Systems: primäre Verhaltensimpulse, die nicht zu den aktiven sekundären Inhalten passen, sollen gedämpft, passende primäre Impulse aber ohne reflexive Blockierungen zugelassen werden. Selbstverständlich gehört es zu persönlicher Meisterschaft, allzeit sensibel für zwischenmenschliche Signale zu bleiben und sorgenbeladenen Mitmenschen mitfühlende Herzenswärme entgegenzubringen.

4.4.4   Auf die Ausbreitung kommt es an

Nun sind wir fähig, in diachroner Meisterschaft vollendete wissenschaftliche, künstlerische oder sonstige Produkte zu erschaffen, und verstehen es, diese in synchroner Meisterschaft überzeugend zu präsentieren. Lassen Sie uns abschließend noch ganz kurz und vereinfacht skizzieren, wie es weitergeht – nach welchen Prinzipien breiten sich Produkte in der soziokulturellen Evolutionssphäre aus? Auch hier sind die universellen Gesetze der Synergetik wirksam.

Die Selbstorganisation von Modewellen

Die Ebene der Einzelelemente wird von den Individuen und ihren realen oder vermeintlichen Bedürfnissen gebildet, die Ebene der selbstorganisierten Muster von den Formen des kollektiven materiellen oder geistigen Konsumverhaltens – lassen Sie uns diese Muster kurz Modewellen oder Moden nennen. Moden emergieren aus Fluktuationen auf der Ebene der Einzelelemente, sie konkurrieren miteinander und eine von ihnen wird durch positive Rückkoppelungen derart verstärkt, dass sie sich als sozialer Ordner durchsetzen kann und versklavt schließlich das Konsumverhalten mehr oder weniger großer Teile des sozialen Gesamtsystems.

Wie wird ein Produkt zum Ordner des Konsumverhaltens?

Die Einflussgrößen, die aus einem Produkt einen Ordner werden lassen, sind sehr komplex, auch von Zufällen abhängig und unterliegen nur in sehr eingeschränktem Maße der individuellen Steuerbarkeit. Am einfachsten ist es, wenn ein simples Produkt in sofort erkennbarer Weise ein starkes und weit verbreitetes Bedürfnis hochgradig befriedigt und ein Konkurrenzprodukt nicht existiert. Ein solches Produkt wird sich in einer Art sozialer Kettenreaktion explosionsartig verbreiten: Jeder Konsument ist derart begeistert, dass er es sofort mehreren Bekannten weiterempfiehlt, diese dann wieder jeweils mehreren ihrer Bekannten usw.

Ist dies, wie zumeist, nur in eingeschränktem Maße gegeben, wird das Produkt zunächst nur eine kleinere Gruppe von Menschen ansprechen. Ob es sich dann doch weiter ausbreitet und zur Mode wird, ob es sich in einer Nische stabilisiert oder ob es wieder »ausstirbt«, hängt nun von einer Vielzahl auch zufälliger Faktoren ab: Ein Journalist oder ein Prominenter kann das Produkt in die Medien bringen, ein unerwartetes Ereignis kann den Bedarf nach dem Produkt plötzlich ansteigen lassen, ein zufällig woanders entwickeltes Ergänzungsprodukt kann den Wert des Produktes plötzlich immens steigern, der Hersteller eines Konkurrenzproduktes kann einen Fehler machen usw. All dies kann als kritische Fluktuation die positive Rückkoppelung einer sozialen Kettenreaktion schließlich doch noch in Gang bringen und das Produkt zu einem Ordner machen. Über den Konformitätsdruck setzt nun der Versklavungseffekt der Mode ein: Auch wenn man ein Produkt anfangs nicht besonders gut fand – man kauft es am Ende doch, weil es offenbar »in« ist und man dazugehören will, man liest einen Autor am Ende doch, weil er im Gespräch ist und man mitreden möchte, man quält sich am Ende doch durch ein schwieriges wissenschaftliches Werk, weil man es so oft zitiert findet, man steigert sich in Begeisterung für ein Kunstwerk hinein, weil alle es tun.

Besonders schwierig wird es, wenn der Markt bereits von anderen Produkten beherrscht wird. Die hier wirksamen positiven Rückkoppelungen werden, wie gesagt, auch als Matthäus-Effekt bezeichnet: Dem Reichen wird noch gegeben, dem Armen wird noch genommen. Je mächtiger man wird, desto mehr Mittel stehen einem zur Verfügung, um seine Macht zu sichern und weiter auszubauen – gleich, ob diese Macht in Geld, Einfluss oder Popularität besteht.

The winner takes it all

In dieser Situation ist es dann für Konkurrenzprodukte oft sehr schwer, sich eine Chance zu erarbeiten, selbst wenn sie deutlich besser sind. Wie bereits erwähnt, hat sich etwa bei Videorecordern die VHS-Technik aufgrund eines kleinen zeitlichen Vorsprungs gegen die deutlich ausgereiftere Beta-Technik durchsetzen können. Die Idee, dass im freien Spiel der Marktkräfte stets das Beste gewinnt, hat offenbar ihre Grenzen.

Die Marktregulation hat ihre Grenzen

Trotz dieser Schwierigkeiten kann man natürlich eine Menge für die Ausbreitung der eigenen Produkte tun. In der Wirtschaft ist dies im Wesentlichen Aufgabe des Marketing. Es wäre interessant, zu prüfen, inwieweit Wissenschaften wie die Synergetik für die Marketingtheorie, ja für die Ökonomie insgesamt fruchtbar gemacht werden könnten.

Übrigens gibt es die oben genannten Probleme auch in der Wissenschaft, insbesondere in jenen Bereichen, in denen Theorien sehr komplex und diffus sind, so dass sie nicht auf einfache Weise bestätigt oder widerlegt werden können. Sogar für sein vermeintlich exaktes Fachgebiet musste der berühmte Physiker Max Planck resümieren: »Eine neue wissenschaftliche Wahrheit pflegt sich nicht in der Weise durchzusetzen, dass ihre Gegner überzeugt werden und sich als belehrt erklären, sondern vielmehr dadurch, dass die Gegner allmählich aussterben und dass die heranwachsende Generation von vornherein mit der Wahrheit vertraut gemacht ist« (Planck 1928, S. 22). Auch

Auch in der Wissenschaft setzt sich das Beste nicht immer (sofort) durch

dies verweist noch einmal auf die Notwendigkcit, beim Streben nach Erfolg einen langen Atem zu haben, auf die zentrale Fähigkeit, beharrlich und ausdauernd weiterzumachen, bis die große Stunde irgendwann doch noch schlägt.

> ❗ Die verbreitete naive Neigung, Erfolg und Befähigung eines Menschen in einem direkten Abhängigkeitsverhältnis zu sehen, ist falsch. Viele geniale Menschen sind nicht zum Zuge gekommen; manch einer, den es bis ganz nach oben getragen hat, ist nur Mittelmaß.

Nur der innere Erfolg ist sicher

Sollten Sie also das Glück des ganz großen Erfolges genießen dürfen, platzen Sie nicht vor Stolz, lassen Sie nicht alle Bescheidenheit und Demut fahren. Seien Sie sich der Gnade günstiger Umstände und unverdienter Emergenzeffekte bewusst und bemühen Sie sich um einen fairen Ausgleich. Sollten Sie aber nicht, noch nicht oder nicht mehr nach außen hin erfolgreich sein – bleiben Sie gelassen und fühlen Sie sich nicht in Ihrem Selbstwert beeinträchtigt. Psychosynergetik sucht nach Wegen, auch im Falle äußerer Niederlagen nach innen ein Gewinner zu werden, und dies erst ist letzte Herausforderung und letzte Meisterschaft.

4.5   Glück, Partnerschaft und Liebe zum Sein

4.5.1   Die drei Stufen des Glücks

Weil diese Fragen für uns Menschen so zentral und wichtig sind, lassen Sie uns hier noch einmal Ergänzendes und Zusammenfassendes zu den Themen Glück und Liebe sagen.

1. Das einfache Glück im Sein

Es macht Sinn, drei Stufen des Glücks zu betrachten – die erste Stufe könnten wir »das einfache Glück im Sein« nennen: die Fähigkeit, das Genusspotenzial des Augenblicks auszuschöpfen. Hierzu gehört es, die Schönheit der uns möglichen Wahrnehmungen aller Art zu sehen, vom Wetter über die Natur bis hin zu all den sog. »kleinen Dingen« die uns umgeben. Wir sollten unsere Sensibilität für das ästhetische Vergnügen schärfen, das auch einfache Alltagsvollzüge zu bieten haben, wenn man sie mit Achtsamkeit und offenem Synergieohr ausführt. Es gilt, sich ganz bewusst angenehmen Sinnesempfindungen hinzugeben – Düften und Geschmacksnuancen, unseren Hautempfindungen für Berührungen, für Sonne, Wind oder Wasser. Wir können das einfache, entspannte (Bewusst-)Sein im eigenen Körper genießen lernen, etwa bei der Meditation.

Das Glück des Augenblicks ist jedem zugänglich

Die wichtigsten Voraussetzung hierfür sind vielleicht erstens die Fähigkeit zur inneren Befreiung – man muss sich Nichtstun und Müßiggang gestatten können. Wir sind nicht, um zu tun – wir tun, um zu sein. Und zweitens die Auflösung der Illusion, dass das Glück von irgendwelchen objektiven Umständen abhängt und proportional zu materiellem und sozialem Aufstieg wachsen kann. Die »arme« Toilettenpächterin hätte danach, sagen wir, eine Glückseinheit und der »reiche« Investmentbanker, der ihr einen Euro auf den Teller wirft, vielleicht 1000 Glückseinheiten (weil er ein Haus mit Swimmingpool, einen Maserati, schöne Frauen und Einfluss hat). Nur: Unsere Psyche kann einen Unterschied von 1:1000 nicht realisieren. Die Nulllinie unseres

Erlebens justiert sich durch Gewöhnung immer in der Mitte unserer Lebenssituation neu ein. Von dort aus geht dann das Befinden der Toilettenpächterin auf minus 3, wenn sie nur 5 Cent auf den Teller geworfen bekommt, und beim Banker, wenn es Probleme bei einem Fünfzig-Millionen-Deal gibt. Umgekehrt geht das Befinden auf plus 6, wenn in ersterem Falle jemand einen Fünf-Euro-Schein mit einem Kompliment wegen der Sauberkeit hinlegt, und in letzterem Falle, wenn der Deal schließlich doch noch gelingt. Die Toilettenpächterin kann sich bei Arbeitsschluss über das warm-goldene Abendlicht auf ihren blitzsauberen Kachelwänden ebenso freuen wie der Banker über das neue Unterwasserflutlicht in seinem Pool.

Dieses elementare Glück im Sein ist die Basis für alles Weitere. Es gibt kein anderes Glück, und je tiefer man das begreift, desto größer wird es und desto besser lernt man es auszukosten. Dieses Glück ist für alle Menschen gleich und steht ihnen unter fast allen Umständen zur Verfügung.

Die nächste Stufe des Glücks könnten wir das **primär-soziale Glück** nennen: das Glück, das wir in menschlichen Beziehungen, insbesondere in und mit der Familie erleben können. Viele der oben genannten Glückselemente können wir aufgehoben in liebevoller Gemeinschaft umso intensiver genießen. Das Glück ist bekanntlich das einzige, was sich verdoppelt, wenn man es teilt. Darüber hinaus bringt die liebevolle Gemeinschaft mit anderen eigene und qualitativ neue Glücksbausteine ins Spiel: Zärtlichkeit, Sexualität und primäres Verliebtsein, Gefühle von Fürsorge und Geborgenheit und all die anderen primären Emotionen aus den Funktionskreisen Sozialverhalten, Partner- und Elternschaft. Viele dieser Gefühle können wir im Zustand der entspannten Offenheit am intensivsten genießen.

2. Das primär-soziale Glück

Die dritte Stufe schließlich ist das **sekundäre Glück**, das große Glück des gelingenden Tuns, der stimmigen Struktur. Das einfache Glück des Augenblicks realisiert sich nun in Form von Flow-Momenten bei umschriebenen Tätigkeiten. Auf noch höheren Ebenen finden wir das sekundäre Glück als Glück des gelingenden, *ich*transzendierenden Werks: »Das Ausfüllen der Zeit durch planmäßig fortschreitende Beschäftigungen, die einen großen beabsichtigten Zweck zur Folge haben, ist das einzige Mittel, seines Lebens froh und dabei doch auch lebenssatt zu werden«, erkannte der Philosoph Immanuel Kant. Und auf der höchsten Ebene schließlich kann es uns gelingen, unser gesamtes sich abrundendes Leben als eine sich schließende gute Gestalt zu erleben und es als ein Gesamtkunstwerk zu genießen.

3. Das sekundäre Glück des gelingenden Werks

Man kann zeigen, dass der ästhetische Genuss, den ein Kunstwerk vermittelt, von der Synergität der Prozesse abhängt, die es im Betrachter auslöst (Hansch 1997, S. 334 ff.).

Deshalb: Gestalten Sie Ihr (Innen-)Leben so komplex wie möglich, stellen sie möglichst viele synerge Bezüge in Ihrem Leben her bzw. machen Sie sich solche bewusst: funktionale und sinnstiftende Beziehungen oder auch »nur« formal-ästhetische Bezüge (Inhalt und Form in eine Entsprechung bringen). Möglichst vielem, was Sie tun, sollten sie also bewusst möglichst viele sinnvolle Funktionen in Ihrem Gesamtlebenskonzept zusprechen: den Job nicht nur machen, um Geld zu verdienen, sondern auch, um sich selbst zu verwirklichen, um anderen Menschen zu helfen, um den eigenen Kindern eine bessere Welt zu hinterlassen etc.; nicht nur essen, um den Hunger zu stillen, sondern gesund essen, um sich fit zu halten für das Vorantreiben der Berufung, um die Gesellschaft der Familie zu genießen etc.; sich über neue Erkenntnisse und Einsichten freuen, nicht nur, weil sie vielleicht für den Job wichtig sind, sondern auch, weil man sie den Kindern mit auf den Weg geben kann, auf dass sie auch ihnen bei der Lebensbewältigung helfen mögen; die Kinder erziehen, nicht nur, um den Sanktionen des Jugendamtes zu entgehen oder besser noch, weil man sie primär liebt, sondern auch, um wenigstens einige der eigenen Ideen und Werte durch die Generationen weiterleben und weiterwirken zu lassen etc. Sie ärgern sich, dass Sie an Ihrem neuen Wohnort zum Joggen nicht mehr in den Wald gehen können, sondern monotone Stadionrunden laufen müssen? Dann versuchen Sie mal, das ganze als Symbol für das Erfolgsprinzip »Übung durch präzise Wiederholung« zu sehen. Machen Sie sich klar, dass man Meisterschaft nicht erlangen kann, ohne eine gewisse masochistische Lust an der Wiederholung zu entwickeln (das gilt bis hinein in die Wirtschaft: Bei den Autos von Toyota nimmt auch der letzte Kabelstrang einen exakt genormten Verlauf). So können Sie die primäre Monotonie sekundär in einem positiven Erleben aufheben, indem Sie ein ästhetisches Verhältnis zu ihr aufbauen. Sie zelebrieren das Jogging nun nicht nur zur Gesunderhaltung, sondern auch als symbolisch-rituelle Kulthandlung, um sich den Gott des Erfolgs gnädig zu stimmen.

Synergien herstellen

Je synerger Ihr Lebensprozess in einer solchen Weise durchstrukturiert ist, desto stärker beginnt bei allem, was Sie tun, Ihr gesamtes inneres Klavier positiv-emotional mitzutönen: Bei allem, was Sie tun, wird in hohem Maße die motivationale Gesamtkraft Ihrer Antriebe wirksam und noch die kleinsten Alltagsverrichtungen können Sie als Schritte in Richtung Verwirklichung der großen Lebensziele positiv erfahren. In dieser Weise kann man große Teile des Lebens in einem ganzheitlichen Sinne zu einer Flow-Erfahrung machen. Dann gibt es Tage, an denen alles stimmt, die in einem einzigen harmonischen Fluss verlaufen, die ein einziges glückliches Gelingen sind.

Aus seinem Leben ein möglichst stimmiges Gesamtkunstwerk zu machen, setzt auch einen förderlichen Umgang mit der Vergangenheit voraus. Man könnte meinen, Vergangenheit als auskristallisierte Faktizität sei etwas Objektives, das man aus dem Gedächtnis holt wie die Fotos aus einem Fotoalbum. Nun, das ist natürlich falsch. Nicht anders als die aktuell erlebte Wirklichkeit ist auch die erinnerte Vergangenheit ein subjektiv-individuelles Konstrukt. Befragt man Eltern und Geschwister nach der Geschichte ihrer Familie, kommt es zu Darstellungen, die erheblich differieren bis hin zum Kontrafaktischen: Jeder hat die vergangenen Ereignisse anders erlebt, anders verarbeitet und im Laufe des vielmaligen Erinnerns über die Jahre in eine andere Richtung verändert (nach dem bekannten Prinzip der stillen Post).

Auch die erinnerte Vergangheit ist nichts objektiv Gegebenes, sondern ein Konstrukt

🛑 **Erinnerungen sind emergente Konstrukte im Hier und Jetzt: Die Erinnerungsspuren der Vergangenheit gehen in ein neues Bild ein, das zusätzlich von der Situation in der Gegenwart und vom aktuellen Zustand des sich Erinnernden geprägt wird.**

So berichtet M. Csikszentmihalyi von einem Maler, den er mehrfach in verschiedenen Phasen seines Lebens interviewt hat. Auf dem Gipfel des Erfolges schilderte dieser Maler seine Kindheit sehr positiv. Er versicherte nachdrücklich, seine Kinderjahre seien von den Konflikten und Spannungen typischer Künstlerbiographien frei gewesen. Zehn Jahre später geriet er in ein berufliches Tief: Er kam aus der Mode und seine Verkaufszahlen gingen zurück. Jetzt berichtete er deutlich kritischer über seine Kindheit. Sein Vater sei distanziert und überstreng, die Mutter besitzergreifend und ehrgeizig gewesen. Nicht an die wundervollen Sommertage im Garten erinnerte er sich jetzt, wie noch vor zehn Jahren; stattdessen schilderte er lang und breit, wie entsetzt seine Eltern waren, weil er als Kind so häufig ins Bett gemacht hatte. Weitere zehn Jahre später war der Mann völlig am Ende: künstlerisch unproduktiv, geschieden, depressiv und drogenabhängig. Nun umfasste seine Kindheitsbeschreibung einen alkoholkranken Vater, körperliche Misshandlungen und seelische Grausamkeiten. Mit dieser Kindheit musste man ja als Erwachsener scheitern! Eigentlich hatte er nie eine Chance gehabt (nach Csikszentmihalyi 1997, S. 246).

Begeben Sie sich niemals in die Gefangenschaft der verheerenden Denkfigur, die hier anklingt: Meine heutigen Probleme haben ihre Ursache darin, dass in der Vergangenheit etwas Schlimmes passiert ist bzw. ich zu wenig »bekommen« habe (z. B. Liebe).

Erstens: »Ich glaube, dass die Vorkommnisse der Kindheit überschätzt werden. Ich glaube sogar, dass die Vergangenheit ganz allgemein überbewertet wird. Es hat sich als schwierig erwiesen, auch nur geringe Auswirkungen von Kindheitsereignissen auf die Persönlichkeit Erwachsener nachzuweisen, und es gibt keinerlei Beweise für starke Effekte – von determinierenden gar nicht zu sprechen« – so resümiert M. Seligman die umfangreiche Forschungslage (Seligman 2003, S. 118).

Die Bedeutung von Kindheitsereignissen wird oft überschätzt

Zweitens: Schon aus Gründen des Konstruktivismus können Außeneinwirkungen niemals einen determinierenden Effekt auf die Entwicklung eines Menschen haben: Für den Depressiven sind die Schläge des Vaters die Ursache seiner Depression. Für den Erfolgreichen aber sind sie die Ursache seines Erfolges: Sie hätten ihn frühzeitig autonom und stark gemacht, glaubt er. Es sind also immer wir selbst, die den Außenereignissen Bedeutung geben. Und diese Bedeutung ist es, die den Effekt auf unsere Entwicklung bestimmt. Solange Sie Ereignissen aus der Vergangenheit eine unentrinnbare, negativ determinierende Macht einräumen, legen Sie sich selbst in Ketten, denn die Vergangenheit lässt sich nicht mehr verändern. Übernehmen Sie also die vollständige Selbstverantwortung für Ihr Leben einschließlich Ihrer Vergangenheit, und zwar aus einem pragmatischen Prinzip: Nur das, wofür wir die Verantwortung übernehmen, können wir verändern. Das ist einfach die förderlichste Lebenshaltung. Wenn Sie das früher falsch gesehen haben – beginnen Sie wenigstens jetzt damit. Sie sollten also eher bemüht sein, die Entwicklung des Malers umgekehrt zu durchlaufen nach dem Motto: Es ist nie zu spät für eine schöne Kindheit.

Sie können nur ändern, wofür Sie die Verantwortung übernehmen

Sollten Sie real sehr ungünstige Kindheitsbedingungen gehabt haben, dann sagen Sie sich: Okay, das hat wahrscheinlich meine Entwicklung in Kindheit und Jugend behindert, da hätte man sich mehr Weisheit und Geschick von meinen Eltern wünschen können. Aber dass ich so reagiert habe, hängt sicher auch mit Eigenarten zusammen, die in mir selbst liegen – und das ist eigentlich das Wichtigere, denn es gibt mir selbst Macht und Einfluss. Ich will aus der Vergangenheit lernen; ich will die Fähigkeit erwerben, mich trotz ungünstiger äußerer Umstände positiv zu entwickeln und zu Zufriedenheit zu finden.

Dankbar sein für das, was man bekommen hat

Ich will aufhören, die Vergangenheit nur schwarz zu malen, weil das nicht stimmt und mich unglücklich macht. Allein die Tatsache, dass mir meine Eltern das Leben geschenkt und mir das Überleben ermöglicht haben, ist ein riesiges Geschenk, für das ich tief dankbar sein kann. Insgesamt will ich den Blick mehr auf das richten, was ich bekommen habe, als auf das, was ich meine, nicht bekommen zu haben.

Ein konstruktiver Umgang mit der Vergangenheit

Das Schreiben unserer Lebensgeschichte ist ein kreativer Prozess, der nie abgeschlossen ist und immer wieder Revisionen erfährt. Wenn es uns gelingt, eine möglichst stimmige Lebensgeschichte als schönes Gesamtkunstwerk zu konstruieren, kann das sehr zu unserem Glücksgefühl beitragen. Deshalb gilt: Bleiben Sie hinsichtlich der eruierbaren Fakten so wahrhaftig wie es geht – aber schöpfen Sie die Interpretationsspielräume in Richtung des Positiven aus. Das bedeutet u. a. das Aufgeben der Verabsolutierung und Anschuldigung von Einzelereignissen zugunsten einer systemischen Weltsicht: Niemand weiß, wie das Leben verlaufen wäre, wenn das negative Ereignis nicht eingetreten wäre. Es hätte auch noch schlimmer kommen können – denken Sie an die Geschichte vom alten Mann mit dem Pferd.

Erarbeiten Sie eine Haltung des Verzeihens und Vergebens hinsichtlich alter Verletzungen und Kränkungen – darauf waren wir schon ausführlich eingegangen. Ein relativierender Umgang mit eigenen Fehlern ist hilfreich – Fehler sind notwendige Lernhilfen in einem proaktiven Leben und niemand weiß, ob es ohne sie nicht noch schlechter gekommen wäre, niemand weiß, ob sich die Dinge nicht noch einmal schicksalhaft so wenden oder sich aktiv so wenden lassen, dass im Nachhinein eine positive Bedeutungszuschreibung erfolgen kann. Auch bei Verlusten gilt es, die positive Seite zu sehen: Nicht weinen, weil es vergangen ist, sondern lachen, weil es gewesen ist – das weiß schon der Volksmund. Oder in den Worten des österreichischen Arztes und Therapeuten Viktor Frankl: Das Vergangene ist nicht unwiederbringlich verloren, sondern unverlierbar geborgen (und sei es nur in der Erinnerung). Das ist so etwas wie eine ausgleichende Gerechtigkeit des Alterns: Als junger Mensch liegt zwar noch viel vor einem – aber nur potenziell, schon morgen kann alles zu Ende sein. Als Älterer hat man nicht mehr so viel vor sich, aber schon eine Menge »im Kasten«, das einem nicht mehr genommen werden kann.

Auf diese Weise gilt es, seinen Frieden mit der eigenen Lebensgeschichte zu machen und sie nach Möglichkeit zu einem schönen Bild zu formen, das in Gegenwart und Zukunft seiner Vollendung zustrebt, das abgestimmt ist auf Ihre gegenwärtigen Ziele, Berufungen und Visionen. Die Zukunftssicht sollte entsprechend nicht auf die Risiken sondern auf die Chancen fokussieren; sie sollte das Negative nicht linear fortdenken, sondern immer der Möglichkeit eines »Wunders der Emergenz« inne sein – Sie erinnern sich doch noch an die Geschichte von den beiden Fröschen im Milchtopf?

Das Leben als Gesamtkunstwerk

Gelingt dies, kann in mancher Mußestunde das genüssliche Reflektieren über das eigene Leben in Vergangenheit und Zukunft zu einer Quelle großer Freude und Zufriedenheit werden. Als weiser und geschätzter Alter auf ein gelungenes Lebenswerk zurückzublicken und im Kreise einer großen Familie am Kamin sitzend den Kindern und Enkeln mit den eigenen Erfahrungen bei der Zukunftsplanung zu helfen – wäre das nicht der Gipfel des Glücks?

4.5.2 Liebe und Partnerschaft

Primäre und sekundäre Liebe

Kaum etwas wird mehr mit dem Begriff Glück assoziiert als Liebe und Partnerschaft. Ich will deshalb nicht kneifen und auch für dieses sehr unübersichtliche Gelände einige grundlegende Orientierungsvorschläge machen. Ganz wichtig ist auch hier die Unterscheidung zwischen primären und sekundären Aspekten der Liebe.

Die primären Anteile der Liebe entspringen den entsprechenden in der Darwinschen Evolution geformten primären Antrieben (Verhaltensbereich Fortpflanzung und Fürsorge – ▶ Abschn. 1.2.4). Einige wichtige Punkte zur Erinnerung: Das Tier im Manne sucht bei der Frau nach Jugend, Schönheit und Gesundheit, weil dies auf hohe Fruchtbarkeit schließen lässt. Das Tier in der Frau interessiert sich beim Partner dagegen für Dinge wie Persönlichkeitsreife, emotionale Stabilität, sozialen Status und ökonomische Ressourcen – unter diesen Bedingungen haben die Kinder die besten Überlebens- und Entwicklungschancen.

Insbesondere bei Männern gibt es eine gewisse Neigung zu Seitensprüngen (»Coolidge-Effekt«). Frauen haben tendenziell eine engere und intensivere Bindung an die Kinder. Insgesamt bewirkt das Stärkenprofil der primären Antriebe, dass Frauen beziehungsorientierter sind: In stärkerem Maße als Männer streben sie nach Aufbau und Pflege symmetrischer, wechselseitig stützender sozialer Bindungen. Männer hingegen sind konkurrenzorientierter: Sie sehen soziale Beziehungen in stärkerem Maße unter dem Aspekt von Rangordnung und Hierarchie.

Ergibt sich auf dem »Markt« der primären Partnerwerte eine Passung, kann es zur Auslösung der primären Verliebtheitsreaktion kommen: hormonell bedingte positive Verklärung des potenziellen Partners, starkes Bedürfnis nach Zärtlichkeit, Fürsorge und Sexualität etc.

All diese in ▶ Abschnitt 1.2.4 ausführlicher behandelten Reaktions- und Verhaltensneigungen wollen wir als **primäre Liebe** bezeichnen. Die Impulse der primären Liebe entspringen dem primären System im *Selbst*, werden durch das sekundäre System modifiziert und im *Ich* bewusst. Dabei erfolgt eine mehr oder weniger weitgehende Überformung und sekundäre Aufhebung durch Willensentscheidungen und sekundäre Emotionen.

Denn auch aus dem sekundären System erwachsen nun Gefühle, die sich auf den Partner und die Partnerschaft beziehen – wir wollen sie als **sekundäre Liebe** bezeichnen. Wenn wir einen Menschen kennen lernen und ihn immer besser und tiefer verstehen, erwächst ein Bild von diesem Menschen innerhalb unseres *Selbst* (eine Repräsentation). Je besser die Facetten dieses Bildes zu den eigenen Werten, Überzeugungen und Sichtweisen passen, je mehr synerge Beziehungen es also gibt, desto stärkere sekundäre Stimmigkeitsgefühle werden in Bezug auf diesen anderen Menschen entstehen. Man hat dann das Gefühl, sich wechselseitig gut zu verstehen, und es gibt Übereinstimmungen in vielen Dingen: in wichtigen Lebensfragen, bei Hobbys und Interessen, in Zielen und Visionen. Man kann sich gegenseitig vielfältige Entwicklungsimpulse geben. Die sekundären Gefühle, die hier entstehen, haben viel mit Achtung, Respekt oder gar Ehrfurcht zu tun und sind im Kern vielleicht am besten mit »Bewunderung« zu charakterisieren. Diese sekundäre

Zur Wiederholung: die primäre Liebe

Resonanz auf geistiger Ebene

Die sekundäre Liebe als Teil der Liebe zum Sein

Liebe ist Teil der Liebe zum Sein, die von dem amerikanischen Psychologen Abraham Maslow ausführlich untersucht und beschrieben wurde. Wie die folgenden Zitate zeigen, rückt Maslow ganz im Sinne der hier vertretenen Grundlagentheorie die höchsten Formen der Liebe in die Nähe von selbstzweckhaftem ästhetischem Genießen:

Nichtfordernde Bewunderung mit Nähe zum Ästhetischen

»Die Liebe, die man bei gesunden Menschen vorfindet, wird viel besser in den Begriffen spontaner Bewunderung und jener Art der rezeptiven und nichtfordernden Ehrfurcht und des Vergnügens beschrieben, die wir erfahren, wenn wir z. B. von einem schönen Bild beeindruckt sind. … Bewunderung fordert nichts und bekommt nichts. … Wir können uns eines Gemäldes erfreuen, ohne es besitzen zu wollen, eines Rosenstocks, ohne Rosen pflücken zu wollen, eines Vogels, ohne ihn in den Käfig stecken zu wollen, und so kann auch eine Person die andere bewundern und genießen, ohne etwas für sie tun oder etwas von ihr bekommen zu wollen. Selbstverständlich stehen Ehrfurcht und Bewunderung Seite an Seite mit anderen Tendenzen, die Einzelpersonen in Beziehung miteinander bringen; es ist nicht die einzige vorhandene Tendenz, aber definitiv ein Teil davon« Maslow 1994, S. 229–230).

Interessant ist auch die folgende Beobachtung Maslows: »Meine Versuchspersonen fühlen sich intuitiv, sexuell, impulsiv zu Menschen hingezogen, die für sie auch nach kalter, intellektueller, klinischer Berechnung richtig wären. Ihr Appetit stimmt mit ihren Urteilen überein und ist synergisch und nicht antagonistisch. Das erinnert uns an Sorokins … Bemühungen, zu zeigen, dass das Wahre, das Gute und das Schöne positiv korreliert sind« (Maslow ebd. S. 235). Zum Ersten bestätigt dies unsere Aussage bezüglich der Intuition als dem rationalstem aller Gefühle – in gleicher Weise ist die sekundäre Liebe ein Gefühlskomprimat, in das all unser Wissen und unsere gesamte Lebenserfahrung eingehen. Nochmals sei erwähnt, dass auch in der buddhistischen Literatur immer wieder auf diesen Zusammenhang zwischen Erkenntnis, Verstehen und Liebe hingewiesen wird. So lesen wir etwa bei Thich Nhat Hanh:

Verstehen erzeugt Liebe

❗ »Tiefes Schauen führt zu Verstehen und Verstehen führt immer zu Liebe und Akzeptanz«. Auch in Bezug auf die Liebe ist es also falsch, ja verderblich, Verstand und Gefühl gegeneinander ausspielen zu wollen.

Zum Zweiten beschreibt die Beobachtung Maslows das Phänomen der sekundären Aufhebung, denn ihrem Wesen nach beinhalten primäre und sekundäre Liebe durchaus antagonistische Aspekte.

Das konsumistische Wesen der primären Liebe

Die primäre Liebe ist ihrem Wesen nach ein Handelsabkommen zur Bündelung teilweise widerstreitender Interessen, ein Vertrag, der darauf abzielt, die Gen-Ausbreitung für beide Partner zu maximieren. Wie bei allem Handel geht es dabei um reziproken Austausch, um ein Erpokern der größtmöglichen Ausbeute oder auch um ein Erzwingen des maximalen Gewinns durch Machtausübung; es gibt Betrugsmöglichkeiten und Sanktionen bis hin zur Gewalttätigkeit. Die primäre Liebe beruht auf Bedürfnissen, zu deren Befriedigung man vom Partner etwas bekommen muss. Die Sprache der primären Liebe hört sich wie folgt an: Ich werde ihn noch eine Weile zappeln lassen. Er darf sich meiner nicht zu sicher sein. Ich muss aufpassen – wer zu sehr liebt, ist der Schwächere und wird vom anderen untergebuttert. Wenn ich mit dieser Bombenfrau zur Party komme, werden alle Augen machen. Was soll's –

einmal ist keinmal. Wichtig ist nur, dass sie es nicht erfährt. Wenn er's nicht mehr bringt, such ich mir einen anderen – wenn ich mir überlege, wie weit meine Freundin inzwischen ist. Wo warst du gestern Abend? Von jetzt an will ich genau wissen, wo du hingehst, sonst …!

Von alledem weiß die sekundäre Liebe nichts – ja sie steht diesen Tendenzen diametral entgegen.

Die sekundäre Liebe gehört zu den sekundären Wachstumsbedürfnissen: Sie kann nicht durch irgendeinen Konsum gestillt werden sondern ist potenziell unerschöpflich und wachstumsfähig. Wie alle sekundären Emotionen ist sie Zweck an sich und muss nichts bekommen, fordern oder erwarten. Man fühlt sich bedingungslos angenommen und geliebt. Weil man nicht fürchten muss, irgendetwas nicht zu haben oder nicht geben zu können, kann man alle Vorsicht, alle Angst und Verteidigung aufgeben. In maximaler Entspanntheit kann man sein, wie man ist, und fühlt sich aufgehoben und geborgen.

Sekundäre Liebe erwächst aus einer Teilüberlagerung zweier starker, teilkongruenter *Selbsts*, wobei es zu einem resonanzartigen Einswerden wichtiger Bedürfnisse und Antriebe kommt: Man erlebt wichtige Bedürfnisse des anderen wie die eigenen. So kann man etwas für den anderen tun und gleichzeitig eigene Bedürfnisse leben und entwickeln. (Dies ist nicht zu verwechseln mit dem fatalen Selbstopfer im Rahmen des »Helfersyndroms«. Wenn eigene Selbstzweckbedürfnisse weitgehend fehlen und sich das primäre Bedürfnis zu helfen kompensatorisch aufbläht, lebt man immer in Abhängigkeit und in der Tendenz fremdzweckmotiviert: Man braucht Anerkennung, Dankbarkeit und Zuneigung der Beholfenen als äußeren Lohn.)

Das *Selbst* des anderen entwickelt sich in Koevolution mit dem eigenen *Selbst*; man hat an der *Selbst*entwicklung des anderen das gleiche Interesse wie an der Entwicklung des eigenen *Selbst*. Im Rahmen einer überwiegend sekundären Liebe kann sich ein Mann deshalb über die beruflichen Erfolge seiner Frau mitfreuen, selbst wenn sie größer sind als die eigenen (was in einer überwiegend primären Liebe einen Machtkampf und Unterdrückungsversuche zur Folge hätte).

Was kann man tun, um die sekundäre Liebesfähigkeit zu steigern?

Wie schon die Kreativität ist auch die Liebesfähigkeit ein ganzheitlicher Aspekt des Entwicklungsstandes und der Reife der gesamten Persönlichkeit. »Ich möchte den Leser davon überzeugen, dass alle seine Versuche zu lieben fehlschlagen müssen, sofern er nicht aktiv versucht, seine ganze Persönlichkeit zu entwickeln, und es ihm so gelingt, produktiv zu werden; ich möchte zeigen, dass es in der Liebe zu einem anderen Menschen überhaupt keine Erfüllung ohne die Liebe zum Nächsten, ohne wahre Demut, ohne Mut, Glaube und Disziplin geben kann«, so leitet Erich Fromm seine berühmte »Kunst des Liebens« ein (Fromm 1996, S. 9).

Je komplexer die Persönlichkeiten sind, desto größer ist auch ihre Fähigkeit, allein zu leben und auch allein ein ausreichendes Maß an Glück zu finden. Dies ist eine ganz wichtige Voraussetzung für eine souveräne und *selbst*entsprechende Beziehungsgestaltung. Wer eine zu große Angst vor dem Alleinleben hat, ist in Gefahr, Kompromisse einzugehen, die in zu großem Maße *selbst*verleugnend sind und deshalb den Keim des Scheiterns legen. Was man mit Gier erzwingen will, wird man verfehlen, was man dagegen loslässt, wird man gewinnen. Richten Sie sich das Alleinleben innerlich als eine gute und

In wichtigen Bedürfnissen eins werden

Die Gesamtpersönlichkeit entwickeln

Wer Beziehungen gestalten will, darf keine Angst vor dem Alleinleben haben

im Prinzip ausreichende Lebensbasis ein. Wie Studien zeigen, sind Menschen, die in gelungenen Beziehungen leben, am glücklichsten und am gesündesten. Am schlechtesten dran sind jene, die sich durch kaputte Beziehungen quälen, und die Singles liegen etwa in der Mitte. Mit dieser Position sollte es sich durchaus leben lassen. Eine Partnerschaft wäre schön, aber es muss nicht unbedingt sein. Vielleicht würde sie das Glück auf 120% steigern, aber auch bei 80% ist das Leben lebenswert. Besser jedenfalls ist ein Jahr produktiv allein, als ein halbes Jahr blockiert in der falschen Beziehung. Wenn man es nämlich auf die rechte Weise angeht, können Beziehungs- und Liebesfähigkeit auch (oder gerade?) in Phasen zunehmen, in denen man allein lebt und sich ganz auf das innere Wachstum konzentriert.

Natürlich birgt längeres Alleinleben auch Gefahren. Lebensgewohnheiten schleifen sich immer mehr ein und es fällt zunehmend schwer, sich anzupassen und Kompromisse zu schließen. Andererseits: Wer sich wirklich im Sinne des inneren Wachstums entwickelt, bleibt aus vielen Gründen gezwungen, sich in den wichtigen Bereichen eine hohe Flexibilität zu erhalten. Und wenn der materielle Background stimmt, kann man sich ja in den unwichtigen Bereichen beliebig weit trennen. Wenn der eine es nicht aushalten kann, dass der andere das Toilettenpapier nicht wie vorgeschrieben an der Perforation abreißt – das berühmte Beispiel mit der Zahnpasta ist ja seit Erfindung der Plastiktube obsolet –, dann muss eben jeder sein eigenes Badezimmer haben.

Reife Selbstliebe

Je komplexer die Persönlichkeiten sind, zu denen die Partner heranwachsen, desto intensiver ist die mögliche wechselseitige Resonanz, desto intensiver ist das Genießen der sekundären Liebe und desto größer sind die Kapazitäten auf jeder Seite zur sekundären Aufhebung der unguten Tendenzen der primären Liebe. Sich eine reife Liebe zum eigenen *Selbst* zu erarbeiten, ist, wie besprochen, ein ganz wichtiger Teil hiervon. Nur wenn man seinen Frieden mit seinen primären Eigenheiten gemacht hat und sie positiv annehmen kann, ist man fähig, sich wirklich zu öffnen und hinzugeben.

Primäre und sekundäre Liebe auseinander halten

Einer der schwersten Fehler, den man beim Eingehen von Beziehungen machen kann, ist sicher, dass man sich von der primären Liebe verführen lässt (es sei denn, man sucht nur eine »Affäre«, was ja auch schön und richtig sein kann, solange man dem anderen nicht Ernsthafteres vorspielt). Sie treffen auf einen Menschen, der vielleicht sehr schön ist, Sie sexuell extrem anzieht und überhaupt Natürlichkeit, Fröhlichkeit und Charme nur so versprüht. Falls dann die primäre Verliebtheit zupackt, gaukelt Ihnen deren Affektlogik vor: Tu es. Mach es nicht komplizierter als es ist. Eigentlich ist doch alles ganz einfach. Wichtig ist nur, dass man sich wirklich liebt. Alles andere findet sich dann von allein. Menschen können zusammenwachsen, sie können sich ändern. Und überhaupt – heißt es nicht, Gegensätze zögen sich an und ergänzten sich? Eben nicht – in der Praxis funktioniert das leider nur selten.

Wie verliebt Sie auch sind – rechnen Sie das Ganze nach einer kalten Dusche noch einmal mit kühlem Kopf und sekundärer Logik durch, ehe Sie heiraten, den Kredit für die Villa aufnehmen oder gar Kinder zeugen. Auch wenn es wehtut – lassen Sie die Finger davon, wenn Sie und der oder die Angebetete in zu verschiedenen Welten leben. Sind Partner zu unterschiedlich, kann die oben genannte Bedürfnisverschmelzung nicht eintreten. Sie müssen dann ständig Kompromisse machen, bei denen sich einer von ihnen verbiegt; zu oft hat bei gemeinsamen Aktivitäten dann nur einer Freude und der andere Frust. Die primäre Liebe schwächt sich nach einiger Zeit ab, es kommen Gewöhnung und Alterung; nun werden die Differenzen immer spürbarer, Spannungen schaukeln sich auf und das Ganze bricht auseinander.

> ❗ Lebenserfahrung und Studien zeigen übereinstimmend: Nicht »Gegensätze ziehen sich an« gilt, sondern: »Gleich und gleich gesellt sich gern« – und wird glücklich miteinander. Je mehr man in Alter, Kultur, Religion, in grundlegenden Werten und Sichtweisen, in Interessen, Engagements und Hobbys übereinstimmt, desto besser.

Gleich und gleich gesellt sich gern

Dann sind die Bedürfnisverschmelzungen so groß, dass sich wirklich gemeinsame Ziele formulieren lassen, die die bloße primäre Zweisamkeit transzendieren. Diese gemeinsamen Ziele fungieren gewissermaßen als Ordner der partnerschaftlichen Koevolution. Sie führen zu einer immer weitergehenden resonanzartigen Abstimmung und Angleichung der beiden *Selbsts*, was die sekundäre Liebe wachsen lässt; ein zunehmender Teil der gemeinsamen Aktivitäten macht auch beiden intrinsisch Freude. Die Partner sowie die Beziehung bleiben in Bewegung und Entwicklung und der Liebe bleibt der Gewöhnungstod in der Alltagsroutine erspart. Ziele dieser Art könnten u. a. sein: die Schaffung einer bestimmten äußeren Lebenssituation (das »Traumhaus«), die Erziehung der Kinder, eine gemeinsame Firma, ein gemeinsames berufliches Projekt, der Einsatz für bestimmte politische, ökologische, soziale oder wissenschaftliche Anliegen, gemeinsame Erkenntnisinteressen in Bezug auf Architektur, Literatur, Geschichte oder andere geistig-kulturelle Bereiche. Sekundäre Liebe ist eine Art Improvisationsduo zweier Instrumentalisten, bei dem diese ihre Instrumente immer besser aufeinander abstimmen in dem Versuch, eine möglichst schöne ganzheitliche Melodie zu erzeugen.

Koevolution

Diese Melodie kann im Laufe der Jahre so schön werden, dass dadurch der eine oder andere kleine Mangel an primärer Attraktivität mehr als aufgewogen wird. Ein gewisser Grad des primären Angezogenwerdens durch den Partner ist sicher eine notwendige Bedingung für eine gelingende Lebenspartnerschaft – aber selbst Höchstgrade an primärer Attraktivität lassen daraus keine hinreichende Bedingung werden.

Je *selbst*stärker beide Partner auf der sekundären Ebene sind, desto besser kann die sekundäre Aufhebung der primären Liebe gelingen: positive primäre Tendenzen werden zugelassen und umso intensiver ausgelebt, man kann negative primäre Neigungen unterdrücken oder auch ironisch-humoristisch mit ihnen spielen. Gehen wir einen Teil der hier anstehenden Probleme einmal kurz durch.

Die sekundäre Aufhebung der primären Liebe

Da ist zuallererst wohl der Coolidge-Effekt zu nennen: der schwer zu stillende Hunger nach neuen sexuellen Reizen, den insbesondere viele Männer mehr oder weniger stark empfinden. Das führt zu der Frage, inwieweit sich Sex und sekundäre Liebe voneinander trennen lassen und unbeschadet mit verschiedenen Partnern gelebt werden können. Ich habe für dieses Problem keine schlüssige Lösung und vielleicht gibt es auch keine. Die Unterschiede zwischen Mann und Frau sind hier nur graduell und es gibt ja auch viele

Sich Seitensprünge gestatten?

Frauen, die der sexuellen Abwechslung nicht abhold sind. Warum sich also nicht wechselseitig Seitensprünge gestatten? Vielleicht muss jedes Paar hier seine eigenen Lösungen finden. In jedem Falle scheint es mir gut zu sein, über die biologischen Grundlagen unserer Verhaltensimpulse Bescheid zu wissen, möglichst offen und vorurteilsfrei darüber zu sprechen, Verständnis für die Wünsche des anderen aufzubringen und für Experimente offen zu sein.

Sexualität verliert relativ an Gewicht

Ich könnte mir allerdings vorstellen, dass viele Paare dabei bleiben werden, die Idealvorstellung von einer ganzheitlichen, in starker sekundärer Liebe gegründeten Partnerschaft mit sexueller Exklusivität zu verbinden. Dies ist in erster Linie im Phänomen der sekundären Aufhebung begründet: Zum einen kann man Sexualität, wenn sie in einer sekundären Liebe aufgehoben ist, deutlich ekstatischer erleben als die rein primäre Sexualität. Zum anderen verliert diese rein primäre Sexualität relativ an Gewicht im sich ausweitenden Spektrum der wichtigen Lebensbedürfnisse. Das ist wie mit der sekundären Aufhebung anderer primärer Bedürfnisse auch, z. B. mit der Nahrungsaufnahme: Der sekundär *selbst*starke Mensch kann das Essen einerseits viel intensiver genießen – er kann, wie besprochen, beim Essen sein ganzes großes inneres Klavier zum Mittönen bringen. Andererseits ist das lukullische Genießen im Gesamtlebenskontext relativ wenig wichtig. Er könnte sich vergleichsweise leicht darauf einstellen, bei Brot und Wasser zu leben (und auch das noch genießen).

In ähnlicher Weise kann der *selbst*starke Mensch gelassener mit einem zeitweiligen Misslingen von Sexualität umgehen, er könnte sogar ihr gänzliches Fehlen sekundär kompensieren. Als Effekt werden Seitensprünge immer weniger verlockend – irgendwann hat man schlicht und einfach Wichtigeres zu tun. Mit der sekundären Liebe wachsen außerdem das schlechte Gewissen und der Wunsch, den anderen nicht zu verletzen. Dann darf man von einem *selbst*starken Menschen durchaus eine Willensentscheidung verlangen: Treue ist auch eine Sache der bewussten und festen Entscheidung. Wie auch anderswo im Leben herrscht in der Liebe nicht immer völliger Gefühlsgleichklang und man muss lernen, Versuchungen zu widerstehen. Man kann eben nicht alles haben.

Die Eifersucht sekundär aufheben

Sodann gilt es, übersteigerte primäre Eifersuchtsreaktionen sekundär aufzuheben – hierüber hatten wir in ▶ Abschnitt 2.5.4 schon ausführlicher gesprochen. Übertriebenes Eifersuchtsverhalten mit Misstrauen, Kontrolle und Sanktionen steht dem Wesen der sekundären Liebe diametral entgegen. Gerät eine Partnerschaft in Gefahr, ist sie weder durch Zwang noch durch Anbiederung zu retten. Vielmehr gilt es, das drohende Alleinsein zu akzeptieren und positiv anzunehmen, sich nach Möglichkeit offen auszusprechen, das eigene *Selbst* zu stärken und zu entwickeln, um wieder attraktiv für den anderen zu werden. Von dieser Basis können dann neue, unaufdringliche Beziehungsangebote ausgehen.

Außerdem ist unser »Reziprozitätsantrieb« sekundär aufzuheben, den wir im Zusammenhang mit dem reziproken Altruismus in ▶ Abschnitt 1.2.4 besprochen hatten: Er zielt auf Wertgleichheit im Austausch mit dem nichtverwandten anderen. Nur – was auf dem Jahrmarkt Freude bereitet, untergräbt auf Dauer jede Partnerschaft. Glücklicherweise gelten diese Prinzipien auf der sekundären Ebene nicht, hier fallen Geben und Nehmen oft in eins. Die kluge Frage eines Unwissenden kann beim Wissenden einen tiefgreifenden geistigen Ordnungsübergang (Aha-Erlebnis, Einsicht) auslösen, der neue Welten eröffnet.

> ❗ Koevolution ist nicht wirklich ein Austausch, sondern vielmehr ein Prozess wechselseitiger Anregung zu Entwicklung und Wachstum. Koevolution ist kein Nullsummenspiel; hier ergibt eins und eins nicht zwei sondern elf: Beide Seiten erzielen einen emotionalen Mehrwert in Form eines intensiven Stimmigkeits- und Harmoniegefühls unabhängig von Reziprozität.

Dieser Zugewinn auf der sekundären Ebene schafft die Voraussetzung für mögliche Großzügigkeit auf der primären Ebene: Wenn das, was man sekundär gewinnen kann, unter Umständen primär »nicht mit Gold aufzuwiegen« ist, kann man gut mit der Bereitschaft in eine Partnerschaft gehen, materiell mehr zu geben als der andere, zumindest in nicht gar zu engen Grenzen (und erst recht natürlich, wenn man deutlich vermögender ist als der andere). Wenn eine Beziehung wirklich stimmt, sollte es nicht schwerfallen, diese Bereitschaft zu entwickeln. Fäng man dagegen an, zu streiten, wer das Abendessen zahlt, ist etwas mit der Partnerschaft nicht in Ordnung. Andersherum gilt aber auch, dass die teuersten Geschenke nicht das Wichtigste aufwiegen und ersetzen können, was jeder Partner braucht: Freiraum für eine eigenständige Entwicklung.

Den Reziprozitätsinstinkt sekundär aufheben

Das wird besonders bedeutsam, sobald Kinder geboren werden. Die stärkere biologische und primär-psychische Kindgebundenheit der Frau in den ersten Jahren birgt die Gefahr, dass sich die traditionellen zu einseitigen Rollenmuster wieder einschleichen und stabilisieren. Vor allem im Zusammenhang mit der Alles-oder-Nichts-Mentalität der heutigen Arbeitswelt und dem Mangel an Kinderbetreuungsmöglichkeiten entsteht schnell ein Druck in Richtung eines beruflichen Überengagements des Mannes verbunden mit einem Zurückgeworfenwerden der Frau in die bloße Hausfrauenexistenz. In der Folge wird die Frau oft daran gehindert, in ihrer sekundären Entwicklung Schritt zu halten, was dann auf vielen Ebenen der Partnerschaft wachsendes Ungleichgewicht nach sich zieht. Für den langfristigen Fortbestand einer Partnerschaft ist es möglicherweise eine der entscheidenden Weichenstellungen, ob es in dieser Phase gelingt, einen ausreichenden sekundären Entfaltungsraum für die Frau offen zu halten, und wenn nicht auf konventionelle Weise im sog. ersten Arbeitsmarkt, dann in anderer Form.

Schließlich muss die unterschiedliche Form der primären Beziehungsorientierung von Mann und Frau sekundär aufgehoben werden, weil sonst eine Fülle von Missverständnissen, unnötigen Streitereien und Verletzungen die Folge sein kann (vgl. insgesamt zu diesem Thema: Tannen 1993). Das männliche Stärkenprofil der primären Antriebe bewirkt, dass Männer Gespräche eher als eine Art Verhandlung auffassen, bei der man die Oberhand gewinnen muss, und sich gegen andere zu verteidigen hat, die einen unterbuttern wollen. Das Leben wird vorwiegend als ein Wettkampf um Status und Autonomie in einer sozialen Macht- und Leistungshierachie gesehen. Das weibliche Primärprofil bewirkt hingegen, dass Frauen Gespräche eher als Verhandlungen um Nähe wahrnehmen, bei denen man Bestätigung und Unterstützung geben und empfangen möchte. Es geht um Intimität und Aufgehobensein in einem sozialen Netz aus gleichberechtigten,

Männer und Frauen verstehen Beziehung anders

symmetrischen Beziehungen, in dem allenfalls eine Art Freundschaftshierarchie existiert.

Hierin liegt eine Fülle potenzieller Beziehungsprobleme begründet, von denen an dieser Stelle nur eine Auswahl vorgestellt werden kann: Wenn für Männer das Reden in erster Linie ein Mittel der Selbstbehauptung gegenüber einer feindlichen Außenwelt ist, werden sie im Job oder bei einer Abendgesellschaft in ihrem rhetorischen Auftrumpfen kaum zu bremsen sein, in der heimischen Geborgenheit aber eher schweigen – sehr zum Leidwesen der Frau. Denn wenn diese über das Reden in erster Linie intime Beziehungen herzustellen sucht, wird sie sich draußen eher zurückhalten, um daheim umso ungebremster loszulegen.

Männer denken eher in hierarchischen, Frauen in symmetrischen Beziehungen

Männer reden deshalb nicht so viel über persönliche Probleme und konzentrieren sich eher auf deren tätige Lösung. Persönliche Probleme einzugestehen, hieße darüber hinaus, Schwäche zu zeigen und sich angreifbar zu machen – ein tödlicher Fehler in einer feindlichen Welt. Wenn man keine Probleme hat und stark ist oder scheinen will, empfängt man auch nicht gern Trost, denn dies würde Unterlegenheit gegenüber dem Anteilnehmenden signalisieren. Tatsächlich fungiert eine übertriebene Anteilnahme »draußen« nicht selten als ein Mittel subtiler Herabsetzung: Wenn man als Manager am Rande einer Sitzung vor versammelter Mannschaft von einem Kollegen gesagt bekommt: »Tut mir Leid, wie das gestern bei der Präsentation deines neuen Projektes gelaufen ist«, muss man sich angegriffen fühlen und antworten: »Entschuldige mal – was tut dir Leid? Das war doch ein voller Erfolg!« Wen Männer mögen, den trösten sie nicht, dem geben sie einen guten Rat. Die weibliche primäre Antriebskonstellation hingegen bewirkt, dass der mögliche Beziehungsgewinn beim Reden über Probleme meist als schwerwiegender empfunden wird als das Risiko einer Bloßstellung. Frauen wollen deshalb über persönliche Probleme auch reden – sie wollen zuerst Trost und dann Rat.

Stellen Sie sich vor, eine Frau habe sich einer Operation unterziehen müssen. Sie drängt auf möglichst schnelle Krankenhausentlassung, weil sie glaubt, sich im komfortableren Heim an der Seite ihres Mannes besser erholen zu können. Daheim angekommen, erweisen sich die postoperativen Schmerzen als unerwartet stark. Sie ruft eine Freundin an und erfährt Trost: »Ich weiß, wie du dich fühlst. Als ich meine Operation hatte, ist es mir ähnlich ergangen.« Der Mann jedoch – aufrichtig in Sorge – reagiert mit Rat und Tat: »Du hättest besser noch im Krankenhaus bleiben sollen; lass uns gleich morgen früh den Doktor anrufen.« Obwohl dies nichts als Ausdruck seiner Liebe ist, fühlt sich die Frau gekränkt und verstoßen: Offenbar freut er sich gar nicht, dass ich wieder daheim bin und will mich möglichst schnell wieder loswerden. Liebt er mich überhaupt noch?

Es hilft, diesen Kommunikationsunfall noch einmal systematischer zu beleuchten: Zwischenmenschliche Mitteilungen haben, wie schon erwähnt, einen Sachaspekt und einen oft impliziten Beziehungsaspekt. Sagt eine Frau »Wir haben kein Brot mehr!« könnte die Beziehungsbotschaft an den Mann lauten: «Jemand muss Brot holen und ich meine, es ist an dir, das zu tun.« Sagt ein Mann zu seiner fahrenden Verlobten: »Schatz, da vorn ist Grün«, meint er auf der Beziehungsebene wohl: »Ich bin in Verkehrs- und Autodingen kompetenter als du und denke, du kannst die Ampel noch schaffen, wenn du etwas Gas gibst.« (Später als Ehemann sagt er dann vielleicht direkt und explizit: »Herrgott, nun fahr doch mal!«)

Aufgrund der oben besprochenen Antriebslage neigen Männer dazu, sich eher auf der Sachebene zu bewegen – und zugegeben, manchmal verstecken sie sich dort, um nicht über Beziehungsprobleme sprechen zu müssen. Frauen hingegen fokussieren oft auf die implizite Beziehungsebene. Und es muss gesagt werden: Ab und an wird dadurch eine sachliche und konstruktive Problemlösung behindert. Männer und Frauen müssen lernen, beide Ebenen auseinander zu halten und zu klären, ob über die Sache oder über die Beziehung geredet werden soll. (Dies gilt im Übrigen für Kommunikation generell, denn selbstverständlich werden auch Männer in Erregung unsachlich, sowohl im Gespräch mit Frauen als auch untereinander.)

> **Männer bewegen sich eher auf der Sachebene, Frauen auf der Beziehungsebene**

❗ **Männer sollten lernen, ihre Beziehungsbedürfnisse öfter wahrzunehmen und damit auf die Frauen zugehen. Frauen sollten lernen, ihre Beziehungssorgen öfter mal um der Sache willen hintanzustellen.**

In unserem oben genannten Beispiel hätte der Mann vielleicht besser sagen sollen: »Das tut mir aber Leid, dass du nun doch Schmerzen hast – aber es ist sehr schön, dass du wieder da bist. Lass uns den Arzt anrufen, falls es morgen auch noch so schlimm ist.« Sollte ihm bei anderer Gelegenheit doch mal wieder ein Rückfall in alte Kommunikationsgewohnheiten passieren, könnte die Frau zu sich sagen: »Typisch Mann – aber er meint es sicher gut. So sind sie nun mal.«

Die Differenz auf der Dimension »Autonomie vs. Bindung« kommt dann stärker zum Ausdruck, wenn es darum geht, Entscheidungen zu treffen. Während Männer dazu neigen, Entscheidungen in Eigenregie zu fällen, haben Frauen oft das Bedürfnis, auch Kleinigkeiten vorher zu besprechen. Wenn ein Mann nach Hause kommt und mitteilt, dass er am Wochenende mit Freunden Angeln geht, ist seine Frau verletzt. Nun, das Problem war vielleicht nicht Gleichgültigkeit gegenüber seiner Frau – er hätte seinen Freunden nur nicht sagen können, er müsse erst zu Hause nachfragen – dies hätte ihm den Ruf eingetragen, ein »Warmduscher« zu sein, der daheim »unter dem Pantoffel steht«.

Wie überall, wo Komplexität eine Rolle spielt, stellt sich auch hier leicht ein Teufelskreis ein. Ein Mann, der um seine Freiheit fürchtet, zieht sich zurück, sobald er den leisesten Eindruck gewinnt, seine Frau versuche, ihn zu »beherrschen«. Dieser Rückzug nun lässt die Frau um die Beziehung fürchten, was ihr Streben nach mehr Nähe, Abstimmung und Bindung noch verstärkt und damit einen weiteren Rückzug des Mannes provoziert usw. Kommt es zum Streit, wirken sich die primären Differenzen weiter negativ aus: Auf Statuskämpfe orientierte Männer sind harte Auseinandersetzungen gewöhnt. Sie fetzen sich alle Tage und raufen sich danach wieder zusammen. Streit und Freundschaft schließen sich bei ihnen nicht aus. Beziehungsorientierte Frauen hingegen erleben harten verbalen Streit oft als eine Katastrophe, die schlimme seelische Verletzungen hinterlässt.

> **Auch hier gibt es Teufelskreise**

Je stärker beide Partner sekundär entwickelt und auf ein beziehungstranszendentes Ziel orientiert sind, desto weniger werden diese Unterschiede in den primären Verhaltenstendenzen ins Gewicht fallen, desto weniger werden daraus Probleme erwachsen. Sollte unser *selbst*erstarkter Angler wirklich noch Freunde haben, die ihm den Weichei-Vorwurf machen, würde ihn das nur noch wenig berühren. Sollte es unser *selbst*erstarkter Beifahrer wirklich noch einmal brauchen, seine Fahrkompetenz hervorzukehren, würde ihn seine *selbst*erstarkte Verlobte mit einer spöttischen Bemerkung in die Schranken weisen und damit vielleicht ein gemeinsames, befreiendes Lachen provozieren. Ein erster wichtiger Schritt dahin ist es, seine primären Impulse und die evolutionspsychologischen Hintergründe zu kennen, um bewusster mit ihnen umgehen zu können.

Beziehungsregeln für starke Partner

Auf der Suche nach Beziehungsregeln für *selbst*starke Partner stieß ich in dem Buch »Lebenskünstler leben länger« von Till Bastian auf das sog. Gestaltgebet des Begründers der Gestalttherapie Frederick Pearls:

> Ich tu, was ich tu; und du tust, was du tust.
> Ich bin nicht auf dieser Welt, um nach deinen Erwartungen zu leben. Und du bist nicht auf dieser Welt, um nach den meinen zu leben.
> Du bist du und ich bin ich.
> Und wenn wir uns zufällig finden – wunderbar.
> Wenn nicht, kann man auch nichts machen.

Nicht zu Unrecht wird Pearls von Bastian des kultischen Individualismus, ja der Asozialität bezichtigt – mindestens das Wort »zufällig« irritiert schon sehr. Gleichwohl steckt in dem kurzen Text auch Gutes und Richtiges. Die Auseinandersetzung hiermit hat mich zu folgendem Formulierungsvorschlag für Beziehungsregeln geführt:

Das Prinzip Selbst-verantwortung

Keine Selbstaufopferung

Jeder kann nur aus sich selbst heraus glücklich sein

Beziehungsregeln

Jeder von uns beiden ist voll und ausschließlich für sich selbst verantwortlich. Niemand darf die Notwendigkeiten seiner *Selbst*entwicklung den Erwartungen des anderen opfern (und wenn er es tut, ist er selbst dafür verantwortlich). Jeder verpflichtet sich, seine Wünsche, Bedürfnisse und Erwartungen offen zu artikulieren und seine Grenzen zu definieren. Jeder ist verpflichtet, die Grenzen des anderen zu respektieren, aber er ist nicht verpflichtet, die Wünsche, Bedürfnisse oder Erwartungen des anderen zu erfüllen. Grundsätzlich ist jeder für die Befriedigung seiner Bedürfnisse selbst verantwortlich.

Hinsichtlich jener Belastungen, die sich aus der Beziehung ergeben, besteht ein Anspruch auf Gleichverteilung – hier gilt es, ausgewogene Kompromisse zu finden. Schultert einer der Partner freiwillig mehr, darf er das nur aus eigenem Bedürfnis heraus tun, ohne dass daraus Vorwürfe an den anderen ableitbar wären.

Alles was wir tun, tun wir zuerst für uns. Wenn der eine dem anderen hilft, tut er das, weil er das Bedürfnis dazu hat, weil es (auch) ihm gut tut. Für den anderen erwächst daraus kein einklagbares Schuldenkonto. Er muss sich nicht durch Rückzahlungspflichten bedrückt fühlen.

Jeder von uns führt ein *selbst*bestimmtes und *selbst*entsprechendes Leben. Jeder von uns mag sich selbst, liebt das Leben und könnte auch alleine glücklich sein. Die Beziehung darf nicht dazu führen, dass dies bei einem der Partner untergraben wird. Jeder von uns hat, was er zum Glück-

▼

lichsein braucht, keiner von uns konzipiert Beziehung als eine Institution, von der man in erster Linie etwas bekommt.

Wir akzeptieren und lieben einander so wie wir sind, keiner von uns hat vor, den anderen grundlegend umzuerziehen. Wir wissen, dass Menschen verschieden, z. T. sehr verschieden voneinander sind. Deshalb ist es nicht immer möglich, einander völlig zu verstehen und sich immer zu einigen. Wenn man die Fähigkeit besitzt, sich bewusst zu »zweinigen«, ist das auch gar nicht schlimm (dieses schöne Wörtchen stammt von Vera F. Birkenbiehl und meint die bewusste und positive Akzeptanz abweichender Sichtweisen anderer).

Sich in seiner Verschiedenheit wechselseitig akzeptieren

❗ Wir passen nur zusammen, wenn es uns gelingt, durch unsere jeweils eigene Selbstverwirklichung so attraktiv füreinander zu bleiben, dass wir uns in jedem Moment wieder neu dafür entscheiden, beieinander zu sein.

Jeder von uns hat das Recht, zu gehen, wenn diese Voraussetzung dauerhaft nicht mehr erfüllt ist. Wir wissen, dass eine Beziehung nur dann gut ist und gedeihen kann, wenn sie auf Freiheit, wechselseitiger Attraktivität und gegenseitigem Vertrauen gründet. Wir verpflichten uns, alle Elemente von Misstrauen, Kontrolle, Zwang, Druck und verbietender Beschränkung des anderen aus unserer Beziehung zu verbannen. Wir wissen, dass hierdurch eine Beziehung nicht gerettet, sondern weiter zerstört wird. Es ist besser, sich zu trennen, als auf einen solchen Modus der »Beziehungserhaltung« umzuschalten – durch ihn wird die Beziehung zum Gefängnis, wenn nicht gar zur Hölle.

Wechselseitige Anziehung muss die Basis der Beziehung bleiben

Wenn wir uns wirklich voneinander angezogen fühlen und dies eine substanzielle Grundlage hat, werden sich mehr oder weniger große Berührungsflächen und Interaktionsräume ergeben, auch wenn jeder von uns sein *selbst*bestimmtes Leben führt. Vielleicht vergrößern sich diese Berührungsflächen, vielleicht verkleinern sie sich im Laufe der Zeit – es gibt dafür keine Norm (ein Paar kann in einer Einraumwohnung glücklich sein, ein anderes in getrennten Wohnungen). Jeder hat das Recht, diese Berührungsflächen jederzeit zu verkleinern (und sich z. B. für ein Wochenende in das Alleinsein zurückzuziehen). Keiner hat das Recht, sie zu vergrößern, ohne dass das auch der Wunsch des anderen wäre. Jeder hat die Pflicht, selbst darauf zu achten, dass er dem Wunsch des anderen nach Vergrößerung der Berührungsflächen nur dann nachgibt, wenn dadurch das Gleichgewicht der eigenen *Selbst*entwicklung nicht nachhaltig gestört wird. Jeder muss für sich selbst entscheiden, ob ihm die durch den anderen ermöglichten Berührungsflächen ausreichen – wenn nicht, hat er das Recht, sich zu trennen.

Das Recht auf (zeitweiligen) Rückzug

Ich bin ich – und du bist du. Ich bin nicht auf der Welt, um nach deinen Erwartungen zu leben, und du bist nicht auf der Welt, um nach meinen Erwartungen zu leben. Lass uns einander suchen: Wo wir uns verfehlen, darf jeder mit sich selbst glücklich sein, wo wir uns finden, wollen wir das als ein großes Geschenk dankbar annehmen.

Die Liebe zum Sein

Vor dem Hintergrund der romantischen Liebe bis in den Tod à la Romeo und Julia oder vor dem Hintergrund der christlichen Ethik der Selbstaufopferung für den Nächsten mag auch diese Fassung noch recht egoistisch-individualis-

Abhängigkeit ist immer schädlich

tisch klingen. Ist sie das wirklich? Zum ersten sind die genannten traditionellen Ideale sicher überzogen und schütten das Kind mit dem Bade aus. Wir sind nicht, um »glückend« zu tun, wir tun, um glücklich zu sein. Nur wer selbst glücklich ist, kann diese Flamme auch bei seinem Nächsten entzünden. Und Abhängigkeit in und von Beziehungen kann niemals gut sein. Dies gilt, glaube ich, für jede Form von wirklicher Abhängigkeit. All das gehört zur unreifen, allein primären Liebe und hat etwas mit teufelskreisartigen Übersteigerungen zu tun.

Die Liebe zum Partner ist Teil einer umfassenderen Liebe zum Sein

Die sekundäre Liebe, die Liebe zum Sein, ist mehr systemisch-ganzheitlicher Art. Sie bezieht sich auf das gesamte Sein: auf die Natur, alle Lebewesen und Mitmenschen. Sie findet im Intimpartner ihren Schwerpunkt, aber sie beschränkt sich nicht auf ihn. Entsprechend fand Abraham Maslow: »Was wir in der Liebesbeziehung sehen, ist eine Verschmelzung der großen Fähigkeit zu lieben und gleichzeitig der Achtung für andere und großer Achtung für sich selbst. Das zeigt sich daran, dass man von diesen Menschen nicht im allgemeinen Sinn des Wortes sagen kann, dass sie einander brauchen, wie es die gewöhnlichen Liebenden tun. Sie können einander sehr nahe stehen und sich – wenn es denn sein muss – dennoch trennen, ohne zusammenzubrechen. Sie hängen nicht aneinander oder haben Widerhaken oder Anker irgendwelcher Art. Man hat das definitive Gefühl, dass sie aneinander großes Vergnügen haben und eine längere Trennung oder Tod philosophisch hinnehmen würden, das heißt, stark bleiben würden« (Maslow 1994, S. 232).

Man kann andere Menschen lieben, ohne darunter zu leiden, dass man sie nicht täglich sieht und kein Intimverhältnis mit ihnen hat. Es kann Kraft geben, einfach nur zu wissen, dass es diese Menschen gibt: Ist diese Welt nicht schön, ist dieses Leben nicht lebenswert, wenn es solche Menschen gibt?! Das Intimverhältnis und die Sexualität werden potenziell ekstatischer und zugleich eben auch unwichtiger.

Nur *selbst*bestimmte Hilfe aus einem positiven Bedürfnis heraus ist gute Hilfe

Die oben vorgeschlagenen Beziehungsregeln führen nicht automatisch dazu, dass weniger Hilfe in der Partnerschaft und weniger Nächstenliebe im Allgemeinen praktiziert würde. Wenn man weiß, dass die Hilfe keine drückende Verpflichtungslast ist, werden aus dem befreiten *Selbst* heraus umso eher eigene Hilfsimpulse erwachsen. Wenn man weiß, dass der andere aus eigenem Bedürfnis hilft, wird man diese Hilfe umso eher annehmen und als beziehungsvertiefend erleben können.

> 🛈 Entscheidend ist, ob die besprochene Verschmelzung der Bedürfnisse in ausreichendem Maße stattfindet. Wenn ja, ergibt sich die wechselseitige Hilfe und Unterstützung zwanglos von allein. Wenn nicht, wird der pflichtmotivierte Austausch von Leistungen nur zum Entstehen und Aufstauen von Ressentiments führen und beiden Partnern Unglück bringen.

Grundprinzipien können im Alltagschaos Orientierung geben

Natürlich handelt es sich bei den oben genannten Beziehungsregeln wieder um Idealisierungen, denen man sich im Alltag nur mehr oder weniger weit annähern kann. Aber wie generell in diesem Buch vertrete ich auch hier die Auffassung, dass ein möglichst klares Erfassen, Verinnerlichen und wiederholtes Bewusstmachen derartiger haltungsprägender Denkfiguren in ihrer prägnantesten Form die beste und im Grunde einzig mögliche Vorbereitung auf das Chaos des Alltagslebens ist. Wenn das Tiefenmagnetfeld solcher Grundhaltungen (im Sinne von Attraktoren) erstarkt, werden sich die vielen kleinen Probleme und Entscheidungen im Alltag mit immer größerer Wahrscheinlichkeit und immer mehr wie von selbst richtig fügen. Man umarmt dann seinen Partner spontan im richtigen Moment und wirkt dabei authentisch. Und sollte sich dies nur einmal in der Woche ereignen, wäre das besser, als wenn es täglich krampfhaft und aufgesetzt geschieht, weil man die Checkliste eines Trivialratgeberbuches innerlich abarbeitet (»Umarme deinen Partner mindestens einmal täglich«).

Eine Partnerschaft lebenslang vital, anregend und überwiegend harmonisch zu erhalten, ist wohl eines der schönsten aber zugleich auch schwierigsten Vorhaben in unserem Leben. Und es scheint nicht leichter zu werden: In Deutschland wird derzeit etwa jede dritte Ehe wieder geschieden – in den USA ist es bereits jede zweite; Single-Haushalte sind in deutschen Großstädten inzwischen zur häufigsten Haushaltsform avanciert. Wichtige Mitursachen hierfür sind sicher die zunehmende Komplexität und Beschleunigung unserer Lebenswelt. Infolge der damit verbundenen wachsenden soziokulturellen Zersplitterung wird es immer seltener, dass man per Zufall auf einen Menschen trifft, der die gleichen Bücher oder Filme schätzt wie man selbst. Solange das Pendel der Postmoderne weiter in Richtung Chaos schwingt, werden Konsens und Verstehen zu immer rareren Gütern. Vielleicht muss man in dieser Situation dem Zufall auf die Sprünge helfen – ich könnte mir vorstellen, dass für sehr differenzierte Menschen die Partnerbörsen im Internet eine immer größere Bedeutung gewinnen.

Hoffen wir also trotz allem auf das Beste – aber rechnen wir mit dem Schlimmsten: Bleiben wir vorbereitet auf Phasen des Alleinlebens. Hierbei hilft es, die Liebe im oben beschriebenen Sinne nicht zu eng zu definieren.

❗ Weiten Sie Ihre Liebe möglichst im Sinne einer umfassenden Liebe zum Sein aus. Für den reifen Menschen ist Lieben wichtiger als geliebt zu werden. Jenes Feuer ist am wärmsten, das im eigenen Herzen brennt.

Lieben ist wichtiger als geliebt zu werden

Versuchen Sie, für das Existierende auf einer sehr grundsätzlichen Ebene ein tiefes Verständnis und eine positiv annehmende Liebe zu entwickeln (was nicht ausschließt, dass sich auf konkreteren Ebenen in diese Liebe auch Bedauern, Trauer und Ärger mischen).

Machen Sie sich immer wieder klar: Was sind die engen, relativen und z. T. falschen Vorstellungen und Wünsche unseres kleinen *Ich* gegen das faktische Wunder des Seins? Welch naive Hybris liegt in dem Glauben, zu wissen, dass es sich in der Welt besser lebte, wenn sie grundsätzlich anders eingerichtet wäre, verbunden mit der Überzeugung, dass dies so einfach ginge! Welch tragische und letztlich *selbst*schädigende Verirrung des *Ich* ist es, die Wirklichkeit nicht akzeptieren zu wollen und sich angewidert von der Welt abzuwenden! Wenn wir hingegen die Relativität unserer *Ich*konstrukte erkennen, sollten wir fast immer eine Chance dazu haben, die gegebene Wirklichkeit zu akzeptieren, das Negative auf einer höheren Ebene positiv aufzuheben und ein liebevolles Verhältnis zum Sein aufzubauen.

Starke Negativbewertungen machen nur in Bezug auf das Werden Sinn, wenn man noch Einfluss hat, wenn man das eine verhindern und das andere positiv gestalten kann. Hier müssen wir aus unserem engen *Ich*horizont heraus entscheiden und handeln, entsprechend unseren Gefühlen, unserem Wissen und unseren Werten, vertrauend darauf, dass dies ein kleiner Bau-

Entwickeln Sie eine Liebe zum Sein

stein sein könnte, der in positiver Weise zum Gelingen des Gesamtkunst-werks »Universum« beiträgt. Dieses Vertrauen in die Weisheit des Ganzen kann uns hinweghelfen über die Unsicherheit, die unseren Entscheidungen aufgrund unserer beschränkten Einsicht auf immer anhaften muss.

Die faktische Welt ist die einzige, die wir haben

Was aber dann zum Sein gerinnt, hat auf einer höheren Ebene jenseits unserer Begriffe wahrscheinlich geschehen müssen und kann auf dieser Ebene letztlich nur positiv angenommen werden. Das Gute, Wahre und Schöne hätte nicht werden können ohne das Schlechte; das Negative kann Keim des kommenden Positiven sein. Wir können und sollten das Sein lieben, denn es gibt keine Alternativen dazu. Die faktische Welt ist die einzige, die wir haben. In Bezug auf das Sein sind fundamentale und globale Negativbewertungen dumm und selbstzerstörerisch. Eine liebende Akzeptanz des Seins hingegen kann unsere Kraft vergrößern, die Zukunft in Richtung des von uns gefühlten und gewünschten Positiven zu bewegen. Denn es geht bei alledem nicht um eine Haltung des Duldens und Hinnehmens, es geht darum, den Raum des Veränderbaren auszuschöpfen durch Sammlung und Bündelung aller positiven Kräfte, die es unter dieser Sonne gibt. Und die stärkste dieser Kräfte ist wohl die Liebe zum Sein.

Amor fati: Auch Neben-rollen kann man meister-lich spielen

Im Sinne des Amor fati sollten wir lernen, unser *Selbst* mit Wohlwollen und Güte zu akzeptieren, unser Schicksal anzunehmen und zu lieben, welche Rolle es uns auch zuweisen mag. Natürlich sollten wir uns um unsere Traum-rolle bewerben. Verfolgen Sie dieses Ziel mit hohem Engagement, aber von einer Basis der spielerischen Gelassenheit aus, zu der Sie immer wieder zu-rückkehren, sobald die Widerstände Ihre Kräfte übersteigen. Bleiben Sie im-mer bereit, loszulassen, um den Regieanweisungen der Wirklichkeit zu fol-gen. Machen Sie sich immer wieder bewusst: Die kleinste Nebenrolle wird groß, wenn man sie mit Würde und Meisterschaft spielt. Es ist nicht entschei-dend, welche Rolle man spielt – unendlich viel wichtiger ist es, überhaupt eine Rolle spielen zu dürfen in diesem merkwürdigen Welttheater. Bleiben Sie sich dieser Gnade dauerhaft bewusst.

4.6   Psychosynergetik und Führungskunst

4.6.1   Führung mit Persönlichkeit

Von der Selbstführung zur Mitarbeiterführung

In Bezug auf wichtige Grundprinzipien gibt es breite Berührungsflächen zwi-schen Selbstführung und Mitarbeiterführung. Psychologisches Basiswissen und Selbstkompetenz sind in hohem Maße Voraussetzung für Führungskom-petenz: Der Weg zum Verständnis anderer kann nur über die Selbsterkennt-nis führen; wenn es eine Kardinalaufgabe von Führung ist, Menschen ent-sprechend ihrer Stärken einzusetzen, braucht man Begriffe und Konzepte von menschlichen Stärken und muss sie intuitiv erspüren können; wenn man als Top-Manager marktgerechte Unternehmensentscheidungen zu treffen hat, muss man etwas wissen über die menschliche Bedürfnisstruktur und die Möglichkeitsfelder ihrer Entwicklung, denn hiervon wird die Marktentwick-lung wesentlich mitbestimmt.

Ist Führung ein Beruf wie jeder andere?

Ist Führung im Prinzip ein Beruf wie jeder andere, wie Fredmund Malik (Malik 2000) es kürzlich vertreten hat? Geht es hier wirklich in erster Linie darum, Werkzeuge wie Budgetierung oder Instrumente der Leistungsbewertung beherrschen zu lernen? Ich glaube nicht, dass das richtig ist. Das Entscheidende ist die unterschiedliche Aufgabenkomplexität, mit der es verschiedene Berufe zu tun haben. Wenn ein Maurer eine zusätzliche Tür anlegen soll, ist es eine seiner Aufgaben, einen genau passenden Durchbruch in die Wand zu stemmen. Ein entscheidendes Werkzeug hierfür ist der Zollstock. Die korrekte Handhabung eines Zollstocks erschöpfend zu vermitteln, würde, wenn es denn überhaupt nötig sein sollte, wenige Minuten in Anspruch nehmen. Die Fähigkeiten, die es zu seiner Bedienung braucht, sind basal: gesunde Augen, gesunde Hände, Zahlenkenntnis und nicht zu defizitär ausgebildete psychische Grundfunktionen.

Nun stellen Sie sich einen Manager vor, der eine ganz grundlegende Führungsaufgabe zu erfüllen hat: die Einstellung eines geeigneten Mitarbeiters für das wichtigste Aufgabengebiet in seinem Verantwortungsbereich. Hier nur eine Auswahl der Fragen, die er dabei zu beantworten hat: Wie sieht das Spektrum der Fähigkeiten und Interessen des Bewerbers aus? Wie authentisch stellt er sich dar? Wie vertrauenswürdig und zuverlässig ist er? Wie passt er mit seinen Werten und Charaktereigenschaften in das Unternehmen und das Team? Unser Manager darf nicht am verbreiteten »Schmidt-sucht-Schmidtchen-Syndrom« leiden, d. h. er muss dazu in der Lage sein, nach Möglichkeit einen Bewerber einzustellen, der in dem speziellen Aufgabenbereich mehr Fachkompetenz besitzt als er selbst. Wirklich gute Bewerber haben zumeist auch noch andere Optionen – er muss also fähig sein, für die Stelle, die er zu vergeben hat, zu interessieren und zu begeistern. Er muss schließlich dazu in der Lage sein, Vertragsbedingungen auszuhandeln, die im Gesamtkontext der kulturellen und wirtschaftlichen Unternehmensrealität angemessen sind.

Schon einfache Führungsaufgaben sind sehr komplex

Welche Werkzeuge braucht nun unser Manager zur Lösung dieser ganz basalen Führungsaufgaben?

Diese Werkzeuge heißen u. a. Empathie und Menschenkenntnis, *selbststarker und durchsetzungsfähiger Charakter*; Kommunikations- und Begeisterungsfähigkeit, Intuition für komplexe und unscharfe Probleme – in einem Wort: persönliche Meisterschaft –. Und wie heißt der Unterricht, in dem man diese Werkzeuge vermitteln könnte? Wie viele Stunden wären dafür zu veranschlagen? Nun, das Hauptfach dieses Unterrichts kann natürlich nur das Leben selbst sein, das nicht in Stunden, sondern in Jahren und Jahrzehnten gemessen wird. Niemals wird es eine psychologische Testbatterie geben, mit der man etwa die Vertrauenswürdigkeit eines Menschen ausmessen könnte, so wie man einen Türrahmen mit dem Zollstock vermisst.

Es gibt keine einfachen Werkzeuge für einfache Führungsaufgaben

Das Wesen von Management ist Komplexitätsbewältigung. Der Manager hat die Aufgabe, die Entwicklung und Interaktion hochkomplexer und eigenwilliger Systeme so zu beeinflussen, dass die Gesamtentwicklung einer gewünschten Richtung möglichst nahe kommt. Diese komplexen Prozesse bestehen aus einem unüberschaubaren Geflecht z. T. synergistischer, z. T. antagonistischer Strebungen auf vielen Hierarchieebenen. Führungskunst besteht nun darin, diese Strebungen an möglichst vielen Stellen möglichst lange zu Synergien zu verknüpfen, deren Resultante in die gewünschte Richtung weist. Auf vielen Ebenen müssen dabei ausgewogene Kompromisse geschlossen und Gegensätze zur zeitweiligen Einheit aufgehoben werden: Wettbewerbs-

Management ist Komplexitätsbewältigung

vs. Teamorientierung; Umsatz- vs. Kundenorientierung; kurzfristiger vs. langfristiger Nutzen; Aufgaben- vs. Mitarbeiterorientierung etc.

Führung mit Persönlichkeit

Dies ist allein mit dem Vernunftauge und klassischem logischen Denken nicht zu bewältigen. Hier braucht es den Manager mit Leib und Seele als Diagnoseinstrument. Er muss eine Vielzahl von Eindrücken auf allen Ebenen richtig erkennen, selektieren, verarbeiten und zu Tendenzen verrechnen: Minenspiel, Körperhaltung und Stimmfarbe von Mitarbeitern; flapsige Bemerkungen und Witzeleien, Umsatzzahlen, Aktienkurse und Nachrichtenschlagzeilen; Gespräche mit Freunden oder Zufallsbekanntschaften im Café; die eigene Erfahrung mit den Produkten des Unternehmens etc. Und er muss mit Leib und Seele darauf antworten: mit eigenem Minenspiel, Körperhaltung und Stimmhöhe, mit kleinen Gesten und Bemerkungen, mit Coaching-Gesprächen, Krisensitzungen, Rundschreiben und Reden, die den Nagel zur richtigen Zeit genau auf den Kopf treffen. Hierzu bedarf es einer geschulten Intuition, wie sie nur aus Talent, dialektisch-systemischem Denkvermögen, einer umfassenden Bildung und einem selbstkompetenten *Selbst* erwachsen kann. Und er wird in all dem nur dann überzeugend und wirksam sein, wenn sich sein Tun von innen heraus aus einem Kern tief verstandener und selbsterarbeiteter Prinzipien entfaltet in einem eigenen, *selbst*entsprechenden und hochindividuellen Stil. Alles Nachahmen großer Vorbilder, alles mechanische Abarbeiten von Anweisungen aus Führungshandbüchern muss aufgesetzt wirken und kann nur lächerlich machen.

Die Führungskraft kann sich durch ihre im Grunde unlösbaren Aufgaben nur dann hinreichend gut durchwursteln, wenn sie es lernt, ihre gesamte Persönlichkeit als Erkenntnisinstrument und Ausführungswerkzeug zu entwickeln und zu nutzen.

> ❗ **Führungskompetenz ist persönliche Meisterschaft plus BWL-Kenntnisse im jeweils notwendigen Umfang (plus begrenzte Fachkompetenz in einem bestimmten Spezialgebiet).**

Das Wichtigste ist persönliche Meisterschaft

Die alles entscheidende Größe in dieser Formel ist persönliche Meisterschaft (die eine umfassende Allgemeinbildung und gesellschaftlichen Überblick einschließt). Und persönliche Meisterschaft kann man natürlich nicht lehren und lernen wie man die Kompetenzen für »normale« Berufe vermittelt, deren Aufgaben auf einem niedrigeren Niveau von Komplexität angesiedelt sind. Gleichwohl ist persönliche Meisterschaft kein mystischer Raum, über den sich so wenig rational sagen ließe, dass auch die größte Scharlatanerie noch unwidersprochen bleiben dürfte. An eine ausreichend tragfähige und hilfreiche qualitative Beschreibung von persönlicher Meisterschaft kann man sich herantasteten – nicht vergleichbar mit der unausweichlichen Schärfe mathematischen Schlussfolgerns, aber doch ausreichend fundiert und transparent, um einen konstruktiven Diskurs zu ermöglichen.

In der Art des vorliegenden Buches kann man darüber hinaus Hilfestellungen dafür geben, das Alltagsleben sehr bewusst und gezielt als Lernprozess in Richtung persönlicher Meisterschaft nutzen zu lernen. Zweifellos kann dies dazu beitragen, diesen Weg schneller zu durchschreiten und weiter auf ihm voranzukommen. Ich bin davon überzeugt, dass Lehrinhalte dieser Art ein zentraler Bestandteil eines jeden BWL- oder MBA-Studienganges sein sollten. In einem solchen Rahmen könnte die Theorie gezielt durch Elemente des Erfahrungslernens in Gruppenform ergänzt werden (Systemspiele, Gruppendynamik, Teamforming etc.).

Führung ist im Kern Komplexitätsmanagement. Das Erfassen und Gestalten von Komplexität aber ist das Wesen der Kunst. Deshalb ist Führung kein gewöhnlicher Lehrberuf – Führung ist eine Kunst, für die man in besonderem Maße begabt sein sollte und deren Erwerb weit mehr Zeit und persönlichen Einsatz erfordert als eine herkömmliche Berufsausbildung es täte. Vielleicht könnte man 90% aller Berufstätigen zu Maurern ausbilden, die ihren Job ausreichend gut beherrschen. Und vielleicht könnten aus 30% aller Berufstätigen Führungskräfte werden, die Aufgaben im Bereich des mittleren Managements ausreichend gut bewältigen. Doch für die in Wahrheit unlösbaren Aufgaben des Top-Managements sind nicht einmal unsere Besten wirklich gut genug. Unser Gehirn ist konstruiert zum Knacken von Kokosnüssen, nicht aber zum Führen hyperkomplexer Konzerne oder Staaten in einer sich immer mehr vernetzenden Welt.

Die Lösung ist, es gibt keine Lösung

4.6.2 Die Führungskraft als Coach

Es ist sinnvoll, im Folgenden zumindest jene Aspekte von Führung zu besprechen, die in einem sehr direkten Bezug zu den in diesem Buch vertretenen Prinzipien stehen.

Im Zeitalter der industriellen Massenproduktion musste ein Großteil der genormten, repetitiven Arbeitsschritte in der Fertigung noch vom Menschen selbst ausgeführt werden. Der Mensch hatte sich einer gigantischen, streng hierarchischen Maschinerie unterzuordnen, die überwiegend nach den Gesetzen der Mechanik funktionierte. Dem entsprachen die Prinzipien der Menschenführung: strikte Trennung von Entscheidung und Ausführung; ausschließlich zweck- und effizienzorientierte Normierung von Arbeitsabläufen; Einformung der Arbeiter und Angestellten in diese Standardabläufe per Instruktion, Belohnung oder Bestrafung; Kontrollmechanismen; Quantifizierung von Leistung und Qualität.

In einem solchen System wird der durchschnittliche Arbeiter überwiegend fremdzweckmotiviert und für äußeren Lohn arbeiten. Wenn die Arbeit selbst kaum Freude macht, wird sich der Arbeiter nur wenig mit dem Unternehmen identifizieren und alle legalen und vielleicht auch illegalen Spielräume ausschöpfen, um seinen Lohn zu maximieren und seinen Einsatz an Zeit und Energie zu minimieren. Den Führungskräften konnte dies nicht verborgen bleiben – folgerichtig entstand das Bild von einem Arbeiter, der nicht aus sich heraus leistungsbereit ist, dem man alles vorschreiben muss, dem nicht vertraut werden kann, der möglichst engmaschig kontrolliert werden muss.

Fremdzweckmotivierte Arbeiter in der alten Produktionsmaschinerie

Doch die Arbeitswelt hat sich drastisch gewandelt und wandelt sich immer schneller: Alle normierbaren und repetitiven Arbeitsschritte werden sukzessive von Automaten übernommen und der Mensch wird als Ausführender aus der Fertigung verbannt. Was bleibt, sind hochkreative Jobs im Management, in Forschung und Entwicklung sowie im wachsenden Dienstleistungssektor. Hier geht es nicht um Repetition normierter Abläufe, hier geht es um die permanente Kreation neuer Strukturen in Form neuer Er-

Der Wandel der Arbeitswelt in Richtung Flexibilität und Kreativität

kenntnisse, in Form neuer und maßgeschneiderter materieller oder geistiger Produkte und in Form immer neuer, projektabhängig wechselnder Kooperationsstrukturen. Menschen, die das leisten, müssen aus sich heraus tätig und kreativ werden. Sie müssen Mitverantwortung für das Ganze übernehmen und Entscheidungen treffen, sie müssen lernwillig sein und sich ständig weiterentwickeln. Hierzu ist eine Fremdzweckmotivation nicht ausreichend; es bedarf einer starken Selbstzweckmotivation als Motor von Kreativität und Wachstum. Und es ist ein Klima nötig, das über weite Strecken von Sicherheit, Vertrauen und spielerischer Entspanntheit geprägt ist.

Den Gold collar worker reizen Selbstzweckmotivation und innerer Lohn

Für den »gold collar worker«, der vom süßen Apfel der Selbstzweckmotivation gekostet hat, sind die traditionellen Anreize Geld und Status nicht mehr das Wichtigste. Er lässt sich nicht mit Lohn und Strafe dressieren. Misstrauen und Kontrolle blockieren ihn und schrecken ihn ab. Was er sucht, sind Möglichkeiten, sich selbst und seine Stärken zu entfalten und Freude und Sinnerfüllung bei der Arbeit zu haben. Er möchte als einzigartig begabtes Individuum wahrgenommen und willkommen geheißen werden, dem man etwas zutraut, das gefragt wird, mitentscheiden soll und dem Verantwortung übertragen wird. Er sucht Herausforderungen und Chancen für Lernen und Wachstum.

Im Vergleich zum klassischen, mechanistischen Führungskonzept erfordert dies neue Formen von Führung – Formen von Führung, die mit den in diesem Buch entwickelten Prinzipien von Selbstorganisation und Selbstführung gut kompatibel sind und sich weitgehend aus ihnen ableiten lassen. Danach wäre das Kernanliegen von Mitarbeiterführung wie folgt zu formulieren:

> ❗ Es gilt, die Mitarbeiter so auswählen und den Stellen zuordnen, dass an jedem Arbeitsplatz eine möglichst weitgehende Kongruenz zwischen Stärken und Selbstzweckmotivationen des Mitarbeiters und den an dieser Stelle zu erfüllenden Aufgaben entsteht.

Neue Führungsprinzipien

Dann würde sich das Unternehmen aus sich selbst heraus zu einem sozialen Organismus integrieren, der sich eigendynamisch in Richtung der Unternehmensziele bewegt, ohne dass äußere Zwangs- oder Zugvorrichtungen zur Kanalisierung der Prozesse erforderlich wären. Der Praktiker wirft hier natürlich ein: völlig unrealistisch! Trotzdem sollte man über diese idealisierte Denkfigur verfügen, um sich ihr zumindest so weit wie möglich annähern zu können.

Eigenaktive und selbstzweckmotivierte Mitarbeiter können und sollten dabei auf eine möglichst indirekte Weise geführt werden (vom direkten Ein-Punkt-Handeln zum indirekten koordinierten Mehr-Punkt-Handeln, vgl. ▶ Abschn. 4.2.2).

W. Metzgers Arbeit am Lebendigen

Die innere Koordination eines solchen Führungshandelns hat sich dabei an den Eigenheiten der »Arbeit am Lebendigen« zu orientieren, die der bedeutende Gestaltpsychologe Wolfgang Metzger in den 60er-Jahren des vorigen Jahrhunderts sehr prägnant formulierte, im Kontrast zum Umgang mit totem Material. Bei der Bearbeitung eines Werkstücks durch einen Handwerker etwa haben die wirksamen Kräfte ausschließlich ihren Ursprung im tätigen Menschen, Ziele und Zeitabläufe unterliegen vollständig seiner Willkür. Er kann dem Werkstück eine weitgehend in seinem Belieben stehende Form geben und er kann das tun wie und wann er will – schnell oder langsam, mit oder ohne Pausen, auf diesem oder jenem Wege. Im Umgang mit Lebewesen aber, also beispielsweise bei Tätigkeiten, für die wir Bezeichnungen haben wie pflegen, erziehen, züchten oder betreuen, verhält sich das grundlegend anders. Hier eben gelten die sechs Charakteristika der **Arbeit am Lebendigen**. In Kurzfassung sehen sie folgendermaßen aus (Metzger 1962):

1. Die Nichtbeliebigkeit der Form: Man kann Lebendigem »auf die Dauer nichts gegen seine Natur aufzwingen.«

2. Die Gestaltung aus inneren Kräften: »Die Kräfte und Antriebe, die die angestrebte Form verwirklichen, haben wesentlich in dem betreuten Wesen selbst ihren Ursprung. Der Betreuer sieht sich darauf beschränkt, durch die Setzung und Abwandlung gewisser Randbedingungen dessen innere Kräfte nach seinem Wunsch zu steuern … von Dauer sind … nur solche Formen, die durch die Entfaltung innerer Kräfte sich bilden und ständig von ihnen getragen und wiederhergestellt werden.«

3. Die Nichtbeliebigkeit der Arbeitszeiten: »Das lebende Wesen kann nicht beliebig auf seine Pflege warten … es hat v. a. seine eigenen fruchtbaren Zeiten und Augenblicke« für die Veränderung.

4. Die Nichtbeliebigkeit der Arbeitsgeschwindigkeit: Prozesse des Wachsens, Reifens, Überstehens einer Krankheit usw. haben offenbar jeweils ihre eigentümlichen Ablaufgeschwindigkeiten, die sich nicht beliebig beschleunigen lassen.

5. Die Duldung von Umwegen: Man muss überall Umwege in Kauf nehmen: zum Frosch über die Kaulquappe, zur abstrakten Kunst über die gegenständliche, zum Realitätssinn des Erwachsenen über die Spiel- und Märchenwelt des Kindes.

6. Die Wechselseitigkeit des Geschehens: »Die Partnerschaft und das Hin und Her des Wirkens wird umso ausgeprägter, je mehr die Eigenart des gepflegten Wesens sich derjenigen des Pflegers nähert.«

Heute können wir die oben von Metzger genannten Tätigkeitsbezeichnungen ergänzen durch »Führen« und »Coachen«. Beim indirekten Führen geht es also um die Setzung und Abwandlung gewisser Randbedingungen, die den Eigenwillen des anderen respektieren und ihn auf etwas ihn Anziehendes lenken, auf das er sich dann aus eigener Kraft hinzubewegen beginnt. Wer dagegen den Eigenwillen des anderen durch Druck zu brechen sucht, wird nur auf wachsenden Gegendruck stoßen, denn das Autonomiebestreben ist eine der stärksten Triebkräfte des Menschen – es ist im Grunde bereits einfachen synergetischen Strukturen wesensinhärent. Schon Kinder reagieren extrem sensibel und ablehnend auf eine zu enge Beschränkung möglicher Autonomie, wie die folgende Geschichte zeigt: »Ein 14-jähriger Knabe, dessen Eltern das Wochenende auswärts verbringen wollten, hatte sich vorgenommen, den Garten umzugraben, um seinem heimkehrenden Vater eine

Eigenwillen und Autonomiestreben beachten

freudige Überraschung zu bereiten. Beim Abschied sagte der Vater ›… und solltest du ganz große Langeweile haben, dann kannst du ja vielleicht einmal den Garten umgraben.‹ Ein innerer Aufschrei der Enttäuschung – alles war verdorben. Der Junge konnte den Garten nicht umgraben … « (aus Schulz v. Thun 1998, S. 216).

Führung als Coaching   Die Umgangsform, die den Erfordernissen der neuen Führung vielleicht am nächsten kommt, wird heute als Coaching bezeichnet (Haberleitner et al. 2003):

> ❗ **Die moderne, effektive Führungskraft versteht sich als Coach ihrer Mitarbeiter.**

Coaching im hier vertretenen Sinne ist ein Prozess, in dem die Führungskraft den Mitarbeiter bei der *Selbst*entwicklung unterstützt, wobei ein besonderer Fokus natürlich darauf liegt, seine Potenziale zur Lösung der betrieblichen Aufgaben und Probleme zu vergrößern. Dabei geht es in erster Linie um die Entdeckung und Förderung von Begabungen und Stärken, weniger um die Beseitigung von Schwächen oder Defekten (Buckingham u. Coffman 2002).

Als Basis hierfür empfehle ich Ihnen das in diesem Buch vertretene evolutionistische Welt- und Menschenbild, wobei ich die folgenden Grundhaltungen noch einmal besonders betonen möchte: Es geht nicht ohne Vertrauen und Vertrauensvorschuss. Natürlich werden Sie dabei gelegentlich auch Enttäuschungen erfahren. Doch machen Sie sich immer wieder klar: Diesen Zehnten an die »inneren Schweinehunde« von Mitarbeitern zu entrichten, gehört einfach zum Spiel des Lebens hinzu – wir alle zahlen ihn. Die Alternative käme Sie viel teurer: Wenn Sie den Teufelskreis von Misstrauen, Kontrolle und innerer Kündigung anfachen, werden Ihre Mitarbeiter bald nur noch rund ein Drittel Ihres Potenzials einsetzen und Sie selbst landen in Paranoia und Depression.

Vertrauen verpflichtet   Im Übrigen sollte man die verpflichtende Kraft, die bei vielen Menschen durch Vertrauen freigesetzt wird, nicht unterschätzen. Es gab Menschen, die ihr Leben gelassen haben, um in sie gesetztes Vertrauen nicht enttäuschen zu müssen.

An die Fähigkeiten der Mitarbeiter glauben   Eine wichtige Facette von Vertrauen ist dabei Zutrauen: Entscheiden Sie sich innerlich bewusst und konsequent dafür, an die Fähigkeiten Ihrer Mitarbeiter zu glauben, und bringen Sie das in Ihrem Verhalten zum Ausdruck. Wie schon Goethe beobachtete, wirkt auch hier der besprochene Pygmalion-Effekt: »Wenn wir die Menschen nur nehmen, wie sie sind, so machen wir sie schlechter, wenn wir sie behandeln, als wären sie, wie sie sein sollten, so bringen wir sie dahin, wohin sie zu bringen sind.«

Im nächsten Schritt müssen Sie lernen, wirklich loszulassen. Geben Sie die Entscheidungsbefugnis dorthin, wo der größte Sachverstand sitzt. Sie können und müssen nicht mehr auf allen Gebieten die Nummer 1 sein. Wenn man seine Mitarbeiter rückhaltlos zu Höchstleistungen coacht, muss man es auch aushalten können, wenn diese in Spezialbereichen deutlich besser werden als man selbst. Und Sie sollten das nicht als ein unvermeidliches Ärgernis empfinden, sondern als den Sinn der Sache. Wer Menschen führen will, muss hinter ihnen gehen, sagt Laotse.

Eine wichtige innere Voraussetzung hierfür ist es, Führungskunst möglichst positiv zu definieren. Wie heißt es so schön? Der Spezialist weiß immer mehr über immer weniger, bis er alles über nichts weiß. Der Generalist weiß immer weniger über immer mehr, bis er nichts über alles weiß. Mit anderen Worten: In der Praxis weiß der Spezialist fast alles und der Generalist so gut wie nichts. Ich will Sie mit meinem Buch davon überzeugen, dass dem nicht so ist. Der Generalist muss genauso viel wissen und können wie der Spezialist, zumeist sogar mehr.

Der Generalist versucht, Spezialist zu werden im Management des unendlich Komplexen. Im Gegensatz zum Beherrschenlernen sehr umgrenzter Spezialgebiete kann der Lernprozess des Generalisten deshalb nie an ein Ende kommen. Auch wenn Führungskompetenz sehr viel schwerer fassbar ist als Spezialkompetenzen, so lassen sich ihre Komponenten doch beschreiben und es können Wege für ihren Erwerb aufgezeigt werden. Erkennen Sie Führungskunst als eine der größten und spannendsten Herausforderungen, die es unter dieser Sonne gibt, und streben Sie Meisterschaft darin an. Wenn Sie die dafür nötige Zeit und Energie investieren, können Sie sich nicht mehr den gleichen Grad an Fachkompetenz erhalten, den ein Spezialist zu erreichen vermag.

Führungskunst mit eigenem Inhalt füllen und positiv definieren

Weil er von zentraler Wichtigkeit ist, möchte ich einen weiteren Punkt zumindest kurz ansprechen, obwohl er bereits mehrfach ausführlicher behandelt wurde. Neben grundlegenden Übereinstimmungen unterscheiden sich Menschen auf allen Ebenen ihres Seins. Im Laufe der Persönlichkeitsentwicklung können sich auch kleine Anfangsdifferenzen zu dramatischen Unterschieden in der Weltsicht auswachsen. Unterschiede in den Bedürfnissen führen zu verschiedenen Filtern der Wahrnehmung. Sie kennen vielleicht die in vielen Varianten erzählte Geschichte: Ein Bauingenieur, ein Biologe und ein Teenager machen eine Bergwanderung. Oben in der Hütte unterhalten sie sich und stellen fest: Jeder hat eine andere Wanderung gemacht. Der Bauingenieur hatte nur Augen für die Statik von Felsformationen und Hütten, der Biologe für die Fauna und Flora am Wegesrand und der Teenager für die vorbeikommenden jungen Mädchen. So zeichnen wir alle uns im Laufe des Lebens andere Landkarten von der Welt, die dann ihre Eigenlogik entfalten und sich im Laufe der Zeit immer mehr voneinander unterscheiden (»Individualisierung«).

Und immer wieder: Konstruktivismus

Die Metapher von der Bergwanderung

Alles, was uns begegnet, können wir nur aus dieser individuellen Karte heraus deuten, auch die Worte und Sätze der Sprache (Sprache ist nicht an sich bedeutungshaltig, die Bedeutung wird ihr aus der konstruierten Wirklichkeit des Zuhörers heraus zugewiesen). Jeder Mitarbeiter lebt in einer anderen Welt, arbeitet in einem anderen Team und Unternehmen und versteht etwas anderes, wenn der Chef eine visionäre Rede hält. Das Problem ist: Wir können unsere Landkarten nicht einfach wechselseitig voreinander ausbreiten – sie sind in unseren Köpfen sicherer verschlossen als in Fort Knox. Aber wir können und müssen uns in langwierigen Prozessen von wechselseitig korrigierender Interaktion in unseren Landkarten ein wenig angleichen und uns eine ahnungsvolle Vorstellung von der subjektiven Wirklichkeit des anderen erarbeiten. Hieraus kann ein für die Praxis ausreichendes Verstehen erwachsen. Also:

Die Landkartenmetapher

❗ **Erkunden Sie die mentalen Landkarten Ihrer Mitarbeiter! Fragen Sie, lassen Sie Ihre Mitarbeiter reden! Erst verstehen, dann verstanden werden. Das dient auch dem Beziehungsaufbau – nichts schätzen Menschen mehr als ein ehrliches Interesse an ihrer Individualität.**

Erst verstehen, dann verstanden werden

All dies macht Mühe; die Differenzen in den individuellen Landkarten sind die Hauptursache von Konflikten. Sehen Sie es trotzdem positiv: Die Unterschiede zwischen den Menschen machen das Leben spannend und sind ein Hauptquell von Kreativität.

4.6.3 Das Aikido-Prinzip und die Kunst des Fragens

Die Frage als Hauptinstrument indirekten Führungshandelns

Das Stellen von Fragen dient dabei nicht nur dem Erkunden der Landkarte des Mitarbeiters – es ist auch das Hauptinstrument indirekten Führungshandelns nach dem Aikido-Prinzip: Ermöglichen Sie dem Gedankenfluss des anderen durch wenige indirekte Fragen oder Anregungen, aus sich heraus den kürzesten Weg zum »Meer der Lösungen« zu finden. Nehmen Sie Ihren Mitarbeitern nie etwas ab, was im Bereich ihrer eigenen Möglichkeiten liegt. Stellen Sie Fragen: Haben Sie schon geprüft, was dort und dort passiert, wenn wir Ihrem Vorschlag folgen? (Es ist natürlich klar, dass zu den ungeschriebenen Gesetzen Ihrer Abteilung gehört: Der Mitarbeiter kommt niemals mit einem Problem allein, sondern immer schon mit einem eigenen Lösungsvorschlag, wie unbeholfen der auch ausfallen mag.) Welche Alternativen sind noch denkbar? Und worin besteht das eigentliche Problem genau? Was brauchen Sie noch, um dieses Problem auszuräumen? Woher können Sie diese Hilfestellung bekommen? Erinnern sie sich noch an das Projekt X, hatten wir da nicht ein ähnliches Problem?

Auch wenn Sie die Lösung schon sehen, legen Sie sich nicht vorschnell innerlich fest; betrachten Sie das Ganze nach Möglichkeit bis zuletzt als eine offene Suche. Ab und an mögen sich dabei doch noch überraschende Alternativen ergeben, zudem wirkt der Vorgang auf diese Weise authentisch und nicht wie ein pädagogisches Exerzitium. Fehlt die Zeit, um das Ganze auf diese Weise bis zu Ende durchzudeklinieren, verzichten Sie nach Möglichkeit auf apodiktische Vorgaben und machen Sie stattdessen Vorschläge, die dem Mitarbeiter einen Rest von Entscheidungsfreiheit lassen: Mir fällt dazu ein …; wie wäre es mit …; wenn ich dem Gedanken, den Sie vorhin äußerten, folge …; haben Sie schon einmal an … gedacht etc.

In Erinnerung an den in ▶ Abschnitt 4.2 erwähnten systemgerechten Sprachstil empfiehlt sich für komplexe Problemzusammenhänge generell ein vorsichtiges, abwägendes und sanftes Argumentieren in Wahrscheinlichkeiten und Graustufen: vielleicht, zumeist, auch, eher, darüber hinaus, in der Regel, einerseits … andererseits; zumindest nach meiner Erfahrung …, ich bin mir nicht sicher, aber vielleicht …; nach meinem Gefühl könnte … . Dies steht nicht im Widerspruch dazu, sich bestimmter Grundprinzipien sehr sicher zu sein und diese auch, wenn es nicht anders geht, mit imperativer Schärfe zu vertreten. Es steht nicht im Widerspruch zu konsequenter und straffer Führung, wenn es dann darum geht, getroffene Entscheidungen umzusetzen oder wenn Notlagen es erzwingen.

Überzeugen wo immer es möglich ist

Wenn immer möglich, sollte es das Ziel bleiben, den anderen zu überzeugen: mit Fragen, durch das Aufzeigen von Widersprüchen und mittels eigener Argumente. »Jeder Sieg, der den Partner oder Gegner nicht überzeugt oder ihn wandelt, ist nur Schein und Illusion. Zu überwinden ohne zu überzeugen, ist nichts«, heißt es im Aikido nach Meister Jigoro Kano.

Nur im Ausnahmefall sollten Sie ausschließlich aus Ihrer Machtposition heraus Entscheidungen gegen die anderen durchsetzen. Meiden Sie dabei Formulierungen, die danach klingen, als wähnten Sie sich im Besitz der absoluten Wahrheit. Also nicht: Was ihr da sagt, ist kompletter Unsinn. Es liegt doch klar auf der Hand, dass Lösung A die richtige ist. Und exakt so wird das jetzt gemacht. Sondern: Eure Argumente überzeugen mich nicht. Ich bleibe dabei: Aus meiner Sicht ist Lösung A die bessere – wir werden erst einmal so verfahren. Ich muss und werde das verantworten. Allzu scharfe Aussagen oder Wertungen reizen immer zu Widerspruch und Opposition. Sie reißen u. U. Gräben auf, wo eigentlich keine sein müssten. Im Übrigen kann man sich so auch leichter selbst korrigieren, falls man sich geirrt haben sollte.

Wie auch die Geschichte von dem weisen Alten und dem Betrunkenen in der U-Bahn aus ▶ Abschnitt 2.5.1 zeigte, geht es beim Aikido-Prinzip darum, den anderen in seinem Herzen zu berühren und ihn mit ganz vorsichtigem Zug zu einem gemeinsamen Tanz zu verführen.

Dies ist nicht nur bei der Mitarbeiterführung hilfreich, sondern auch beim Umgang mit (potenziellen) Kunden. Das folgende Beispiel wird von Vera F. Birkenbihl berichtet (Birkenbihl 2001, S. 164 f.). Während der Kaffeepause bei einem Kongress wurde sie im Foyer des Hotels Zeugin eines Dialogs zwischen einem Malermeister und einer Kongressteilnehmerin. Die Firma des Malermeisters war es, die das Hotelfoyer renoviert hatte, und zufällig standen in der Firma seiner Gesprächspartnerin ebenfalls Renovierungsarbeiten an. Da ihr (Frau B) das Foyer ausnehmend gut gefiel, entwickelte und verfestigte sich bei ihr immer mehr der Gedanke, dass der Malermeister (Herr A) auch die Renovierung ihrer Firma übernehmen solle. Die letzten Sätze dieses Gesprächs:

> Frau B: Also, dann sollten wir doch ein einfaches Weiß nehmen wie dieses hier. Können Sie mir das gleiche Weiß anbieten, wie Sie es hier im Hotel verwendet haben? Dieses Weiß gefällt mir nämlich ausnehmend gut. Es ist ein sehr angenehmes Weiß; nicht zu hart.
> Herr A: Das ist aber gar kein Weiß!
> Frau B: Sie scherzen wohl?!
> Herr A: Nein wirklich, Frau B; was Sie hier sehen, ist eigentlich hellgrau, genau genommen silbergrau.
> Frau B: Jetzt wollen Sie mich aber auf den Arm nehmen. Das sieht doch ein Blinder mit 'nem Krückstock, dass das Weiß ist!
> Herr A: Es wirkt weiß, das ist richtig, aber es ist keins.
> Frau B: Na ja, egal. Wir haben ja auch nur mal so geredet. Ich muss noch dringend telefonieren, ehe es weitergeht. Bis später. (Und weg war sie.)

Wo der Fehler lag, der Herrn A wohl einen lukrativen Auftrag kostete, erkennen Sie unschwer selbst.

Vera F. Birkenbihl nennt es nicht so, aber es ist exakt das Aikido-Prinzip, das sie in ihrem Vorschlag für eine Erfolgsvariante des obigen Dialogs umsetzt:

Wähnen Sie sich nie im Besitz der absoluten Wahrheit und vermeiden Sie unnötig apodiktische Formulierungen

Ein Beispiel von Vera F. Birkenbiehl

> Frau B: Also, dann sollten wir doch ein einfaches Weiß nehmen, wie dieses hier. Können Sie mir das gleiche Weiß anbieten, wie Sie es hier im Hotel verwendet haben? Dieses Weiß gefällt mir nämlich ausnehmend gut. Es ist ein sehr angenehmes Weiß; nicht zu hart.
> Herr A: Ich sehe, Sie haben ein gutes Auge für Farben, weil Sie ein weiches von einem harten Weiß unterscheiden können.
> Frau B: Na ja, das sieht man halt, wenn man richtig hinschaut.
> Herr A: Interessiert es Sie, wie man ein Weiß weichmacht?
> Frau B (erstaunt): Wie man ein Weiß weichmacht? Aber ja doch!
> Herr A: Man muss dabei immer zwei Aspekte beachten: Zum einen den Farbton selbst und zum anderen die geplante Beleuchtung.
> Frau B: Ah ja; das leuchtet ein.
> Herr A: In diesem speziellen Fall haben wir einen Farbton gewählt, der bei kaltem Tageslicht silbergrau … wirkt, während diese Beleuchtung wie jetzt im Moment die Wände weiß erscheinen lässt.
> Frau B: Ist ja faszinierend. Ich dachte auch, es sei weiß.
> Herr A: Genau dieser Effekt ist das Geheimnis.
> Frau B: Könnten wir das bei unseren Räumen genauso hinbekommen?
> Herr A: Wenn wir Hand in Hand mit den Beleuchtungsfachleuten arbeiten können wie hier im Hotel, dann mit Sicherheit.

Jeder hat ein Recht auf seine eigenen Fehler

Im Grunde ist das Aikido-Prinzip im Umgang mit Menschen ohne wirkliche Alternative und es gibt Situationen, in denen es sehr wichtig ist, sich das klar zu machen. Man kann Menschen nur durch Zug gewinnen, durch Druck hingegen verliert oder zerstört man sie. Man kann Menschen nicht determinierend steuern – man kann lediglich versuchen, sie zu beeinflussen, und dafür gibt es Grenzen. Auch und gerade Menschen, die einem wichtig sind, kann man nicht zu ihrem Glück zwingen. Selbst wenn wir subjektiv sicher zu sein meinen, dass sie in ihr Verderben laufen – wenn sie nicht zu überzeugen sind, müssen wir sie ziehen lassen.

Oft kommt es dann doch anders als wir denken: Die Umstände ändern sich unerwartet oder der Truman-Effekt tritt ein (Menschen entwickeln unerwartet Stärken). Und selbst wenn es kommt, wie wir dachten: Vielleicht erlebt es der andere nicht als Verderben. Und wenn doch: Auch sehr schmerzliche Erfahrungen können für die Entwicklung einer Persönlichkeit essentiellen Wert gewinnen. Oft ist das sehr schwer auszuhalten, manchmal kommt der andere ernsthaft zu Schaden – fast immer aber wäre all das noch schlimmer, wenn man im Vorfeld durch Druck und Zwang die Beziehung zerstört hätte.

Den Mitarbeiter zu persönlicher Meisterschaft coachen

Wenn wir das Prinzip »Führen durch Coaching« wirklich bis zu Ende ausbuchstabieren, kommen wir zu der idealisierten Definition: Führen heißt, dem Mitarbeiter maximal auf dem Wege zu persönlicher Meisterschaft voranzuhelfen (zumindest gilt dies für den Bereich Personalführung – natürlich hat die Top-Führungskraft auch noch viele andere Aufgaben, etwa im Bereich des strategischen Managements). Denn so gut wie alles, was wir in diesem Buch besprochen haben, ist auch für Ihre Mitarbeiter in ihrer Arbeitssituation unmittelbar relevant: Was sind meine Stärken, wo liegt meine Berufung? Wie weitgehend ist das, was ich gerade tue, *selbst*entsprechend? Wo blockiere ich mich noch selbst durch inadäquate Mussvorstellungen oder Lebenshaltungen? Schöpfe ich alle Sinn- und Wachstumsmomente meiner Arbeit aus? In welcher Richtung kann ich mich weiterentwickeln? Wo und wie kann ich die dafür nötigen Kompetenzen erwerben? Inwieweit sind das Unternehmen und mein Vorgesetzter bereit, mich darin zu unterstützen? Inwieweit deckt sich meine Selbsteinschätzung mit der Sicht meines Vorgesetzten? Etc.

All dies sind wichtige Fragen, über die man in regelmäßigen Mitarbeitergesprächen in einem kontinuierlichen Dialog bleiben sollte. In erster Linie wird es dabei um Probleme im Zusammenhang mit der Arbeitsaufgabe gehen; idealerweise könnte aber auch Hilfestellung bei der Vermittlung allgemeiner Prinzipien persönlicher Meisterschaft gegeben werden. Aus meiner eigenen Praxis weiß ich, dass in unserem Kulturkreis vielen Menschen selbst einfache Grundtatsachen aus diesem Bereich unbekannt sind, dass ein souveränes Management innerer Haltungen einer großen Flexibilität und Kreativität bedarf und dass hier Hilfestellungen und Anregungen durch Fortgeschrittene sehr förderlich sein können. Oft ist es dabei hilfreich, sich auch persönlich zu öffnen und darzustellen, wie man selbst mit vielleicht ähnlichen Problemen umgegangen ist. Persönliche Meisterschaft vorzuleben ist sicher eine der effektivsten Formen indirekten Führungshandelns. Es schadet nichts, wenn man sich dabei aus der Sicht des Konkurrenzkampfdenkens scheinbar auch angreifbar macht. Wie Sprenger ausgeführt hat, ist das Zeigen von Verletzlichkeit eine entscheidende vertrauensbildende Maßnahme (Sprenger 2002b).

> **Viele Menschen unseres Kulturkreises wissen über den Umgang mit ihrer Innenwelt sehr wenig**

❶ Es ist eine Schlüsselmaßnahme, möglichst viele Ihrer Mitarbeiter möglichst weit auf dem Weg zu persönlicher Meisterschaft voranzubringen, um Teamfähigkeit, Kreativität und Leistung in Ihrer Abteilung bzw. in Ihrem Unternehmen zu maximieren.

Es geht darum, dass möglichst vieles von dem, was in Ihrer Abteilung bzw. in Ihrem Unternehmen getan wird, aus einer Selbstzweckmotivation heraus getan wird, und dass, wie M. Csikzentmihalyi es formulieren würde, möglichst viele Flow-Momente von Ihren Mitarbeitern erlebt werden. Wie förderliche Bedingungen hierfür aussehen, ergibt sich größtenteils aus den Vorkapiteln – hier einige erinnernde Stichworte: eine entspannte, vertrauensvolle Atmosphäre, Einsatz der Mitarbeiter entsprechend ihrer Stärken, klare Ziele und Teilziele, ausreichendes Feedback über den Erfolg, Gleichgewicht zwischen Fähigkeiten und Anforderungen, Möglichkeiten des Lernens und der persönlichen Weiterentwicklung, reale Möglichkeiten des Mitentscheidens und Mitgestaltens (ausführlicher hierzu Csikszentmihalyi 2004).

> **Die persönliche Meisterschaft der Mitarbeiter zu fördern hat große Hebelwirkung**

4.6.4 Fremdzweckmotivation vs. Selbstzweckmotivation

Was wird nun mit den vielen Varianten von Fremdzweckmotivatoren, die für die klassische Führungskultur so prägend waren und sind? Gemeint sind die fünf großen B bedrohen, bestrafen, bestechen, belohnen, belobigen, die in Form von Bonussystemen, leistungsabhängigem Lohn, Incentive-Programmen, »Rennlisten« usw. umgesetzt werden.

Reinhard K. Sprenger hat in seinem bekannten Buch »Mythos Motivation« Grundlegendes und Wichtiges hierzu gesagt. Fremdzweckmotivatoren werden hier weitestgehend abgelehnt. Sprenger zeigt auf, wie Fremdzweckmotivatoren Selbstzweckmotivationen zerstören können. Er sieht sich in dieser These von der Wissenschaft gestützt mit Verweis auf das Buch »Punished by Reward« (1993) des Harvard-Professors Alfie Kohn:

> »Es gibt keine Studie weltweit, die eine dauerhafte Leistungssteigerung durch Anreizsysteme nachgewiesen hätte. … Je mehr Menschen über Belohnungen nachdenken, desto mehr bevorzugen sie leichte, kurzfristig lösbare und tendenziell quantitative Aufgaben. Kreativität und Qualität bleiben auf der Strecke« (zit. n. Sprenger 2000, S. 8).

Nun hatten wir aber im ersten Teil des Buches erarbeitet, dass im Kreis des Wachstums Selbstzweckmotivationen aus Fremdzweckmotivationen hervorgehen, Letztere also notwendige Wachstumsbedingungen sind. Gibt es da nicht einen Widerspruch? Im Kern wohl nicht. Für einen Wachstumskreis **Fremdzweckmotivatoren** müssen die Fremdzweckmotivatoren so engmaschig in die Tätigkeitsstruktur **bringen nichts** eingeflochten sein, dass sie den Willen erzwingen, wirklich in eine sekundär entwicklungspotente Tätigkeit einzudringen und sie beherrschen zu lernen. Der Pubertierende, der das Lächeln seiner schönen Mathematiklehrerin gewinnen will, muss sich wirklich intensiv auf die Mathematik einlassen. Bei der Klassenarbeit abzuschreiben, würde allenfalls kurzfristig Punkte bringen, schon in der nächsten Stunde könnte der Schwindel beim Vorrechnen an der Tafel auffliegen.

In den meisten Zusammenhängen von Wirtschaftstätigkeit sind derart gezielte und engmaschige Arrangements nicht möglich, schon allein deshalb, weil sich jene Aspekte von Einstellung und Leistung, auf die es wirklich ankommt, zumeist nicht erfassen und messen lassen. So wäre etwa in der Tätigkeit eines Verkäufers die menschliche Qualität seiner Beziehungen zu den Kunden wirklich wichtig: für seine intrinsische Freude an der Arbeit ebenso wie für die Perspektive seines Unternehmens (Kundenbindung). Wird nun das, was man messen kann, als Leistung belohnt, nämlich sein Umsatz, kommt er in Konflikt zum intrinsisch wichtigen Kern seiner Tätigkeit: Er beginnt, die Kundenkontakte zu verkürzen, um mehr Abschlüsse zu machen. Die Kunden hören nun auf, Menschen zu sein, sie werden zu Zahlen. Unser Verkäufer verlernt es allmählich, aus gelungenen Kundengesprächen inneren Lohn zu gewinnen. Er wird nun in seiner Motivation immer abhängiger vom externen Lohn seiner Leistungsboni. Doch man gewöhnt sich, wie besprochen, schnell an jedes Niveau materiell-extrinsischen Lohns. Wenn das Gehalt nun nicht unaufhörlich wächst, kommt es zu Frustration und Demotivation. Wachsen die Leistungsboni aber in allzu korrumpierende Höhen, gerät unser Verkäufer in die Gefahr, die Kunden entgegen ihren Interessen zu beraten. Und wenn zu viele Verkäufer das tun, steht bald die Existenz des ganzen Unternehmens auf dem Spiel.

Weil also das Raster der extrinsischen Belohnungen nur an Messbarem anknüpfen kann, wird es nie mit den intrinsisch wichtigen Aspekten der Unternehmenstätigkeit zur Deckung zu bringen sein. Es muss deshalb zu Aberrationen der Motivationsvektoren hin auf falsche Nebenziele kommen:

vom Übers-Ohr-Hauen des Kunden oder der Kollegen aus der konkurrieren-den Nachbarabteilung über die »Speichelleckerei« beim Vorgesetzten bis hin zum Aufbau ganzer Potemkin'scher Erfolgsdörfer aus frisierten Kennzahlen. Hinzu kommt, dass die Fixierung auf äußeren Lohn eine Belohnungs-Ge-wöhnungs-Erwartungs-Spirale in Gang setzt, die in Enttäuschung, innerer Kündigung und Leistung unter Niveau enden muss, weil sie sich nicht ewig weiterdrehen kann. Und schließlich werden sich viele Mitarbeiter an den Fäden der Incentives vorkommen wie Marionetten, was die oben geforderte Atmosphäre des Respekts und des Vertrauens untergräbt.

> **Fremdzweckmotivatoren können sogar schaden, weil sie auf Nebenziele ablenken**

Wie man die Motivation aus einem schwächeren Selbstzweckattraktor in einen stärkeren Fremdzweckattraktor hinüberziehen kann, zeigt sehr präg-nant die folgende von Sprenger nach A. Kohn zitierte Geschichte, die ich Ihnen nicht vorenthalten will:

> »Ein alter Mann wurde täglich von den Nachbarskindern gehänselt und beschimpft. Eines Tages griff er zu einer List. Er bot den Kindern eine Mark an, wenn sie am nächsten Tag wiederkämen und ihre Beschimpfungen wiederholten. Die Kinder kamen, ärgerten ihn und holten sich dafür eine Mark ab. Und wieder versprach der alte Mann: »Wenn ihr morgen wieder-kommt, dann gebe ich euch 50 Pfennig.« Und wieder kamen die Kinder und beschimpften ihn gegen Bezahlung. Als der alte Mann sie auffor-derte ihn auch am nächsten Tag, diesmal allerdings gegen 20 Pfennig, zu ärgern, empörten sich die Kinder: Für so wenig Geld wollten sie ihn nicht beschimpfen. Von da an hatte der alte Mann seine Ruhe« (Sprenger 2000, S. 71).

> **... und Selbstzweck-motivationen zerstören**

Also: Lassen Sie nach Möglichkeit die Hände weg von Fremdzweckmotivie-rungstechniken. Erwägen Sie eine Gehaltsanpassung alle zwei Jahre entspre-chend einer ganzheitlich-qualitativen Persönlichkeits- und Leistungsein-schätzung durch den Vorgesetzten, die nicht nur die objektiven Leistungs-parameter berücksichtigt, sondern auch den Grad des subjektiven Bemühens um die Ausschöpfung der eigenen Entwicklungs- und Leistungspotenziale sowie die den anderen Kollegen gewährte Unterstützung. Dazwischen erfolgt ein Coaching in Richtung Selbstzweckmotivation und persönliche Meister-schaft und sonst gar nichts.

❶ Soviel Vertrauen, Selbstzweckmotivation und Selbstorganisation wie möglich, soviel Instruktion und Kontrolle wie unbedingt nötig.

Ein Mindestmaß an Kontrolle muss natürlich sein. Wenn man das richtig kommuniziert, kann Kontrolle auch vertrauensbildend wirken und als Für-sorge erlebt werden: Du weißt, von Mensch zu Mensch vertraue ich dir (im Einzelfall vielleicht sogar so weit, wie ein Mensch einem anderen überhaupt vertrauen kann). Aber als Vorgesetzter muss ich bestimmte überlebenswich-tige Eckdaten kontrollieren – aus Prinzip und ganz unabhängig von persön-lichem Vertrauen. Wir wissen beide, dass auch hochkompetente Fachleute und starke Charaktere in Extremsituationen fehlbar und korrumpierbar wer-den können. Wenn wir beide wissen, dass dieses notwendige Minimum an Kontrolle im gesamten Unternehmen korrekt gehandhabt wird, dann stärkt das unser Vertrauen in das Ganze.

4.6.5 Teamführung

Trend zu flexiblen, informellen Kooperationsstrukturen

Wo immer koordiniertes menschliches Handeln nötig ist, müssen Menschen zur Zusammenarbeit fähig sein. Der Trend geht immer mehr dahin, dass individualisierte, kreative Höchstleister informell-selbstorganisierte, flexible Kooperationsstrukturen bilden, die entsprechend den jeweils aktuellen Sachzwängen wechseln (ohne oder innerhalb festerer Rahmenstrukturen wie Abteilungen, Gruppen oder Teams). Zweifellos ist die Fähigkeit hierzu ein ganz wichtiger Erfolgsfaktor von Organisationen mit immer flacheren Hierarchien in immer schnelllebigeren Zeiten.

Sind die durch die Aufgabenbesonderheiten geforderten Integrations- und Koordinationsnotwendigkeiten groß, wird ein solches »Teamforming« zu einer sehr schwierigen und komplizierten Angelegenheit, deren Erfolg keineswegs gesichert werden kann. Es ist oft nicht leicht, an jenen Punkt zu kommen, an dem wirkliche Synergieeffekte erreicht werden, die die Kosten an Zeit und Mühe aufwiegen und mögliche schädliche Nebenwirkungen kompensieren: Flucht aus der Verantwortung, Sabotage aus Konkurrenzdenken, Normierung durch Gruppendruck etc. (R. Musil: »Mittelmäßigkeit ist das, worauf ein Kongress von Genies sich einigen kann«).

Sicher ist jedoch: Die Chancen auf Team-Erfolg sind umso größer, je weitergehender alle Beteiligten über die besprochenen Six Sigma der persönlichen Meisterschaft verfügen.

Von besonderer Bedeutung für die Teamkompetenz sind dabei wohl die folgenden, bereits ausführlicher besprochenen Aspekte:

Wichtige Momente von Teamkompetenz

Erst geben, dann bekommen

Es sollte ein Grundwissen zum Konstruktivismus, zumindest auf dem Niveau z. B. der oben genannten Landkartenmetapher vorliegen. Jedes Teammitglied sollte die Gewohnheit erwerben, immer wieder bewusst die ebenso naive wie hartnäckige Illusion aufzuheben: Ich sehe eine objektive Realität und alle »normalen« Menschen müssen darauf genauso reagieren wie ich selbst. Hieraus ergibt sich das Prinzip: erst verstehen, dann verstanden werden; es gilt, den anderen bewusst in seiner Andersartigkeit wahrzunehmen, ihn mit aufrichtigem Interesse zu erkunden, seine Individualität zu respektieren und als Bereicherung zu empfinden. Da es somit auch keine für alle sofort erkennbare objektive Gerechtigkeit geben kann, folgt weiter: erst geben, dann bekommen. Und: Ich bin bereit, ein klein wenig mehr zu geben als die anderen. Dies wird durch den Gewinn, den auch ich von einem funktionierenden Team habe, aufgewogen. Soziale Systeme können nur funktionieren, wenn jeder bereit ist, ein klein wenig mehr zu geben als die anderen. Ich gehe davon aus, dass auch alle anderen Gruppenmitglieder sich bewusst für diese Haltung entscheiden. Darüber hinaus hab ich viel weniger Stress, werde als ein großzügiger Mensch wahrgenommen, habe mehr Freunde etc. Im Übrigen: Solange ich mein geliebtes Tun ausüben kann, macht mir das nichts aus – dann fallen ja Geben und Nehmen in eins.

Sach- und Beziehungsebene trennen können

Jeder sollte um die Differenz von Sachebene und Beziehungsebene in Kommunikation und Kooperation wissen und fähig sein, dies auseinander zu halten. Er sollte imstande sein, einzuschätzen, an welchen Platz er in Abhängigkeit von seinen Kompetenzen und den jeweils aktuellen Sachanforderungen gehört und diesen Platz auch einnehmen können. Auch wer oft die Führung hat, muss in der Lage dazu sein, sich zeitweise ein- und unterzuordnen.

Voraussetzung hierfür ist ein bewusstes Verhältnis zu den primären Impulsen des Rangantriebs und die Fähigkeit zu ihrer sekundären Aufhebung (was umso besser gelingt, je stärker das *Selbst* des Betreffenden ist).

Nur derjenige kann seinen adäquaten Platz finden und seine Arbeit dort richtig ausrichten, der ein Bild des Ganzen in sich trägt: Organigramme, Zielhierarchien, Sinn und Vision des Gesamtunternehmens sollten für jeden Mitarbeiter transparent sein. Das ist auch für das Ankoppeln der primären und sekundären Motivationssysteme bedeutsam, wie die folgende Variation einer bekannten Geschichte zeigt: Ein Wanderer begegnet vor den Toren einer Stadt drei Arbeitern, die Steine behauen. Der Erste wirkt müde und schlaff. Auf die Frage, was er da tue, antwortet er missmutig »Das siehst du doch. Ich behaue einen Quader.« Dem Zweiten scheint es besser zu gehen, er wirkt kraftvoller und antwortet bereitwillig: »Ich baue einen Spitzbogen.« Der Dritte schließlich ist voller Energie und geht ganz in seiner Arbeit auf. Erst auf die zweite Nachfrage kann er sich losreißen und antwortet mit glänzenden Augen: »Ich baue eine große Kathedrale. Sie wird das Leben der Menschen in unserer Stadt für immer verändern.«

> **Die Geschichte von den drei Steinhauern: Jeder braucht ein Bild vom Ganzen**

Jeder sollte sich in einer möglichst offenen Kommunikation üben, Ziele und Verantwortlichkeiten explizit klären und festlegen, Erwartungen austauschen und Störungen, Konflikte oder Verletzungen offen und schnell ansprechen. (Wie befreiend ist es, wenn man sich nicht ständig die Köpfe der anderen zerbrechen muss: Habe ich ihn jetzt wieder verletzt? Was will er wirklich? Was denkt er jetzt? Etc.). Es gilt, eine konstruktive Konfliktkultur einzuüben. Zuallererst erfordert dies, sich eine positive Haltung zu Konflikten zu erarbeiten:

> ❗ **Konflikte sind unvermeidlich und können zu Chancen umgemünzt werden, sofern man in konstruktiver Weise mit ihnen umgeht.**

In komplexen Verhaltenssituationen emergieren Konflikte überwiegend aus Landkartendifferenzen und nur zu geringeren Teilen aus persönlichen Schwächen oder intendierter Bosheit (dies gibt es dann allenfalls im Endstadium eskalierter Konfliktsituationen). Es geht um fehlende Informationen, nichtkommunizierte Erwartungen, differente Sichtweisen und Bewertungen etc. Ein bewusstes frühes Konfliktmanagement führt deshalb zu Angleichungen der Landkarten und ist ein wichtiger Katalysator der Teamformierung.

> **Konstruktive Konfliktkultur**

Bei den meisten Menschen springt im Konfliktfall sehr schnell die primäre Aggressionsbereitschaft an, deren Affektlogik böse Absicht beim anderen suggeriert. Es gilt, hierzu ein bewusst-kritisches Verhältnis zu gewinnen und den Reflex einer sekundären Aufhebung einzuüben, z. B. durch Bewusstmachen der Metapher von den Landkartendifferenzen (nach einem distanzierenden SDR-Schritt).

Beim Äußern von Kritik gilt:
1. Sachlich die Problemsituation und das Verhalten des anderen beschreiben.
2. In Ich-Botschaften darstellen, wie man Situation und Verhalten erlebt hat und bewertet. Dabei dem Aikido-Prinzip folgen und Formulierungen vermeiden, die einen Anspruch auf die absolute Wahrheit erkennen lassen.

3. Bei alledem deutlich machen, dass man lediglich das Verhalten des anderen kritisiert, ihn als Person aber respektiert und nach Möglichkeit schätzt.

Umgang mit Kritik

Für die Reaktion auf Kritik gilt: innehalten, primäre Rückzugs- oder Abwehrreflexe aufheben (SDR-Schritt) und dem anderen wirklich zuhören. Das sekundäre Verletztheitsgefühl lässt sich wie folgt aufheben: Man sollte sich klarmachen, dass man nur durch Hieb-, Stich- oder Schusswaffen verletzt werden kann, nicht aber durch Worte. Wichtig ist, die Kritik nach den eigenen Werten und Maßstäben zu prüfen: Trifft sie zu, kann man dem Gegenüber dankbar sein – man hat etwas gelernt und kann sich ein Stück weiterentwickeln. Trifft sie aber nicht zu, kann man sie innerlich zurückweisen, dem Gegenüber die eigene korrigierende Sichtweise darstellen und sich vielleicht zweinigen. Selbsteinschätzung steht höher als Fremdeinschätzung. Das Wichtigste ist, mit sich selbst im Reinen zu bleiben, auch wenn das die Gefahr einer Kündigung nach sich ziehen sollte (für diesen Fall sollte es immer ein Worst-case-Szenario geben). Besser aufrecht gehen als auf Knien arbeiten.

Wenn man diese Schritte bewusst durchläuft, klingt das leichte primäre Verletzungsgefühl schnell ab. Es passiert doch eher selten, dass man sich so stark entgegen den eigenen Werten und Maßstäben verhält, dass starke Scham und Selbstvorwürfe gerechtfertigt wären (und selbst dann gibt es zumeist mildernde Umstände: Man war in einer Krisensituation außer sich, es gab Irrtümer oder Missverständnisse).

Wann Verletzungen entstehen

Richtige Probleme können eigentlich nur aus folgenden Konstellationen entstehen: Man steigert das leichte primäre Verletztheitsgefühl durch Teufelskreise inadäquat auf, weil falsche Soll- und Mussvorstellungen bestehen, z. B. alle müssen lieb und nett zu mir sein; ich muss unbedingt von allen hochgeschätzt und geachtet werden; mein Vorgesetzter darf nur Gutes von mir denken – wenn mir gekündigt würde, wäre das eine absolute Katastrophe etc. Oder die Steigerung erfolgt, weil man sich seiner eigenen Werte nicht sicher ist, Fremdeinschätzung über Selbsteinschätzung stellt und die Maßstäbe und Argumente des anderen aufnimmt und sich wie eine Lanze selbst in den Leib rammt. Hier hilft nur eines: den Kern seines *Selbst* festigen, indem man sich entsprechend den Prinzipien des inneren Wachstums systematisch eigene Standpunkte, Überzeugungen und Werte erarbeitet und diese verinnerlicht.

Grundsätzlich kann es nicht schaden, sich für die Reaktion auf Kritik Zeit zu nehmen: Ich verstehe die Probleme, die du aus deiner Perspektive mit meinem Verhalten hattest. Ich werde darüber nachdenken und dir morgen meine Position darstellen.

Konflikte möglichst schnell lösen

Es ist wichtig, Konflikte möglichst schnell zu lösen und auch als Führungskraft ein Auge darauf zu haben, dass dies geschieht. Sonst besteht die Gefahr, dass es zur Verfestigung und Eskalation kommt: Die Beteiligten »schnappen ein«, reden nicht mehr miteinander, konstruieren sich immer differenzierendere Phantasiewelten, in denen der jeweils andere der Böse ist und steigern sich in aversive Gefühle hinein. Beim nächsten geringfügigen Anlass platzt dann die Bombe, man verliert die Contenance und verletzt sich. All dies kostet auf vielen Ebenen psychische Energie, die dann zur Lösung der Sachaufgaben fehlt. Es gilt für alle Teammitglieder, die Denkfigur zu verinnerlichen: Wer den ersten Schritt auf den anderen zugeht, ist der Reifere und der Stärkere.

Natürlich wird es immer wieder vorkommen, dass Konflikte eskalieren oder in Belastungssituationen Kritik unfair ausfällt. Dann ist die Fähigkeit zum Verzeihen gefragt. Über die Denkfiguren, die den Weg zum Vergeben eröffnen, hatten wir in ▶ Abschnitt 2.5.1 ausführlich gesprochen.

Alle Teammitglieder sollten im Grundsatz über das Phänomen des Gruppendrucks Bescheid wissen, das sich aus dem synergetischen Versklavungsprinzip erklären lässt. Wenn eine bestimmte Ansicht über einen Schwellenwert hinaus erstarkt, wird sie zum Ordner der weiteren Meinungsbildung und entwickelt einen Sog, sich ihr anzuschließen. Allerdings entspringen diese ganzheitlichen Prozesse vielen Quellen und damit nicht nur der eigentlich wichtigen sachlichen Gefordertheit. Entsteht nur ein Ordner, kann es zu einer sachinadäquaten **Normierung** der Gruppe kommen; emergieren mehrere Ordner, können inadäquate **Polarisierungen** entstehen. Zu einem bewussten Umgang mit solchen Phänomenen gehört u. a., dass sich jeder schon vor der Sitzung zu den wichtigen Fragen eine klare eigene Position erarbeitet hat.

Bewusster Umgang mit Gruppendruck

Aus meiner Sicht sind Punkte wie die oben genannten wirkliche Essentials, ohne die Kooperation nicht nachhaltig auf hohem Niveau so funktionieren kann, dass ein wirkliches Synergie-Plus eingefahren wird. Als Führungskraft haben Sie dafür zu sorgen, dass Ihre Leute in den Besitz dieses Grundwissens kommen. Bei gut vorgebildeten Mitarbeitern genügt es vielleicht, das ein oder andere in die laufenden Mitarbeitergespräche einzuflechten, in anderen Fällen wird man um spezielle Weiterbildungen nicht herumkommen.

Beim Umgang mit Kollegen, aber auch beim Umgang mit neuen Kunden oder Geschäftspartnern sollte man dem anderen immer einen Vertrauensvorschuss gewähren. Wird dieses Vertrauen missbraucht, dürfen Gegenmaßnahmen nicht aus Racheimpulsen hervorgehen, sondern sie haben sich ausschließlich an der künftigen Sicherung eigener Interessen zu orientieren (im Idealfall heißt das, dem anderen irgendwann eine zweite Chance zu geben, um ihn doch noch für eine faire Zusammenarbeit zu gewinnen).

❗ **Grundsätzlich sollte man anstreben, alle Interaktionen nach dem Win-win-Muster zu gestalten: Alle beteiligten Parteien sollen einen Vorteil haben.**

In einer Welt voller potenzieller Synergien ist dies möglich – »Prinzip der Fülle«. Und nur auf dieser Grundlage können langfristige Geschäftsbeziehungen gedeihen. Andere zu übervorteilen, bringt allenfalls kurzfristigen Nutzen und wendet sich irgendwann gegen einen selbst.

Vertrauensvorschuss und Prinzip der Fülle

Der amerikanische Unternehmensberater Stephen R. Covey propagiert das strenge Prinzip: »Gewinn-Gewinn oder kein Geschäft«. Zum Beleg für den langfristigen Nutzen dieser Haltung berichtet er das folgende anrührende Beispiel: »Einige Zeit nachdem der Geschäftsführer einer kleineren Computer-Software-Firma das Konzept von »Gewinn-Gewinn oder kein Geschäft« kennengelernt hatte, erzählte er mir folgende Geschichte: »Wir hatten eine neue Software entwickelt, die wir einer bestimmten Bank mit einem Fünfjahresvertrag verkauft hatten. Der Bankvorstand war ganz begeistert, aber seine Leute standen nicht wirklich hinter der Entscheidung. Ungefähr einen Monat später wechselte der Vorstand der Bank. Der neue kam zu mir und meinte: »Ich fühle mich nicht wohl mit diesen Software-Umstellungen.

Gewinn/Gewinn oder kein Geschäft

Hier herrscht völliges Durcheinander. Die Leute sagen, dass sie das nicht durchziehen können, und ich habe im Moment das Gefühl, es nicht einfach durchdrücken zu können.«

Meine eigene Firma steckte in großen finanziellen Schwierigkeiten. Ich wusste, dass ich jedes rechtliche Mittel hatte, den Vertrag durchzusetzen. Aber ich war inzwischen von dem Wert des Gewinn/Gewinn-Denkens überzeugt. Also sagte ich ihm: «Wir haben einen Vertrag. Ihre Bank hat unsere Produkte und unsere Dienste gekauft, um sich auf dieses Programm umzustellen. Aber wir können verstehen, dass Sie sich damit nicht wohl fühlen. Also möchten wir Ihnen den Vertrag und Ihre Anzahlung zurückgeben. Wenn Sie in der Zukunft je nach einer Software-Lösung suchen, dann würden wir uns freuen, wenn Sie sich wieder an uns wenden würden.«

Ich gab wirklich buchstäblich einen Vertrag über 84.000 Dollar auf. Das war beinahe finanzieller Selbstmord. Aber ich hatte das Gefühl, dass es sich, wenn der Grundgedanke stimmte, langfristig auszahlen und Dividende bringen würde.

Drei Monate später rief der neue Vorstand bei mir an. »Ich werde nun Veränderungen an der Datenverarbeitung vornehmen«, sagte er. »Und ich möchte mit Ihnen ins Geschäft kommen.« Wir haben einen Vertrag über 240.000 Dollar abgeschlossen« (Covey 1998, S. 202f.).

4.7   Alltagsmanagement

4.7.1   Strategische Lebensplanung

In ausreichendem Umfang Energiequellen entwickeln

Ein ganz zentraler Aspekt einer guten langfristigen Lebensplanung ist ein gelingendes Energiemanagement: Um mit den Belastungen des Alltags fertig zu werden und die Freude am Leben zu behalten, benötigen wir über die gesamte Lebensspanne ein ausreichendes Quantum an positiver Gefühlsenergie (positive primäre und sekundäre Emotionen). Zum ersten müssen wir uns hierfür dauerhaft ausreichende Möglichkeiten offen halten, unsere primären Antriebe zu befriedigen; zum zweiten gilt es, möglichst umfangreich sekundäre Antriebe aufzubauen.

Spaßschwein vs. Sparschwein

Dabei muss man die Prinzipien »Spaßschwein« und »Sparschwein« ins Gleichgewicht bringen. Der Begriff Spaßschwein steht für den schnell und leicht verfügbaren kurzfristigen Genuss, der uns über die angeborenen primären Antriebe ad hoc zur Verfügung steht. All das, was man gemeinhin als materiell-sinnliche Bedürfnisse oder Konsumbedürfnisse bezeichnet, fällt in diesen Bereich: gutes Essen, Sex, die Neugierspannung, die sich nach Einkauf von Gegenständen und Gerätschaften aller Art entlädt; der Gewinn an Status, den das Zur-Schau-Stellen bestimmter Gegenstände vermittelt, von der Markenuhr bis zum Sportwagen. Auch das Streben nach Ruhm und Macht gehört hierher.

Bei vielen Menschen kommt das Sparschwein zu kurz

Das Prinzip Sparschwein dagegen steht für alle oft anstrengenden Aktivitäten, die dem Aufbau von Potenzialen für künftigen Lustgewinn dienen, also v. a. die Bemühungen um inneres Wachstum: üben, lernen, lesen und studieren. Bei nicht wenigen Menschen scheint eine primäre Neigung zu bestehen, das Spaßschwein dem Sparschwein vorzuziehen. Vielleicht liegt es in der Natur der Dinge, dass das Nahe eine stärkere Anziehungskraft ausübt als das

Ferne, vielleicht gibt es evolutionspsychologische Mitursachen: Das Leben unserer frühen Vorfahren war hochriskant und währte im Schnitt zwei bis drei Jahrzehnte. In dieser Situation war der Spatz in der Hand sehr viel mehr wert, als die Taube auf dem Dach. Das subjektive Wertempfinden sollte den kleinen Gewinn, der greifbar ist, deutlich höher bewerten als den großen Gewinn, der in einer sehr unsicheren Zukunft liegt. Allein, heute ist die Zukunft deutlich sicherer und kalkulierbarer. Heute kommt derjenige besser durchs Leben, der die Akzente weiter in Richtung Sparschwein verschiebt. Wie der in ▶ Abschnitt 1.2.3 beschriebene Marshmallow-Test gezeigt hat, sind Kinder, die dazu fähig sind, im Hier-und-Jetzt Triebverzicht zu üben zugunsten eines künftigen größeren Lustgewinns, erfolgreicher und psychisch stabiler im späteren Leben. Die Fähigkeit hierzu hat sicher genetische Komponenten, ist ansonsten aber einer der Hauptnenner vieler Erziehungsmaßnahmen – offenbar mit gutem Grund.

Menschen, die sich v. a. an schnellem und leicht verfügbarem Genuss orientieren, sind in erster Linie auf die oben genannten sinnlich-materiellen Bedürfnisse verwiesen. Doch diese sind wegen ihrer hochgradigen Festgelegtheit über angeborene Auslöser nur in Grenzen differenzierbar und entwickelbar. Wie weitgehend man seinen Gaumen an den Künsten von Starköchen auch verfeinern mag – er wird doch nie das krude Reich der fleischlichen Genüsse verlassen können (auch wenn der wahre Sternekoch dies bestreiten mag ☺). Gemessen an den Welten, die zwischen einem Musikantenstadl-Hit und der Neunten Sinfonie liegen, ist der Ferrari nur ein Golf mit Sonderausstattung. Darüber hinaus unterliegen primäre Genüsse der Gewöhnung: Das raffinierteste Leibgericht wird fad, wenn man es allzu oft auf den Tisch bekommt, der dickste Sportwagen bringt bald den Kick nicht mehr und auch Ruhm und Macht werden schnell zu Normalität und Routine. Man muss dann bald die Dosis steigern: noch mehr essen, den noch teureren Wagen kaufen, die nächste Stufe auf der Karriereleiter nehmen etc.

Die primären Genüsse unterliegen schneller Gewöhnung

Doch all diese Leitern haben eine letzte Sprosse. Oberflächlich-materiell orientierte Menschen drehen sich in einer Lust-Frust-Spirale, die nur in Überdruss und Frustration enden kann. Aus Studien weiß man: Je höher das Gehalt materiell orientierter Menschen ist, desto unzufriedener sind sie mit ihrem Einkommen. Mit wachsender Sättigung und Gewöhnung liefern Konsumbedürfnisse nicht nur immer weniger Energie, sie führen auch in eine Lebenssituation, in der man immer mehr Energie verbraucht.

Die Lust-Frust-Spirale

🛑 **Jeder Gegenstand, den man anschafft, bindet psychische Energie. Je mehr Besitz man aufhäuft, desto stärker werden die Kräfte, die einen von den wirklich wichtigen Dingen im Leben abzulenken versuchen.**

Aus alldem können schließlich chronische Mangelzustände an positiver Gefühlsenergie resultieren, die zum Burnout-Syndrom oder zum Krankheitsbild der Depression führen. Die Kultivierung von sinnlich-materiellen Bedürfnissen allein taugt also nicht als Energiequelle für ein langfristig erfülltes und glückliches Leben.

Wie besprochen, sieht das mit den sekundären Antrieben deutlich anders aus: Geistig-kulturelle Bedürfnisse sind unbeschränkt entwickelbar und unterliegen deshalb auch kaum der Gewöhnung – Leidenschaft für das Musizieren, für Literatur oder das Schachspiel, für Mathematik, Philosophie oder

Sekundäre Genüsse sind unbegrenzt entwickelbar und unterliegen kaum der Gewöhnung

Geschichte kann man lebenslang entwickeln. Diese Leitern haben keine oberste Sprosse. Und wem es gelingt, die letzte kulturell vorgefertigte Sprosse zu erreichen, kann die Leiter aus eigener Kraft bis in den Himmel weiterbauen.

Die beste Strategie zur Absicherung einer lebenslangen emotionalen Treibstoffversorgung ist also die Entwicklung geistig-kultureller Bedürfnisse nach den Prinzipien, die wir im Kapitel 3, »Inneres Wachstum«, besprochen hatten.

Mit zwischenzeitlicher Askese gegen die Lust-Frust-Spirale

Hinzu kommt: Nur wer seine emotionale Energieversorgung auch aus sekundären Antrieben speisen kann, ist zu einem souveränen Umgang mit den primären Lüsten in der Lage, der die Kraft zu zwischenzeitlicher Enthaltsamkeit einschließt: sehr bewusstes Genießen, zumeist in Maßen, eher selten ekstatisch-exzessiv. Bei Abstumpfung des Empfindens sollte man Dosis und Reizstärke nicht bis ins Ungesunde hinein steigern. Viel eher empfiehlt es sich, durch zwischenzeitliche bewusste Askese das Ingangkommen einer Lust-Frust-Spirale zu verhindern: Nach einer Fastenwoche entwickelt das einfache Brot ungekannte Geschmacksfacetten; nach vier Wochen sexueller Enthaltsamkeit schwinden einem wieder die Sinne. Insgesamt sollte man sein Leben so einfach wie möglich halten: Kaufen Sie nur, was sie wirklich brauchen und entrümpeln Sie Ihren Hausstand in regelmäßigen Abständen.

Gleichgewicht zwischen Potenzialentwicklung, Position und Produktion

Die für ein gelingendes Energiemanagement so wichtige Entwicklung sekundärer Antriebe korrespondiert mit einem zweiten zentralen Prinzip strategischer Lebensplanung. In Anlehnung an Covey wollen wir es »**Gleichgewicht zwischen Potenzialentwicklung, Position und Produktion**« nennen. Verführung durch schnellen Gewinn, die Unfähigkeit, Nein zu sagen, oder die Eigendynamik vermeintlicher Zwänge führen dazu, dass viele Menschen sich in Sachen Position bzw. Produktion übernehmen und die Potenzialentwicklung vernachlässigen. Sehr schön kommt dies schon in folgender, Äsop zugeschriebener Fabel zum Ausdruck: Ein Bauer stellt zu seinem großen Glück fest, dass seine Gans goldene Eier legt. Mit seinem Reichtum wächst auch die Gier: Er schlachtet die Gans, um alle noch zu erwartenden Goldeier auf einmal zu bekommen. Doch leider findet er im Leib des armen Tieres kein einziges der begehrten Goldeier. Und damit nicht genug – er hat die Quelle seines Wohlstandes dauerhaft zum Versiegen gebracht. In ähnlicher Weise verfahren viele ambitionierte Aufsteiger: vom Jungmanager, der zu früh eine Position erklimmt, die ihn überfordert und ihn jeder Möglichkeit beraubt, zu lesen, Kontakte zu pflegen und sich in der Welt umzusehen, bis hin zum Arzt, der so viele Patienten annimmt, dass er 14 Stunden am Tag beschäftigt ist, sich nicht mehr weiterbilden kann und schließlich wichtige neue Entwicklungen in seinem Fach verpasst.

Diese Menschen haben sich in eine Situation bugsiert oder bugsieren lassen, in der sie von ihrer Substanz zehren müssen und jeder Möglichkeit benommen sind, diese Substanz zu mehren. Oft geht das so weit, dass nicht nur die geistige, sondern auch die körperliche Substanz schwindet, und psychische, psychosomatische oder gar schwere körperliche Erkrankungen die Folge sind.

Für eine nachhaltige Potenzialentwicklung muss genügend Zeit zur Verfügung stehen

Also: Widerstehen Sie den Lockungen allzu schnellen äußeren Erfolgs. Natürlich kann es richtig sein, Aufstiegsherausforderungen oder seltene Geschäftschancen beherzt zu ergreifen. Aber Sie sollten einigermaßen sicher sein, dass Sie nicht länger als vier bis sechs Monate rund um die Uhr werden schuften müssen, um das Ganze souverän in den Griff zu bekommen. Auf längere Sicht muss immer genügend Zeit für eine ausreichende Entwicklung von Potenzialen und Produktionskapazitäten verbleiben (und natürlich auch für Erholung und andere Lebensbereiche).

Das nächste wichtige Prinzip ist: Lassen Sie sich erst dann in langfristige Verpflichtungen und Zwänge einbinden, wenn Sie wirklich sicher sind, als Spezialist dauerhaft Ihre Nische gefunden zu haben oder als Generalist so fit zu sein, dass Sie über ausreichende Optionen verfügen. Vermeiden Sie vorzeitige und unnötige Abhängigkeiten wo immer es geht. In einer Zeit globaler Überbevölkerung müssen es nicht vier Kinder sein, ein oder zwei tun es auch. In einer Zeit immer noch wachsenden sozialen Chaos und zunehmender Beschleunigung sollte man sich den Erwerb von Wohneigentum zweimal überlegen (sofern dafür hohe und lang laufende Kredite aufgenommen werden müssen). Trotz hochkonsequenter Anwendung von Selbstmanagementtechniken sind und bleiben wir nur begrenzt wandelbar. Und wenn ich meinen Spielraum der Selbstveränderung ausgeschöpft habe und immer noch unzufrieden bin, dann muss ich an meiner Lebens- und Arbeitssituation etwas verändern, dann muss ich mir meine Nische anders ausbauen oder mir eine neue suchen. Deshalb:

❗ **Versuchen Sie, sich eine ausreichende Freiheit und Flexibilität zu erhalten, bis Sie wirklich das Gefühl haben, Ihr Lebensthema und Ihre Berufung samt einer passenden und stabilen sozialen Nische gefunden zu haben.**

Stellt sich dieses Gefühl trotz aller Bemühungen nicht ein, zögern Sie nicht zu lange mit einem Wechsel. Und derartige berufliche Neuanfänge sind oft wirtschaftlich eng und riskant. Da ist es gut, wenn man zwischenzeitlich mit einem Teilzeitgehalt durchkommt oder Erspartes zum Zuschießen hat.

Wahrscheinlich wird eine derartige Flexibilität auch zunehmend durch das wachsende Chaos unserer Arbeitswelt gefördert bzw. erzwungen. Es gibt Schätzungen, dass eine heute unter 30-jährige Person in ihrem Leben vier bis sechs unterschiedliche Berufe ausüben wird. So wird ein Mix aus Ausbildung, Angestelltendasein, Umschulung, freiberuflicher Projektarbeit, Sabbatjahr und Teilzeitarbeit für viele Menschen zur Normalität werden (durchmischt wohl auch von Zeiten der »Arbeitslosigkeit«, in denen man natürlich immer vor Bergen innerer Arbeit steht). Das hat nicht nur unangenehme Seiten – für die Selbstfindung kann es auch eine Chance sein.

Bleiben Sie also allzeit bereit zur Kunst des einfachen Lebens. Auch im Sinne der oben genannten zwischenzeitlichen Askese: Mieten Sie immer mal eine Hütte ohne Strom und fließendes Wasser in der Wildnis.

Ein weiteres hier zu nennendes Prinzip lautet: vermeiden Sie monothematische Überidentifikationen. Menschen, die ihre gesamte Lebensenergie ausschließlich auf ein Thema konzentrieren, sind immer in Gefahr, allen Halt zu verlieren, wenn diese einzige tragende Säule ihres Lebens wegbricht: der besessene Triathlet, der chronisch erkrankt; die Haus- und Familienfrau, deren Mann sich scheiden lässt, nachdem schon die Kinder ausgezogen sind; der hochspezialisierte Programmier-Workaholic, dessen Job nach Asien wandert. Bauen Sie nach Möglichkeit in mehreren Lebensbereichen Antriebe auf: im Umkreis des Berufs, auf dem Feld von Sport, Hobby und Freizeit, und

Sich nicht zu früh in Zwänge und Abhängigkeiten begeben

Monothematische Überidentifikationen vermeiden

im Bereich Beziehung bzw. Familie. Kommt es in einem dieser Lebensbereiche zu Schwierigkeiten, kann man dies durch ein gelingendes Leben in den anderen Bereichen kompensieren.

Vor allem: Entdecken Sie den inneren Kontinent als spannendes Arbeits- und Entwicklungsfeld. Selbst wenn alle äußeren Lebensbereiche derart blockiert sind, dass kaum sinnvolle Handlungsmöglichkeiten verbleiben, kann man sich zwischenzeitlich auf die innere Arbeit im Sinne der Entwicklung persönlicher Meisterschaft konzentrieren – das ist eine der wichtigsten Formen von Potenzialentwicklung. Zumeist hat das indirekt auch Auswirkungen auf die äußere Lebenssituation, so dass sich auf einmal wieder Handlungsmöglichkeiten eröffnen.

Vom Spezialisten zum Generalisten

Und schließlich – fast könnte man es als einen Unterpunkt des vorgenannten Prinzips betrachten: Achten Sie auf ein produktives Verhältnis zwischen der Entwicklung von Spezialistenkompetenzen und Generalistenkompetenzen. Sollten Sie sich schon früh zum Generalisten berufen fühlen – schauen Sie, ob Sie sich nicht doch für irgendein Spezialgebiet interessieren können, um Ihren Entwicklungsweg auf dem Boden der Tatsachen zu beginnen. Man kann nicht wirklich zutreffende Intuitionen für das Allgemeine entwickeln, ohne zuvor hinreichend Konkretes verinnerlicht zu haben, ohne in ausreichendem Maße in Kontakt mit materiellen Prozessen und dem wirklichen Leben gekommen zu sein. Vor das Philosophiestudium gehört ein Physik- oder Biologiestudium, vor das BWL-Studium z. B. ein Ingenieurstudiengang. Niemand sollte ins Top-Management aufsteigen, ohne vorher in einer unteren Linienposition gearbeitet zu haben; bevor man in die Politik einsteigt, sollte man mit Erfolg in einem »ordentlichen« Beruf tätig gewesen sein.

Persönliche Meisterschaft ist nicht alles, aber ohne sie ist alles nichts

Sollten Sie dagegen von früh an auf ein bestimmtes Spezialgebiet fixiert sein, bemühen Sie sich immer wieder, Ihren Blick über dessen Tellerrand zu erheben, um wenigstens in gewissem Umfang Generalistenkompetenzen zu erwerben. Als ausgesprochener Spezialist lebt man immer in der Gefahr, durch unerwartete Emergenzsprünge in der wissenschaftlich-technischen Entwicklung nicht mehr gebraucht zu werden. Grundlegende Kompetenzen, in die zu investieren sich immer lohnt, sind z. B. Fremdsprachenkenntnisse oder IT-Fertigkeiten – und natürlich persönliche Meisterschaft in Verbindung mit einer breiten Allgemeinbildung. Für den beruflichen Bereich qualifiziert Sie persönliche Meisterschaft für Führungsaufgaben. Aber sie leistet viel mehr als das: Persönliche Meisterschaft ist ein Zweck an sich, der Ihrem Leben Sinn und Erfüllung gibt, auch wenn im äußeren Leben wegen ungünstiger Umstände vieles schief gehen sollte. Für die äußere Karriere gibt es keine Garantien, Ihre innere Karriere aber ist weitestgehend unter Ihrer Kontrolle. Inneren Erfolg kann Ihnen niemand nehmen.

4.7.2 Den Alltag meistern

Zeitmanagement

Auch wenn sich der Ansatz dieses Buches an Tiefenprinzipien und weniger an Oberflächenratschlägen orientiert – zumindest in diesem Abschnitt wollen wir uns einmal der Rubrik »Praxistipps« annähern.

Beginnen wir mit dem Thema Zeitmanagement. Der erste zentrale Punkt ist sicher, sich über den Unterschied zwischen wichtigen, dringlichen und verführerischen Dingen klar zu werden. Der Strom von Wahrnehmungen, der ständig an uns vorüberzieht, enthält immer offensichtliche Verführer und Antreiber, die uns sinnlich regelrecht anspringen und um den Fokus unserer Aufmerksamkeit konkurrieren: von dem unverschämten Erotik-Pop-up auf unserem Monitor bis zu dem gelben Haftzettel »Herr X bittet dringend um Rückruf«, den die Sekretärin auf die Tastatur geklebt hat. Vieles Wichtige aber ist sinnlich weniger präsent und wirkt im Einzelfall auch nicht dringlich. Was ist wirklich wichtig? Wirklich wichtig ist z. B. alles, was mit Potenzialentwicklung und innerem Wachstum zusammenhängt. Dies aber erstreckt sich über einen langen Zeitraum und kann nur aus einer Vielzahl konsequent und kontinuierlich gesetzter Einzelschritte kumulieren. Natürlich kann jeder dieser Einzelschritte ungestraft verschoben werden: Was macht es aus, wenn ich heute meine Sport- oder Lesestunde einmal ausfallen lasse? Das Problem ist nur: Wenn zu viele dieser Einzelschritte unterbleiben, bricht der ganze Prozess zusammen. Und allzu oft geschieht genau dies.

Zeitmanagement: Wichtiges von Dringlichem unterscheiden

Zu den sehr wichtigen Dingen gehören generell die sog. »Maßnahmen mit großer Hebelwirkung«. Sehr schön wird das an der folgenden Geschichte deutlich: Stellen Sie sich vor, Sie beobachten bei einem Picknick im Wald einen Holzfäller, der stundenlang an einem Baum sägt und nicht vorankommt. Offenbar ist seine Säge stumpf. »Warum, um Gottes willen, schärfen Sie denn nicht ihre Säge?«, fragen Sie den erschöpften Mann. »Dazu ist jetzt keine Zeit«, antwortet dieser, »ich muss heute noch zehn weitere Bäume fällen«. Nun, genau dies beobachten wir jeden Tag und überall. Da gibt es Kollegen, die seit Jahr und Tag mit zwei Fingern auf ihrer Computertastatur herumstolpern. Glücklicherweise hatte ich schon als Schüler Gelegenheit, mit zehn Fingern blind Maschineschreiben zu lernen – das war eigentlich ziemlich einfach und ging recht schnell. Ich wollte immer einmal hochrechnen, wie viele Monate Lebenszeit mir das wohl inzwischen gespart hat. Und da gibt es Kollegen, die sich einfach nicht die Zeit nehmen, die Urfassung ihrer Textbausteine zu aktualisieren (das braucht ein paar Extra-Klicks und man muss vielleicht jemanden fragen, wie es geht). Lieber machen sie Tag für Tag die gleichen Änderungen in den daraus erstellten Originaldokumenten.

Die Säge schärfen: Wichtig sind Maßnahmen mit großer Hebelwirkung

Eine weitere Fähigkeit mit großer Hebelwirkung ist das Neinsagen. Die nachstehende Tabelle fasst einige wichtige Strategien für das Neinsagen zusammen (◘ Tab. 4.2). Wichtig ist, dass Sie sich nicht auf einen Argumentewettstreit einlassen. Bestehen Sie wiederholend und mit Bestimmtheit auf Ihren Hauptargumenten. Wer krampfhaft nach immer neuen Gründen sucht, wirkt unsicher und läuft Gefahr, sich am Ende irgendeinem weit hergeholten Gegenargument beugen zu müssen. Andere wichtige Formen des Neinsagens sind die zumindest zeitweise geschlossene Bürotür, der eingeschaltete Anrufbeantworter und das ausgeschaltete Handy.

Die nächste zentrale Hebeltätigkeit ist das Delegieren. Für manche ist »Arbeiten von anderen erledigen lassen« nachgerade die Definition von Management. Übrigens gilt dies auch in der Familie: In den meisten Familien, die ich kenne, wäre es für die Kinder sehr förderlich, mehr Aufgaben und Verantwortung übertragen zu bekommen.

Delegieren

Neinsagen

◼ **Tabelle 4.2.** Hilfen für das Neinsagen. (Aus: Selbstdisziplin – Handeln statt aufschieben, M. Stollreiter u. J. Völgyfy; © 2001 GABAL Verlag GmbH Offenbach)

Strategie	Wie Sie konkret vorgehen	Zielgruppe
Bedenkzeit ausbitten	Besonders dem eigenen Chef oder Kunden gegenüber ist es unglaubwürdig, bei Vorbehalten gegenüber der Aufgabe spontan ablehnend zu reagieren. Bitten Sie sich Bedenkzeit aus. Nach Ablauf der Bedenkzeit übernehmen Sie entweder den Auftrag oder aber Sie formulieren Ihre Kritik als Frage oder offenen Punkt. Weisen Sie Ihren Chef darauf hin, welche Auswirkungen die delegierte Aufgabe auf andere Projekte hätte oder weshalb Sie anderswo besser eingesetzt wären. Den Schluss, dass ein Projekt nicht realisierbar ist, überlassen Sie am besten Ihrem Chef.	– Vorgesetzte – Kunden – Kollegen
Information erbitten	»Ja, das erledige ich gerne für dich. Ich brauche allerdings noch einige Informationen. Bitte schreib mir doch die wichtigsten Eckdaten zusammen und schick sie mir.« Jede Wette, dass der Bittsteller in vielen Fällen nichts mehr von sich hören lässt!	– Vorgesetzte – Kunden – Kollegen
Ja, wenn …	Durch das grundsätzliche Ja signalisieren Sie Ihre Arbeitsbereitschaft. Es ist immer ein starkes Argument – ob Kunden oder dem Vorgesetzten gegenüber – wenn Sie betonen: »Ich möchte, dass Sie sich hundertprozentig auf mich verlassen. Damit ich Ihnen das garantieren kann, brauche ich noch diese Geldmittel, jene personelle Unterstützung oder soundsoviel Zeit …«	– Vorgesetzte – Kunden – Kollegen
Kuhhandel (Prinzip Leistung – Gegenleistung)	Für Menschen, denen das Neinsagen schwer fällt, empfiehlt sich ein Tauschgeschäft. Sie sagen grundsätzlich Ja, holen sich aber im Gegenzug etwas zurück: »Ja, das erledige ich gerne für dich. Übrigens könntest Du mir auch in einer Sache helfen, und zwar …«	Besonders geeignet, um herauszufinden, ob der Bittsteller Sie ausnutzt oder ebenso viel Teamgeist besitzt wie Sie. Sie werden überrascht sein, wie viele Menschen Sie zu Unrecht zu den Pappenheimern gezählt haben!
Hilfe zur Selbsthilfe (Coaching)	Stellen Sie gleich zu Beginn klar, dass Sie nicht beabsichtigen, das Problem selbst zu lösen, aber dem Kollegen selbstverständlich gerne zur Seite stehen. Gehen Sie das Problem gemeinsam mit dem Kollegen durch. Achten Sie darauf, möglichst viele Fragen zu stellen, da diese die Selbstständigkeit fördern. Lassen Sie sich von dem Kollegen Vorschläge machen.	Kollegen, die auf Ihre Hilfe angewiesen sind, weil Sie zwar wollen, aber noch nicht können.
Alternative Lösungen (Delegation)	Der Übergang zur vorangegangenen Technik ist fließend. Sie bieten eine Lösung an, sind jedoch nicht Teil der Lösung. Zum Beispiel erklären Sie dem Fragenden, woher er entsprechende Informationen bekommen kann, wer das Problem vielleicht schon gelöst hat oder dafür zuständig ist.	Dauerbittsteller, Kollegen, die könnten, aber nicht wollen.

◻ Tabelle 4.2 (Fortsetzung)

Strategie	Wie Sie konkret vorgehen	Zielgruppe
Nein, weil …	Sagen Sie nur in absoluten Ausnahmefällen einfach so Nein. Ihr Gesprächspartner würde dies als Desinteresse an seiner Person und der Situation, in der er sich befindet, werten. Die Beziehungsebene wird langfristig belastet. Begründen Sie daher Ihre Entscheidung: »Ich habe leider im Augenblick überhaupt keine Zeit.« »Du weißt, normalerweise helfe ich dir wo ich kann. Im Augenblick geht es wirklich nicht.«	Kollegen
Argumentative Notbremse	Sie verlassen die Ebene der konkreten Argumentation und wechseln auf die Meta-Ebene: »Wir können gerne noch stundenlang weiterdiskutieren. Aber am Ende werde ich doch Nein sagen.« Die unausgesprochene Botschaft lautet: »Du verschwendest Deine Zeit!«	Kollegen, die weder wollen noch können. Menschen, die Ihre Grenzen einfach nicht akzeptieren wollen

Die größte Hebelwirkung wird hierbei natürlich entfaltet, wenn Sie die Möglichkeit haben, an die Besten zu delegieren. Die Allerbesten zu finden und als Mitarbeiter zu gewinnen, ist sicher die wirkmächtigste Ihrer Führungsaufgaben. Wenn Sie diese Aufgabe exzellent lösen, können Sie auch als Top-Führungskraft ein einigermaßen entspanntes Leben haben (und nur dann können Sie Ihr Potenzial nachhaltig aufbauen und maximal entfalten). Das Hebelprinzip verleiht dem folgenden Diktum Gültigkeit:

Die besten Mitarbeiter finden

❶ **»Es besteht kein Zusammenhang zwischen der Last betrieblicher Verantwortung und der zur Erfüllung dieser Verantwortung erforderlichen Zeit« (Scott 2001, S. 140).**

Und die vielleicht wichtigste Hebelfähigkeit ist das Setzen von Prioritäten. Voraussetzung hierfür ist, dass Sie sich über Ihre langfristigen Engagements und die sich daraus ableitenden konkreten Zwischenziele klar sind. (Wie besprochen, erstarkt der innere Kompass hierfür in den Kreisen des persönlichen Wachstums.) Wenn Sie wissen, was Sie wollen, dann wissen Sie auch jederzeit, was zu tun ist. Und Sie können nicht mehr tun, als diese Dinge in der Reihenfolge ihrer Wichtigkeit abzuarbeiten.

Prioritäten setzen

Dass oft die einfachsten Techniken auch die hilfreichsten sind, zeigt die folgende Geschichte, die ich dem bereits erwähnten Buch von G. Huhn und H. Backerra entnommen habe: Anfang des 20. Jahrhunderts hatte der amerikanische Unternehmensberater Ivy Lee von den Schwierigkeiten erfahren, in denen sich die Stahlgesellschaft Bethlehem Steel befand. Er bot dem Präsidenten der Gesellschaft, Charles Schwab, seine Hilfe an. Schwab hatte keine umschriebenen Ursachen für den allmählichen Rückgang des Firmenertrages herausfinden können und suchte allgemein nach Wegen, die Effektivität seiner eigenen Arbeit und der seiner Mitarbeiter zu steigern. Ivy Lee antwortete, er könne ihm in zwanzig Minuten ein Verfahren erklären, das seinen Erfolg um wenigstens 50% steigern würde. Er überreichte dem erstaunten Präsidenten ein leeres Blatt Papier und sagte: »Schreiben Sie auf dieses Stück Papier die sechs wichtigsten Dinge, die sie vorhaben, morgen zu tun.« Nachdem der Präsident dies in wenigen Minuten erledigt hatte, bat Lee ihn, diese

Die Geschichte von Bethlehem Steel

sechs Punkte in der Reihenfolge ihrer Wichtigkeit zu nummerieren. Nachdem auch dies in kurzer Zeit getan war, sagte Lee zu dem Präsidenten: »Das Erste, was sie morgen früh zu tun haben, ist: Nehmen sie das Papier bitte aus ihrer Tasche und sehen sie sich Aufgabe eins an. Beachten sie nicht die anderen, nur die erste Aufgabe, und dann beginnen sie, diese Angelegenheit zu bearbeiten, und zwar so lange, bis sie erledigt ist. Dann nehmen sie sich Punkt zwei vor und verfahren gleichermaßen, dann den dritten Punkt usw., bis sie Feierabend haben. Und machen sie sich bitte keine Gedanken, wenn sie nicht alle Punkte erledigen konnten. Sie haben an den wichtigsten Punkten gearbeitet, die anderen können warten. Wenn sie sie auf diese Art und Weise nicht auf einmal erledigen können, dann wird es auch keine andere Möglichkeit geben. Ohne System würden sie etwa zehnmal so viel Zeit benötigen. Und sie hätten sie nicht einmal in der Reihenfolge ihrer Wichtigkeit behandelt. Tun sie das nun jeden Tag«, fuhr Ivy Lee fort. »Wenn sie sich selbst von dem Wert dieses Systems überzeugt haben, dann vermitteln sie es auch ihren Angestellten. Probieren sie diese Methode eine Zeit lang aus, und schicken sie mir dann Ihren Scheck. Bezahlen sie mich nach dem Wert, den diese Methode für sie haben wird.«

Tatsächlich soll diese Unterhaltung kaum eine halbe Stunde gedauert haben. Nach wenigen Monaten bekam Ivy Lee von Charles Schwab einen Scheck über 25.000 Dollar zugesandt. In dem Begleitschreiben hieß es: »Ihre Idee war die finanziell einträglichste, der ich in meinem ganzen Leben bisher begegnet bin.« Nach fünf Jahren blühte Bethlehem Steel auf und entwickelte sich zu einem der größten unabhängigen Stahlproduzenten der Welt. Und auch für Ivy Lee hatte sich die Sache gelohnt – für den oben genannten Betrag konnte man damals ein ganzes Haus kaufen.

Konzentrieren Sie sich also auf Maßnahmen mit großer Hebelwirkung: das wirklich Wichtige mit hoher Energie vorantreiben, beharrlich und unbeirrbar; alles andere beiseite schieben, zur Not auch mit einer gewissen Burschikosität. Ein schönes Bild für die Potenzierung schwacher menschlicher Kräfte durch Konzentration ist die Axt: Wenn wir mit der flachen Hand auf einen Holzklotz schlagen, passiert gar nichts. Konzentrieren wir das gleiche Kraftquantum dagegen in der schmalen Schneide einer Axt, wird der Klotz gespalten.

Im Gesamtlebenskontext jederzeit instinktiv die großen Hebel finden

Es gilt, ein Gefühl dafür zu entwickeln, an welcher Stelle im Gesamtlebenskontext zu jedem Zeitpunkt am effektivsten an Maßnahmen mit großer Hebelwirkung gearbeitet werden kann: Ist mein Fortkommen in der Firma gerade blockiert, dann bilde ich mich weiter, schreibe ein Buch oder nehme mir viel Zeit für die Familie. Hat der Chefwechsel dann endlich stattgefunden und es ergeben sich neue berufliche Entwicklungschancen, kann die Familie mal für einige Monate etwas zurückstehen.

Genauere Anleitungen für ein effektives Zeitmanagement finden Sie in der Literatur (z. B. Covey et al. 2001; Seiwert 2001; Scott 2001).

Selbstmotivation

Ein weiteres zentrales Alltagsproblem des Selbstmanagements lautet Selbstmotivierung – woher nehme ich die Kraft, auch die Dinge im notwenigen Umfang zu tun, die Anstrengung erfordern oder mir unangenehm sind? Wie kann ich es vermeiden, immer wieder Verführern in die Falle zu gehen, mich immer wieder durch angenehme Dinge von dem ablenken zu lassen, was wichtig oder notwendig ist? Die grundsätzliche Antwort wurde im vorderen Buchteil ausführlich erarbeitet. Auf der Ebene der primären Antriebe heißt das, konkrete, realistische und positiv formulierte Ziele festzusetzen und sinnlich präsent zu machen. Auf der sekundären Ebene bedeutet es, möglichst starke sekundäre Antriebe in den Kreisen des Wachstums zu entwickeln. Je mehr positive emotionale Energie wir auf dieser Ebene zu mobilisieren vermögen, desto besser können wir Verlockungen widerstehen oder negative primäre Empfindungen sekundär kompensieren (z. B. Müdigkeit oder Ärger). Wir brauchen ein großes Ja, um die vielen kleinen Neins aussprechen zu können – so formulierte es Stephen Covey einmal sinngemäß.

Wie in ▶ Abschnitt 2.10.3 schon erwähnt – die alltäglichen Probleme mit der Selbstmotivierung haben viel mit der Kanalenge unseres Bewusstseins zu tun. Wenn die mit unseren Hauptzielen verbundenen primären oder sekundären Antriebe nicht bewusst aktiviert oder latent mitaktiviert sind, geht auch keine motivationale Zugkraft von ihnen aus. In dem uns permanent umfließenden Strom von Wahrnehmungsreizen sind aber ständig Auslöser für alle möglichen Antriebe enthalten, die permanent versuchen, den Fokus unserer Aufmerksamkeit auf Nebenmotive abzulenken, die aus der Nahperspektive primär verführerisch oder sekundär dringlich und bedeutsam wirken.

❗ Nach dem Formulieren von primären Zielen und sekundären Gestaltungsanliegen ist es deshalb der nächste zentrale Schritt von Selbstmotivierung, dafür zu sorgen, dass wir uns unserer Hauptziele und Hauptanliegen bewusst bleiben bzw. dass unser Bewusstseinsfokus möglichst oft und schnell wieder zu ihnen zurückkehrt.

Seine Kernanliegen im Blick behalten

Dies kann auf verschiedenem Wege geschehen: Wir können unseren Motiven sinnliche Präsenz verschaffen: im Falle primärer Ziele das Sportwagenmodell auf dem Schreibtisch oder das Bild vom Traumhaus an der Wand oder im Falle sekundärer Anliegen z. B. so etwas wie ein »Mission-Statement« auf dem Toilettenspiegel oder dem Monitorrand.

Wir sollten rituelle Besinnungsmomente und »Termine mit uns selbst« in den Tages- bzw. Wochenablauf integrieren. In einer kurzen Besinnungspause von einigen Minuten morgens und in der Mittagspause könnten wir uns bestimmter zentraler Anliegen innewerden (Kernanliegen, konkrete Tagesziele, Lebensmaximen), den bisherigen Tagesverlauf bilanzieren und eine Meditation durchführen. Das Gleiche sollte sich abends noch einmal wiederholen, verbunden mit der Erstellung von Terminplanung und Prioritätenliste für den nächsten Tag (sofern man dies nicht vor Feierabend noch im Büro zu erledigen gewohnt ist). Das Wochenende könnte einen längeren Planungstermin für die nächste Woche einschließen; einmal jährlich wäre es Zeit für einen oder wenige Tage der Besinnungsklausur mit sich selbst. Man sollte sich darin üben, möglichst oft am Tag das auszuführen, was wir in ▶ Abschnitt 2.10.3 als SDR-Schritt bezeichnet hatten (SDR: Stop, Distanz, Rezentrierung) – sich bewusst dem Sog der Nahkampfsituation entziehen, sich auf den inneren Feldherrenhügel begeben, seinen Persönlichkeitskern aktivieren mit den zentralen Zielen, Anliegen, Werten und Lebensmaximen und sich die Frage stellen, was in der gegebenen Situation zu tun ist, um in optimaler Weise die Kernanliegen voranzutreiben.

Techniken, die den Blick auf die Kernanliegen richten

Missionsstatement, SDR-Schritt und innerer Feldherrenhügel

Wenn ich mein persönliches Missionsstatement in einem Satz zusammenfassen wollte, würde das wie folgt klingen: »Ich will Konzepte und Methoden des Komplexitätsmanagements mitentwickeln und verbreiten helfen, weil ich davon überzeugt bin, dass hiervon die größte Hebelwirkung zur Lösung der Menschheitsprobleme ausgeht.« (Die in diesem Buch besprochenen Konzepte der Psychosynergetik sind mein Vorschlag für den Umgang mit dem komplexen Problem des Selbstmanagements.) Welcher Verführung ich gerade aufsitzen mag, sagen wir, ich überziehe mein Zeitkontingent für die Zeitschriftenlektüre wegen eines interessanten Artikels über das Tauchen vor Galapagos – gelingt es mir für einen Moment, mich loszureißen und mir mein Missionsstatement bewusst zu machen, dann kehrt die Aktivität in den Kern meiner Persönlichkeit zurück und es erfasst mich unmittelbar eine Kraft, die es mir erlaubt, die Zeitschrift sofort aus der Hand zu legen. Es gibt unendlich viele aus der Nahperspektive hochinteressante Zeitschriftenartikel. Aber nur ein Teil davon ist von wirklicher Relevanz für meine Kernanliegen, und das ist es, was zählt. Die müssen gelesen werden. Für alle anderen kann es nur ein kleines Zeitfenster geben – was innerhalb dessen nicht geschafft wird, muss entfallen. Vom inneren Feldherrenhügel aus ist mir dies unmittelbar klar und ich kann sofort konsequent entscheiden. Ich muss es nur schaffen, diese Position oft genug mit einem SDR-Schritt einzunehmen. Wer hier große Schwierigkeiten hat, kann sich ja wirklich über eine elektronische Uhr mit Piepton erinnern lassen oder in jedem Raum seiner Wohnung ein Poster mit seinem Missionsstatement aufhängen.

Gegen die Aufschieberitis

Noch einige kleine Tipps zum Umgang mit unangenehmen Aufgaben. Der unproduktive Weg ist die sog. Aufschieberitis: Die Unannehmlichkeit taucht im Bewusstsein auf, weil man irgendwie daran erinnert wird, es gibt diesen kleinen Stich und eine innere Stimme kreischt »Oh nein, jetzt nicht!« Man schiebt die Angelegenheit aus dem Blickfeld, bis man wieder darauf stößt und sich das Ganze wiederholt. Zumeist aber wiederholt es sich nicht nur, es steigert sich: Die realen Probleme wachsen bzw. Negativgedanken und Negativgefühle verstärken sich immer mehr. Deshalb sollte man Kleinigkeiten, die nicht viel Zeit erfordern, nach Möglichkeit sofort erledigen. Das ist einfach ökonomisch – man muss sie nicht ein zweites Mal zur Hand nehmen. Und es erzeugt als unmittelbare Folge ein positives Gefühl.

Auf die Einstellung kommt es an

Ist eine Soforterledigung nicht möglich, sollte man die Angelegenheit nicht einfach wegschieben, sondern einen Zeitpunkt für ihre Erledigung festsetzen. Für bestimmte Themen kann es auch Sammelzeiträume geben, z. B. eine Stunde am Sonntagvormittag für privaten Bürokram wie Rechnungen, Behördenpost etc. All diese Dinge sind ja nicht in sich unangenehm – nichts davon tut wirklich weh. Sie werden nur durch negative Gedanken unangenehm: Warum ist es mein Los, immer noch derart niedere Arbeiten ausführen zu müssen? All dies hält mich nur von anderen, viel wichtigeren Dingen ab! Ich habe eigentlich überhaupt keine Zeit dafür! Wie schön wäre es, wenn ich stattdessen jetzt dies oder das tun könnte etc. Gedanken dieser Art kann man entkräften: Das Leben ist ein ganzheitlicher Prozess, dessen große Momente notwendigerweise ein Fülle kleiner, sich wiederholender Erhaltungstätigkeiten voraussetzen; beides bedingt sich und gehört zusammen.

Um in den Sternstunden hochproduktiv sein zu können, brauchen wir viel Inkubationszeit – und nichts eignet sich hierfür besser, als die entspannte oder gar schwungvolle Erledigung der sog. kleinen Dinge. Wie besprochen, können sie sogar Freude machen, wenn man sie in einer achtsam-ästhetischen Einstellung tut. (Fünf Minuten vor Ihrem Ende würden Sie ein Königreich dafür geben, noch einmal bei vollem Wohlbefinden mit einem Liedchen auf den Lippen Ihre Schuhe putzen zu dürfen. Genießen Sie es, solange Sie es noch können. ☺) Im Übrigen müssen diese Dinge ja doch erledigt werden, und wenn Sie das hektisch und mit Ärger tun, geht es auch nicht schneller und Sie verderben sich den Tag. Kurzum: Üben Sie sich darin, wann immer Unangenehmes ansteht oder Sie schon diesen kleinen Stich verspüren, einen SDR-Schritt auszuführen und bewusst Ihre Haltung zu ändern: Heben Sie negativistisches Denken positiv auf, nehmen Sie eine achtsam-ästhetische Haltung ein, tun Sie, was zu tun ist, ohne weiter darüber nachzudenken.

Bei der Stabilisierung von Verhalten, dessen Ausführung gelegentlich oder immer eine gewisse Anschubenergie erfordert, hilft das Einschleifen von Gewohnheiten: arbeiten Sie diese Dinge über Monate und Jahre immer zur gleichen Zeit am Tage bzw. in der Woche ab. Seit ich z. B. meine sportlichen Trainingstermine in dieser Weise festgelegt habe, gibt es nur noch selten Ausfälle.

Regularitäten und Rituale sind aber auch aus anderen Gründen gut und wichtig:

> ❗ Lebende Organismen sind Überlagerungen von rhythmischen Prozessen. Auf alles, was sich diesen Rhythmen harmonisch anfügt, weil es selbst rhythmisch ist, kann sich der Organismus einstellen und besonders ökonomisch reagieren.

Deshalb sollte man nach Möglichkeit für Dinge wie das Essen, das Zubettgehen und das Aufstehen seine festen Zeiten haben.

Schließlich sind Regularitäten essentielle Grundlage aller Trainings-, Lern- und Wachstumsprozesse. Die durch Trainings- und Lernimpulse in Gang gebrachten Aufbauprozesse nivellieren sich nach einiger Zeit vollständig, sofern sie nicht durch kurzfristig folgende weitere Impulse in Gang gehalten und kontinuierlich ausgebaut werden (❑ Abb. 4.5). Wenn man Vokabeln nicht nach einem bestimmten Modus wiederholt, vergisst man sie. Wenn man ein Buch nicht innerhalb einer nicht allzu langen Zeitspanne durchliest, kann man seinen Inhalt nicht als Ganzheit verstehen und aufnehmen. Man muss die Dinge dann tun, wenn es Zeit für sie ist, und darf nicht immer warten, bis man meint, »in der Stimmung« für sie zu sein.

Wer es nicht lernt, sich mit einer gewissen masochistischen Lust den Wiederholungsregimes des Wachstums zu unterwerfen, um sich in die jeweils passende Stimmung »hineinzuhandeln«, wird in seiner Entwicklung stecken bleiben und diverse Schwierigkeiten im Leben bekommen (es dürfte hier breite Überschneidungen mit den Verlierern im Marshmallow-Test geben, ▶ Abschn. 1.2.3). Nach Möglichkeit sollten Sie deshalb für die Hauptlinien Ihres Wachstums regelhaft feste Zeiten einplanen und dies zur Gewohnheit werden lassen (z. B. Lesestunden für Fach- und Sachbücher). Es ist überraschend, welche Kraft allein das Prinzip der Kontinuität dabei entfaltet. So habe ich es mir zur Angewohnheit gemacht, jeden Abend vor dem Schlafengehen noch einmal für zehn bis 30 Minuten Biographien zu lesen. Ich staune immer wieder, wie schnell ich auf diese Weise auch dickste Bücher ausgelesen

Gewohnheiten, Regularitäten und Rituale

Nicht warten, bis man in Stimmung ist, sondern sich in die passende Stimmung hineinhandeln

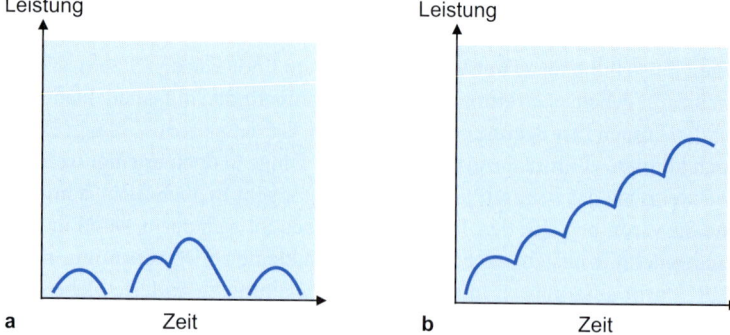

▪ **Abb. 4.5 a,b.** Die Entwicklung von Lern- und Leistungskurven in Abhängigkeit **a** von sporadischem bzw. **b** regelmäßig-systematischem Lernen und Trainieren

habe (manchmal erschrecke ich auch, zeigt das doch, wie schnell die Zeit vergeht). Von Thomas Mann heißt es, er habe täglich nur etwa eine Seite geschrieben. Es ist ein gewaltiges Werk daraus entstanden, weil er es *jeden* Tag tat. Offenbar kann man die zumeist negativ konnotierte Macht der Gewohnheit auch ins Positive wenden.

Eine zusammenfassende Denkfigur

Abschließend schlage ich Ihnen vor, sich die folgende Denkfigur klar vor Augen zu stellen und sie bei Bedarf zu reaktivieren:

Die Arbeit ist nie geschafft – es bleiben immer viele Dinge liegen, die wir gern noch getan hätten oder von denen wir meinen, wir hätten sie noch tun müssen. Wie viel wir auch arbeiten, an dieser Grundtatsache unseres Lebens wird sich nichts ändern. Wir müssen das einsehen, akzeptieren und lernen, es auszuhalten.

Entscheidend ist, dass Sie sich darüber klar werden, was wirklich wichtig ist in Ihrem Leben. Für diese wichtigen Dinge – Erholung bzw. Gesunderhaltung, persönliches Wachstum bzw. Potenzialentwicklung und Beziehung bzw. Familie – müssen Sie das notwendige Zeitbudget definieren. Diese Regenerations- und Wachstumszeiten müssen Sie sich nehmen – Sie **müssen**. Denn wenn Sie das nicht tun, brennen Sie langsam aus und brechen irgendwann zusammen. Was nach Abzug dieser Zeit übrig bleibt, können Sie in Ihre Arbeit und Karriere investieren – nur diese Restzeit und nicht mehr. Und für den Umgang mit dieser Restzeit gilt: Setzen Sie ausgehend von Ihren Anliegen und Zielen Prioritäten und arbeiten Sie diese in aller Ruhe nacheinander ab – mehr können Sie nicht tun. Was Sie auf diese Weise nicht schaffen, muss unerledigt bleiben. Stärken Sie Ihren Mut zur Lücke – Sie werden überrascht sein, wie gut das in vielen Fällen geht: Manches ist so unwichtig, dass sein Entfallen gar nicht bemerkt wird, vieles wird dann doch irgendwie von anderen erledigt, manches wird verzichtbar, weil sich die Umstände ändern, und gar nicht so selten werden durch den entstehenden Druck auch ganz neue Strukturen und Konstellationen erzwungen, die dann ganz überraschende Lösungen enthalten (»Wunder der Emergenz«).

Nehmen Sie jede Stufe auf der Erfolgsleiter, die Sie erreichen können, ohne diese Prinzipien längerfristig zu verletzen, aber greifen Sie nicht höher. Und wenn Sie eine schon ergriffene Stufe nicht halten können, dann lassen Sie rechtzeitig los. Für diesen Fall haben Sie Ihre Worst-case-Szenarios. (Sie wissen: Zum einen leben wir in einer Welt, die so reich an Potenzial ist wie sie es nie zuvor war. Zum anderen tragen Sie alles, was für Ihr Lebensglück essentiell ist, in sich. Wenn Sie also mit der richtigen Haltung an die Dinge herangehen, gibt es keinen Worst case, aus dem Sie nicht noch ein glückliches und erfülltes Leben machen könnten.)

Freuen Sie sich über jeden anbrechenden Tag und gehen Sie gelassen und voller innerer Heiterkeit auf das Leben zu. Es kann Ihnen nichts passieren – Sólo Dios basta.

4.7.3 Kleine Trainings- und Ernährungslehre

Lassen Sie uns abschließend noch einige ganz zentrale Fragen besprechen, die stärker die Gesunderhaltung des Köpers betreffen.

Körper und Psyche stehen in einer Wechselwirkung. Nicht nur, dass psychische Faktoren auch bei primär körperlichen Erkrankungen eine wichtige Rolle spielen – auch der Zustand des Körpers hat natürlich einen großen Einfluss auf das psychische Befinden.

Mit unserem Körper und seinen ererbten Schwachstellen treten wir in ein Leben mit ganz individuellen Belastungen ein, die sich aus unserem Verhalten und unserer Umwelt ergeben: Ernährungsgewohnheiten, Arbeitsbelastungen, Umgang mit Genussgiften, Wohnbedingungen, Klimafaktoren, Umweltgifte etc. Die individuelle Konstellation all dieser Faktoren entscheidet dann darüber, ob die Schwachstellen nachgeben und eine Krankheit entsteht oder eben nicht. Insbesondere dann, wenn die Sache auf der Kippe steht, können auch vergleichsweise schwache Einflüsse das Zünglein an der Waage sein, das über Krankheit oder Gesundheit entscheidet. Mindestens in solchen Situationen spielen auch psychische Faktoren eine u. U. ausschlaggebende Rolle – und dies gilt grundsätzlich für alle Erkrankungen. Harmonie (bzw. Synergität) im psychischen Bereich verringert die Wahrscheinlichkeit des Ausbruchs von Erkrankungen und erhöht die Chancen auf einen leichteren Verlauf bzw. eine schnellere Heilung. Psychische Dysharmonien (bzw. Dyssynergitäten) bewirken das genaue Gegenteil. Über diesen grundsätzlichen und allgemeinen Zusammenhang hinaus gibt es aber auch Erkrankungen, die in besonderer Weise durch chronischen Dysstress gefördert werden: Herz-Kreislauf-Erkrankungen und metabolisches Syndrom – wir hatten beim Thema Stressreaktion darüber gesprochen (▶ Abschn. 1.3.5).

Wie Körper und Psyche in Wechselwirkung stehen

Umgekehrt führen körperliche Erkrankungen zu psychischen Missbefindlichkeiten oder gar Ängsten und Depressionen. Ein gesunder und starker Körper trägt dagegen sehr zu Selbstwertgefühl und psychischem Wohlbefinden bei. Etwas zur Gesunderhaltung und Kräftigung seines Körpers zu tun, ist also ein durchaus wichtiger Beitrag zum Aufbau von Persönlichkeitsstärke und Führungskraft.

Kaum etwas ist in diesem Zusammenhang dringender zu empfehlen als mäßige aber regelmäßige körperliche Bewegung. Prof. Alexander Weber von der Universität Paderborn hierzu: »Bisher ist kein therapeutisches Verfahren bekannt geworden, das die Gesundheit in ähnlich vielfältiger Weise positiv beeinflusst wie ausdauernde Bewegungsarten.«

Ausdauerbewegung ist die beste derzeit bekannte Medizin

Kurz- und Langzeitwir-
kungen des Ausdauer-
sports

Wichtige **Kurzzeiteffekte** körperlichen Trainings sind: Abbau muskulä-rer, psychonervaler und hormoneller Spannungen und Ungleichgewichte, Stimmungsaufhellung und Antriebssteigerung infolge einer besseren Ge-hirndurchblutung sowie einer Ausschüttung von Endorphinen (körpereigene »Glückshormone«). Als **Langzeiteffekte** stellen sich ein: Verbesserung der Herz-Kreislauf-Leistung, wachsende psychovegetative Belastbarkeit (Stress-resistenz), Regulierung des Blutdrucks, günstige Stoffwechseleffekte, die der Entstehung von Übergewicht und metabolischem Syndrom vorbeugen, Stär-kung der immunologischen Abwehrkräfte, Regulierung von Organfunktio-nen, Abbau funktioneller Störungen und Verringerung der Schmerzemp-findlichkeit, Verbesserung des allgemeinen Wohlbefindens und Abbau von Aggressivität, Ängsten und Depressionen sowie eine Verbesserung psychi-scher Leistungsparameter.

Zu empfehlen ist das Ausüben einer Ausdauersportart zwei- bis viermal pro Woche über 30 bis 60 Minuten (z. B. Joggen, Radfahren oder Schwim-men).

Das Wachstum erfolgt
in den trainingsfreien
Intervallen

Das Training selbst führt zunächst zu Verbrauch und Abbau von Körper-substanz. Nach einer Phase der Erholung kommt es dann zur sog. Überkom-pensation: Für eine gewisse Zeit steigt die Leistung über das Vorniveau an. Wichtig ist, dass der nächste Trainingsreiz in diese Phase der Überkompensa-tion fällt. Folgt er zu früh, setzt sich der Abbau in einen Erschöpfungszustand hinein fort. Folgt er nach Abklingen der Überkompensation, beginnt man wie-der bei Null und es kommt nicht zu einer kumulierenden Leistungssteigerung.

Für das Ausdauertraining gilt: Im Anfängerbereich ist ein Trainingsab-stand von etwa 48 Stunden optimal. Da sich mit fortschreitendem Training die Regenerationsprozesse beschleunigen, kann dieses Intervall vom Fortge-schrittenen verkürzt werden. Bei weniger als zwei Trainingseinheiten pro Woche wird das Intervall dagegen zu lang.

> ❗ Zweimal 60 Minuten pro Woche gelten heute als minimales Trainings-volumen, um relevante Steigerungen der Herz-Kreislauf-Leistung zu erreichen.

Damit ist nicht gesagt, dass man unterhalb dieser Schwelle nicht andere Positiveffekte erzielen kann, z. B. Verbesserung der motorischen Koordina-tion, Spannungsabbau, Verbesserung des psychischen Wohlbefindens etc.

Die Belastungsintensität wird am praktikabelsten in Prozent der maxima-len Herzfrequenz angegeben. Die Herzfrequenz errechnet sich bei Frauen aus 226 minus Lebensalter und bei Männern aus 220 minus Lebensalter.

Der Fettverbrennungs-
bereich

In der Zone von 60–70% der maximalen Herzfrequenz liegt der sog. Fett-verbrennungsbereich. Nach einer Umstellungsphase des Stoffwechsels von etwa 30 Minuten gewinnt der Körper hier seine Energie überwiegend aus dem Abbau von Fetten. Wer durch das Training auch eine Gewichtsabnahme anstrebt, sollte deshalb bei eher niedrigeren Intensitäten und dafür zeitlich ausgedehnter trainieren.

Der aerobe Bereich

In der Zone von 70–80% der maximalen Herzfrequenz sind wir im sog. aeroben Bereich. Hier erfolgt die Energiegewinnung noch vollständig mit Hilfe des aktuell über Atmung und Kreislauf transportierten Sauerstoffs.

Der anaerobe Bereich

Im darüber liegenden anaeroben Bereich kann für eine gewisse Zeit mehr Leistung erbracht werden als durch die maximal mögliche Sauerstoffaufnahme gedeckt wäre. Es wird eine sog. Sauerstoffschuld durch Bildung von Milchsäure eingegangen, die dann in der Erholungsphase wieder abgeatmet werden muss.

Das für die Gesunderhaltung relevante Training spielt sich in den ersten beiden Bereichen ab, also in der Zone 60–80% der maximalen Herzfrequenz (Empfehlung für Einsteiger: 60–75%; für Fortgeschrittene: 75–85%). Kaufen Sie sich eine Pulsuhr, berechnen Sie Ihren Herzfrequenzkorridor und richten Sie Ihr Ausdauertraining danach aus.

❗ Einen groben Hinweis auf die richtige Trainingsintensität gibt auch die Atmung: Sie sollten nicht ins »Schnaufen« geraten, also im Prinzip in der Lage sein, ein Gespräch zu führen.

Herzfrequenzgesteuertes Training

Dem eigentlichen Training sollte eine Aufwärmphase (etwa 10 min bei etwa 50% der maximalen Herzfrequenz) vorangehen und eine Abwärmphase (etwa 10 min bei <50% der maximalen Herzfrequenz) folgen. Damit das Training Sinn macht, müssen Sie nach dem Aufwärmen mindestens 20 Minuten im Bereich Ihrer Trainingsherzfrequenz verbleiben.

Das Allerwichtigste ist aber vielleicht, dass Ihnen die Sache Freude macht. Manchmal helfen auch kleine Tricks. So habe ich mir einen Fernseher mit Videorecorder vor mein Ergometer-Rennrad gestellt, auf dem ich mir dann während des Trainings interessante Sendungen anschaue. Seitdem gibt es bei mir keinerlei Motivierungsprobleme mehr mit dem Ausdauersport (gelegentlich kommt es sogar vor, dass ich selbst an geplanten Pausentagen Rad fahre, nur weil mich eine bestimmte Dokumentation so interessiert). Bei anderen hilft vielleicht das soziale Moment: ein Mannschaftssport oder eine Laufgruppe. Suchen Sie sich die Rahmenbedingungen, die Ihnen Freude machen. Besser ein Sport, der gesundheitsphysiologisch nicht optimal ist, aber regelmäßig betrieben wird, als das Optimaltraining, das ewig ein Vorsatz bleibt.

Motivationssynergien aufbauen

Sollten Sie in den letzten Jahren überhaupt keinen Sport getrieben haben und älter als 40 Jahre sein, empfiehlt sich vor Beginn des Trainings eine Konsultation des Hausarztes. Für die meisten Sportarten gibt es übrigens gute Ratgeberbücher, in denen Sie sinnvolle Trainingsprogramme finden.

Gesundheitlich wichtig und oft mit dem Sport verbunden ist auch der Kontakt mit intensiven Reizen, insbesondere mit frischer Luft und kaltem Wasser. Ideal wäre ein regelmäßiger Saunabesuch, zumindest in der kalten Jahreszeit (die meisten Fitnessstudios verfügen über eine Sauna).

❗ Kaum weniger wichtig als ausreichende körperliche Bewegung ist eine gesunde Ernährung, insbesondere die Vermeidung eines größeren Übergewichts, ein Maßhalten im Alkoholkonsum sowie ein Nikotinverzicht.

Gesunde Ernährung und Verzicht auf Genussgifte

Unser Stoffwechsel ist ein extrem komplexes und anpassungsfähiges System, bei dem »alles mit allem« zusammenhängt und sich die Vielzahl der Stoffe, die wir täglich aufnehmen, wechselseitig beeinflussen. Es ist deshalb sehr schwierig, herauszubekommen, wie eine Idealernährung auf das Gramm genau auszusehen hätte. Entsprechend sind die Meinungen und Befunde recht widersprüchlich und nicht selten von Geschäftsinteressen verzerrt. Nach meinem Wissen gibt es derzeit keine Beweise dafür, dass es sinnvoll wäre, einer ausgewogenen Mischkost irgendwelche Nahrungsergänzungsstoffe beizufügen (Vitamine etc.).

Unbedingt Übergewicht vermeiden

Wenig rotes Fleisch und viel Fisch, Obst und Gemüse

Die folgenden Richtlinien werden derzeit weithin akzeptiert – wenn Sie sich daran halten, wäre schon viel gewonnen:

1. Eher sparsamer Konsum von tierischem Fett und rotem Fleisch – bei pflanzlichen Fetten und weißem Fleisch (Fisch, Geflügel) ist mehr Großzügigkeit erlaubt.
2. Konsum von gereinigtem Zucker und Süßigkeiten nur soweit das mit einem Normalgewicht verträglich ist (als grobe Faustformel ist immer noch ausreichend: Größe in cm minus 100 gleich Normgewicht in kg). Am ehesten empfiehlt sich Fruchtgummi – er enthält weniger Fett (und damit Kalorien) als etwa Schokolade oder Gebäck.
3. Möglichst reichlicher Konsum von Obst, Gemüse und Hülsenfrüchten.

Während dem Nikotinkonsum nichts aber auch gar nichts Positives abzugewinnen ist, gibt es Hinweise darauf, dass Alkohol in geringen Mengen förderliche Gesundheitseffekte haben kann (insbesondere Rotwein soll dazu beitragen, die Blutgefäße vor Arteriosklerose zu schützen). In zu großen Mengen aber führt er bekanntlich in die Sucht und erzeugt am Ende tödliche körperliche Leiden (etwa 50.000 Menschen sterben daran jährlich allein in Deutschland; die Folgen des Rauchens fordern übrigens jährlich etwa 130.000 Opfer).

Der richtige Umgang mit Alkohol

Die Verträglichkeit für Alkohol ist individuell unterschiedlich. Für Frauen gilt dauerhaft eine tägliche Trinkmenge von 20 g reinen Alkohols als potenziell gesundheitsschädigend, für Männer sind es 40 g (zur Orientierung: Bier enthält etwa 40 g/l; Wein und Sekt etwa 100 g/l; Spirituosen enthalten etwa 300 g/l). Sollte ein regelmäßiger Alkoholgenuss zu Ihren Lebensgewohnheiten zählen, empfehle ich Ihnen, einmal im Jahr eine vierwöchige Abstinenzphase unter Ihren normalen Alltagsbedingungen einzuhalten. Schwierigkeiten damit deuten auf einen beginnenden Kontrollverlust und wären ein Alarmzeichen für eine Suchtentwicklung. Außerdem sollten Sie Ihren Hausarzt gelegentlich nach Ihren »Leberwerten« befragen.

5 Zusammenfassung: Die Wege der Selbstveränderung

5.1   Selbstveränderung und Psychotherapie

Lassen Sie uns unter dieser Überschrift den Berührungen unseres Themas mit dem weiten Feld der Psychotherapie nachgehen. Geht es Letzterer um die Frage, wie man auf der Befindlichkeitsskala von –10 auf –2, oder vielleicht +3 gelangt, so hatten wir uns das Ziel gesetzt, von +3 auf +10 zu kommen.

Fließende Grenzen zur Psychotherapie

Sollten nicht die Mittel und Wege, sich auf der Befindensskala in Richtung Plus zu bewegen, die gleichen sein, unabhängig davon in welchem Bereich man sich befindet? Das wäre zunächst die einfachste Annahme und mir sind keine Argumente bekannt, die schlagend gegen sie stünden. Entsprechend berufen sich viele Ansätze von Coaching und Persönlichkeitsentwicklung, die auf dem Weiterbildungsmarkt angeboten werden, auf Konzepte, die aus der Psychotherapie stammen. Sollten Sie – jetzt oder später einmal – in einer Führungsposition arbeiten, werden Sie mit größter Wahrscheinlichkeit mit gewissen Gerüchten aus der »Psychoküche« in Kontakt kommen. Ich möchte Sie deshalb vor einigen Irrtümern oder zumindest Fehlakzentuierungen warnen, die immer noch durch Populärpsychologie und Esoterikszene geistern (von der modernen Psychotherapieforschung wurden diese Positionen inzwischen aufgegeben).

Die Mär von der alles überragenden Bedeutung der Kindheit

Es gibt Beispiele von 50-jährige Klienten, die jahrzehntelang gut mit ihrem Leben zurechtgekommen sind. Entscheidend mitbedingt durch äußere Umstände, sind sie nun in eine Krise geraten und haben, sagen wir, ein Burnout-Syndrom ausgebildet. Und jetzt sitzen sie da und suchen nach schlimmen Erlebnissen in der Kindheit, weil das die einzige Ursache psychischer Probleme ist, die sie kennen. Sollte da auf Anhieb nichts zu finden sein, dann muss man eben »tiefer bohren«, dann war es so schlimm, dass es verdrängt werden musste. Wenn man dieses Erlebnis bewusst macht, löst sich ein innerer Knoten und man ist geheilt. In der Mehrzahl der Fälle trifft diese ebenso populäre wie übervereinfachende Denkfigur nicht zu. Oft erweist sie sich sogar als eine gefährliche Falle, die zur Verschlimmerung der Probleme führt. Wichtiges hierzu hatten wir bereits in ▶ Abschnitt 4.5.1. gesagt. Psychische Probleme erwachsen zumeist aus sehr komplexen Ursachengefügen. In der Regel können wir nur einige wenige Faktoren herausheben. Es sollte uns immer bewusst bleiben, dass das so entstehende Bild nur sehr unvollständig und hypothetisch sein kann. Gleichwohl sollten wir uns darum bemühen, denn jeder Mensch hat das Bedürfnis nach einer stimmigen Lebensgeschichte. Eine als stimmig empfundene Hypothese über die Ursache der Probleme kann lehrreich sein und eine gewisse Erleichterung bringen – die Heilung freilich ist das noch lange nicht.

Psychische Störungen haben Wurzeln in der Vergangenheit, können aber nur im Hier und Jetzt geheilt werden

Entscheidend ist, mit einer neuen Lebenseinstellung das psychische Wachstum in Gang zu bringen oder neu auszurichten

Wenn ich nach einiger Irrfahrt mit meinem Segelschiff doch noch den Hafen meiner Träume erreichen will, dann sind nur drei Dinge wirklich wichtig: Ich muss die gegenwärtige Position kennen. Ich muss über die Koordinaten des Zielhafens verfügen. Und ich muss lernen, wie ich bei welchem Wind meine Segel zu setzen habe, um am schnellsten voranzukommen (die »inneren Segel« der Lebenseinstellung). Herumzugrübeln, wo überall ich in der Vergangenheit mit meinem Schiff herumgeirrt bin, hilft mir bei alledem gar nicht – es hält mich nur vom Segeln ab.

Ich habe nicht wenige Klienten erlebt, deren wichtigster Schritt zur Heilung darin bestand, sich von der oben genannten lähmenden Denkfigur zu befreien.

Die Sehnsucht nach der grandiosen Deutung

Diese findet sich v. a. bei Vertretern der literarisch-geisteswissenschaftlichen Intelligenz wie auch bei Menschen mit einem esoterischen Weltbild. Einfache Erklärungen oder gar kleine triviale Lösungsschritte im Hier und Jetzt sind diesen Menschen zu profan. Wenn sie schon scheitern, dann wollen sie wenigstens grandios scheitern. Dazu gehört eine Ursache, die sehr tief verborgen liegt und umso bereitwilliger akzeptiert wird, je weniger sie dem gesunden Menschenverstand einleuchtet.

Wenn schon scheitern, dann grandios

Der oft bizarre Kult um die Gefühle

Spüren sie tiefer, spüren sie hin, spüren sie nach … Was fühlen sie dabei? Sie müssen an ihre wahren Gefühle herankommen. Gefühle lügen nicht. Wenn sie nur endlich an ihre (offenbar verdrängten) Wünsche herankämen, dann wüssten sie, was sie zu tun haben und all ihre Probleme würden sich lösen. Diese und ähnliche Sprach- und Gedankenspiele sind in der Psychoszene weit verbreitet.

Unter dem Thema Selbsterfahrung in ▸ Abschnitt 4.3.2 wie auch in ▸ Abschnitt 2.5 hatten wir hierzu schon Wichtiges gesagt.

Natürlich stehen im Zentrum der meisten Bemühungen um Selbstveränderung die Gefühle. Positive Gefühle sind der letztendliche Sinn unseres Lebens und wir brauchen die Gefühle in hohem Maße zum Aufbau einer nachhaltigen Verhaltenskontrolle (Motivation). Aber wenn das Ziel aller Bemühungen die Gefühle sind, heißt das noch lange nicht, dass sie auch der direkte Ansatzpunkt dieser Bemühungen sein könnten und sich deshalb alles nur um Gefühle zu drehen hätte. Das Problem ist ja gerade, dass Gefühle von der Evolution als innerer Lohn für die Lösung von Verhaltensaufgaben konzipiert sind und sie deshalb einer direkten Beeinflussung durch unseren Willen nicht zugänglich sind. Gefühle werden grundsätzlich durch Auslöser in Gang gebracht: Wahrnehmungen, Erinnerungs- und Phantasiebilder, Zukunftsimaginationen sowie die wahrgenommene Qualität von Verhaltens- und Denkvorgängen (Synergität). Diese Auslöser sind eingebunden bzw. entstehen aus Prozessen des Denkens und des motorischen Verhaltens. Gefühle können also prinzipiell nur indirekt über eine systematische Veränderung von Denken und Verhalten beeinflusst werden. Die gesetzmäßigen Zusammenhänge zwischen Denken, Verhalten und Fühlen zu erhellen, für das Selbstmanagement fruchtbar zu machen und dies dem Klienten zu vermitteln, ist die Hauptaufgabe von Psychotherapie.

Die Veränderung von Gefühlen kann nur an den Denk- und Verhaltensgewohnheiten ansetzen

Stellen Sie sich vor, die Gefühle wären eine Flüssigkeit in einem Gefäß. Wollen Sie die Gestalt der Flüssigkeit verändern, bleibt Ihnen nur ein Weg: Sie müssen sie umfüllen in neue Gefäße mit der jeweils gewünschten Form. Derartige gefühlsformende Gefäße aus gedanklichen Strukturen zur Verfügung zu stellen bzw. den Klienten zu deren Modellierung anzuregen, ist die wichtigste Aufgabe des Coaches und Therapeuten. (Hier zeigt sich der Volksmund sehr weise, wenn er darauf besteht, dass man »alle Tassen im Schrank« haben sollte. ☺) Exakt in dieser Funktion sind die vielfältigen förderlichen Denkfiguren zu sehen, die in diesem Buch vorgestellt wurden.

Natürlich ist es wichtig zu lernen, Gefühle zuzulassen, sensibel für sie zu werden und sie adäquat zu deuten. Aber genauso wichtig ist es zu lernen, seine Gefühle zu erziehen (durch das bewusste Anstreben neuer Sichtweisen und Erfahrungen) und neue Gefühle zu kultivieren (durch die emotionale Aneignung der Welt in Form der Entwicklung sekundärer Antriebe).

Gefühle zulassen, aber auch regulieren lernen

Es geht nicht schlechthin darum, die emotionalen Druckkessel zu entlasten durch das »Rauslassen« und Ausleben von Gefühlen. Es geht vielmehr darum, eine ausreichende Kontrolle über das eigene Gefühlsleben zu erlangen: In einigen Lebenssituationen ist es gut, möglichst viel und möglichst differenziert zu empfinden – dann sollte ich dazu fähig sein, mein *Selbst* maximal den Auslösern zu öffnen und mich dem anschwellenden Strom der Empfindungen anheimzugeben. In den meisten Alltagssituationen ist es dagegen wichtig, dass Gefühle aus einem klaren Realitätsbezug erwachsen und sich funktional in einen Gesamtkontext einordnen. Um dies sicherzustellen, muss ich auch dazu fähig sein, meine Gefühle zu regulieren – und oft heißt das, sie einzugrenzen oder schon in ihrem Entstehen zu blockieren.

Auch Gefühle können »lügen«

Wie alle anderen organismischen Funktionen können auch Gefühlsprozesse aus sich heraus entgleisen. So kann sich Angst in einem Teufelskreis steigern und ausbreiten. Jemand, der jahrzehntelang Fahrstuhl gefahren ist, hat nun auf einmal eine panische Angst davor. In vielen Fällen handelt es sich nur um außer Kontrolle geratene Angst und sonst gar nichts. Weder muss diese Angst eine Funktion haben noch eine tiefere Bedeutung (z. B. Angst vor der Chefetage oder das Kellerverlies in der Kindheit). Natürlich gibt es Fälle, wo etwas dahinter steckt – aber es gilt, mit der einfachsten Hypothese zu beginnen, wie überall in der Wissenschaft. Von inadäquaten Gefühlen kann man im Übrigen durchaus sagen, dass sie lügen. Die eben beschriebene Angst vor dem Fahrstuhl wäre eine glatte Lüge und sonst gar nichts.

Die Lokomotive des psychischen Fortschritts ist der Verstand

Gefühle sind die Verdichtung aller zurückliegenden Erfahrung. Deshalb haftet unseren Gefühlen oft ein konservatives Moment an – Gefühle wollen das Altbewährte festhalten und uns vor riskanten Schritten ins Neue abhalten. Stellen Sie sich vor, Sie machen einen weiten Umzug, weil Ihnen Ihr Verstand sagt, dass Sie am neuen Ort größere Entfaltungsmöglichkeiten in Ihrem Beruf haben. Während des Umzugs wird es Ihnen möglicherweise nicht gut gehen: Sie verlieren Ihr liebgewordenes Umfeld, Ihren Bekanntenkreis und all die Sicherheiten, die Sie sich geschaffen hatten. Sie wissen noch nicht, was auf Sie zukommt; vielleicht bekommen Sie sogar ein wenig Angst. Die Gefühle sagen: Lass es sein und bleib! Doch wenn Ihr Verstand richtig kalkuliert hat und Sie sich tatsächlich auf Ihrer neuen Arbeitsstelle besser entwickeln können, dann werden Sie sich einleben und nach einiger Zeit wird es Ihnen gefühlsmäßig deutlich besser gehen als am alten Ort. Nicht in jeder Situation sind also Gefühle die richtigen Ratgeber – in der Tendenz binden sie uns ans Alte. Die Lokomotive des psychischen Fortschritts ist der Verstand (wie sollte es anders sein, er hat uns zum Menschen gemacht). In letzter Konsequenz können wir nur mit seiner Hilfe auch unsere Gefühle an den gewünschten Ort bringen. Hauptansatzpunkt aller Methoden der Persönlichkeitsbildung und Psychotherapie muss deshalb die Vernunft sein. Das Denken gehört nicht mit dem dümmlichen Hinweis »verkopft« zugunsten blinder Gefühle abgeschafft.

> ❗ Es gilt vielmehr, ein blockierendes Denken durch ein befreiendes und wachstumsförderliches Denken zu ersetzen, das sich an der richtigen Stelle selbst zu begrenzen vermag, um den Gefühlen den jeweils angemessenen Raum zu öffnen.

Das Verlangen nach der wohltuenden Instant-Heilung

Auf den ersten Blick könnte so etwas als wünschenswert erscheinen: Man begibt sich in die Hände eines großen Heilers und der macht etwas mit einem, das sich angenehm und erhebend anfühlt. Irgendeine geniale Instant-Maßnahme – eine grandiose Deutung vielleicht oder eine Hypnose, ein schamanistisches Trance-Ritual oder eine körpertherapeutische Prozedur. Das Ganze ist irgendwie warm und ergreifend. Es geht ganz tief hinein – und auf einmal wird alles so weit, es löst sich ein innerer Gefühlsknoten und alles ist gut. (Träume ruhig weiter, wer es sich leisten kann.)

Leider spielen derartige Denk- und Verfahrensweisen eine weit größere Rolle in der Psychoszene, als gut sein kann. Die Verführung ist für Therapeuten wie für Klienten gleichermaßen groß – der eine erlebt sich als guten und mächtigen Zauberer, der andere bekommt Hilfe in der für ihn bequemsten Form. Das Problem ist – es funktioniert nicht wirklich. Zumeist haben derartige Prozeduren nur eine Kurzzeitwirkung: Sie erzeugen einen Stoß positiver Gefühlsenergie, der aber bald wieder aufgebraucht ist, weil sich an der ineffektiven Art, wie der Klient mit seinen Alltagsproblemen umgeht, nichts oder nicht viel ändert. Und: Das Ganze ist nicht ungefährlich. Der Therapeut kommt in Gefahr, von der Machterfahrung korrumpiert zu werden; der Klient riskiert, in Abhängigkeit zu geraten. Manchmal können solche Vorgehensweisen helfen, einen Klienten aus dem Loch einer Depression zu holen und ihm die nötige Anschubenergie für eine Psychotherapie und nachfolgende Lebensveränderungen verleihen. Aber diese Psychotherapie muss sich anschließen und kann nur als Hilfe zur Selbsthilfe konzipiert werden: Sie muss die Autonomie des Klienten stärken und im Kern darauf abzielen, seine Selbstregulationsfähigkeit auf der höchstmöglichen Ebene zu verbessern.

Nachhaltige psychische Veränderung braucht Zeit, oft viel Zeit. Vielleicht kann hier die Metapher vom organischen Wachstum helfen: Stellen Sie sich vor, eine Dschungelpflanze habe sich in den Schatten verwachsen. Es hilft ihr nichts, über die Vergangenheit nachzugrübeln – man kann erfolgtes Wachstum nicht rückgängig machen. Und es wäre fatal, einen Wanderer im Sinne der Instant-Heilung zu bitten, ihren Stängel in Richtung des Lichts zu biegen – entweder er schnellt zurück oder er bricht. Es gibt nur eine Möglichkeit: Sie muss sich am Licht orientieren und möglichst schnell in diese neue Richtung wachsen. Dabei würde es helfen, neue und andere Nährstoffe aufzunehmen; sie könnte den Wanderer um Düngung bitten. In ähnlicher Weise ist die nachhaltige Lösung der meisten psychischen Probleme nur über die Aktivierung und Neuausrichtung des inneren Wachstums möglich; und auch hier heißt dies, neue und andere geistige Nahrung aufzunehmen: neue Informationen, die das Verhalten neu ausrichten und auf diese Weise neue und andere Erfahrungen ermöglichen.

Leider ist Psychotherapie auch nicht immer angenehm und bequem. Denn mit der geistigen Nahrung verhält es sich nicht selten wie mit der Nahrung für den Körper: Das, was schmeckt und wie Butter den Gaumen herab-

Schamanistische Prozeduren haben meist nur Kurzzeit-Wirkung

Psychotherapie muss als Hilfe zur Selbsthilfe die Autonomie des Klienten stärken

Nicht immer ist das, was sich gut anfühlt, auch das, was nachhaltig hilft

rinnt, ist oft ungesund. Das, was langfristig gesund erhält, liegt anfangs manchmal etwas trocken im Mund (z. B. wissenschaftliche Erkenntnisse über die Funktionsweise der Psyche).

Die Überbetonung des Beziehungsthemas

In vielen insbesondere älteren Ansätzen von Psychotherapie und psychosomatischer Medizin findet sich eine Tendenz, die Bedeutung menschlicher Beziehungen überzubetonen. Einerseits wurden viele Erkrankungen z. T. ausschließlich auf gestörte Beziehungen zurückgeführt; andererseits konzipierte man die sog. therapeutische Beziehung zwischen Klient und Arzt als z. T. einziges Heilmittel.

Beziehungsstörungen sind nicht die einzige Ursache von Krankeit

Ja, wir Menschen sind soziale Wesen. Für das Kleinkind sind soziale Beziehungen überlebenswichtig und auch für Glück und Lebenszufriedenheit des Erwachsenen sind harmonische zwischenmenschliche Beziehungen von höchster Bedeutung. Allein, Beziehungen sind nicht alles und ohne Beziehungen ist nicht alles nichts.

Beziehungsgestaltung ist nicht das einzige Heilmittel

Unser Organismus ist ein hierarchisches System, in dem sich die Hierarchieebenen einerseits in unterschiedlichem Maße beeinflussen, gleichzeitig aber eine gewisse Eigenständigkeit wahren (»Holone«). Auf jeder dieser Ebenen können aus sich heraus Prozesse entgleisen und Krankheiten verursachen (ausgehend z. B. von genetischen Schwachstellen). Ein nicht geringer Teil der körperlichen Erkrankungen wird deshalb primär nur wenig von psychischen Prozessen beeinflusst (sekundär freilich kann dem Umgang mit der Krankheit dann wieder eine große Bedeutung zukommen). Bei anderen körperlichen und natürlich psychischen Erkrankungen spielt Dysstress primär eine wichtige oder gar verursachende Rolle. Und Dysstress nun wieder wird ganz sicher oft über Beziehungsstörungen vermittelt, aber das ist längst nicht immer auch der Kern des Problems – etwa dann, wenn jemand in einen Job hineingeraten ist, für den er einfach nicht geeignet ist.

Auch eine autonome Arbeit z. B. mit Selbsthilfebüchern ist therapeutisch wirksam

Entsprechend ist auch die therapeutische Beziehung nicht der einzige und nicht einmal der entscheidende Therapiefaktor. Psychotherapie muss Prozesse beim Klienten anregen, die seine Autonomie und Selbststeuerungsfähigkeit verbessern. Natürlich ist die therapeutische Beziehung dafür ein sehr wichtiger und wirkungsvoller Träger. Aber es geht auch anders: Studien haben gezeigt, dass eine Therapie über das Internet, die Interaktion mit einem Computerprogramm oder die Arbeit mit Selbsthilfebüchern in hohem Maße therapeutisch wirksam sein können.

Die Verabsolutierung von Beziehung als Lebensgrundlage ist nicht ungefährlich. Sie fördert beim Klienten eine inadäquate Mussvorstellung, die den Keim von Verkrampfung und Abhängigkeit in Beziehungen legt. Erwachsene, die eine Persönlichkeit mit großem inneren Reichtum entwickeln, sind prinzipiell dazu fähig, weitgehend ohne Beziehungen zu überleben (und vielleicht sogar einigermaßen glücklich damit zu sein). Diese Überzeugung und diese Befähigung gilt es beim Klienten zu stärken. Nur wer zur Not auch allein lebensfähig ist, kann Beziehungen souverän gestalten. Was man gewinnen will, muss man loslassen – nirgendwo ist dieses Prinzip wichtiger, als beim Beziehungsthema.

Das Kernfäuledogma

Insbesondere in der Tiefenpsychologie ist eine psychologische Tatsache im Kern nie das, was sie an der Oberfläche vorgeben will. Nichts ist echt, alles hat einen doppelten Boden und muss bezweifelt, hinterfragt und gedeutet werden. Doch damit nicht genug: Der Kern ist immer faul. Die klassischen tiefenpsychologischen Theorien haben keine Mittel, höhere Formen des Positiven im Menschen zu konzeptualisieren. Die einzige hier akzeptierte Antriebsquelle des Menschen ist der Sexualtrieb (und manchmal noch ein ominöser »Todestrieb«). Auch alle höheren kulturellen Aktivitäten in Wissenschaft und Kunst können sich letztlich nur aus dieser Quelle speisen – die dabei unterstellte verfeinernde Umwandlung von sexueller Triebenergie wird als Sublimierung bezeichnet. Alle Kultur wird auf diese Weise zum Produkt einer Art Triebenergie umwandelnde psychische Dampfmaschine, die von einem wahren Höllenfeuer aus Sexual- und Aggressionsphantasien angetrieben wird. Diese Phantasien sind derart infantil, wild, ja dämonisch, dass sie verdrängt werden mussten und nun den Dampfkessel des Unbewussten unter Druck setzen.

> Martin Seligman schreibt zu diesem Thema (Seligman 2003, S. 13f.):
> »Bill Gates' Konkurrenzgeist ist in Wirklichkeit sein Wunsch, seinen Vater zu übertrumpfen, und Prinzessin Dianas Kampf gegen Landminen ist nichts anderes als der sublimierte Ausdruck ihres mörderischen Hasses auf Prinz Charles und die anderen Royals.

> Das Kernfäule-Dogma infiziert ferner das Verständnis der menschlichen Natur in der Kunst und in den Geistes- und Sozialwissenschaften. Ein Beispiel von Tausenden: das Buch »No Ordinary Time« – die ergreifende Geschichte von Franklin und Eleanor Roosevelt. Da sinniert die Autorin Doris Kearns Goodwin, eine der bedeutendsten Politikwissenschaftlerinnen von heute, über die Frage, warum Eleanor einen so großen Teil ihres Lebens der Hilfe für schwarze, arme und behinderte Menschen gewidmet hat. Goodwin kommt zu dem Schluss: »um den Narzissmus ihrer Mutter und den Alkoholismus ihres Vaters zu kompensieren«. An keiner Stelle gibt Goodwin der Überlegung Raum, im tiefsten Grunde habe Eleanor Roosevelt nach Tugend gestrebt. Motive wie Fairness oder Pflichterfüllung haben als Antriebskräfte ausgespielt. Es muss einfach eine verborgene negative Motivation hinter den guten Taten eines Menschen geben, wenn die Analyse wissenschaftliches Ansehen genießen soll. Ich kann gar nicht stark genug betonen: Trotz der hohen Akzeptanz in der religiösen wie in der säkularen Welt – es gibt in den Forschungsdaten nicht den zartesten Hinweis, menschliche Stärke und Tugend stammten aus negativen Motiven.«

Die einseitige Fokussierung auf Sexualität und Beziehung durch die Gründungsväter der Tiefenpsychologie mag angesichts ihrer sexuell sehr verklemmten Zeitumstände gut nachvollziehbar erscheinen. Inzwischen aber haben sich die Zeiten drastisch gewandelt: Heute sind sexuelle Aberrationen das Thema nachmittäglicher Talk-Shows; zudem haben wir Fakten und Konzepte im Übermaß, um die Psyche des Menschen adäquater und vollständiger abzubilden (in vereinfachter Form wurde ein Vorschlag hierfür im ersten Buchteil vorgestellt).

Das genuin Positive existiert in der Psyche des Menschen: Wie besprochen, gibt es sowohl den primären Altruismus, der sich schon bei Tieren

Tiefenpsychologie: Nichts ist das, was es oberflächlich zu sein vorgibt

Hinter kulturellen Glanzleistungen stecke sublimierte Sexualenergie

Psychosynergetik: Es gibt
das genuin Positive in der
menschlichen Psyche
und wir können es positiv
konzeptualisieren

findet, die nun gewiss keine »Komplexe« haben, als auch den sekundären Altruismus, der neben anderen Tugenden aus verinnerlichten kulturellen Werten entsteht (genauer gesagt, aus sekundären Antrieben, die eigenständige kulturelle Gestaltungskräfte bilden). Natürlich – ob und in welchem Rahmen solchen Motivationen Raum gegeben wird, ist manchmal auch von rationalem Kalkül und »egoistischen« Nebenmotivationen abhängig. Aber wenn sie sich entfalten und von der Seele Besitz ergreifen, dann handelt es sich um eigenständige, echte und ungetrübt positive Kräfte. Nicht selten entfalten sie dann eine solche Eigendynamik, dass das ursprüngliche Kalkül hinweggefegt wird. Dies als Folge von Theoriearmut grundsätzlich auszuschließen oder in der Praxis immer wieder madig zu machen, kann nur als eine besonders perfide Form von Menschenverachtung betrachtet werden. Überall in der Medizin ist heute vom salutogenetischen Ansatz die Rede: nicht primär auf Defekte und Risiken fokussieren, sondern in erster Linie das Gesunde, Starke und Positive fördern. Die Voraussetzung hierfür ist freilich, das Positive anzuerkennen, es begrifflich zu konzeptualisieren und wissenschaftlich zu untersuchen.

Der Wahn, dass alles in Körper und Psyche eine tiefere Bedeutung haben müsse

Tiefenpsychologie: Es
gäbe keinen Zufall –
hinter jeder psychischen
Regung stecke eine
tiefere Bedeutung

Dieser letzte hier zu besprechende Psychoirrtum hängt mit dem Kernfäuledogma zusammen, hat aber noch einmal eine eigene Schattierung. Er entspringt dem mechanistischen Weltbild, das die Gründungszeit der Tiefenpsychologie beherrschte. Der psychische Apparat funktioniert danach wie ein Uhrwerk: Alle Teile haben ihren Platz, ihre Funktion und ihre Bedeutung. Alles, was geschieht, ist vollständig determiniert, d. h. es wird zwangsläufig von bestimmten Gesetzen geregelt. Zufälligkeiten, entgleisende Eigendynamiken und funktionslose Nebenphänomene haben in dieser Konzeption keinen Platz. Entsprechend wurde allen körperlichen und psychischen Krankheitserscheinungen Sinn und Bedeutung zugesprochen: Da wird eine Krebserkrankung zum Ausdruck eines bestimmten psychischen Konflikts; die wiederkehrenden Ohnmachten einer jungen Frau rühren von einem Seitensprung, seit dem sie sich als »gefallenes Mädchen« sieht; wer einen Schnupfen bekommt, hat von irgendetwas die Nase voll, der Rückenschmerzpatient trägt irgendein Kreuz – keine der in unserer fraktalen Welt naturgemäß so reichlich verfügbaren Oberflächenanalogien ist zu platt, um nicht immer wieder hergenommen zu werden. Und natürlich: Versprecher und Fehlleistungen, die absurde Wirrnis der Träume – nichts davon ist Zufall; alles trägt eine tiefere Bedeutung, die es zu enträtseln gilt.

Bisher konnte nicht nachgewiesen werden, dass spezifische körperliche Erkrankungen durch spezifische psychische Konstellationen direkt verursacht werden (weder gibt es die Krebspersönlichkeit, noch die Ulkuspersönlichkeit). Wie unter Punkt Fünf eben ausgeführt, haben die einzelnen Hierarchieebenen unseres Organismus durchaus ihr Eigenleben. Und leider können hier immer durch zufälliges Zusammentreffen ungünstiger Umstände aus sich heraus Krankheiten entstehen, die im Gesamtlebenskontext der Persönlichkeit primär völlig sinnlos sind. (Das schließt allerdings nicht aus, dass ihnen sekundär Sinn und Funktion zuwachsen, was zu ihrer Aufrechterhaltung beitragen kann – etwa dann, wenn der Kranke nun endlich jene Aufmerksamkeit und Zuwendung erfährt, die er zuvor hatte entbehren müssen.) Wenn wir von einem modernen, naturwissenschaftlichen Weltbild ausgehen wollen, dann müssen wir sagen: Natürlich gibt es auch und gerade im psychischen Bereich den Zufall! Im ersten Buchteil hatten wir mechanistische Konzepte vom Gehirn durch moderne systemtheoretische Vorstellungen ersetzt. Die Hauptaufgabe unseres Gehirns lautet »Kreativität« und die Zufallsvariation ist geradezu eine Essenz kreativer Prozesse. Fehler, Versprecher und Traumchaos – es ist überwiegend Zufall, was sich hier abspielt. Manchmal freilich mag sich darin auch das Vorliegen bestimmter psychischer Neigungen offenbaren (am Ende werden auch Zufallsprozesse von bestimmten Attraktoren eingefangen).

> **Wir müssen von der Existenz des Zufalls ausgehen**

Kurzum: In Teilen der Psycho-Szene ist es immer noch üblich, in psychosomatisches Geschehen sehr viel mehr Sinn, Bedeutung und Symbolgehalt hineinzukonstruieren, als es den Realitäten entspricht. Schon Sigmund Freud musste einräumen: »Manchmal ist eine Zigarre auch eine Zigarre« (und damit z. B. kein Penissymbol). Und wenn seinerzeit schon Freud so viel zugestand, dann muss es heute wohl heißen: Zumeist ist eine Zigarre nur eine Zigarre.

> **Nicht zu viel Bedeutung in das Geschehen hinein-interpretieren**

Wie die Psychologie als Ganze, so hat auch die Psychotherapie traditionell in viel zu hohem Maße Probleme, Defekte, Schwächen und Störungen zum Inhalt gehabt. Wir sollten den von Seligman und Csikszentmihalyi initiierten Bemühungen um eine Positive Psychologie konsequent eine »positive Psychotherapie« zur Seite stellen (dies deckt sich weitgehend mit Bemühungen um eine salutogenetische und ressourcenorientierte Medizin und Psychotherapie, vgl. auch Hansch u. Haken 2004). Bildlich gesprochen versucht der Patient in der traditionellen Psychotherapie, sich von seinen Problemen »abzustoßen«, was ihn dazu zwingt, mit seinem Gesicht immer den Problemen zugewandt zu bleiben. Die Positive Psychologie bzw. Psychotherapie sollte dem Patienten dagegen eine Art Powerboot zur Verfügung stellen, das ihn von seinen Problemen »wegzieht«. Dabei kann er diesen Problemen den Rücken kehren, wie groß und zahlreich sie auch immer sein mögen.

> **Positive Psychologie: Das Positive entwickeln und die Stärken stärken**

Entsprechend den Vorschlägen der Psychosynergetik verfügt dieses Powerboot über zwei Motoren – wir hatten sie innere Freiheit und inneres Wachstum genannt. Und seine Bedienungsanleitung hat zwei Hauptabschnitte:

> **Psychosynergetik: Selbstmanagement-Grundwissen und förderliche Lebenseinstellungen**

1. Ein zutreffendes Selbstmodell: Grundwissen über Aufbau und Funktion von Körper, Gehirn und Psyche, das über Bilder und Metaphern zu einem mental gut handhabbaren Modell komprimiert ist. Es sollte Begriffe und Konzepte enthalten, die alle für das Selbstmanagement wichtigen inneren Zustände und funktionellen Zusammenhänge erfassen und beschreiben.
2. Förderliche Geisteshaltungen: Ein überschaubares Set der wichtigsten Sichtweisen und Lebenseinstellungen, die es ermöglichen, den Erfahrungsstrom bei minimaler innerer Spannung maximal als Nahrung für das innere Wachstum auszubeuten.

Sowohl Persönlichkeitsbildung im Rahmen der Positiven Psychologie als auch positive Psychotherapie hätten dann die Aufgabe, Mittel und Wege bereitzustellen, den Klienten diese Inhalte in Theorie und – soweit möglich – Praxis zu vermitteln (etwa in Form eines Modulsystems psychoedukativer Medien und Gruppenprogramme). Gelingt es, so meine These, den Klienten auf diese Weise in das »heilende Feld« von Wachstum, Sinn und Berufung zu ziehen, dann bessern und lösen sich viele psychische Störungen und Probleme ganz von allein, ohne dass man sich speziell mit ihnen befassen müsste. (Derzeit gibt es ja in der Psychotherapie eher einen gegenläufigen Trend in Richtung störungsspezifischer Therapiekonzepte. Ich bin der festen Überzeugung, dass diese zumindest ergänzt gehören durch ein allgemeines salutogenetisches Selbstmanagement-Modul.) Doch damit genug vom Thema Psychotherapie. Grundlegendes zur Selbstbehandlung und Psychotherapie von Angststörungen, Depressionen und funktionellen Störungen findet sich auch in meinem Buch »Erste Hilfe für die Psyche«.

5.2 Psychosynergetik auf einen Blick

Das nachfolgende Schema, auf das wir schon Bezug genommen hatten, erfasst ganz entscheidende Zusammenhänge noch einmal auf einen Blick (◨ Abb. 5.1). Das Selbstmodell wird hier reduziert auf die zentralen Begriffe *Ich* (das reflektierende, wertende und Veränderungen steuernde Bewusstsein) und *Selbst* (die unbewussten angeborenen und gelernten Potenziale von Körper und Gehirn).

Leben im Flow

Die Teilabbildung rechts zeigt jenen Funktionszustand unserer Psyche, in dem wir uns am wohlsten fühlen und gleichzeitig hinsichtlich der Verhaltensleistung am effektivsten sind: Flow – gelingendes Tun in *Ich*vergessenheit und *Selbst*vertrauen.

Spannungsfreiheit und ausreichende Kompetenz

Wir surfen mühelos auf den aus sich selbst heraus laufenden Wellen des Seins. Zwei Dinge kommen hier zusammen, die sich wechselseitig teilweise kompensieren können: Wir haben uns von aller Furcht befreit und sind völlig entspannt – unser *Selbst* kann deshalb seine Rezeptions- und Aktionspotenziale maximal entfalten; wir beherrschen die Anforderungen der Situation in hohem Maße, so dass das *Selbst* weitestgehend selbstorganisiert aus sich heraus zu handeln vermag. Es ist darauf trainiert, durch Nutzung von Synergien und Eigendynamik der Umgebung mit minimalem Aufwand maximale Wirkung zu erzielen. Das *Ich* kann sich auf die Kontrolle einiger weniger Schlüsselvariablen beschränken und sich ansonsten dem bewussten Genießen des harmonischen Handlungsflusses hingeben, um manchmal vollständig darin aufzugehen.

Und dieser Genuss ist enorm – man kann ihn auf ganz unterschiedlichem Niveau erleben: während eines Waldspaziergangs, bei dem sich Naturgenuss und konstruktives Nachdenken über ein bestimmtes Thema zu einem immensen Gesamterlebnis verschränken; bei der Leitung einer Konferenz: Man steht derart gut im Thema, dass man blitzschnell, punktgenau treffend und traumhaft sicher zu argumentieren vermag, zudem hat man ein sicheres Gefühl für die Gruppendynamik und beeinflusst den Gesamtprozess mit einigen kleinen Zusatzinterventionen derart, dass sich nichts festfährt, vorzeitig verengt oder in zu vager Breite verbleibt, dass sich der Diskurs nach maximaler kreativer Öffnung schließlich mit wachsender Ge-

Psychosynergetik auf einen Blick

Innere Freiheit erarbeiten

»Unbedingtes Glück«: Es gibt keine festen Bedingungen, die für mein Wohlbefinden eine absolute Voraussetzung wären; die Hauptquellen des Wohlbefindens liegen in mir und sind in meiner Kontrolle;

Abbau von Mussvorstellungen und Erwartungen;

Aussöhnung mit sich selbst;

Wechsel in die Positivperspektive in flexiblem, dialektischen Denken;

Förderliche Lebenshaltungen (Probleme als Wachstumschancen, Selbstwert von Leistung entkoppeln, Worst-case-Scenario, etc.);

Spezialtechniken, z.B. paradoxe Intention

Veränderungen im Alltag

Erarbeitung expliziter Lebensmaximen; ritualisierte »Besinnungsmomente« (z.B. 3 x 5 Minuten pro Tag, am Wochenende 1 Stunde für »Rechenschaftslegung« und Planung);

Weiterentwicklung in systematischer innerer Arbeit (kontinuierlich »Weisheitsliteratur« lesen, Meditationspraxis)

und äußerer Arbeit: Einübung neuer Verhaltensmuster;

vorausschauende Lebensplanung in Bezug auf innere und äußere Ziele bei Wahrung der Flexibilität

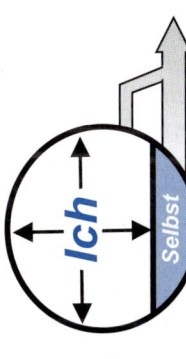

Flow =
gelingendes
Verhalten in
*Ich*vergessenheit
und *Selbst*vertrauen

Inneres Wachstum initiieren

Systematischer Aufbau des *Selbst*;

Entdeckung und Förderung der Stärken, Talente und Interessen;

Erwerb eines **zutreffenden *Selbstmodells***; systematisches Aneignen von Wissen und Kompetenzen (Beruf, kulturelle Interessen, Hobby, Sport); Aufbau **sekundärer Antriebe** als Basis von immer komplexeren Flow-Erfahrungen und als Persönlichkeitskern mit verinnerlichten Werten und Überzeugungen;

innere Arbeit, achtsames Handeln, Üben

Dispositionen/Auslöser:

Geringes Selbstwertgefühl in Folge invalidierender Erziehung; weniger günstiges Anlagen- und Charakterprofil; Traumata, akute Probleme in überfordernder Lebenssituation; unproduktive Lebenshaltungen (v.a. überzogene Soll- und Mussvorstellugnen, überzogene Erwartungen, mechanistisches Denken)

Selbstbezügliches, kontrollierendes, wertendes, steuerndes Bewusstsein; reflektierende Vernunft; Quelle bewusst kontrollierten Verhaltens von geringer Komplexität (geringe »Kanalbreite« des Bewusstseins)

Bei Problemen: Hyperreflexion und Hyperintention, Grübeln und Erzwingenwollen, innerer Druck steigt, Ärger, Wut oder Angst, Angst vor der Angst (Ingangkommen von Teufelskreisen)

selbstgemachter Stress durch Muss- und Sollvorstellungen oder Erwartungen

erhöhter Energieverbrauch

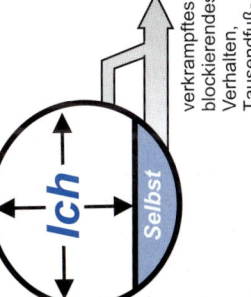

verkrampftes, blockierendes Verhalten, Tausendfuß-Syndrom

Unbewusste Gehirnbereiche:

- angeborene Funktionsmodule (u.a. primäre Antriebe z.B. für Nahrung, Sexualität, Grundlagen des Sozialverhaltens)
- Charakteranlagen, Talente, Stärken, Neigungen
- Gedächtnis für Wissen und Kompetenzen (u.U. in Form sekundärer Antriebe)

Quelle spontaner Reaktionen und spontanen Handelns von hoher Komplexität und Kreativität

Blockierung der Feinfunktionen von Denken, Fühlen und Verhalten

Blockierung von Wissen und Kompetenzen

verminderte Energieproduktion

Folge: Dysstress-Syndrom; u.U. Angststörung bzw. Depression

Verhalten

Abb. 5.1. Schematische Zusammenfassung wichtiger Grundkonzepte der Psychosynergetik

schwindigkeit zuspitzt und zielsicher im Attraktor der optimalen Lösung einschlägt; bei der Entwicklung einer Liebesbeziehung, der man ihre Eigenzeit zum Wachsen gibt, die ohne jede Verkrampfung einfach geschieht, wo man sich schließlich unvermittelt umarmt und küsst, ohne dass es irgendwie geplant oder bewusst entschieden worden wäre. Wie herrlich ist dieses Gefühl einer unausweichlichen Notwendigkeit, die sich von innen heraus leicht und aus eigener Kraft entfaltet.

Wie können wir sie erlernen, diese Kunst des mühelosen Surfens auf den Wellen des Seins? Wie können wir erreichen, uns während unsercs Tagewerks möglichst oft und lange in diesem Zustand zu halten?

Innere Freiheit und inneres Wachstum

Diese Kunst erwächst aus zwei grundlegenden Prozessen, die sich im Sinne einer Aufwärtsspirale positiv verstärken. Wir hatten sie ausführlich besprochen und als innere Befreiung und inneres Wachstum bezeichnet.

Immer mehr innere Vorurteile und Erwartungen

Die biopsychosoziale Evolutionsgeschichte, deren Produkt wir sind, hat uns mit einer Vielzahl von Vorannahmen darüber ausgestattet, wie das Leben, wir selbst und unsere Umwelt sein und sich verhalten sollten. Diese Vorannahmen entstammen einer Vielzahl von Quellen: der Stammesgeschichte (in Form primärer Emotionen, die angeborenen primären Antrieben entspringen); unserer Kultur (in Form kultureller Normen oder wissenschaftlicher Aussagen); der familiären Mikrokultur (in Form elterlicher Soll- und Mussvorgaben) und dem eigenen Denken (in Form selbstgestrickter Lebensmaximen). Aus vielerlei Quellen speisen sich Tendenzen, diese Vorannahmen zu verabsolutieren: zu religiösen Dogmen, zu vermeintlich absolut wahren wissenschaftlichen Aussagen, zu persönlichen Mussvorstellungen, die in den unguten Mustern des Schwarz-weiß-Denkens übersteigert wurden.

Stressblockade bei zunehmender Frustration unserer Erwartungen

Doch leider leben wir in einer zunehmend chaotischen Welt, die in immer geringerem Maße unsere Erwartungen erfüllt. Dies nun ruft das *Ich* auf den Plan (Mittelteil des Schemas), die urteilende und wertende Form unseres Bewusstseins, die Druck in Richtung einer Veränderung der Außenwelt entfaltet. Je absoluter die *Ich*forderungen, desto höher dieser Druck und desto höher natürlich auch der Gegendruck durch eine Welt, die in vielen Fällen stärker ist als das *Ich*. Das *Ich* pumpt sich auf mit Ärger und Wut, das *Selbst* als einziger Quellpunkt komplexen, gekonnten Verhaltens wird erdrückt und blockiert. Die Verhaltensleistung sinkt, das *Ich* pumpt sich noch mehr auf, wobei die Wut langsam in Angst umschlägt. Bei Ingangkommen weiterer Teufelskreise besteht die Gefahr, dass dieses Dysstresssyndrom in Angsterkrankungen oder Depressionen übergeht.

Viele Menschen leben über weite Strecken zumindest in Vorformen solcher Dysstresszustände, die mit negativen Gefühlen, Hyperreflexion (übermäßige Selbstbespiegelung, unproduktives Herumgrübeln), Hyperintention (die Dinge krampfhaft erzwingen wollen) und häufigem Misslingen verbunden sind. Dies ist das genaue Gegenteil jenes Flow-Zustands, den wir oben als so erstrebenswert geschildert hatten.

Das Wesen stresserzeugender innerer Festlegungen durchschauen

Der Beitrag der **inneren Befreiung** zum Erreichen von Flow besteht nun darin, die Natur der stresserzeugenden Annahmen sukzessive zu durchschauen, sie in Teilen abzubauen, in anderen Teilen durch förderlichere Annahmen zu ersetzen.

> ❗ Vor allem gilt es, das Gesamtsystem der Annahmen über *Selbst* und Welt aus seinen absolutistischen Erstarrungen zu befreien, seine Relativität zu erkennen und zu lernen, es jederzeit mit hoher Flexibilität und Kreativität derart umzustrukturieren, dass maximales Wachstum bei minimaler innerer Spannung resultiert.

Es ist möglich und für diesen Prozess sehr hilfreich, die Erfahrungen mit häufigen, ähnlich gelagerten, sehr grundlegenden Problemen zu einem Set förderlicher Lebenshaltungen zu verdichten und als mentale Ordner, als grundlegende Leitattraktoren tief zu verinnerlichen. So können sie dann einerseits als explizite Entscheidungsrichtlinien dienen und andererseits als erstarkende Tiefenmagnetfelder das intuitive Alltagsverhalten immer adäquater auch spontan ausrichten. Meine Vorschläge für **psychosynergetische Lebensmaximen** folgen im Anschluss.

Innere Festlegungen aufheben und flexibel machen

Es gilt zu erkennen: Erst die menschliche Psyche in ihren höchsten Entwicklungsformen ist zu einer solchen flexiblen und kreativen Neuanpassung an jede einzelne neue Problemsituation fähig. Unsere inneren Festlegungen resultieren aber überwiegend aus niederen Formen evolutiver Erkenntnis- und Lernprozesse, die statistisch arbeiten und damit blind sind für den Einzelfall. Was für eine ausreichend große Zahl einen ausreichenden (Überlebens-)Vorteil bot, wurde als primäre instinktive Reaktion, als kulturelle Norm oder schließlich als sekundäres gedankliches Vorurteil festgelegt. Aber auf den Einzelfall bezogen zeitigen diese Mechanismen oft falsche Resultate und führen so zu gedanklichen Strukturen, die unnötiges Leid erzeugen.

Flexibel und kreativ der Wirklichkeit des Einzelfalls gerecht werden

Aufgabe der inneren Befreiung ist es damit, die evolutiven Stufen unserer inneren Festgelegtheit quasi rückwärts zu durchschreiten, diese Festlegungen wieder aufzuheben und fluide zu machen. Wir sollten die Orientierung an absoluten Wahrheiten aufgeben und lernen, unsere Wissensbausteine hochflexibel jeweils so anzuordnen, wie es in der konkreten Situation im Hier und Jetzt am förderlichsten ist.

Der schwierigste Schritt ist dabei sicher der letzte – die sekundäre Aufhebung primärer Emotionen. Hierzu bedarf es der Gegenkraft der sekundären Emotionen, die aus sekundären Antrieben erwachsen (in denen kulturelle Inhalte und Werte verinnerlicht sind). Diese wiederum bilden sich in den Prozessen des **inneren Wachstums** – und damit sind wir beim zweiten grundlegenden Prozess, der uns hilft unser Leben zum Fließen zu bringen.

Für die sekundäre Aufhebung primärer Emotionen brauchen wir das innere Wachstum

Hierbei geht es darum, Wissen und Kompetenzen in unser *Selbst* einzuformen und meisterlich einzuüben. Je besser und umfassender das gelingt, desto spielerischer können wir auch mit schwierigeren Anforderungen umgehen, ohne dass das *Ich* als bewusste Kontroll-, Bewertungs- und Korrekturinstanz gebraucht würde. Je komplexer diese harmonisch (bzw. synerg) eingespielten inneren Strukturen sind, desto intensiver werden die bei ihrer »Betätigung« freiwerdenden Stimmigkeits- und Harmonieempfindungen (sekundäre Emotionen). Daraus entsteht ein selbstzweckhaftes Bedürfnis danach, diese Tätigkeitsinhalte weiter auszubauen (sekundärer Antrieb). Alle Werte, Überzeugungen und Lebensprinzipien, die in diese synergen Strukturen eingebunden sind, werden verinnerlicht, d. h. mit der Energie positiver

Wissen und Kompetenzen ins *Selbst* einformen

Sekundäre Antriebe entwickeln

Werte verinnerlichen und als Persönlichkeit an Stärke gewinnen

sekundärer Emotionen handlungswirksam aufgeladen. Sie bilden das Kraftwerk, den Kernantrieb der Persönlichkeit, der ihr Durchsetzungsstärke und Charisma verleiht.

Sekundäre Antriebe zu entwickeln heißt, sich die Welt emotional anzueignen. Je umfassender dies gelingt, desto differenzierter fühlen wir uns vom Weltgeschehen angesprochen, desto leidenschaftlicher können wir an seinen unterschiedlichen Facetten teilnehmen.

Sekundäre Antriebe ermöglichen Flow

Sekundäre Antriebe machen einen großen Teil des inneren Reichtums einer Persönlichkeit aus. Tätigkeiten und Inhalte, für die wir einen sekundären Antrieb ausgebildet haben, können wir besonders oft im Flow erleben.

Das Selbstmodell als Zentralorgan der Selbstregulation

Ein wichtiger Bereich des im Wachstum anzueignenden Wissens ist das oben bereits erwähnte **Selbstmodell**. Hierbei handelt es sich um das zentrale Organ unserer Selbstregulation: Wann immer wir uns schlecht fühlen oder wir wollen, dass es uns noch besser geht – von hier stammen die Handlungsanleitungen dafür, wie dies zu erreichen ist.

> 🛈 Je zutreffender unser Selbstmodell ist, desto effektiver wird unser Autoregulationsverhalten sein, desto größer ist unsere Selbstkompetenz.

Der große Kreis des Wachstums: Innere Freiheit und inneres Wachstum verstärken sich

Je größer die innere Freiheit ist, desto leichter fällt es uns, die Zwänge der Fremdbestimmung abzulegen und uns immer mehr Raum für die Selbstverwirklichung im inneren Wachstum zu nehmen. Je weiter das innere Wachstum voranschreitet, desto stärker werden die sekundär-emotionalen Persönlichkeitskräfte, um äußere Zwänge oder innere Festlegungen (z. B. sekundäre Aufhebung primärer Emotionen) beiseite zu schieben. Je mehr das Wissen wächst, desto kreativer werden wir in der Erzeugung innerer Befreiungswerkzeuge und im flexiblen Umgang mit ihnen.

Dies sind einige Aspekte, über die die beiden in diesem Buch besprochenen Zentralprozesse in positive Rückkoppelung geraten – wir hatten dies im Einführungskapitel als großen Kreis des Wachstums bezeichnet (in Ergänzung der kleinen Wachstumskreise, aus denen die sekundären Antriebe hervorgehen).

Von der Spontaneität des Kindes zur Spontaneität des Meisters

Mit Recht steht in der Psychoszene der Wiedergewinn der Spontaneität hoch im Kurs. Die innere Befreiung allein würde aber überwiegend nur die angeborenen Potenziale des *Selbst* freilegen. Wir könnten das die **Spontaneität des Kindes** nennen. Das ist gut und schön, aber es genügt nicht, wenn wir den Raum menschlicher Erlebens- und Wirkungsmöglichkeiten ausschreiten wollen. Deshalb sollte der Rohdiamant unseres *Selbst* Schliff und Feinschliff erhalten: Wissen und Kompetenzen müssen erworben, immer wieder mit Disziplin durchgeübt und ihm einverleibt werden. Diese Prozesse des inneren Wachstums lassen aus der Spontaneität des Kindes die **Spontaneität des Meisters** werden – und das ist das Ziel.

Surfen auf den Wellen des Seins

Das gilt übrigens auch für den Umgang mit diesem Buch. Wie kann es einer wagen, den Begriff Spontaneität in den Mund zu nehmen, der eben auf dreihundert Seiten versucht hat, das Leben unter einem Berg von gedanklichen Regeln zu ersticken – so könnte einer fragen. Muss man nicht in der Konsequenz dieses Buches permanent mit Fließschemata und Checklisten herumlaufen, um den Alltag in »das System« einzusortieren? Nun – offen gestanden und etwas provokant: Ja. Am Anfang würde das gar nichts schaden. Die vergleichsweise wenigen Basisalgorithmen, die dieses Buch offeriert, sollten Sie anfangs ruhig öfter mal explizit durchdeklinieren (z. B. in Ihren regelmäßigen »Besinnungspausen«). Ansonsten geht es hier eher darum, sich ein wirklich tiefes Verständnis zu erarbeiten, die Inhalte an die eigene Lebenswirklichkeit anzupassen und eigene Positionen zu formulieren – und dies nach Möglichkeit in Kernbereichen schriftlich. Dann geht das wie beim Erlernen des Autofahrens: Mit zunehmender Übung automatisieren sich die Abläufe immer mehr, das Wissen sinkt ins *Selbst* und wird intuitiv wirksam. Und schließlich ist sie da, die Spontaneität des Meisters – auch im Umgang mit sich selbst. Nun beginnt das Surfen auf den Wellen des Seins.

Doch: Ein Meister ist, der übt. Und zwar lebenslang. Denn der Ozean des Seins wirft immer neue und andere Wellen. Entwickeln Sie die Freude am Lernen und an der Entwicklung. Leben ist Lernen. Persönliche Meisterschaft und Leben im Flow sind Herausforderungen, die Ihnen lebenslang die Chance auf Neues bieten – auf neue Einsichten, neue Erfahrungen, neue Dimensionen des emotionalen Erlebens, neue Grade von Perfektion und Schönheit. Ein wichtiger Teil davon ist die Entwicklung eines modernen, systemisch-evolutionistischen Weltbildes. Weiterführende Lektürevorschläge habe ich Ihnen in den Literaturempfehlungen zusammengestellt.

5.3   Psychosynergetisch fundierte Lebensmaximen

Abschließend folgen meine Vorschläge für psychosynergetische Lebensmaximen. Dies ist er nun, der »innere Werkzeugkasten«, der »goldene Schlüsselbund« und was wir sonst noch für Metaphern am Anfang des Buches bemüht hatten, um diese Essenz evolutionistischer Lebenskunst zu umschreiben. Natürlich gibt es für Auswahl und Abgrenzung dieser Inhalte keine objektiven und absoluten Kriterien. Die folgende Zusammenstellung ist entsprechend subjektiv gefärbt und war nicht leicht für mich. Deshalb noch einmal: Es sind meine derzeitigen Vorschläge. Sie sollten sich davon lediglich zur Erarbeitung Ihrer eigenen Lebensmaximen anregen lassen. Und wir alle sollten unseren inneren Werkzeugkasten weiterentwickeln und alle paar Jahre neu sortieren.

Der innere Werkzeug-kasten

1. Alles, was ich für meine Lebenszufriedenheit und mein Glück brauche, trage ich unverlierbar in mir, in meinem *Selbst*. Es gibt dort viele angeborene Quellen inneren Lohns und ich kann weitere durch persönliches Wachstum entwickeln. Deshalb werde ich nicht nur für mein Verhalten, sondern auch für mein Befinden die volle Selbstverantwortung übernehmen. Ich will mein persönliches Wachstum so weit vorantreiben, dass ich notfalls allein von innerem Lohn leben könnte. Dann bin ich nicht mehr abhängig von äußerem Lohn, dann muss ich nicht mehr unbedingt von anderen Menschen etwas bekommen. Meine Wünsche und Erwartungen an die Außenwelt und die anderen Menschen sind dann nur noch relativ – wenn sie nicht erfüllt werden, kann ich sie loslassen. Geben ist wichtiger als nehmen, lieben ist wichtiger, als geliebt zu werden. Glück ist zu 90% eine Sache der Einstellung – es hängt nicht von materiellem Reichtum, sozialem Status oder der Wertschätzung durch andere Menschen ab.

Im Wachstum Quellen inneren Lohns zu erschließen, macht frei und unabhängig

Die vier Grundwerte

2. Die wichtigsten Formen inneren Lohns haben ihren Quellpunkt in den folgenden vier Grundwerten: Mitgefühl und Liebe; Gerechtigkeit und Fairness; Wahrhaftigkeit und (relative) Wahrheit; Stimmigkeit und Schönheit. Wie auch immer sich die individuellen und gesellschaftlichen Umstände unseres Lebens gestalten mögen – dieser Werte kann man nicht entäußert werden. Ihre Grundlagen sind allen Menschen angeboren (primäre Antriebe und Synergieohr). Es ist immer und unter allen Umständen möglich, unser Verhalten an diesen Werten auszurichten, anderen darin Beispiel zu sein und inneren Lohn dafür zu empfangen. Deshalb kann unser Leben nie seinen Sinn verlieren. Es lohnt sich, zu leben, unter allen Umständen. Ein Diamant bleibt ein Diamant, wie hoch der Dunghaufen auch sein mag, den man über ihm auftürmt.

3. Soweit wir innerhalb unseres Erkenntnishorizonts sehen können, dient das Leben keinem höheren Zweck – es ist Zweck in sich, Selbstzweck. Sinn des Lebens ist der Selbstgenuss des Bewusstseins (in Form des Empfangs von innerem Lohn). In letzter Konsequenz gilt deshalb: Wir sind nicht, um zu tun und zu leisten. Wir tun und leisten, um zu sein und zu genießen.

Ich bin ein einzigartiges, unermesslich wertvolles Individuum mit ureigenen Talenten

Jedes höhere, zu Selbstgenuss fähige Bewusstsein ist deshalb ein absoluter, unantastbarer und unvergleichbarer Wert in sich. Unser Wert als Mensch hängt nicht ab von unserem Aussehen, von unseren Leistungen, von irgendwelchen persönlichen Eigenheiten oder von der Meinung anderer – unser Wert als Mensch ist prinzipiell unermesslich und unantastbar. Deshalb kann ich mich auch so zeigen wie ich bin. Auch wenn ich mich noch weiter im Sinne der oben genannten vier Basiswerte entwickeln möchte, gilt grundsätzlich: So, wie ich bin, bin ich gut. Ich muss mich nicht verstellen und muss nichts verbergen. Schwäche zu zeigen ist Stärke, nichts ist entwaffnender als rückhaltlose Offenheit. Wie jeder andere Mensch auch, bin ich ein einzigartiges Individuum mit einzigartigen Eigenschaften (die unter günstigen Bedingungen zu einzigartigen Talenten und Stärken werden können). Ich bin auf der Welt, um meine einzigartigen Potenziale zu entfalten und das Sein auf immer höheren Stufen zu genießen – ich bin nicht auf der Welt, um nach den Erwartungen anderer Menschen zu leben. (Dies schließt nicht aus, dass sich wichtige Teile des eigenen Potenzials gerade in einem selbstbestimmten Dienst am anderen entfalten.) Das Leben ist ein spannendes Experiment, das immer wieder positiv überrascht und einzigartige Chancen eröffnet. Ich freue mich auf jeden neubeginnenden Tag.

Ich kann mich zeigen, wie ich bin, und muss nicht nach den Erwartungen anderer leben

Das einfache Glück des Augenblicks als Basis allen Glücks ist (fast) immer verfügbar

4. Der Augenblick im Hier und Jetzt ist fast immer gut zu mir: Ich habe keinen Hunger und keine starken Schmerzen, ich friere nicht und werde nicht körperlich bedroht; immer gibt es in meiner Umgebung und in mir selbst interessante und schöne Dinge wahrzunehmen, die ich so noch nie gesehen und erlebt habe; immer habe ich die Möglichkeit, interessanten Gedanken nachzugehen, schöne Erinnerungen wachzurufen oder von einer positiven Zukunft zu träumen; oft ist es möglich, einen Menschen anzulächeln oder jemandem ein Lachen zu entlocken. Das Genusspotenzial des Moments in dieser Weise auszuschöpfen, ist das einfache Glück des Augenblicks. Das ist die Basis allen Glücks und auch das von außen betrachtet größte Glück kann im Inneren »nur« als eine Folge kleiner Glücksmomente erlebt werden. Dieses einfache Glück im Sein ist jedem Menschen unter fast allen Umständen zugänglich. Ich will lernen, in einem immer größeren Teil meiner Lebenszeit glücklich zu sein.

5. Für das Glück des Augenblicks bin ich empfänglich, wenn ich in einem entspannten und offenen Zustand bin. Verschlossen ist es mir dagegen in Zuständen der Anspannung, die von negativen Emotionen begleitet werden (Angst, Ärger, Wut). Fast immer sind die Auslöser dieser negativen Emotionen nicht real im Hier und Jetzt präsent. Fast immer resultiert die Anspannung aus unkontrolliertem, negativistischen Denken, das sich in Teufelskreisen aufschaukelt und von Voraussetzungen ausgeht, die keine absoluten Wahrheiten sind. Mit den Techniken der inneren Befreiung will ich lernen, diese schädlichen Prozesse immer besser zu erkennen und unter Kontrolle zu bringen. Ich weiß, dass meine gesamte Wirklichkeit, mein Weltbild mit all seinen Fakten, Regeln und Gesetzen eine Konstruktion meines Gehirns ist, der kein absoluter Wahrheitswert zukommt. Viele Spannungszustände resultieren aus kulturell relativen sozialen Normen und damit verbundenen Soll- und Mussvorstellungen. Solange ich damit nicht die Rechte anderer Menschen verletze, kann ich diese Normen aufgeben und in einer für mich förderlicheren Weise umformulieren. Die Möglichkeiten hierfür sind zumeist viel größer als uns aus unserem gewohnten Alltagsdenken heraus bewusst ist. Leiderzeugendes Denken lässt sich fast immer positiv auflösen. Schmerz ist unvermeidlich; Leid ist selbstgemacht – um es auf die Spitze zu treiben: Leiden ist eine dumme Angewohnheit.

> **Leid resultiert aus falschen Sichtweisen, die man ändern kann**

6. Es gibt keine Probleme im negativen Sinne – es gibt nur Herausforderungen als Chancen auf Lernen und Wachstum. Was ich dazu beitragen kann, die Welt im Sinn der oben genannten vier Grundwerte zu verändern, mein Leben und das Leben aller Menschen zu verbessern, das will ich tun. In einer Haltung spielerischer Gelassenheit will ich auf den richtigen Moment und die richtige Situation warten. Im Zustand entspannter Offenheit bin ich nicht nur nach außen und innen am sensibelsten, ich kann auch meine Verhaltenspotenziale am besten entfalten. Wenn sich die Chance auf erfolgreiches Handeln bietet, will ich mit Kraft und Engagement zupacken. Aber ich werde mich hüten, in blinden Aktionismus, in Verkrampfung oder Fanatismus zu verfallen. Ich will dabei systemisch denken und handeln und nach dem Aikidoprinzip verfahren (minimale Intervention, maximale Nutzung der Eigendynamik des Systems). Grundsätzlich gilt: erst denken und nicht handeln, dann handeln und nicht mehr denken; schließlich korrigieren und nicht ärgern. Es gibt keine Fehler. Fehler sind Lernchancen, die uns sagen »So geht es nicht«. Die Entwicklung komplexer Wirklichkeiten lässt sich nicht sicher vorausberechnen. Als Misserfolgsvermeider müsste ich deshalb in Angststarre verfallen – als Erfolgssucher kann ich nach dem Prinzip Probieren und Korrigieren verfahren. Durch klugen Umgang mit Fehlern kann man fast immer im Nachhinein Erfolge aus ihnen machen. Verhaltensziele sind oft besser als Ergebnisziele: Ich will mein Bestes geben, aber ich muss nicht der Beste sein.

> **Probleme und Fehler sind Wachstums- und Lernchancen**
>
> **Aikidoprinzip**
>
> **Verhaltensziele**

In Form von Flow ist das gelingende Handeln eine der reichsten Quellen inneren Lohns. Ich will deshalb in wichtigen Lebensbereichen Meisterschaft im Tun erwerben und in einer ästhetischen Einstellung handeln, um ein Ma-

> **Nichts erzwingen – die Dinge aus sich selbst heraus wachsen lassen**

ximum an Flow zu erfahren. Dann kann ich in vielen Bereichen immer stärker die bewusste Planung und Kontrolle aufgeben und achtsam-intuitiv mit der Spontaneität des Meisters handeln, der die Dinge aus sich heraus entstehen und wachsen lässt.

7. Viele Tatsachen des Lebens werden sich aber als unabänderlich erweisen; ich muss mit unerwarteten, auch schweren Schicksalsschlägen rechnen. Ich weiß, dass es in derartigen Situationen sinnlos wäre, allzu lange dagegen anzukämpfen. Ich weiß, dass die menschliche Psyche erstaunlich anpassungsfähig ist, dass man sich auch auf sehr schwierige Situationen einstellen und sogar Glück und Erfüllung in ihnen finden kann. Ich weiß, dass man auch mit schweren Lebenskrisen produktiv umgehen kann, dass sie einem neue Räume des Seins erschließen können, die man ohne sie nie betreten hätte.

Weniger vergleichen und werten – mehr akzeptieren

Ich will insgesamt gleichmütiger und annehmender werden und damit aufhören, ständig zu vergleichen, zu werten und zu urteilen, als wüsste ich alles und wäre der Nabel der Welt. Ich will meinen Blick in Dankbarkeit auf das richten, was ich bekommen habe, und aufhören, über das zu jammern, was ich (vermeintlich) nicht bekommen habe.

Gott als das prinzipiell Erkenntnisjenseitige

Ich bin mir der engen Grenzen meines Wissens und der prinzipiellen Grenzen des menschlichen Erkenntnisvermögens sehr bewusst. Der Weltbildapparat unseres Gehirns ist entstanden, um uns das bloße Überleben zu ermöglichen; seine Aufgabe ist es nicht, uns ein vollständiges und genaues Abbild der jenseitigen Realität zu liefern. Wir können die Sphäre der uns vom Gehirn konstruierten Wirklichkeit nicht verlassen – die letzten Gründe des Seins sind uns unzugänglich. Dennoch ist es vernünftig und nützlich, davon auszugehen, dass dieser Urgrund des Seins positiv ist. Wir können ihn uns als eine positive Kraft oder Macht vorstellen und nichts spricht dagegen, sie Gott zu nennen. Eine solche Annahme ist nachweisbar für den Einzelnen und die Gesellschaft gesund, förderlich und nützlich. Dort, wo man eine Übereinstimmung nicht prüfen kann, ist wahr, was nützt (und logisch stimmig ist). In dem einzig möglichen Sinne, in dem wir Wahrheit an dieser Stelle definieren können, ist Gott wahr – er hat sich in die Gesetze unseres Erkennens eingeschrieben.

Urvertrauen: Sólo Dios basta

Diese Erkenntnis kann mir dabei helfen, ein prinzipielles Urvertrauen in die Welt und das Leben zu entwickeln und das Sein so zu lieben, wie es nun einmal ist. Alles, was mir aus der engen Perspektive meines *Ich* als unverständlich, willkürlich und schlimm erscheint, kann in der jenseitigen Realität durchaus notwendig und sinnvoll sein. Das Positive kann nicht werden ohne das Negative. Kaum ein Unglück ist so groß, als dass es nicht ein noch größeres verhindert haben könnte. Auch meine allerschlimmsten Befürchtungen sind Hypothesen, denen keine absolute Wahrheit zukommt. Im Letzten gibt es deshalb nichts zu fürchten: Sólo Dios basta – Gott allein genügt.

Was man gewinnen will, muss man loslassen

Dies ermöglicht mir auch ein produktives Spiel mit Paradoxien. Bei allem, was ich tue, will ich die Kraft finden, mir ein Scheitern vorstellen und es emotional annehmen zu können (paradoxe Intention, Worst-case-Szenario). Dies erst ermöglicht jene ruhige Entschlossenheit, die maximale Chancen auf Erfolg eröffnet.

Veränderung durch liebende Akzeptanz

8. Akzeptanz im hier vertretenen Sinne ist nicht gleichbedeutend mit Passivität oder Resignation; Akzeptanz bedeutet nicht, dass nichts passiert und keine positive Entwicklung möglich wäre. Akzeptieren ist ein aktiver und bewusster Prozess des positiven Annehmens in Würde und Liebe. Es ist eine Form der indirekten Einflussnahme, die durchaus Positives bewirken kann, etwa durch Beispiel und Vorbild. Akzeptanz ist ein zeitweiliges, achtsames Sich-treiben-Lassen im Fluss eines Seins, das sich unaufhörlich wandelt. Jederzeit ist das »Wunder der Emergenz« möglich, das die Lösung bringt oder neue Handlungsmöglichkeiten eröffnet.

9. Ich bin bereit, Wert und Würde eines jeden anderen Menschen zu respektieren. Ich will mich bemühen, dies grundsätzlich von der Bewertung seines Verhaltens zu trennen. Ich weiß, dass Menschen neben grundlegenden Gemeinsamkeiten auch Unterschiede aufweisen, und dass die von ihnen konstruierten subjektiven Wirklichkeiten und Sichtweisen sehr voneinander abweichen können. Ich will versuchen, dies zu respektieren und meine eigene Sichtweise nicht als die einzig richtige zu verabsolutieren.

Konflikte resultieren eher aus Missverständnissen denn aus Bosheit

Die meisten zwischenmenschlichen Konflikte entstehen aus unbemerkten Missverständnissen heraus, die aus diesen unterschiedlichen subjektiven Perspektiven resultieren – sie sind nicht das Resultat genuin böser Absichten. Ich will mich im Konfliktfall bemühen, mir dies sofort bewusst zu machen, nicht reflexartig bösen Willen zu unterstellen und mit Wut zu reagieren. Stattdessen will ich immer versuchen, den anderen zuerst zu verstehen, die Dinge soweit wie möglich aus seiner Perspektive zu betrachten und dann die meine erläutern: erst verstehen, dann verstanden werden. Vor diesem Hintergrund ist es mir auch relativ leicht möglich, zurückliegende Verletzungen zu verzeihen. Ich will meinen Mitmenschen so oft wie möglich mit Mitgefühl, Güte und Liebe entgegentreten – dies sind für mich selbst und die Welt sehr heilsame Kräfte.

Erst verstehen, dann verstanden werden

Hinzu kommt: Je bewusster ich mit Verletzungen umgehe, desto klarer wird mir, dass ich eigentlich unverletzlich bin: Jeden Anwurf prüfe ich bewusst nach meinen eigenen Werten und Kriterien. Handelt es sich um eine berechtigte und konstruktive Kritik, habe ich allen Grund, mich gut zu fühlen und dankbar dafür zu sein. Handelt es sich gemäß meinen eigenen Maßstäben um eine unberechtigte Kritik, habe ich allen Grund, mich gut zu fühlen und das Ganze von mir abtropfen zu lassen. Verletzen kann ich mich eigentlich nur selbst, indem ich mir die Argumente und Maßstäbe des anderen unreflektiert zu Eigen mache und mir die von ihm geworfene Lanze selbst in den Leib ramme. Wichtig ist, dass ich die volle Selbstverantwortung auch für meine Selbstbewertung übernehme: Selbsteinschätzung steht über Fremdeinschätzung (so kann man den kleinen Stich, den es immer gibt, relativ schnell sekundär positiv aufheben). Das Wichtigste ist, mit sich selbst im Reinen zu sein.

Richtig betrachtet, bin ich unverletzlich

Ich will im Konfliktfall stets Win-win-Kompromisse anstreben und vom Prinzip der Fülle ausgehend mit Großzügigkeit handeln: Es ist genug für alle da und ich kann es mir leisten, ein klein wenig mehr zu geben (da es eine absolute Gerechtigkeit nicht gibt, wäre ein soziales Leben nicht möglich, wenn alle auf Reziprozität bis zur letzten Kommastelle bestünden): erst geben, dann bekommen; erst lieben, dann geliebt werden. Das ist nicht dumm und unbedarft, sondern in einem positiven Sinne egoistisch. Wer mit einer solchen Haltung durchs Leben geht, wird auf lange Sicht am meisten bekommen

Prinzip der Fülle und Win-win-Kompromisse

und am reichsten werden: immateriell mit Sicherheit und mit großer Wahrscheinlichkeit sogar materiell.

Ich weiß, dass Menschen eigenwillig sind und ich sie nicht prägen oder determinieren kann. Der beste Weg, Menschen zu bewegen, ist es, durch indirektes Handeln (Aikidoprinzip) ihre Selbstmotivation zu aktivieren. Menschen kann ich nur durch Zug gewinnen, durch Druck hingegen verliere ich sie mit Sicherheit.

Persönliche Meisterschaft: in jedem Moment die förderlichste Geisteshaltung einnehmen

10. Wie auch immer sich die Möglichkeiten und Erfolge im Erreichen meiner äußeren Lebensziele entwickeln mögen – eines bleibt mir immer: das innere Ziel der persönlichen Meisterschaft. Hierbei gilt es zu lernen, proaktiv und flexibel die in der aktuellen Situation jeweils förderlichste Geisteshaltung einzunehmen, die inneren Segel stets so zu setzen, dass ich die maximale Wachstumsausbeute aus dem Strom des Erlebens gewinne. Ich will mich weniger an abstrakten, starren Prinzipien orientieren als vielmehr an dem, was im momentanen Kontext für mich und alle anderen Beteiligten im Sinne der vier Grundwerte am förderlichsten ist. Hierzu ist ein häufiger Wechsel zwischen der »Nahkampfperspektive« und dem »inneren Feldherrenhügel« erforderlich (SDR-Schritt). Psychische Veränderung ist letztlich ein Prozess des organischen Wachstums: Ich will danach trachten, durch Lernen, Verstehen, zielgerichtetes Handeln und Üben mehr und bessere geistige Nahrung zu mir zu nehmen.

6 Glück und Gesellschaft: Der Zwei-Kulturen-Vorschlag

Auch die sozialen Glücks-faktoren sind wichtig

Immer wieder habe ich betont, dass es wichtig ist, genügend Quellen inneren Lohns (v. a. sekundäre Antriebe) aufzubauen, die uns unabhängig machen und es uns ermöglichen, zur Not auch mit uns allein glücklich zu werden. Doch Letzteres ist nicht leicht und gilt nur für den Worst case. Natürlich sind freundschaftliche, kollegiale und intime soziale Beziehungen starke und erstrebenswerte Glücksfaktoren. Und natürlich wird unser privates Glück auch in beträchtlichem Maße von der Gesundheit des sozialen Organismus beeinflusst, in dem wir leben.

Wenn es das Ziel von Gesellschaftsgestaltung ist, eine maximale Zahl von Menschen glücklich zu machen, dann ist die Politik in den meisten westlichen Ländern nicht sonderlich effektiv:

Materieller Wohlstand allein macht nicht glücklich

In den auf wirtschaftliches Wachstum orientierten Konsumgesellschaften ist der objektive Wohlstand in den letzen Jahrzehnten enorm gewachsen, die subjektive Lebenszufriedenheit allerdings hat sich nicht zum Positiven verändert. Vor dem hier erarbeiteten Hintergrund ist das nicht verwunderlich: Es wurde ausführlich begründet, warum wachsender materieller Reichtum nur wenig zum Glück beiträgt. Sobald ein gewisser materieller Mindeststandard gegeben ist, entscheiden andere soziale Faktoren darüber, ob sich die Menschen in der Gesellschaft wohlfühlen oder nicht.

Die Ergebnisse wissenschaftlicher Untersuchungen lassen sich zu zwei Hauptfaktoren verdichten:

1. Die Kohärenz des sozialen Netzes

Die Kohärenz des sozialen Netzes

Die Menschen einer Gesellschaft sollten so weit in Grundpositionen übereinstimmen, dass sie in der Lage sind, gemeinsame Ziele zu verfolgen und eine Vision für den gesellschaftlichen Entwicklungsprozess zu teilen. Die Gesellschaft sollte es jedem Mitglied ermöglichen, ein dichtes und stabiles Netz an sozialen Beziehungen aufzubauen (bis hin zum Zusammenleben in der Großfamilie mit drei Generationen unter einem Dach). All dies schließt ein, dass auch die Einkommensunterschiede in einer Gesellschaft ein bestimmtes Maß nicht überschreiten sollten. So leben die Menschen, unabhängig vom absoluten Niveau des Einkommens, in denjenigen Ländern am längsten, in denen die sozialen Unterschiede am geringsten sind (in Japan und Schweden etwa, aber auch im südindischen Kerala).

2. Die Möglichkeit, ein selbstbestimmtes Verhalten als wirksam zu erleben in Bezug auf die Gestaltung des eigenen aber auch des sozialen Lebens

Selbstwirksamkeit

Es ergab sich in Studien, dass in Verwaltungsapparaten Beschäftigte auf unteren Hierarchiestufen im Vergleich zu den Chefs deutlich häufiger krank sind und ein höheres Sterberisiko tragen. Andere Untersuchungen zeigten, dass Menschen umso zufriedener sind, je mehr Möglichkeiten sie haben, per direkter Demokratie Einfluss auf die Politik zu nehmen und das soziale Leben mitzugestalten.

Wie ist es in den westlichen Ländern um diese beiden sozialen Glücksfaktoren bestellt? Nun – nicht wirklich gut.

Die Desintegration des sozialen Netzes

Die Komplexität der westlichen Gesellschaften wächst unaufhörlich: Quantität, Differenzierung und Geschwindigkeit aller sozialen Prozesse nehmen ständig zu. Dies trägt u. a. zur Informationsflut und zur postmodernen Zersplitterung der Weltbilder bei. Die Gesellschaft zerfällt in eine wachsende

Zahl von Subkulturen. Die subjektiven Wirklichkeiten der Mitglieder dieser Kulturen unterscheiden sich immer mehr – sie leben andere Werte, unterscheiden sich in ihrer Sprache, haben andere Interessen und können sich untereinander immer weniger verständigen. Der Zerfall traditioneller Werte und Normen, die wachsende Orientierung auf materiellen Konsum, die durch Beschleunigung und Arbeitsplatzknappheit erzwungene Mobilität sowie die grassierende Kinderlosigkeit führen zum Zerfall der Familienstrukturen. Vereinzelung und Vereinsamung wachsen – in vielen westlichen Großstädten ist der Single-Haushalt inzwischen zur häufigsten Haushaltsform avanciert. Und nicht nur in den USA vergrößern sich zudem die Einkommensunterschiede stetig und beschleunigt: Immer mehr Menschen rutschen in die Armut ab und die Reichen werden immer reicher.

Doch das unkontrollierte Wuchern sozialer Komplexität erodiert nicht nur das Netz menschlicher Beziehungen, es untergräbt auch zunehmend die Möglichkeiten zur Erfahrung von Selbstwirksamkeit und die Möglichkeiten der planvollen Gestaltung sozialer Prozesse. Je größer die Komplexität eines sozialen Systems wird, desto schneller und kraftvoller emergieren Eigendynamiken. Da diese Eigendynamiken in ihrer Spezifik oft unvorhersagbar sind und sich in ihrer Launenhaftigkeit immer mehr beschleunigen, entwickeln sie sich zumeist unbemerkt und unkontrolliert – und oft bleiben sie das dann auch, weil das Komplexitätsmanagement gegenwärtiger politischer Systeme nicht kompetent und schnell genug ist.

So kommt es, dass die Gründungswerte sozialer und politischer Bewegungen mit der Zeit erodieren bis hin zur Verkehrung in ihr Gegenteil – man denke an das Scheitern der Marxisten im realen Sozialismus. So kommt es, dass gut gemeinte soziale Reformen immer öfter aus dem Ruder laufen und zu ganz anderen Ergebnissen führen als vorgesehen. Und so kommt es schließlich, dass gesellschaftliche Institutionen sich immer stärker von ihren Ursprungszwecken entfremden: Das Medizinalsystem wurde einst geschaffen, um kranken Menschen zu helfen. Heute sind es Apparate und Abrechnungen, die immer mehr Aufmerksamkeit auf sich ziehen. Das Wissenschaftssystem entstand, um die Wahrheit über Naturvorgänge ans Licht zu bringen – heute nehmen die Fälschungen von Forschungsergebnissen immer weiter zu. Die Börse wurde erfunden, um Unternehmer und Kapital zum Nutzen der Wirtschaft zusammenzubringen, heute drohen Spekulationskomplotte ganze Volkswirtschaften in den Abgrund zu reißen. Das Justizsystem wurde geschaffen, um soziale Prozesse effektiver zu machen und dem Einzelnen Rechtssicherheit zu geben, heute führt eine z. T. groteske Überregulierung immer öfter dazu, dass die Akteure hoffnungslos den Überblick verlieren, entweder mit der Folge von Blockierung oder von Willkür. Die Zeitungen entstanden, um die Bevölkerung zu informieren und zu bilden, heute leistet die wachsende Vermarktlichung der Medien geradezu einer Massenverdummung Vorschub. Diese Aufzählung ließe sich noch lange fortsetzen.

Dies führt auf vielen Ebenen zu Überdruss und Frustration, zu Sinnentleerung und Entfremdung, zu Gefühlen von Kontrollverlust, Ohnmacht oder gar Angst. Wofür und an welcher Stelle lohnt es sich noch, sich zu engagieren? An welcher Stelle kann man überhaupt noch etwas bewegen und wo ist es einigermaßen sicher, dass am Ende etwas dem Gewollten Ähnliches dabei

Entfremdende soziale Eigendynamiken

Frustration und Ohnmacht

herauskommt? Immer mehr Menschen in den westlichen Gesellschaften finden immer seltener Antworten auf diese Fragen. Angestellte kündigen innerlich, Unternehmer werden zu Unterlassern. Angsterkrankungen und Depressionen sind auch und gerade aus den hier skizzierten Gründen auf dem Vormarsch. (All dies führt gleichzeitig auch zu Schlamperei, Diebstahl, Korruption und anderen Symptomen der sozialen Degeneration, was dann die psychosoziale Abwärtsspirale einer sterbenden Kultur in Gang bringt.)

> ❗ **In den westlichen Konsumgesellschaften ist es also zunehmend schlecht bestellt um die beiden sozialen Glücksfaktoren: Das soziale Netz zerreißt und selbstbestimmtes, wirksames Gestalten wird außerhalb der eigenen vier Wände immer schwieriger. Bei einer wachsenden Zahl von Menschen werden Einsamkeit, Entfremdung, Sinnentleerung und Hoffnungslosigkeit zu den bestimmenden Lebensmomenten.**

Was wäre zu tun? Das in dieser Situation am meisten Beachtung einfordernde Prinzip ist das Prinzip »die Säge schärfen« (▸ Abschn. 4.7.2). Es gibt im globalen Maßstab eine Fülle drängender Sachprobleme zu bewältigen: Umweltverschmutzung, Armut, Klimawandel, Ressourcenknappheit, Arbeitslosigkeit, organisierte Kriminalität, Drogenhandel etc. Doch keins dieser Probleme ist das zentrale Überlebensproblem der Menschheit. Das Hauptproblem ist nicht ein konkretes Sachproblem, sondern die übergeordnete gesellschaftliche Problemlösungskompetenz. Es geht nicht um konkrete Reformen, sondern um die Reform der Reformfähigkeit. Es geht nicht um die Richtung der ein oder anderen sozialen Entwicklung, es geht um die Entwicklung der Entwicklungsfähigkeit, um die Förderung unserer Fähigkeit, soziale Evolutionsprozesse zu gestalten. Nur wenn wir dies endlich als die zentrale Problemebene erkennen, hier gewaltige Anstrengungen unternehmen und Fortschritte machen, haben wir eine Chance, die überbordenden Sachprobleme zu lösen.

Die Reform der Reformfähigkeit

Als sich in unserer biologischen Stammesgeschichte die Einzeller zu Vielzellern integrierten, war dieser Prozess einer gewaltigen darwinschen Dynamik unterworfen, in deren Ergebnis sich fein ausgeklügelte Nervensysteme entwickelt hatten.

Auch wenn die Geschichte viele untergegangene Reiche kennt, ist die Integration von Menschen zu hochkomplexen sozialen Organismen gottlob nicht einer vergleichbar intensiven darwinschen Selektion ausgesetzt – allerdings zeitigt dieser Prozess auch entsprechend schlechtere Ergebnisse. Die Verwaltungsstrukturen und politischen Systeme der westlichen Staaten liegen deutlich hinter modernen Erfordernissen zurück. Oft leitet sich ihr Grundriss her vom »großen Wurf« einer in irgendeiner Weise staatskonstituierenden Versammlung, die viele Jahrzehnte oder gar Jahrhunderte zurückliegt. Seither hat sich in allen gesellschaftlichen Bereichen die Entwicklung rasant beschleunigt, viele Lebensbereiche haben sich durchgreifend gewandelt. Doch zu wirklich grundlegenden und kohärenten Anpassungen der inneren Regulationsstrukturen der westlichen Gesellschaften ist es vielfach nicht in ausreichendem Maße gekommen. Eher wurden die Verwaltungs- und Politsysteme in einer Vielzahl unsystematischer kleiner Kompromissschritte barock ausdifferenziert, die mal von der einen Interessengruppe in die eine Richtung und dann vom Eigenleben der Bürokratie in die andere

Richtung gezwungen wurden. Zumindest in weiten Bereichen sind dadurch ineffiziente bürokratische Ungetüme herangewachsen, die nun anstehen, sich nach dem gleichen Wildwuchsprinzip zum Monstrum Europa zu integrieren.

Wir müssen lernen, politische Systeme zu bauen, die sicherstellen, dass das gesellschaftlich Verfügbare an Daten, Wissen und Kompetenz in die Entscheidungsfindungen einfließt. Die Politik sollte einen kontinuierlichen demokratischen Konsensbildungsprozess in Gang setzen und moderieren, an dessen Ende eine gesamtgesellschaftliche Zielvision steht, die systematisch über Jahre breit diskutiert, weiterentwickelt und angepasst wird. Entsprechende Reformkonzepte wären langfristig und aufeinander abgestimmt zu entwickeln und kohärent umzusetzen. Wir müssen erforschen und lernen, wie sich soziale Organismen nahe an einem Optimum verwalten und fortentwickeln lassen. Dabei wird es wichtig sein, möglichst viele Menschen im Sinne einer hohen persönlichen Meisterschaft auszubilden, insbesondere die Führungseliten. Denn entsprechend dem hier vertretenen Prinzip »Führung durch Persönlichkeit« wird die hochkompetente und menschlich integere Führungspersönlichkeit mit weitem Entscheidungsspielraum durch nichts zu ersetzen sein. Andererseits muss man die evolutionspsychologisch begründeten Schwächen der Menschen akzeptieren und ihnen, wo es nötig ist, »Systemzwänge« entgegenstellen, die zugleich den oben genannten emergenten sozialen Entfremdungseffekten entgegenwirken (Letzteres würde v. a. den Abbau unfunktionaler Komplexität durch Entflechtung erfordern).

Ganz sicher sind zur Lösung dieser und weiterer Aufgaben globale Schlagworte wie Demokratie, Marktwirtschaft, mehr Staat oder Deregulierung bei weitem nicht ausreichend. Es geht um das richtige Maß und die richtige Form von Staat zur richtigen Zeit und an der richtigen Stelle. In vielen Bereichen wird Deregulierung angesagt sein, in anderen aber auch mehr Regulierung, doch dies bitte in der richtigen Form (Stichwort: indirektes koordiniertes Mehrpunkthandeln, ▶ Abschn. 4.2.2). Man wird über ganz neue Formen von Demokratie und Verwaltung nachdenken müssen, über den Ausbau von Technologien wie das Internet als eine Art elektronisches Nervensystems der Gesellschaft bis hin zu virtuellen Märkten mit »production on demand«.

All diese Fragen werden gesamtgesellschaftlich gar nicht oder viel zu wenig in ihrer Bedeutung wahrgenommen. Wäre ein adäquates Bewusstsein hierfür vorhanden, dürfte es im Deutschland zu Beginn des neuen Jahrtausends nur ein Thema in Medien und Politik geben – die Föderalismusreform.

Die Verwaltungs- und Organisationswissenschaft führt gemessen an ihrer Bedeutung ein Schattendasein und arbeitet zu wenig interdisziplinär. Wir brauchen hochleistungsfähige Think tanks, in denen die genannten Fragen interdisziplinär behandelt werden: Biologen, Psychologen, Mediziner, Spezialisten für komplexe dynamische Systeme, klassische Verwaltungs- und Organisationstheoretiker, Ökonomen, Politologen und Juristen gehören hier an einen Tisch. Gleichzeitig wäre es wichtig, soziale Entwicklung zu einem kontinuierlichen Lernprozess umzugestalten: Systematischer als bisher sollten die Erfahrungen unterschiedlicher (Bundes-)Länder mit unterschiedlichen Verwaltungsstrukturen gesammelt und theoretisch ausgewertet werden.

Veraltete Verwaltungsstrukturen

Vor dem Hintergrund der europäischen Integration und der Globalisierung gewinnt all dies noch einmal gesteigerte Brisanz.

Doch nehmen wir einmal an, dass es den politischen Systemen in absehbarer Zeit gelingt, eine ausreichende Handlungsfähigkeit und Gestaltungskraft im besprochenen Sinn zu gewinnen, ohne dass Europa zuvor durch eine soziale Katastrophe gehen muss. Nehmen wir an, dass die politischen Akteure von oft konfuser Reaktivität zu mehr vorausschauender Proaktivität finden und dass sich der Mensch zumindest teilweise vom Objekt zum Subjekt seiner Geschichte mausert.

Lassen sich aus dem vorliegenden Buch Hinweise ableiten, die für eine künftige Gesellschaftsgestaltung Relevanz besitzen?

Der »Kapitalismus« speist sich aus primären Antrieben

Die Marktwirtschaft westlicher Prägung ist eine primär-konsumistische Kultur, in die die Mehrheit der Menschen über ihr primäres System eingebunden ist: Die Haupttriebkräfte der Gesellschaft entspringen primären Antrieben, d. h. die stärksten der bei den meisten Menschen freigesetzten Bestrebungen richten sich auf primäre Motive (materielle Güter, die sinnliche Bedürfnisse befriedigen, Sozialprestige und Macht verschaffen). Doch wie wir gesehen haben, macht dies die Menschen nicht tiefgreifend und dauerhaft glücklich.

Nach dem sog. Scheitern der großen Gesellschaftsentwürfe wurde die Hoffnung auf eine stärker von sozialen und geistigen Werten geprägte Kultur vielerorts begraben – offenbar ist der Kapitalismus die einzige Gesellschaftsform, die zumindest einigermaßen funktioniert. Und doch wissen wir alle: Ein global entfesselter Kapitalismus macht die Menschen nicht nur nicht wirklich glücklich, er führt mit hoher Wahrscheinlichkeit in die ökologische Katastrophe.

Die Transformation zu einer sekundär-geistigen Kultur ist eine Frage des Überlebens

Es ist eine Frage des Überlebens, die Bemühungen um eine langfristige, evolutionäre Transformation der Gesellschaft in Richtung einer sekundär-geistigen Kultur wieder aufzunehmen. Hiermit ist eine Kultur gemeint, in der der Verbrauch an materiellen Ressourcen dem angepasst wird, was ökologisch verträglich ist, in der das Hauptstreben der Mehrheit der Menschen der Entwicklung geistig-kultureller Güter, Inhalte und Erlebnisse gilt, und zwar in Bereichen wie Wissenschaft, Technik, Kunst, in Sport und Naturerfahrung, im zwischenmenschlichen Erleben und im Streben nach persönlicher Meisterschaft oder auch in Religion und Spiritualität.

Es lassen sich durchaus Argumente dafür finden, dass sich die Chancen auf ein Gelingen eines solchen Transformationsprozesses verbessern. Vielleicht ist es nicht die unwichtigste Voraussetzung, die sekundären, genuin positiven Antriebskräfte des Menschen zu erkennen, zu verstehen und zu lernen, sie gezielt zu entwickeln. Positive Psychologie und Psychosynergetik leisten hierzu wichtige Beiträge.

Eine sekundär-geistige Kultur braucht hochgebildete Menschen

Eine Gesellschaft kann natürlich nur dann aus überwiegend sekundären Antriebsquellen betrieben werden, wenn die Mehrheit der Menschen auf der sekundären Ebene stark genug entwickelt ist: Nur dann kann eine ausreichende Menge an sekundärer positiver Gefühlsenergie generiert werden, nur dann sind sekundäre Inhalte attraktiver als primäre Güter.

Wir brauchen ein Schulfach »Selbstmanagement und Lebensgestaltung«

Der Startpunkt und Hauptort der Entwicklung dieser sekundären Potenziale kann nur das Bildungswesen sein. Es ist eine absolute Notwendigkeit, schon in den ersten Schuljahren ein Fach »Selbstmanagement und Lebensgestaltung« zu etablieren, in dem Wissen wie das im vorliegenden Buch dargestellte vermittelt wird. Weitere Inhalte wären etwa allgemeine Lernkompetenzen, soziale Kompetenz und Konfliktmanagement im sozialen Gruppenlernen, Gesundheitsmanagement etc. Ziel müsste es sein, bei möglichst vielen Schülern ein eigenmotiviertes Streben nach persönlicher Meisterschaft zu entfachen: die volle Selbstverantwortung für das eigene Leben übernehmen, nach Selbstkontrolle des eigenen Befindens und weitestgehender Unabhängigkeit von äußeren Faktoren streben, gezielt reiche Quellen inneren Lohns in Form sekundärer Antriebe aufbauen. Für derart selbstbestimmt-innengeleitete Menschen wäre z. B. Arbeitslosigkeit kein wirklich existenzieller Einbruch, ja im strengen Sinne gibt es das für sie eigentlich gar nicht: Sie sind sich immer selbst der wichtigste Arbeitgeber.

Die Schwerpunktlegung auf ein solches Fach würde die Vermittlung von Fach- und Spezialkompetenzen nicht einschränken, behindern oder verdrängen – ein solches Fach würde sie fördern, weil es die Voraussetzungen für ein selbstbestimmtes und eigenmotiviertes Streben nach Wissen schafft und allgemeine Lernkompetenzen vermittelt.

Die großen sozialen Utopien sind bei allen bisherigen Versuchen der Praxisumsetzung gescheitert. Möglicherweise erfolgten sie einfach auf zu frühen Stufen der gesellschaftlichen Entwicklung. Und vielleicht reifen wir einer Zeit entgegen, in der die Chancen auf ein Gelingen wachsen. In vielerlei Hinsicht sägt die primär-konsumistische Kultur an dem Ast, auf dem sie sitzt, und schafft gleichzeitig Voraussetzungen für einen Übergang zu einer sekundärgeistigen Kultur.

Tatsächlich untergräbt der Kapitalismus auf lange Sicht seine Existenz- und Betriebsvoraussetzungen: Die Entwicklung primär-materieller Güter nähert sich einem Punkt der praktischen Vervollkommnung, an dem weitere Verbesserungen kaum mehr möglich, sinnvoll oder reizvoll erscheinen. Eine Entmaterialisierung des Fortschritts hin zu sekundär-geistigen Produkten scheint damit vorprogrammiert. Wie schwierig es aber ist, geistige Produkte zu schützen, um sie dem Kreis des kapitalistischen Wirtschaftens einverleiben zu können, sieht man am gegenwärtig hochumstrittenen Problem der Software-Patentierung. Zudem führt die Rationalisierung zwangsläufig immer näher an den Punkt, an dem quasivollkommene primär-materielle Produkte nahezu vollautomatisch hergestellt werden können. Nur noch an eine vergleichsweise kleine Gruppe von Wissenschaftlern, Technikern und Managern wird Gehalt gezahlt werden müssen. Dem Kapitalismus ist also die Tendenz wesensinhärent, immer mehr Menschen aus seinem Reproduktionsprozess herauszudrängen. Doch dann muss diese Form des Wirtschaftens irgendwann transformiert werden oder zusammenbrechen, weil niemand mehr da ist, der ihre Produkte kaufen und bezahlen könnte.

Der Kapitalismus sägt an dem Ast, auf dem er sitzt

Gleichzeitig schafft die primär-konsumistische Kultur immer günstigere Bedingungen für einen Übergang zu einer sekundär-geistigen Kultur: Es entsteht eine immer effektivere Produktionsmaschinerie zur Sicherung der materiellen Lebensgrundlagen, so dass sich die Mehrheit der Menschen den »Luxus« einer sekundären Entwicklung leisten kann, zumindest in der »Freizeit«. Der Fortschritt der Wissenschaft ermöglicht immer tiefere Einsichten in die Funktion von Gehirn und Psyche, aber auch in Evolution und Management komplexer Systeme, zu denen auch Wirtschaft und Gesellschaft gehö

... und schafft wichtige Voraussetzungen für eine sekundär-geistige Kultur

ren. Es entstehen neue »Technologien des Geistes« wie Computer und Internet und neue multimediale Formen des Lehrens und Lernens. Schließlich gedeihen auch Kunst und Kultur als »Luxusphänomene« in gesellschaftlichen Nischen.

Nicht Revolution, sondern, das Neue im Schoße des Alten wachsen lassen

Gesellschaftliche Utopien zu einem viel zu frühen Zeitpunkt verwirklichen zu wollen, zwang schließlich auch zum Konzept der »Revolution«: Das Alte wurde zerschlagen und das Neue aus dem Boden gestampft – mit den bekannten Folgen. Natürlicher und organischer sind Konzepte von Evolution und Wachstum, bei denen das Neue im Schoß des Alten wächst oder besser noch bewusst großgezogen wird. Wieso muss eine Gesellschaft eigentlich systemhomogen sein? Sollte es nicht möglich sein, eine sekundär-geistige Kultur im Schoße der primär-konsumistischen Kultur wachsen zu lassen und gestalten zu lernen?

Der kapitalistische Sektor als Gebärmutter des geistig-kulturellen Sektors

Natürlich kann es nicht das Ziel sein, sich vollständig aus der kapitalistischen Weltwirtschaft auszukoppeln. Solange das die globalen Spielregeln sind, muss man dieses Spiel mitspielen (und kann dabei durchaus auf eine Verbesserung der Regeln dringen: soziale Mindeststandards, Tobin-Steuer etc.). Wir müssen einerseits unseren primär-konsumistischen Gesellschaftssektor vital und international konkurrenzfähig halten, damit er seine Funktion als Gebärmutter und materieller Versorger der neu zu begründenden sekundär-geistigen Kultur erfüllen kann. Und dieser Gründungsschritt muss andererseits vollzogen werden, damit wir eine humane Gesellschaft bleiben bzw. werden können.

Es leben derzeit zigmillionen arbeitslose Menschen in Europa, die nicht mehr in den primär-konsumistischen Sektor integrierbar sind. Wie kurz angesprochen, gehört die Freisetzung von Menschen wohl zur systeminhärenten Eigendynamik der Kapitalismusentwicklung. Trotz aller struktureller Reformen und Konjunkturen, die hoffentlich noch ins Haus stehen, ist eine steigende Arbeitslosigkeit wohl ein unaufhaltsamer langfristiger Trend. Zudem besteht die große Gefahr, dass sich in den kommenden Jahrzehnten der Schwerpunkt der globalen wissenschaftlich-technischen und wirtschaftlichen Dynamik immer mehr nach Asien verlagert, was weitere Arbeitsplatzverluste und Lohnabsenkungen für uns mit sich bringen könnte. Hinzu kommt das anschwellende Heer an Alten und Rentnern, denen massive Rentenkürzungen ins Haus stehen.

Wachsende Teile der Bevölkerung auf dem sozialen Abstellgleis

Aufs Ganze gesehen ist deshalb die Wahrscheinlichkeit groß, dass wachsende Teile der Bevölkerung eine mehr oder weniger starke Absenkung ihres materiellen Lebensstandards werden hinnehmen müssen und sich u. U. ganz auf dem »sozialen Abstellgleis« wieder finden. Bleiben diese Menschen in das Wertesystem der primär-konsumistischen Kultur integriert, wie das bis heute der Fall ist, muss das verheerende psychische Folgen haben: Sie werden sich als gescheitert und wertlos erleben und in Depression, Rauschmittelkonsum oder Kriminalität abgleiten.

Glücksgüter statt Konsumgüter

Die Gesellschaft steht vor der Frage, wie sie in Zukunft mit diesem Problem umgehen will: weitermachen wie bisher und psychosoziale Massenverelendung und Ghettoisierung zulassen, oder gegensteuern und die Krise als Chance hin auf eine wirkliche geistig-moralische Wende begreifen. Die vom kapitalistischen Sektor mit seiner primär-konsumistischen Kultur freigesetzten Menschen könnten aufgefangen werden oder besser noch aufsteigen in einen zweiten Sektor der Gesellschaft, in dem sich eine sekundär-geistige Kultur etabliert. Diesem Sektor fließen die Sozialabgaben zu, die der kapitalistische Sektor unter Erhalt seiner Wettbewerbsfähigkeit verkraften kann. Und diese Mittel werden nun nicht, wie bisher, mit dem Ziel verteilt, den materiellen Lebensstandard der »Herausgefallenen« so hoch wie möglich zu halten – sie werden entsprechend den Erkenntnissen der modernen Glücksforschung verteilt. In erster Linie geht es dabei darum, den Menschen sekundäre Entwicklungsmöglichkeiten zu bieten: freien Zugang zu Bibliotheken, Bildungs- und Kultureinrichtungen, freien Zugang zu Computern und Internet, freien Zugang zu Einrichtungen, in denen Sport und verschiedene Formen von Kunst und Kultur betrieben werden können, Raum für Religiosität und Spiritualität, spezielle Bildungs- und Weiterbildungsangebote (auch in Sachen persönlicher Meisterschaft) etc. Und all dies womöglich im Rahmen von Wohnanlagen, in denen auch Gemeinschaft und gegenseitige Unterstützung gelebt werden können (nicht müssen). Was an Mitteln übrig bleibt, steht für die primär-materiellen Lebensbedingungen zur Verfügung, wobei natürlich ein Mindeststandard gehalten werden muss. Zur Not könnte er recht tief liegen, und sei es auf dem Niveau karger Klosterzellen und billiger Einheitskleidung.

Zwischen beiden Sektoren der Gesellschaft könnten sich vielfältige Synergien etablieren: Der Ausgebrannte wechselt in den sekundär-geistigen Sektor, um sich zu regenerieren und persönlich weiterzuentwickeln. Der hinreichend Weiterqualifizierte wechselt wieder auf eine Anstellung in den primär-konsumistischen Sektor. Vom sekundär-geistigen Sektor könnten in enger Kooperation mit Universitäten und Bildungswesen vielfältige Zuarbeiten ausgehen etc.

Sowohl in Bezug auf diese sekundär-geistige Kultur als auch in Bezug auf die Inhalte des oben geforderten Schulfachs »Selbstmanagement und Lebensgestaltung« ist es mir wichtig zu betonen: In dem hier vorgeschlagenen Sinne hat all dies nichts mit Esoterik, Irrationalismus oder weltabgewandten Sektenideologien zu tun. Ich hoffe, mit diesem Buch deutlich gemacht zu haben, dass die hier vertretenen Inhalte aus unserer westlichen Wissenschaftskultur heraus entwickelbar sind und jederzeit dem rationalen Diskurs offen stehen (müssen). Dass sich dabei viele Parallelen etwa zum Buddhismus aufgetan haben, steht hierzu nicht im Widerspruch. In der Form, in der der Buddhismus etwa vom Dalai Lama vertreten wird, ist er keine Sammlung religiöser Dogmen, sondern eine Art Erfahrungswissenschaft des Inneren. Und diese Form der östlichen »Innen-Wissenschaft« und die westliche »Außen-Wissenschaft« könnten sich tatsächlich in vielfältiger Form wechselseitig befruchten, ja notwendig ergänzen (vgl. auch z. B. Revel u. Ricard 2003). All dies sollte nun wiederum eingebettet werden in eine nichtdogmatische Form der Religion, die sich in jenen Bereich zurückzieht, der der Wissenschaft prinzipiell nicht zugänglich ist (eine Rolle, die bei uns durchaus ein sich weiterentwickelndes Christentum übernehmen könnte).

Erschließung und Entwicklung unseres Inneren nach rationalen Prinzipien

Diese allzu knappe Skizze einer sozialen Vision mag in vielerlei Hinsicht unfertig und angreifbar sein. Ich gebe gern zu, dass meine Expertise hier im Detail ihre Grenzen findet. Doch wichtiger als die Einzelheiten meines Vorschlags ist mir, dass wir wieder damit beginnen, über Entwürfe dieser Art auf politisch-gesamtgesellschaftlicher Ebene zu diskutieren. Eigentlich sollten

Für eine positive soziale Vision

sich auch die Programme wählbarer Parteien bis in diese Bereiche vorwagen. Ich bin davon überzeugt, dass das Gefühl, an der Verwirklichung einer positiven sozialen Vision beteiligt zu sein, für die Lebenszufriedenheit und die Gesundheit des Einzelnen eine nicht zu unterschätzende Rolle spielt, dass eine solche Vision enorme psychische Energien bei den Menschen freisetzen könnte und dass wir nur dann langfristig überleben werden, wenn wir uns in solcher Weise immer wieder aufs Neue an die Gestaltung der Geschichte heranwagen.

Literaturempfehlungen

Selbstorganisation, Komplexe Systeme, Evolutionistisches Weltbild

Blackmore S (1999) Die Macht der Meme. Die Evolution von Kultur und Geist. Spektrum, Heidelberg Berlin Oxford

Brockman J (1996) Die dritte Kultur. Das Weltbild der modernen Naturwissenschaft. Goldmann, München

Csikszentmihalyi M (1995) Dem Sinn des Lebens eine Zukunft geben. Eine Psychologie für das 3. Jahrtausend. Klett-Cotta, Stuttgart

Dawkins R (1978) Das egoistische Gen. Springer, Berlin Heidelberg New York

Ebeling W, Feistel R (1994) Chaos und Kosmos. Prinzipien der Evolution. Spektrum, Heidelberg Berlin Oxford

Fischer EP (2001) Bildung. Was man von den Naturwissenschaften wissen sollte. Ullstein, München

Gell-Mann M (1994) Das Quark und der Jaguar. Vom Einfachen zum Komplexen – die Suche nach einer neuen Erklärung der Welt. Piper, München, Zürich

Haken H (1995) Erfolgsgeheimnisse der Natur. Synergetik. Die Lehre vom Zusammenwirken. Rowohlt, Reinbek.

Hansch D (2004) Evolution und Lebenskunst. Grundlagen der Psychosynergetik. Ein Selbstmanagement-Lehrbuch. 2. Aufl. Vandenhoeck & Ruprecht, Göttingen

Jantsch E (1982) Die Selbstorganisation des Universums. Vom Urknall zum menschlichen Geist. dtv, München

Kaufman S (1996) Der Öltropfen im Wasser. Chaos, Komplexität, Selbstorganisation in Natur und Gesellschaft. Piper, München Zürich

Kelly K (1997) Das Ende der Kontrolle. Die Biologische Wende in Wirtschaft, Technik und Gesellschaft. Bollmann, Mannheim

Kriz J (1997) Chaos, Angst und Ordnung. Wie wir unsere Lebenswelt gestalten. Vandenhoeck & Ruprecht, Göttingen

Kriz J (1999) Systemtheorie. Eine Einführung für Psychotherapeuten, Psychologen und Mediziner. Facultas, Wien

Krugman P (1998) The self-organizing economy. Blackwell, Oxford

Lewin R (1993) Die Komplexitätstheorie. Wissenschaft nach der Chaosforschung. Hoffmann & Campe, Hamburg

Mandelbrot BB, Hudson RL (2005) Fraktale und Finanzen. Märkte zwischen Risiko, Rendite und Ruin. Piper, München Zürich

Prigogine I, Stengers I (1980) Dialog mit der Natur. Piper, München Zürich

Waldrop MM (1993) Inseln im Chaos. Die Erforschung komplexer Systeme. Rowohlt, Reinbek

Wesson R (1995) Chaos, Zufall und Auslese in der Natur. Insel, Frankfurt a. M.

Evolutionäre Psychologie

Bischof N (1989) Das Rätsel Ödipus. Die biologischen Wurzeln des Urkonflikts von Intimität und Autonomie. Piper, München Zürich

Buss DM (1994) Die Evolution des Begehrens. Geheimnisse der Partnerwahl. Goldmann, München

Buss DM (2004) Evolutionäre Psychologie. Pearson, München Boston

Eibl-Eibesfeldt I (1995) Die Biologie des menschlichen Verhaltens. Grundriß der Humanethologie. Piper, München Zürich

Ekman P (2004) Gefühle lesen. Wie Sic Emotionen erkennen und richtig interpretieren. Spektrum Akademischer Verlag, München

Lorenz K (1978) Vergleichende Verhaltensforschung. Grundlagen der Ethologie. Springer, Wien New York

Pinker S (1998) Wie das Denken im Kopf entsteht. Kindler, München

Rowe D (1997) Genetik und Sozialisation. Die Grenzen der Erziehung. Beltz, Weinheim

Wuketits F (1997) Soziobiologie. Die Macht der Gene und die Evolution sozialen Verhaltens. Spektrum, Heidelberg Berlin Oxford

Arbeitsweise des Gehirns

Crick F (1997) Was die Seele wirklich ist. Die naturwissenschaftliche Erforschung des Bewußtseins. Rowohlt, Reinbek

Engel AK, König P, Singer W (1994) Bildung repräsentationaler Zustände im Gehirn. In: Singer W (Hrsg) Gehirn und Bewußtsein. Spektrum, Heidelberg Berlin Oxford

Haken H, Haken-Krell M (1997) Gehirn und Verhalten. Unser Kopf arbeitet anders als wir denken. DVA, Stuttgart

Hansch D (2004) Evolution und Lebenskunst. Grundlagen der Psychosynergetik. Ein Selbstmanagement-Lehrbuch. 2. Aufl. Vandenhoeck & Ruprecht, Göttingen

Hansch D, Haken, H (2004) Wie die Psyche sich selbst in Ordnung bringt. Psychologie Heute 7: 36–41

Nørretranders T (1994) Spüre die Welt. Die Wissenschaft des Bewußtseins. Rowohlt, Reinbek

Evolutionäre Erkenntnistheorie

Irrgang B (1993) Lehrbuch der Evolutionären Erkenntnistheorie. Reinhardt, München Basel

Lorenz K (1977) Die Rückseite des Spiegels. Versuch einer Naturgeschichte menschlichen Erkennens. dtv, München

Vollmer G (1994) Evolutionäre Erkenntnistheorie. Hirzel, Stuttgart

Konstruktivistische Erkenntnistheorie

Fischer EP (1997) Das Schöne und das Biest. Ästhetische Momente in der Wissenschaft. Piper, München Zürich
Glasersfeld E v (1996) Radikaler Konstruktivismus. Suhrkamp, Frankfurt a. M.
Maturana H, Varela F (1987) Der Baum der Erkenntnis. Die biologischen Wurzeln des menschlichen Erkennens. Goldmann, Bern München
Roth G (1995) Das Gehirn und seine Wirklichkeit. Kognitive Neurobiologie und ihre philosophischen Konsequenzen. Suhrkamp, Frankfurt a. M.
Schmidt SJ (1987) Der Diskurs des Radikalen Konstruktivismus. Suhrkamp, Frankfurt a. M.

Vernetztes Denken, Systemkompetenz

Dörner D (1989) Die Logik des Mißlingens. Strategisches Denken in komplexen Situationen. Rowohlt, Reinbek
Kriz W C (2000) Lernziel Systemkompetenz. Planspiele als Trainingsmethode. Vandenhoeck & Ruprecht, Göttingen
Schiepek G, Wegener C, Wittig D, Harnischmacher G (1998) Synergie und Qualität in Organisationen. Ein Fensterbilderbuch. dgvt-Verlag, Tübingen
Vester F (1997) ecopolicy. Simulationsspiel (CD-Rom). Westermann, Braunschweig
Vester F (1999) Die Kunst vernetzt zu denken. Ideen und Werkzeuge für einen neuen Umgang mit Komplexität. DVA, Stuttgart

Buddhismus, Meditation

Bodian S (2000) Meditation für Dummies. Für ein entspannteres und bewußteres Leben. MITP-Verlag, Bonn
Dalai Lama, Cutler HC (2003) Die Regeln des Glücks. Lübbe, Bergisch Gladbach
Goleman D (2003) Dialog mit dem Dalai Lama. Wie wir destruktive Emotionen überwinden können. Hanser, München
Herrigel E (1998) Zen in der Kunst des Bogenschießens. Barth, München (zuerst 1951)
Kabat-Zinn J (1998) Im Alltag Ruhe finden. Das umfassende praktische Meditationsprogramm. Herder, Freiburg
Nhat Hanh T (1998) Das Herz von Buddhas Lehre. Herder, Freiburg Basel Wien
Protin A (1997) Akikido. Die Kampfkunst ohne Gewalt. Ein Weg der Selbstfindung und Lebensführung. Kösel, München
Revel JF, Ricard M (2003) Der Mönch und der Philosoph. Buddhismus und Abendland. Ein Dialog zwischen Vater und Sohn. Kiepenheuer & Witsch, Köln
Varela FJ, Thompson E, Rosch E (1992) Der mittlere Weg der Erkenntnis. Der Brückenschlag zwischen wissenschaftlicher Theorie und menschlicher Erfahrung. Scherz, Bern

Stressmanagement, Entspannungsverfahren

Ellis A (1988) Training der Gefühle. mvg, Landsberg a. L.

Hofmann E (2001) Weniger Stress erleben. Wirksames Selbstmanagement-Training für Führungskräfte. Luchterhand, Neuwied

Lindemann H (1996) Autogenes Training. Mosaik, München

Sapolsky RM (1998) Warum Zebras keine Migräne kriegen. Wie Streß den Menschen krank macht. Piper, München Zürich

Schäfer KH (2005) Entspannungstraining nach Jacobson. Kneipp, Loeben

Seligman M (1991) Pessimisten küsst man nicht. Optimismus kann man lernen. Knaur, München

Tausch R (1997) Hilfen bei Streß und Belastung. Rowohlt, Reinbek

Positive Psychologie

Auhagen AE (Hrsg) (2004) Positive Psychologie. Anleitung zum »besseren« Leben. Beltz, Weinheim Basel

Csikszentmihalyi M (1993) Flow. Das Geheimnis des Glücks. Klett-Cotta, Stuttgart

Csikszentmihalyi M (1995) Dem Sinn des Lebens eine Zukunft geben. Eine Psychologie für das 3. Jahrtausend. Klett-Cotta, Stuttgart

Csikszentmihalyi M (2004) Flow im Beruf. Das Geheimnis des Glücks am Arbeitsplatz. Klett-Cotta, Stuttgart

Csikszentmihalyi M, Csikszentmihalyi IS (Hrsg) (1991) Die außergewöhnliche Erfahrung im Alltag. Die Psychologie des Flow-Erlebnisses. Klett-Cotta, Stuttgart

Ernst H (2003) Das gute Leben. Der ehrliche Weg zum Glück. Ullstein, München

Gardner H (1991) Abschied vom IQ. Die Rahmen-Theorie der vielfachen Intelligenzen. Klett-Cotta, Stuttgart

Klein S (2003) Die Glücksformel oder wie die guten Gefühle entstehen. Rowohlt, Reinbek

Seligman (2003) Der Glücksfaktor. Warum Optimisten länger leben. Ehrenwirth, München

Selbstmanagement, Zeitmanagement

Birkenbihl V (2001) Erfolgstraining. Schaffen Sie sich Ihre Wirklichkeit selbst. mvg, Landsberg a. L.

Covey SR (1998) Die sieben Wege zur Effektivität. Ein Konzept zur Meisterung Ihres beruflichen und privaten Lebens. Heyne, München

Covey SR, Merrill A, Merrill R (2001) Der Weg zum Wesentlichen. Zeitmanagement der vierten Generation. Campus, Frankfurt a. M. New York

Gallwey WT (2000) Erfolg durch Selbstcoaching. Mit der Inner-Game-Methode zu mehr Balance im Beruf. BW-Verlag, Nürnberg

Hansch D (2004) Evolution und Lebenskunst. Grundlagen der Psychosyner-
getik. Ein Selbstmanagement-Lehrbuch. 2. Aufl. Vandenhoeck & Rup-
recht, Göttingen
Huhn G, Backerra H (2004) Selbstmotivation. Hanser, München
Robbins A (2002) Das Robbins Power Prinzip. Wie Sie Ihre wahren inneren
Kräfte sofort einsetzen. Heyne, München
Seiwert LJ (2001) Wenn Du es eilig hast gehe langsam. Das neue Zeitmanage-
ment in einer beschleunigten Welt. Campus, Frankfurt a. M. New York

Führungskunst

Buckingham M, Clifton DO (2002) Entdecken Sie Ihre Stärken jetzt. Das
Gallup-Prinzip für individuelle Entwicklung und erfolgreiche Führung.
Campus, Frankfurt a. M. New York
Buckingham M, Coffman C (2002) Erfolgreiche Führung gegen alle Regeln.
Wie Sie wertvolle Mitarbeiter gewinnen, halten und fördern. Konsequen-
zen aus der weltweit größten Studie des Gallup-Instituts. Campus, Frank-
furt a. M. New York
Haberleitner E, Deistler E, Ungvari R (2004) Führen Fördern Coachen. So
entwickeln Sie die Potentiale Ihrer Mitarbeiter. Pieper, München
Kruse P (2004) Next practise – Erfolgreiches Management von Instabilität.
GABAL, Offenbach
Senge PM (1996) Die fünfte Disziplin. Kunst und Praxis der lernenden Orga-
nisation. Klett-Cotta, Stuttgart
Schulz von Thun F (1998) Miteinander Reden. Bde 1–3. Rowohlt, Reinbek
Sprenger RK (2000) Mythos Motivation. Wege aus einer Sackgasse. Campus,
Frankfurt a. M. New York
Sprenger RK (2001) Die Entscheidung liegt bei Dir! Wege aus der alltäglichen
Unzufriedenheit. Campus, Frankfurt a. M. New York
Sprenger RK (2002a) Das Prinzip Selbstverantwortung. Wege zur Motivation.
Campus, Frankfurt a. M. New York
Sprenger RK (2002b) Vertrauen führt. Worauf es im Unternehmen wirklich
ankommt. Campus, Frankfurt a. M. New York

Kreativität

Backerra H, Malorny C, Schwarz W (2002) Kreativitätstechniken. Kreative
Prozesse anstoßen. Innovationen fördern. Die K 7. Hanser, München
Csikszentmihalyi M (1997) Kreativität. Wie Sie das Unmögliche schaffen und
Ihre Grenzen überwinden. Klett-Cotta, Stuttgart
Metzger W (1962) Schöpferische Freiheit. Kramer, Frankfurt a. M.
Michalko M (2001) Erfolgsgeheimnis Kreativität. Was wir von Michelangelo,
Einstein und Co. lernen können. mvg, Landsberg a. L.
Poincaré H (1973) Die mathematische Erfindung. In: Ulmann G (Hrsg)
Kreativitätsforschung. Kiepenheuer & Witsch, Köln, S 219–229
Wertheimer M (1964) Produktives Denken. Kramer, Frankfurt a. M.

Körperliche und psychische Gesundheit

Bastian T (2004) Lebenskünstler leben länger. Militzke, Leipzig

Benson H (1997) Heilung durch Glauben. Selbstheilung in der neuen Medizin. Heyne, München.

Ernst H (1992) Gesund ist, was Spaß macht. Kreuz, Stuttgart

Hansch D (2003) Erste Hilfe für die Psyche. Selbsthilfe und Psychotherapie. Die wichtigsten Therapieformen. Fallbeispiele und Lösungsansätze. Springer, Berlin Heidelberg New York Tokio

Marks I (1993) Ängste. Verstehen und bewältigen. Springer, Berlin Heidelberg New York Tokio

Kanfer F, Schmelzer D (2001) Wegweiser Verhaltenstherapie. Psychotherapie als Chance. Springer, Berlin Heidelberg New York Tokio

Literaturverzeichnis

Backerra H, Malorny C, Schwarz W (2002) Kreativitätstechniken. Kreative Prozesse anstoßen. Innovationen fördern. Die K 7. Hanser, München

Bastian T (2004) Lebenskünstler leben länger. Militzke, Leipzig

Benson H (1997) Heilung durch Glauben. Selbstheilung in der neuen Medizin. Heyne, München

Birkenbihl V (2001) Erfolgstraining. Schaffen Sie sich Ihre Wirklichkeit selbst. mvg, Landsberg a. L.

Bodian S (2000) Meditation für Dummies. Für ein entspannteres und bewußteres Leben. MITP-Verlag, Bonn

Boring E (1930) A new ambiguous figure. Am J Psychol 42

Buckingham M, Clifton D O (2002) Entdecken Sie Ihre Stärken jetzt. Das Gallup-Prinzip für individuelle Entwicklung und erfolgreiche Führung. Campus, Frankfurt New York

Buckingham M, Coffman C (2002) Erfolgreiche Führung gegen alle Regeln. Wie Sie wertvolle Mitarbeiter gewinnen, halten und fördern. Konsequenzen aus der weltweit größten Studie des Gallup-Instituts. Campus, Frankfurt New York

Buss D (1994) Die Evolution des Begehrens. Geheimnisse der Partnerwahl. Goldmann, München

Covey S R (1998) Die sieben Wege zur Effektivität. Ein Konzept zur Meisterung Ihres beruflichen und privaten Lebens. Heyne, München

Covey S R, Merrill A, Merrill R (2001) Der Weg zum Wesentlichen. Zeitmanagement der vierten Generation. Campus, Frankfurt New York

Csikszentmihalyi M (1993) Flow. Das Geheimnis des Glücks. Klett-Cotta, Stuttgart

Csikszentmihalyi M (1995) Dem Sinn des Lebens eine Zukunft geben. Eine Psychologie für das 3. Jahrtausend. Klett-Cotta, Stuttgart

Csikszentmihalyi M (1997) Kreativität. Wie Sie das Unmögliche schaffen und Ihre Grenzen überwinden. Klett-Cotta, Stuttgart

Csikszentmihalyi M (2004) Flow im Beruf. Das Geheimnis des Glücks am Arbeitsplatz. Klett-Cotta, Stuttgart

Csikszentmihalyi M Csikszentmihalyi I S (Hrsg) (1991) Die außergewöhnliche Erfahrung im Alltag. Die Psychologie des Flow-Erlebnisses. Klett-Cotta, Stuttgart

Dass R, Gorman P (1985) How can I help? Knopf, New York

Dörner D (1989) Die Logik des Mißlingens. Strategisches Denken in komplexen Situationen. Rowohlt, Reinbek

Dörner D, Kreuzig H W, Reither F, Stäudel Th (Hrsg) (1983) Lohhausen. Vom Umgang mit Unbestimmtheit und Komplexität. Huber, Bern Göttingen Toronto u. a.

Duncker K (1963) Zur Psychologie des produktiven Denkens. Springer, Berlin Göttingen Heidelberg (zuerst 1935)

Ekman P (2004) Gefühle lesen. Wie Sie Emotionen erkennen und richtig interpretieren. Spektrum Akademischer Verlag, München

Fölsing A (1999) Albert Einstein. Biographie. Suhrkamp, Frankfurt a. M.

Fromm E (1996) Die Kunst des Liebens. Ullstein, Frankfurt a. M.

Gardner H (1991) Abschied vom IQ. Die Rahmen-Theorie der vielfachen Intelligenzen. Klett-Cotta, Stuttgart

Goleman D (2003) Dialog mit dem Dalai Lama. Wie wir destruktive Emotionen überwinden können. München, Hanser

Haberleitner E, Deistler E, Ungvari R (2004) Führen Fördern Coachen. So entwickeln Sie die Potentiale Ihrer Mitarbeiter. Pieper, München

Haken H (Hrsg) (1977 ff.) Springer Series in Synergetics. Vol. 1–87. Springer, Berlin Heidelberg New York

Haken H (1995) Erfolgsgeheimnisse der Natur. Synergetik. Die Lehre vom Zusammenwirken. Rowohlt, Reinbek.

Haken H, Haken-Krell M (1997) Gehirn und Verhalten. Unser Kopf arbeitet anders als wir denken. DVA, Stuttgart

Hansch D (1996) Konstruktivistischer Monismus. Versuch einer Reformulierung des Geist-Körper-Problems unter besonderer Berücksichtigung ontologischer und epistemologischer Grundfragen. Gestalt Theory 18/2:115–142

Hansch D (1997) Psychosynergetik. Die fraktale Evolution des Psychischen. Grundlagen einer Allgemeinen Psychotherapie. Mit einem Geleitwort von Hermann Haken und Michael Stadler. Westdeutscher Verlag, Opladen Wiesbaden

Hansch D (2003) Erste Hilfe für die Psyche. Selbsthilfe und Psychotherapie. Die wichtigsten Therapieformen. Fallbeispiele und Lösungsansätze. Springer, Berlin Heidelberg New York Tokio

Hansch D (2004) Evolution und Lebenskunst. Grundlagen der Psychosynergetik. Ein Selbstmanagement-Lehrbuch. 2. Aufl. Vandenhoeck & Ruprecht, Göttingen

Hansch D, Haken H (2004) Zur theoretischen Fundierung einer integrativen und salutogenetisch orientierten Psychosomatik. Gestalt Theory 26/1: 7–34

Herrigel E (1998) Zen in der Kunst des Bogenschießens. Barth, München (zuerst 1951)

Hofmann E (1999) Progressive Muskelentspannung. Hogrefe, Göttingen

Hofmann E (2001) Weniger Stress erleben. Wirksames Selbstmanagement-Training für Führungskräfte. Luchterhand, Neuwied

Holst E v (1969) Zur Verhaltensphysiologie bei Tieren und Menschen. Gesammelte Abhandlungen I. Piper, München

Huhn G, Backerra H (2004) Selbstmotivation. Hanser, München

Jammer M (1995) Einstein und die Religion. UVK, Konstanz

Kaluza G (1996) Gelassen und sicher im Stress. Springer, Berlin Heidelberg New York Tokio

Knoblauch J W, Hüger J, Mockler M (2003) Dem Leben Richtung geben. In drei Schritten zu einer selbstbestimmten Zukunft. Campus, Frankfurt New York

Kriz W C (2000) Lernziel Systemkompetenz. Planspiele als Trainingsmethode. Vandenhoeck & Ruprecht, Göttingen

Kruse P (2004) next practise – Erfolgreiches Management von Instabilität. GABAL, Offenbach

Lindemann H (1996) Autogenes Training. Mosaik, München

Lomborg B (2002) Apocalypse No. Wie sich die menschlichen Lebensgrundlagen wirklich entwickeln. Zu Klampen, Lüneburg

Lorenz K (1977) Die Rückseite des Spiegels. Versuch einer Naturgeschichte menschlichen Erkennens. dtv, München

Lorenz K (1978) Vergleichende Verhaltensforschung. Grundlagen der Ethologie. Springer, Wien New York

Lorenz R (2004) Salutogenese. Reinhard, München

Malik F (2000) Führen Leisten Leben. Wirksames Management für eine neue Zeit. DVA, Stuttgart München

Marks I (1993) Ängste. Verstehen und bewältigen. Springer, Berlin Heidelberg New York Tokio

Maslow A H (1994) Motivation und Persönlichkeit. Rowohlt, Reinbek

Maturana H, Varela F (1987) Der Baum der Erkenntnis. Die biologischen Wurzeln des menschlichen Erkennens. Goldmann, Bern München

Metzger W (1962) Schöpferische Freiheit. Kramer, Frankfurt a. M.

Michalko M (2001) Erfolgsgeheimnis Kreativität. Was wir von Michelangelo, Einstein und Co. lernen können. mvg, Landsberg a. L.

Nhat Hanh T (1998) Das Herz von Buddhas Lehre. Herder, Freiburg Basel Wien

Nørretranders T (1994) Spüre die Welt. Die Wissenschaft des Bewußtseins. Rowohlt, Reinbek

Pais A (1986) »Raffiniert ist der Herrgott...« Albert Einstein. Eine wissenschaftliche Biographie. Vieweg, Braunschweig

Penrose R (1991) Computerdenken. Spektrum, Heidelberg Berlin Oxford

Planck M (1928) Wissenschaftliche Autobiographie. Barth, Leipzig

Poincaré H (1973) Die mathematische Erfindung. In: Ulmann G (Hrsg) Kreativitätsforschung. Kiepenheuer & Witsch, Köln, S. 219–229

Protin A (1997) Akikido. Die Kampfkunst ohne Gewalt. Ein Weg der Selbstfindung und Lebensführung. Kösel, München

Revel JF, Ricard M (2003) Der Mönch und der Philosoph. Buddhismus und Abendland. Ein Dialog zwischen Vater und Sohn. Kiepenheuer & Witsch, Köln

Robbins A (2002) Das Robbins Power Prinzip. Wie Sie Ihre wahren inneren Kräfte sofort einsetzen. Heyne, München

Saum-Aldehoff T (2003) Ein langer immer ruhiger werdender Fluss. Psychologie Heute 2: 28–35

Schäfer, KH (2005) Entspannungstraining nach Jacobson. Kneipp, Leoben

Schiepek G, Wegener C, Wittig D, Harnischmacher G (1998) Synergie und Qualität in Organisationen. Ein Fensterbilderbuch. dgvt-Verlag, Tübingen

Schulz von Thun F (1998) Miteinander reden. Bde 1–3. Rowohlt, Reinbek

Scott M (2001) Zeitgewinn durch Selbstmanagement. So kriegen Sie Ihre neuen Aufgaben in den Griff. Campus, Frankfurt a. M. New York

Seiwert LJ (2001) Wenn Du es eilig hast gehe langsam. Das neue Zeitmanagement in einer beschleunigten Welt. Campus, Frankfurt a. M. New York

Seligman M (1991) Pessimisten küsst man nicht. Optimismus kann man lernen. Knaur, München

Seligman M (2003) Der Glücksfaktor. Warum Optimisten länger leben. Ehrenwirth, München

Stadler M, Kruse P (1990) The self-Organization perspective in cognition research. Historical remarks and new experimental approaches. In: Haken

H, Stadler M (eds) Synergetics of cognition. Springer, Berlin Heidelberg New York Tokio

Staudinger UM (2000) Viele Gründe sprechen dagegen und trotzdem geht es vielen Menschen gut. Das Paradox des subjektiven Wohlbefindens. Psychologische Rundschau 51: 185–197

Sprenger RK (2000) Mythos Motivation. Wege aus einer Sackgasse. Campus, Frankfurt New York

Sprenger RK (2002a) Das Prinzip Selbstverantwortung. Wege zur Motivation. Campus, Frankfurt a. M. New York

Sprenger R K (2002b) Vertrauen führt. Worauf es im Unternehmen wirklich ankommt. Campus, Frankfurt a. M. New York

Stollreiter M, Völgyfy J (2001) Selbstdisziplin. Handeln statt aufschieben. GABAL, Offenbach

Tannen D (1993) Du kannst mich einfach nicht verstehen. Warum Männer und Frauen aneinander vorbeireden. Goldmann, München

Tausch R (1997) Hilfen bei Streß und Belastung. Rowohlt, Reinbek

Ulmann G (Hrsg) Kreativitätsforschung. Kiepenheuer & Witsch, Köln

Varela F J (1990) Kognitionswissenschaft – Kognitionstechnik. Suhrkamp, Frankfurt a. M.

Vester F (1997) ecopolicy. Simulationsspiel (CD-Rom). Westermann, Braunschweig

Vester F (1999) Die Kunst vernetzt zu denken. Ideen und Werkzeuge für einen neuen Umgang mit Komplexität. DVA, Stuttgart

Vollmer G (1994) Evolutionäre Erkenntnistheorie. Hirzel, Stuttgart

Watzlawick P (1994) Anleitung zum Unglücklichsein. dtv, München

Watzlawick P, Weakland JH, Fisch R (1979) Lösungen. Zur Theorie und Praxis menschlichen Wandels. Huber, Bern Stuttgart Wien

Weizsäcker EU v, Lovins AB, Lovins LH (1996) Faktor Vier. Doppelter Wohlstand – halbierter Naturverbrauch. Der neue Bericht an den Club of Rome. Droemer Knaur, München

Wertheimer M (1964) Produktives Denken. Kramer, Frankfurt a. M.

Zohar D (2000) Am Rande des Chaos: Neues Denken für chaotische Zeiten. Midas, St. Gallen

Glossar psychosynergetischer Fachbegriffe

Attraktor/Ordner: Die ▶ Evolution ▶ synergetischer Strukturen strebt immer in bestimmte dynamisch stabile Zustände, in denen ein spezielles makroskopisches Muster in Kreisprozessen aus einer Vielzahl mikroskopischer Elemente aufgebaut und reproduziert wird (z. B. ein bestimmtes Strömungsmuster in einer Flüssigkeit). Diesen Zuständen liegen Attraktoren zugrunde (von denen die evolutive Entwicklung quasi attrahiert, angezogen wird). Anschaulich könnten wir uns einen Attraktor als eine Art dynamisches, d. h. veränderliches Magnetfeld vorstellen, das die Einzelelemente auf eine elastische Weise dazu bringt, sich koordiniert am Aufbau der übergeordneten ganzheitlichen Struktur zu beteiligen. Der Attraktor wirkt also wie ein Ordner, der den Einzelelementen eine Bewegungsrichtung vorgibt und sie untereinander koordiniert – wir sprechen von Konsensualisierung oder gar von Versklavung. Dabei versucht der Attraktor, die dynamischen Abläufe in seinem Zentrum zu halten, wo seine Versklavungskraft am größten ist und die synergetische Struktur am besten stabilisiert wird. Hieraus resultiert das Selbstregulationsvermögen synergetischer Strukturen: Wird eine synergetische Struktur durch eine Störung aus dem stabilen Zustand gestoßen und durcheinander gebracht, bewirkt die Rückzugskraft des Attraktors die Restabilisierung des alten Zustands, wobei das Ausgangsmuster wiederhergestellt wird.

Oft wird die Funktion von Attraktoren durch Mulden in einer Landschaft veranschaulicht, über die eine Kugel rollt: Jede der Mulden steht für einen Attraktor mit einem speziellen makroskopischen Muster; die Kugel repräsentiert den Zustand des dynamischen Systems. Wenn die Kugel über den Rand einer der Mulden gerät, befindet sie sich im Einzugsgebiet dieses Attraktors und wird von ihm angezogen, d. h. die Kugel rollt unweigerlich an die tiefste Stelle der Mulde (das Zentrum des Attraktors). Die Selbstregulationsfähigkeit stellt sich nun so dar, dass die Kugel nach leichten bis mittleren Anstößen (den Störungen) immer wieder zurück an die tiefste Stelle rollt. (Bei stärkeren Stößen kann es passieren, dass die Kugel in eine andere Mulde springt und sich unter Wirkung dieses neuen Attraktors ein anderes synergetisches Muster selbstorganisiert). Streng genommen ist der Attraktor ein mathematisches Konzept. Die Evolution komplexer dynamischer Systeme und der sich in ihnen selbstorganisierenden synergetischen Strukturen wird hier durch sog. Phasenräume abgebildet. Jede relevante Systemeigenschaft erhält in diesen vieldimensionalen Räumen eine eigene Dimension, so dass jeder mögliche Systemzustand eindeutig durch einen Punkt im Phasenraum abbildbar ist. In der Zeit beschreibt dann die Systemevolution eine Linie, eine sog. Trajektorie, in den Phasenraum. Die Attraktoren sind nun jene Gebiete des Phasenraumes, von denen diese Trajektorie angezogen und für eine mehr oder weniger lange Zeit eingefangen wird.

Dreieck des Bewusstseins: Zeigt die Grundzustände der Psyche (▶ entspannte Konzentration/Flow, ▶ entspannte Offenheit, ▶ konzentrierte Reflexion, ▶ Stressblockade) in ihren Beziehungen zueinander und verdeutlicht insbesondere die Möglichkeiten des Stressmanagements (vgl. ◨ Abb. 1.17 im Buchtext).

Emergenz (emergent, emergentistisch): betont die Entstehung neuartiger, unikaler Strukturen und Eigenschaften im Zusammenhang mit ▶ Evolutionsprozessen. Aus dem Zusammenwirken von Elementen können sprunghaft neue Qualitäten hervorgehen, die in den Einzelelementen noch nicht vorhanden waren. Eine emergentistische Psychologie wie die ▶ Psychosynergetik grenzt sich damit von instruktionistischen Psychologien ab, die vom Informationsverarbeitungsparadigma und der Computermetapher inspiriert sind. Letztere gehen davon aus, dass psychische Prozesse en détail von Instruktionen gesteuert werden, die als solche aus einem Speicher oder Gedächtnis abgerufen werden. Der Ursprung dieser gespeicherten Programme liege entweder in den Genen oder im Lernen. Diese Konzeption vermag die hochgradige Anpassungsfähigkeit und Kreativität menschlicher Tätigkeitsprozesse im Hier und Jetzt nicht zu erklären. Jeder Akt menschlichen Verhaltens ist zumindest mikrostrukturell unikal, weil er unter jeweils einzigartigen Randbedingungen abläuft. Deshalb geht die Psychosynergetik davon aus, dass menschliches Verhalten emergent ist: Jeder Verhaltensprozess ist ein eigenständiger, neu gestarteter Evolutionsprozess im Sinne einer sich entwickelnden psychoneuralen ▶ synergetischen Struktur, die von ▶ Attraktoren reguliert wird. Attraktoren ermöglichen einerseits auf der Mikroebene eine unbeschränkte Anpassungsfähigkeit und sichern andererseits auf der Makroebene den Erhalt und die Stabilität bestimmter Grundmuster des Verhaltens. Beim Lernen wird die Fähigkeit erworben, neue Verhaltensattraktoren anzulaufen. Im Gedächtnis werden nicht Verhaltensmuster en détail abgespeichert, sondern der Evolutionsweg in bestimmte Verhaltensattraktoren vorgebahnt; es werden gewissermaßen nicht die Informationen als solche gespeichert, sondern lediglich ihre Erzeugungsbedingungen, was sehr viel ökonomischer ist (Prinzip des emergentistischen Speichers – s. Hansch 1997, 2004).

Entspannte Offenheit (Unio contemplativa): Einer der vier psychischen Grundzustände, der, nach weitestgehendem Rückzug des ▶ *Ich*, fast vollständig vom ▶ *Selbst* bestimmt wird. Wir befinden uns in Ruhe oder vollführen einfache, automatisierte Tätigkeiten, die keiner gezielten Aufmerksamkeit bedürfen (z. B. Gehen). Unser Bewusstseinskanal wird vollständig mit Inhalten der äußeren und inneren Wahrnehmung ausgefüllt; in einer Haltung der absoluten Akzeptanz verschmelzen wir nahezu vollständig mit diesen Wahrnehmungsinhalten (»Ganzheit in der Ruhe«). Die Funktionen des *Ich* wie reflektierendes begriffliches Nachdenken, Bewerten oder mit dem ▶ Willensmuskel Veränderwollen, sind weitestgehend abgeschaltet – das ▶ Vernunftauge ist gewissermaßen zugekniffen. Weit offen sind dagegen die Kanäle der Wahrnehmung und die Gefühlsohren (für die ▶ primären Emotionen sowie das ▶ Synergieohr). Am reinsten erreicht man diesen Zustand in der Meditation, durch Achtsamkeit im Alltag kann man sich ihm annähern. In der Nähe dieses Zustands sind die rezeptiven und aktionalen Potenziale unseres *Selbst* weitestgehend deblockiert und stehen für den Übergang in andere Funktionszustände vollständig zur Verfügung.

Evolution: Prozess der Entwicklung von einfachen Strukturen hin zu immer komplexeren Strukturen. Eine kreative synergetische Dynamik erzeugt dabei durch ▶ Selbstorganisation neue Struktur und Information (▶ synergetische Strukturen), die dann in festen Strukturen unterschiedlicher Art (z. B. DNS, Veränderungen an den Synapsen im Gehirn, Bücher, CDs) festgehalten und damit gespeichert wird. Am Vorgang der Selbstorganisation sind Momente der Zufallsvariation und der Selektion durch die Randbedingungen beteiligt. Unser Universum erscheint aus dieser Sicht als eine Ineinanderschachtelung von evolutiven Prozessen, die auf unterschiedlichen räumlichen und zeitlichen Dimensionen ablaufen und sich nach bestimmten Prinzipien wechselseitig beeinflussen. Wichtige Ebenen dieses evolutiven Gesamtgeschehens sind: Kosmogenese, Phylogenese, Morphogenese, Ontogenese, Aktualgenese und soziokulturelle Evolution.

Evolutionäre Erkenntnistheorie: Wie alle anderen Organe und Organfunktionen ist auch das menschliche Gehirn samt seiner Erkenntnisfunktionen Produkt der biologischen Evolution. So, wie der Selektionsdruck dazu führt, dass die Organe und Organfunktionen mehr oder weniger hochgradig an die Erfordernisse der Umwelt angepasst sind, kann man auch davon ausgehen, dass es zwischen den überlebensrelevanten Aspekten der äußeren Realität und den Formen unserer Erkenntnis eine mehr oder weniger hochgradige Passung gibt. Die evolutionäre Erkenntnistheorie erklärt also, dass und warum es überhaupt Momente der Passung zwischen Realität und Erkenntnisformen gibt. Der auch aus dem Evolutionsdenken hervorgegangene ▶ (radikale) Konstruktivismus relativiert diese Aussage: Wir können keine totale Passung im Sinne einer vollständigen Abbildung der Realität erwarten. Unsere Erkenntnisfunktionen müssen nur so gut sein, dass sie uns gerade das Überleben ermöglichen. Und dass man auch mit sehr viel primitiveren Erkenntniswerkzeugen evolutiv überleben kann, zeigen etwa die Würmer oder die Bakterien.

Evolutionspsychologie: Forschungszweig der Psychologie, in dem davon ausgegangen wird, dass Gehirn und Psyche aus Modulen aufgebaut sind, die ähnlich den Organen unseres Körpers in der Darwinschen Evolution durch Anpassung an eine bestimmte überlebenswichtige Aufgabe entstanden sind. Wenn man die Anforderungsprofile dieser steinzeitlichen Anpassungsaufgaben rekonstruiert, kann das dabei helfen, die Funktionseigenschaften unserer psychischen Module zu erforschen und zu verstehen. So wird z. B. aus der steinzeitlichen Nahrungsknappheit der Drang vieler Menschen verständlich, immer etwas mehr als nötig zu essen, um Fettdepots für schlechte Zeiten anzulegen. Im Gegensatz zu heute war das für unsere Vorfahren ein sinnvolles und angepasstes Verhalten. Alle in diesem Buch für den Bauplan der Psyche verwendeten Module (primäre Antriebe, Synergieohr, Vernunftauge, sekundäre Antriebe) lassen sich im Sinne der Evolutionspsychologie aus der Darwinschen Evolution heraus erklären und verstehen.

Entspannte Konzentration (Flow, Unio activa): Einer der vier psychischen Grundzustände, der, nach weitestgehendem Rückzug des ▶ *Ich*, fast vollständig vom ▶ *Selbst* bestimmt wird: gelingendes Tun in *Ich*vergessenheit und

*Selbst*vertrauen. Wir führen relativ komplexe Tätigkeiten aus, die eines hohen Maßes an Konzentration bedürfen. Die Tätigkeit ist aber gut eingeübt, d. h. die Fähigkeiten entsprechen in hohem Maße den Anforderungen. Deshalb wird das *Ich* als Instanz des bewussten Kontrollierens, Bewertens und Veränderns kaum gebraucht. Es entsteht dabei die Empfindung eines relativ entspannten, harmonischen Fließens – deshalb wurde dieser Zustand von dem amerikanischen Psychologen Mihaly Csikszentmihalyi als »Flow« bezeichnet. Es kann dann passieren, dass man Raum, Zeit und sich selbst vergisst und voll im gelingenden Tun aufgeht. Wie Csikszentmihalyi gezeigt hat, zeichnen sich glückliche und zufriedene Menschen insbesondere dadurch aus, dass sie häufig Flow-Erfahrungen machen.

Fremdzweckmotivation (extrinsische Motivation): Eine fremdzweckmotivierte Tätigkeit wird ausgeführt, um Belohnungen zu erlangen oder Bestrafungen zu vermeiden, die als solche nichts mit dem Inhalt der Tätigkeit zu tun haben. Die Tätigkeit selbst macht dabei keine Freude oder wird sogar ungern ausgeführt. (Die Belohnungen oder Bestrafungen leiten sich zumeist von ▶ primären Bedürfnissen her – z. B. nach sozialer Anerkennung oder nach Schmerzvermeidung.)

Ich: In Abgrenzung vom umgangsprachlichen Ich-Begriff definieren wir das *Ich* wie folgt (und setzen es in dieser Bedeutung kursiv): Das *Ich* ist eine Form des Bewusstseins, in der das Bewusstsein eng fokussiert und darauf abzielt, durch Kontrolle, Reflexion, Bewertung und Veränderung innere oder äußere Probleme zu lösen. Oft ist das *Ich* dabei selbstbezüglich mit Kontrolle, Vergleich und Bewertung des eigenen Verhaltens beschäftigt (»*Ich*probleme«). Die Psyche ist hochgradig *ich*haft in den Grundzuständen der konzentrierten Reflexion und v. a. der Stressblockade. In den anderen beiden Grundzuständen ist das Bewusstsein wenig *ich*haft (das *Ich* zieht sich zurück): In entspannter Offenheit ist der Bewusstseinsfokus maximal aufgeweitet und hier wie in entspannter Konzentration bzw. im Flow geht es nicht oder ganz wenig um Kontrolle, Bewertung und selbstbezogene Veränderung. Organe des *Ich* sind das ▶ Vernunftauge, das ▶ Synergieohr und der ▶ Willensmuskel. Das *Ich*-Konzept ist vor dem Hintergrund des Konzepts vom ▶ *Selbst* zu sehen.

Inneres Klavier: Symbolisierung wichtiger Aspekte des ▶ *Selbst:* Im Laufe des Lebens werden dem *Selbst* (genauer: dem Gedächtnis) eine riesige Menge von Erfahrungen, Fertigkeiten und Wissensbausteinen eingeformt, die man mit den Saiten eines Klaviers vergleichen kann. Davon, wie ▶ synerg und harmonisch all diese Elemente des *Selbst* aufeinander abgestimmt sind, werden viele wichtige Charakteristika der Persönlichkeit beeinflusst: die durchschnittliche Stimmung; das Charisma, Durchsetzungsfähigkeit und Persönlichkeitsstärke; Motivationsstärke und Kreativität (▶ Selbstzweckmotivationen auf der Grundlage ▶ sekundärer Antriebe); Widerstandsfähigkeit gegen ▶ Stress; die Chance, psychisch und körperlich gesund zu bleiben. Die Selbstgespräche, die wir fast pausenlos mit uns führen, dienen dem Zweck, unser inneres Klavier immer besser zu stimmen: Zwischen unseren Erinnerungen, unserem Wissen, unseren Erfahrungen, Einschätzungen, Meinungen, Überzeugungen und Werten werden durch mehr oder weniger große Veränderungen immer bessere Passungen hergestellt (das ▸ *Ich* als »innerer Klavierstimmer«). Die Metapher vom inneren Klavier macht auch deutlich, warum psychische Veränderung oft so langwierig und schwierig ist: eine einzelne neue Einsicht entspricht dem Umstimmen einer einzelnen Saite und bewirkt nicht viel. Um diese Einsicht emotional aufzuladen und damit verhaltenswirksam zu machen, müssen erst große Teile des inneren Klaviers auf den neuen Leitton ein- und umgestimmt werden. Psychische Veränderung erfordert daher oft ein hohes Maß an innerer Arbeit: Man muss dem inneren Dialog über längere Zeit neuen Inhalt und neue Richtung geben, was oft mit Verhaltensänderungen im Alltag verbunden werden muss.

Innere Freiheit (bzw. innere Befreiung): Bezeichnet die Befähigung der Psyche, sich in der überwiegenden Zeit in einem Zustand ohne innere Spannungen und Stress zu halten, in dem das ▸ *Ich* keinen blockierenden Druck auf das ▸ *Selbst* ausübt. In diesem Zustand können sich die rezeptiven und aktionalen Potenziale des *Selbst* voll entfalten. Hierfür sind die Schaffung bestimmter psychostruktureller Voraussetzungen förderlich, u. a. der Erwerb eines evolutionistischen Weltbilds in Verbindung mit der Kunst eines systemisch-dialektischen Denkens sowie der Aufbau eines starken *Selbst* im ▸ inneren Wachstum. Darüber hinaus sind bestimmte Selbstmanagementtechniken bei der inneren Befreiung hilfreich (z. B. SDR-Schritte, systematischer Abbau von stresserzeugenden Mussvorstellungen, Worst-case-Szenario, paradoxe Intention etc.).

Inneres Wachstum: Dieser Begriff beschreibt die Anreicherung von Erfahrung, Wissen und Kompetenzen im ▸ *Selbst* und die ▸ synerge Integration dieser Strukturen zu ▸ sekundären Antrieben. Je stärker das *Selbst* mit seinem ▸ Kernantrieb ist, desto charismatischer, durchsetzungsstärker und kreativer ist die Persönlichkeit. Wie die innere Befreiung durch ein erstarkendes *Selbst* gefördert wird, so wächst auch das *Selbst* im Zustand der ▸ inneren Freiheit besser und schneller – beide Momente stehen in einem Verhältnis der positiven Rückkoppelung zueinander (»großer Kreis des Wachstums«).

Kernantrieb: Zentraler Bereich des ▸ *Selbst*, in dem die zentralen Werte und Lebensprinzipien eines Menschen repräsentiert sind. Weist dieser Bereich eine hohe ▸ Synergität auf, sprechen wir von einem Kernantrieb (der zu den ▸ sekundären Antrieben gehört). Je stärker der Kernantrieb ist, desto charismatischer, durchsetzungsstärker und kreativer ist die Persönlichkeit.

Konsensualisierung: ▸ Attraktor/Ordner

Konstruktivismus: Der (radikale) Konstruktivismus betont die Tatsache, dass es zwischen der äußeren Realität und der von unseren Sinnesorganen erzeugten inneren Wirklichkeit keine Eins-zu-eins-Entsprechung etwa nach dem Modell der fotografischen Abbildung geben kann. Unsere Wirklichkeit ist eine Konstruktion, deren Abbildungsmomente sich wahrscheinlich nur auf einige wenige Eckpfeiler beschränken, deren innere Repräsentation für das Überleben notwendig ist. Die Zwischenräume werden quasi von den konstruktiven Mechanismen des Gehirns »ausgemalt«. Fast im Wortsinne gilt das für die Farben, denen ja physikalisch ein Frequenzkontinuum ohne die von uns erlebten qualitativen Sprünge von Farbe zu Farbe gegenübersteht. Die gesamte von uns erlebte Wirklichkeit ist ein Konstrukt unseres Gehirns und befindet sich innerhalb dieses Gehirns.

Wie viele Aspekte der äußeren Realität über die Sinnesorgane in diese Wirklichkeit hineingespiegelt werden, wissen wir nicht; wir können prinzipiell nicht feststellen, ob 1%, 10% oder 90% aller Dimensionen und Eigenschaften der äußeren Realität für uns erfahrbar sind. Mit großer Wahrscheinlichkeit ist die äußere Realität aber sehr viel reicher an Eigenschaften und Dimensionen als unsere innere Wirklichkeit. Dies eröffnet Freiraum für religiöse und spirituelle Konstrukte, die einen relativen Wahrheitswert daraus beziehen, dass sie uns nachgewiesenermaßen bei der Lebensbewältigung zu helfen vermögen. Denn: Vor dem Hintergrund des Konstruktivismus ist das klassische Korrespondenzkriterium von Wahrheit – die Übereinstimmung von Theorien mit Sinnesdaten – nicht mehr ausreichend. Es muss ergänzt werden durch die Kriterien Kohärenz (innere Stimmigkeit und Widerspruchsfreiheit von gedanklichen Strukturen) und Nützlichkeit.

Wichtig ist ferner: Aus dem Konstruktivismus heraus kann man zeigen, dass die innere Wirklichkeit eines jeden Menschen bedeutungsmäßig abgeschlossen ist: Weder den Wahrnehmungen noch sprachlichen oder anderen Symbolen haftet wie ein Abziehbild eine objektive Bedeutung an, die über die Sinnesorgane in unsere Köpfe hineintransportiert wird. Bedeutung wird immer aus dem inneren Kontext heraus erzeugt und den Wahrnehmungen und Sprachstrukturen zugewiesen. Schon Wahrnehmungen und Symbole sind deshalb oft mehrdeutig (vgl. ◘ Abb. 1.9. und ◘ Abb. 1.10. im Buchtext). Wo mit abstrakten und unscharfen Begriffen über komplexe Sachverhalte theoretisiert oder debattiert wird, entsteht eine große Vieldeutigkeit. Sie führt dazu, dass hier das Missverstehen wohl häufiger ist als das Verstehen. Ein praktisch ausreichendes Verstehen ist eigentlich nur dann möglich, wenn sich Erfahrungen und Wissensrepräsentationen von Menschen in ausreichendem Maße ähnlich sind, wenn ihre »inneren Landkarten« also wenigstens grob übereinstimmen. Nur dann können die wechselseitig angestoßenen Bedeutungserzeugungen in so ähnlichem Kontext ablaufen, dass in etwa das verstanden wird, was auch gemeint war. Diese Ähnlichkeit der inneren Landkarten wird gefördert durch Übereinstimmungen in Geschlecht, Alter, Kultur, sozialem Milieu und Beruf – und natürlich durch längere Zusammenarbeit oder gar längeres Zusammenleben.

Konzentrierte Reflexion (Separatio reflexiva): Einer der vier psychischen Grundzustände, der durch eine relativ große *Ich*haftigkeit gekennzeichnet ist. Das ▶ *Ich* nimmt deutlichen Raum ein, aber ohne einen blockierenden Druck auf das ▶ *Selbst* auszuüben wie im Stress. In diesem Zustand arbeiten wir an der Lösung von Problemen, wobei *Ich* und *Selbst* auf eine konstruktive Weise zusammenwirken: das *Ich* stößt Lösungsfindungsprozesse im *Selbst* an und bewertet, kombiniert und verändert die aus dem Unbewussten »heraufgereichten« Vorschläge (Ideen bzw. »Eingebungen«).

Kreis des Wachstums: Er verdeutlicht den zentralen Mechanismus des ▶ inneren Wachstums: Vermittelt durch ▶ primäre Antriebe werden ▶ Fremdzweckmotivationen in Bezug auf neue Tätigkeitsgegenstände aufgebaut (z. B. Mathematik pauken, um dem neuen attraktiven Lehrer zu gefallen). Nach einer emotionalen Durststrecke kommt es durch zunehmende Übung zur Steigerung der ▶ Synergität des Tätigkeitsprozesses: Es bildet sich ein ▶ sekundärer Antrieb. Die Tätigkeit wird nun ausgeführt, weil sie aus sich heraus Freude macht: es ist eine ▶ Selbstzweckmotivation entstanden. Nun generiert sich der Kreis aus sich heraus weiter: Immer neue Tätigkeitsinhalte werden aus sachlicher Gefordertheit einbezogen (z. B. könnte die hobbymäßige Beschäftigung mit der Mathematik irgendwann dazu führen, dass man sich Computer- und Programmierkenntnisse aneignet). Der große Kreis des Wachstums hingegen besteht in der wechselseitig förderlichen Wirkung, die der Gewinn ▶ innerer Freiheit und das ▶ innere Wachstum aufeinander ausüben: In einer Aufwärtsspirale nähern wir uns der persönlichen Meisterschaft an.

Mentaler Ordner: Bei komplexen Tätigkeitsprozessen gibt es oft Einzelmomente, denen bei der Steuerung des Gesamtprozesses eine Schlüsselfunktion zukommt. Bei hochgradig eingeübten komplexen Tätigkeiten genügt es, diese mentalen Ordner im Blick zu behalten, um den Prozess optimal zu steuern. So wäre es z. B. beim Autofahren sehr schwierig bewusst und explizit nachzuvollziehen, nach welchen Kriterien wir entscheiden, um wie viel Grad wir bei welchem Kurvenradius das Lenkrad einzuschlagen haben. Wir müssen einfach nur weit genug nach vorn auf die Straße schauen – beim geübten Fahrer ist die dabei aufgenommene Information der entscheidende mentale Ordner, der es unserem Körper erlaubt, selbstorganisiert richtig zu lenken. Halten wir zu einem bestimmten Thema einen Vortrag und stehen perfekt im Stoff, dann ist es das Beste, wenn wir den engen Fokus unserer bewussten Aufmerksamkeit auf die Reaktionen der Zuhörer konzentrieren – unter der Wirkung dieses mentalen Ordners wird das komplexe selbstorganisierte Zusammenspiel aller Prozessmomente am besten gelingen. Es gibt hier starke Analogien zur Ordnerwirkung von ▶ Attraktoren.

Ordner: ▶ Attraktor

Paradoxe Intention: Technik, die dabei hilft, aus psychischen Teufelskreisen auszusteigen: Man versucht, sich soweit es geht davon zu überzeugen, dass man das Gegenteil von dem anstrebt, was man eigentlich erreichen will. Wenn man sich z. B. davon überzeugt, dass das Ergebnis einer bevorstehenden Prüfung gänzlich bedeutungslos für das weitere Leben ist, wird man entspannter sein und größeren Erfolg haben.

Persönliche Meisterschaft (»personal mastery«): umfasst Eigenschaften und Befähigungen, die aus Sicht der Psychosynergetik förderlich sind und im (Selbst-)Coaching angestrebt werden sollten. Zusammengefasst werden sie unter den »Six Sigma of Personal Mastery«: Selbstkompetenz, Systemkompetenz, Spezialkompetenzen, Selbststärke, Selbstrelativierung und Selbsttranszendenz.

Primäre Emotion: von ▶ primären Antrieben erzeugte Gefühle, die einem ▶ primären Bedürfnis Ausdruck geben (z. B. bei Hunger essen wollen) bzw.

anzeigen, wie gut ein bestimmter Gegenstand oder eine bestimmte Situation zur Bedürfnisbefriedigung geeignet ist (z. B. auf Fleisch mehr Appetit haben als auf Gemüse). Andere primäre Emotionen sind z. B. Wut, Angst, Eifersucht oder Mitgefühl. Primäre Emotionen bewerten genetisch festgelegte Zustands- oder Objekteigenschaften (z. B. den Kaloriengehalt, der bei Fleisch höher ist als bei Gemüse).

Primärer Antrieb: Funktionsmodul im Gehirn, das in der Darwinschen Evolution geformt wurde und ein bestimmtes überlebensnotwendiges Verhalten sicherstellt (z. B. Atmung, Schlaf, Ernährungsverhalten, Sexualverhalten, elterliches Fürsorgeverhalten, Fluchtverhalten). Als Grundlage der tierlichen Instinkte haben sich die primären Antriebe auch auf den Menschen übertragen. Primäre Antriebe werden durch bestimmte Schlüsselreize oder Auslöser aktiviert und erzeugen eine ▸ primäre Emotion (verbunden mit einem primären Bedürfnis bzw. einer primären Motivation) und bestimmte körperliche Reaktionen und drängen das Verhalten in Richtung Bedürfnisbefriedigung.

Primäres Bedürfnis/primäre Motivation: von einem primären Antrieb erzeugter Drang, das antriebsentsprechende Verhalten auszuführen (z. B. Angstantrieb: Fluchtverhalten).

Psychosynergetik: Interdisziplinäres Forschungsgebiet, in dem versucht wird, Körper, Gehirn und Geist konsequent aus der Perspektive der ▸ Evolution zu erforschen und dabei Brücken zu schlagen zwischen der ▸ Synergetik, der ▸ Evolutionspsychologie und anderen Wissenschaften (u. a. Gestaltpsychologie, Verhaltensgenetik). Dabei geht es insbesondere um die Schaffung von ganzheitlichen Modellvorstellungen des Psychischen, die für Selbstmanagement, Coaching und Psychotherapie hilfreich sind.

Schmetterlingseffekt: Nach der Theorie des deterministischen Chaos können sich bei komplexen Selbstorganisations- und Evolutionsprozessen minimale Einflüsse im Laufe der Zeit zu gigantischen Folgewirkungen aufschaukeln. Im Klimageschehen etwa könnte der Flügelschlag eines Schmetterlings auf Sumatra darüber entscheiden, welche Großwetterlage sich später in Europa einstellt. Dieses Prinzip lässt sich auch in anderen Lebensbereichen wieder finden – man denke an die nicht ganz eindeutigen Äußerungen Günter Schabowskis bei jener denkwürdigen Pressekonferenz am 9.11.1989, die den Fall der Berliner Mauer zur Folge hatten.

Sekundäre Aufhebung: Genetisch geprägte, primäre Inhalte werden durch kulturell geprägte, sekundäre Inhalte modifizierend oder gar neutralisierend »überstimmt«, indem sich die entsprechenden sekundären Emotionen gegen die primären Emotionen in der Verhaltenskontrolle durchsetzen. So gab und gibt es Menschen, die aus tief verinnerlichten politischen oder moralischen Überzeugungen heraus ihr Leben in Gefahr bringen.

Sekundäre Emotion: entspringt dem ▸ Synergieohr als ein allgemeines Harmonieempfinden. In Form von Stimmigkeits- oder Unstimmigkeitsgefühlen zeigen sie den Grad von ▸ Synergität an, den ein im Gange befindlicher

Tätigkeitsprozess aufweist (Anzahl und Güte der Passungen zwischen allen beteiligten Prozesselementen). Im Gegensatz zu ▶ primären Emotionen bewerten sekundäre Emotionen also nicht Zustands- oder Objekteigenschaften, sondern Prozesseigenschaften. In ästhetischer Tätigkeitseinstellung erleben wir sekundäre Emotionen als ästhetische Empfindungen. In pragmatischer Tätigkeitseinstellung erleben wir sekundäre Emotionen als Intuitionen, die uns den Weg zu stimmigeren Lösungen vorausahnen lassen und es uns ermöglichen, unter Zeitdruck komplexe Entscheidungen »aus dem Bauch heraus« zu treffen.

Sekundärer Antrieb: Wenn wir bestimmte Tätigkeitsinhalte meisterlich beherrschen gelernt haben, entsteht ein Bedürfnis, diese Tätigkeiten immer wieder auszuführen, sie noch mehr zu perfektionieren und ihre Inhalte auszuweiten (z. B. Klavier spielen, Tanzen, Schach spielen). Diese durch Übung zu hoher ▶ Synergität entwickelten Tätigkeitsinhalte sind im Gedächtnis, d. h. im ▶ *Selbst*, gespeichert. Als ▶ sekundäre Antriebe bezeichnen wir jene Gehirnstrukturen, in denen diese Speicherung erfolgt. Im Gegensatz zu den angeborenen ▶ primären Antrieben können wir sekundäre Antriebe in großer Zahl während unseres Lebens entwickeln. Sekundäre Antriebe werden durch die entsprechenden Inhalte ausgelöst (z. B. durch den Anblick eines Klaviers) und erzeugen neben der Tendenz, das betreffende Verhalten auszuführen (z. B. Klavier spielen), ▶ sekundäre Emotionen (z. B. Schönheitsempfinden) und bestimmte körperliche Reaktionen (z. B. eine leichte Beschleunigung des Herzschlags).

Sekundäres Bedürfnis/sekundäre Motivation: von einem ▶ sekundären Antrieb erzeugter Drang, das antriebsentsprechende Verhalten auszuführen (z. B. Klavier zu spielen, zu tanzen oder Schach zu spielen). Sekundäre Motivationen sind ▶ Selbstzweckmotivationen; sekundäre Bedürfnisse sind Wachstumsbedürfnisse: Das Verhalten macht aus sich heraus Spaß und die Freude wächst, je mehr assoziierte Tätigkeitsinhalte man einbezieht (Anzahl der Passungen nimmt zu, Harmonie und ▶ Synergität wachsen).

Selbst: Der Fokus des Bewusstseins (▶ *Ich*) ist ziemlich klein – wir können nur bis zu sieben Dinge gleichzeitig im Bewusstsein halten. Die übergroße Mehrheit der Gehirnvorgänge (und natürlich auch alle körperlichen Prozesse) läuft also unbewusst ab. Auch unser Verhalten speist sich größtenteils aus dem Beitrag unbewusster Gehirn- und Körperfunktionen – wir nennen es dann »automatisiert«. »Automatisiert« ist allerdings ein schlechter Ausdruck, weil diese Abläufe nicht starr vorprogrammiert sind wie bei einem Automaten. Diese unbewussten Vorgänge sind dazu in der Lage, aus sich heraus neuartige und angepasste Funktionsstrukturen zu erzeugen: neuartige Verhaltensweisen (und neuartige Regulationsmuster für körperliche Prozesse). Beispiele hierfür sind Einfälle für Problemlösungen, die ganz unerwartet aus dem Unbewussten aufsteigen oder ein neuer, besserer Bewegungsablauf, zu dem wir durch zufälliges Herumprobieren finden. Wir sprechen hier von Selbstordnungskräften oder von ▶ Selbstorganisation. Diesem Geschehen haftet nichts Geheimnisvolles an – Selbstorganisation verläuft nach wissenschaftlich erforschbaren Gesetzmäßigkeiten (▶ Synergetik). Als *Selbst* bezeichnen wir nun die unbewussten Bereiche von Gehirn (und Körper), in denen psychoneurale (und körperliche) Selbstordnungskräfte wirksam sind. Das *Selbst* erzeugt durch Selbstorganisation Verhaltensvorschläge, die vom *Ich* geprüft werden. Die brauchbarsten werden dann im *Selbst* festgehalten (»gespeichert«). Auch das Gedächtnis ist also Teil des *Selbst*, ebenso wie die angeborenen primären Antriebe. Das *Selbst* wird also von allen natürlichen, angeborenen und gelernten Potenzialen gebildet, die sich unbewusst entfalten.

Selbstorganisation/psychoneurale Selbstordnungskräfte: Bei Maschinen, Computern und Automaten wurden alle ablaufenden Prozesse von Ingenieuren bzw. Programmierern geplant und vorprogrammiert. Alles verläuft nach festen Regeln, die unter standardisierten Bedingungen immer nur jeweils eine Funktionsmöglichkeit zulassen. Oft wird der Körper mit einer Maschine und das Gehirn mit einem Computer verglichen. Das ist grundfalsch. Körper und Gehirn arbeiten nicht unter standardisierten Bedingungen – innere und äußere Umstände verändern sich ständig und kontinuierlich. Der Körper (z. B. als Reparaturreaktion auf eine astronomisch große Zahl möglicher Verletzungsmuster) und viel stärker noch das Gehirn müssen deshalb ständig neuartige Strukturen bilden, v. a. im motorischen Verhalten und im Denken. Dies ist nur auf dem Wege der Selbstorganisation möglich: Wenn eine sehr große Anzahl von Elementen (z. B. Nerven-, Sinnes- und Muskelzellen) durch Wechselwirkungen verbunden sind und durch eine bestimmte Aufgabe unter Druck gesetzt werden, kommt es nach bestimmten Gesetzen des Zusammenwirkens zur spontanen Bildung sinnvoller Ordnung und Struktur. Prozesse einer zufallsbestimmten Variation (bzw. Fluktuation) und Selektion spielen hierbei eine kreative Rolle, ähnlich wie bei der biologischen Evolution (Mutation/Selektion). Auch Prozesse der Selbstverstärkung (positive Rückkoppelung) sind hierbei von zentraler Bedeutung. Durch zufällige Fluktuationen eines Teils der Elemente gerät das System in den Anziehungsbereich eines sog. ▶ Attraktors, der als Ordner und Regulierer fungiert. Je mehr sich das System dem Zentrum des Attraktors nähert, desto stärker wird auch den übrigen Elementen ein bestimmtes kollektives Verhalten aufgeprägt, so dass schließlich das gesamte System ein kohärentes, ganzheitliches Verhaltensmuster zeigt (man spricht von »Konsensualisierung« oder »Versklavung«).

Diese selbstorganisierten, ▶ synergetischen Strukturen sind zur Selbstregulation fähig und können sich aus sich heraus an veränderliche Bedingungen anpassen. Selbstorganisationsprozesse spielen überall in der unbelebten und belebten Natur eine Vorreiterrolle bei der Bildung neuer Formen und Strukturen in unserem Universum. In Gehirn und Psyche kann man sich die bewusste Verhaltensregulation vor diesem Hintergrund so vorstellen, dass unsere psychoneuralen Verhaltenssysteme von der Kraft des Willens durch bestimmte Folgen von angeborenen oder erlernten Attraktoren geführt werden.

Selbstzweckmotivation (intrinsische Motivation): Man fühlt sich zu einer Tätigkeit gedrängt, weil diese Tätigkeit aus sich heraus Freude macht. Äußerer Lohn wie Geld oder soziale Anerkennung spielen dabei keine Rolle (obwohl sie natürlich gern hinzu kommen können). Beispiele: Musik hören, Ski fahren, handwerklich, künstlerisch oder wissenschaftlich arbeiten. Selbstzweckmotivationen erwachsen aus ▶ sekundären Antrieben.

Stress(blockade): Überforderungssituation, in der man das Gefühl hat, anstehende Probleme aus eigener Kraft nicht bewältigen zu können. Ausgehend vom Angst- und Aggressionsantrieb werden nun Reaktionen in Gang gesetzt, die bei der Problembewältigung helfen sollten. Allerdings sind diese Reaktionen auf die typischen Kampf- oder Fluchtsituationen unserer Vorfahren zugeschnitten, so dass in erster Linie Energie für körperliche Aktivität bereitgestellt wird: Ankurbelung von Kreislauf und Atmung. Im psychischen Bereich kommt es neben negativen primären Emotionen (Ärger, Wut, Furcht) und negativistischen Gedanken zu einer mentalen Einengung auf das Problem; die höheren geistigen Funktionen werden gestört, das Verhalten wird planlos und hektisch und endet schließlich in der Verkrampfung, der Stressblockade.

Synergetik: Die »Lehre vom Zusammenwirken« wurde Ende der 60er-Jahre von dem deutschen Physiker Prof. Dr. Dr. h.c. mult. Hermann Haken begründet. Die Synergetik erforscht die Gesetzmäßigkeiten der ▶ Selbstorganisation und ▶ Evolution sog. komplexer dynamischer Systeme (zu denen auch Gehirn und Körper gehören). Die Synergetik wurde in den letzten 15 Jahren insbesondere auf Probleme von Psychologie, Hirnforschung und Psychotherapie mit großem Erfolg angewandt. »Springers Series in Synergetics« umfasst inzwischen an die 90 Bände (Haken 1977 ff.).

Synergieohr: Organ des ▶ *Ich*, das sensibel für die ▶ Synergität (»Harmonie«) von Tätigkeitsprozessen ist. Im Gegensatz zum ▶ Vernunftauge kann das Synergieohr dabei die Gesamtheit des Tätigkeitsprozesses erfassen: Über sekundäre Emotionen (Stimmigkeits- und Unstimmigkeitsempfindungen) zeigt es an, wie gut alle an der Tätigkeit beteiligten Prozessmomente bei der Lösung der gemeinsamen Aufgabe zusammenwirken. Für die Regulation komplexer Tätigkeiten ist ein gutes Zusammenspiel zwischen Vernunftauge und Synergieohr erforderlich. Die Synergitätsbewertung durch das Synergieohr ist die Grundlage von ästhetischen Empfindungen, Intuitionen und ▶ Selbstzweckmotivationen.

Synergetische Strukturen: durch ▶ Selbstorganisation aus dem Zusammenwirken einer großen Zahl von Einzelelementen entstehende ganzheitliche dynamische Muster, z. B. Strömungsmuster in Flüssigkeiten oder Gasen (etwa »Wolkenstraßen« am Himmel oder Strudel im Waschbecken), Kontraktionsmuster in Muskeln, Erregungsmuster in Nervenzellverbänden, die Populationsdynamik in Biotopen. Im Gegensatz zu den »normalen« festen Strukturen (Stein oder Metall) sind Entstehung und Erhaltung synergetischer Strukturen an eine ständige Energiezufuhr gebunden.

Synergität (synerg, asynerg, dyssynerg): Allgemein ist Synergität eine Eigenschaft menschlicher Tätigkeitsprozesse, die sich als Maß für Grad und Güte des Zusammenwirkens (der Konsensualisierung) aller am Tätigkeitsprozess beteiligten Momente bestimmen lässt. Auf der anschaulichen Ebene gilt: Die Synergität wächst mit der Genauigkeit und der Anzahl guter Passungen (synerger Beziehungen), die am Aufbau eines übergeordneten Prozessganzen beteiligt sind. Dabei ist »gute Passung« ein sehr allgemeines Konzept, das sich in verschiedenen Verhaltensbereichen auf eine sehr unterschiedliche Weise konkretisieren kann: als gute Koordination in der Motorik, in Form konsonanter Tonintervalle in der akustischen Wahrnehmung oder als das logisch konsistente Ineinandergreifen von Argumentationsketten im Denken.

In der Sprache der ▶ (Psycho)synergetik ist Synergität wie folgt definiert: Wie experimentell belegt werden konnte, sind Tätigkeitsprozesse als psychoneurale synergetische Strukturen zu verstehen, die in bestimmte angeborene oder gelernte Attraktoren hinein emergieren. Die Synergität ist dann ein Maß dafür, wie komplex dieser Prozess ist und wie gut es dem Prozess gelingt, sich in seinen Attraktoren zu stabilisieren.

Synergität ist die wichtigste dynamische Eigenschaft aller (Lebens- und) Verhaltensprozesse: Ein synerger motorischer Akt erreicht sein Ziel, eine synerge Wahrnehmung leistet sichere Orientierung, ein synerger problemlösender Denkprozess entspricht einer richtigen Lösung. Störungen innerhalb synerger Tätigkeitsabläufe heißen Dyssynergitäten. Tätigkeitsprozesse, die wenig komplex sind, werden als asynerg bezeichnet. Es ist ein Hauptziel von Lernen und Übung, die Synergität von Tätigkeitsprozessen zu steigern. Vom ▶ Synergieohr wird Synergität in ▶ sekundäre Emotionen in Form von Stimmigkeits- oder Unstimmigkeitsgefühlen umgesetzt.

SDR-Schritt: »SDR« steht für »Stop-Distanz-Rezentrierung«. Wir sollten die Automatismen unserer täglichen, gewohnten Verhaltensabläufe öfter einmal unterbrechen und einen inneren Schritt zurück tun, um den Überblick wiederzugewinnen: Was tue ich gerade? Wie wichtig ist das in Bezug auf meine eigentlichen Ziele? Bin ich gelassen und entspannt? Wenn nicht – was kann ich tun, um mich von inneren Spannungen zu befreien?

Vernunftauge: Organ des ▶ *Ich*, das die Funktionen der reflektierenden Vernunft ausführt: bewusstes Wahrnehmen, Nachdenken, Entscheiden, Werten. Im Gegensatz zum ▶ Synergieohr vermag das Vernunftauge zu einem bestimmten Zeitpunkt immer nur einen sehr umgrenzten Teilaspekt des Tätigkeitsprozesses in den Blick zu nehmen (z. B. ob die Fußstellung bei einer komplexen Tanzbewegung korrekt ist oder ob eine komplexe Argumentation an einer bestimmten Stelle einen logischen Widerspruch beinhaltet). Bei der Regulation komplexer Tätigkeiten braucht das Vernunftauge deshalb die Ergänzung durch das Synergieohr, das ihm eine Information über den Zustand des Gesamtprozesses gibt.

Versklavung: ▶ Attraktor

Willensmuskel: eines der drei Organe des ▶ *Ich*. Symbolisiert die Fähigkeit unseres bewussten Ich, etwas zu bewirken – im Inneren durch das Initiieren bewussten Nachdenkens, im Äußeren durch die Bewegung der Muskeln.

Über den Autor

Dr. med. Dietmar Hansch

Dr. med. Dietmar Hansch, Jahrgang 1961, studierte Medizin, Physik und Philosophie in Berlin und Hagen. Nach einer mehrjährigen Tätigkeit am Deutschen Herzzentrum Berlin erwarb er den Facharzt für Innere Medizin am Universitätsklinikum Charité in Berlin. Danach war er in der Psychosomatik am Universitätsklinikum Aachen in Klinik, Forschung und Lehre tätig und absolvierte eine Ausbildung zum Psychotherapeuten mit Schwerpunkt Verhaltenstherapie. Im Jahre 2003 wurde er ins Deutsche Kollegium für Psychosomatische Medizin (DKPM) gewählt. Vor dem Hintergrund seiner langjährigen wissenschaftlichen Arbeit zu den Grundlagen der Psychosomatik entwickelte Dietmar Hansch das interdisziplinäre Konzept Psychosynergetik als Theorie und Praxis der psychischen Veränderung. Er ist Autor zahlreicher Zeitschriftenartikel, Bücher und Buchbeiträge und Referent auf nationalen und internationalen Konferenzen. Derzeit arbeitet Dietmar Hansch als Leitender Internist und Psychotherapeut an der Klinik Wollmarshöhe, Privatkrankenhaus für psychosomatische Medizin in Bodnegg; er ist Seminarleiter und Coach u.a. am Seminarzentrum Wollmarshöhe.

Informationen zu Coaching-, Seminar- und Beratungsangeboten sowie zu Weiterentwicklungen im Bereich Psychosynergetik® unter:
www.psychosynergetik.de

Danksagung

Eine nicht geringe Zahl von Freunden, Bekannten und Kollegen aus dem privaten und beruflichen Umfeld hat sich die Mühe gemacht, das Manuskript ganz oder in Teilen zu lesen und kritisch zu kommentieren. Dies hat nicht nur zu wesentlichen Textverbesserungen geführt, es hat mich auch immer wieder persönlich sehr ermutigt.

Ihnen allen sei an dieser Stelle herzlicher Dank gesagt:
Prof. Dr. Stefan Brehme (Klinikum Niederlausitz GmbH), Dr. Hubert Sauter (BASF Group), Lothar Mieniets (BMW Group), Dr. Martin v. Wachter (Ostalb-Klinikum Aalen), Dr. Till Bastian, K.-H. Schäfer und Sabine Benzinger (Klinik Wollmarshöhe), Heiko Ernst (Psychologie Heute), Dr. Jacqueline Wolff (MLP AG), Markus Weber (Diagnostikzentrum Scheidegg), Petra Köllisch, Andrea Hansch und Ralph Kruschner.

Herrn Dr. Kilian Mehl, Inhaber und Leiter von Klinik/Seminarzentrum Wollmarshöhe, gebührt besonderer Dank für die nahezu maßgeschneiderten Bedingungen, unter denen ich seit nunmehr drei Jahren klinisch und wissenschaftlich arbeiten kann. Ferner habe ich ihm und der entspannt-kreativen Arbeitsatmosphäre für viele fachliche Anregungen und Erfahrungen zu danken.

In höchstem Maße profitiere ich seit Jahren vom fachlichen und persönlichen Austausch mit Prof. Dr. Dr. hc. mult. Hermann Haken (Institut f. Theoretische Physik und Synergetik, Universität Stuttgart) und mit Prof. Dr. Mihaly Csikszentmihalyi (Peter F. Drucker Graduate School of Management, Claremont University, CA, USA).

Ein besonderer Dank gilt den Freunden und Kollegen, die sich in ihrer Seminar-, Coaching- und Therapiearbeit u. a. auf die von der Psychosynergetik gelegten Grundlagen beziehen: Lutz Urban (flowlife GmbH, Berlin, flowlife.de); Dr. Gerhard Huhn (Emergence GmbH, Berlin, fokusflow.de); Ralph J. Wilms (Ralph Wilms & Partner, Carona/Zürich, teamcoaching.ch); Egon Zeimers (Egon Zeimers Human Coaching, Köln, egonzeimers.de); Claudia und Peter Brogle (Brogle coaching, Zürich) und Rainer Gumbel (Überzeugen und Verstehen, München, trainer-gumbel.de).

Herrn Dipl.-Des. Walter Korr danke ich für die Anfertigung der überwiegenden Zahl der Grafiken.

Last but not least sei allen Mitarbeitern des Springer-Verlags für die inzwischen bewährte, konstruktive und reibungslose Zusammenarbeit gedankt, insbesondere Frau Renate Scheddin, Frau Dr. Svenja Wahl sowie Herrn Joachim Coch. Gleichfalls hat die Kooperation mit Frau D. Böhle, die das Lektorat besorgte, viel Freude gemacht.

Quellenverzeichnis

Seite	Abb.	**Quelle**
13	1.1	H. Haken
18	1.4	H. Haken
23	1.5	Holst E v (1969) Zur Verhaltensphysiologie bei Tieren und Menschen. Gesammelte Abhandlungen I. Piper, München
31	1.8	Varela F J (1990) Kognitionswissenschaft – Kognitionstechnik. Suhrkamp, Frankfurt a. M.
35	1.9	Boring E (1930) A new ambiguous figure. Am J Psychol 42
84	1.18	Kaluza G (1996) Gelassen und sicher im Stress. Springer, Berlin Heidelberg New York Tokio

Seite	Tab.	**Quelle**
292	4.2	Stollreiter M, Völgyfy J (2001) Selbstdisziplin. Handeln statt aufschieben. GABAL, Offenbach

Sachverzeichnis

Druck- und Bindearbeiten: Stürtz GmbH, Würzburg